중국 근현대사의 지식인

이 저서는 2019년 대한민국 교육부와 한국연구재단의 지원을 받아 수행된 연구임
(NRF-2019S1A6A3A02102737).

국민대학교
중국인문사회연구소
번역총서 · 09

중국 근현대사의 지식인

TIMOTHY CHEEK 지음
최은진 옮김

THE INTELLECTUAL IN MODERN CHINESE HISTORY

學古房

중국 지식인들과 공적 삶에 대한 이 생생한 구술사는 오늘날 중국을 이해하게 하는 지침을 제공한다. 티모시 치크Timothy Cheek는 1895년 청일전쟁의 패배로부터 2008년 베이징 올림픽 이래 "번영하는 중국"에 이르기까지 오랜 20세기 동안의 지식인들을 이해하는 지도와 방법을 제공한다. 치크는 중국사의 이 전환하는 세기에 걸쳐 변화하는 지적 생활의 지형을 독자들이 이해하기 쉽도록 특정 인물, 사상, 논쟁을 제공한다.

지도는 다른 시대, 다른 사회적 세계 그리고 핵심 개념들을 추적할 수 있도록 좌표를 제공한다. 역사적 방법은 여섯 시기 동안 세기를 가로지르는 개인 사상가들, 제도, 사상을 이해하기 위한 맥락과 공동체들에 초점을 맞춘 것이다. 그들은 모두 현대 중국의 공적 생활과 지식인들의 기억할만한 관념과 논쟁, 주인공과 장면을 제공한다.

티모시 치크는 브리티시 컬럼비아 대학British Columbia University 역사학과 교수로 동대학 아시아연구소에서 중국연구센터의 책임자이며 루이스 차Louis Cha, 金庸 석좌교수이다. 그의 저서는 *Living with Reform: China since 1989*, *MaoZedong and China's Revolutions*, *Propaganda and Culture in Mao's China*, *New Perspectives on State Socialism in China*(토니 사이크Tony Saich와 편집함), *The Secret Speeches of Chairman Mao*(로더릭 맥파커Roderick MacFarquhar, 유진 우Eugene Wu와 함께 편집하고 번역함), *China's Establishment Intellectuals*(캐

럴 리 햄린Carol Lee Hamrin과 편집함), 그리고 *China's Intellectuals and the State*(캐럴 햄린Carol Hamrin, 메를 골드먼Merle Goldman과 편집함)이 있다. 가장 최근에는 *A Critical Introduction to Mao*(Cambridge University Press, 2010)와 *Mao's Road to Power: Revolutionary Writings 1912-1949*, Vol.VIII(스튜어트 R. 슈람Stuart R. Schram과 공동)를 편집했다.

내게 천하위공天下爲公을 가르치신 아버지께

일러두기

1. 이 책은 TIMOTHY CHEEK, *THE INTELLECTUAL IN MODERN CHINESE HISTORY*, (New York: Cambridge University Press, 2015)를 완역한 것이다.
2. 중국어를 포함해서 모든 외래어는 외래어 표기법에 따라 표기했다.
3. 원주의 영문표기 중국글은 원글로 대체하였고, 한국어 번역본이 있는 경우 첨부하였다.
4. 역자의 설명은 본문 안에 역자주로 표시했다.
5. 원문의 강조 부분은 굵은체로 표시했다.

번역은 언제나 언어와 문화의 경계를 넘어서는 대화에의 초대이다. 한국의 학자들, 그리고 한국 독자들과 함께 근현대 중국 지식인 문제에 관한 대화에 참여할 기회를 얻게 되어 영광스럽게 생각한다. 이 책의 독자들은 중국의 작가와 사상가들이 20세기를 넘어 오늘날까지 무엇을 해오고 있는지를 더 잘 이해하려는 나의 열망을 함께 나누게 될 것이다. 독자들은 이 책에서 인용한 일부 영어권 학자들이나 혹은 중국과 중국 지식인들에 대한 영미나 유럽 학문에 생기를 불어넣는 질문들에 대해 익숙하지 않을 수도 있을 것이다. 마찬가지로 나 역시 한국의 학자들이 이루어 온 학문에 대해 잘 알지 못하여 아쉽다.

독자들이 이 책에서 흥미롭고 유용한 정보, 질문, 주제를 찾을 수 있기를 바란다. 그런 후에 내게 직접 질문, 도전, 또는 제안을 해 주기를 기대한다. 요즘의 번역 프로그램들로 이메일을 번역하면 기본적인 의사소통을 할 수 있을 것이다.

학술 번역은 완전히 다른 문제이다. 이러한 번역에는 언어적 소양과 상당한 시간 및 노력 외에도 해당 주제에 대한 학문적 지식이 필요하다. 이 책의 한국어 번역이 나오도록 한 국민대학교 중국인문사회연구소 최은진 교수님께 감사드린다. 이 번역이 동 연구소의 "중국 지식 지형의 진화: 기제, 공간 및 네트워크"라는 제목으로 수행되는 글로벌 지식 융합 연구 프로젝트에 기여할 수 있기를 희망한다. 최 교수와 같은 학자가 이 번역 작업에 참여하게 된 것은 선물이자 향후의 대화를 위해 내가 기꺼이 떠맡을 빚이다.

이 책이 처음 출간된 지 약 6년이 지났다. 확실히 중국의 상황이 바뀌고 있지만, 이 책에서 서술된 방향, 트렌드, 지속된 긴장이 지금의 중국 지식인과 그들의 "인민에게 봉사"하려는 현재의 노력을 더 잘 이해하는 데 계속 도움이 될 수 있기를 기대한다. 이 책은 1890년대부터 2010년대까지 긴 20세기에 대한 서술적 역사이지만 동시에 중국 근현대사 속 지식인을 이해하기 위한 지도와 방법을 제시하고 있다. 제시된 정보들을 통해 독자들이 중국의 공적 지식인의 삶을 생동감 있게 만든 아이디어와 개인, 관심사와 토론, 경쟁적 해법들의 의미 있는 역사적 맥락 속에서 어떤 주제나 특정 지식인을 파악할 수 있기를 바란다. 그 방법은 원전비판에 주의를 기울이고 과거past라는 '외국'의 눈으로 세상을 보려고 노력하는 근대 학문 역사학의 역사적 방법이다. 독자들 스스로 역사 연구와 판단을 내리는데 사용할 수 있는 몇 가지 도구와 자료를 제공할 수 있기를 바랄 뿐이다.

오늘날 중국 지식인이 처한 상황은 점점 더 어려워지고 있다. 어떤 이들은 새로운 "문자옥文字獄"이 진행 중이라고 결론지을 것이다. 정말로 그럴지도 모르며, 오직 시간이 지나야 우리가 알 수 있을 것이다. 그러나, 나는 "결국엔 중국 사상가와 작가들이 자신의 기량, 사회적 자본, 삶의 기회를 중국을 위해 - 물론 각자 옳다고 믿는 대로 - 중국에 봉사하려는 인내와 헌신에 감명을 받게 된다"는 이 역사에서의 결론을 여전히 고수하고자 한다.

2021년 밴쿠버에서

티모시 치크Timothy Cheek

14

오늘날 뉴스에 등장하는 중국 지식인들이 우리에게 하는 말은 무엇인가? 베이징의 학자이며 사회활동가인 쉬즈융許志永(1973-)은 공맹公孟과 신공민운동新公民運動을 조직하려는 활동으로 2013년 7월 체포되어 2014년에 4년 형을 선고받았다. 오늘날 중국의 가장 유명한 국제적인 예술가이자 성가신 사회비평가인 아이웨이웨이艾未未(1957-)는 가택 연금되어 있으며 서구에서 열리는 그 자신의 작품 전시회 개막에 참석할 수 없었다. 일반 시민을 위한 활동으로 "맨발의 변호사"로 불렸던 산둥山東 출신의 용감한 변호사 천광청陳光誠(1971-)은 중국에서 쫓겨나 미국에서 망명 생활을 이어가고 있다. 2013년 12월, 중국 간쑤성甘肅省 지역의 암초크Amchok 승원의 티베트 승려 츌트림 갸초Tsultrim Gyatso는 중국 정부의 지속적인 티베트 탄압에 항의하기 위해 분신했다. 중국의 민주주의 선언인 '08헌장'의 대표 저자이며 2010년 노벨 평화상 수상자인 류샤오보劉曉波(1955-2017)는 현재 베이징의 감옥에서 시들어가고 있다.[1](2017년 사망 : 역주) 이와 유사한

---

[1] 쉬즈융에 관해서는 Chris Buckley, "Formal Arrest of Advocate Is Approved in China," *New York Times*, August 23, 2013. 아이웨이웨이에 관해서는 James Adams, "Ai Weiwei: The Artist Is Not Present," *Globe and Mail (Toronto)*, June 18, 2013. 천광청에 관한 기사, Pamela Constable, "Chinese Human Rights Activist Chen Guangcheng Joins Catholic University," *Washington Post*, October 3, 2013; Thubten Samphel, "Self-Immolation/Tibet/China," *Huffington Post*, posted January 3, 2014, at www.huffingtonpost. comlthubtensamphellself-immolation-tibet-china_ b3537565.html. 류샤오보, *No Enemies, No*

목록은 2010년에도 작성될 수 있으며 아마도 2020년에도 그럴 것이다. 우리가 현재 소식을 듣고 있는 중국 지식인들은 반체제 인사들이다. 용감하고 이상주의적이며 영감을 주는 사람들이다. 우리는 이토록 훌륭한 사람들을 박해하는 정부는 틀림없이 오래 가지 못할 것이라고 스스로에게 말한다. 그러나 중국 공산당은 베를린 장벽이 무너지고 소련이 붕괴하고 동유럽이 '민주주의'로 전향한지 수십 년이 흐른 뒤에도 여전히 우리와 함께 있다. 무엇이 문제인가?

문제는 우리 자신 또는 우리가 중국의 지식인을 어떻게 보는가에 있다. 중국의 지식인들은 우리 가운데 많은 이들에게 중국이 개혁과 민주화에 대해서 어떻게 하고 있는지 알려주고 중국이 얼마만큼 "우리와 같아졌는지" 혹은 그렇지 못한지를 타진하는 전조 역할을 한다. 우리는 이러한 지식인들을 우리 자신의 걱정, 희망, 두려움을 비추는 거울로 이용해 왔다. 그러나 반체제 인사들과 종교운동가들에 초점을 맞춤으로써 우리는 중국 지식인들 대다수가 오늘날 무엇을 하고 있고 지난 세기 아시아가 극적으로 변화한 동안에 무슨 일을 했는지 놓치게 된다. 어떻게 중국의 근면하고 재능있으며 헌신적인 지식인들이 해 온 일들을 우리의 습관과 염려를 넘어서 더 많이 볼 수 있을 것인가? 어떻게 우리는 중국을 무의식적으로 바라보는 거울을 내려놓고 망원경을 집어 들어 이 거대한 국가와 격동의 세기에 걸쳐 공적 삶에 참여한 지식인들을 엿볼 수 있을까?

이 책은 중국이 패배한 1895년 청일전쟁에서 시작하여 2008년 베이징 올림픽 이래 "번영하는 중국"에 이르기까지 긴 20세기 동안 중국 지식인들의 공적 역할에 대한 서사를 스케치하여 중국 근현대사에서 지식인을 이해하게 할 방법과 지도를 제공한다. 독자들이 특정한 인물, 사상, 혹은

Hatred: Selected Essays and Poems, ed., Perry link, Tienchi Martin-Liao, and Liu Xia (Cambridge, MA: Harvard University Press, 2012).

논쟁에 대해 분별 있게 평가할 수 있도록 한 세기를 넘어 지식인의 삶의 변화하는 지형을 지도화하였다. 지도는 또한 다른 시대, 다른 사회적 세계, 그리고 핵심 개념을 추적할 수 있는 좌표를 제공한다. 이 책은 또한 과거의 사상, 이야기, 사례들을 이해하려는 방법, 역사적 방법을 보여준다. 이 이야기는 통일적 주제, 즉 중국의 사상가와 작가들이 스스로 설정한 과제이면서 그들이 공익을 위해 봉사하리라는 광범위한 사회적 기대에 중점을 두었다. 이 사회적 기대는 다양한 방식으로 "인민을 위해 봉사하라"는 것으로 표출되었다. 수십여 년에 걸쳐 어떤 봉사가 이루어져야 하는지, 봉사를 받아야 할 인민은 누구이며 어떤 교육을 받은 사람들이 이러한 봉사를 제공해야 하는지에 관해 중요한 변화가 있었다. 여전히 지식인의 봉사는 중국 근현대사의 중심적인 부분이었는데 왜냐하면 중국 정부는 완전히 이데올로기적인 체제여서 체제의 이데올로기적 "소프트웨어"를 고안하고 정교하게 만들어 시행하고 감시하는 지식인 엘리트의 서비스를 필요로 하기 때문이었다. 이것은 마지막 왕조인 청淸, 쑨원孫文(1866-1925)과 장제스蔣介石(1887-1975)의 공화정부, 마오쩌둥毛澤東(1893-1976)과 그의 계승자들의 인민공화국도 마찬가지였고 오늘날 시진핑習近平(1953-) 주석 하의 중국에서도 계속 그러하다.

이것은 흥미로운 이야기이다. 근현대 중국에서 지식인의 공적 생활에의 참여는 이상주의, 용감함, 어리석음, 교활함, 재난과 성공의 연대기이다. 전체적으로 중국의 지식인들은 사건에서 중심적인 역할을 하였다. 풍요로운 지적 엘리트들이 위험한 사회 갈등에 투신했고 용감한 지방 지식인들은 중앙 무대로 헤치고 나아갔다. 중국의 지식인들은 내내 직접 위험을 무릅쓰고 정치적·군사적 권력을 상대했다. 1898년의 개혁가들은 처음부터 광서제의 신임을 얻었으나 서태후의 칼날에 고통을 겪었다. 공화주의 혁명가들은 망명과 감시와 암살에 직면했고 후에는 중국의 군벌들과 위태로운 협력을 했다. 1920년대부터 볼셰비즘 정당은 공공 영역을 - 처음에는 쑨원

그 다음에는 장제스가 통솔한 - 국민당이 지배했고 1930년대부터는 중국 공산당이 경쟁자이며 적으로서 그리고 국가 차원에서 승리했다. 중화인민 공화국은 1949년 이래 오랫동안 마오쩌둥의 지배하에서 유토피아적이면서 디스토피아적이었고 해방에서 고통으로 이어졌으며, 마오 이후의 40년간의 개혁은 놀랄 만한 경제 성장과 상업주의, 전문적 규범과 함께 실업과 공해 같은 사회적 해악이라는 새로운 도전을 불러왔다. 이 모든 공적 실험에서 많은 중국의 지식인들은 논평가, 비평가, 혁명가 또는 국가의 공복으로서 참여하는 것을 선택했다.

우리는 이러한 관점에서 몇 가지 흥미로운 것을 알게 되었다. 중국의 근현대 지식인들은 세계와 연결되어 있어도 중국에 뿌리를 내리고 있었다. 1920년대나 오늘날 중국 문제에 대해 중국 이론을 옹호하는 신유가新儒家나 1960년대 마오주의자와 오늘날 신좌파 누구도 세계로부터 그리고 서구의 사상, 관행, 도전의 영향에서 단절된 적이 없었다. 마찬가지로 가장 세계화되고 급진적인 자유주의자, 인권운동가, 기독교 복음주의자들도 철저하게 중국의 현실에 뿌리를 내리고 있었으며 서구처럼 되려고 하기보다는 중국의 문제에 집중했다. 우리는 오늘날 대부분의 중국 지식인들이 비록 그들이 확실히 정부에 비판적이고 중국의 미래에 대해 깊이 우려하고 있더라도 반체제인사가 아니라는 것을 안다. 마지막으로 우리는 중국의 지식인들이 뛰어나게 창의적이며, 계승된 전통과 (지금은 유교, 자유주의, 그리고 사회주의 중국 전통을 포함하는) 외래 혹은 국제적 자원을 결합해 중국인의 삶 그리고 세계인의 삶을 더 나은 것으로 만들려는 최전선에 있다는 것을 알게 되었다. 중국 지식인들이 얼마나 민주적인지 혹은 우리와 얼마나 비슷하거나 그렇지 않은지에 초점을 맞추기보다는, 그들이 무엇을 하고 있다고 생각하는지, 무엇을 제시하며 그리고 우리 사회가 문제에 직면했을 때 우리에게 어떠한 도움을 줄 수 있을 것인지를 알아보는 것이 훨씬 더 흥미롭다.

중국과 중국의 지식인들은 더 넓은 세계와 연결되었을 뿐만 아니라 한 세기에 걸친 그들의 경험은 세계 지식인의 역사에 신선한 시각을 제공한다. 중국의 경험을 이러한 비교적 시각에서 숙고해 보는 것은 중국 예외주의 주장을 잠재운다 - 유럽 예외주의와 미국 예외주의도 마찬가지이다. 세계 지식인들은 19세기 말 최고조에 달한 유로 - 아메리카 제국주의와 1914년 제1차 세계 대전의 충격, 그리고 1930년대의 세계 대공황을 경험했다. 그들은 나치즘, 사회주의, 미국 승리주의에 대처하며 20세기 중반의 극단의 시대를 살았다. 소비에트연방의 붕괴, 9·11테러 그리고 현재도 진행 중인 테러와의 전쟁에 대응하였고 다양한 방식으로 21세기 초 신자유주의적 세계 경제 질서를 수용하였으나 2008년 금융 위기와 이후의 전 세계적 금융 불안의 도전에 직면하였다. 세계 체제의 일원으로 중국 역시 이러한 흐름의 일부분이었다. 물론 중국의 경험은 미국에서부터 앙골라 그리고 영국에서 바레인에 이르기까지 모든 경제와 모든 나라가 그러하듯이 독자적인 것이다. 오랜 20세기에 걸친 중국의 지식인들과 그들의 경험은 이국적이거나 예외적이기보다 전세계적 변화의 지역적 변형에 대한 독자적 반응이었다. 우리는 4가지의 주요 국제적 변화 즉 식민주의와 그 여파, 혁명과 레닌주의의 매력, 국가 주도의 발전, 그리고 포스트 사회주의 개혁을 되돌아 볼 것이다.

중국 지식인과 그들의 공적 생활에 관한 이야기는 권력에 진실을 말하고자 하고 그들 사회의 더욱 고귀한 목적을 수행하고자 하며 그리고 공익을 위해 봉사하려는 열망을 가진 모든 지식인들을 위한 교훈으로 가득 차 있다. 이 역사 혹은 어떠한 역사라도 과거 그 자체와 동일하지는 않다. 이것은 우리가 과거에 관해 말하는 이야기이다. 이러한 이야기들은 우리의 질문과 가정들로 형성된다. 나의 질문들은 다음과 같다. 첫째, 그 당시 사람들에게는 어떠했는가? **그들의 마음속에는 무슨 생각이 있었는가?** 당시의 가장 시급한 문제는 무엇이었는가? 그러한 도전에 대한 또 다른 해법은 무엇이었는가? 둘째, 무엇이 그들의 세계를 형성했는가? 어떻게 조직화 되었는가? 어떤 기관과 공동체가 삶을 규정하였는가? 그들이 대응하던 것에는 어떤 일이 일어났는가? 누가 그들의 청중이었는가? 그리고 세 번째, **누가 주역이었는가? 누가 유명했는가? 만약 그들이 유명하지 않았다면 왜 그들은 중요한가?** 각각의 시대와 장소(이데올로기적 순간)의 삶을 형성한 관념, 제도 및 개인에 대해 명확히 지각하는 것은 우리가 사람들이 경험한 것에 대해 생각하고 말하고 쓴 것을 이해하는 데 도움을 줄 것이다. 이 질문을 끌어내는 가정은 세 가지이다. 첫째, 관념ideas이 중요하다. 그 간단한 테스트는 혁명가들이 관념으로 성취한 사회적 동원과 모든 정권하에서 그들의 신념으로 죽은 지식인 순교자의 명단에 있다. 둘째, 지적 전통은 만들어진다. 말하자면 과거의 관념과 학파들은 후대에 와서, 때로는 급진적으로 재해석된다. 예를 들면 우리는 국가에 봉사하려는 압도적인 욕구가 지난 세기로부터의 유교적 전통이라는 수많은 주장이 실은 많은 면에서 20세기의 혁신이었다는 것을 보게 될 것이다. 그리고 셋째, 정치적 자유주의와 마르크스 레닌주의가 경쟁하는 20세기의 전통에서 보게 될 것처럼 외래 사상은 시간이 지나면 중국적인 것이 될 수 있다. 이 책의 가장 핵심적인 질문과 가정들은 나의 스승인 필립 쿤Philip Kuhn의 직업적 신조 즉 사고thought는 사회적 경험과 연결되어 있다는 것에서 도출되었다. 우리는 사람들이 어디에서 살았고 무엇을 경험했는지, 그들이 어떻게 이것을 파악했고 누구와 이야기했는지를 이해함으로써 사람들이 말하는 것과 의미하는 바를 이해할 수 있다.

내가 만들 수 있는 그러한 역사적 맥락은 "과거 전체" 혹은 "단 하나의 진실"은 아닐 것이나 이전의 시간과 또 다른 장소에서 "그것이 어떠했었는지를" 잊는 경향 혹은 우리가 생각하는 합리적인 것을 다른 이들에게 투사하려는 우리의 자연스러운 인간적 속성을 점검하여 과거의 경험과 의미를 가능한 한 공정하게 재현하려는 학문적 시도이다. 단언컨대 당신과 내가 타당하다고 생각하는 것이 과거에는 꼭 그렇지는 않았다. 마찬가지로 1902년 량치차오梁啓超(1873-1929)에게 '민주주의'가 의미하는 바가 1922년 상하이의 평범한 학생이나 1940년의 마오쩌둥, 1989년 톈안먼天安門 광장에 있던 학생들, 혹은 오늘날 중국 정부나 그것의 비평가들에게 의미하는 것과 같지 않다. 과거에서 세부 사항을 모아 전문적인 역사학의 기술 규범에 따라 그것을 평가하고 해석하는 것이, 과거에서 배우고 세계에 대한 우리의 현재 이해를 더욱 풍부하게 하는(단순히 강화하기보다) 내가 아는 최선의 방법이다.

이 역사는 중국에 대해 작업하는 것에서 중국인들과 작업하는 것으로 옮겨 간 진지한 프로젝트를 반영한다. 중국의 마르크스주의자들과 서구 포스트모던 학자들은 모두 다 전형적으로 자신들의 이데올로기적 입장인 그들 작업 이면의 정치 혹은 목적을 공표한다. 이 책은 나의 정치적 견해를 반영하며 나와 같은 학문 세대와 불가분의 관계에 있다. 나는 '중국 중심'의 역사학자로 훈련받았다. 중국사 연구에 대한 이러한 접근은 1970년대 이래 서구 학계를 지배했으며 중국의 관점에서 중국을 이해하기 위해 중국어, 역사, 예술 문화의 철저한 기초에 초점을 두었다. 중국 학문을 포함하여 학문은 항상 이러한 이해를 위한 탐색에 뿌리를 두고 있다. 하지만 지난 50년간 영어와 유럽의 언어로 수행된 근현대 중국 연구를 돌아보면, 정부나 대중들이 가장 가치 있게 여기는 것은 우리의 작업이 중국을 변화시키고자 하는 데 기여할 때인 것이 분명하다. 기독교 전파나 민주화를 지향하거나 체제 변혁 혹은 단순히 중국의 현대화를 지향하거나 간에 중국을 변화시키는 데 도움이 될 학문 연구에 정부의 관심, 연구 자금 그리고 출판사의 독려가 집중되었다. 1990년대 이래 중국이 부상하고 중국의 학문이 부흥하면서 이러한 분위기는 달라졌다. 서구의 사회적 기대와 학문적 관심 모두 개별 중국인을 참여시키는 쪽으로 옮겨갔다. 이 책에 있는 정보는 오늘날 중국을 연구하는 많은 서양 학자들의 각계각층, 가장 흔히 우리 자신의 연구 분야 혹은 전문적인 업무 분야에서 중국인 동료들과 함께 작업할 준비를 하기 위한 전반적인 노력의 일부로 제공되었다. 우리 자신의 이데올로기적 순간은 서구 중심의 세계에서 공동의 문제를 다루기 위해 함께 일하는 다양한 방식과 다중심적 세계로 이동했다. 그렇게 하기 위해서 우리는 우리가 어디에서 왔고 우리의 마음속에 무엇이 있는지 서로에 대한 견실한 정보가 필요하다. 좋은 역사가 도울 수 있을 것이다.

나는 근현대 중국 지식인의 역사를 구성하기 위해 세 가지 도구 즉 이데올로기적 순간Ideological moment, 지적 생활의 세계Worlds of intellectual life, 지속되는 관념Enduring ideas을 사용했다. 뚜렷이 구별되는 맥락을 조직하는 방법으로 1895년부터 2015년에 걸쳐 여섯 번의 이데올로기적 순간으로 나누었다. 각각의 이데올로기적 순간들은 시대의 과제, 주도적인 도전 과제로 형성되었다. 당연히 중국과 같은 크기(미국이나 유럽 연합보다 더 크다)의 정치체에서는 하나 이상의 이데올로기적 순간이 다른 인구 집단 사이에 존재했다. 그러나 서로 다른 수십 년의 시기에 하나 혹은 그 이상의 이데올로기적 순간들이 분명히 중국의 공적 삶의 중심 무대에 등장했다. 또한, 각 이데올로기적 순간은 확실히 **개혁, 혁명, 회생**Rejuvenation이라는 기본적 지향이나 분위기를 반영했다. 어떤 시기에도 세 가지 모두를 발견할 수 있긴 하지만 하나의 분위기가 중국 근현대사의 각 순간마다 지식인의 참여를 조성했다. 특정 시기와 장소의 맥락에서 지배적이거나 혹은 주요한 이데올로기적 분위기와, 대안적 이데올로기를 지향하는 반대의 역할이나 내재적 역할을 동시에 볼 수 있다.

무엇이 필요하고 무엇이 이치에 맞고 무엇이 인민을 위한 봉사인지 이 모두가 이데올로기적 순간의 변화에 따라 달라졌다. 그것은 또한 **지적 생활의 다른 세계**에 따라 다양하며 각각의 주역들이 사는 지역사회와 누구의 관심사 및 염려를 반영하는지 그리고 국가나 '국민'의 언어를 사용하고 있을 때라도 그들이 누구에게 말하고 있는지에 따라 달라졌다. 청의 과거 급제자, 민국 시기의 도시 전문직 종사자, 마오쩌둥 치하의 지식인 간부, 오늘날 중국의 대학 교수들의 세계는 지역 유지, 도시의 중산층과 성장하는 노동자, 그리고 중국의 다양한 농촌 지역의 세계가 그러하듯 현저히 다르다. 무엇보다도 여성의 경험은 남성의 그것과는 크게 달랐고 여성 지식인들은 이를 다루어왔다. 이러한 사회적 세계 안팎에서 우리는 네 가지 종류의 공적 참여 혹은 **역할** 특히 **사회질서 부여**(정부 서비스), **사회 교육**(공적 논평), **사회 비판**(반대 의견), 그리고 **사회 동원**(능동적 동원, 저항)을 언급할 것이다.

마지막으로, 우리는 **지속되는 관념**을 살펴본다. 모든 것이 다 맥락이 변화하고 사회적으로 차이가 있는 것은 아니었다. 근현대 중국의 지식인들은 공적 생활의 세 가지 기본적 측면: 인민의 역할, 중국(인)이라는 것의 의미, 어떻게 민주주의를 실현하게 할 것인가에 대해 지속적으로 고민해 왔다. 이러한 지속되는 관념은 각 세대와 이데올로기적 순간마다 되살아났는데 때로는 상당히 다른 내용으로 때로는 그저 다른 말로 표현되지만 20세기에 걸쳐 중국 지식인들은 사람들을 각성시키거나 이끄는 것, 중국(인)이면서 근대적인 것이 무엇을 의미하는지, 어떠한 종류의 "인민의 통치"가 중국에 적합한 것인지를 고민해 왔다. 예를 들어 누가 동원되어야 할 '인민'인지는 남성, 여성, 한족漢族 또는 소수민족, 도시, 농촌, 프롤레타리아 또는 모든 계급 등 한 세기에 걸쳐 변화해 왔다. 물론 이것만이 지속되는 관념이나 중요한 용어는 아니지만, 이것들은 세기 전반에 걸쳐 너무 중요해서 무엇이 지속되었으며 혹은 발전했는지를 보게 할 뿐 아니라 모든 사회적 다양성과 다른 역사적 맥락을 이해하도록 돕는다.

이 이야기의 각 장은 이데올로기적 순간이 반영된 스냅 사진으로 시작하는데 거기서 우리는 지적 봉사가 행해지는 세계의 무언가를 볼 수 있다. 그리고 나서 "목소리"로 이어지는데 당대 몇몇 지식인들의 원작을 짧게 발췌한 것으로 그 시대 과제에 대한 분위기를 느끼게 하기 위해서이다. 각

장의 본문은 이데올로기적 순간을 묘사하고 대표적 지식인의 글과 삶을 탐구한다. 각 장은 그때까지 진전된 세 가지 지속되는 관념으로 되돌아가는 것으로 끝맺는다. 목적은 각 이데올로기적 순간에 장면과 주역, 주장과 관념이라는 관점에서 기억에 남을 만한 모습을 배치하여 백과사전식이 아닌 중국의 긴 20세기 동안 공적 생활의 변화하는 세계와 관념의 방향을 제시하는 지도를 제공하는 것에 있다.

이 책은 일반 독자에게 중국의 지식인들이 20세기에 걸쳐 그들의 사회에 공헌하려고 노력한 내러티브 역사, 그들이 무엇을 하고 있다고 생각하였는지와 어떻게 수행하였는지를 제공한다. 역사가에게 그것은 이데올로기적 순간에 초점을 맞춘 쉬운 틀의 줄거리나 메타 서사의 전개를 깨뜨릴 때, 역사적 서술에서 어떤 일이 발생하는지를 시험하게 하여 사례를 지닌 내러티브의 역할에 대한 방법론적 에세이를 제공한다. 비교학자에게는 이 중국 지식인의 이야기는 유럽, 북미 그리고 제 3 세계 지식인의 경험과 비교하고 대조하도록 격려하는 방식을 제시한다. 중국 전문가에게는 익숙한 인물에 대한 도전적인 해석과 근현대 중국 지성사 가운데 그들에게 덜 익숙한 부분에 대해 유용한 정보를 제공할 수 있기를 희망한다.

이 프로젝트는 내가 전문직에 종사하면서 배운 것을 요약한 것이다. 글쓰기가 본격적으로 시작된 이래 공동으로 대화를 통해 작업하며 놀라운 5년을 보냈다. 나는 수년간에 걸쳐 공식적으로나 비공식적으로 나의 스승들에게 은혜를 입었다. 그들 대부분은 나의 노트와 참고 문헌 목록에 인용된 많은 학자들 속에 있다. 나는 특히 나의 연구생들이 이 책을 만드는데 준 도움들, 즉 잭 헤이즈Jack Hayes는 지적 작업을 위한 환경, 민족, 지역을 연계하는 것의 중요성, 위잔수이Yu Zhansui로부터 시노폰華語, sinophone 논쟁의 형성, 왕닝Wang Ning으로부터는 마오주의의 이데올로기적 재생에 대한 새로운 관점, 황신Huang Xin에게서 지적 생활에서 형성된 젠더 권력, 안나 벨로구로바Anna Belogurova로부터 세기에 걸친 중국 혁명에서 중국인의 활동적 역할, 왕시안Wang Xian에게서 지적 정치적 삶에서 종교의 지속적인 침묵, 맷 골웨이Matt Galway로부터 마오주의의 회복력, 프랑수아 라샤펠레Francois Lachapelle에게서 신사회학 사상의 놀라움, 크레이그 스미스Craig Smith로부터 범아시아주의의 중요성, 그리고 모건 록Morgan Rocks으로부터 무정부주의가 여전히 살아있다는 것을 알게 된 것에 감사한다.

이 작업은 또한 나 자신의 현재 공동체들, 내 지적 생활의 세계에 의해 형성된 것이다. 나는 이 친구들과의 교류로 축복을 받은 것이나 다름없다. 조시 포겔Josh Fogel과 데이비드 오운비David Ownby는 오늘날 중국의 공적 논쟁에서 역사적 사고의 사용에 관한 프로젝트를 나와 함께 이끌었다.

레벤슨Levenson그룹은 중국 역사에 관한 우리의 사고를 점검해 보는 진정한 순회 심포지엄으로 나의 자문역할을 하며 영감을 준다. 게레미 바메Geremie Barmé, 글로리아 데이비스Gloria Davies, 매들린 웨둥Madeline Yue Dong, 마크 엘리엇Mark Elliot, 그리고 예원신葉文心이 있다. 중국 역사학 그룹은 브리티시 컬럼비아 대학UBC에서 지원하는 학술 공동체를 제공했고 이 책을 저술하는 중대한 시점에서 초안을 읽고 중요한 피드백을 주었다. 쉬지린許紀霖(1957-)과 상하이 화동사범대학의 교수들과의 20여 년의 오랜 교류로 중국 지식인들에 대한 내 생각이 형성되었다. 나의 지적 세계는 수십 년 동안 멀리 떨어져 있는 나의 동료들, 즉 해리 바버Harry Barber, 팀 브룩Tim Brook, 폴 에반스Paul Evans, 존 프리드먼John Friedmann, 데이비드 켈리David Kelly, 피트먼 포터Pitman Potter, 짐 스피어Jim Spear와 제임스 윌커슨James Wilkerson과의 논쟁으로 형성되었다. 박식한 중국 연구자, 환경과학자 그리고 엔지니어인 짐 윌리엄스Jim Williams는 중국 연구를 시작할 때부터 나의 동료였는데, 나는 그가 놀랍게도 한 챕터의 내용을 종이 한 장 위에 개괄했던 것에 특별히 감사하고 싶다. 그 덕분에 진퇴양난이던 내 글이 진척될 수 있었다.

케임브리지 대학의 평론가들이 세심하고 도움이 되는 제언을 한 것에 감사하고 특히 비중국 전문가들에게 감사한다. 나는 특히 각 장(1-6, 순서대로)을 세심하게 비평해 준 6명의 동료, 조시 포겔Josh Fogel, 찰스 헤이포드 Charles Hayford, 매슈 존슨Matthew Johnson, 제레미 브라운Jeremy Brown, 조지프 퓨스미스Joseph Fewsmith, 그리고 글로리아 데이비스Gloria Davies에게 감사한다.

링스아오Ling Shiao와 남부 감리교 대학 동료들이 2013년 스탠턴 샤프 강연Stanton Sharpe lecture에 초대해 주어 감사한다. 거기에서 나는 책 주제의 윤곽을 잡았고 프로젝트의 워크숍 비평에서 도움을 받았다.

이 책에 들어간 조사와 집필 시간을 위한 기금은 캐나다 사회과학연구

위원회Social Science Research Council of Canada, UBC 아시아 연구소, 그리고 UBC 예술학부에서 받았다.

베이징 외곽 무톈위慕田峪에 있는 할머니 댁을 이용하게 하고 "지식인들과 향촌"에 관한 우리의 2010년 워크숍을 포함해 초기 단계에 이 프로젝트를 진행해 준 짐 스피어Jim Spear, 탕량Tang Liang에게 특별히 감사를 전한다.

내 가족들 덕분에 이 작업을 해낼 수 있었다. 앨리슨Alison은 항상 할 수 있다고 확신했으며 브론웬Bronwen은 날 건강하게 해줬고, 송진Song Jin은 내가 끈기 있게 해내도록 도와주었고 테사Tessa는 글쓰기 정신을 가르쳐 주었다.

나는 이 책을 만들 수 있게 도와 준 마리골드 아크란드Marigold Acland, 결실을 보게 해준 루시 라이머Lucy Rhymer, 영감을 주는 편집 지침을 준 로절린 스콧Rosalyn Scott과 아만다 조지Amanda George, 우수한 제작 작업을 한 베아타 마코Beata Mako, 훌륭한 검수를 한 존 곤트John Gaunt 케임브리지 동료들에게 감사한다. 나는 직무의 범위를 넘어 마지막 교정을 해 준 하버드의 펑 도서관 페어뱅크 센터 컬렉션의 낸시 허스트Nancy Hearst에게 다시 한 번 감사한다. 사진을 찾고 사용 허가를 얻어 준 제나 더르Jenna Dur에게 감사한다.

이 지식은 여러 세대의 학자에게서 온 것이지만 이 책의 결점은 나 자신에게 있다.

············

중국 지도

중국의 지도(티모시 치크가 편집한 *A Critical Introduction to Mao*에서)

서론
공익을 위하여

"인민에게 봉사하라!" 마오쩌둥의 이 분명한 요구는 중국혁명을 상징하는 문구 가운데 하나로 특히 중국 공산당에 의해 혁명이 주도되던 시기에 그러했다. 그러나 이 문구는 마오쩌둥에게서 유래한 것이 아니었다. 근대적 형태로서 이러한 정서는 중국 공산당이 지도적 위치가 되기 전 적어도 반세기는 앞섰으며 오늘날 중국의 지적 생활에 생기를 불어넣었다. 마오쩌둥의 요구는 사실 공익을 위해 봉사하는 지식인의 소명에 관한 특별한 버전으로 위공여하爲公如何라고 하는 고전적 질문에 잘 표현되어 있다. 우리가 이 책에서 따라가 볼 중국 사상가와 작가들은 비록 각자가 이해하는 대로이긴 했지만 모두 공익公에 봉사하는 것을 추구했다. 그럼에도 불구하고 "인민에게 봉사하라"라는 문구는 1895년 이래 지식인의 공적인 봉사를 특징짓는 모호함과 도전을 담고 있다. '봉사'와 '인민', 그리고 내포된 실행자의 의미 즉 누가 인민을 위해 봉사를 제공할 자격을 갖추었는가는 세기를 지나며 상당히 변화하였다.

긴 20세기의 탄생

　1895년부터 2010년대에 이르는 '긴 세기'에 중국의 사상가와 작가들은 전례 없는 재난과 실존적 위기에 직면하였고 이것은 점차 개인적인 것이 되어갔다. 1890년의 중국은 하나의 국가가 아니라 제국으로, 한족이 아니라 중국문명(톈샤 "天下", "하늘아래 모든 것이"로 알려진)을 경험한 만주족이 통치한 청 제국이었다. 이 모든 것은 1894-5년의 청일전쟁에서 청의 패배로 무너졌고 1912년에 이르러 청 왕조의 실제적인 붕괴로 더 근대적인 공화국으로 교체되었다.

　이러한 근본적인 정치적 변화는 중국의 긴 20세기를 형성하였고 민족주의의 세기로 만들었다. 청 제국은 부득이 중국이라는 국민 국가가 되었다. 이어질 페이지에 설명될 모든 변화 가운데 하나의 공통 관심사가 우리가 마주치게 될 지식인 활동의 범위에 생기를 불어넣었다. 그것은 새로이 출현한 중국 - 국민 국가, 사회, 그리고 개인의 정체성 - 을 규명하고 보존하고 완전하게 하는 것이었다.

　청 제국 말엽 중국의 교육받은 엘리트들은 학자들이었다. 학자들 가운데 소수의 관료들은 특권적 지위를 누리는 행정가로서 왕조에 봉사하고 주로 향촌의 식자층으로 기능하는 동시에 부유한 지주, 존경받는 지역사회 유지로서의 삶을 향유했다. 그들은 법적으로 체벌과 부역에서 면제되었다. 그들은 자신들의 지위를 보장해 줄 과거시험에 응시하기 위해 유교 경전을 공부했다. 그들은 일반적으로 "학자들"에 해당하는 사士로 불렸다. 그러므로 중국의 교육받은 엘리트들의 세계는 뚜렷한 도덕적 함양 및 지역사회 내 문화적·도덕적 지도력에 대한 기대, 정부 관료로서 공직을 열망하는 것이었다. 이것이 초기 서구 체류자들을 감동시킨 중국 관료정치였다. 1800년까지 매우 파란만장하고 역동적인 거의 2천 년의 역사 동안 이것은 지적 생활의 전형이었다. 그 당시 중국은 부와 권력의 정점에 있었으며 아시아 내륙의 새로운 영토를 정복하였고, 거대하게 증가한 인구를 부양하고 전 세계에 현금(은괴)을 받고 상품을 수출하고 있었다.[1]

그것은 또한 내적 동인에 의해 위태로운 사회였는데 주로 거대한 인구 증가에 제대로 대처하지 못하는 보수적 정부의 무능력에 기인하는 것이었다. 1800년 이전 세기에 인구는 거의 세 배가 되었으나 정부는 세수를 증가하지도, 제방과 운하 같은 사회간접자본을 확대하지도 못했고 평화를 유지하지도 못했다.[2] 우리 이야기의 핵심은 1895년 세대, 달리 말하면 그 해에 대강 20세 가량 된 학자들의 정체성, 역사, 사회적 기억이 그들의 부친과 조부를 통해 형성된 19세기 초 영광스러운 시절인 중국이 세계의 중심이었고 유교가 동아시아 전반의 공인된 국제적 이데올로기이었던 때, 또한 1793년경의 매카트니 사절단에게 한 것처럼 중국식을 따르든지 나가라고 할 때까지로 거슬러 올라간다는 것이다. 사실, 상황은 적어도 1820년 대부터 그다지 좋지 않았는데 그 이전 50년 전부터 점차 악화되어 온 하층민의 빈곤은 드디어 제국의 여러 부분에서 저항과 반란으로 폭발했다.[3]

의심할 여지 없이 중국 엘리트들은 이러한 국내의 도전들을 아마도 왕

---

1) William T. Rowe, *China's Last Empire: The Great Qing* (Cambridge, MA: Harvard University Press, 2009).

2) 이러한 내적 발전과 긴장에 관해 필립 쿤(Philip Kuhn)의 *Soulstealers: The Chinese Sorcery Scare of 1768* (Cambridge, MA: Harvard University Press, 1990)에 가장 생생하게 나와 있다; 그리고 중국 국정 운영에 관한 그 함의는 그의 *Origins of the Modern Chinese State* (Stanford, CA: Stanford University Press, 2003)에서 다루었다.

3) 근현대 중국에 관한 여러 훌륭한 탐구 역사서가 있다. 여전히 내가 가장 좋아하는 것은 Jonathan D. Spence, *In Search of Modern China* (New York: W. W. Norton, 1999(조너선 D. 스펜스 지음, 김희교 옮김, 『현대 중국을 찾아서』1·2, 이산, 1998), 또한 John King Fairbank and Merle Goldman, *China: A New History*, 2nd edn. (Cambridge, MA: Harvard University Press, 2006) 및 R. Keith Schoppa, *Revolution and Its Past: Identities and Change in Modern Chinese*, 3rd edn. (New York: Prentice-Hall, 2011)이다.

조 교체라는 전통적 방식을 통해 해결할 수 있었을 것이다. 하지만 서구 열강이 중국 사회에 자신들을 강제할 수 있는 물리력과 의지를 가지고 돌아온 이 불운한 시기에 이러한 충돌은 모든 것을 변화시켰다. 서구 상인들은 그들의 문제에 대한 해결책을 발견했다. 당시 유럽은 중국에 수출할 만한 상품이 은銀 외에 마땅히 없어서 아편의 사용과 구매를 장려하였다. 영국인들은 1800년부터 1840년 사이 벵갈 식민지의 아편을 중국의 구매자에게 판매하는 것으로 교역의 조건을 바꾸었다. 중국과의 잇따른 전쟁과 그 결과인 "불평등 조약"으로 영국인들은 중국 주요 도시의 특권적 조약항에 주둔할 수 있게 되었다. 이러한 특전은 곧 다른 외국 상인들과 외교 인사들에게 확대되었고 또한 기독교 선교사들에게도 적용되었다. 이들은 곧 중국의 정체에 전례 없는 포괄적인 도전을 불러왔다. 이 상업적 문화적 도전은 유럽의 새로운 군사력에 의해 뒷받침되었다. 중국은 항상 무역을 통해 세계와 연결되어 있었고 주로 중앙아시아인들이나 동남아시아 출신의 무슬림 외국 상인들이 오랫동안 중국의 도시에 존재해 왔다. 중국은 또한 외국의 신앙을 포용해 왔는데 특히 그러한 예로 초기 인도에서 도래한 불교가 있다. 그리고 중국은 외국 군대에 침략 당했었고 또 실제 정복되었었다. 사실 청 왕조도 중국인이 아니고 만주족이다. 그러나 초기 종교의 유입은 상대적으로 적었거나(네스토리우스교, 유대교 혹은 이슬람교의 예처럼) 불교의 경우에는 중세의 주요한 문화적 도전이었지만 군대와 함께 온 것은 아니었다. 마찬가지로 군사적 침략은 중국의 유교적 패턴을 변화시킬 만한 정치적 혹은 문화적 모델을 가져오지는 않았다. 몽골인들은 13세기에, 만주인들은 17세기 중국을 정복했지만, 이 두 침입자는 모두 기존의 유교적 황제권, 유교 경전 학습, 그리고 중국어를 공식적으로 국정 운영에 채택한 중국 왕조가 되었다.

1880년대에 이르면 국내의 주요 반란에 더해 서양 조약항의 경제와 기술력, 군사적 주둔과 지역 정치에의 개입, 기독교 선교사와 그들의 문화적 도전이라는 세 가지 공격은 타격을 주기 시작했다. 도시에 사는 중국인들은 서점과 엘리트와의 개인적 유대라는 오래된 네트워크를 보충하기 위해 유럽의 예를 따라 중국어로 된 신문을 읽기 시작했다. 그리고 우리가 소위 지도적 지식인이라고 하는 이들의 지적 생활의 세계에서 뉴스는 실망스러운 것이었다. 청 왕조는 외세에 의한 강탈이나 모욕에 제대로 대처하지 못하거나 더 깊숙한 내륙으로의 침입에 무력으로 대항하였을 때 형편없이 패배하여 반복해서 굴욕을 당하고 있었다. 지식인층 사이에 위기의식이 고조되었다. 자연스럽게 대응은 주로 전통적인 유교의 국가경영이론에서 도출되었다. 당시 서구의 상인이나 외교관들의 묘사나 최근까지 학문적 연구에서조차 자주 언급되었음에도 불구하고, 중국의 지도자나 지식인들이 끌어낸 전통은 빈사 상태에 있지도 않았고 획일적이지도 않았다. 19세기 중국의 국가 운영은 실질적인 성공을 거두고 발전된 정치적 전통에서 기대할 만한 논쟁적 다양성을 내포한 역동적인 역사였다.[4]

지도자들은 중국의 경세술로부터 1860년대와 1870년대에 걸쳐 동치중흥으로 알려진 것을 고안해 냈다. 그들은 서구의 최신기술 특히 군비를 도입하여 유교적 왕조에 봉사하고 궁극적으로는 이를 보존하고자 했다. 일부 학자들은 반동적 해결책 - 일종의 유교적 근본주의와 가족적 가치를 제시하고, 외국인들이 들여온 근대적 혁신이라면 모두 거부했다. 다른 학자들은 현실주의적인 국가통치經世의 실용적 전통에, 약간의 서구 모델과 기술을 채택해 경제와 국가를 강화할 해결책을 끌어냈다. 마지막으로 1880년대부터 캉유웨이康有爲(1858-1927)로 대표되는 몇몇은 중국을 구하기 위한 급진적 변화를 유교적 선례에서 발견하기 시작했다.

근대적 중국은 1860년대부터 1890년대까지 30여 년간의 정치 개혁과 혁신 속에서 탄생했다. 이 새로운 세계는 서구의 근대적 기술이 가져온 사

---

4) 특히 Kuhn의 *Origins of the Modern Chinese State* 첫 번째 부분을 참고할 것.

회적 변화(예를 들면 배와 기차의 증기 기관, 신문, 전신 통신과 같은)와 상하이에서부터 광저우廣州, 톈진天津 같은 조약항 사회의 유럽인들이 보여주는 "근대적 삶"의 모델에 의해 점진적으로 형성되었다. 이것이 국내 불안(특히 세기 중반 태평천국의 난으로 인한 심각한 영향)과 외국의 침입이라는 두 개의 도전에 대한 중국의 사상가들과 작가들의 응전을 형성한 맥락이었다.

우리는 1장에서 그 세계로 들어갈 것이다. 그러나 어떻게 20세기의 격랑의 역사와 그 속에서 중국 지식인들의 역할을 이해할 수 있을 것인가?

지도: 이데올로기적 순간, 사회적 세계, 그리고 지속되는 관념

우리는 중국 근현대사 속 지식인들에 대한 이해를 지식인들의 활동에 초점을 맞춘 이데올로기적 순간, 지적 생활의 세계, 지속되는 관념이라는 세 개의 렌즈를 통해 날카롭게 벼릴 수 있다. 이것은 도전적인 외국의 관념을 사람들이 다루는 방식에 대한 일련의 사례를 통해 사상이 문화적인 혹은 담론적 간극을 가로지를 때 어떤 일이 발생하는지를 이해하는 것을 포함하는데, 최근 세기의 중국 지식인의 경험을 이해할 뿐 아니라 그들의 사례를 오늘날의 우리에게 유용하게 하기 위해서다. 우리 역시 도전적인 외국의 견해와 관계를 맺어야 하고 설득력 있는 현지의 해법을 찾아야만 하기 때문이다.

"지식인"과 중국의 사상가와 작가들

지식인의 정의와 지식인에 대한 평가는 시대에 따라 변화해 왔다. 그럼에도 불구하고 우리는 "지식인"이 의미하는 것에 대해 분명히 해야 한다. 간단히 말하자면 "지식인"은 서구의 근대적 용어로 한 세기에 걸친 중국의 사상가와 작가에게 적용하는 것은 불완전하지만 영어권의 중국학 연구에서 보편적으로 사용되고 있어서 다른 용어로 대체하면 더 혼란스럽게 여겨질 것이다. "지식인"은 우리가 이 이야기에서 만나게 될 상당히 다른 종류의 사상가와 작가들을 지칭하는 일반적 표식이라는 것을 기억하는 것으로 충분하다. 핵심이 되는 단어는 지식분자知識分子로 러시아의 "인텔리겐챠"로부터 나온 외래어라는데 대체로 의견이 일치하고 있다. 최근 중국 사전에 나오는 지식분자의 사전적 정의는 "교육받은 사람, 지식인, 인텔리겐챠"이다.[5]

지식분자의 사회적 통용이 사전 등재보다 더 중요하다. 중국 이외 지역의 학자들은 허바오강何包鋼(1957-)이 중국적인 지식인 관념에 대해 영어로 쓴 논평에서 제시한 표현에 거의 동의하고 있다. "지식인은 지식과 문화적 상징을 마음대로 사용하며 이성을 활용해 자신의 가족, 계급, 지역적 한계를 넘어설 수 있는 사람이다." 이러한 포괄적 설명에 허바오강은 중국의 지식인은 "도道를 보호하고 발전시킬 사명이 있다"고 덧붙였다.[6] 도道는 원래 고대 중국 사상의 유교적 태도로 현대 중국적 관념의 문명화된 통치를 일컫는 것이다. 허바오강은 유교적 용기에 대한 현대적 표현을 위해 마오쩌둥 이후 시기의 저명한 지식인인 왕위안화王元化(1920-2008)의 "이론의 생명은 용기와 진실함에 있다. 이론은 권력에 굴복하지 않으며

---

5) 『新時代漢英辭典』 (上海: 商務印書館, 2000), p.1988.

6) He Baogang, "Chinese Intellectuals Facing the Challenges of the New Century," Edward Gu and Merle Goldman, eds., *Chinese Intellectuals between State and Market* (London: Routledge, 2004), p.263에서 인용. 허바오강(호주에서도 가르쳤으며, 현재 싱가포르에서 가르치고 있음)은 베버에서 부르디외에 이르는 주요 이론가들에 대한 사려 깊은 리뷰를 제공한다. 중국어가 부가된 이 일반적인 정의(David L. Sills, ed., *International Encyclopedia of the Social Sciences* (New York: Macmillan, 1968)에서 Shils의 항목을 기반으로 함)는 Hamrin과 Cheek의 *China's Establishment Intellectuals* (Armonk, NY: M. E. Sharpe, 1986), p.4에서 채택한 정의와 거의 유사하다.

누군가에게 아첨하지도 않는다"를 인용하였다.[7] 중화인민공화국에서 중국어로 저술 활동을 하는 학자들은 이 문제를 비슷한 태도로 다뤘다. 주융祝勇(1968-)은 『중국 지식인은 무엇을 해야 하는가知識分子應該幹什麽?』의 서문에서 베이징의 그의 동료 대부분이 동의할 만한 설명을 했다.

> 근대적 의미의 지식인이 중국에서 출현한 것은 최근의 일로 서구 학문의 동진, 중국의 개방, 서구 학문 분야의 도입, 과거 제도의 폐지에 따른 것으로 이 모든 것으로 인해 전통적 지식공동체인 사士(학자)의 변화가 시작되었다.[8]

실제 지식인들은 1910년대 5·4운동 시기에 시작되었다. 비록 주융이 지적한 것처럼 루쉰魯迅(1881-1936)이 1927년에 쓴 글의 제목을 「지식계급에 대하여關于知識分子階級」라고 하였지만, 명백히 공식적인 "지식분자知識分子"는 당시에도 일반적이지 않았다. 주융은 지식인은 전통적인 사士, 혹은 유교 엘리트와는 구별되는 존재이지만 그럼에도 불구하고 사士의 전통과 수많은 연결고리를 가지고 있다고 결론지었다. 주융은 이러한 유산이 중국 지식인의 특별한 성격과 운명을 규정했다고 서술했다.

---

7) He Baogang, "Chinese Intellectuals Facing the Challenges of the New Century," Merle Goldman, *Sowing the Seeds of Democracy: Political Reform in the Deng Xiaoping Era* (Cambridge, MA: Harvard University Press, 1995), p.285에서 인용. 왕위안화(王元化)는 중국의 저명한 원로 학자인데 유교적 가치로 그의 관심이 복귀한 것은 5·4의 계몽적 이상을 무시한 것에 대한 비판을 촉발시켰다. 쉬지린은 왕위안화의 작업에 대해 다른 종류의 계몽주의라고 옹호하였다. 許紀霖, 『另一种启蒙』(다른 종류의 계몽), (廣州: 花城出版社, 1999), pp.325-8.

8) 祝勇, 『知識分子應該幹什麽?』(지식인은 무엇을 해야 하는가?) ; (北京: 時事出版社, 1999), pp.1-2; 전체 서문 pp.1-6은 명확한 (정의를 내리는) 질문에 대한 묵상이다. 주융은 지적인 주제와 문화적 주제를 다룬 수필가이며 베이징 시사출판사(時事出版社)의 편집자이다.

우리가 첫 장에서 만나게 될 인물들은 엄밀히 말해 근대적 의미의 지식인들은 아니다. 그들은 청 왕조의 학자 관료, 포부가 큰 학생, 지방의 명사들이었다. 지식인의 개념이나 사회적 역할과 정체성은 용어 그 자체와 마찬가지로 1920년대 중반까지는 일반적으로 통용되지 않았다. 우리는 세기에 걸쳐 중국의 사상가들과 저자들의 구체적 정체성 - 학자 관료로부터 독립적인 지식인으로, 지식인 간부들로, 교수와 전문가들로 - 을 따라갈 것이다. "지식인"이라는 보편적 용어는 이러한 다양한 신분과 역할에 대한 일반적인 표식으로 기능하게 될 것이다.

이데올로기적 순간

이데올로기적 순간은 당시의 핵심적인 문제, 문화적 질서, 논쟁의 언어, 서로 경쟁하는 해결책 그리고 주목할 만한 연사와 배우들을 포함한 그 때와 장소의 지적 세계를 포착한다. 이데올로기적 순간은 한 세대를 사로잡은 주요 과제들에 의해 형성된다. 이데올로기적 순간은 그 시대의 과제들 - 내재하고 있던 문제와 도구들, 지리와 경제적 사실들 그리고 우발적 사건들로 생겨난 - 을 구체화하는 역사적 맥락에서의 지식인의 경험이다. 지적 역사에서 우리는 종종 "담론의 공동체"를 정의하고 그들을 "공중公衆"이라고 부를 수 있는데 그들이 공유하는 과제들에 의해서 그러하다. 미국의 공화당과 민주당은 같은 정치적 담론 공동체인데 그들이 미국을 현재의 헌법으로 어떻게 통치하느냐는 과제들을 공유하고 있고 단지 그 해답만 다를 뿐이기 때문이다. 변화하는 "그 시대의 과제"를 생각해 보는 것은 1895년부터 2015년까지 긴 20세기를 통해 중국 지식인들의 경험을 이해하는 방향으로 나아가는 데 도움이 될 것이다.

이 책은 여섯 개의 이데올로기적 순간을 중심으로 구성되었고 이는 서로 다른 중국 지식인들의 세대와 대략 일치한다. 각각의 이데올로기적 순간들은 물론 독특하지만 세 가지 주요 방향인 개혁, 혁명, 회생의 지적 분위기가 근대 중국 역사의 이데올로기적 순간의 특징을 만들었고 각 세대의 중국 지식인들이 대중에게 봉사하고자 한 세계를 형성했다. 모든 이데올로기적 순간은 세 가지를 다 가지고 있기는 하지만 일반적으로는 하나의 지적 분위기가 지배했다. **개혁**은 현재 어려움을 겪고 있는 체제가 광범위하고 논란의 여지가 있는 변화를 고려함으로써 근원적인 개선을 추구할 때의 이데올로기적 순간이다. 청말(1890년대) 개혁은 처음에는 입헌 군주제, 다음은 공화제의 자유주의적 입헌 정치체 같은 외국의 정치적 사상과 제도 도입을 포함했으며 1970년대와 1980년대의 개혁에는 사회주의 국가와 냉전 정치에 대해 근원적으로 재고하는 데 이르렀다. **혁명**은 하나의 체제를 전복시키고 그 자리에 새롭고 급진적인 다른 체제로 이행하는 것을 추구한다. 1910년대와 1920년대 혁명은 유교적인 가족관과 정치적 가치를 근본적으로 비판하고 새로운 정치적 이데올로기를 모색하며 볼셰비즘의 수용으로 귀결되었다. 1950년대 후반과 1960년대 혁명은 사회주의 국가의 위계질서에 저항하고 마오쩌둥 주석 하에서 집단 노동과 순수한 사고에 기초하여 이상적인 공동체를 건설하고자 했다. **회생**(국가 건설을 포함한)은 국가 행정을 강화하고, 체제의 사회적 생활과 공적 문화를 일관성 있게 만드는 것을 추구한다. 이는 20세기 중국의 지속적인 과제였으며 세기 중반과 말에 지배적인 이데올로기적 순간이었다. 1928년에서 1955년까지 처음엔 민족주의자, 그 다음엔 공산주의자들 아래에서 회생은 지도자들과 지식인들의 마음속에서 핵심 과제를 놓고 혁명과 경쟁하였다. 국가는 혁명이 고안해 낸 해결안이었다. 실제로 새로운 인민공화국의 대부분의 기구들은 레닌주의 정치 질서로부터 국가 소유 산업과 작업 단위의 노동 조직에 이르기까지 1940년대 국민당 치하의 전시 경제에서 비롯된 것이었다. 회생은 1990년대 이후 되돌아와 1980년대의 개혁에 대한 노력을 대체했다. 오늘날 중국이라는 국가는 비록 환경 지속 가능성, 경제적 정의, 지역 안보와 같은 거대한 도전이 있지만 그 어느 때보다도 더 강력하다.

이데올로기적 순간은 보통의 의미에서 세대와는 다르다. 각 이데올로기적 순간들, 그것이 1905년, 1925년, 1945년, 1965년, 1985년 또는 2005년이든 간에 공적 무대에는 하나 혹은 그 이상의 이전 이데올로기적 순간에서 활동했던 오래된 배우들과 함께 새로이 합류한 사람들이 있었다. 예를 들어 량치차오는 우리 이야기 속에서 첫 이데올로기적 순간에는 새롭게 진입한 사람이었다가 1905년경에는 개혁가로서 그의 영향력이 절정에 도달했지만 1925년경에 이르면 반동적인 보수주의자로 간주되었고 그의 새로운 글은 더는 광범위하게 영향력을 행사하지 못하였다. 1960년대 왕뤄수이王若水(1926-2002)는 헌신적인 마오주의자였고 급진적 이론가였다. 왕뤄수이는 당시에는 그다지 영향력이 없었지만, 마오주의를 신앙처럼 여기며 그들의 미래를 찾으려는 급진적 신세대를 대표하였다. 하지만 1985년에 왕뤄수이는 자신이 이전에 믿었던 것의 대부분을 비판하는 뉘우친 급진주의자이자 확고한 개혁가였다. 1980년대 왕뤄수이의 '사회주의적 휴머니즘'에 대한 저술들은 그의 가장 영향력 있는 저술이었고 중국 사회주의의 역사에서 가장 중요한 발전이었다. 우리는 세대의 모든 변화나 다양한 이데올로기적 순간에 걸친 모든 지식인의 경험을 열거할 수 없다. 그러나 우리는 상황을 파악하기 위한 충분한 사례를 만나게 될 것이다.

중국의 변화하는 공공 영역

시대의 주요 과제들이 지식인들의 아젠다를 설정하지만 공공 영역의 본질은 지적 표현과 공적 삶에 대한 참여를 형성했다. 중국의 긴 20세기의 전개를 통해 우리는 중국 지식인이 활동한 세 가지 뚜렷한 공공 영역을 보게 될 것이다. 세기 초반에 신문과 잡지를 발행하는 상업적 회사의 **인쇄자본주의**print capitalism는 중국 내에서 공적 논의를 재정립하는 데 도움을 주었다. 조약항의 외국 세력과 결합하여(상하이와 주요 도시의 거주민들을 중국의 검열로부터 보호한) 이 비국가적이며 사적인 미디어 수단들은 중국 지식인들에게 새롭고 거대한 공적 발언의 장을 제공하였다. 『신보申報』나 『시보時報』와 같은 매우 성공적인 상업 신문들과 함께 지식인들은 특수 분야를 다루면서 단기간에 발행되었던 급진적 간행물을 적은 부수로 출판했다. 이러한 것들은 중국 내 외국 세력의 방조로 인한 인쇄 자본주의의 자유로운 유통 규범 덕분에 존재할 수 있었다.

그 다음 발전은 1920년대 쑨원이 구상했던 선전 국가propaganda state로 장제스하의 국민당 정부에서 1928년부터 1949년 타이완으로 옮겨 갈 때까지 단속적으로 적용되었고 중국 공산당에 의해 완전하게 실현되었는데, 처음에는 1930년대 말부터 옌안延安과 북중국에서 그리고 1949년부터는 새로운 중화인민공화국에서 전국적으로 실현되었다. 선전 국가에서 모든 공공 커뮤니케이션은 모든 국민의 생활이 이데올로기의 규범을 따르도록 하는 "지시된 공공 영역"에서 당국에 의해 통제된다. 이것은 서구인들이 전체주의라고 인식하는 것이다. 반면 중국 옹호자들은 쑨원이 구상했던 교육 국가pedagogical state를 시행하는 것으로 보았다. 선전원들은 "사람들이 자유롭다고 가르치기"에 열중했다. 그러므로 "선전 국가"는 1930년대 이래 중국의 "지시된 공공 영역"의 지도자와 많은 참여자를 자극한 이상주의와 강박증의 복잡한 혼합을 더 잘 포착할 수 있다. 선전 국가는 마오쩌둥의 치하에서 완전하게 실현되었고 1949년부터 1976년 마오의 사망까지 대부분의 중국인에게 시행되었다.

마오 이후 시대에 중국 공산당은 공공 영역에 대한 통제를 상당히 느슨하게 했다. 그러나 이것은 전술적 변화이지 전략적인 것은 아니었다. 목표는 그대로였다. 당-국가가 공적 삶을 지시하거나 관리하여 사회를 이데올로기적 목표를 향해 나아가게 하기 위한 것이었다. 1990년대 이래로 이러한 상대적인 자유는 충분한 법적 보호 없는 인쇄 자본주의의 재부상과 커뮤니케이션의 주요 혁신 기술인 인터넷과 결합하였다. 다 함께 이것들은 오늘날 중국에서 소셜 미디어 혁명으로 특징지어지는 **지시된 공공 영역**을 만들어냈다. 중국의 소셜 미디어는 평범한 중국인의 목소리를 끌어들여 공적 담론을 변화시켰고 그 이전에는 볼 수 없었던 효율성과 용이함으로 (다른 나라와 마찬가지로) 서로를 접속시켰다. 동시에 중국의 중앙과 지방 정부는 전자정부, 미묘한 선전, 구석까지 파고든 감시, 인터넷 통신에 대한 검열을 통해 그 영향력의 범위를 확대시켰다. 중국의 시민들은 소셜 미디어를 통해 체스클럽이나 거리 시위를 조직할 수 있고 중국의 지식인들은 자신을 표출할 수 있는 무한대의 - 사실 사람들이 읽기에는 너무 많은 - 수단을 얻었다. 중국의 네티즌들은 온 세계를 넘나들 수 있지만 주된 관심사는 중국이었고 그들의 주요한 언어도 중국어였다. 하지만 이러한 소셜 미디어는 완전히 자유롭지는 않으며, 중국의 개혁된 당 - 국가라는 지시된 공공 영역 안에서 지속적으로 관리되고 있다.

지적 생활의 세계

어떠한 종류의 공공 영역을 통해 표현되는 이데올로기적 순간들은 일반적으로 지적 생활의 세계에서 경험된다. 이것들은 토머스 벤더Thomas Bender가 지적 작업을 형성하는 "지적 생활의 문화"라고 여긴 것이다.

> 사상가들은 독자 또는 대중을 구성하는 사회적 기반 안에서 작업을 한다. 이러한 맥락에서 그들은 타당성을 추구하고 그들의 작업을 형성하는 집단적 개념, 모티브의 어휘 및 핵심 질문을 제공받는다. 내가 여기서 지적 **생활의 문화**라고 부르는 이러한 담론의 공동체는 역사적으로 구성되고 의미와 지적 목적을 공유하는 집단에 대한 상호 믿음으로 유지된다. 그들은 정신적인 삶을 사회화하고 창조적 지성을 이끄는 패러다임에 제도적인 힘을 부여한다.[9]

이러한 공동체, 혹은 내가 지적 생활의 세계라고 부르는 것은 더 넓은 중국어 사용 세계 안에 존재하며 중국어로 읽고 쓰며 중국 내부의 문제(베이징이나 밴쿠버, 광저우, 페낭 어디에서든지)에 전념하는 사람들에 의해 규정된다. 중국어를 사용하는 사람들의 언어와 삶의 지향은 그들을 유럽인/미국인의 지적 세계에서 분리하지만, 중국 내 서로 다른 사회 집단 간의 삶의 경험은 시간(이데올로기적 순간)과 공간(지역적 차이, 계급, 성별, 문화/민족 및 사회생활에서 생성된 기타 차이)을 넘어 의미 있게 시노폰 sinophone 세계를 세분화한다.[10]

지적 생활의 세계는 얼마든지 있을 수 있는데 중국 신문의 판매 부수처럼 큰 것에서부터 한 종파의 구성원만큼 작은 것까지다. 그러나 우리의 목적은 분류 체계를 제공하는 것이 아니며 이러한 세계를 명명하는 데는 확실히 하나 이상의 방법이 있어서 우리 자신을 혼란스럽게 하지 않고 중국 내 지적 세계의 범위를 기억할 수 있다. 그래서 우리는 세 가지로 시작할 것이다. 국가적 차원에서 활동하는 잘 알려진 지식인 대도시 metropolitan 엘리트, 그들의 성省이나 지방에서 영향력 있는 지방provincial 엘리트, 그리고 대부분의 중국 사상가와 작가의 일상생활을 분명하게 대표하지만 그다지 영향력이 없는 기술, 관심사 및 활동을 지닌 비엘리트 또는 향촌 지역local 지식인이다. 이러한 세 가지 수준 또는 활동 영역을 염두에 두면 그들의 작업이 수백만에게 영향을 끼쳤다 하더라도 대부분의 중

---

9) Thomas Bender, *Intellect and Public Life: Essays on the Social History of Academic Intellectuals in the United States* (Baltimore: Johns Hopkins University Press, 1993), pp.3-4, 원문에 강조.

10) Gloria Davies는 *Worrying About China: The Language of Chinese Critical Inquiry* (Cambridge, MA: Harvard University Press, 2007)에서 특히 중국 내부의 중국어 세계를 탐구한다. 그리고 나는 이 우주 안의 세계를 - 중국 안과 중국 밖의 - Lionel Jensen and Timothy Weston이 편집한 *China in and beyond the Headlines* (Lanham, MD: Rowman & Littlefield, 2012) 속 "China's Intellectuals and the World"에서 간략하게 그려냈다.

국 지식인들과 유명한 지식인인 량치차오, 루쉰, 팡리즈方勵之(1936-2012)와 혼동하지 않도록 도움을 준다.

권력과 지위에 의해 형성된 이 세 가지 지적 생활의 세계를 가로지르면 사회적 경험에 의해 규정된 적어도 세 개의 세계가 공존한다. 첫째, **대중문화**와 문해력을 지닌 비지식인의 목소리(영화, 대중 소설, 타블로이드 신문, 향촌 마을의 정신 생활, 그리고 그 지역으로부터의 목소리). 둘째, 분화된 여성의 삶을 반영하는 **여성의 세계** – 가족 혁명, "근대화"하는 상업 계급의 여성, 경제적으로 활동적인 노동 계급 여성, 작가 딩링丁玲의 미스 소피아나 메이린 같은 여성 지식인. 그리고 마지막으로 **친연성의 세계**인 만주, 몽골, 티베트, 회족(중국 이슬람교도), 유대인과 같은 소수민족과 광둥廣東어, 푸젠福建어, 쓰촨四川어 등 민족 내 하위 그룹을 포함하며 개인이 선택한 정체성인 불교, 유교, 기독교가 있다. 이러한 교차하는 경험의 세계는 대도시, 지방(성차원)및 향촌지역(현지)의 수준에서 발견할 수 있다.

지적 생활의 세계가 어떻게 형성되었는가를 **제도**의 측면으로 보는 다른 방법이 있다. 제도는 공공 활동을 가능하게도 하고 해당 활동의 범위를 제한하기도 한다. 현대 사회과학은 제도를 매우 광범위하게 보는데 실제 오프라인의 조직뿐 아니라 문화적 경로와 개인 정체성을 포함한다. 벤더는 위의 인용문에서 공적 생활에 지식인이 참여하는 제도의 구조에 대한 지도를 제공하였다. 벤더가 "독자나 대중을 구성하는 사회적 매트릭스"에 대해 이야기할 때 우리는 사회적 제도를 식별할 수 있는데, 각 세계를 하나로 묶는 데 도움이 되는 공유된 의미로 인해 우리는 지적 **정체성**을 볼 수 있고 마찬가지로 그러한 세계에 봉사하는 지적 목적으로 인해 우리는 지식인의 **사회적 역할**을 보게 될 것이다. **사회적 제도**는 중국에서 공인된 지식과 허가받은 전문직 종사자들을 조직해 왔다. 그들의 자아의식과 집단적 기백 및 그들이 공언한 사명을 포함한 교육받은 엘리트의 정체성은 이러한 제도에 의해 형성된 것이다. 마지막으로 그들의 **사회적 역할**은 교육받은 사람들이 실제로 중국 사회에서 한 일과 다른 사람들이 그들을 보는 방식을 반영한다. 이 용어들은 추상적으로 보일 수 있지만 20세기 중국의 **교육받은 엘리트**와 **지식의 공적 제도** - 이름과 기능의 변화를 가로질러 - 와의 관계를 추적할 수 있도록 하며 지식인과 공적 생활 사이의 현재 관계가 어떻게 생성되고 발전되어 왔는지 볼 수 있게 한다. 이것은 중국 지식인과 공적 생활, 그들의 미래 발전을 형성하는 매개 변수에 대한 이해를 제공할 것이다.

20세기 동안 지식인들의 공적 생활에서 한 가지 두드러진 주제는 전문화이다. 서양의 근대적 직업 모델은 1910년대부터 의학 협회, 공중 보건위원회, 언론인들의 조직화 노력, 학계 교수에 대한 인식 증가, 심지어 상공회의소에까지 나타나기 시작했다. 전문화는 우리의 근대 생활을 이해하는 핵심인데, 역사적 검토는 중국적 맥락에서 직업과 전문성의 참신함을 보여줄 뿐 아니라 전문화의 잠재적 한계와 대안도 보여줄 것이다.

지속되는 관념

우리는 세기 내내 몇 가지 핵심적인 관념을 보게 될 것인데 우리가 서로 다른 이데올로기적 순간과 지적 생활의 세계에 중요성을 부여하더라도 말이다. 우리는 중국의 공적 생활에 관해 생각하는 몇 가지 중요한 방식의 연속성과 변형을 모두 볼 수 있을 것이다. 우리는 특히 "인민the people", "중국(인)Chinese", "민주주의democracy"라는 세 가지 관념을 따라가 볼 것이다. 이 세 가지 관념들은 청말 량치차오의 시대부터 "중국몽"을 정의하려는 오늘날의 학자와 활동가에 이르기까지 공익에 대한 지적 토론과 논쟁의 중심이 되었다. 각 장에서는 각각의 이데올로기적 순간마다 이 세 가지 관념을 고려할 것이고 세기를 가로지르고 책을 관통하는 실마리를 제공할 것이다. 맥락은 다양할 것이고 시대의 과제가 바뀔 것이고 발언자의 명단도 바뀔 것이다. 사용되는 단어들은 바뀌고 잘 사용되지 않다가 눈에 띄게 되돌아오고 새로운 용어로 대체될 것이다. 그리고 사회적, 정치적 질서에 대한 함의가 바뀔 것이다. 그러나 그 계획, 이러한 대화, 논쟁 및 선언의 목적과 목표인 여기, 지금 이 같은 중국에서 어떻게 공익을 위해 봉사할 것인가는 변하지 않을 것이다.

철학자와 정치 이론가는 단어, 관념 및 개념에 대해 매우 신중하다. 단어는 사전에 있는 어휘 항목이며 우리가 의사소통을 하려는 사람들에 의해 인식된다. 관념은 우리가 타당하게 느끼는 의미로 하나 이상의 방법으로, 하나 또는 그 이상의 단어들의 모음으로 표현될 수 있다. 개념은 관념에 형태를 부여하고 관념은 다시 단어들의 모음에서 표현을 찾는, 근본적인 생각의 범주이다.[11] 우리는 이러한 구분을 인식할 필요가 있지만 '지속되는 관념'을 정치적 사고와 표현에 형태를 부여하는 개념으로서 기능하는 관념으로 정할 수 있고, 다른 단어를 사용하여 표현하고 의미의 범위가 바뀔 때에도 마찬가지이다. 지속되는 관념은 세기 내내 변화하는 이데올로기적 순간마다 계속되는 관심사 및 생각의 범주들로 다양한 사회 세계를 넘어서 소통될 수 있었다. 모든 사람은 어떤 시간대에 누가 인민인지에 대한 견해를 가지고 있었고 "중국(인)"과 "민주주의"에 대해서도 마찬가지였다. 그러나 이 핵심 관념에 대한 이해는 상당히 달랐다. 지속되는 관념은 벤자민 슈워츠Benjamin Schwartz의 중국 지성사에서 **복합적인 모순된 질문**problématique에 대한 논의를 떠올리게 하며 여러 세대에 걸친 사상가와 저자들이 되돌아가야 한다고 느꼈던 지속적인 문제이다.[12] 그러나 지속

---

11) Raymond Williams의 고전적 연구인 *Keywords: A Vocabulary of Culture and Society* (Oxford: Oxford University Press, 1983)가 Tony Bennett, Lawrence Grossberg, Meaghan Morris가 편저한 *New Keywords: A Revised Vocabulary of Culture and Society* (Malden, MA: Blackwell, 2005)에서 최근 정보로 갱신되었다.

12) Benjamin Schwartz, *The World of Thought in Ancient China* (Cambridge, MA: Harvard

되는 관념은 복합적인 모순의 질문에 대한 가능한 해답의 형태와 범위를 제안하기 때문에 더 구체적이다. 지속되는 관념은 또한 개념사나 관념사Begriffsgeschichte의 저술에서 개념을 떠올리게 한다. 라인하르트 코젤 렉Reinhart Koselleck은 개념은 특정 담론에서 생각을 지시할 만큼 강력하면서 또한 그 안에 다양한 의미를 담을 수 있을 만큼 모호한 관념이라고 한다.13) 지속되는 관념에 대한 우리의 이해에 코젤렉이 기여한 것은 관념이 특정한 단어와 구별되는 것을 기억하게 한 데 있다. 우리가 보게 될 동일한 지속되는 관념이나 개념은 하나 이상의 단어를 통해 표현될 수 있으며 마찬가지로 특정 단어는 다른 맥락에서는 다른 것을 의미할 수 있다. 만약 우리가 주어진 단어, 예를 들어 민주주의나 중국어로 민주民主라는 단어가 항상 똑같은 것을 의미한다고 생각한다면 우리는 우리 자신을 혼란스럽게 하고 주제를 오해하게 될 것이다. 하지만 우리는 그것이 이론의 여지는 있어도 세기에 걸쳐 중요한 관념으로 지속되어 왔다는 것을 보게 될 것이다.

예를 들어 지속되는 관념으로서 "인민"은 "누가 이 정치 질서를 주도해야 하는가"라는 **복잡하고 모순된 질문**에 대한 대답이다. "인민"은 1890년대 이전에 제시된 지배적인 중국의 해답보다 더 구체적이며 다르다. 인민(백성)의 기본 이익을 위해 봉사하는 것은 유교적 국가 운영의 오랜 신조였지만, 백성들은 스스로 자신들의 진정한 이익을 표현하거나 추구하지 못하

University Press, 1985).

13) Reinhart Koselleck, "Begriffsgeschichte and Social History," Koselleck, *Futures Past: On the Semantics of Historical Time* (Cambridge, MA: MIT Press, 1985), pp.73-91, 특히 p.74. 유럽식으로 표현한 '민주주의'의 한 예는 그리스의 도시 국가 정체의 의미를 18세기 유럽 국가의 통치, 산업화된 사회의 기대에 가지고 왔다는 것이다 - 모두 다른 의미이지만 관련되어 있고 그 의미 내에서 지속성, 변화, 새로움을 포함할 수 있다(pp.82 ff.). 독일의 "개념의 역사"에 대한 훌륭한 검토와 평가가 Melvin Richter, *The History of Political and Social Concepts: A Critical Introduction* (New York: Oxford University Press, 1995)에 있다.

는 수동적인 존재로 간주되었다. 유교적 정부는 가부장주의적이며 주민을 어린아이처럼 대했다. 아이들이 가족을 이끌어서는 안되었다. 1895년 량치차오의 세대를 시작으로 이것은 변화되었다. 20세기의 전환기에 중국의 사상가들과 작가들은 다양한 방식으로 보통 사람들에게 활력을 불어넣는 것으로만 적절한 정치적 질서를 얻을 수 있다고 믿게 되었다. 이 대중 운동은 근현대 중국 사상의 특징으로 오래되고 활발한 정치적 사고에서 뻗어 나온 새로운 가지이다. 그러나 우리는 세기에 걸쳐 인민을 동원한다는 것의 의미에서 놀라운 다양성을 보게 될 것이다.

마찬가지로 "민주주의"(민주民主)라는 관념은 20세기 초부터 중국에서 지속되어 왔지만 각기 다른 시기와 사람마다 상당히 다른 어조를 지녔다 (특히 1902년에 량치차오가 의미한 것 혹은 1924년 쑨원, 1940년 마오쩌둥, 1980년대 왕뤄수이, 2008년 류샤오보가 의미한 것). "공화국"과 "헌법"도 마찬가지이다. 비슷하게 "사회社會", "경제經濟", 그리고 "국민國民"과 같은 개념들도 세기를 넘어 지속되었지만 쓰임새는 약간의 변화가 있었다. 역사 연구의 목적은 시간이 지남에 따라 중요한 변화를 보여주고 유사한 단어가 다른 상황에서 동일한 의미를 지닌다고 가정하지 않도록 경고하는 것이다. 이 자연스러운 실수는 역사가들이 스스로 부과한 과제의 끊임없는 목표이다. 우리 자신을 '자동 오류', 예를 들면 우리가 알고 있는 "민주주의"가 오늘날 진저우錦州에 사는 류샤오보에게 의미하는 것과 같다고 가정하거나 쑨원이나 마오쩌둥은 말할 것도 없고 백 년 전 량치차오에게 똑같은 것을 의미한다고 가정하는 오류에서 벗어나기 위해서이다. 그러한 역사적 독해를 통해 우리는 과거 사람들이나 우리의 경험과는 거리가 먼 사람들이 자신들의 용어로 말하는 것을 듣기 위해 우리의 지적인 '귀'를 민감하게 만들어야 하며, 이는 우리가 오늘날 국제적으로 그리고 우리 자신의 다문화 사회에서 사용할 수 있는 기술이다.

이 책의 대부분은 수십 년 동안 중국에서의 지적 생활의 단절에 주목한다. 국제와 국내 상황의 차이, 다른 수십 년간 다른 지배적 과제가 있는 서로 다른 이데올로기적 순간들, 대도시와 지방(성省) 및 향촌지역local 사회에서의 다양한 삶의 세계와 여성의 경험이나 도시와 농촌 지역의 일상 생활의 문제와 언어, 민족 또는 종교적 신념을 바탕으로 구축된 하위 공동체의 정체성에 대한 언급은 말할 것도 없다. 그 차이들은 실재했고 오늘날에도 그러하지만, 상호 이해가 없거나 의사소통이 불가능함을 의미하는 것은 아니다. 오히려 관념은 시간과 공간(물리적이고 사회적인)을 넘어서지만 대가는 치르게 되는데, 동일한 '관념'은 서로 다른 맥락에서 상당히 의미가 다를 수 있지만, 사람들은 서로를 이해하고 있다고 생각한다. 의미의 차이는 지적 오류보다는 해석의 문제이다. 더 나아가 해석의 범위가 무제한은 아니다. 량치차오의 입헌군주제하의 민주주의는 후스胡適 (1891-1962)의 자유 민주주의와 같지 않고 쑨원의 지도적 민주주의, 마오의 민주독재와 달랐는데 민주주의의 좋은 명성을 사용하려는 시도가 있었으나 소용없었다. 즉 중국의 군벌들은 1910년대와 1920년대 민주적 지지를 주장했지만 이를 믿는 사람들은 거의 없었다. 1940년대 장제스의 부패하고 비효율적인 지도적 민주주의는 대중의 지지를 잃었다. 그리고 마오의 혁명적 민주주의는 1980년대에 이르면 모든 관련자를 지치게 해서 그의 후계자인 덩샤오핑鄧小平조차도 마오식 포퓰리즘적 민주주의가 결코 돌아올 수 없도록 하는 데 그의 여생을 바쳤다. 지속되는 관념은 지식인이 상상하고 행하는 것의 범위를 형성하지만 그들의 생각을 미리 결정하지는 않는다. 그들은 무대를 규정하는 데 도움을 주지만 공연을 결정하지는 않는다.

관점: 이야기하는 방법

지식인의 역사를 말하는 방법에는 여러 가지가 있다. 전기를 통해, 사회주의, 자유주의, 민족주의와 같은 사상을 통해, 또는 내가 이데올로기적 순간이라고 부르는 변화하는 맥락에 초점을 두는 방법도 있다. 각 접근 방식 또는 렌즈에는 나름의 가치가 있다. 관념은 시간을 넘어서 지속되며 관념의 생명이 아서 O. 러브조이Arthur O. Lovejoy의 "존재의 대사슬"에서처럼 수십 년이 아닌 천년을 넘어서는 것을 보는 것도 가능하다.[14] 그러나 시간과 장소의 중요성은 근대 역사학의 근간이며 비판적 이론이나 포스트 모더니즘으로 알려진 것의 통찰력에 의해 강화되어 왔다.

뚜렷한 이데올로기적 순간에 초점을 맞추는 것은 그것이 어떤 삶이든, 혹은 관념, 혹은 국가이든 특정 목표를 향해 나아가는 것으로 이야기를 제시하는 역사 서술의 목적론에 도전한다. 목적론적 접근은 각 개인, 표현, 심지어 사건을 A 지점(전통이나 군주제 또는 종교라고 하자)에서 B 지점(근대성, 민주주의 또는 과학)으로 이동하게 하는 목표에 초점을 맞춰서 너무 모호하게 한다는 데 문제가 있다. 그 이야기에 들어맞지 않는 일들은 언급되지 않는 경향이 있다. 그러한 일들은 '사실'이 되지 않는다. 이야기를 진행시키지 않는 종류의 사람들과 활동(빈곤층, 여성, 일상생활)은 생략된다. 더구나 다른 시기의 등장인물들의 의도는 오직 그 웅장한 서사의 관점에서만 나타난다 - 아무개는 민족주의자였는가? 본래 민주주의자였는가? 반민주주의자였는가? 포스트 민주주의자였는가?

중국의 지적 생활에 대한 이 역사는 기술적 전문성을 넘어서 공적 문제에 관여하려고 노력하는 사람들, 권력자에게 진실을 말하려고 노력한 사람들로 제한하는 것 외에도 주로 중국 사상가와 작가들이 자신이 하고 있다고 생각한 것, 그리고 그들이 한 일, 그리고 다른 사람들이 당시 그들의 노력에 대해 생각했던 것을 회복하려는 것이다. 이것은 생각이 사회적 경

---

14) Arthur O. Lovejoy, *The Great Chain of Being: A Study in the History of Ideas* (Cambridge, MA: Harvard University Press, 1936).

험과 관련이 있다는 필립 쿤의 명제를 따른다. 더욱이 이 연구는 지성사의 많은 부분을 형성하는 상당히 단순한 관심사를 따른다. 주어진 에세이, 강연, 소설, 시, 그림, 사설 또는 기타 지적인 표현 속 관념은 문제에 대한 답이 된다. 중국 지성사 분야의 서양 쪽 연구의 거장인 조지프 레벤슨 Joseph Levenson은 독자들에게 관념은 '대안의 거부이며 문제에 대한 답'임을 기억하도록 한 것으로 유명하다. 다른 사람들이 동시에 제시하는 질문과 답을 알지 못한다면 우리는 그 관념이라는 것을 잘 이해하기 어렵다.[15] 이것은 광범위한 한 세대의 지적 세계 뿐 아니라 서로 논쟁하는 특정 사상가에게도 해당한다. 이데올로기적 순간에 초점을 맞추는 것은 중국의 20세기를 가로지른 서로 다른 수십 년 동안 "시대의 과제"를 되찾아 이러한 견해들이 서로 다른 시기에 의미하는 바가 무엇이었는지를 우리가 제대로 인식할 수 있도록 돕기 위한 것이다.

이것이 중국 근현대사에서 지식인의 이야기를 하는 유일한 방법은 아니다. 다른 사람들이 세기의 일부 혹은 전체를 포괄하는 영향력 있는 역사를 써왔다. 제롬 그리더Jerome Grieder는 1850년대에서 1940년대까지 중국의 주요 지식인들의 관념과 논쟁을 따라갔으며 변화하는 맥락에 아주 민감하면서도 핵심적인 관념, 특히 자유주의와 사회주의에 강력하게 초점을 맞추었다. 하오즈둥郝志東은 이 역사의 후반부인 1949년부터 2000년대 초까지 수십 년간에 초점을 맞추었는데 사회학적 렌즈를 사용하였으며 지적 논쟁, 정치에서의 지식인, 조직하는 지식인, 기술적 지식인 그리고 비판적 지식인의 이상적 유형이라는 면에서 반체제와 억압의 역사를 말하였다. 조너선 스펜스Jonathan Spence는 1980년대 초반의 놀라운 개혁개방에 이르기까지 세기를 가로지른 세 명의 삶에 대해 감동적이고 통찰력 있는 이야

---

15) Joseph Levenson, *Confucian China and Its Modern Fate: A Trilogy* (Berkeley, CA:University of California Press, 1965), Vol.1, p.xxix; R. G. Collingwood, *An Essay in Philosophical Method* (Oxford: Oxford University Press, 1933), pp.106-9.에서 가져옴.

기를 들려주었는데 캉유웨이, 루쉰, 그리고 딩링, 이 세 명의 지식인이 어떻게 중국의 근현대 혁명을 경험했고 기여했는가에 초점을 맞추었다. 라나 미터Rana Mitter는 그의 지성사 및 문화사의 바탕을 5·4 운동에서 오늘날까지의 중국의 신문화의 사회사에 두었다. 그는 5·4의 계몽의 가능성에 폭력과 전쟁이 끼친 영향을 강조하였다. 오빌 셸Orville Schell과 존 델루리 John Delury는 최근 19세기 중반부터 오늘날까지 십여 명의 정치적 및 지적 지도자의 프로필을 작성했다. 그들의 이야기는 어떻게 국가 지도자들이 중국을 소생시켜 부와 권력을 찾고 셸과 델루리가 희망하는 민주적 미래를 위해 더 준비되도록 하기 위한 투쟁에서 어떻게 국민을 이끌었는지에 초점을 맞추었다.[16]

중국의 이야기는 비교의 맥락에서 더 광범위한 질문을 할 수 있다. 이 연구를 포함한 많은 연구에서 중국의 경험과 세계 다른 곳의 경험 간의 연관성과 비교를 언급하고 있지만, 근현대 시기 지식인을 비교하는 역사는 거의 없었다. 판카즈 미쉬라Pankaj Mishra의 1890년대에서 1930년대까지 근대 아시아 지식인의 탄생에 관한 연구는 예외적이다. 그는 세 명의 본보기가 되는 지식인의 삶을 자세히 따라간다. 량치차오는 중국 출신이지만 세계를 두루 다니며 일본에서 많은 시간을 보냈고, 자말 압딘 알 아프가니 Jamal al-Din al-Afghani는 아프가니스탄에서 태어나 테헤란에서 교육을 받았

---

16) Jerome B. Grieder, *Intellectuals and the State in Modern China: A Narrative History* (New York: The Free Press, 1981). Zhidong Hao, *Intellectuals at a Crossroads: The Changing Politics of China's Knowledge Workers* (Albany: State University of New York Press, 2003). Jonathan D. Spence, *The Gate of Heavenly Peace: The Chinese and Their Revolution, 1895-1980* (New York: Penguin, 1981) (조너선 D. 스펜스 저, 정영무 역, 『천안문: 근대중국을 만든 사람들』, 이산, 1999). Rana Mitter, *A Bitter Revolution: China's Struggle with the Modern World* (New York: Oxford University Press, 2004). Orville Schell and John Delury, *Wealth and Power: China's Long March to the Twentieth Century* (New York: Random House, 2013).

지만, 삶의 상당 기간을 카이로, 파리, 오스만 제국 전역에서 살았다. 라빈드라나트 타고르Rabindranath Tagore는 캘커타에서 출생한 박식한 벵골인으로 영국에서 잠깐 교육을 받았으며 유명한 소설가이자 1930년대 내내 "배회하는 문학가"였다. 이 세 명의 영향력 있는 아시아 지식인들은 아시아와 중동 전역에 걸쳐 이 책 서문에 언급된 4가지 비교 주제 중 하나인 식민주의와 반식민주의를 생생하게 묘사하고 있다.[17] 미쉬라의 설명은 이 이야기에 대한 아시아 기반적 관점을 영어로 제공한다는 점에서도 가치가 있다.

이 책은 이데올로기적 순간에 초점을 맞춤으로 인해 개개인의 전기들이 여러 장에서 쪼개져서 나오고 핵심 관념들이 중심에 등장했다가 사라지고 거대한 '역사의 움직임'이 반복적으로 나오는 주제로 나뉘어져서, 자유의 성장이나 혁명의 흥망성쇠, 근대성에 대한 탐색과 같은 만족할 만한 '큰 이야기'는 없다. 바라는 바는 개인적인 경험, 지적 표현, 관념들의 소통을 형성하는 중요한 각 맥락의 현실에 우선권을 부여한 것이 이러한 큰 주제를 완전히 가리는 것이 아니라 새로운 이해를 제시할 수 있게 되는 것이었으면 하는 것이다. 결국, 역사학은 역사가에게 도전적인 역설을 제시한다. 우리는 오늘에 유용한 것을 배우기 위해 역사를 읽기 원하지만, 우리의 이해관계와 관심사를 과거에 투영할 정도로 우리의 현재 관심사만을 보고 들으며 역사를 왜곡한다. 우리가 역사를 연구하고 서술하는데, 우리의 관심사로 영향받은 것을 엄격하게 배제하면 결과는 틀림없이 흥미롭지 않고 아마도 세부적 사실들이 순서 없이 뒤죽박죽된 것으로 나타날 것이다. 요점은 과거의 경험과 현재의 관심사 사이의 균형을 유지하는 것이다. 우리 자신의 관심사는 우리가 구성하는 과거 이야기에 서사를 제

---

17) Pankaj Mishra, *From the Ruins of Empire: The Intellectuals Who Remade Asia* (New York:Farrar, Straus & Giroux, 2012).

공한다. 결국, 우리는 이 책에 등장하는 지식인들 만큼이나 우리 자신의 이데올로기적 순간에 살고 있다. 우리는 차이를 인정하고 비록 영원하고 보편적이지 않더라도 공유하는 이해를 구할 수는 있다. 거기에는 플라톤적 유형, 베버식의 이상형 혹은 단순한 의미로 영원한 진실이 없을 수도 있지만 시간과 장소를 넘어서 확실히 "가족 유사성(비트겐슈타인의 의미에서)"이 존재한다. 따라서 우리의 현재 관심사는 할 수 있는 한도 내에서 먼저 그 다른 시간과 장소에서의 사건, 관념, 그리고 사람들 간의 대화가 무엇을 의미하는지를 재구성해야 한다는, 우리에게 요구되는 학문적 역사 서술의 규범에 따라 실용적으로 조절해야한다는 도전을 받는다. 그런 다음 우리는 물러나 앉아서 그 이야기가 우리에게 어떤 교훈을 주는지 되돌아볼 수 있다.[18]

이 책은 내러티브 역사인 만큼이나 역사 에세이기도 하다. 에세이가 역사를 이해하는 방법에 기여하려 하는 것이라면 내러티브 역사는 우리가 아는 것에 기여한다.[19] 이 책은 두 가지 모두를 시도하지만, 기본적으로는 에세이이며 우리의 초점을 일대기, 큰 사건 또는 관념의 연속성으로부터 경험과 표현 그리고 의사전달의 합리성이 뒤섞인 이데올로기적 순간으로 전환함으로써 근현대 중국 지식인의 역사를 더 잘 이해할 수 있다고 주장한다.

---

18) 역사에 대한 이 접근법을 Charles A. Beard, "Written History as an Act of Faith," *American Historical Review*, Vol.39, No.2 (January 1934), pp.219-31. 에서 설득력 있고 일관성 있게 진술했다.

19) 나의 모델은 그의 독자들에게 상당히 새로운 조지프 레벤슨(Joseph Levenson)의 대위법적 사례들의 놀라운 구성보다는 벤자민 슈워츠(Benjamin Schwartz)인데, 그는 전통과 근대성, 그리고 마오쩌둥의 관념론에 관한 그의 훌륭한 에세이에서 이미 일반적으로 독자들에게 알려진 정보를 평이한 언어로 날카롭게 요점을 논하였다.

인식: 중국의 학문과 영어권 학문

우리가 어떤 관점에서 역사를 보든지 간에 우리는 어쩔 수 없이 중국과 지식인 일반에 대한 선입견을 가지고 근현대 중국과 중국 지식인들의 이야기에 접하게 된다. 전문적인 역사가들은 우리의 추정들과 우리의 머릿속에 있는 모형을 의식할 것을 촉구한다. 중국 학자들은 당연히 자신들의 역사와 장소를 이해하려 한다. 영어 또는 영어권의 연구들은 근현대 중국 지식인들을 중국이 어떻게 작동하는지, 다른 국가가 어떻게 중국 국가 및 인민과 가장 잘 교류할 수 있는지를 이해하는 창으로서 접근했다.

중국의 근현대 지성사 지도

중국 역사학자들은 그들 자신의 사상사, 사상가 및 최근에는 지식인의 역사를 써왔다. 우리의 이야기에서 만나는 첫 번째 인물인 량치차오도 자신의 역사서인 『중국근삼백년학술사中國近三百年學術史』를 썼다.[20] 1924년에 작성할 때 량치차오의 목표는 르네상스 시기 유럽 사상가와 청淸의 사상가 사이의 유사점을 찾는 것이었다. 세기 중반 세 명의 중국학자들이 중국 근대 지식인의 역사에 관한 견해를 제시했다. 1937년에 저명한 성리학자로 알려진 첸무錢穆(1895-1990)는 5·4 운동의 유교 사상 비판을 거부하는 신 전통주의적 해석을 썼는데 그는 심지어 량치차오의 이전 연구와 동일한 제목을 차용했다.[21] 정치사상사가인 샤오궁취안蕭公權(1897-1981)과 철학자 펑유란馮友蘭(1895-1990)은 중국의 정치사상의 오랜 역사에 초점을

---

20) 梁啓超, 『中國近三百年學術史』(중국근삼백년학술사) (1924년 첫 출간) (北京: 團結出版社, 2006).

21) 錢穆, 『中國近三百年學術史』(중국근삼백년학술사) (1937년 첫 출간) (北京: 商務印書館, 1997).

맞추면서 중국의 사상적 전통이 20세기 중반에 의미가 통하도록 노력했다.[22]

20세기 철학과 정치 사상가를 탐구하거나 강조한 중국 학자들도 우리 이야기의 주제로 등장할 것이다. 1970년대 후반과 1980년대 초 리쩌허우 李澤厚(1930-2021: 역주)는 모든 전통적인 사상을 점검하는 시리즈 세 권을 내놓았는데 중국에서 마르크스주의 사상의 부상과 고난에 초점을 맞추었다. 지난 20년 동안 세 명의 중화인민공화국의 학자들이 중국의 근현대 지식인의 역사를 점검했다. 2004년 왕후이汪暉(1959-)의 연구서 네 권은 리쩌허우가 연구한 분량의 세 배에 달하는 것으로 지난 천년으로 이야기를 한정해 송나라로부터 시작한다. 왕후이는 급진적인 사상과 사회와 지식인의 작업을 '탈정치화'로 그려내는 데 관심이 있었다. 그는 서양과 구별되고 그 함정을 회피할 수 있는 중국의 대안적 근대성을 묘사하고자 했다. 상하이의 역사학 교수인 쉬지린許紀霖(1957-)은 중국의 자유주의 사상을 회복하기 위해 최근 세기에 초점을 맞춰 왔다. 가장 최근에는 상하이 푸단대학의 역사학과 교수인 거자오광葛兆光(1950-)이 다시 한 번 중국 사회사상 전체를 점검했다(19세기에서 멈췄다). 거자오광의 접근 방식은 논쟁적이기보다 명백히 학구적이지만 그는 뚜렷한 목적을 염두에 두고 있었다. 유럽과 미국식 개념에 의지하거나 그 개념에 의해 형성되지 않는, 중국의 역사 – 지식인의 역사를 포함하여 – 를 생각할 방법을 찾는 것이었다.[23] 타

---

22) 蕭公權, 『中國政治思想史』(중국정치사상사), 2卷 (重慶: 商務印書館, 1945); 馮友蘭, 『中國哲學史』(중국철학사), 2卷 (上海: 商務印書館, 1930-6).

23) 李澤厚, 『中國古代思想史論』(北京: 人民出版社, 1986) (리쩌허우 지음, 정병석 옮김, 『중국고대사상사론』, 한길사, 2005); 李澤厚, 『中國近代思想史 論』(北京: 人民出版社, 1979) (리쩌허우 지음, 임춘성 옮김, 『중국근대사상사론』, 한길사, 2005); 李澤厚, 『中國現代思想史論』(北京: 人民出版社, 1987) (리쩌허우 지음, 김형종 옮김, 『중국현대사상사론』, 한길사, 2005). 汪暉, 『現代中國思想的興起』(현대중국사상의 흥기), 4卷. (北京: 三聯, 2004). 許紀霖, 『启蒙如何起死回生 : 现代中国知识分子的思想困

이완에서는 중앙연구원의 역사가인 왕판썬王汎森(1958-)이 지성사 분야의 권위자이다. 정통한 마르크스주의자이자 임마누엘 칸트 연구자인 리쩌허우를 예외로 한다면 이 중국 학자들 각각은 그들의 경력 초기에 유럽이나 미국을 방문하거나 그곳에서 고등 교육을 받았다. 완전한 중국인이지만 그들은 각각 서로 다른 방식으로 20세기의 더 넓은 세계인 제국주의, 사회주의, 세계화에 참여했다. 모두 서양 학문에 참여하거나 적어도 플라톤(펑유란), 칼 마르크스(리쩌허우), 미셸 푸코(왕후이), 존 롤스(쉬지린) 또는 현대 서양의 학문 방법론(거자오광과 왕판썬)에서 얻은 방법론의 영향을 인정한다.24) 이 연구들은 매우 풍부하고 그 중 일부는 외국어로 번역되었다.25) 그러나 독자는 당연히 중국인 독자들이고 그들의 관심사는 중국에

境」(계몽의 탄생, 죽음, 회생: 현대중국지식인의 사상곤경) (北京: 北京大學出版社, 2011). 葛兆光, 『七世紀前中國的知識, 思想與信仰世界——中國思想史第一卷』(上海: 复旦大学出版社 , 1998) (거자오광 지음, 오만종 외 옮김, 『중국사상사』, 일빛, 2013)과 葛兆光, 『七世紀前中國的知識, 思想與信仰世界——中國思想史第二卷』(上海: 复旦大学出版社, 2000) (거자오광 지음, 이등연 외 옮김, 『중국사상사』, 일빛, 2015).

24) 왕판썬의 저작은 보통 중국에서도 출판되지만 중국에서 대중적인 일반역사보다 분야사에 초점을 맞추는 타이완의 학문을 대표한다. 그 예로는 王汎森, 『中國近代思想與學術的系譜』(중국근대사상학술의 계보) (台北: 联经出版事业公司 , 2003)와 王汎森, 『近代中國的史家與史學』(근대중국의 역사가와 역사학) (香港: 三联书店香港有限公司 , 2008)을 포함한다.

25) 오늘날 이용 가능한 대표적 번역에는 Immanuel C. Y. Hsū가 번역한 *Liang Ch'i-ch'ao, Intellectual Trends in the Ch'ing Period*(Cambridge, MA: Harvard University Press, 1959). Feng Youlan의 역사는 Derk Bodde에 의해 1948년 요약본 형태로, 1983년에 두 권으로 번역되었다. *Fung You-Lan, A Short History of Chinese Philosophy* (New York: Macmillan, 1948);그리고 *Fung You-Lan, A History of Chinese Philosophy*, 2 vols. (princeton, NJ: Princeton University Press, 1983). Kung-ch'uan Hsiao, *A History of Chinese Political Thought, Volume 1: From the Beginning to the Sixth Century AD* (princeton, NJ: Princeton University Press, 1979). Li Zehou, *A Study on Marxism in China* (Hong Kong: Joint Publishing Co., 1993) 와 Li Zehou, *The Path of Beauty: A Study of Chinese Aesthetics* (New York: Oxford University Press, 1994). Wang Hui의

사는 사람들의 관심사를 반영한다.

중국 지식인들: 골드먼 학파와 그 이후

근현대 중국 지식인들에 대한 서구 학자들의 저술 가운데 메를 골드먼 Merle Goldman의 영향력에 필적할 만한 학자는 아무도 없다. 골드먼의 대표작은 Literary Dissent in Communist China(중화인민공화국의 문학적 반대 의견)이다.[26] 1930년대 상하이의 루쉰魯迅(1881-1936, 중국의 가장 유명한 근대 작가)과 그의 동료들로부터 시작하는 주요 '반체제 지식인'의 활동을 다루고 있는데 전쟁 중 충칭重慶에서 고군분투한 독립 지식인, 그리고 계속해서 1940년대 옌안에서 1950년대 초까지 중국 공산당의 정풍 운동, 1957년의 새로운 중화인민공화국 전역에 걸친 백화쟁명에 이르기까지, 골드먼의 문학적 반대 의견에 대한 이야기는 우리의 근현대 중국 지식인 이해를 위한 용어와 연대표를 설정한다. 나는 그녀의 모델을 "중국적 특색을 지닌

중국 사상에 관한 긴 역사책은 현재 Theodore Huters에 의해 번역되고 있다. 이전의 예로는 Gloria Davies가 번역한 Wang Hui, "On Scientism and Social Theory in Modern Chinese Thought,"는 Davies, ed., Voicing Concerns: Contemporary Chinese Critical Inquiry (Lanham, MD: Rowman & littlefield, 2001), pp.135-56. Xu Jilin, "May Fourth: A Patriotic Movement of Cosmopolitanism," Sunkyun Journal of East Asian Studies (Korea), Vol.9, No.1 (2009), pp.29-62 그리고 Geremie Barmé 과 Gloria Davies가 번역한 Xu Jilin, "The Fate of an Enlightenment: Twenty Years in the Chinese Intellectual Sphere (1978-1998)" 은 Gu and Goldman, Chinese Intellectuals between State and Market, pp.183-203. Michael S. Duke와 Josephine Chiu-Duke가 번역한 Ge Zhaoguang, An Intellectual History of China, Vol.I:Knowledge, Thought and Belief before the Seventh Century (Leiden: Brill, 2014)에 있다. Wang Fan-sen, Fu Ssu-nien: A Life in Chinese History and Politics (Cambridge: Cambridge University Press, 2000). 이것은 영어로 된 저작으로 그의 프린스턴 대학 박사학위 논문의 개정판이다.

26) Merle Goldman, Literary Dissent in Communist China (Cambridge, MA: Harvard University Press, 1967).

러시아 리퓨즈닉refuseniks(명령 불복종자)"이라고 부른다. 즉 골드만의 레이더 화면에 등장한 지식인들과 그녀의 서사 속 영웅들은 공적으로 '권력자에게 진실을 말한 사람들', 그 시대의 정부를 비판한 남성과 여성들로 루쉰, 왕스웨이王實味(1904-47), 딩링丁玲(1904-86), 그리고 추안핑儲安平(1909-66) 같은 이들이었다. 그들이 싸웠던 분야는 정치적인 분야였다. 그들에게 지속되는 문제는 지식인과 당 - 국가간의 관계였다.[27]

메를 골드먼의 명령불복종자 중국 지식인 모델은 냉전 기간 중 서양 독자들에게 타당한 것이었는데 왜냐하면 리처드 매드슨Richard Madsen이 미국의 경우에서 시사했듯이, 서구에서 중국 관련 공공 토론과 가장 영향력 있는 학문은 '부차적인 공통 참고점'인 중국의 역할로 활성화되었는데 즉 중국 연구는 민주주의와 정체성의 의미에 대한 공개 토론의 은유로 기능했기 때문이다.[28] 골드먼의 흰 모자를 쓴 지식인과 검은 모자를 쓴 중국 공산당이라는 이분법적 모델은 미국과 소련 간의 냉전 대치 상태 동안 민주주의에 대한 미국의 논의에 유용한 은유였다. 그러나 그것은 국제화된 사업, 전문화된 업무 관리(지적 생활을 포함), 그리고 되살아난 지역적 자부심과 같은 냉전 이후 세계의 현실에는 맞지 않게 되었다. 그것은 우리가 세계화와 이 새로운 질서 안에서 중국의 위치를 이해하는 데 도움이 되지 않는다.

1989년의 경험은 냉전의 종식을 가져왔고 중국의 지식인과 국가에 관한

27) Goldman의 후기 책들은 1960년대에서 2000년대 초까지의 이야기를 지속한다: *China's Intellectuals: Advise & Dissent* (Cambridge, MA: Harvard University Press, 1981); *Sowing the Seeds of Democracy* (Cambridge, MA: Harvard University Press, 1995); 그리고 *From Comrade to Citizen: The Struggle for Political Rights in China* (Cambridge, MA: Harvard University Press, 2005).

28) Richard Madsen, *China and the American Dream* (Berkeley: University of California Press, 1995), pp.211 ff.. Madsen의 책은 이 분석을 중화인민공화국의 중국 학자들의 학문으로 확장한다.

초기 서구 학자 세대와 오늘날의 학자 세대 사이에 구분선을 만들었다. 중국에 관한 서양 정보의 저자인 서구 학자들에게 모든 것을 바꾼 것은 톈안먼 광장의 학살이었다. 1980년대 중반 중국과 서구 사회에서 많은 이들이 중국 공산당이 스탈린주의에서 뭔가 더 나은 것으로 평화적으로 전환할 수도 있으리라 생각했던 큰 희망은 1989년 6월 4일의 가혹한 무력 진압으로 산산조각이 났다.[29] 이 이해할 수 없는 비극이 서구 학자들에게 끼친 지적 영향은 아무리 강조해도 지나치지 않다. 중국에 너무 많은 희망을 걸었던 서구의 다른 중국학자 세대에게는 순진함의 종말이었다.[30] 그 결과 1980년대 '기성 지식인establishment intellectuals'에 초점을 두고 시작되었던 서구의 연구들에서 중국 지식인들을 두고 지속적으로 분열이 일어나게 되었다.[31] 게다가 학문적 훈련을 강조하는 것은 중국 지식인 관련 서구 학문을 더 분열시켰다. 1990년대부터 연구의 초점은 정치 고문, 교수, 전문 작

---

29) 말 그대로 이 학자들의 수십 권의 책이 중국에서 6월 4일의 무력 진압 이후 나왔다. 그 예로는 Tony Saich, ed., *The Chinese People's Movement: Perspectives on Spring 1989* (Armonk, NY: M. E. Sharpe, 1990); Brantly Womack, ed., *Contemporary Chinese Politics in Historical Perspective* (New York: Cambridge University Press, 1991); Timothy Brook, *Quelling the People: The Military Suppression of the Beijing Democracy Movement* (New York: Oxford University Press, 1992); 그리고 Jeffrey N. Wasserstrom 과 Elizabeth J. Perry, eds., *Popular Protest and Political Culture in Modern China: Learning from 1989* (Boulder, CO: Westview, 1992)가 있다.

30) 사실 중국에 대한 서구 관심의 역사는 적어도 16세기까지 거슬러 올라가는 그러한 희망과 좌절된 기대의 순환을 보여준다. Jonathan D. Spence, *The Chan's Great Continent: China in Western Minds* (New York: W. W. Norton, 1998) 참조.

31) Hamrin and Cheek, *China's Establishment Intellectuals*; 그리고 Merle Goldman, Timothy Cheek, and Carol Lee Hamrin 공편의 *China's Intellectuals and the State: The Search for a New Relationship* (Cambridge, MA: Harvard Council on East Asian Studies, 1987). 또한, Bonnie S. McDougall은 *Popular Chinese Literature and Performing Arts in the People's Republic of China, 1949-1979* (Berkeley: University of California Press, 1984) 특히 p.271에서 작가와 예술가 중 "정치적으로 적극적인 지식인"에 초점을 맞추고 있다.

가 또는 활동가로 옮겨졌다.

이것은 중국 연구의 커다란 변화를 반영한다. 중국의 혁명적 근대화의 '빅스토리'가 더는 서구 학자들의 연구를 정의하지 않는다. 1950년대 후반에 조지프 레벤슨이 중국의 변화에 대한 메타 서사를 제국天下에서 국가國家로 명명한 것은 유명하다. 그는 중국이 근대적 국민 국가(암묵적으로 서구 모델)가 되면서 유교는 초기 정치 질서의 유물이기 때문에 사라질 것이라고 주장했다.32) 오늘날 중국은 국민 국가이고 강력하지만, 유교는 사라지지 않고 상당한 정도의 문화 민족주의와 함께 다시 등장했다. 더 나아가 국가와 연합한 중국 사상가들은 새로운 중국적 보편주의, 새로운 천하 관념을 선전하고 있다. 레벤슨이 그어놓은 문화와 국가 사이의 이분법은 더는 중국을 이해하는 데 도움이 되지 않는다. 오늘날의 도전은 레벤슨의 큰 그림이 아니라면 그러면 무엇인가?이다. 아직 중국학 연구자들에 의해 채택된 새로운 일반 모델이 없으므로 우리는 보다 작은 서사, 중간 수준의 부분적 모델을 받아들여야 한다. 극단의 시대는 지나갔고 그와 함께 총체적인 설명의 시대도 갔다.

우리 학문에서의 세 가지 발전 - 지식인의 세분화, 학문적 훈련 관점에 대한 강조, 중국에서 지식인의 공적 역할에 대한 질문은 모두 1980년대 시작된 중국 연구에서 새로운 역사 서술의 시대로 이해될 수 있는 기반에서 세워진 것이나 1990년대에 결실을 보았다. 골드먼의 중국의 "선한" 명령불복종자들 대 "악한" 공산주의자라는 그림은 1970년대와 1980년대의 새로운 연구를 바탕으로 무너지기 시작했다. 이 새로운 역사 서술의 시대에 중국에 대한 서구 학자의 관점에 영향을 미치는 데 마찬가지로 중요했던 것은 중국 학자들과, 그리고 서구 학자들이 연구하는 사건과 사안의 쟁점에서 생존한 관련자들과 개인적으로 접촉할 기회를 얻은

---

32) Levenson, *Confucian China and Its Modern Fate*.

것이었다. 고전적인 초기 예는 1980년대 초 가이 알리토Guy Alitto가 량수밍梁漱溟(1894-1988)을 만나 량수밍에게 그가 최근 완성한 전기인 *The Last Confucian: Liang Shu-ming and the Chinese Dilemma of Modernity*(최후의 유학자: 량수밍과 중국 근대성의 딜레마)를 준 것이다. 량수밍은 알리토에게 "하지만 나는 유학자가 아닙니다!"라고 하였다. 우리 서구 학자들은 중국 지식인을 만나 대화를 나누었을 뿐 아니라 그들이 일했던 캠퍼스와 도시에서 일정 정도 그들과 같은 삶을 살았기 때문에 우리는 명령불복종자 모델이 허용하는 것보다 이들 지식인과 그 국가에 대해 더 복잡한 그림으로 발전시킬 수 있었다.

1989년 톈안먼 광장 주변의 대중 시위와 탄압으로 인해 이러한 접촉은 한동안 중단되었다. 1990년대 중반에 다시 이러한 관계가 회복되었을 때 새로운 상황이 출현했다. 중국의 세계화가 진행된 것이다. 공식적 교류의 단일 채널과 작업 단위를 기반으로 하는 지적 생활이 침식되기 시작했다. 1980년대 중국 지식인들은 전국적 언론에 실릴 그들의 단어 하나하나를 주시해야 했고 검열을 통과한 것만이 국가적 토론의 장 안에 진입할 수 있었다. 1990년대에 이르면 그들은 수백 개의 새로운 학술 및 지식 저널과 출판물에서 상당히 많은 자유를 갖게 되었다. 이것은 대가를 치러야 했는데 중국 지식인은 더 많은 기회를 얻게 된 대신 전국적인 독자를 잃게 되었다.[33] 동시에 서구 학자들은 마침내 중국 내에서 충분한 연줄을 갖게 되어 개인적인 친구를 사귀고 협력 연구 프로그램을 기획할 수 있게 되었다.

---

33) 1980년대의 대중적, 이데올로기적 작업은 Bill Brugger와 David Kelly, *Chinese Marxism in the Post-Mao Era, 1978-94* (Stanford, CA: Stanford University Press, 1990)에 잘 분석되어 있다. 중국 내 통합 미디어의 분열에 대해서는 David Lynch, *After the Propaganda State: Media, Politics, and "Thought Work" in Reformed China* (Stanford, CA: Stanford University Press, 1999)에 기록되어 있다.

이러한 변화의 최종적인 결과는 위에서 시사된 관점의 거대한 변화였다. 어떤 주제도 일단 근접해서 보면 단일하게 보이지는 않는다는 것이다. 그것은 중국 지식인에 대한 우리 개념의, 우리의 연구에 대한 분석적 틀과 훈련받은 접근 방식의, 그리고 왜 우리가 이것을 하고 있는지 '그래서 무엇을?'이라는 우리 감각의 진정한 "다원화" 사례인 것이다. 이것들이 지난 20년간 나타난 세 가지 계통의 학문적 연구가 중국 지식인을 독재와 맞서 싸우는 냉전 시대의 영웅으로 보는 것에서 전 세계를 덮고 있는 지적, 사회적, 환경적 문제에 함께 직면한 오늘날의 잠재적이고 실제적인 동맹으로 바꾸게 한 변화와 도전이었다.

중국 지식인에 관한 서구 학문의 계통

우리는 중국의 지식인에 대한 영어권(대부분 미국)에서 이루어진 학문의 세 가지 주요한 연구 계통을 확인할 수 있다. 그것은 그들의 연구에 동기를 부여하고 작업과 글을 체계화하는 주요 질문이나 관심사로 구분될 수 있다. 이러한 더 전문화된 연구는 1960년대와 1970년대에 수행된 중국 지식인에 대한 일반적인 연구보다 개선된 것을 의미하는데 왜냐하면 새로운 역사 서술의 기간에 중국의 광범위한 새로운 데이터들과 연줄을 바탕으로 했기 때문이다. 그러나 그 댓가는 연구가 작게 분열되는 것이었다. 정치학 연구는 일반적으로 문학 또는 역사 연구의 성과를 인용하지 않으며 그 반대도 마찬가지이다. 유명한 숲은 종종 수많은 나무 사이에서 길을 잃는다. 중국의 지식인에 대한 포괄적인 그림을 얻어내기 위해서 우리는 모든 계통의 연구 분야에서 끌어 올 필요가 있다. 이 세 가지 주요 연구 계통은 (1) 민주적 전환과 국가 분석 (2) 포스트 모더니즘 그리고 자본주의와 세계화에 대한 비판 그리고 (3) 중국 중심의 역사 및 맥락 연구에 관한 것이다.

민주적 전환과 국가 분석

이 연구 계통의 핵심적 질문은 "중국이 민주화될 것인가?"이다. 그것은 전통적인 서구의 정치학 방법론을 기반으로 하고 있으며 린츠Linz, 프체보르스키Przeworski의 연구 및 라틴 아메리카와 동유럽의 경험에 초점을 맞춘 다른 사람들의 연구로부터 도출해 왔다. 이 계통 연구의 강점은 실제적인 초점과 명확한 분석틀이다. 약점은 일부 추정에 대한 비판적 성찰이 부족하고 종종 실증적 근거가 제한되어 있다는 점이다. 이 연구 계통에서 일하는 학자들은 주로 정치학자들이며 학계뿐 아니라 정부나 정책 계통에서 일하거나 그 분야를 청중으로 가정한다. 이러한 작업의 좋은 예는 조지프 퓨스미스Joseph Fewsmith의 *China since Tiananmen*(톈안먼 이래의 중국, 2008)과 데이비드 린치David Lynch의 *After the Propaganda State*(선전 국가 이후, 1999)를 포함한다.[34]

포스트 모더니즘 그리고 자본주의와 세계화에 대한 비판

이 계통 연구의 핵심 질문은 "중국이 세계화에서 살아남을 수 있을까?"이다. 문학 비평과 문화 연구의 새로운 방법론을 기반으로 하며, 푸코 Foucault, 데리다Derrida 그리고 부르디외Bourdieu(그 외에도 많은)와 같은 프랑스의 이론가들과 그리고 스탠리 피시Stanley Fish의 작품과 같이 서구 문화 연구 중 비평이론 문학(독자 반응 비평 - 피시는 독자가 문학을 만든다고 봄: 역주)에서 끌어온 것이다. 이 계통 연구의 강점은 서구 문화적 추론에 대한 도전이며 사회적 정의에 대한 요구이고 권력과 억압의 문제에 초점을 맞춘 것이다. 그것의 약점은 현실성 결여, 분석적 느슨함 또는 추상화와 종종

---

34) Joseph Fewsmith, *China since Tiananmen: The Politics of Transition* (New York: Cambridge University Press, 2001); Lynch, *After the Propaganda State.*

실증적 근거가 제한되어 있는 것이다. 게다가 이 계통의 연구는 북미 쪽의 이전의 급진적 학문과의 관계에 문제가 있다. 즉 1960년대와 1970년대 마르크스주의에서 영감을 받은 학자들의 미국적 가치와 외교 정책에 대한 급진적 비판을 계승하고 있지만, 오늘날의 사회주의 국가(스탈린주의와 마오주의의 공포)에 대한 비판 때문에 이 유산에 대해 명시적으로 인정하거나 진지하게 관여하지 못한다는 것이다. 따라서 여전히 '옛 서구 좌파'의 다른 서구 학자들이 있으며 이들은 오늘날 포스트 모더니스트와 같은 쟁점을 다루고 비판을 하면서 다른 용어를 사용한다.35) 이 연구 계통에서 일하는 학자들은 주로 대학의 문학 또는 문화 연구프로그램의 연구자들로 동료 교수나 학생들을 청중으로 가정한다. 좋은 예는 장쉬동張旭東의 *Whither China?*중국은 어디로 향하는가?(2001), 글로리아 데이비스Gloria Davies의 *Voicing Concerns*우려의 목소리(2001), 그리고 타니 발로우Tani Barlow의 *New Asian Marxisms*새로운 아시아 마르크시즘(2002)이 있다.36)

중국 중심의 역사 및 맥락적 연구

이 계통 연구의 핵심 질문은 "중국적 경험이란 무엇인가?"이다. 그것은 텍스트 기반의 중국학, 사회사, 특히 명·청시기 사회경제사 연구의 방법론을 기반으로 한다. 존 킹 페어뱅크의 선구적인 연구에서 웨이크먼 주니어

---

35) Edward Friedman, Paul G. Pickowicz, and Mark Selden, with Kay Ann Johnson, *Chinese Village, Socialist State* (New Haven, CT: Yale University Press, 1991); Arif Dirlik and Maurice Meisner, eds., *Marxism and the Chinese Experience: Issues in Contemporary Socialism* (Armonk, NY: M. E. Sharpe, 1989).

36) Geremie Banne, *In the Red: On Contemporary Chinese Culture* (New York: Columbia University Press, 1999); Xudong Zhang, ed., *Whither China? Intellectual Politics in Contemporary China* (Durham, NC: Duke University Press, 2001); Davies, Voicing Concerns; Tani Barlow, ed., *New Asian Marxisms* (Durham, NC: Duke University Press, 2002).

Frederic Wakeman Jr. 및 필립 쿤의 연구에 이르기까지 다양한 그룹의 실증적·역사적 연구에서 도출되어 왔다. 이 계통 연구의 강점은 상세하고 풍부한 사실에 기반하고, 원전 비판의 강한 전통 및 타자의 삶을 환기하는 능력이다. 약점은 실제적인 관심과 거리가 있고 분석적 접근 방식에서 서구적인 가정에 대한 비판이 종종 결여되어 있다는 점이다. 예를 들어 페어뱅크는 그의 조심스러운 학문에도 불구하고 오늘날 볼 때는 놀라울 정도로 가부장적이고 선교적인 관점을 지니고 있었다. 이 연구 계통에서 일하는 학자들은 주로 역사학이나 아시아학과의 교수들이며 동료 교수나 학생들을 청중으로 가정한다. 조너선 스펜스처럼 광범위한 독서 대중에게 닿을 수 있는 사람들은 별로 없다.

이것은 전기傳記, 공동체, 제도, 문학 및 사상에 관한 연구를 특징으로 하는 매우 큰 문학이며, 지식인에 대한 사회학 및 인류학 연구도 점차 많이 포함하고 있다(1990년대 이전 지식인에 대한 서구적 학문의 특징은 아니지만). 예를 들어 선딩이沈定一(1883-1975)와 같은 혁명적 지식인 및 펑즈카이豊子愷(1898-1975)와 같은 비공산주의 예술가와 작가의 전기, 지식인 운동가 사이의 세대에 관한 연구37), 중화민국 시기 대학에 관한 제도적 연구와 베이징北京대학의 연구38), 페리 링크Perry Link의 문학 및 협회 연구와 링크와 동료가 편집한 지식인에게 큰 영향을 미치는 공동체와 문화 관

---

37) R. Keith Schoppa, *Blood Road: The Mystery of Shen Dingyi in Revolutionary China* (Berkeley: University of California Press, 1995); Geremie Barmé, *An Artist Exile:A Life of Feng Zikai* (Berkeley: University of California Press, 2002); Nora Sausmikat, "Generations, Legitimacy, and Political Ideas in China," *Asian Survey*, Vol.43, No.(2003), pp.352-84.

38) Wen-hsin Yeh, *The Alienated Academy: Culture and Politics in Republican China, 1919-1937* (Cambridge, MA: Harvard Council on East Asian Studies, 1990); Timothy B. Weston, *The Power of Position: Beijing University, Intellectuals, and Chinese Political Culture, 1898-1929* (Berkeley: University of California Press, 2004).

행에 관한 연구, 두 개의 모음집 세트인 비공식 중국과 대중 중국, 공식적 이데올로기의 쇠퇴에 관한 연구와[39] 최근 신좌파와 자유주의 지식인들 간의 이데올로기 논쟁에 대한 훌륭한 리뷰들이[40] 포함된다. 가장 흥미로운 것은 지식인 연구에 새로운 학문 분야를 적용한 것으로 상하이 교사에 대한 사회학 연구와 중국 현대 지식인의 탁월한 종합 사회학, 중국 고고학 교수의 민족학(도발적으로 순종적 자율성Obedient Autonomy이라고 부름), 비교문화의 철학적 성찰의 부활을 포함한다.[41]

중국과 중국 지식인에 대한 서구 이미지의 파란만장한 역사를 감안할 때 - 1937년 에드가 스노우Edgar Snow가 마오를 떠받든 것에서부터[42] 2005년 창과 홀리데이가 그를 악마처럼 묘사한 데까지 그리고 다양한 학문 분

---

39) Perry Link, *The Uses of Literature: Life in the Socialist Chinese Literary System* (princeton, NJ: Princeton University Press, 2002); Perry Link, Richard Madsen, and Paul Pickowicz, eds., *Unofficial China: Popular Culture and Thought in the People's Republic of China* (Boulder, CO: Westview, 1989); Perry Link, Richard Madsen, and Paul Pickowicz, eds., *Popular China: Unofficial Culture in a Globalizing Society* (Lanham, MD: Rowman & Littlefield, 2002).

40) Brugger and Kelly, *Chinese Marxism in the Post-Mao Era*; Kalpana Misra, *From Post Maoism to Post-Marxism: The Erosion of Official Ideology in Deng's China* (New York: Routledge, 1998); Geremie Barmé, "The Revolution of Resistance," in Elizabeth J. Perry and Mark Selden, eds., *Chinese Society: Change, Conflict and Resistance* (London: Routledge, 2000), pp.198-220; Davies, *Worrying about China*.

41) Eddy U, "The Making of Zhishifenzi: The Critical Impact of the Registration of Unemployed Intellectuals in the Early PRC," *China Quarterly*, No.173 (March 2003), pp.100-21; Hao, *Intellectuals at a Crossroads*; Erica E. S. Evasdottir, *Obedient Autonomy: Chinese Intellectuals and the Achievement of Orderly Life* (Vancouver: University of British Columbia Press, 2004); Kim-chong Chong, Sor-hoon Tan, and C. L. Ten, eds., *The Moral Circle and the Self: Chinese and Western Approaches* (Chicago: Open Court, 2003).

42) Edgar Snow, *Red Star over China* (London: V. Gollancz, 1937); Jung Chang and Jon Halliday, *Mao: The Untold Story* (New York: Knopf, 2005).

야에 걸친 연구의 확산에 이르기까지 누구나 '이야기를 제대로' 할 희망을 상실하거나 '각 이야기는 그 나름의 가치가 있다'는 상대주의에 빠질 수 있다. 독자들에게 주의를 당부하고 스스로에게는 내 최선의 노력조차도 다음 세대에게는 구식으로 보일 것이라는 점을 되새기지만, 믿을 만하고 유용한 이야기를 찾고 전할 수 있는 도구가 있다. 나는 역사학계의 방법에 의존하여 내가 아는 사실을 검증하고 내 해석을 시험하며 나의 강한 의견을 조절한다.[43] 독자들은 책 전체에 걸쳐 상당히 빈번한 각주를 주목하게 될 것인데, 관심이 있는 사람들에게 출처 – 일부 주요 문서들, 중국 및 국제 학자의 훌륭한 학술 연구 – 와 해석의 핵심 쟁점에 대한 학자 간의 관련 토론을 제공할 것이다.[44] 미리 경고했지만 흔들리지 않기를 바라며 이제 중국의 격동적인 20세기 동안 지식인과 공적 생활의 놀라운 이야기를 살펴보도록 하자.

---

43) 이 책은 표준적인 학계 동료들의 논평과 대학 출판사의 교정을 거쳤다. 역사적 연구와 저술의 학문적 방법에 대한 훌륭한 소개는 Georg G. Iggers, *Historiography in the Twentieth Century: From Scientific Objectivity to the Postmodern Challenge* (Middletown, CT: Wesleyan University Press, 1997).

44) 나는 전문적 학술지에 게재하기 위해 나의 방법론적 논증과 인식론적 고민은 생략했고, 필요를 느끼는 이들을 위해 언급해 두었다.

1

개혁

중국을 세계에 조응시키다(1895-1915)

량치차오, 1901년경의 모습.

1905년에 이르기까지 중국에서 새로운 질서의 모색은 세 번의 여행에서 포착되었다. 량치차오梁啓超(1873-1929)의 미국에서 일본으로의 귀환, 추진秋瑾(1875-1907)의 도쿄로부터 중국으로의 복귀, 그리고 짜이쩌愛新覺羅 載澤(1868-1929)의 만주 청 왕정에서 유럽으로의 사신 파견이 그것이다. 1898년의 실패로 끝난 백일개혁(무술변법)의 젊은 주역 량치차오는 캐나다와 미국에서 전년도에 돌아오며 입헌 군주정의 필요성에 대해 확신했다. 중국인들은 아직 공화정을 할 준비가 안되었기 때문에 "만약 우리가 이러한 다수에 의한 지배에 의존해야 한다면 그것은 국가적인 자살행위가 될 것이다. … 한 마디로, 중국 인민은 지금 당장은 권위주의적인 통치를 받아들여야만 한다. 그들은 아직 자유를 누릴 수 없다." 그의 신문인 『신민총보新民叢報』에서 량치차오는 독일식 유기적 국가와 군주적 권위의 개념을 일본의 메이지 입헌 군주제와 함께 홍보했다. 량치차오의 관점에서는 이 정도의 단계에서조차도 더 많은 공교육이 필요하다고 보고 1904년 봄 상하이로 살짝 돌아와 개혁을 진전시키기 위한 새로운 수단으로 『시보時報』를 조직하고 안전하게 일본에서 편집하였다.

1905년 9월의 도쿄는 축하 분위기로 들떠 있었다. 일본은 유럽 열강인 러시아를 국지전에서 막 물리쳤다. 축하 행사가 진행되는 가운데 전차, 전등, 현대식 상점으로 가득 차 북적이는 거리를 따라서 한 중국 여성이 중국인 학자이자 군인인 황싱黃興의 집을 찾았다. 그곳에서 그녀는 망명 중이던 중국 혁명의 지도자 쑨원을 만났다. 그들은 중국의 정치적 미래를 논하고 쑨원의 새로운 조직인 혁명 동맹회同盟會을 논하였다. 추진은 그 자리에서 동맹에 가담했고 중국에 있는 그녀의 자매에게 편지를 써서 "나는 다가올 미래 세대를 위해 지속될 유산을 남기기 위해 내 생명을 바칠 것이다"라고 하였다. 그녀는 중국으로 돌아와 완전한 민주 공화국을 위한 혁명 투쟁을 추구했고 상하이에서 남쪽으로 수백 마일 떨어진 사오싱紹興의 대동大同학원의 교장이 되었다. 학원은 반만운동反滿運動과 여성에게 군사훈련을 시키는 것에 초점을 두었다. 이러한 활동으로 인해 추진은 체포되었고 1907년 7월 반역죄로 처형되었다. 중국 최초의 페미니스트 순교자였다.

1905년 12월 11일 만주 귀족 짜이쩌와 그의 사절단은 일본, 미국, 유럽 방문에 나서 입헌제의 모델을 탐색했다. 짜이쩌는 서태후 일족과 결혼하여 전략적 위치에 있었던 귀족이었다. 이러한 정부의 노력은 역시 일본의 모델을 따른 것으로 1871년 서구를 탐방한 메이지 정권의 이와쿠라 사절단을 추종한 것이다. 1906년에 돌아온 짜이쩌의 사절단은 일본식 입헌 군주제가 가장 중국의 상황에 적합하다는 결론을 내렸다. 1906년 9월에 발표된 민주개혁은 헌법을 약속했지만, 곧 이러한 개혁 조치들은 만주인의 정치적 통제력을 강화하기 위한 계략이라는 것이 명백해졌다.

　20세기 중국을 개혁하거나 혁명하거나, 혹은 회생시키는 데 헌신한 중국 사상가와 작가들은 필연적으로 중국 밖의 더 넓은 세계와 연결되고 대화를 나누었다. 세기 전체에 걸쳐 공적 생활에 참여한 중국의 지식인들은 그들의 선조들은 결코 겪어보지 못한 방식으로 중국 밖의 세계에 의해 형성되었다. 이는 중국이 지식인의 정치 참여를 위한 자원이 부족했기 때문이 아니라 19세기 중반부터 침략적인 서구 제국주의와 결부된 보수적 정부의 국정운영의 특성 때문이었다. 이 세계와의 관계는 특정한 역사적 결합의 산물이었다. 량치차오와 그보다 젊은 추진은 그들의 대중적이고 정치적인 선동을 중국 내에서 유교적 표현으로 시작했다(비록 이미 중국 초기 개혁주의자의 저술, 기독교 선교사 그리고 이전 세대의 외국식 신문의 영향을 받았음에도). 그들은 청 왕조의 개혁과 황제의 주의를 끄는 데 노력을 기울였다. 이러한 노력에 대해 1898년의 개혁을 부수는 것으로 나타난 청 정부의 정치적 반응은 이들 지식인들이 생존을 위해, 재정비를 위해, 그리고 새로운 해결책을 찾기 위해 해외로 나가게 했다.

　개혁가들과 혁명가들은 근현대 중국 지식인과 공적 생활에 대한 우리의 이야기를 량치차오, 추진 그리고 만주 귀족의 이미지로 시작한다. 개혁가들과 혁명가들, 그리고 그들에게 저항한 사람들은 중국 체제에 대한 수많은 이름 없는 조력자와 비판자들과 마찬가지로 오늘날 중국 공산당 개혁가들과 2010년 노벨 평화상 수상자 류샤오보와 같은 민주운동가들에게 이르기까지 이 책에서 내내 나오게 될 것이다.

캉유웨이康有爲(1858-1927): 삼세三世(1902)

인류의 진보에는 항상 확실한 단계가 있었다. 씨족 제도에서 부족이 나오는데, 때가 되면 국가가 되고 국가로부터 대통일이 성립된다. 개개인으로부터 부족장의 지배가 점차 확립되고 부족장의 지배로부터 지배자와 신하의 관계가 점차 명확하게 정의된다. 전제정에서 점차 군주적 입헌 정치가 나오며 입헌 정치로부터 점차 공화정이 나오게 된다. … 그러므로 무질서의 시대에서 화평의 시대로 상승하고, 화평의 시대에서 대동의 시대로 진전되는 과정에서, 그 진화는 점진적이며 그것의 지속과 변경에는 이유가 있다. 모든 국가들의 이 절차를 조사해 보면 그 패턴이 동일하다는 것을 발견하게 될 것이다. …

공자는 무질서의 시대에 태어났다. 이제 소통이 전 지구로 확장되고 유럽과 미국에서 중요한 변화가 일어났으므로 세계는 화평의 시대로 접어들었다. 후에 지구상의 모든 그룹이 멀거나 가깝고, 크건 작건 간에 하나처럼 될 때, 더는 국가가 존재하지 않고 인종적 구별이 행해지지 않을 때, 관습이 통일될 때, 모두가 하나가 될 것이며 대동大同의 시대가 도래할 것이다. 공자는 이 모든 것을 미리 내다 보았다.[1]

쩌우룽鄒容(1885-1905): 혁명에 대하여(1903)

혁명은 진화의 보편적 법칙이다. 혁명은 세계의 보편적 원칙이다. 혁명은 생존을 위해 투쟁하는 과도기적 시기의 본질이다. 혁명은 자연을 따르고 인간 본성에 부합한다. 혁명은 타락한 것을 제거하고 선한 것을 고수한다. 혁명은 야만에서 문명으로 전진하는 것이다. 혁명은 노예제를 근절하고 주인이 되는 것이다. … 1688년 영국 혁명, 1775년 미국 혁명, 1870년 프랑스 혁명은 모두 자연을 따르고 인간의 본성에 부합하는 혁명이라고 들었다. 그 모든 혁명은 타락한 것을 제거하고 선한 것을 붙들며 야만에서 문명으로 발전하는 것이었다. 모두 노예제를 근절하고 주인이 되기 위한 혁명이었다. 개개인은 세상을 구하기 위해 희생되었다. 귀족은 인민의 유익을 위해 그리고 만민이 평등과 자유라는 행복을 누리도록 희생되었다.[2]

이데올로기적 순간: 개혁

1905년을 전후한 10년간 지배적인 질문은 다음과 같았다. 어떻게 중국을 구할 것인가? 우리가 자라온 세상의 중요한 것들이 지속되고 번영하도록 하려면 어떤 종류의 변화가 필요할까? 물론 이러한 질문은 당대의 경험에서 비롯된 것이다. 청 왕조는 흔들리고 있었으며 사회는 해체되고 외세가 중국의 주요 도시의 핵심 부분을 차지하고 중국 전역에서 위세를 떨치고 있었다. 서구 제국주의의 공격을 견디기 위해 중국이 변화해야 한다는데는 모두가 동의했지만 어떻게? 어떠한 면에서? 얼마나? 곧 이러한 질문들은 다음 질문을 불러왔다. 구해야 할 '중국'은 무엇인가? 당시 사상가들은 그 정치체를 설명하기 위해 '우리'와 같은 단어로 시작하거나 그 당시의 용어 – 왕조, 제국, 화華(여전히 문명과 살아있는 문화로서의 중국을 지칭하는데 널리 쓰이는)를 사용했다. 우리는 영어로 즉시 "차이나China"를 사용하지만, 우리가 이해하는 대로의 국민 국가 차이나는 새로운 관념

---

1) 캉유웨이의 '삼세'는 고대의 고전 춘추(공자의 저술이라고 보는)에 대한 해설의 일부로, 그가 1880년대에 초안을 작성하였지만 Wing-tsit Chan(陳榮捷)의 A Sourcebook in Chinese Philosophy (princeton, NJ: Princeton University Press, 1963), pp.725-6에 번역된 것처럼 1902년경까지 끝마치지 못했다.

2) 鄒容의 『革命軍』은 Pei-kai Cheng and Michael Lestz와 Jonathan D. Spence의 The Search for Modern China: A Documentary Collection (New York: W. W. Norton, 1999), p.198에 번역되어 있다. John Lust가 번역한 Tsou Jung, The Revolutionary Army:A Chinese Nationalist Tract of 1903 (The Hague: Mouton and Company, 1968), pp.58 ff.에서 전문을 볼 수 있다.

이었고 유럽 - 미국 제국주의의 시대에 첫 근대적 화인華人 세대로서 문화
적 생존이라는 급박한 질문에 대한 해답의 일부였다. 우리는 이러한 시급
한 과제에 대해 량치차오의 개혁과 추진의 반란 외에 다양한 답을 보게
될 것이고 그 대답들은 공적 문제에 대해 폭넓게 사고하기를 선택한 중국
인들의 지적 생활의 주요 세계 - 과거 급제자, 지방省 엘리트, 새로운 도시
대중들, 대중문화의 세계, 여성의 경험 그리고 다양한 민족과 종교적 하위
공동체 - 를 지도처럼 펼쳐 보일 것이다. 이 세계들의 다양성을 설명하기
위해서는 각각 책 한 권 분량은 필요하지만, 우리는 공공 문제에 참여하고
권력자에게 진실을 말하는 것을 선택한 이러한 정신적 삶의 세계의 몇몇
전형적 인물의 노력에 집중하는 것으로 만족할 것이다. 그들의 대답은 또
한 교육받은 사람이 선택할 수 있는 공익 봉사의 다양성 - 정부 복무, 대
중 논평과 비판, 정치적 반대, 그리고 사회적 동원 - 을 반영한다. 마지막
으로 이러한 답은 논쟁과 의견 충돌에서 나타났지만 지속되는 관념을 생
성했다. 어떤 관념은 "민주주의"와 같이 매우 의식적이고 논쟁적이었다.
어떤 것은 국민 국가로서의 "중국"과 같이 논쟁에 참여한 모두가 조용히
동의한 중요한 혁신이었다. 그리고 '인민'과 같은 오랜 개념의 거창한 재
해석이었다.

새로운 관념은 낯선 환경에서 새로운 문제에 예전의 도구를 적용함으로
써 탄생한다. 1890년대와 잇따른 몇 해 동안 중국의 교육받은 엘리트들의
경험은 이러한 변화가 어떻게 작동하는지, 사고와 관습의 혁신이 어떻게
일어나는지의 사례이다. 새로운 사회적 역할은 새로운 도전을 다루며 생
겨났다. 이 이데올로기적 순간에서 구엘리트들은 새로운 직업에 맞닥뜨렸
다. 유교적 학자 - 관료로 혹은 유교 학자적 열망을 지닌 상인으로 훈련받
은 1890년대와 1900년대 초반의 엘리트들은 1905년 국가 과거 제도의 폐
지로 관료로서의 그들의 직업을 상실했다. 그들의 위상은 변화하였다. 이
전 중국 역사에 대한 기억 속에서 그들은 항상 학자士, 학자 관료士大夫,

문인文人이었다. 이제 그들의 국가와의 연결은 확실치 않았고 그들의 사회적 역할은 불확실하게 되었다. 그들에게는 자유롭게 떠도는, 본질적으로는 실업 상태인 사상가와 작가의 역할모델이 없었다. 그들은 시간이 흐르며 어떻게든 해내야 했지만, 필연적으로 서양의 위협에 더 성공적으로 대처하는 것처럼 보이는 일본과 그들에게 새로운 질서를 부과한 사람들, 서양인들로부터 모델을 찾았다.

교육받은 사람들의 생성과 공인은 서원書院, 개인 교습, 지주층의 문학적이고 예술적인 모임에서 현대식 보통학교, 사관학교 및 대학, 도시의 학회와 활기찬 새로운 공공 영역 - 신문과 대중적 저널의 인쇄 자본주의로 놀랄 만하게 이동하였다. 량치차오의 세대는 서구 제국주의와 왕조의 쇠퇴 이상으로 이러한 변화에 준비가 되어 있지 않았다. 그러나 그들은 중국내 서구 신문이라는 신세계로부터 모은 것과 점점 더 많은 중국 학생들이 직접 목도하게 된 일본의 개혁과 함께 과거에 교육받은 사고방식과 가까이에 있는 도구들을 활용해야 했다. 이 근대 중국 사상가와 작가 세대는 로마 시대 불교의 도입 이후 중국에 봉사하고 중국을 구하기 위한 자원으로 외부 문명을 진지하게 활용한 첫 번째 세대가 되었다.

용어, 관념, 그리고 사상

량치차오 세대의 지식인들이 손에 쥐고 있던 도구들은 주로 용어 - 오래된 용어, 새로운 용어, 혼돈을 주는 용어, 고무적인 용어들이었다. 그들은 유교 학술 교육 기관에서 배운 언어에 일본에서 얻은 유용한 언어를 추가해서 그들 삶의 극적인 변화를 설명하고 무엇을 해야 하는지 분명하게 설명해야 했다. 현대 중국 지식인에 대한 우리의 더 광범위한 개괄적 이야기에서 이데올로기적 순간에 초점을 맞추는 것은 우리가 역사적 기록에서 찾아낸 논쟁과 관념들이 그 당시 사람들에게 실제 의미했던 바에 초점을 맞추는 데 도움이 된다. 용어(실제 한자 용어), 관념(작가와 독자가 그들 용어에 부여하는 의미), 사상(관념의 체계적인 표현)은 중국 지식인의 소프트웨어였다. 몇몇 강력한 용어와 개념은 중국사의 정확히 바로 이 이데올로기적 순간으로부터 비롯되었다. 사실 공화국共和國과 민주주의(다양하게 계승되나 결국 민주民主)와 같은 주요한 관념이나 명제를 보편적으로 사용하게 되었을 뿐 아니라 근대적 개념의 틀이 뿌리를 내렸다. 정치사상과 사회적 분석의 범주는 그 이전 20년 동안 주로 일본의 번역가들에 의해 서구식 개념을 한자漢字로 차용한 새로운 표현의 도입으로 근본적으로 풍부해졌다. 일본에서 공부하던 중국 학생들은 이러한 신조어를 중국으로 가져왔다. 1898년 백일개혁 이후 수십 년 동안 사회社會, 경제經濟, 그리고 국민(公民이나 國民)에 대응되는 중국어 단어가 보편적으로 사용되었다.3) 20세기 첫 10년 동안 새로이 대중적이 된 신문에 기고한 논평으로 유명하게 된 량치차오에 의해 많은 용어가 소개되거나 대중적인 것이 되었다. 거의 모든 차세대의 지식인 리더들이(마오쩌둥을 포함해) 량치차오의 글에서 이러한 개념과 표현을 처음 경험하게 되었다.

---

3) 이들 차용어(메이지 고토바(明治言葉) 또는 메이지 용어를 포함하여)에 관한 연구가 많다. Federico Masini, *The Formation of the Modern Chinese Lexicon and Its Evolution toward a National Language: The Period from 1840 to 1898* (Berkeley, CA: Journal of Chinese Linguistics Monograph Series, No.6, 1993); Lydia H. Liu, *Translingual Practice: Literature, National Culture and Translated Modernity in China, 1900-1937* (Stanford, CA: Stanford University Press, 1995); Michael Lackner and Natascha Vittinghoff, *Mapping Meanings: The Field of New Learning in Late Qing China* (Leiden:Brill, 2004); 그리고 Joshua A. Fogel, trans. and ed., *The Emergence of the Modern Sino-Japanese Lexicon: Seven Studies* (Leiden: Brill, 2015).

인쇄 자본주의: 중국의 새로운 공공 영역

1890년대의 신문은 중국의 사상가와 저자들의 공적 토론을 위한 신세계였다. 모델은 명백히 서구적이었지만 – 근대적인 상업 일간지는 서구의 선교사들이 들여왔음 – 그 적용은 뚜렷이 중국적이었다. 서구인들이 더 나은 인쇄기와 함께 가져온 것은 국가에 의해 규제받지 않는 유통수단으로 공적 정보가 유통되는 사례였다. 그보다는 이 신문은 서비스 비용을 지급하려는 광범위한 독자를 유치하기 위한 정보를 기재했다. 이것은 인쇄 자본주의였고 신문이 기업으로 운영되고 신문 판매와 함께 광고 수입으로 자금을 조달했다.[4] 또한 중국 지식인들이 이 공공 영역에 진입해 새롭고 용도 변경된 단어, 관념 및 사상의 소프트웨어를 그 위에서 실행하는 하드웨어가 되었다. 일찍이 1873년에 상하이의 중국어 신문 『신보申報』가 그 예를 제시했다. 비록 영국 상인 어니스트 메이저Ernest Major에 의해 설립되었지만, 그 내용물은 중국 문인들과 그들의 동포 상인이 쓰고 읽었다.[5] 『신보』 모델은 강력했는데 공적 정보의 유통과 논평이 청 정부와 독립적으로 행해질 수 있었으며(신문이 상하이의 조계에 위치해 청의 법률 하에 있지 않았기 때문에) 외국 선교사들처럼 전도할 부담도 없었다. 그리고 자급이 가능했다. 새로운 매체가 중국의 조약항에 뿌리를 내렸다.

그러나 이 외국식 신문의 적용은 확실히 중국적이었다. 신문 편집의 초점은 명확히 교육 저널리즘에 있었다. 『신보』는 독자들을 교화하고 교육하고자 했다. 량치차오는 1904년 "중국은 올바른 가이드가 필요하다"고 선언하고 『시보時報』를 창간했다.[6] 량치차오가 이런 식으로 새로운 매체를

---

4) Christopher A. Reed, *Gutenberg in Shanghai: Chinese Print Capitalism, 1876-1937* (Honolulu: University of Hawaii Press, 2004).

5) Barbara Mittler, *A Newspaper for China? Power, Identity, and Change in Shanghai's News Media, 1872-1912* (Cambridge, MA: Harvard University Asia Center, 2004).

사용한 것은 중국의 떠오르는 공공 영역은 물론 동아시아에서 특별한 것은 아니었다. 일본의 학자 후쿠자와 유키치福澤諭吉는 1870년대 메이지 초 출판된 『메이로쿠잡지明六雜誌』에서 비슷한 방식으로 장황하게 언급한 것으로 유명하다. 이 잡지와 다른 초기 일본 신문은 교육을 받은 사무라이 독자들을 대상으로 했고 첫 페이지는 장문의 훈계조의 글로 채워졌다. 사진, 뉴스, 광고도 없이 오직 관념과 정책만 있었다.[7] 우리에게 친숙한 소란스러운 상업 언론이 등장한 것은 그다음 10년으로 확실히 1890년대의 일이었는데 헤드라인, 그림, 곧이어 사진에 스캔들과 가십까지 더해 도시의 일반적 대중에게 신문을 파는 그 모든 것들과 함께였다.[8] 두 모델 모두 중국에서 뿌리를 내렸지만, 량치차오는 첫 번째 - 엘리트를 위한 지적인 공공 영역으로서의 신문 - 에 전념했다.

후쿠자와 유키치가 일본의 전통 엘리트에게 향했던 것처럼 량치차오와 그의 개혁파 동료들은 중국의 유학자 엘리트들에게 호소하였다. 그렇게 함으로써 그들은 국가를 대표하여 문인이 선전 작업을 하던 풍부한 전통에 의지했다. '예로써 백성을 교화시키는'以禮敎民 관행이 고대 유교 경전에 명시되어 있고 10세기 송 왕조 이래 정부에 활력을 불어 넣었지만 보다 가까운 예로는 중국의 학자 - 관료들이 강희제와 17세기 후반 청의 군주들의 신성한 칙령에 대해 황제의 도덕적 금언을 자세히 설명하던 선강宣講에서의 선전이 있다. 이러한 금언들은 효도와 형제간 복종과 아들과 어린 형제에게 나쁜 행동을 피하도록 가르치는 것과 같은 일반적 도덕 명령이나 "이웃 간에 평화롭고 화합하라", "절제와 검약을 소중히 여기는 것을

6) Mittler, *A Newspaper for China?*, p.14.
7) Sharon Sievers, *Flowers in Salt: The Beginnings of Feminist Consciousness in Modern Japan* (Stanford, CA: Stanford University Press, 1983), pp.16 if.
8) James Huffman, *Creating a Public: People and Press in Meiji Japan* (Honolulu: University of Hawaii Press, 1997).

보이라"와 같은 실용적인 조언이 포함되어 있었다. 또한, 신속하게 세금을 납부하고 절도와 강도 행위를 근절시키기 위해 보갑保甲과 결합하라는 정치적 독촉도 포함되었다.9) 이 강연은 단순히 책으로만 있는 것이 아니었다. 지방의 수령들은 매월 공공 회의에서 격언을 암송하고 그 의미를 설명하도록 지시받았다. 리라이장李來章(1654-1721)의 『1705년 성유선강聖諭宣講제도설명』과 같은 안내서들은 이러한 모임을 어떻게 개최할 것인지에 대해, 어떻게 회의를 개최하고 좋은 행동과 나쁜 행동의 기록을 작성하는 방법에 대한 지침과 아울러 금언을 새긴 명판과 단의 배치와 학자들과 주민들이 서야 하는 위치를 보여주는 도표에 이르기까지 문자 그대로 세세히 작성되어 있었다.10)

세기가 바뀔 무렵 중국의 인쇄 자본주의의 부상은 청의 학자 - 관료의 선강 경험의 논쟁적이고 교육적인 성격을 강화시켜 대중적이고 상업적인 신문에 지시하여 '교육 저널리즘'이라는 독특한 브랜드를 만들어내려는 충동과 결합했고 20세기에 걸쳐서도 지속되어 국민당과 중국 공산당 정권의 선전 노력의 일환이 되었다.11) 청말 저널리즘의 두 가지 주요 특징은 첫째 량치차오가 군주 귀에 닿도록 언론을 이용하고 그의 모방자들도 같은 정

9) Wm. Theodore de Bary와 Richard Lufrano가 편저한 *Sources of Chinese Tradition: From 1600 to the Twentieth Century*, 2nd edn., Vol.2 (New York: Columbia University Press, 2000), pp.71-2에서 번역; Kung-ch'iian Hsiao (Xiao Gongquan), *Rural China: Imperial Control in the Nineteenth Century* (Seattle: University of Washington Press, 1960).

10) 李來章, 『聖諭宣讲鄉保條約』(성유선강의 향촌치안을 위한 조약), 서문은 1705년으로 추정되며 그림은 목차와 텍스트의 첫 페이지 사이에 나타난다.

11) 교육 저널리즘은 그들 자신의 이익을 위해 그 대안, 아마도 위험할 수 있는 관념과 정보로부터 보호되어야만 하는 무비판적인 독자들을 인도하고 이끌고 변화시키는 것을 추구한다. Timothy Cheek, "Redefining Propaganda: Debates on the Role of Journalism in Post-Mao Mainland China," *Issues & Studies* (Taipei), Vol.25, No.2 (Feb. 1989), pp.47-74를 볼 것.

치적 청중에게 초점을 맞추고 있다는 것이고 둘째는 그 시기-중국이 심각한 궁핍과 경제적 격변을 겪던-는 중국 저널리즘이 당대 서구의 저널리즘 보다 훨씬 더 진지하도록 이끌었다는 것이다. 제임스 푸시James Pusey는 이 시기에 관한 그의 연구에서 편집자들은 인쇄 할 만한 적합한 모든 뉴스가 아니라 주요 관심사인 중국의 안녕에 관련된 뉴스에만 관심이 있었다고 하였다.12) 그러한 교육 저널리즘의 강점은 중국을 구원하기 위한 논쟁적 글과 교육적 기사에 있었다. 또한, 좌절한 개혁가들에게 공적 토론의 장을 제공해 헌신적인 애국자들에게 목소리를 부여했다. 저명한 관료 개혁가인 장즈둥張之洞(1837-1909)은 1890년대 량치차오의 『시무보時務報』의 초기 지지자로서 저널리즘의 초기 노력에 대해 다음과 같이 말했다.

> 1895년 이후 애국심을 지닌 문인들은 저널을 출판하기 시작했다. … 내정, 외교, 학문 지식 모든 것이 그들의 범위에 있었다. … 그들은 공통의 목표를 공유했다. 정보를 전파하고 이타적인 정신을 불러 일으키고 치명적인 무관심을 깨끗이 씻어 내는 것 … 이것이 조국을 도우려는 사람들의 교육에 도움이 되지 않는다고 할 수는 없을 것이다.13)

전문협회와 그들의 출판물도 이 새로운 공공 영역의 일부였다. 이것은 대학의 창설로 가능해졌는데 1898년 개혁으로 수도 제국 대학으로 출발한 베이징대학北京大學으로부터 시작되었다. 다른 대학들도 1900년대에 등장하여 1920년대에 특히 선교 단체의 후원으로 급증했다. 베이징에는 옌칭대학燕京大學(1919)과 칭화대학淸華大學(1911년, 처음에는 예비학교였다가 1925

---

12) James Pusey, *China and Charles Darwin* (Cambridge, MA: Harvard Council on East Asian Studies, 1985), pp.84-5.

13) Pusey, *China and Charles Darwin*, pp.85-6에 인용된 장즈둥(張之洞).

년 대학이 됨)이 건립되었고 반면 상하이는 이보다 먼저 시작되어 1879년 기독교계 단과대학인 성요한 대학과 가톨릭 최고 대학인 전단震旦대학이 1903년에 설립되었다. 이러한 학교들과 대학은 여러 전문적인 저널을 출판하였다. 상당수는 언어학자, 고생물학자, 약사만큼 공공성을 인정받지 못하기도 하지만 출판물 중 일부는 특히 과학전문가로서 공공 분야에서의 대화에 기여한 것으로 간주된다. 예를 들어 1910년대 장쑤성江蘇省교육협회의 노력을 들 수 있는데 외국 선교사, 서양 및 일본에서 훈련을 받은 의사, 중국 언어학자를 모아 서양 의학 용어를 중국어로(예를 들어 "dissection"(해부) 또는 "aorta"(대동맥)는 어떻게 번역할 것인지)표기하려고 했다. 이 그룹은 지역 유명 인사들의 공공 협회였고 공적 복무에 관심이 있던 교육받은 중국인을 끌어들였으며 새로운 서양의 생물학 및 생리학을 1915년 설립된 다양한 공식적인 전문협회를 통해 홍보했다. 데이비드 류에싱크David Luesink에 따르면 협회의 용어위원회 네트워크는 해부를 위한 절개와 같은 과학적 근대성이 중국 사회에서 어떻게 보일 것인지를 확립하는 데 도움이 되었다. 탕얼허湯爾和(1878-1940) 박사와 중국의 YMCA(기독교청년회)의 대표인 위르장余日章(1882-1936)을 포함하여 이 그룹에 참여한 주요 지식인들은 어떻게 현대적 의사를 중국에서 훈련시키고 공중 보건 캠페인을 수행할 것인지를 고안하는 데 도움을 주었다.14)

공적 논평은 고상한 사람들에만 국한되지 않았다. 소란스러운 타블로이드 신문들은 특히 상하이에서 활발했지만 새로운 세기에 들어서자 톈진天津에서 청두成都(쓰촨四川)까지 여러 도시에서 왕성해졌고 스캔들과 유명인들의 비유를 통해 그리고 직접적으로 관료를 비판하고 엘리트를 조롱함으로써 공공의 문제를 다루었다.15) 교훈보다는 오락을 목표로 했지만, 대

---

14) David N. Luesink, "Dissecting Modernity: Anatomy and Power in the Language of Science in China," 브리티시 컬럼비아 대학 박사학위논문 2012.

15) Mittler, A Newspaper for China?; 그리고 Juan Wang, Meny Laughter and Angry Curses:

중의 관심사를 반영한 신문이 그들의 흥미를 사로잡아 팔렸다. 또한, 타블로이드 소유자와 편집장들은 오늘날 런던, 뉴욕에서와 마찬가지로 정치적 견해가 있었고 대중오락시장에 자신들이 선호하는 것을 주저하지 않고 밀어붙였다. 이것은 모두 중국에서의 인쇄 자본주의의 부상의 일부였고 이미 널리 퍼져 있지만 규모는 더 작았던 청의 도서 시장의 근본적인 발전과 확장이었다. 우리는 이 근현대 미디어 산업에서 정치적으로 관련 있는 분야에 초점을 맞추고 있지만, 출판 도서와 신문의 상당수 혹은 대부분이 오락, 비정치적 관심사(유명한 요리책, 여행 안내서, 그리고 새나 애완견을 기르는 안내서)와 전문적 혹은 학문의 세부 분야에 할애되었다는 것을 기억하는 것이 타당할 것이다.

상하이와 중국의 다른 조약항의 이 인쇄 자본주의의 공공 영역은 오직 사실상의 방식으로 자유롭고 다원적이었다. 서구 열강이 지배하는 조약항은 아편 전쟁 이후 반세기 동안 상하이를 모델로 크게 성장하였다. 중국과 서구의 혼종 양식의 근대 도시 환경이 등장하였다. 여기에는 신문을 읽는 사람들 - 전통적 학자들과 새로운 은행, 무역 회사, 백화점 및 조약항의 여러 기관에 근무하는 사무직 근로자 - 이 포함된다. 새로운 신문들, 가장 유명했던 상하이의 『시보』는 중국어로 읽는 사람들 사이에서 공통의 경험을 만들어 냈고 이는 유럽의 주둔에 직접 접하지 않는 내륙에 거주하는 지방 엘리트에게까지 확대되었다.[16] 조약항은 이 시기의 변화에 근본적으로 중요했는데 신문에서 전차, 항구의 근대적 전함에 이르기까지 서구 근대성의 사례를 제공했고 중국인 비평가, 반체제 인사와 혁명가들에게 청 정부 관할권 밖의 안전한 피난처를 제공했다는 점에서 그러하다. 이 시기의 중

The Shanghai Tabloid Press, 1897-1911 (Vancouver: University of British Columbia Press, 2012).

16) Joan Judge, Print & Politics: *"Shibao" and the Culture of Reform in Late Qing China* (Stanford, CA: Stanford University Press, 1997).

요한 중국 신문과 저널 대부분은 이러한 조약항의 조계에서 안전하게 출판되었다. 따라서 중국의 독서 대중의 일부에게 특히 이러한 북적거리는 도시의 비밀 회합에 참여하는 사람들에게는 보복에 대한 두려움 없이 정치적 문제에 대한 다양한 견해를 발표할 수 있는 공공 영역은 좋은 것이라는 기대가 커졌다. 그러나 중국 정부는 이의를 제기했다. 중국 정부들은 그렇게 할 수단을 찾는 한에서, 신문과 공공 영역의 내용에 관여하고 통제하고 마침내 지시하게 될 것이고 세기 중반 정도에 이르면 선전 국가의 교육적 모델을 수용하기로 결정하게 될 것이었다. 오늘날 중국에서 인쇄 자본주의의 사실상의 다원주의 모델과 사회주의 국가의 지시된 공공 영역은 계속해서 경쟁하고 있다.

그 시대의 도전

1905년을 전후한 수십 년 동안 상황은 점점 더 악화되었다. 이것이 중국 학자들이 대응할 도전을 형성했다. 외국의 침해가 증가하고 국내 무질서는 폭발했으며 정부는 흔들리다가 곧 무너졌다. 1912년의 신생 공화국은 이러한 문제를 빠르게 해결하지 못했다. 개혁을 위한 모든 노력 - 군사, 정치 체제, 심지어 중국의 문화까지 - 은 1915년까지 그 과업에 부적절하게 보였다. 이러한 주요 도전은 쉬중웨徐中約, Immanuel Hsü(1923- 2005)가 근대 중국을 연구한 그의 오랜 경력의 끝자락에 이르렀을 무렵의 결론에 요약된다. "근대 중국을 형성하는 주요한 동력은 서방이 강요한 신세계에서 명예롭게 생존할 방법을 찾는 것이었다. … "17) 이 이데올로기적 순간의 충격적인 시작은 1894년 말과 1895년 초 한반도와 그 주변에서 일본에 의

---

17) Immanuel C. Y. Hsü, *The Rise of Modern China*, 6th edn. (New York: Oxford University Press, 2000), p.vii.

해 청의 북양 함대와 육군이 패배한 것에서였다. 1895년 4월에 이르면 청은 굴욕적인 시모노세키 조약에 서명했는데 한국(조선)에 대한 중국의 전통적인 종주권을 포기하고 타이완을 할양하며 막대한 배상금을 지급하는 조건이었다. 군사적 대실패는 지난 수십 년간의 양무운동의 실패와 청 지도부의 부패를 부각시켰다.

1898년 여름의 백일개혁은 젊은 광서제가 서태후로부터 권력을 빼앗고 캉유웨이와 같은 독창적인 개혁가를 궁정으로 불러들이게 된다. 캉유웨이는 황제를 오랫동안 알현하고 재정, 행정 및 교육을 개혁하기 위해 일련의 칙령 초안을 제공한 것으로 유명하다. 이러한 노력이 왕조를 강화할 수 있었을지는 서태후 주변의 보수파들이 9월에 쿠데타를 일으켜 젊은 황제를 유폐하고 권력의 고삐를 틀어쥐며 모든 개혁적 학자 및 관료들을 처형하거나 추방하는 바람에 결코 알 수 없게 되었다.

보수적 반동의 시기는 결국 1900년 의화단 운동으로 알려진 대중적 반외세 저항의 폭발로 궤도에서 이탈했다. 외국의 부담 - 특히 활개를 치고 다니는 서구 사업가들과 그들의 군사적 호위, 선의를 지녔지만 도시나 향촌 모두에서 사회를 불안정하게 만드는 기독교 선교사들의 형태로 - 에 대한 보수적 반응은 엘리트뿐 아니라 대중 세력도 보였다. 의화단의 등장과 몰락은 흥미롭고 복잡한 이야기이지만 중국의 교육받은 엘리트들에게 그것은 끔찍한 일로 반동적이고 미신적이고 광신적이며 가장 수치스러운 비참한 실패였다.[18] 의화단은 폭력적이었고 수많은 무고한 사람들을 죽였고 (대부분은 중국인 기독교 개종자들이었지만 물론 서구는 유럽 선교사들의 피살에 초점을 맞추었다) 이들의 폭력은 만주족 이래 가장 큰 외국의 침공을 유발해 8개국(유럽과 미국, 일본의) 연합군은 베이징으로 진군해 궁을

---

18) Joseph Esherick, *The Origins of the Boxer Uprising* (Berkeley: University of California Press, 1988) 및 Paul A. Cohen, *History in Three Keys: The Boxers as Event, Experience, and Myth* (New York: Columbia University Press, 1997)를 볼 것

약탈하고 피난하도록 몰아넣고 더 많은 배상금을 요구했다.

따라서 중국의 참된 20세기는 이 최악의 상태에서 시작되었다. 패배, 수치, 깊은 분노를 느끼지만 강력한 외세에 대한 의존도가 증가했다. 사실 20세기 내내 중국의 주제는 국가적 굴욕國恥과 어떻게든 굴욕과 수치를 제거하고 위엄을 회복시킬 방법을 찾는 것이었다.[19] 서태후 하에서조차도 청 조정은 폐기된 1898년의 개혁 시도로부터 나온 초기 행정 개혁을 통합하여 일련의 개혁, 새로운 정책을 시작했는데 지방의회의 설립, 행정의 간소화, 교육개혁, 새로운 대학과 사관학교의 확장을 포함했다. 이 새로운 활동의 리더는 청의 중국군 고위층인 위안스카이袁世凱(1859-1916)로 그는 북부의 대도시 톈진天津에 자리한 자신의 지역 기반을 근대화의 모델로 만들었다. 그다음 십 년 동안 근대화의 모델은 일본이었다. 예를 들면 위안스카이는 중국 최초로 지방 경찰서를 창립했는데 일본 모델을 기반으로 한 것이었다.[20] 종종 그렇듯이 하나의 목적(청을 강화하기 위한)으로 채택된 정책은 다른 효과(지방 권력과 정치적 변화의 힘을 강화하는)를 가져왔다. 두 가지 혁신이 가장 큰 영향을 끼쳤는데 1905년 대학과 군사학교의 새로운 서양식 과학과 기술 교육을 위해 유교적 과거 제도를 폐지한 것과 지방 의회를 설립한 것이다. 과거제의 폐지는 중국의 교육받은 엘리트를 표류하게 했고 정부로부터 멀어지고 지역 사회에서 신사紳士로서의 지위도 약화시켰다. 새로운 의회는 지방 엘리트들에게 그들의 주의를 집중하고 공적 무대에서 그들의 이해관계를 표현할 수 있는 새로운 장소를 제공하였다.

청이 새로운 정책을 시도하고 량치차오와 같은 망명한 개혁가들이 일본

---

19) Paul Cohen, *Speaking to History: The Story of King Goujian in Twentieth-Century China* (Berkeley: University of California Press, 2009).

20) Douglas Reynolds, *China, 1898-1912: The Xinzheng Revolution and Japan* (Cambridge, MA: Harvard University Asia Center, 1993).

에서 의견을 제시하는 동안 일부 중국의 지식인들은 곧장 혁명으로 전환했다. 후에 공화국의 아버지가 된 쑨원은 고전 교육이 부족(그는 하와이에서 자랐다)하다고 청의 개혁가들에 의해 배척당하면서 정치경력을 시작했고, 결국 실패한 봉기를 차례로 시도했다. 얼마 후 그는 일본에서 혁명단체同盟會을 결성했다. 1900년대 중국 진보주의자들을 위한 주요 대안은 량치차오의 노선을 따른 입헌 개혁이나 동맹회의 급진파들이 지지하는 공화혁명이었다. 우리는 아래에서 이러한 급진파 일부를 만날 것이지만 그들은 결국 성공하지는 못했다. 사실 입헌주의자들도 그렇지 못했다. 새로운 철도의 통제에 대한 경쟁은 1911년 중국의 중심부(현재는 대도시인 우한武漢의 일부가 된 양쯔강 중류의 우창시武昌市)에서 청군의 반란을 촉발했고 사상누각 전체가 무너졌다. 새로운 성省의회는 이를 혁명이라고 선언해 지방 유력인사들에게 합법적인 정치적 자치권에 관한 주장을 제공했으며 공화정에 대한 합의가 이루어졌다. 성省 단위의 엘리트 연합은 쑨원(미국에서 자금을 모금하는 여행 중이었고 그는 1911년 혁명 당시 덴버Denver에 있었다)이 중화민국의 초대 대통령이 될 수 있게 귀환하도록 요청했다.[21]

청은 조용히 무너졌다. 그러나 공화국은 거의 즉시 휘청거렸다. 쑨원은 1911년 말 난징南京에서 공화국의 임시 대총통으로 선출되었지만 1912년 2월 청의 장군이던 위안스카이 – 톈진의 군사 개혁가 – 에 의해 밀려났다. 위안스카이는 공화국의 새로운 수도를 난징에서 그의 권력 기반인 베이징으로 옮길 것을 요구했다. 위안스카이는 군대가 있었고 쑨원은 없었다. 이

---

21) 중국의 달력은 두 개의 문자 이름으로 60년의 주기로 연도를 세었다. 우리가 1911년으로 부르는 그 해는 신해(辛亥)로 따라서 이 공화 혁명은 중국에서 신해혁명으로 알려지게 되었다. 신생 공화국은 프랑스 혁명을 모델로 하여 정치력을 공화국 원년(민국 원년)으로 기원을 삼고 거기서부터 모든 해를 계산했다. 그러므로 1937년은 민국 26년이었다. 타이완에 있는 중화민국 타이완은 공식적 문서에서 (책의 전기 정보를 포함하여) 이러한 계산을 최근까지 유지하고 있다.

것은 향후 40년간 중국 정계의 쓰라린 규칙이 되었다. 마오쩌둥毛澤東 (1893-1976)의 유명한 정치적 상투어(1920년대 후반에 만들어진) '정치 권력은 총구에서 나온다'는 실패한 공화 혁명 이후 이어진 수십 년간의 모든 중국인의 일반적인 경험을 요약한 것일 뿐이었다. 공화국은 순식간에 조악한 모방품이 되었다. 1913년 3월 의회 연정을 이끌 것으로 전망되었던 카리스마 있고 유능한 쑹자오런宋敎仁(1882-1913)이 상하이 기차역에서 총탄을 맞았을 때 국가 입법부를 소집하려는 노력은 매수당했다. 위안스카이는 점점 더 독재적으로 되었고 심지어 1916년 새로운 왕조의 황제가 되려고 했다. 이러한 노력은 즉각 실패했다. 다음 10년 동안 군국주의자들이 (일반적으로 군벌로 불리는) 줄줄이 자신의 군대를 베이징으로 끌고 왔고 스스로 총통이라고 선포하고 더 많은 외채를 들여와 청으로부터 물려받은 엄청난 채무를 더 악화시켰다.

청을 개혁하라, 군주제를 개혁하라, 정체를 공화정으로 개혁하라, 이것을 더 성공적으로 해낼 수 있도록 중국인을 개혁하라. 서구에서 배워 서구로부터 중국을 보호하라. 이것이 20세기 초 중국의 정치 지도자 및 지적 지도자들이 직면한 도전이었다.

량치차오梁啓超의 "인민": 신민新民을 교육하다

량치차오梁啓超(1873-1929)는 1900년 호주에서 해외 화교들에게 "중국 약점의 근원을 찾아서"라는 제목으로 강연을 하면서 이러한 도전에 해답을 찾고자 했다.[22] 량치차오는 "한 국가는 평등에 기반을 둔다", "[국가에

---

22) 아래에서 호주에서의 량치차오에 관한 논의를 참고할 것. 량의 강연의 인용은 Billy K. L. So, John Fitzgerald, Huang Jianli, and James K. Chin, eds., *Power and Identity in the Chinese World Order: Festschrift in Honour of Professor Wang Gungwu* (Hong Kong: Hong Kong University Press, 2003), p.365에 수록된 John Fitzgerald, "The Slave Who

대한] 사랑은 [인민]이 서로를 대하는 방식에서 비롯된다. … 서양인들은
그들의 나라를 통치자君와 백성民, 치자와 피치자의 공동 소유로 본다"고
선언하였다. 량치차오는 정치적 평등은 가정에서 시작된다고 보았기 때문
에 가정을 가져와 설명했다. "마치 아버지, 형, 아들, 남동생이 모두 함께
일하면서 가정의 일을 관리하는 것과 같다. 이 경우 한 사람도 빠짐없이
애국자이다. 중국에서는 그렇지가 않은데 국가는 한 가족에 속하고 다른
모든 사람이 노예이기 때문이다." 이것이 량치차오의 근본적인 진단과 처
방이었고 중국을 구하는 방법에 대한 그의 대답이었다. 중국인들은 서로
존중하고 평등하게 대우하는 법을 배움으로써 새로워져야 했다. 그러면
서양인들도 중국인들을 동등하게 대할 것이었다. 모든 세대가 동등하게
운영하는 중국 가정에 대한 량치차오의 이미지(모두 남성임에도 불구하
고)는 사회적인 사실에 직면하면 날아가 버렸다. 당시 중국의 가정은 아버
지 또는 적어도 나이든 남성들에 의해 운영되었기 때문이다. 이것은 정치
적 변화가 사회 변화 속에 자리잡게 했다. 서양의 군비와 학교 훈련 심지
어 수학과 과학, 기차와 증기선 몇 대를 채택하는 것만으로는 충분하지 않
았다. 1895년 일본에 패배함으로써 그것만으로는 충분하지 않았다는 것이
증명된 셈이었다. 중국을 더 강하게 만들기 위해 존경과 책임, 자원을 제
공함으로써 국민을 만들어야 했다. 이것이 량치차오가 구상한 신민新民이
었다. 그리고 그는 일본, 유럽, 미국, 호주까지 방문하여 그의 구상을 구축
했다.

량치차오는 그의 생각을 조직하고 출판하고 표현하였다. 그는 스승 캉
유웨이와 함께 캐나다, 동남아시아 그리고 호주에서의 보황회保皇會 조직
을 도왔다. 그는 일본과 중국의 일간 상업 신문이라는 새로운 매체를 통해

Would Be Equal: The Significance of Liang Qichao's Australian Writings,"에서 발췌
한 것임.

그의 생각을 홍보했다. 그는 인민의 혁신에 관한 생각, 입헌 군주제에 대한 방안, 계몽된 세계 시민이면서 동시에 중국의 애국적 국민이 됨으로써 문명화된 사회와 국가로서 서구에 합류한다는 발상을 명확하게 표현했다.

1898년 이후 합법적인 정치에서 내쳐진 량치차오는 **사회를 교육하는** 역할을 선택했다. 이것은 우리 대부분의 지식인에게 가장 친숙한 역할 - 대중 앞에서 공개적으로 발언하는 것 - 이다. 그러나 공개적 논평은 대중과 그 대중에게 누가 발언을 할 수 있을지에 대해 사회적 합의를 필요로 한다. 이것은 우리가 지금 아는 것 같은 대중이 청淸의 한창때에는 존재하지 않았다는 점을 제외하면 기본적으로 불필요한 설명처럼 보인다. 즉 정치에 대한 논평은 과거 급제자의 특권이었고 비판은 물론이고 국가에 대한 조언을 제시할 수 있는 것은 고위 관리들로 엄격히 제한되었다. 한편 생활은 일련의 소규모 대중, 지역, 문학적 관심이나 공유하는 사업상의 관심사 또는 공통의 종교 의식에서 영위되었다. 중국에서 큰 규모의 대중, 궁극적으로 국민 대중의 창조는 현대 중국 역사의 놀라운 창조물 중의 하나이다.

캉유웨이와 량치차오 주변의 입헌 개혁주의자들과 쑨원 주변의 신흥 혁명가들은 이 새로운 대중 - 신문을 구독하는 - 을 활용했다. 이들은 각각 일련의 신문과 정기 간행물을 제작했는데 과거시험 엘리트, 지방 엘리트(특히 곧 응시할 시험이 없어질 젊은 '도련님' 세대), 문자를 해독할 수 있으며 상향 이동하는 도시의 구성원들(부유한 상인들과 야망에 찬 사무원들)이 덥석 사곤 했다. 우리는 이 수십 년 동안의 변화를 주요 정기 간행물과 그들이 만든 공개 토론의 장으로 표시할 수 있다. 량치차오의 『신민총보』와 『시보』는 1900년 이후 세대에게 입헌 군주제의 개념 뿐 아니라 근대 정치의 언어, 근대적 국민 국가의 서양 모델을 이해하고 중국 버전을 고안하는 데 필요한 용어를 소개했다. 쑨원의 혁명 동맹회는 청을 대체할 공화국을 명백하게 제안하면서 논의를 더욱 밀어붙였다. 그 간행물들은 한족대 만주족의 종족 민족주의 그리고 정부 내의 종족 청산에 대한 열망을 표현하는 것을 허용했다. 동맹회의 신문인 『민보民報』는 입헌 개혁에 기반한 혁명적인 공화국 안을 선전했다.

량치차오는 1898년 개혁이 실패하고 중국에서 탈출한 후 오직 중국 밖에서만 공개적으로 조직 활동을 할 수 있었다. 그는 그다음 십 년 동안 일본, 하와이, 동남아시아, 호주 그리고 북미에서 이 작업을 수행했다. 그 과정에서 그가 대상으로 삼은 청중인 해외에 거주하는 중국인, 화교에 도달하기 위해 그 시대의 새로운 매체인 중국어와 때로는 영어로 작성된 일간지를 사용했다. 그는 그들의 후원과 자금을 원했고 대체로 그들은 기꺼이 지원했다. 해외자금을 조성하기 위한 량치차오의 초기 노력 가운데 하나는 1900년 후반에서 1901년 초까지 호주에서 이루어졌다. 그곳에서 그는 "중국 약점의 근원을 찾아서" 라는 제목으로 이후에 출간된 강연을 하였다.23) 호주는 량치차오에게 도전과 약속을 다 제시한 강력한 주목의 대상이었다. 량치차오는 호주의 중국 지역 사회 뿐 아니라 영국계 호주 관료와 고위 인사들에게도 고위급 인사로 대접받았다. 그러나 량치차오는 또한 호주에서 중국인에 대한 차별을 많이 보고 들었다. 그는 중국의 안팎에서의 중국인의 삶은 긴밀하게 연결되어 있다고 보고 맬버른에 있는 친구들에게 "만약 중국이 중국 국민을 교육하고 스스로를 풍요롭게 하고 강하게할 수 있다면 국내와 해외에 사는 사람들이 다시는 외국인에 의해 굴욕을 당하지 않을 것이다"라고 하였다. 동시에 맬버른은 중국을 위한 혁신의 가능성을 내보였다. 존 피츠제럴드John Fitzgerald의 언급처럼 "도시의 광범위한 철도역, 궁전 같은 저택들, 큰 마을회관과 교회, 은행, 동물원, 공원, 정원"은 자신의 생애 기간의 산물이었다. 호주가 할 수 있다면 중국도 할 수 있을 것이었다.

---

23) Fitzgerald, "The Slave Who Would Be Equal"; 그리고 Gloria Davies, "Liang Qichao in Australia: A Sojourn of No Significance?", *East Asian History*, No.21 (2001), pp.65-111(*China Heritage Quarterly*의 온라인에서 이용 가능(2015년 6월 25일 접속).

량치차오는 그의 가장 유명한 글인 「신민新民」을 1902년 같은 이름의 신문인 요코하마의 『신민총보』에 발표하여 그의 이상을 분명하게 설명했다.[24] 량치차오는 청의 유학자이며 학위 소지자로서 문화적 자본을 쏟아냈다. 그의 개혁론은 서구의 사례를 많이 인용하고 그의 고전 실력에 기반하면서도 유려하고 읽기 쉬운 중국어(당시에 공식적으로 사용되던 문체와는 다르게)를 사용했다. "신민"이란 제목은 11세기 유학자인 주희朱熹에게서 가져온 것으로 그는 유교경전에 대한 자신의 주석에서 '백성을 쇄신해야 할' 필요가 있음을 강조했다. 그러므로 량치차오는 1902년 그의 해결책을 새로운 환경에 대한 적절한 유교적 대응으로 제시했다. 그의 초점은 "공적 도덕"公德 이었다. 그것은 사람들이 군群과 민民을 형성할 수 있도록 해주고 … [그리고] 군群의 이익에 기반을 둔다 … 군群에 이익이 되는 것은 좋은 것이고 군群의 이익에 해로운 것은 나쁜 것이다. 이러한 원칙은 모든 장소와 연령에 적용된다"는 것이었다. 마침내 "현재의 군群에 사는 우리는 세계의 주요한 흐름을 관찰하고 우리에 적합한 것을 연구하고, 우리 군群을 굳건히 하고 이익을 얻고 발전시키기 위한 새로운 도덕성을 만들어야 한다." 그는 자기의 목표를 애민愛民, 애국愛國, 진리추구라고 하였다.

량치차오가 지칭하는 "민民" 또는 "군群"은 "국민the nation"이나 "국가country"였다. 여기서 량치차오는 새로운 개념, 즉 세계 내에서 자신의 위치에 대해 생각하는 새로운 방식과 그 세계가 어떻게 작동하는지를 대중화시켰다. 그는 영향력 있는 출판가였기에 그가 사용한 용어들은 널리 사용되었고 지식인들이 중국을 구하기 위해 했던 행동을 변화시켰다. 량치차오는 정치적 군중으로서 "인민"에 초점을 맞추었다. 중국어 단어로는 군群으로 일반적으로 평범한 사람들의 응집 또는 집단을 의미했다. 그러한

---

24) Liang Qichao, "Renewing the People"은 de Bary와 Lufrano가 번역한 *Sources of Chinese Tradition*, Vol.II, pp.288 ff. 이 글과 량치차오가 언급한 다른 에세이들의 중국어 자료는 그의 전집인 梁啓超, 『飮冰室文集』(北京: 中華書局, 1936)에 수록되어 있다.

평민들에게 정치적 역할을 부여한다는 것은 엄청난 변화였고 량치차오와 그의 동료 개혁가들이 느끼기로는 서구의 부와 권력의 뿌리가 되는 것이었다. 그것은 그들의 봉사의 대상을 변화시킴으로써 지식인들이 할 일을 변화시켰다. 정당하고 성공적인 정치 생활의 열쇠가 "인민"이라면 더는 황제나 조정을 섬길 필요가 없었다. 적어도 같은 방식으로는. 메이지 시대 일본의 입헌 군주정은 1890년에 처음으로 국민투표를 시도했고 량치차오와 개혁가들에게 모델을 제공했다. 다른 이들은 프랑스와 미국식 모델인 공화국에 더 관심을 가졌다. 어느 쪽이든 이러한 선거 정치로의 자연스러운 전환은 유학자들을 보편 제국의 공복이라는 그들의 전통적인 정치적 역할에서 벗어나게 했다. 프레데릭 웨이크먼 주니어가 지적했듯이 시간이 흐른 후 정치적 소외 - 정치적 주변부화는 중국 지식인이 국가의 정통으로부터 독립적으로 행동하는 자유를 위해 지불해야 하는 자율성의 대가가 될 것이었다.[25]

량치차오가 중시하는 두 번째 단어는 "민족 국가" 또는 "국가國"이다. 여기서도 개념의 변화는 또한 엄청났다. 이 시기 이전에 중국은 로마, 오스만, 오스트리아 - 헝가리 제국이나 마찬가지로 민족 국가나 국가가 아니었다. 그것은 가끔 여러 왕국에 의해 통치되는 문명이었으나 1900년에는 제국으로 비록 중국인은 아니었으나 만주족에 의한 청 제국에 의해 통치되고 있었다. 따라서 약 20년 전 량치차오와 그의 동료 "중국 지식인"의 "국가적 정체성"은 근대적 의미에서 "중국인"도 아니고 "지식인"도 아니었을 것이다. 국민 국가로서의 중국이 현재와 같은 인식에 이르게 된 것은 영국, 프랑스, 미국과 같은 성공적인 제국주의 세력에 의해 청에 강요된 베스트팔렌 국제 체제라는 불가피한 사실로 인해서였다. 그들은 민족 국

---

25) Frederic Wakeman Jr., "The Price of Autonomy: Intellectuals in Ming and Ch'ing Politics," *Daedalus*, Vol.101, No.2 (1972), pp.35-70.

가였고 청이 국제 외교가에서 그 일원인 것처럼 행동할 것을 요구했다. 1842년 제1차 아편전쟁에서 중국이 패배한 후 반세기 동안 민족 국가로서 작동하는 국제 질서라는 생각이 중국의 사상가와 작가들 사이에서 자리를 잡았다. 량치차오와 그의 동료들은 영국, 프랑스, 미국 혹은 일본과 구별되는 중국이라는 국가의 구성원이 되었다. 그들은 청의 백성이기보다는 중국의 국민이 되었다. 이것은 새로운 정체성이었다.[26]

근대적 도시화는 또한 중국 사상가와 작가들의 의미를 변화시켰다. 두 세대 만에 엘리트 가정은 과거시험을 위해 향교에서 유가 경전을 공부할 것을 장려하다가 서구 열강과 전기, 전차와 노면전차(트램), 산업화, 신문과 같은 그들의 멋진 발명품에 의해 지배되는 새로운 대도시 중심부로 이주하면서 조상들의 땅을 관리자나 잔류 엘리트에게 맡기고 떠났다. 이것은 농촌 지역의 삶에 재난과도 같은 결과를 초래했는데 유교적 사회 윤리 훈련을 받은 국제지향적 엘리트의 부재로 나쁜 통치가 증가하고 중국 사상가와 작가들을 농사를 짓는 대부분의 중국의 실제 사람들로부터 분리시켰기 때문이다.

그러므로 량치차오의 세대는 이중의 소외, 즉 권력의 중심으로부터의 소외와 대다수 중국인으로부터의 소외를 견뎠다. 그들은 자신이 누구인지, 사회에서 자신의 역할이 무엇이 되어야 하는지를 말로 다 나타낼 수 없다. 그들은 유학儒學 연구를 통해 주어진 개념과 관념만을 가지고 있었고 서구에서 도입된 번역 용어와 조약항에서 본 외국인의 사례로 보완했을 뿐 1895년 이후 중국 밖에서의 개인적인 경험 때문에 서서히 변모되었다. 그들은 1920년경에 이르면 **지식인**과 **전문가**가 되었지만 1905년에는 성省은 물론이고 베이징과 상하이에서도 그런 역할은 없었다.

---

26) Joshua A. Fogel, ed., *The Teleology of the Modern Nation-State: Japan and China* (Philadelphia: University of Pennsylvania Press, 2004)의 글을 볼 것.

량치차오의 세 번째 단어인 '진리'는 유학자 - 관료로부터 근대적 지식인 또는 전문가로 전환하는 데 도움이 되었다. 량치차오의 진리는 식별할 수 있는 현실이자 윤리적 책무였다. 량치차오 세대의 개혁가들과 혁명가들은 대부분 중국의 쇠퇴, 서구의 힘과 일본의 부상을 두려움 없이 용감하게 본 목격자였다. 그들은 아무리 고통스럽더라도 자신들의 실패와 다른 사람들의 성공의 진실을 찾기 위해 헌신했다. 이 새로운 맥락에서 대부분의 중국 지식인에게 진리는 서구의 역사적 경험, 자연과학, 그리고 서구에서 가장 발전된 것처럼 보이는 기술 혁신과 함께 사회, 거버넌스, 공공 시민의식을 설명하는 서구 정치 철학이었다. 그럼에도 불구하고 일부 중국 학자들은 여전히 중국의 문화유산에서 특히 유교를 넘어 도교와 불교의 전통에서 참된 진리를 구하였다.

량치차오는 그가 찾아낸 진리를 대중에게 적용하고자 했다. 그는 1904년 상하이에서 자신의 신문인 『시보』의 목적을 다음과 같이 발표했다.

선진국 신문의 의무는 뉴스에 사실을 보도하고, 국제 여론의 흐름을 따라가며, 국가 내의 상황을 조사하고, 정치와 예술에 대한 지식을 개발하고, 새로운 관념을 소개하며, 한가할 때 읽을 만한 자료를 제공하는 것이다.

그의 신문의 이상주의적인 목표는 명백했다. "우리는 우리의 글을 사용하여 국가의 의지를 정의하고 전달할 것이며 [그리고] … 중국과 해외에서 발생하는 주요한 정치적, 학술적 문제를 해결할 것이다"[27]

량치차오는 평등을 향한 사회적·개인적 움직임 없이 제도적 변화만으로는 충분하지 않다고 주장했지만, 제도적 변화는 필요했다. 량치차오는 그의 문화적 처방을 입헌 군주제라는 정치적 과제와 연결시켰다. 량치차

---

27) Liang Qichao, "Inaugural Statement for the Shibao," de Bary와 Lufrano 번역, *Sources of Chinese Tradition*, Vol.II, p.301.

오의 목표는 헌법의 사례로 정리되어 있었다. 문명화되고 성공한 강대국들은 헌법을 가지고 있었다. 중국도 역시 그러해야 한다. 그러나 어떤 종류여야 하나? 입헌 군주제인가 혹은 공화국인가? 이것은 캉유웨이와 량치차오를 대표로 하는 보황회保皇會를 한편으로 하고 쑨원과 그의 동맹회를 다른 한편으로 하여 십 년 이상 벌이고 있는 싸움이었다. 량치차오에게 "헌법, 의회, 책임 있는 정부"는 중국 구원의 열쇠였다. 그는 청을 지지하기는 했지만 1898년 중단된 개혁으로 돌아간다면 1868년 일본의 도쿠가와 막부가 끝나고 새로운 메이지 국가가 탄생하는 체제와 같은 근본적인 제도 개혁을 의미한다는 것을 알고 있었다. 량치차오는 "우리는 수천 년 동안의 전제적이고 혼돈에 빠진 정부 시스템을 일격에 깨뜨려야 한다. 우리는 이 수천 년 동안의 부패하고 아첨하는 학문을 쓸어버려야 한다"고 경고했다. 그는 마오쩌둥이 50년 후에 채택할 "파괴 없이는 건설이 불가능하다"라는 말로 결론지었다.[28]

이 점에서 청의 입헌 개혁에 대한 량치차오의 급진적 접근 방식과 쑨원의 공화주의 혁명 요구의 차이는 종류보다는 정도의 문제였다고 할 수 있다. 두 사람 모두 제국이 아닌 국민 국가와, 백성이 아닌 국민을 가진 정치체에 대한 새로운 개념, 청 정부의 개인 고문보다는 광장에서 공적 목소리를 대변하며, 백성들을 다스리는 관리가 아닌 국민의 지도자로 중국의 교육 받은 엘리트의 새로운 역할, 모두를 위한 새로운 프로젝트인 근대화를 꿈꾸었다.[29]

---

28) Liang Qichao, "Inaugural Statement for the Shibao"는 de Bary와 Lufrano가 번역, *Sources of Chinese Tradition*, Vol.II, p.292.

29) 중국의 이 새로운 "국민" 개념에 관한 훌륭한 연구는 Joshua A. Fogel과 Peter Zarrow, eds., *Imagining the People: Chinese Intellectuals and the Concept of Citizenship, 1890-1920* (Armonk, NY: M. E. Sharpe, 1997).

장빙린章炳麟 "중국인"의 정체성을 발견하다

량치차오 주변의 개혁가와 쑨원 주변 혁명가 사이의 주요한 차이점은 속도와 민족에 관한 것이다. 국민 국가로서의 새로운 정치 체제, 국민으로서의 신민, 대중의 선생이자 공적 협의의 지도자인 새로운 학자, 중국을 근대화하는 새로운 프로젝트에서 혁명가들은 낡은 것을 더 많이 버리고 새로운 것을 더 많이 그리고 더 빨리 받아들이기를 원했다. 그들은 중국의 문제에 대한 책임의 소재를 다르게 보았다. 량치차오는 구식 교육, 제도 및 관습을 문제로 보는 문화 비평을 했다. 쑨원과 그의 동료들은 이를 민족적 문제로 만들었다. 그들은 통치 중인 청의 황실을 구성하는 다른 민족, 만주족이 중국인을 노예화했다고 비난했는데 정치적으로는 중국의 전제적 통치자였고 문화적으로는 억압적 형태의 유교를 장려하고 지속하여 한족을 만주족에게 복종하도록 만들었다고 비난했다(특히 17세기 이후 요구되었던 항복의 표시인 삭발한 머리와 땋은 머리, 변발). 만주족은 떠나야 했고 그들과 함께 군주제도 그래야 했다. 오직 화인華人의 공화국만이 중국을 구할 것이었다.

쑨원과 관련된 혁명가 가운데 가장 학술적인 인물 중 한 명은 장빙린章炳麟(1868-1936)으로 남동부의 도시 항저우杭州에서 고전적으로 훈련받은 학자였다. 그는 1895년 중국 해군이 일본에게 패배한 것으로 인해 급진적이 되었고 량치차오의 신문 『시무보』에 1898년 개혁이 실패할 때까지 글을 썼다. 그리고 나서 장빙린은 타이완(일본 제국의 새로운 영토)으로 서둘러 피신했고 일본으로 가서 쑨원을 만났다. 1901년 중국으로 돌아온 장빙린은 상하이 근처 쑤저우蘇州에 있는 기독교계 대학인 쑤저우 대학에서 가르쳤으나 곧 혁명 활동으로 인해 체포되어 만주족의 명예를 훼손한 혐의로 삼 년 동안 투옥되었다. 1906년 석방된 후, 일본으로 돌아가서 쑨원의 혁명 동맹회에 가담했고 동맹회의 『민보』를 편집했다.[30]

장빙린이 중국인 정체성의 인종적 정의를 주장한 것은 이 혁명적 신문에서였다. 그것은 다른 혁명가들도 선택한 주제로 장빙린과 같이 투옥되었던 쩌우룽鄒容(1886-1905)은 1903년 금서가 된 그의 책 『혁명군革命軍』에서 놀라운 주장을 했다. 하지만 장빙린의 해설은 이 작업에 중국 고전 학문의 영향력을 가져왔다. 그 과정에서 그는 중국을 가리키는 단어인 중화민국을 만들었고 5년이 채 되기 전에 중국 공화국의 공식 명칭이 되었다. 1907년 7월 발간된 「중화민국해中華民國解, 중국민국을 설명하다」에서 장빙린은 "그렇다면 중국이라는 나라는 정말 외국인으로 채울 수 있는 빈 틀인가?"로 시작하여 장빙린은 새로운 단어인 민족을 사용하여 유럽의 민족 국가 개념을 전달하고 민족성을 표현하며 민족적으로 동질적인 국민 국가의 의미에서 '국적'을 나타내는데 이 용어를 사용하였다.

> 나의 대답은 다음과 같다. 주권이 우리의 손에 있을 때라야 다른 민족異族이 우리와 동화되도록 허용하는 것이 가능하다. 그때는 그들을 받아들이기에 충분할 것이다. … 내가 반만反滿주의를 옹호한 이유는 그들이 우리나라를 전복시키고 우리의 주권을 장악했기 때문이다.[31]

장빙린의 논리는 국민 국가로서 중국의 함의와 충돌한다.

> 이전에 나는 "그들의 언어와 관습을 바꾸면 이 사람들이 우리와 동화될 수 있을 것이며 이것은 흑인에 대한 미국인의 태도와 같지 않다고 말했다." 지금 나의 견해를 반박하는 사람들은 " … 몽골인, 이슬람교도, 그리고 티베

---

30) Kenji Shimada, *Pioneer of the Chinese Revolution: Zhang Binglin and Confucianism*, 번역은 Joshua A. Fogel(Stanford, CA: Stanford University Press, 1990).

31) 章炳麟, 「中華民國解」, 『民報』, 1907.7.5, 번역은 Par Cassell이 "Explaining 'The Republic of China'," *Stockholm Journal of East Asian Studies*, Vol.8 (1997), pp.15-40, at 25에서 한 것.

트인을 흑인처럼 대우하는 것은 민족주의의 피할 수 없는 결과가 될 것이다"라고 말한다.

장빙린은 "중국인"의 인종적/민족적 시각을 옹호한다. 그는 이 다른 사람들이 중국의 문화와 관습에 동화될 때, 그들도 투표하고 생각을 표현할 권리를 가져야 한다고 반복한다. 그러나 그는 "그럼에도 불구하고 그들이 개선되지 않는 한 그들에게 투표를 허용할지에 대해서는 의문의 여지가 없다"고 결론 내렸다.[32]

장빙린에게 있어서 중국인의 정체성은 한족漢族에게 내재하는 민족적 특질이었지만 한족의 관습에 동화되기를 원하는 사람들이 배울 수 있는 것이었다. 장빙린의 중화中華 정체성의 모델은 국민이 한족이거나 한족처럼 행동해야 함을 의미했다. 그의 모델은 다민족 정치의 모델이 아니었다. 쑨원은 후에 이러한 도전에 직면하여 중화의 핵심이 되는 5개 민족을 선언했지만, 한족이 중국 공화국을 지배하는 것은 과거나 현재나 사실이었다. 중국인이 되는 것이 무엇인지에 대한 질문이 당시의 논쟁과 선언을 지배했다. 장빙린의 입장은 다시 한 번 일본의 조어에서 끌어 온 '국수國粹'로 알려지게 되었다. 그리고 장빙린과 다른 혁명가들에게 한족은 이러한 정수의 주요한 매개자였지만 민족적이기보다는 문화적인 것이었다. 전통 사회가 작동하는 상황에서 자란 학생으로서 장빙린은 유교를 획일적인 전체로 보지 않았다. 오히려 그는 살아있는 전통이 그러하듯이 중국 전통문화를 복합적인 혼합체로 보았다. 1900년대 국수國粹를 주장한 학자들은 무너지는 유교의 정통에 대해 역사적인 뿌리를 가진 대안을 찾는 사람들과 교류하게 되었다.[33] 따라서 장빙린과 총명한 류스페이劉師培(1884-1919)와

---

32) Zhang Binglin, "Explaining 'The Republic of China'," p.30.

33) Charlotte Furth, "Intellectual Change: From the Reform Movement to the May Fourth Movement, 1895-1920," Merle Goldman and Leo Ou-fan Lee, eds., *An Intellectual*

같은 동료들은 자신들의 시대에 도움이 될 만한 도교, 불교 및 포퓰리스트적인 전통을 샅샅이 찾았다. 그들은 17세기 명에 충성하고 청에 저항한 학자들을 선호했고 오랫동안 정통 유학 때문에 퇴색한 고대 철학자들의 제자백가를 부활시켰으며 불교의 초월적 분리를 받아들였다. 전체적으로 이 학자들은 다원주의적 자연 선택을 위한 진보와 투쟁을 중국 전통의 오랜 소수의 목소리에 적용했다. 이 견해는 실질적 개혁가와 혁명가들에게 지배적이지는 않았고 당대의 권력 정치에 도전했다가 좌절한 이들에게 위안이 되었다. '국수 사상國粹思想'은 약 30년 후 1930년대에 집권 국민당 치하에서 다시 복귀될 것이었다.

장빙린은 1903년에서 1906년까지 투옥된 기간 중 불교로 개종한 체험을 했다. 그의 말에 의하면 장빙린은 불교 경전에 대한 명상, 특히 유식학唯識(의식에서만)의 경전을 낭송하고 묵상함으로써 투옥에서 견뎌냈다고 생각했다.[34] 인간 의식의 자기기만, 인류 역사를 구성하는 숙명적 고통의 씨앗이 무의식적으로 재생된다는 것, 그리고 고통의 맹목적인 복제를 극복하는데 필요한 이성적인 성찰의 엄격한 철학은 결국 전통적 철학으로 깊이 훈련된 이 젊은 혁명가에게는 이치에 맞는 타당한 것이었다. 장빙린이 이 특별히 지적인 불교 종파에 실질적으로 끌린 것은 두 가지였다. 첫째 그것은 유교의 도덕주의에 대한 비판을 제공하고 중국의 풍부한 철학적 전통, 예를 들면 공자 시대의 도가道家와 묵가墨家와 같은 대안적 사상학파로부터 다른 자원을 끌어 올 수 있도록 했다. 장빙린은 그것을 캉유웨이와 량치차오의 개혁 유학을 공격하는 데 사용했다. 둘째 유식 불교의 신중한 논리는 장빙린이 서구의 주류 사상에 대항할 수 있는 어휘를 제공했고 헤겔,

---

History of Modern China (New York: Cambridge University Press, 2002), pp.45 ff.는 이 논쟁을 잘 설명해 준다.

34) 장빙린의 철학에 관한 사료는 Viren Murthy, *The Political Philosophy of Zhang Taiyan* (Leiden: Brill, 2011), pp.107 ff.

칸트 심지어 플라톤의 철학에 대한 예리한 비판을 제공했다. 무정부주의에서 장빙린은 중국과 서구의 지배적인 전통에 비판적이고 엄격한 개인주의와 그의 불교 윤리 및 도교적 자연주의와 일치하는 상호협력의 자발적인 공동체를 제공하는, 그의 신념과 합치되는 철학을 발견했다. 전체적으로 보았을 때, 장빙린은 아마도 근대성의 도전에 맞서기 위해 중국적 자원을 찾으려고 시도한 그의 세대의 학자 중에서 가장 지적으로 정교했을 것이다.

근현대 중국 지식인의 역사에서 장빙린의 중요성은 혁명에 참여한 시기보다 중국 사상의 모순적 긴장으로 보이는 문화적 보수주의에 대한 공헌 면에서 더 중요하다. 장빙린은 1907년 쑨원과 결별했고 심지어 위안스카이 정권에 복무했다(비록 그가 위안스카이와 충돌하고 1913년에서 1916년 또 다시 투옥되기는 했지만). 전반적으로 장빙린은 그의 삶과 학문 연구로 자신들의 문명에 대한 중국의 자신감을 되살리려고 했고-그것이 그 시대의 과제인 어떻게 중국을 구할 것인가에 대한 그의 대답이었다. 그의 공적 삶은 다음 세대의 활기차고 국제적인 혁명 활동으로 가려졌지만, 그는 오늘날까지 내려오는 중국 국수주의의 핵심 자원을 형성하는 일군의 학문을 남겼다.

지방省 민주주의의 발견: 헌법과 상회

과거에 응시한 수만 명의 향촌 신사 중 위엄있는 진사를 배출하는 전시殿試는 말할 것도 없고 첫 번째 시험인 향시鄕試에서 조차도 극히 일부만이 합격했다. 유학 교육 기관에서 배출되는 대다수는 사회적 엘리트로 뭉쳐 유생과 토착 지주로서의 경험과 거기에 형식적으로는 상업을 천시했더라도 실질적으로는 상인으로서의 경험을 공유했다. 그들의 언어는 중국의 엘리트 문화로, 학자의 '세 가지 보배'로 규정되는 시, 서예, 그림과 유교적 담론으로 우주의 작동 원리나 인간을 명예롭게 하는 것부터 가정생활의 규칙이나 여성의 공적 역할을 제한하는 것까지 이어졌다. 1898년 무술 개혁 이전 세기 동안 지방 엘리트는 공직이라는 그들의 공인된 목표와 90% 이상의 사람들이 결코 그런 기회를 얻지 못할 것이라는 현실 사이의 모순과 씨름했다. 이러한 학문 봉사의 제한은 1864년 청나라가 태평천국의 난을 진압한 이후 더 심각해졌는데 지방 유력층이 두 세대에 걸쳐 실무를 통해 지방정부에 진입하고 과거 합격자의 지위를 돈으로 사고 유능한 행정 기술로 관료제를 통해 부상함으로써였다. 두 세력 모두 지식인의 이상적인 모델에서 벗어나 대부분의 유학자들의 실재하는 삶을 창출한 것이다. 이미 활발했던 상업적 도서 거래는 점점 활발해져 이들 엘리트들은 새로운 저작(종종 고전에 대한 논평으로 제시된)과 현안(종종 지방에서 국가의 존재가 약화되는 상황에서 지방 질서에 얼마나 더 잘 기여할 수 있을지에 관한)에 대한 선호를 공유했다.

이러한 소통 수단, 정치 언어 및 서로 인정하는 지방 엘리트 사회가 량치차오와 과거제科擧制 엘리트 토론의 주요 독자였다. 1890년경, 신문은 이 지적 생활의 세계, 대중들의 토론을 촉진했다. 저장성浙江省 지방 엘리트들은 량치차오의 신문인 『신민총보』와 『신보』를 읽었다. 아버지와 삼촌 세대는 청 정부의 실패에 대해 걱정하고 의회가 무엇인지 그리고 제시된 근대적 학교의 교육 과정이 무엇을 필요로 하는지를 상상하기 위해 노력했다. 한편, 그들의 아들들은 자라면서 본능적으로 유럽과 일본 제국주의자들의 손에 의해 "중국이 수치를 당한다"고 인식했으며 조약항의 외국인 거류지와 자신들의 지역에서 유럽 및 미국 선교사들의 존재를 생생하게 경험했다. 점점 더 많은 이 젊은 신사들은 고등학교로 불린 새로운 스타일의 군사 및 기술학교에서 훈련을 받았는데 실제로는 젊은 남성을 위한 대학으로 운영되었고 곧 1910년대 말 정도에 이르면 여성을 위한 대학도 운영되었다. 이 새로운 학교의 학생들이 공부한 교과서는 그들 역사의 변화하는 모습을 보여주었다. 왕조 교체의 전통적인 모델(고대 진한秦漢부터 현재의 청에 이르기까지 왕조의 흥망성쇠)과 최근 일본의 메이지 유신의 왕정복고를 통해 성공적으로 근대화한 '고대로 복귀함으로써 해방'하는 모델, 그리고 국가 중심의 정체성을 혼합해 1900년대 초의 새로운 역사 교과서는 학생들 사이에서 중국의 새로운 정체성을 형성하는 데 도움이 되었다. 그 결과는 두 가지였는데 중국 국민들이 국가와 동일시하도록 장려하는 국가 중심의 애국심은 오직 국가가 영토를 보호할 수 있을 때 만이라는 것과 중국에 새로운 방식으로 ‑ 교사, 출판인, 학자, 기업가 ‑ 봉사하도록 장려되었다는 것이다.35)

이 새로운 세대는 량치차오와 량치차오 주변의 다수의 개혁가들, 호전적인 쩌우룽과 같은 열정적인 공화주의자들, 그리고 곧 무정부주의자들의 놀랄만한 주장을 담은 글에 전율했다. 예원신葉文心이 보여주었듯이 1910년대 저장성의 중부 지방에서 온 사람들과 같은 이 향촌 엘리트의 사회적 경험은 배후의 전통 사회에서(이미 경제적, 사회적 변화가 진행 중이었고 많은 경우 새로운 조약항이 그곳의 경제적 역할을 침범함으로써 쇠퇴가 진행 중이었음에도) 서양의 새로운 학식을 가르치는 새로운 지방 대학에 출석하기 위해 항저우와 같은 주요 도시로 이주하면서 혼란스러운 괴리가 수반되었다. 몇 주 안에 이 지방 엘리트의 자손들은 이 조약항 사회가 이미 지난 반세기 동안 경험했던 당황스러운 근대화에 맞닥뜨렸다. 그것은

---

35) Peter Zarrow, "Discipline and Narrative: Chinese History Textbooks in the Early Twentieth Century," Brian Moloughney and Peter Zarrow, eds., *Transforming History: The Making of a Modern Academic Discipline in Twentieth-Century China* (Hong Kong: The Chinese University Press, 2011), pp.169-207; 그리고 Tze-ki Hon and Robert J. Culp, eds., *The Politics of Historical Production in Late Qing and Republican China* (Leiden: Brill, 2012)의 연구들.

갈피를 잡을 수 없고 흥미진진했으며, 대부분의 젊은이들은 중국이 약하고(군사적, 기술적, 정치적, 그리고 가장 고통스럽게 문화적으로도) 서양이 지배하는 이 새로운 세계에 대처할 수 있는 방법을 찾을 수 밖에 없다는 것을 받아들였다[36].

20세기 초 처음 수십 년간 '에드워드 시대적 특성을 지닌 근대성'(1901년에서 1914년 제1차 세계 대전 전까지의 화려한 문화 시대를 지칭함 : 역주)과의 강제적인 만남에서 이 저장성浙江省 학생들은 고향 땅에서 가정교사의 발치에서 주입된 성리학적 사고의 틀을 사용하여 사회나 국민을 해석하고, 국민을 동원해 사회를 민주民主와 함께 섬겨 군群이나 중국 사회中國社會에 이롭게 하려 했다. 그들은 그 용어 – 사람들은 민民, 통치는 주主, 집단의 인민은 군群임을 알고 있었다. 보통은 장소인, 공동체를 의미하는 사社를 일반적으로 회의 또는 협회를 의미하는 회會와 합쳐 유교정치 이론에서 생소한 사회정치적 조직으로서의 "사회" 개념을 도입했다.[37] 그리고 나서 '중국'이 부활했는데 이것은 당시 학생들이 진秦 왕조(기원전 3세기) 이전 고대 역사에서부터 이제 대청 왕조라고 부르며 자란 정치체제를 묘사하는 데 사용되었다. 오늘날 우리가 그들이 이 단어를 말하는 것을 접할 때 우리는 이 용어의 참신함과 이 세대까지 전달된 유교 사상에서 물려받은 울림을 오해할 위험이 있다.

그러나 량치차오의 손에서 새로운 언어는 더 분명해지고 도취시키는 것이 되었다. 모두가 일본이 최근 전쟁에서 중국에 굴욕감을 준 것을 알고 있었고 이제 량치차오는 그의 명쾌한 산문에서 바로 그 새로운 언어, 메이지 일본의 단어를 사용해 이번에는 유럽에서 온 새로운 전쟁국가들의 냉

---

36) Wen-hsin Yeh, *Provincial Passages: Culture, Space, and the Origins of Chinese Communism* (Berkeley: University of California Press, 1996).

37) 한자를 사용한 일본의 신조어를 다시 차용한 사례인 社會는 일본의 "사회"인 샤카이를 한자로 읽은 것이다. Fogel, *Emergence of the Modern Sino-Japanese Lexicon*을 볼 것.

혹한 현실을 설명하고 동료 중국 학자들이 실제로 그 도전에 맞설 수 있도록 격려하였다. 그것은 적자생존의 사회적 다윈주의의 세계였다. 사실 량치차오는 옌푸嚴復(1854-1921)의 번역에서 이 표현을 가져 왔고 그는 6권 분량으로 서구의 주요 사상가들을 번역해 이 새로운 세계관의 **표준** 전거를 제공했다.38)

옌푸는 아담 스미스의 『국부론』, 토마스 헉슬리의 『진화와 윤리』, 존 스튜어트 밀의 『자유론』, 특히 허버트 스펜서의 『사회학 연구』를 1895년 이후 단 몇 년 만에 번역했다. 그는 그것들을 문어체인 중국어로 번역하여 잘 교육받은 과거제 엘리트로 독자를 제한했지만 량치차오와 다른 사람들은 이 중요한 19세기 유럽 작가들에게서 나오는 새로운 관념을 신문의 대중적인 언어를 사용해 널리 보급했다. 옌푸도 량치차오와 1905년 이후 활동적이었던 중국 지식인들의 세대와 마찬가지로 중국을 문화가 아닌 사회 –국가로 생각하는 방법을 모색하고 있었다. "사회적 유기체"에 대한 스펜서의 이미지는 바로 그 누락된 지적 DNA를 제공하여 무엇을 해야 하는지를 시사하는 새로운 방식으로 옌푸가 중국을 볼 수 있도록 도왔다. 스펜서의 "사회적 유기체"는 생물학적 유기체 모델을 떠올리게 했다. 헉슬리의 『진화와 윤리』는 이 사회적 유기체를 사회적 다윈주의–생존을 위한 투쟁은 종의 진화뿐만이 아닌 문명적 발전(옌푸가 '천연론天演論'으로 번역)–와 결부시켰다. 사회적 다윈주의는 중국의 불행에 대해 설득력 있는 설명과 무엇을 해야 하는지에 대한 고무적인 분석을 제공했다. 옌푸는 『사회학 연구』를 『군학이언群學肄言』으로 번역했는데 문자 그대로 "군群의 연구에 관한 논고"로 이 용어와 새로운 의미 부여를 량치차오와 다른 이들이 널리 알릴 수 있게 했다. 중국은 사람들의 사회적 단체인 군群이었고 그들은

---

38) 옌푸에 관한 사료는 Benjamin Schwartz, *In Search of Wealth and Power: Yen Fu and the West* (Cambridge, MA: Harvard University Press, 1964), esp. pp.52-61.

생존하기 위해 분투할 수 있었다. 옌푸의 번역에서 인용해 량치차오와 곧 많은 다른 지방 엘리트들이 사회적 다원주의를 사용해 자신들의 지방 신문과 저널에 분별력 있는 사람이 마땅히 해야 할 일을 펼쳐 보였다. 수학과 군사 기술 같은 근대적 과목 연구로 스스로를 개혁하고 살고 있는 고장과 지방을 근대화함으로써 개혁하라는 것이었다.

바로 이 순간 청은 마침내 1902년 이후 신정新政개혁을 하였다. 지방省 엘리트에게 핵심은 성省의회였다. 지방 학자들의 상대적으로 수동적인 발언 내용으로 개혁이 어떻게 지방省에 적용되고 있는지 베이징에 알리고, 중앙수준의 정책을 재조정하여 해결할 수 있는 문제를 식별하려는 청의 의도였으나, 새 의회는 곧바로 지방의 관심사를 모으고(신사 엘리트의 목소리로) 그러한 이해관계를 강력히 주장하는 정치적 도구가 되었다. 청 정부가 발표한 개혁은 공적 문제를 토론할 성省의회를 법제화함으로써 유학자 엘리트에게 공적 토론의 장을 제공했다. 또한, 도시의 상회商會를 허용하여 중국 상인 엘리트에게 발언권을 주었다. 의도하지는 않았으나 청淸 – 권력을 집중하기 위해 헌법 개혁을 사용한 – 은 부르주아 혁명의 두 주요 기관을 중국 사회에 넘겨주었다. 토지 소유 엘리트에게는 의회, 상인 엘리트에게는 상회로 둘 다 입법을 제안할 권한이 주어졌다. 지난 세기 동안의 정치와 교육 조직은 바로 이런 종류의 일을 피하도록 설계되어 있었다. 중국의 국정 운영은 오랫동안 지방의 이해관계의 원심력적 측면을 인식하고 중앙에서 관장하는 관료 채용시험제도와 상피제相避制(과거에 합격한 엘리트가 자신의 고향에서는 복무할 수 없는)를 정확하게 고안하여 지방세력의 형성을 억제해 왔다. 청이 1850년대 태평천국 난의 심각한 도전에 맞서 싸우기 위해 전통적인 국정 운영의 양대 기둥인 지방 군사력의 형성 금지를 어긴 것처럼(쩡궈판曾國藩(1811-1872) 지휘의 후난군湖南軍을 창설하도록 허용하여 실제 태평천국을 진압하였으나 지방군대의 관행을 시작하여 지방군대 지도자의 부상을 초래했다), 세기말까지 서구 열강의 군사 및 경제적 도전에 맞서기 위해 청은 지방 차원의 군사 조직뿐만 아니라 합법적인 정치 집회도 허용하였다. 각각의 조치들은 필수적이긴 했지만, 함께 공화혁명을 위한, 그리고 곧 서로 경쟁하는 지방 군국주의자들이라는 불운으로 빠르게 추락하게 되는 메커니즘을 만들어 냈다.

정부 복무에서 사업으로

중국의 지방 엘리트들이 일률적으로 공개적 토론과 신생 공화국의 공직으로 전환한 것은 아니었는데 특히 청이 몰락하면서 새롭고 위험한 정치적 경쟁이 일어났기 때문이다. 정치적 폭력이 유행했다. 공무와 관련이 있던 지방 엘리트를 위한 한 가지 길이 예충즈(1873-1930)의 삶에 반영되어 있는데 그는 내륙의 관료 자손으로 그의 조부와 부친이 청의 지방관료로서 복무하던 안후이성安徽省에서 태어나 허난성河南省에서 자랐다.39) 1912년에 예충즈는 공직을 떠났다. 그는 아버지의 후원자인 위안스카이를 섬겼고 1911년 7월 즈리直隷(베이징 주변)지방의 경찰 도대道臺에 임명되었지만, 공화주의 혁명인 10월의 운명적인 우창 봉기가 일어나기 이전에 예충즈는 그의 일족의 혁명활동으로 인해 흔들리던 청 당국에 의해 면직되었다. 그의 어린 사촌 예충쥐는 쑨원 진영의 혁명가로 9월 베이징에서 체포되었다. 톈진의 삼촌이 언제나처럼 가족적 유대가 작용할 것이라고 확신하며 위안스카이를 만나 그의 사건을 탄원하러 가기 전 젊은 혁명가는 즉결 처형되었다. 예충즈는 이 새롭고 폭력적인 종류의 정치 상황에 대비되어 있지 않았다. 일 년 후 그의 옛 후원자가 새로운 중화민국의 총통이 되었을 때, 도독의 손자이며 개혁적인 관료의 아들인 예충즈는 새 정권의

---

39) 이 사료는 중국의 정치적 및 사회적 변화의 한 세기에 걸쳐 정치적으로 활동적이었던 가족에 관한 Joseph Esherick의 귀중한 사회사 연구에서 나왔다. *Ancestral Leaves: A Family Journey through Chinese History* (Berkeley: University of California Press, 2011).

고위직 제의를 거절하고 그 후 20년간 사업을 하고 번창하였다.

예충즈의 가족은 1900년경 중국의 과도기 가족의 모델이었다. 그의 가정은 톈진에 있었는데 청 전반에 걸쳐 북부의 행정 중심지였고 이 시기에는 주요한 외국 조약항이기도 했다. 그의 가족의 구성은 컸는데 그의 어머니, 아내, 두 명의 첩, 아홉 명의 아들과 다섯 명의 딸, 그리고 하인들과 함께 약 50여 명이 함께 거주하고 있었다. 예충즈는 부모를 공경하고(당시 그의 어머니만 생존해 있었던) 중매 결혼한 아내와 하나 혹은 그 이상의 첩을 유지하고 그사이에 태어난 모든 자녀를 양육하는 전통적인 가정생활을 했다. 그러나 그의 공적 생활은 여러 면에서 근대적이었고 조약항에서의 삶은 가족을 변화시켰다. 비록 가장은 등잔 빛으로 책 보는 것을 더 좋아하였지만 겉으로 보기에 가정에는 전기가 들어왔다. 더 중요한 것은 이 가족이 외국어와 수학에 능통한 근대적인 가정교사를 고용하여 소년들이 받은 전통적 교육을 보완하고 소녀들이 문해력을 갖추게 했다는 것이다. 1920년대까지 자녀들은 톈진의 근대적인 남녀공학에서 공부했는데 국제 비즈니스, 과학 및 근대 생활의 다른 직업에 대한 새로운 지식을 습득하는 동시에 중국 엘리트 가족의 형태를 바꾸기도 하였다. 남녀공학 고등학교와 대학은 연애 결혼으로 이어졌고 청 이후 중국의 사회적 격변은 중매 결혼을 지속시킬 연장자의 권위를 약화시켰다. 새로운 관념과 새로운 가정이 1930년대 무렵에 등장했다.[40]

이 지방省 엘리트의 물질 및 사회적 세계는 이 조약항에서 가장 극적으로 변화했다. 톈진에는 포장도로, 가스등과 그리고 후에는 전등, 유럽식의 인상적인 석조 파사드가 있는 공공건물, 큰 시청, 런던의 것을 모델로 한 공원, 세계로 연결된 전신, 영어로 된 주요 출판물을 포함한 활기찬 언론

---

40) 우리가 4장에서 1940년대 귀국 유학생으로 만나게 될 저우이량(周一良)도 유사하게 톈진의 개혁적 사업가의 집안에서 성장했다. Joshua A. Fogel이 번역한 그의 회고록, *Just a Scholar: Memoirs of Zhou Yiliang* (Lei den: Brill, 2013)을 보라.

이 있었다. 1880년대 도시 근대성의 이러한 징후는, 의화단 운동(분쟁 해결의 일환으로 외국군이 2년간 톈진을 관리함)의 여파로 톈진의 영국 조계에서 도시 전체로 확대되었고 1903년 이후 그 시기에는 근대화를 선도하는 개혁가였던 위안스카이가 이끄는 청 행정부가 심화시켰다.

이러한 변화는 자연스럽게 사람들의 시각에 영향을 끼쳤다. 예충즈는 일련의 주요기업 및 은행의 이사를 역임하고 최종적으로는 중국 국가산업은행의 이사로 재직하면서도 전통적인 개인의 삶을 유지했을 수도 있다. 그러나 예葉 가족의 전기작가인 조지프 에쉐릭이 지적했듯이 젊은 세대는 변화를 마음에 받아들였다. 1906년 예 가족의 족보(엘리트 가계의 완전히 전통적인 장르)는 '민족주의의 물결'에 대해 열변을 토하였다. 편집자인 예산룽은 일본에서 공부했고 그곳의 변화가 그를 바꾸었다.

> 나는 넓고 우아한 공원의 아름다움과 도로를 따라 서 있는 인상적인 조각상을 목격했다. … 버스와 전차를 타면서 기분이 들떴다. 스스로 연주하는 류트[아마도 자동 피아노], 스스로 경작하는 쟁기[트랙터], 스스로 베를 짜는 직기, 그리고 스스로 물건을 만드는 기계가 있다. 물건들은 씻으면 먼지가 사라지고 닦으면 빛이 나도록 너무나 정교하게 만들어져 있다.

예산룽에게는 기계화와 위생이 곧 근대성이었고 민족주의가 그 이유였다. 그는 "이 새로운 사회의 장엄하고 빛나는 모습의 원인은 무엇인가?"라고 수사적인 표현으로 질문한다. "그것은 모두 대가족의 원칙이 아닌 국가양식(국가주의적 민주)의 원칙에 따라 조직된 사람들에게서 비롯되는 것이다."[41] 량치차오의 신문의 권고를 반영하는 1906년 가계의 예언적 표현이었다.

예충즈는 이 새로운 폭력적 시대에 공직을 피했지만, 다음 세대는 그렇

---

41) Esherick, *Ancestral Leaves*, p.108.에서 인용함

게 주저하지 않을 것이었다. 사실 5·4운동 세대(1920년대와 1930년대에 공적 삶을 시작한)인 예충즈 가족의 자손들은 장남이 가업을 이어가는 동안 중국 전역에 퍼져 일부는 새로운 국민당 정부에 복무하고 다른 일부는 중국 공산당에 가입하고 다른 일부는 과학자로서 새로운 학문적 역할을 맡았다. 큰 딸들은 보다 전통적으로 시집을 갔지만 어린 딸들은 날개를 맘껏 펼쳤다. 그 결과는, 중국의 지식인이 성장하고 지원과 위안을 얻었던 중국 가족들은 세기 중반에 이르면 예충즈의 가족과 같은 대가족에서 핵가족으로 변모한 것이었고, 대부분 부모와 형제와 함께 살지 않고 가끔은 다른 도시에 살게 된 것이었다. 마오쩌둥의 혁명은 개인적 애착에 대한 그들의 공격에도 불구하고 문화대혁명 이후 대부분의 중국인에게 남편과 아내의 유대를 가장 강한 감정적 현실로 만들었다. 그러나 1930년대에는 부부간 애정 또는 단순한 성적 매력을 기리는 것은 여전히 천박한 것이고 실제로 혁명적인 것이었다. 성性의 혁명은 5·4운동 지식인 중 한 명인 딩링丁玲(1904-1986)을 다음의 이데올로기적 순간에 대중의 주목을 받게 할 것이었다.

그러나 상인의 삶도 정치와 무관하지 않았다. 토지 소유 지주가 지배하는 지방의회에 정당성을 부여한 1906년의 개혁은 또한 중국 도시의 상회를 합법화했었다. 이것은 곧 중국의 상인 엘리트들의 공적 생활과 정치적 운동의 장이 되었다. 양쯔강 하류 지역, 특히 상하이 주변의 상인들이 가장 먼저 대응했다. 청의 발표 후 3개월 만인 1906년 12월 그들은 헌법 준비협회를 결성했다. 여기에는 이목을 끄는 문인 개혁가가 포함되었지만, 대부분의 이사는 지방 상회의 지도자였다. 실제로 이 협회는 상하이 상업 연구회와 같은 사무실에 있었는데 상회 구성원이 담당하고 있었다. 그들은 상인의 이해관계를 대표하고 제안된 입헌 개혁에서 상업 입법 문제에 전념했다. 그들은 1907년과 1909년에 회의를 열고 싱가포르와 같은 먼 지역에서 대표를 뽑아서 그곳에서 저널을 출판했다. 이것은 중국 정치 생활의 엄청난 변화였다. 천중핑陳忠平이 지적한 대로 그것은 상업계의 목소리를 곧바로 법적 정치적 공공 영역에 체계화시키는 네트워크 혁명이었다.[42] 지방의회와 상회는 함께 부르주아 혁명을 위한 기반을 제공하였고 이전의 중국의 국정 운영에서 볼 수 없었던 직접적이고 뚜렷한 방식으로 지방 및 비즈니스 이해관계를 표현했다. 창사長沙에서 청두成都에 이르기까지 중국의 지식인들은 이러한 도구를 단단히 움켜쥐었다.

그리스도와 중국을 섬기다

종교적 생활은 항상 중국인의 삶에 존재하고 있었는데 그 종교적 기관이 서양인들에게 가장 친숙한 교회, 회당 또는 모스크는 아니었다. 중국의 대중 종교는 범신론으로 유명하며 교리와 조직보다는 축제와 장례식에 더 중점을 두었다. 비슷하게 초월자에 대한 엘리트의 견해는 제도화되지 않았으며 일종의 명상적 자연주의로 향하는 경향이 있었다. 국가는 서구 사회에서는 생소한 역할을 수행했는데, 우주적 평화의 수호자로 기능했지만 특정한 신앙을 수용하지는 않았다.[43] 이 열린 신앙의 사회에서 불교 승원과 사찰은 번성했지만, 교단을 형성하지는 못했다. 유교 의례는 베이징에서 현지 관청에까지 국가 의례를 지배했지만, 신학적 주장은 하지 않았다. 모스크와 유대교 회당은 수 세기 동안 중국에 있었지만, 대부분의 중국인은 민족적 특성의 표시로 보았고 중국인들을 위한 것이라고 여기지는 않았다.

---

42) Zhongping Chen, *Modern China's Network Revolution: Chambers of Commerce and Sociopolitical Change in the Early Twentieth Century* (Stanford, CA: Stanford University Press, 2011), pp.169 ff.

43) 근대중국에서 전통적 역할에 대한 좋은 개관과 아울러 종교와 공공생활에 관한 훌륭한 연구로 Vincent Goossaert and David A. Palmer, *The Religious Question in Modern China* (Chicago: The University of Chicago Press, 2011)이 있다.

이 열린 신앙의 세계에서 기독교 선교사들은 이탈리아 예수회 마테오 리치가 16세기 후반 자신의 신앙을 중국의 상황에 적응시키려고 한 유명한 시도 이래 예수 그리스도의 말씀을 전파하기 위해 분투해 왔다. 가톨릭 선교사들은 비관용적이라는 이유로 금지된 18세기 초까지는 중국에서 제한된 형태로나마 자유를 누렸다. 작은 가톨릭 공동체는 견뎌냈지만 실제로 확대되지는 못했다. 19세기 서구열강이 도래하면서 특히 1842년 1차 아편전쟁에서 영국이 승리한 후 새롭고 더욱 활발한 복음 전도의 물결이 헌신적인 개신교 선교사단에 의해 일어났다. 이 선교사들은 유럽 사회의 근대적 성취에 대한 문명적 확신으로 불타올라 외국 함포의 보호를 받으며 중국 내륙으로 깊이 침투했을 뿐 아니라 상하이와 다른 조약항에서 부르주아적 삶의 분위기를 조성했다. 그들이 근대 중국 지식인의 역사에 끼친 영향은 엄청났다. 특히 그들은 신문을 가져왔다. 중국 최초의 주요 언론인으로 알려진 왕타오王韜(1828-1897)는 상하이와 홍콩에서 영국과 미국의 선교사들로부터 그 사업을 배웠다. 사실 왕타오는 1854년 상하이에서 세례를 받았지만, 자신의 개종을 널리 알리지는 않았다.44)

선교사의 영향이 물질적 또는 사회적 요인에 국한된 것은 아니었다. 개신교들은 개종에서 약간의 성공을 거두었다. 19세기에는 작지만 성장하고 있는 상당히 활기찬 중국 기독교인 공동체가 생겨났고 그중 일부는 중국 근대화의 주도적인 인물이 되었다. 선교의 노력이 유럽 제국주의와의 공모로 얼룩지고 얽혀 종종 속이 빤히 들여다보이는 인종주의(아서 스미스 Arthur Smith 목사의 악명 높은 1894년 저서인 *Chinese Characteristics*(중국인의 특성)이 예증하듯이)에 큰 타격을 입었지만, 일부 중국인에게 신앙은 실재적이었고 그들의 나라를 위해 어떻게 공익을 위해 봉사할 것인지에 대

---

44) Paul Cohen, "Christian Missions and Their Impact to 1900," in John King Fairbank, ed., *The Cambridge History of China*, vol X, *Late Ch'ing, 1800-1911*, Part I (Cambridge: Cambridge University Press, 1978), p.584.

한 의식을 형성하게 했다. 예를 들어 마젠중馬建忠(1844-1900)은 가톨릭 학교에서 교육을 받고 프랑스에서 공부했으며 청말 개혁 지도자 리훙장李鸿章(1823-1901)의 외교 고문 가운데 한 명이었다. 그러나 이 초기 세대에게 신앙의 영향력이 얼마나 컸으며, 서구 지향의 종교적 측면이 있었는지는 말하기 어렵다. 폴 코헨Paul Cohen이 주목했듯이 최소한 19세기 후반 서구 선교사들이 제시한 기독교는 '다른 세계관이 - 합법적이고 훌륭한 - 가능하다는 사실을 극적으로 보여주었다.' 이것이 명백해지자 유교 사회는 처음으로 궁지에 몰리게 되었다.[45]

종교적 정체성은 다음 세대인 혁명가 세대에서 더 분명해졌는데 대표적으로 쑨원 자신이 기독교인이었다. 중국 기독교인들은 1905년 이전의 혁명적 시도에서 두드러진 역할을 하였는데 1895년 광둥廣東 봉기의 지도부와 1900년 후이저우惠州봉기의 원 참가자의 30퍼센트를 차지했다. 캉유웨이와 량치차오 주변의 개혁가들 사이에서 서양 선교사들의 영감과 모델은 그들의 제안에 영향을 미쳐서 캉유웨이가 유교를 국교로 지지(유학과 구분해 공자의 가르침인 공교孔敎라고 부름) 한 것에서부터 개혁을 위한 유명한 순교자인 탄스퉁譚嗣同(1865-1898)의 유교와 기독교 윤리 모두를 포괄한 안까지 있었다.[46]

1900년 이후 신식학교의 산물인 다음 세대에게는 기독교가 훨씬 덜 이질적이었고 일부에게 기독교는 중국인이면서 근대인이 될 수 있는 길이 되었다. 미국에서 제임스 옌James Yen 또는 친구들에게 '지미Jimmy'로 알려진 옌양추晏陽初(1893-1990)는 이 집단의 주요한 사례로 그들 중 많은 사람은 미국 개신교 모델의 바탕 위에서 예수와 자유주의가 함께 어우러지는 것을 발견했다. 옌양추는 중국 내륙 지방의 한가운데 쓰촨성의 문해력과

---

45) Cohen, "Christian Missions," p.585.
46) Cohen, "Christian Missions," pp.587-8.

적당한 재산이 있는 가정에서 태어났다. 한의사였던 그의 아버지에게 중국 고전을 교육받은 그는 10세에 90마일 떨어진 더 큰 도시의 개신교 선교사들이 운영하는 서구학교로 보내졌다. 그곳에서 옌씨네 소년들 중 막내는 조용한 카리스마가 있던 선교사 윌리엄 B. 알디스William B. Aldis의 영향을 받았는데 그의 목표는 설교가 아닌 본보기로 기독교인 중국인을 만드는 것이었다. 그의 전기를 쓴 찰스 헤이포드Charles Hayford는 미래의 제임스 옌이 알디스가 자신과 다른 학생들을 대하는 방식을 통해 중국적 형태의 기독교에 마주하게 되었다고 지적했다. 옌양추는 알디스가 결코 소년들에게 설교한 적은 없었는데, "하지만 그는 말 그대로 기독교인의 삶을 살았고 … 그렇기 때문에 나는 평생 마음속으로는 기독교인으로 살아왔다"고 회상했다.[47] 신학은 그 젊은이들에게 진짜였고 실용적이었다. "책에 기록되어 있지만 그러나 나는 너에게 말한다 … "라고 한 예수의 모델은 중국에서 받아들일 수 있는 말로 바꾸게 하는 영감을 주었다. 4년 후 그는 쓰촨의 성도인 청두成都에서 미국 감리교인들이 운영하는 중학교로 진학했다. 그곳에서 그는 영국 선교사의 아들인 제임스 스튜어트와 친구가 되었고 그를 통해 YMCA와 홍콩에서의 대학교육, 후에는 미국에서의 대학교육의 문이 열렸다. 어린 옌양추가 이 영국 친구의 이름 제임스를 가져와 제임스 옌이 될 정도로 그들은 친했다.

1911년 격변이 중국의 서부에 반향을 불러일으켰고 지방 비밀결사는 중국 철도를 장악한 영국에 대해 소요를 일으켰다. 제임스 옌의 부모는 그를 산골 마을에 있는 안전한 고향으로 불러들였고 거기에서 근대적 주제에 대해 소문난 교사가 되었다. 그러나 신생 공화국의 첫 몇 년간은 제임스 옌에게는 영어공부를 위한 기간이었는데 처음에는 청두, 그리고 1913년에

---

47) James Yen, Charles Hayford의 인터뷰 *To the People: James Yen and Village China* (New York: Columbia University Press, 1990), p.16. 제임스 옌에 관한 사료들은 Hayford의 책에서 가져왔다.

는 홍콩에서였고 그곳의 YMCA 인맥으로 인해 그는 미국에서 장학금을 받아 공부를 하게 되었다. 그는 1916년 예일대학교에 등록했고 1920년 여름까지 미국과 유럽에 있었다. 그는 앞으로 다가올 수십 년간 가장 중요한 농촌 재건 운동 중 하나를 이끌기 위해 돌아오게 될 것이었다. 우리는 다음 장에서 제임스 옌의 공헌을 그의 보다 전통적인 유교적 동료인 량수밍의 맥락에서 고려해 보게 될 것이다.

의학에서 문학으로

세 번째 지방省적 사례인 의대생 저우수런周樹人(1881-1936)은 저장성浙江省 남동부 사오싱紹興의 몰락해 가는 신사 가문 출신이었다. 청말 강남 수사학당江南水師學堂, 광무철로학당의 신식학교에서 교육을 받은 후 젊은 저우수런은 1902년 정부 장학생으로 일본으로 건너가 1904년 센다이 의학전문학교로 옮겼는데 그는 입학이 승인된 첫 번째 중국인 학생이었다. 어느 오후 수업에 그의 일본인 교관 중 한 명이 러일전쟁(1904-1905) 중 일본 군대에 스파이 혐의로 붙들린 중국인의 임박한 처형을 기록한 환등기를 상영했다. 저우수런은 중국 구경꾼들의 완전한 무관심에 충격을 받았다. 그는 동포들의 육체적 질병보다 정신적 질병을 치료하는 것이 더 중요하다고 결론 내렸다.

그 무렵에는 오랫동안 나의 동포 중국인을 한 명도 보지 못했지만 어느 날 슬라이드에 몇몇이 나타났다. 한 명은 손이 뒤로 묶인 채 화면의 중앙에 있었다. 다른 사람들은 그를 둘러싸고 모여 있었다. 신체적으로 누구나 바랄 만큼 튼튼하고 건강했지만 그들의 표정은 정신적으로 냉담하고 멍하다는 것이 너무나 분명히 드러났다. 자막에 따르면 손이 묶인 중국인은 러시아인을 위해 일본군들을 정탐해 왔다. 그는 "공개적인 본보기"로 막 참수당하기 직전이었다. 그의 주위에 모인 다른 중국인들은 이 광경을 즐기려고 왔다.[48]

화가 난 저우수런은 곧 의학 공부를 포기했다. 량치차오가 도덕적 사례로 소설의 힘을 옹호하는 것을 따라 그는 동료 중국인의 "냉담하고 멍한" 상태를 다루려는 기대를 품고 문학 공부로 전환했다. 그는 1909년에 중국으로 돌아와 저장성에 있는 새로운 중등학교 중 한 곳에서 가르쳤다. 이러한 지방省에서의 역할은 량치차오, 쑨원의 독자들과 새로운 교과서로 새롭고 활동적인 지식인 세대를 배출해냈다. 저우수런 본인은 곧 지방학자에서 국가적 지식인으로 전환했다. 사오싱의 지식인 네트워크(곧 베이징대학 총장이 되는 차이위안페이가 있었다)의 뛰어난 연줄을 통해 저우수런은 베이징의 새로운 공화국의 교육부 직책을 맡았다. 약 5년 후 그는 문학으로 동포들을 일깨우려는 계획을 이행하기 위해 루쉰이라는 필명으로 새로운 스타일의 정치적 단편 "광인일기狂人日記"를 출간했다. 그리하여 20세기 가장 유명한 중국의 작가가 탄생되었다.

1905년경 지속되는 관념

근대 중국의 첫 이데올로기적 순간에 세 가지 관념인 인민, 중국(인), 그리고 민주주의가 중국의 운명에 관한 대중 토론의 핵심으로 형성되었다. 서로 다른 지식인들은 중국을 구하는 방법에 대해서는 일치하지 않았지만, 그들 모두 이 세 가지 핵심 관념을 세기를 넘어 오늘날까지 변화하며 지속되어야 할 것으로 택했다.

일반적으로 군群으로 표현되는 인민은 이 이데올로기적 순간에 두드러지게 정치적 언어로 사용되었다. 그 단어 자체와 '군중'이라는 관념은 약 2500여 년 전 공자의 차축시대부터 중국의 정치 저술에 사용되어 왔으나

---

48) Lu Xun, "Preface to Call to Arms," 楊憲益과 Gladys Yang이 번역한 『魯迅選集』, (北京: 外文出版社, 1972), p.23.

옌푸와 량치차오 시기에 군群은 상당히 새로운 의미를 갖게 되었다. 사실 그것이 중국의 사상가와 작가가 무엇을 하며 누구를 위해 봉사하고 어떻게 공익을 추구하는지에 대한 근대적 전환의 핵심이었다. 이전에 공公은 왕조의 이익이나 유교 정치철학의 이상을 나타냈다. 우리는 이러한 것들을 정치적, 도덕적 자산이라 부를 것이다. 인민에게 이 두 가지 근본적인 자산의 산물이 유익하였다. 전통적인 국정 운영에서 인구는 국민이라는 집단이 아닌 가족과 개인이었고 백성이었다. 량치차오의 세대는 이 모든 것을 바꾸었다.

중국(인)이라는 정체성이 하늘에서 내려와 이 새로운 군群에 내려앉았다. 이 중국(인)이라는 정체성에 대한 단어는 중국, 우리 모두가 아는 국민국가인 "차이나China"를 나타내는 단어가 아니었다. 그것은 화華 - "꽃이 피는" - 였다. 우리의 사상가와 작가 그리고 우리가 현재 중국이라고 부르는 지역에 살았던 모든 사람들의 정체성은 민족적이거나 생물학적이기 보다는 문화적인 것이었다. 유명한 중국어 작가와 철학자들이 옹호하고 그 지역을 통치하는 정부가 수천 년 동안 채택한 방식으로 문명화 되었다면 중국인이었다. 전통적인 글에서 그것은 화華의 문화적 속성을 포용, 즉 표의문자(우리가 한자라고 부르는 것)(원문의 표음문자를 표의문자로 대체 : 역주)을 쓰고, 중국식으로 음식을 조리하고 유교적 글에 표현된 특정한 결혼 및 가족 패턴을 따르고, 화인華人이 공유하는 위語(언어)의 갈래 말(우리가 화위華語의 방언으로 알고 있는 만다린, 광둥어, 타이완어, 푸젠어 등등) 중 하나로 말하는 것이었다. 영어로 '중국인', 혹은 중국어로 중국 또는 중국인이라는 단어 없이 전근대적 정체성을 표현하는 것이 너무 어색하다는 점은 정체성, 국적, 민족성에 대한 근대적 개념이 얼마나 다른지를 보여준다. 이러한 근대적 개념은 우리가 보아 온 모든 이유로 - 본질적으로 제국주의 서구의 문명적 도전과 일본에서의 성공적 적용의 예로 - 량치차오 세대의 관심을 끌기 시작했다. 1905년경에 이르면 "중국(인)"은 중국과 중화로 표현되기 시작했으며 장빙린이 주장했듯이 그것은 문화적 관행뿐만 아니라 인종, 혈통에 기반을 두었다. 이 인종적으로 정의된 집단은 당시 일본의 용어kokka에서 차용해 온 신조어, 민족 국가國家라는 정치적 정체성에 대한 합당한 기반을 구성했다. 이 운명적인 관점의 변화는 아마도 20세기 중국 역사 형성에 가장 커다란 단일 개념의 도약이었을 것이다. 1648년 베스트팔렌 조약 이전의 유럽 사회가 그랬듯이 19세기 중국의 정치 사상과 사회적 경험에 베스트팔렌 국민 국가는 이질적인 것이었다. 유럽의 정치체가 그 정치적 독립체의 전체인구에 국민 국가의 국민으로서의 정체성을 구축하는데 약 200년이 걸렸지만, 중국은 한 세대 이내에 이러한 개념적 전환을 이루어내야 했다.49)

만약 중국이 영국이나 미국과 같은 국가가 되려고 한다면 중국도 그들과 같은 국가 형태인 공화국을 갖는 것이 나을 것이다. 1898년의 개혁 노력이 실패한 후 일부 지식인들은 중국을 공화국으로 만들겠다는 생각으로 전환했다. 어떤 이들은 이것이 당시 메이지 일본에서와 같이 입헌 군주제로의 이행으로 이루어질 수 있다고 생각했다. 다른 이들은 청 왕조를 전복시킬 폭력적인 혁명만이 국가라는 신체에 필수적이며 근본적 수술이 되리라 생각했다. 이 순간에 서구적 인종 개념, 정체성으로서의 인종과 문명과 비문명화된 민족 간 인종적 서열이 중국 지식인들에게 이해되기 시작했다. 따라서 공화국 운동은 인종적, 반만주족 함의를 채택하였다. 만주족은 최근의 불행에 대해 비난을 받았다. 여기에서 혁명적 민족주의로, 간단히 우생학으로, 그리고 오늘날 개인의 "자질素質" 담론에서 나타나는 20세기를 가로지르는 한족 패권에 관한 이야기가 시작되었다.

관념으로서의 **민주주의**는 중국의 공적 토론에 1890년대에 일본을 통해

---

49) 이 발달의 마지막 단계에 관한 고전적 연구로는 Eugen Weber, *Peasants into Frenchmen: The Modernization of Rural France, 1870-1914* (Stanford, CA: Stanford University Press, 1976)가 있다.

민주民主, 말 그대로 "국민의 통치"라는 단어로 등장했다. 그것이 의미하는 바는 저자에 따라 다르지만, 캉유웨이와 량치차오 주변의 사람들은 민주를 선출된 입법부가 있는 입헌 군주제의 일부로 간주한 것을 살펴봤다. 그것은 1인 1투표를 의미하지 않았는데, 누구보다도 량이 1900년경의 그의 동료 중국인의 통탄할 특성과 무지한 대중의 민주주의에 대한 부적합성을 한탄했었다. 쑨원과 장빙린 주변의 급진파들은 공화주의적 형태의 민주주의를 추구했지만 프랑스와 미국 모델을 사용하면서 중국 상황에 맞게 광범위하게 각색을 했다. 그들도 역시 제한 선거를 추구하여 공민권을 한족漢族 또는 한족 방식에 적응한 다른 민족으로 제한했다. 성 의회와 상회에서 지방 엘리트의 선언은 이러한 가정을 반영했는데 국민의 통치는 부, 토지 및 교육으로 규정되는 자신들과 같은 엘리트에 의한 통치를 의미했다.

1910년대의 중국

  1916년 위안스카이가 군주제를 포기하는 세계는 1905년이나 1895년에
는 상상할 수 없었다. 청-즉 군주제, 유교적 관료제의 질서 잡힌 세계, 전
통과 사회적 관행의 진실성은 사라졌다. 중국은 비록 제대로 기능하지는
못했지만 이제 공화국이었다. 중국을 둘러싼 세계도 변했다. 청나라와 중
국의 엘리트들이 19세기 후반 동안 무시하기 위해 최선을 다했던 서구 침
략의 시끄러운 소문은 항구적으로 존재하는 조약항으로, 새로운 기차와
증기선, 전신 및 신문, 전국의 기독교 선교사, 크고 현대적인 석조 건물,
은행 그리고 기업들의 형태로 도시와 향촌 모든 중국 사회에 쏟아져 내리
고 있었다. 모두 압도적인 군사력과 문화적 자부심으로 뒷받침되었다. 흔
들리는 청나라와 빈약한 공화국에 강요되는 세계는 바버라 터크먼Barbara
Tuchman이 말한 '오만한 탑'-자기 확신에 찬 유럽과 미국의 제국주의 세
력과 함께 확신은 적지만 훨씬 더 끈질긴 새로운 일본제국-의 세계였다.
세계, 주로 서구는 여기에 머물러 있을 것이었다.[1]
  20년간 고심한 "우리가 태어난 세상을 어떻게 보존할 것인가"라는 질문
은 고려할 가치가 없게 되었다. 그 세상은 사라졌다. 청나라 황제와 함께
사라졌고, 과거제와 함께 사라졌으며, 유럽과 미국의 산업 자본주의의 세
계 시스템에 연결되면서 온, 경제적 혼란, 사회적 격변, 정치적 혁명으로
변형된 토착의 상업적 농업 시스템과 함께 사라졌다. 되돌릴 수는 없었다.

---

1) Barbara Tuchman, *The Proud Tower: A Portrait of the World before War, 1890-1914*
   (New York: Random House, 1996).

1918년 저명한 유학자인 량지梁濟(1868-1918)(2장에서 만나게 될 량수밍의 아버지)의 자살은 이러한 상실을 상징하게 되었다. 그러나 어떻게 앞으로 나아갈지는 명확하지 않았다. 그 도전은 다음 이데올로기적 순간인 혁명의 결정적인 문제가 되었다.

1916년에 이르면 학자-관료는 퇴색했지만, 지식인이나 근대적 학자 또는 저자는 아직 등장하지 않았다. 이전 역할은 사라졌지만 새 역할은 아직 명확하지 않았다. 요컨대, 옛 엘리트들은 새로운 직업을 시도해야만 했다. 지식인의 정체성과 역할에 대한 근본적인 변화와 함께 지식인을 만들고, 인증하고, 고용한 기구에도 관련된 변화가 있었다. 유교적 교육 기관은 사라졌다. 그 자리에 등장한 것은 새로운 고등학교, 일반 학교, 사관학교, 그리고 서양식 대학이었다.[2]

중국의 사상가와 작가들의 전승된 역할에 가장 도전이 된 것은 근대적 전문직의 탄생이었다. 전문직은 유럽과 미국에서 근대성을 규정한 교육받은 사람들의 지식 생산 및 고용에 대한 근본적으로 새로운 조직이었고 아시아의 전초 기지에서도 마찬가지였다. 근대적인 형태의 이러한 직업은 자체적으로 규제하는 의사 협회로부터 엔지니어협회, 학문기관에 이르기까지 19세기 중반의 유럽과 미국에서도 비교적 새로운 혁신이었다. 중국에서 이러한 직업군의 사회적, 정치적 주장은 완전히 새로운 것이었다. 특정한 기술과 직인 조합이 중국사 전반에 걸쳐 존재했지만, 그러한 기능 조직, 경제 분야에서의 이용 및 이런 모든 것에 대한 대중의 시각은 20세기

---

2) Xiaoqun Xu, *Chinese Professionals and the Republican State: The Rise of Professional Associations in Shanghai, 1912-1937* (New York: Cambridge University Press, 2000). 유럽과 미국에서 직업의 부상에 관해서는 Penelope J. Coffield, *Power and the Professions in Britain 1700-1850* (London: Routledge, 1995); 그리고 Louis Menand, *The Metaphysical Club* (New York: Farrar, Straus & Giroux, 2001) 참고. 공공 지식인은 Bender, *Intellect and Public Life*.

초에 근본적으로 바뀌었다. 우리는 상회의 공적 역할과 강소江蘇교육협회의 의료 업무에서 이것을 가장 직접적으로 보았다. 어떻게 교육받은 엘리트가 만들어지고 고용되는지가 오늘날까지 지속되는 산업 자본주의에 맞도록 근본적인 변화가 시작되었다.[3]

이 시기 동안 민주주의로부터 공화국, 과학에 이르는 새로운 관념이 존재했을 뿐 아니라 새로운 개념들이 사회생활 속에 뿌리를 내렸다. 특히 '국민'의 용어, 개념, 관념이 이 수십 년 동안 탄생하였다. 민民과 군群과 같은 인민에 대한 전통적인 관념으로부터 공민권, 국적, 민족, 그리고 경제적 계급의 관념을 포함하는 인구집단에 대한 새로운 의미와 이해가 출현했다. 시간이 흐르면 이러한 개념들은 군群과 같이 이미 사용되고 있는 단어의 내용을 재정의하게 될 것이다. 그러나 새로운 용어, 공민 혹은 국민은 비록 느리게 통용되기는 하였지만 사용되기 시작했다.

중국의 공적 세계는 변화되었다. 중국은 국민 국가가 되었다. 비록 실패했지만 공화국이었고 독자적 문화를 가진 세계 여러 나라 중 하나의 나라로, 더는 보편 문화를 옹호하는 제국이 아니었다. 국민 국가의 일부로서 주민은 국민이 되었다. 화인華人은 차이니즈 혹은 중궈런中國人이 되었다. 1910년경의 모든 주요 작가와 사상가들은 이 사실을 받아들였다. 그러나 이 사실은 한 세대 전에는 사실이 아니었다.[4] 중국의 국민 국가 지위는 중국의 근대성을 규정짓는 특징 중 하나이다.

교육받은 엘리트, 사상가 및 작가의 정체성은 직업군의 부상으로 형성되었을 뿐만 아니라 유럽 지식인, 특히 에밀 졸라 같은 프랑스 지식인의

---

3) Robert Culp, Eddy U, and Wen-hsin Yeh, eds., *Knowledge Acts in Modern China: Ideas, Institutions and Identities* (Berkeley: Institute of East Asian Studies, University of California, 출간예정(2016년 출판됨 : 역주).

4) Peter Zarrow, *After Empire: The Conceptual Transformation of the Chinese State, 1885-1924* (Stanford, CA: Stanford University Press, 2012).

사례에서 가져온 새로운 형태로 알려지게 되었다. 지식인 또는 지식분자知識分子는 1920년대 중반까지 해당 중국어가 없었으며 사회에서 식별 가능한 모습이 제시되지도 못했다. 그러나 학자-관료 또는 사대부로부터의 전환이 1910년 무렵에는 진행되고 있었고 자유롭게 부유하는 작가와 사상가는 청중을 찾고 수입을 창출할 수 있었으며, 새로운 상업 언론을 위해 글을 쓰면서 상하이의 다락방과 베이징의 골목길에서 정체성을 구축할 수 있었다.

중국의 사상가와 작가, 교육받은 엘리트는 어떤 식으로든 중국에 봉사하기 위해서 공익에 복무하고자 했다. 유교적으로 훈련된 20세기의 첫 번째 세대는 자연스럽게 국가 행정에 대한 공공 복무가 그들이 제공할 수 있는 가장 정상적인 봉사라고 여겼다. 그러나 우리가 본 바와 같이 청의 통치가 안정적이었던 지난 200년 동안 공공 복무는 청 왕조에 의해 직접 고용된 학자-관료인 것보다 훨씬 더 광범위했다.5) 국가 복무가 중국의 교육받은 엘리트의 주된 역할이라는 생각은 이 당시에 구체화되었지만 이전 세대에는 그렇게 단순하거나 지배적이지 않았다. 이런 의미에서 20세기 지식인들과 중국 정부에 의해 여러 번 언급되어 온 유교적 국가 복무의 전통은 스코틀랜드의 킬트나 마찬가지로 만들어진 전통이다.6) 고통스러울 정도로 분명한 것은 1910년대의 공공 복무는 신체적으로 위험해졌다는 것이었다. 이전 세대와는 달리 공화국에서 국가 행정에 대한 복무는 불확실하고, 무례하며, 안전하지 않았다. 정치인과 관료들은 주기적으로 살해당

5) Benjamin Elman, *From Philosophy to Philology: Intellectual and Social Aspects of Change in Late Imperial China* (Cambridge, MA: Harvard University Press, 1984).

6) Eric Hobsbawm과 T. Ranger의 중요한 모음집 *The Invention of Tradition* (Cambridge: Cambridge University Press, 1983)은 Ton Otto and Poul Pedersen가 편저자인 *Tradition and Agency: Tracing Cultural Continuity and Invention* (Aarhus: Aarhus University Press, 2006)에서 아시아의 사례들로 유용하게 업데이트 되었다.

했다. 중국 정치의 잔혹한 모습은 20세기의 유감스러운 특징이며 적어도 1913년 의회 지도자인 쑹자오런이 암살된 시점에서 매우 확연했다. 이 불확실성과 위험이 다음 50년간의 지식인의 참여를 형성했다.

대체적으로 제1차 세계 대전이 발발할 무렵, 중국의 교육받은 엘리트들은 세계와 세계 사이에 위치한 채로, 새로운 세계를 만들어 내기 위해 고군분투했다. 정치적 혁명의 근본적 도전이 그들의 사회적 지위의 두려운 변화와 결합되자, 중국의 사상가와 작가들은 혁명적 해답을 찾게 되었다.

2

혁명

신중국으로 각성시키다(1915-1935)

5월 30일 운동 직후의 선전 포스터. 중국인 애국자를 고문하는 "제국주의자"와 "군벌"을 보여준다. 제국주의자는 실크 모자를 쓴 고전적인 만화의 자본주의자 복장을 하고 애국자는 학자가 아닌 노동자처럼 보인다. 왼쪽 상단의 자막은 "군벌과 제국주의 압박"하의 중국 인민, 하단에는 "중국 재난구제회의 회원모집"(상하이의 중국 공산당이 주도한 조직으로 수감된 시위대와 그들의 가족을 위해 모금 활동을 함)

1925년 5월 30일 아침, 2000명 가량의 학생과 지역 시위자들이 상하이 국제 거류지 남경로에 있는 로우쩌 경찰서를 밀어붙였다. 그들은 일본 면화 공장과의 노동 분쟁으로 최근 체포된 15명의 학생 지도자의 석방을 요구했다. 토요일 아침이었고 서장은 상하이 경마장에 있었다. 시위를 처리하는 것은 신경이 곤두선 부하, 에드워드 에버슨Edward Everson 경위와 12명의 시크교도와 중국 경찰에게 맡겨졌다. 그들은 제대로 대처하지 못했고, 당황해서 총을 쐈다. 몇몇 중국 시위자들이 살해당했고 전국적인 파업, 시위, 보이콧이 뒤따랐다. 외국인과 중국인을 막론하고 아무도 이러한 대중 동원을 본 적이 없었다. 대학생, 공장 노동자, 상회 상인들이 집결하여 외국의 특권과 국내 실정에 대해 항거했다. 혁명이 28개가 넘는 중국 도시의 거리에서 일어났다.

　　일년 뒤 1926년에서 1927년 겨울, 이러한 도시 시위의 추진력이 광저우廣州에 기반을 둔 혁명 세력 연합에 활력을 불어넣었을 때 젊은 활동가 마오쩌둥은 후난성湖南省 중심에 있는 그의 농촌 공동체로 돌아와 쑨원 혁명의 기치 아래 중국 통일에 착수하기 위해 다가오는 국민당군 – 중국 공산당군의 연합을 준비하기로 했다. 마오쩌둥은 공산주의자였지만 당시 그의 모든 동지와 마찬가지로 국민당을 위해 일했다. 그가 후난의 농촌마을에서 본 것이 그에게 영감 – 중국 농촌 빈민의 에너지, 마을 정부를 조직하고 전복하고 지주의 재산을 가난한 농부들에게 재분배하는 능력 – 을 주었다. 마오쩌둥은 미래를 보았고 그것은 계급 간 적대에 기반한 폭력 혁명이었다. 그리고 작동할 수 있는 것이었다. 그는 유명한 열변을 토했는데 "혁명은 만찬 파티가 아니다!" 혁명은 도시 엘리트의 선물이 아니었다. 오히려 혁명은 중국의 농촌에서 자라고 있었다.

마오쩌둥(1893-1976): 후난 농민 운동 고찰 보고(1927)

농민운동에 대한 많은 주장은 내가 한커우漢口와 창사長沙의 신사 계급으로부터 들은 것과 정확히 반대였다. 이제까지 내가 알지 못했던 많은 이상한 것들을 보고 들었다. 나는 중국 전역의 모든 지방에서도 마찬가지라고 믿는다. 결과적으로 농민운동에 대한 모든 비판은 신속히 바로잡아야 하며, 농민운동과 관련하여 혁명 당국이 채택한 여러 가지 잘못된 조치는 신속히 변경되어야 한다. 그래야만 혁명의 미래가 혜택을 받을 수 있다. 현재 농민운동의 급증은 엄청난 사건이기 때문이다. 아주 짧은 시간에 중국 중부, 남부 및 북부 지역의 수억 명의 농민들이 맹렬한 바람이나 폭풍처럼 솟아오를 것이다. 이 힘은 너무나도 빠르고 폭력적이어서 아무리 큰 권력이라도 그것을 억제할 수 없다. 그들은 모든 속박을 끊고 해방의 길을 따라 앞으로 돌진할 것이다. 결국, 그들은 모든 제국주의자, 군벌, 부패한 공무원, 토호열신土豪劣紳을 무덤으로 보낼 것이다. 모든 혁명정당들과 모든 혁명 동지들은 그들 앞에 서서 시험을 받고 그들이 결정한 대로 받아들여지거나 거부될 것이다. 그들의 선두에 서서 행진하고 그들을 이끌기 위해? 그들 뒤에 서서 한마디 하고 비판하기 위해? 아니면 그들 반대편에 서서 겨루기 위해? 모든 중국인은 세 가지 중에서 자유롭게 선택할 수 있지만, 상황에 따라 신속하게 선택해야 할 운명에 놓였다.[1]

후스胡適(1891-1962): 국민당 중국의 법률 실패

인간의 권리를 보호하고 법에 의한 참된 정부를 갖고자 하는 진정한 열망이 있다면 그 첫 번째 전제 조건은 중화민국 헌법이 있어야 한다는 것이다. 최소한 … 지도의 기간 동안 임시 헌법을 공포해야 한다.

쑨원 박사는 『혁명방략』[1906]이라는 제목의 저작에서 그의 국가 건설 방략을 다음과 같은 세 시기로 나누었다. (1) 3년 동안 지속될 군정 시기, (2) 6년 동안 지속될 훈정 시기로 이 기간 중 모든 국민에 대한 군 정부의 권리와 의무는 물론 정부에 대한 국민의 권리와 의무가 임시 헌법에 따라 확실히 정해진다. 이 법은 군 정부와 지방 의회, 민간 시민에 의해 엄격하게 준수되어야 한다. [그리고] (3) 헌법에 의한 통치 시기 …

오늘 우리가 원하는 것은 임시 헌법이나 규약인데, 쑨 박사의 말에 따르면 그것은 "혁명 정부의 정부 권력 뿐만 아니라 국민의 권리와 의무를 규정해야 한다." 우리는 정부의 적절한 한계를 정해 그것을 넘는 모든 행위가 불법이 되는 법을 원한다. 우리는 인간, 개체, 자유, 재산을 정의하고 보호할 규약을 요청한다. 이러한 권리를 침해하는 자는 그가 중앙 정부의 의장이든 152 여단의 대령이든 법에 의해 기소되고 판결을 받을 수 있다.[2]

이데올로기적 순간: 혁명

개혁의 진실은 실망스러운 것이었다. 공화국은 가짜였고, 으시대어 두려웠으며 감탄했던 서방 세력은 더는 도전과 영감의 원천이 아니라 오히려 분노의 원인이 되었고, 제1차 세계 대전(1914-1918)의 끔찍한 대학살로 인해 환멸과 경멸의 대상이 되었다. 중국은 교육받은 지도자들의 눈에 10년 전보다 더 나쁘게 보였지만 돌아갈 수 없었다. 서구 열강, 그리고 이제 일본은 중국의 삶에서 불가피한 부분이 되었는데 그들의 잘난 체하는 우월

---

1) 毛澤東, "湖南農民運動考察報告"는 Stuart R. Schram and Nancy J. Hodes, eds., *Mao's Road to Power: Revolutionary Writings, 1912-1949*, Vol.II, *National Revolution and Social Revolution* (Armonk, NY: M.E. Sharpe, 1994), pp.429-30에서 번역한 것을 Timothy Cheek, *Mao Zedong and China's Revolutions: A Brief History with Documents* (Boston: Bedford/St. Martins, 2002), p.42에서 재인쇄.

2) Hu Shi, "Failure of Law in Nationalist China," *North China Herald* (Shanghai), June 22, 1929를 Cheng and Lestz, *The Search for Modern China*, pp.274-5에서 재인쇄.

함, 조약항의 특권, 우세한 군사 및 경제적 지위와 함께였다. 중화민국의 혼란상을 지속시키는 한심스런 군벌 정부는 제1차 세계 대전의 공포와 베르사이유 조약에서 중국 이익이 배신당한 것에 대해 아무 해답도 내놓지 못했다.[3] 개혁은 효과가 없었다. 혁명이 필요한 순간이었다. 1910년대 말 새로운 이데올로기적 순간이 나타났다.

1920년대 중국의 혁명적 순간의 가장 근본적인 문제는 **어떻게 중국 사람들을 각성시켜 스스로를 외국의 지배와 국내의 실정이라는 분명하고 현존하는 위험으로부터 구할 것인가** 하는 것이었다. 유교적 왕조를 지원하기 위한 군사 재무장은 실패했다. 입헌 군주제는 무신경한 만주족의 정치적 이해관계에 의해 전복되었다. 그리고 공화주의 혁명은 군벌들에 의해 매수되었다. 중국인들은 이러한 외부적 수단으로 스스로를 구하는 데 실패했다. 더 과감한 것, 혁명이 필요했다. 대부분의 중국 지식인은 국가 혁명을 단 하나의 최우선적 관념로 받아들였다. 그러나 어떤 종류의 국가 혁명이어야 하는가? 답변은 다양했다.

혁명은 하나의 시스템을 전복시키고 새롭고 근본적으로 다른 시스템을 실행하는 것을 추구한다. 1910년대 중반부터 1930년대까지 중국에서 이것은 유교적인 가족 가치와 사회적 가치에 대한 근본적인 비판(**문화 혁명**)과 새로운 정치 이데올로기 추구(**정치 혁명**)를 포함했다. 둘 다 1911년에 실패한 **민족주의 혁명**을 이행하는 것을 목표로 했다. 동시에, 조약항의 조계를 기반으로 하지만 거기에 국한되지 않는 근대 도시 부문의 성장은 새로운 도시 계급, 산업 프롤레타리아트, 보다 성숙한 자본가 계급, 그리고 역동적인 도시 중산층이 명료하게 드러난 사회 혁명을 만들어냈다. 이러한 모든 혁명은 근대화의 일부로 볼 수 있으며 산업화된 사회에서 사람들이 사는

---

3) 오늘날의 우리는 물론 이 전쟁을 제1차 세계 대전으로 알고 있지만 그 당시에는 "대전쟁"으로 알려졌었다.

방식을 근본적으로 바꾸는 방식으로 이루어지는 문화, 정치, 경제 및 사회의 최신 혁신으로 볼 수 있다. 따라서 이 이데올로기적 순간을 묘사하는 혁명은 특정한 정치적 지향이 아니라 우리가 "근대 혁명"을 묘사하는 데 사용할 법한 의미에서 혁명인 것이다. 이러한 관점에서 이 수십 년 간의 주요한 혁명적 변화는 핵가족, 기술 전문인에게 전문가로서 특권을 부여하고, 국민을 대표하는 정치적 정당성을 정의하는 것이었다. 1920년대 중국에서 일어난 이 포괄적 혁명의 화신은 쑨원의 재편된 민족주의 정당인 국민당이었다.

중국의 사상가와 작가들은 새로운 상업 언론을 이런 저런 혁명을 요구하는 기사, 선언문, 자신의 신문과 급진적 잡지들로 가득 채웠다. 그들은 기독교계 대학과 새로운 중국의 대학에서 과학 및 사회과학 전문가로 교육을 받았으며 또한 고급 학위를 위해 해외로 나가기도 했고 자연 과학 및 근대적 전문직에 사회 혁명을 일으켰다. 위안스카이의 첫 번째 행정부나 이후의 군벌들이 운영한 점점 더 비겁하고 부패한 일련의 "중앙 정부"에 대한 의구심에도 불구하고, 많은 교육받은 중국인들은 베이징에서 공화 정부에 근무하며 정부가 이러한 혁명에 도움이 되게 하려고 애썼다. 중국의 가장 유명한 문인인 루쉰은 1910년대 베이징 정부의 교육부에서 여러 해 근무했다. 또한 중국에서 가장 유명한 대학인 베이징대학은 이러한 한심한 정부 아래 운영되었어도 대단한 지식인, 예를 들면 총장으로 여러 해 근무한 차이위안페이蔡元培(1868-1940)와 수십 명의 훌륭한 학자들을 끌어들였다. 베이징대학과 같은 대학들은 점점 더 사회적 행동에 관심을 보이는 중국의 주요 지식인에게 활동의 중심과 공적 지위를 제공했다.[4] 이 두 기관, 상업 언론과 현대적인 대학은 일반적으로 1915년부터 1925년까

---

4) Weston, *The Power of Position*, 베이징대학(北京大學) 자체가 영어로 그 이름을 "Peking University"로 제시하여 나는 그 번역을 따른다.

지 중국의 신문화 운동과 1919년 5월 4일 베르사이유 조약에 대한 반대 시위에서 이름을 따 온 5·4 운동의 틀을 제공한 공공 영역의 중심이었다. 이 장에서 만날 지식인 대부분은 이러한 대학에서 일했거나 『신청년新青年』과 같은 저널이나 『시보』와 같은 신문에 글을 게재했다.

이 공적 논의에 참여한 모든 참가자는 량치차오가 포착한 공적 생활의 앞선 변화를 받아들였다. 중국은 문화 제국이 아닌 국민 국가이며 군群으로서의 중국인민이 국민 국가 생존의 열쇠라고 하는 것이었다. 즉 정부는 전통적인 "천명"보다 더 직접적으로 국민과 국민의 이익을 대변해야만 했다. 그리고 더 중요한 것은 인민 자신이 수동적 백성보다는 능동적 국민이 되어야 했다. 중국을 구하기 위해 인민은 다시 만들어져야 했다. 이 장에서 만나게 될 사상, 이데올로기 및 종교 운동의 범주는 모두 중국을 구하기 위한 근본적인 혁명은 무엇이며 그리고 어떻게 그러한 혁명을 일으킬 수 있는가라는 문제를 다루고 있다.

중국을 각성시키다

루쉰은 1922년, 중국의 새로운 지식인 사이에서 느껴지던 공화국에 대한 환멸감을 포착한 것으로 유명하다. 청나라의 과거제 속에서 태어난 학자들은 이제는 부패한 정치인과 까다로운 장군 밑에서 잡다한 일로 섬기거나 공직에서 단절되어 운이 좋으면 대학이나 학교에서 가르치거나 정기 간행물에 돈을 받고 글을 쓰고, 운이 나쁘면 가정교사나 사무원으로 간신히 생계를 꾸려야 했다. 젊은 지식인들에게 영감을 주기 위해 급진적인 저널에 기고 요청을 받은 루쉰은 대답했다.

창이 없는 철제 집을 상상해 보라, 절대로 부술 수 없고, 안에는 수많은 사람이 잠들어 있어 곧 질식하여 죽게 될 것이다. 그러나 그들은 잠든 사이

죽을 것이기 때문에 죽음의 고통을 느끼지 않으리라는 것을 당신은 안다. 자, 이제 당신이 크게 소리쳐 얕은 잠을 자는 사람 몇을 깨워, 이 불행한 몇 명이 피할 수 없는 죽음의 고통을 겪게 만든다면, 당신은 그들에게 좋은 일을 한다고 생각할 수 있을까?

그럼에도 불구하고 양면적인 것으로 유명한 루쉰은 간단히 포기할 수 없었다. "나는 희망을 완전히 잃을 수는 없었다. 희망이 미래에 있기 때문에 … "[5] 그는 다음 15년간 문학과 사회 혁명을 지원하기 위해 많은 글을 썼다. 새로운 학교에서 자란 젊은 세대의 학생들은 더 열정적으로 노력했다. 그들은 급진적인 윗세대의 글을 읽고 기독교계 대학, YMCA, 학생회, 그리고 곧 볼셰비키 정당에서 공적 생활에 대한 새로운 접근 방식을 받아들였다.

근래 사건들은 루쉰이 미래에 대한 의구심을 갖게 했다. 공화 정부의 내정 실패와 제1차 세계 대전의 대학살에 대한 국제적 환멸이 결합해 1915년 이래의 신문화 운동의 논의와 논쟁에서 태동된 문화적 혁명을 정치적으로 시급하게 만들었다. 정치 생활의 진전은 국내외적 원인으로 인한 지속적인 재난으로 흠집이 났다. 마지막으로, 쑨원 휘하에 1922년 남부 광둥성廣東省에 혁명적 형태로 공화국이 부흥했는데, 1926년에서 1927년 북벌로 중국 중부지역의 군사-정치적 재통합으로 이어졌다. 이것은 쑨원의 군사적 후계자인 장제스에 의해 1928년까지 난징南京에서 훨씬 더 기능적인 중앙 정부를 수립하는 과정에서 절정에 달했다. 한편 민족주의자들의 근본적인 경쟁자인 중국 공산당은 자신들의 사회 정치적 혁명을 일으켰는데, 처음에는 도시 지역에서 쑨원이 1923년에 설계한 민족주의자들과의 통일전선을 통해서, 그 다음 1927년 무자비하게 (그리고 성공적으로) 장제스에 의해 축출된 이후에는, 농촌 지역에서였다. 두 경우 모두 혁명은 오래된

---

5) Lu Xun, "Preface to Call to Arms," p.24.

시스템을 해체하고 새로운 시스템을 고안한 후, 새로운 질서를 수립하고 제도화하는 것으로 시작되었다.

국제 문제에서 두 가지 세력이 이 이데올로기적 순간을 형성했는데 중국 내에서 증가하는 일본 제국주의와 제1차 세계 대전의 충격이었다. 약한 신생 중화민국에 대한 일본의 대응은 1895년 중국과의 전쟁에서 양보를 얻어낸 이래로 압박을 가해 이익을 얻는 것이었다. 1911년(1910년 : 역주) 일본은 공식적으로 한국(조선)을 제국의 일부로 합병했다. 일본의 사업 이익이, 치외법권 규정에 따른 군사적 보호가 뒤따르면서, 중국의 북동부 지역으로 조금씩 확대되었다. 1920년대 내내 일본은 중국 북부와 베이징 주변으로 지배력을 밀어붙였다. 이것은 일본이 만주로 총칭하는 북동부 지방을 점령하고 1932년 3월에 꼭두각시 국가인 만주국을 만들면서 절정에 이르렀다. (역설적이게도 일본은 청의 마지막 황제 푸이溥儀(1906-1967)를 국가 원수로 임명했다.) 1900년대 초 근대화의 모델이었던 일본은 이제 최고의 제국주의자가 되었다. "항일抗日"은 1949년 국가의 최종 통일과 모든 외세(소련 제외)의 추방까지 중국 민족주의자들의 끊임없는 요구가 될 것이었다.

제1차 세계 대전은 중국에 깊은 영향을 미쳤다. 경제적 측면에서, 1914년부터 1919년까지 유럽 열강의 관심이 분산되어 중국 자본가와 산업가들이 성장할 기회를 주었고, 그들은 그렇게 했다. 문화적 측면에서, 중국의 엘리트들은 전 지구적 문명의 모범이 스스로에게 가한 사악한 자기파괴에 실망했다(중국이 연합국의 동맹국이었기 때문에 상당수 중국인은 유럽에 지원부대로 파견되어 이것을 직접 보았다). 서구 문명에 대한 진정한 의심이 시작되었다. 정치적으로 중국 엘리트들은 1919년 베르사이유 조약의 이기적인 조건에 격분했는데 중국에 있던 독일의 조차지는 (특히 산둥성의 넓은 지역) 승전국의 일원으로서 중국에 돌려준 것이 아니라 일본에 주는 것이었다. 분노는 5월 4일 중국 학생들을 베이징의 거리로 몰아냈다.

그들은 조약에 서명하지 않도록 당시 정부에 압력을 가하는 데 성공했다. 중국은 서명하지 않았다.

폭력이 이 이데올로기적 순간을 표현했다. 전쟁은 거의 멈추지 않았고, 1922년과 1928-1930년 사이 발생한 북중국의 끔찍한 기근을 포함한 자연재해는 비참함을 더했고 냉혹한 조치가 필요하다는 혁명가들의 각오를 더하게 했다. 북부의 군벌들은 1920년대 내내 거의 매년 "전쟁"을 벌였다. 1925년 5월 상하이에서 우리가 이 장의 시작 이미지에서 본 중국인과 영국 경찰이 연루된 군중 폭동이 발생했다. 마찬가지로, 중국의 여러 광산에서 발생한 노동쟁의는 강력한 중국 공산당의 개입은 있었지만 중국 공산당 조직에만 국한되지는 않았으며, 군벌들의 군대에 의한 폭력적인 억압을 견뎌야만 했다. 특히 중국 공산당이 주도한 1923년 우한 - 베이징선 철도 파업은 잔인하게 진압되었고 1926년 안위안安源 노동자 조직은 붕괴되었다. 이 장에서 선택된 목소리에서 보았듯이, 일부 혁명적 메시지가 중원 지역 농부들의 좌절감과 맞닥뜨리면 농촌 지역에서는 폭력사태가 일어났다. 마오쩌둥 자신의 설명에 따르면, 그는 1926년과 1927년 초의 "후난 농민 봉기"에 참여했지만 그들을 이끌지는 않았다. 농촌의 개량을 유포하던 '계몽된 신사'와 무정부주의자들이 풍파를 일으켰고, 시위를 이끌면서 농부들에게 새로운 관념과 교육 - 일부는 보수적 성격, 일부는 좀더 급진적 성향 - 을 제공했던 것이다.

이 사회적 폭력 외에도 세 가지 종류의 정치적 폭력이 있었다. 첫 번째는 다양한 지방 군벌들 간 및 광저우에 있는 쑨원의 혁명 정부 세력(국민당과 중국 공산당 조직 사이의 "통일전선"으로 운영되는)간의 전투였는데 이들 군벌은 특히 1926년에서 1927년 북벌 중 가장 뚜렷했지만 기간 내내 국지적으로 지속되었다. 두 번째는 1927년 결별 이후 국민당과 공산주의 세력 간의 싸움이었다. 이 투쟁은 20년 동안 계속되었는데. 1937년부터 1941년까지 "항일 연합 전선"으로 상호불가침을 맺은 단 몇 년간만 중단되었을 뿐, 1949년 중국 공산당의 승리와 타이완으로의 국민당 세력 추방으로 절정에 달했고, 1950년대와 1960년대의 냉전으로 긴장 관계에 놓였다. 세 번째는 우리가 본 것처럼 일본의 침략이었다. 실제로 만주를 탈취하는 시발점이 된 만주사변 날짜인 1931년 9월 18일에 대중적인 항일 선동을 위한 전국 집회의 외침이 시작되었다. 일본제품 구매를 피하기 위한 불매 운동이 조직되었으며 중국 전역의 학생들은 "구국救國" 조직을 만들었다. 1930년대의 어조는 실제로 구국이었다. 당시 중국의 지도자였던 장제스는 이 수치와 책임을 마음에 새겼다. 그는 국민당 정부 의장직에서 잠시 물러났고, 그 후 15년 동안 그는 "부끄러움을 일소한다雪恥"는 말로 날마다의 일기를 시작했다.[6]

그럼에도 불구하고 장제스는 공산주의자들로부터의 도전이 일본인들의 그것보다 중국에 더 큰 위협이 된다고 느꼈고, 일본의 침략에 저항하기보다 공산주의자들을 쫓는데 시간을 보냈다. 그러나 계속되는 일본의 침략은 국민당 지역의 여론조차 장제스의 "일본인이 아닌 중국인과의 싸움"에 등을 돌리게 했다. 상하이의 주요 저널리스트인 쩌우타오펀鄒韜奮(1895-1944)과 그의 동료들은 1934년 상하이에서 구국연합회를 이끈 "칠군자七君子"를 결성해 일본에 저항하지 못한 국민당 정부에 항의했다. 이 전국적인 운동은 "일본에 저항하고 국가를 구하기 위한 12월 9일 운동"으로 알려진 1935년 대규모 학생 시위에서 정점을 찍었다. 칠군자의 쩌우타오펀과 다른 사람들은 국민당 정부 당국에 의해 체포되고 투옥되어 지식인들 사이에서 장제스의 권위는 더욱 약화되었다.[7] 1935년 말, 궤멸된 공

---

6) 장제스의 일기는 현재 스탠포드 대학 후버연구소 기록보관소에 보관되어 있고 2011년 5월 그곳에서 나는 그 일기들을 찾아 보았다. 20세기 중국의 국가적 수치라는 주제는 Cohen, *Speaking to History* 그리고 Zheng Wang, *Never Forget National Humiliation: Historical Memory in Chinese Politics and Foreign Relations* (New York: Columbia University Press, 2012); 그리고 Schell and Delury, *Wealth and Power*에서 탐구되었다.

산주의 세력은 중국 북서부의 상대적으로 안전한 지역에 도달했다. 그들을 전멸시키려는 장제스의 마지막 공세는 (아마도 성공할 수 있었을지 모른다) 그의 지방 세력 사이의 반란으로 중단되었고, 그는 중국 공산당과 화해하고 주로 일본의 위협에 주의를 기울이도록 강요당했다(이것이 1936년 12월의 시안西安사건이었다). 그 결과는 국민당과 공산주의자들 사이의 두 번째 합작이었다. 6개월 후 일본군은 중국 중부를 공격했고 난징 정부는 더 내륙으로 도망쳐야 했다.

1920년대의 군벌들의 분규와 1930년대의 국민당과 중국 공산당 간의 싸움 동안의 사회적 변화는 똑같이 혁명적이었다. 우리는 이러한 사회적 혁명을 도시와 농촌의 두 부분으로 생각할 수 있다. 도시 혁명은 그 모든 복잡성, 자기 회의, 소비주의와 전쟁과 정치적 혁명으로 인해 실현되지 않은 약속 안에서의 근대 중국 사회의 성장이었다. 이것이 1920년대와 1930년대의 유명한 민국사회民國社會로 중국과 해외의 학자들이 지금은 평판이 좋지 않은 마오시대의 대안과는 무관한 근대 중국 문화의 보고로 많이 연구하였다. 또한, 오늘날 인민공화국에서 의류에서 레스토랑 스타일에 이르기까지 대중적 향수와 심미적 관심의 대상이기도 하다. 상하이나 조약항 또는 조계가 있는 기타 근대 도시는 전기와 트램으로부터 상업 출판 및 커피숍으로, 공장 노동자, 사무직 노동자, 독립 지식인으로서의 새로운 직업과 정체성으로 옮겨 갔다.[8] 여성들이 공공 영역에 진출했는데 이전에는 없었던 일이었다. 그리고 이러한 근대적 분야에서 외국의 흔적은 어디에나 있었다. 어떤 사람들은 효율성, 부, 근대 문학, 심지어 서양인의 패션까

---

7) Parks Coble, "The Anti-Japanese Movement in China: Zou Tao-fen and the National Salvation Movement, 1931-1937," *Journal of Asian Studies*, Vol.44, No.2 (1985), 특히 p.305.

8) Wen-hsin Yeh, *Shanghai Splendor: Economic Sentiments and the Making of Modern China, 1843-1949* (Berkeley: University of California Press, 2007)에서 잘 다루어졌다.

지 매력적이라고 생각했지만 다른 사람들은 이것을 그들의 정체성에 대한 도전이라고 생각했다. 근대 도시 생활의 서구적 기원에 대해 중립적인 사람은 없었다.

마찬가지로 혁명적이지만 부정적인 변화가 중국의 농촌 지역에서 일어나고 있었다. 도시 중국에서 보인 에너지와 지적 리더십은 농촌 사회에서 차츰 고갈되었다. 향촌 지주의 아들 딸들은 농촌의 집안 토지에서 떼지어 떠났고, 군벌의 군대와 농촌 반군은 많은 지역을 황폐화시켰으며, 끔찍한 기근과 홍수는 남은 사람들을 파괴시켰는데 고통을 완화시키거나 피해를 효과적으로 복구할 국가는 없었다. 최종적으로 농촌을 통솔하는 것은 폭력배와 무능력자들의 손에 넘겨졌다. 이들은 마오쩌둥의 "후난 농민 운동 고찰 보고"에 언급된 유명한 "현지의 불량배와 악독한 지주"였고, 상하이나 난징 과학원南京科學院 영광의 어두운 그림자였다. 국민당이 중국 공산당에 초점을 맞춘 것은 일본을 상대하는 것을 늦추게 했을 뿐 아니라 국민당이 이러한 타락한 지방 엘리트에 의존하게 했다. 따라서 쑨원의 혁명당은 쑨원의 삼민주의 원칙의 일환으로 인민의 생계를 보장하는 것에 헌신하고 있었지만, 지방 정부의 충원을 위해 지역 폭력배와 부도덕한 신사를 국민당원으로 포섭해야 했다.[9]

그 결과는 중국의 국정 운영에서 혁명적 요소가 차지하는 비율이 근본적으로 무너진 것이었다. 난징의 중앙 정부는 농촌 대다수를 위한 행정에 초점을 맞추는 것을 중단했다. 농촌 개혁은 제임스 옌의 대중 교육 운동이나 량수밍의 신유교 향촌 재건 운동처럼 지역의 국민당 행정부에 기꺼이 협조하는 독자적 활동가나 공산주의자들에게 남겨졌다. 이것은 국민당 정권에 심각한 결과를 가져 왔을 뿐만 아니라, 중국의 활기찬 도심에서 진행

---

9) Lloyd Eastman, *The Abortive Revolution: China under Nationalist Rule, 1927-37* (Cambridge, MA: Harvard University Press, 1990; 처음 1974년에 출판되었다), (로이드 E. 이스트만 지음, 이승휘 옮김, 『중국 사회의 지속과 변화』, 돌베개, 1999).

중이던 기념비적인 사회적 이데올로기적 변화로부터 향촌을 체계적으로 단절시켰다. 중국 도시와 향촌 사이의 경제적, 사회적 격차는 그 어느 때보다 벌어졌다.

이 이데올로기적 순간의 세 가지 혁명적 도전은 문화(중국 문명에서 중요한 것), 국가 정체성(중국(인)이라는 의미), 정치(새로운 문화와 정치를 달성하는 방법)의 혁명이었다. 우리는 지식인들이 어떻게 각각의 도전(혁명)에 대응했는지를, 신문화 과학자 딩원장丁文江(1887-1936), 유교와 불교 유산에 뿌리를 둔 탄탄한 근대 중국 문화를 추구한 새로운 스타일의 유학자 량수밍梁漱溟(1893-1988), 그리고 중국 공산당을 위해 사회와 정치 혁명을 결합한 급진적 페미니스트 작가 딩링을 따라감으로써 추적할 수 있을 것이다.

딩원장丁文江과 중국의 과학 혁명

혁명은 정치적 변화에만 국한되지 않았다. 5·4 세대는 가정생활(유교 가부장적 "가족관"에 대한 비판에서), 경제 질서(무정부주의적 공동체와 농민 동원을 통해), 문화 질서(특히 유럽식 소설을 통해 토착어와 새로운 형태를 옹호한 문학혁명을 통해)에서 혁명을 탐구했다. 그러나 이 시대의 가장 근본적인 혁명 중 하나는 근대 과학의 수용이었다. 자연 과학과 그에 수반되는 기술에 대한 영향은 1910년대와 1920년대 장년의 여론주도층과 열정적인 청년층들에게 널리 받아들여졌다. 과학은 서구의 증기선, 군비, 철도, 산업 생산 및 전기의 원천과 같은 힘일 뿐만 아니라 문명 그 자체로 부와 공공 위생과 같은 우수한 문명의 특징이었다. 입헌주의에 대한 논쟁이 성쇠를 겪었고, 서로 다른 정치적 해결책이 지배하다 퇴색했으며, 새로운 문학이 정확히 어떠해야 하는지에 대해 아무도 동의하지 않았지만 20

세기의 첫 몇십 년간 두 가지 관념, 두 가지 세계관이 가장 완고한 사람들을 제외한 모두에게 뿌리를 내렸다. 즉 량치차오 세대가 수용한 사회적 다원주의와 5·4 세대가 수용한 자연 과학의 힘이었다. 이것은 1920년대의 신전통주의적 "신유교"를 포함한 다양한 이데올로기 및 정치 소프트웨어가 그 위에서 실행되는 운영 체제의 일부가 되었다. 그 하늘(전승된 중국식 우주론의 자연 하늘 천天)이 이 "생존을 위한 투쟁"을 제정했다는 것은 합리적이고 명백하며 기정 사실로 간주되었다. 무정부주의자들은 공산주의적인 해결책을 제시했고, 신유교는 자기 통제력과 공동체 형성의 의례와 고전의 의례들을 부활시켰으며 혁명가들은 군사화된 정당을 옹호했고 자유주의자들은 교육과 민주주의를 조언했다.

과학은 모든 측에서 공유하는 가치였다. 그것은 사회적 다원주의 세계의 도전에 응전할 수 있는 방법이었다. 수백 명, 후에는 수천 명의 중국 학생들이 처음엔 일본에서, 후에는 유럽과 미국에서 공부하며 미국인들의 할 수 있다는 자세는 말할 것도 없고 빅토리아와 에드워드 시대 사회의 자신감을 받아들였다. 모두가 과학을 방법, 실천, 산물로서 근대 문명의 뿌리이자 그 미래의 보증이라고 믿었다. 대중의 마음 속에서 과학은 현재의 부와 권력 문제에 대해 명확하고 효과적인 해결책을 만들어낸 물질 세계에 대한 정확하고, 정밀하며, 예리한 연구였다. 자연 과학과 의학을 공부한 학생들에게는 이것은 과학적 방법이 되었다. 이것은 중국의 사상가와 작가에게 과학자科學者라는 새로운 역할을 주었다. 자연과학, 실험실에서의 실험 방법에 대한 신봉, 의학, 공학 및 농업과학 분야에서의 전문가로서의 권위를 지닌 자율적인 공적 단체로서 과학자들의 조직은 중국 지식인들에게 공적 생활에 참여할 수 있는 새로운 방법을 제공했다.

실증적인 과학의 방법론에 대해 가장 유명한 대변인은 딩원장丁文江 (1887-1936)이었다. 그는 1923년 "과학과 인생 철학玄學" 논쟁에서 이러한 가치를 공개적으로 발언했다. 이미 신세대로서 딩원장은 1902년 일본으로 가서 공부하고 다음에 영국으로 가서 동물학과 지질학을 전공했다. 그는 1911년 글래스고Glasgow 대학을 졸업했다. 중국으로 돌아와 새로운 학교 중 하나인 난양南洋 공립학교(나중에 상하이 교통 대학이 됨)에서 가르쳤다. 딩원장은 신공화국을 섬겼고 다른 많은 5·4 지식인처럼 심지어 곤란을 겪던 위안스카이의 군국적인 공화국 치하에서도 지속했다. 1913년 딩원장은 신공화국 광업국의 지질 과장이 되었다. 그는 산시성陝西省에서 윈난성雲南省까지 내륙 지방에서 현지 조사를 실시했다. 그는 또한 다른 새로운 조직에서 일했다. 1921년 그는 베이퍄오北票 광업회사의 총괄 관리자가 되었고 중국지질학회를 설립하여 전문 저널인 『중국순고생물학』의 편집자로 일했다. 1925년에 딩원장은 상하이에서 일을 시작했으며 상하이에서 중국인 권리에 대해 외국 세력과 예비 재협상을 체결하기도 했다. 나중에 딩원장은 베이징대학의 지질학 교수로 재직하면서 동료들과 함께 과학적 경계를 따라 공화국과 각 지방의 새로운 지도를 제작했다. 그는 1934년에 공화국의 중앙연구원(새 수도인 난징의 최고 정부 연구 기관)의 지도자 중 한 사람이 되었다. 후난湖南으로의 현지여행에서 딩원장은 1936년 1월 탄광에서 일어난 사고로 사망했다.

1919년의 실제 5·4 시위 이후 뒤따른 문화적 논쟁이 1923년 절정에 이르렀을 때 딩원장은 논쟁적인 『신화와 과학』을 출판해 과학적 방법과 과학자들에 대해 본질적으로 문명인적인 주장을 하고 과학이 "인생 철학"과 아무 관련이 없다고 생각하는 지식인을 분명하게 비판했다. 딩원장의 글이 답변이 된 그의 논쟁 상대자는 장쥔마이張君勱(1886-1969)로 과학의 보편적 주장에 대해 먼저 공격을 했었다.[10] 장쥔마이 자신도 저명한 중국 철학자이자 공공 지식인이며 나중에는 민주적 정치가가 되었다. 국민당 시

---

10) Roger Jeans, *Democracy and Socialism in Republican China: The Politics of Zhang Junmai (Carson Chang)* (Lanham, MD: Rowman & Littlefield, 1997).

대에 그의 '제 3세력' 민주 정당으로 또한 초기 인권 이론가로 알려졌던 장쥔마이는 전통 교육을 받고 과거시험의 첫 번째 단계에 합격했으며 또한 일본에서 유학하며 외국도 경험했다. 그는 1919년 제1차 세계 대전 직후, 량치차오와 함께 유럽을 여행했는데 독일 정치 철학, 특히 앙리 베르그송Henri Bergson과 루돌프 오이켄Rudolf Eucken의 철학에 깊은 영향을 받았다. 그는 자본주의와 공산주의를 모두 반대하는 독일식 사회 민주주의를 선호하게 되었다. 나중에 그는 장제스와 마오쩌둥 둘을 다 반대하고 1949년에 미국으로 이주하였고, 그 곳에서 그의 영어 이름인 카슨 장 Carson Chang으로 알려졌다. 딩원장과 그가 격론을 벌였을 당시 장쥔마이는 베이징의 칭화대淸華大 철학 강사였다.

장쥔마이의 1923년 2월 인생철학 강연이 공개 토론의 시작이었다. 그의 요점은 직접적이었다. 즉 영적, 도덕적 차원에서 인간의 삶은 물질 세계의 과학적 법칙에 의해 안내될 수 없다. 장쥔마이는 "인간의 삶은 주관적이고 직관적이며 자유 의지가 있고 개개인마다 독특하다"고 말했다.[11] 장쥔마이는 그가 공부한 독일 철학, 특히 영미 경험론에 대한 독일의 반론을 기반으로 했다. 따라서 과학자들의 광범위한 사회적 주장에 대한 그의 공격은 왕양명王陽明이 대표하는 유교의 직관적 전통에서와 마찬가지로 칸트의 인식론적 회의주의에서 많이 가져온 것이었다. 장쥔마이의 입장은 중국 지식인들이 서양의 정치 철학 - 영미의 프래그머티즘(실용주의)과 과학에 대한 믿음, 도덕 철학에 초점을 맞춘 독일 낭만주의, 소련 혁명 이데올로기 또는 "사회과학" - 을 접하면서 떠오른 대안의 좋은 예이다. 중국의 전통 정치 사상의 풍부한 저장고에는 중국 지식인에게 친숙한 전통도 있었는데 주희朱熹의 "사물에 대한 연구格物致知"로부터 왕양명의 도덕적

---

11) Zhang Junmai, Benjamin Schwartz, "Themes in Intellectual History: May Fourth and After," in Goldman and Lee, *Intellectual History*, p.130에서 인용

직관, 황실 유교 교리와 그 경쟁자인 구원집단(종종 민간불교 종파 또는 비밀 결사로 알려져 있는)의 전체주의적 주장에 이르기까지 그러했다. 이러한 고유의 사고 방식은 외국에서 도입된 것을 이해하기 쉽고 매력적으로 만들었으며 다소 익숙한 접근 방식을 통해 새로운 해결방안을 제공했다. 동시에 중국적 사고방식이 외래 사상을 형성했다. 중국 지식인들 중 가장 열렬한 "전반서화론자全般西化論者"조차도 채택론자라기보다는 적용론자였다. 그것이 자유주의이거나 사회주의거나 혹은 오늘날 학문세계의 포스트 모더니즘조차 중국 버전은 항상 서양(또는 글로벌) 원본과 뚜렷하게 달랐다.

따라서 장쥔마이의 인문주의는 독일 낭만주의보다는 정치 정책을 주도할 수 있는 철학적 지식의 한 형태로서 자연 과학의 범위에 대한 신칸트주의적 의구심과 양명학의 도덕적 직관의 합성을 반영했다. 장쥔마이는 계속해서 "모든 사람"을 위한 "완전한 진실"을 추구하는 이에 대한 의구심을 반영하는 관용적 형태의 정치적 자유주의를 받아들이게 된다. 그의 인문주의는 사람들이 모든 면에서 동의할 것 같지 않고 따라서 합리적인 타협을 협상할 수 있는 기제를 가져야 한다는 믿음에 이르렀다. 중국의 선도적 자유주의자인 후스처럼 장쥔마이는 민주주의가 정치적 타협의 가장 합리적 형태라고 생각했다.

반면에 딩원장의 과학은 그가 에든버러에서 대학원생으로서 흡수한 영국식 경험론을 받아들였다. 지질학자로서 그의 과학은 경험, 관찰 및 실험에 초점을 맞춘 베이컨식 귀납법을 기반으로 했다. 이러한 형태의 과학은 주희朱熹(1130-1200)(그의 유교 교리 견해는 과거 시험 과목의 핵심을 이룬다)의 철학적 확신 - 인간의 정신은 자연 세계를 알 수 있고 우주를 다스리는 힘은 자연 세계나 인간과 사회에 대해 동일하다는 것 - 으로부터 나온 청나라의 실용적인 국정운영 전통에 알맞았다.

딩원장은 장쥔마이의 인생 철학을 열정적으로 추적했다. 첫째, 그는 장쥔마이의 접근 방식을 학문적 사고의 근대적 용어인 "철학哲學" 대신 "형이상학玄學"으로 부르며, 고대 도교 신비주의의 기미가 있다고 했다. 딩원장은 대담한 수사학적인 행동을 취했는데 그는 과학이 증명된 보편적인 방법이라고 주장하면서 신뢰할 수 없는 유럽 사례에 기반한 장쥔마이의 접근 방식을 비난했다.

> 형이상학은 20세기에 유럽을 괴롭혀 온 갈피를 못 잡는 유령이다. 최근에 그것은 점차 차지하던 자리를 잃었는데 갑자기 화려하게 뻐기며, 속임수와 사기를 치기 위해 중국으로 왔다. 믿기지 않는다면 장쥔마이의 '인생 철학'을 보라! 장쥔마이는 내 친구이지만 형이상학은 과학의 적이다. 형이상학이라는 유령이 장쥔마이에게 들러 붙었으므로 우리 과학자들은 그것을 공격할 수 밖에 없다. 그러나 독자는 실수를 해서는 안 된다. 우리는 장쥔마이가 아니라 형이상학의 유령에 맞서는 것이다.[12]

딩원장은 계속해서 이 형이상학은 매우 해로운데, 장쥔마이에게 옳고 그름에 대한 보편적인 기준이 없다고 주장하게 하기 때문이라고 한다. 딩원장은 이의를 제기하며, "옳고 그름과 진실과 거짓을 찾기 위해 과학적인 것 외에 어떤 다른 방법이 있는가?" 이것은 "무엇이든 논리로 연구하고 비판할 수 없는 것은 참된 지식이 아니기" 때문이라고 주장했다. 따라서 인생철학은 개인적이며 내면적이라는 장쥔마이의 주장에 대해 딩원장은 다음과 같이 선언한다. "과학은 답변한다. 심리적 현상은 과학의 물리적인 것에 기초한다. 당신이 말하는 현상이 현실이라면 과학의 범위를 넘어설

---

12) 丁文江, 「玄學與科學: 評張君勱的'人生觀'」, 『勞力周報』, 1923.4.12. 48, 49는 『科學與人生觀』(上海: 上海亞東圖書館, 1923)에서 재인쇄 됨. 이 글의 시작 단락의 일부는 de Bary and Lufrano, *Sources of Chinese Tradition*, Vol.II, p.372에 번역되어 있다. 나는 이 번역을 중국어 텍스트에서의 으스대는 악마로서의 형이상학의 이미지를 포착하기 위해서 약간 수정하였다.

수 없다. … 과학적 방법은 지식의 영역에서 전능하다". 딩원장은 "진실이 드러나면 형이상학은 무력해진다"고 재확인하며 마무리한다.[13] 독자는 딩원장이 그의 친구인 장쥔마이의 회복을 간절히 기다리고 있다고 결론 내리게 된다.

과학과 정치: 후스胡適의 자유주의 혁명

새로운 세대의 리더인 후스는 컬럼비아 대학교에서 존 듀이John Dewey 밑에서 공부했으며 끈기 있는 단계별 연구의 필요성을 포함한 과학적 방법론의 주요한 옹호자가 되었다. 그는 "대담하게 가설을 설정하고 세심하게 증거를 찾는다"고 말한 것으로 유명하다.[14] 딩원장처럼 후스는 과학이 학자의 공적 생활에 대한 접근법을 형성해야 한다고 생각했지만 딩원장과 달리 과학을 직접 정치에 적용했다. 후스는 과학적 태도가 영국과 미국의 자유주의의 뿌리이며 중국이 채택해야 한다고 생각했다. 후스는 1919년의 "문제와 주의" 논쟁에서 자신의 자유주의의 실용주의적 기반을 명확히 정의했다. "특정 문제에 대해 더 많이 연구하고 일반적 이론과 주의에 대해 덜 이야기하라"는 논쟁을 시작하게 한 논문의 제목이었다.[15] 후스에게 "문제"는 언제나 구체적이고 명확한 것들로 – 예를 들면 베이징 인력거꾼

---

13) De Bary and Lufrano, *Sources of Chinese Tradition*, Vol.II, pp.372-3.

14) 영어로 된 최고의 전기는 여전히 Jerome Grieder, *Hu Shih and the Chinese Renaissance: Liberalism in the Chinese Revolution, 1917-1937* (Cambridge, MA: Harvard University Press, 1970)이다. 후스는 상당량의 저작을 영어로 저술했는데 *English Writings of Hu Shih: Literature and Society* (New York: Springer, 2013), Vol.I 으로 나와 있고 후스의 좌우명인 大膽假設, 小心求證(대담하게 가설을 설정하고 세심하게 증거를 찾는다: 역주)이 p.89에 나온다.

15) 이 유명한 논쟁은 후스의 전기작가인 Grieder, *Intellectuals and the State*, pp.327-31에서 간단하지만 잘 다루어져 있다.

의 노동 환경, 공공 위생의 기준, 학교 교과서 및 커리큘럼, 여성에게 영향을 미치는 관습 및 편견 - 모두 과학적 조사를 할 수 있었다. 그러한 문제를 끈기 있게 조사하는 데는 전문가의 전문적 지식이 필요했다.

후스의 논쟁 상대는 리다자오李大釗(1888-1927)로 베이징대학의 사서이자 중국 최초의 진정한 마르크스주의자였다. 리다자오는 후스가 비방한 "주의"를 옹호했다. 중국이 직면하고 있는 모든 사회 문제에 대해 단편적인 접근이 아닌 종합적인 해결책을 추구한 리다자오의 믿음은 두 가지 가정에 근거했다. 첫째는 집단적 행동의 중요성이었다. 리다자오는 "사회문제에 대한 해결책은 사회적 다수의 일치된 행동에 의존해야 한다"고 주장했다. 이 사회적 다수는 어떤 사회적 문제이든 파악하고 해결할 것이다. 물론 이것은 후스의 접근 방식에서 보이는 전문가의 개인주의와 상반된다. 둘째, 리다자오는 그 자신의 세계적 또는 보편적 과학의 관점으로 마르크스주의 - 레닌주의를 지녔다. 사회적, 정치적 문제가 서로 연관되어 있기 때문에 종합적인 해결책이 필요했다. 그것들은 한 묶음으로 다루어지거나 아니면 전혀 아니어야 했다. 농민이 굶주릴 때 교과서를 개선하는 것은 그다지 도움이 되지 않는다. 경제가 어려울 때 그들을 부양하기는 어렵다. 실제로 리다자오의 종합적인 분석의 뿌리는 경제, 특히 마르크스의 역사적 유물론으로 모든 사회 생활(상부 구조)이 근본적인 경제 현실(토대)에 의해 결정된다고 주장한다. "경제 문제의 해결책이 근본적인 해결책이다. 경제 문제가 해결되는 대로 정치, 법률 체제, 가족제도, 여성 해방 또는 노동자 해방과 관련해서 남아 있을 수도 있는 어떤 문제도 해결책을 찾을 수 있다." 리다자오에게 경제적 문제는 자본주의였다. 근본적인 해결책은 프롤레타리아 혁명의 계급투쟁이었다.[16]

---

16) Grieder, *Intellectuals and the State*, pp.328-30. 여전히 리다자오에 관한 주요 연구는 Maurice Meisner, *Li Ta-chao and the Origins of Chinese Marxism* (Cambridge, MA:Harvard University Press, 1967; ACLS e-book in 2008으로 재인쇄)이다.

이것이 자유주의자와 볼셰비키 정당의 핵심적인 차이였다. 리다자오의 접근 방식은 몇 년 뒤, 1921년 중국 공산당이 결성되었을 때 채택되었지만 쑨원 휘하의 민족주의자들도 쑨원의 "삼민주의" 원칙에 따라 유사한 "전체적 해결책"을 채택하고 정치적인 지도인 쑨원주의의 "주의"는 1927년 이후 장제스와 국민당 정부가 지지했다. 후스는 매우 반대했다. 그는 자신의 자유주의적이며 단계적 접근 방식을 1929년 "우리는 어느 길로 가고 있는가?"라는 기고문에서 재확인했다.[17)]

> 우리의 진정한 적은 빈곤, 질병, 무지, 부패, 무정부 상태이다. 이 다섯 악마는 혁명의 진정한 대항자들로, 그들 모두는 폭력적인 혁명으로 파괴될 수 없다. 우리가 그들을 파괴할 수 있는 혁명적 길은 단 하나뿐으로, 그것은 우리의 적을 분명히 인식하고, 우리의 문제를 명확하게 인식하며, 국가의 모든 능력과 지혜를 모아 세계의 과학과 지식과 그에 수반되는 방법을 최대한 활용해 의식 혁명을 수행하기 위해 한 걸음씩 나아가며, 의식적 의지의 세부적인 지시 아래 나아가 중단없는 혁명의 성공을 달성하는 것이다.[18)]

이것이 후스의 혁명에 관한 생각, 근대 과학의 원리에 의한 사상과 정부의 혁명이었다. 그것은 고무적인 비전이지만, 많은 중국인들은 자유주의적 접근 방식이 폭력 문제 즉 정치 권력을 다루는 데 실패한 점을 정확히 흠잡았다. 1940년대 내내 후스와 다른 자유주의자들은 민주적 선거를 준비하기 위해 헌법 개혁을 추진했다. 그러나 제한적 정부라는 그들의 근본적인 생각 ─ 국가의 권력이 개인을 보호하는 법률에 의해 제한되고 개방적이고, 자유롭고, 공정하며, 정기적인 선거의 힘을 통해 집행되는 자유 민주주의

---

17) 胡適, 「我們走那條路」, 『新月』, 月刊 第2卷 第10期 1929, 12; 영문판은 태평양 관계 연구소의 저널인 *Pacific Affairs*, Honolulu, in Vol.3, No.10 (October 1930), pp.933-46에 실렸다. Grieder, *Intellectuals and the State*, p.330에서는 약간 다른 번역을 제공한다.
18) Hu Shi, "Which Road Are We Going?" pp.944-5.

시스템의 핵심 – 은 중국에 받아들여지지 않았다. 부분적으로는 개인에 초점을 맞추고 국가 권력을 제한하려는 추정은 제롬 그리더Jerome Grieder가 주장했듯이, 중국의 정치 사상에서 "어떠한 선례도, 문화적 공감도 없었다."19) 량수밍의 향약鄕約과 같은 새로운 전통적 집단 해결책이나 민족주의자들과 공산주의자들의 볼셰비키 지도부는 모두 오래된 국가행동주의 전통과 국가의 감독 하에 "의례를 통해 사람들을 변화시키는" 유교 전통을 활용할 수 있었다. 자유주의의 개인주의와 국가 권력에 대한 제한은 중국 정치 사상에서 물려받은 상정에는 맞지 않았지만 이해될 수 없는 것은 아니었다. 후스와 다른 자유주의자들은 많은 중국 예를 사용하여 평이한 언어로 설득력 있는 주장을 했다. 그러나 그것은 정치를 바라보는 새로운 방식이었다. 1980년대 이후 타이완에서 민주적 자유주의의 한 형태가 중국 사회에 뿌리내린 것처럼, 시간이 지나면 이 자유주의가 "받아들여질" 것이라고 추측하는 것이 합리적이다. 중국에서 자유주의의 진정한 적은 근본적 사회 붕괴와 지속적 전란, 문화적 불안을 겪고 있던 역사적인 순간으로 홉스봄이 "극단의 시대"라고 부르던 때였다. 운이 다하고 피곤하고 생존을 위해 싸울 때 뭔가 새로운 것을 시도하는 것은 매우 어렵다. 결국 세기 중반 중국의 자유주의를 망친 것은 폭력이었다. 후스의 모델과 방법은 경쟁자인 볼셰비키 정당의 군대를 묶어둘 수 없었다. 자유주의는 이 이데올로기적 순간의 질문 – 중국인들이 스스로를 구하도록 어떻게 일깨울 것인가? – 에 대한 합리적 답변이었다. 그것은 단지 권력의 문제를 다루는 데 있어서 실패했다.

우리 세계관의 상당 부분을 차지하는 과학은 적어도 두 가지 위험을 안고 있다. 첫 번째는 기술과의 연결이다. 정부에게는 과학이 에너지, 운송, 통신, 생산, 그리고 물론 무기 분야에서 생산할 수 있는 놀라운 기술들이

---

19) Grieder, *Intellectuals and the State*, pp.348 ff.

기초 연구에서 생산된 순수한 지식보다 훨씬 더 주목할 만한 것이다. 주객이 전도되고 과학 연구가 즉각적인 정책 목표의 시녀가 될 위험이 항상 존재한다. 이것은 모든 근대 정부에게 도전이었지만 특히 중국의 혁명 정권을 괴롭혀왔다. 20세기 중국의 과학 연구는 깨우침의 원천이자 민주적 관용을 위한 훈련의 장으로 기능하기보다 권위주의 국가에 순응하는 하인이었다. 두 번째 문제는 과학만능주의로, 자연 과학의 방법이 사회와 개인이 어떻게 움직이는지 설명할 수 있고 더 나은 정부를 위한 완벽한 정책을 결정할 수 있다고 가정하는 정치철학 혹은 이데올로기이다. 중국에서 혁명의 수사는 사회과학에 대한 엘리트주의적 접근 방식과 함께 1930년대부터 "정확한" 지식, 관념, 심지어 생각에 주안점을 둔 일종의 만병통치약으로 과학을 끌어들였다.

쑨원은 "먼저 깨어난 사람들先覺者"의 특별한 예지력을 주장할 것이다. 무엇이든 한 번 보면 연관된 수많은 원칙을 파악하고, 한 단어를 들으면 즉시 위대한 업적을 수행하는 우월한 지혜의 사람들은 미래를 꿰뚫어 보는 통찰력을 가지고 그 업적은 세상을 발전시키고 인류에게 문명을 선사한다.[20] 깨어난 공무원으로서 당-국가에 봉사하라는 쑨원의 초대는 그것이 장제스 휘하이건 마오쩌둥의 휘하이건 많은 중국 지식인들에게 매력적인 것으로 판명되었다.

딩링丁玲: 국가적 현장에서의 여성혁명

사람들에게 자유로워지는 법을 가르칠 교육 국가의 유혹은 중국 지식인들에게 다시 한 번 인민의 교사가 될 기회를 제공했다. 전통적인 유학자

---

20) Sun Yat-sen, John Fitzgerald, *Awakening China: Politics, Culture and Class in the Nationalist Revolution* (Stanford, CA: Stanford University Press, 1997), p.45에서 인용.

- 관료의 역할과의 차이점은 여러 가지가 있었다. 이러한 차이는 중국에서 가장 유명한 여성 작가 중 한 명인 딩링의 삶과 투쟁에서 포착되는데, 그녀는 지방에서 1920년대 상하이의 문학 혁명에 동참하기 위해 왔으며 1930년대에 혁명 문학에 투신하고. 1940년대부터 중국 공산당 휘하의 새로운 당 - 국가에 복무했다. 5·4 시대 중국의 이데올로기적 순간에 딩링은 문학과 사회 혁명의 흥분을 탐구하고 그녀의 좌절에 대한 해결책을 규율이 잡힌 볼셰비키 정당에 복무하는 것에서 찾게 되었다.

중국의 20세기에는 딩링과 같은 많은 비엘리트인 배우들이 공공 영역에 더 많이 등장했다. 딩링의 본명은 장빙즈蔣冰之로 창사에서 북서쪽으로 약 200마일 떨어진 후난성의 농촌 중심지에서 쇠락해가는 신사 가정에서 태어났다(그녀의 유명한 필명은 나중에 상하이로 간 후 지은 것이다). 딩링의 어머니는 딩링이 어렸을 때 남편이 일찍 사망하자 현성縣城인 창더常德로 이주했다. 어머니는 그곳의 근대 학교에서 교육을 받고 교사가 되었다. 딩링은 어머니의 발자취를 따라 성도 창사長沙에 있는 진보적인 저우난周南 여학교에 등록했다. 그곳에서 그녀는 1919년 5·4 운동을 전후한 거리 시위에 적극적으로 참여했다. 급진화된 딩링은 자신의 친족이 알선한 중매 결혼을 거부하고 1920년 상하이로 피신했다.[21]

여성의 사회적 경험은 젠더라는 근본적인 사회적 범주에 따라 지적 생활의 다른 세계를 가로지른다. 여성은 과거제 엘리트(완전히 배제됨), 지방 엘리트(공공 영역에서 배제되었지만 가족과 씨족의 사적 사회의 중심) 및 향촌 지역 세계(여전히 종속적이지만 농촌 가정에서 강력한 역할을 수행하고 도시의 직업 및 공공 생활에서 흥미로운 새로운 기회)에서 다르게 대우를 받았고 대중문화(덕의 화신 또는 사악한 요부로 묘사됨)에서도 그

---

21) 딩링의 전기는 Yi-tse Mei Feuerwerker, *Ding Ling's Fiction: Ideology and Narrative in Modern Chinese Literature* (Cambridge, MA: Harvard University Press, 1982)에서 다루었다.

러했다. 그러나 삶의 각 세계에서 명료한 여성은 사회적 관습의 경계에 맞섰고 일부는 의미 있는 사생활을 추구했지만 일부 – 1904년 추진秋瑾은 투사 – 는 공적 영역을 추구했다. 딩링은 공화국이 된 중국에서 해방된 중국 여성의 목소리가 될 것이었다.[22]

딩링과 그녀의 동료들을 위한 혁명은 유교의 가족과 정치적 가치에 대한 근본적인 비판, 새로운 정치 이데올로기의 탐색, 그리고 최종적으로는 볼셰비즘(공산주의)의 수용을 포함했다. 수십 년 간의 외국 간섭과 내정 실패 이후 소련과 레닌의 성공적인 볼셰비키 혁명은 중국의 문제에 대해 제국주의로 오염되지 않은 근대적인 해결책을 제시했다. 마르크스 – 레닌주의는 모든 것을 약속했다. 즉 근대성과 그 조건에 맞는 중국의 정체성이었다. 천두슈陳獨秀(1879-1942), 리다자오李大釗(1889-1927), 리다李達(1890-1966)와 같은 중국 마르크스주의자들의 저술에서 혁명은 후진적 중국을 전 세계의 선구적 예로 바꿨다.[23] 외국 제국주의자들과 국내 군국주의자들에 의한 중국의 고통은 더 이상 중국을 실패로 만들게 하는 것이 아니라 그 어느 나라보다 더 혁명적이 되게 하였다. 혁명은 억압적인 유교 전통을 전복하고 탐욕스러운 군국주의자들을 극복하며, 간섭하는 외국인들을 쫓아낼 것이라고 약속했다. 해야 할 일은 마르크스의 지도와 레닌의 지시를 따르는 것 뿐이었다. 딩링은 이 혁명 – 1920년대와 1930년대의 시작 단계부터 1930년대 후반과 1940년대의 전국적 성공을 위한 격렬한 투쟁, 1950년의 예상치 못한 성공의 기쁨, 1950년대 말과 1960년대의 어이없는 실패에 이르기까지 – 을 겪어 내었다. 딩링은 내내 공익에 봉사하기 위해 애썼고,

---

22) 또한 여성이라는 주제는 개혁주의적이고 혁명적 남성에게 강력한 은유가 되었기 때문에 남성의 정치적 담론으로서의 은유적 여성과 실제 여성의 목소리를 조심스럽게 구별할 필요가 있다.

23) 이들 각자는 영어 전기의 주제였고, 이 시기 중국 마르크스주의자들의 반응은 Grieder, *Intellectuals and the State*, pp.280-325에서 다루어졌다.

특히 공적 생활에 종사하는 여성으로서였다.

딩링은 1920년대와 1930년대에 지식인, 지식분자 또는 독립적인 지식인이었다.[24] 그녀는 인쇄 자본주의에 의해 생겨난 공적 세계인 새로운 상업 미디어인 신문과 잡지의 작가였다. 상하이에서 그녀는 작가로 생계를 꾸릴 수 있었는데 돈을 벌고, 독자를 얻고, 영향력을 가질 수 있었다. 그럼에도 불구하고 딩링과 같은 5·4 시대의 새로운 지식인들은 공무로부터, 그리고 유교 규범과 경전, 심지어 전통 언어의 공통된 문화 세계로부터 소외되었다. 이러한 소외로 인해 상당한 행동의 자유, 새로운 것을 시도할 수 있는 기회와 아울러 심각한 개인적 불안과 고용 불안정이 생겼다. 1895년이 근대 중국의 가장 큰 지적 도전 - 그들이 자라난 진리를 포기하고 그들 세계관을 핵심까지 흔들어야 한다는 이전에 없었던 요구 - 을 겪었다면 1920년대 중국에 봉사하고자 하는 학자들은 가장 큰 사회적 도전에 직면했다. 그들은 전통적 직업, 물려받은 가족 내 역할(가부장 및 순종적인 아내) 및 공유된 문화 규범을 잃었다. 그들은 그것을 좋아하지 않았다. 새로운 역할을 사회적으로 명예롭고 정치적으로 효과적이며 재정적으로 안전한 역할보다 선호하는 사람은 거의 없었다. 그러나 그들에게 선택의 여지는 거의 없었다. 그래서 그들은 글을 쓰고 출판했다. 수입이 있었지만 일정치 않았다. 대중, 독자가 있었지만 범위가 제한되었다. 학자들이 전통적으로 대중에게 받았던 존경에서 물려받은 사회적 지위는 있었지만 불안정했다. 따라서 이 새로운 지식인들은 이러한 불확실성, 주변부화 및 불안정성을 해결하는 방법을 모색했다. 일부는 대학에 임용되어, 일부는 비즈니스에서, 많은 사람들은 언론과 새로운 스타일의 소설을 통해, 다른 사람들은 새로운 이데올로기 정당과 국가에 복무했다.

딩링은 그녀의 1927년 소설, 『소피의 일기莎菲女士日記』로 유명하다. 자

---

24) 許紀霖, 『另一种启蒙』(또 다른 계몽) (廣州: 花城出版社 , 1999), p.2.

유롭고 가족의 감시를 받지 않고 사는 "모던걸"의 일기인 이 이야기는 당시의 "문학 혁명"의 충격적이고 흥미진진한 예였다.[25] 이 소설은 새로운 젊은 도시 독자들 사이에서 인기가 있었고 "자유 연애"의 한계를 드러냈다. 이야기의 주인공은 방향 없는 실험으로 자유를 허비하고 막다른 골목에 이른다. 딩링의 도구는 그녀의 메시지의 일부인 읽기 쉬운 구어체였다. 문학 혁명가들은 이 모국어를 장려했다. 이것은 말하는 대로 쓰는 것을 의미했다. 중세 및 근대 초기 유럽과 마찬가지로 중국은 학술 및 정부 문서에 문학적 언어를 사용했다. 에라스무스의 라틴어가 량치차오에겐 문어체 중국어였다. 새로운 세대는 이 문학적 언어를 자유로운 생각과 표현을 가두는 언어적 사슬이라고 비난했다. 그럼에도 불구하고 이 백화白話 또는 "보통어"는 일상적인 대화 언어보다 여전히 더 형식적이며 계급 차이를 반영했다. 초기 백화 저술은 상당히 지적이었고 유럽demokelexi과 일본(우리가 본 "사회" 및 "경제" 용어는 1890년대에 차용)의 외국 용어로 뒤덮여 있었으며, 특히 노동자나 마을 사람들에게는 큰 소리로 읽었을 때 금방 이해할 수 없는 것이었다. 수많은 유명한 학자와 작가들이 새로운 언론에서 후스, 루쉰, 마오둔茅盾(1896-1981), 그리고 딩링의 유럽 스타일의 글, 단편, 소설로 이 근대 중국어를 활력 있게 만들었다.

딩링이 공공 생활에 참여하기 위해 택한 무대는 미디어였지만 량치차오의 신문 사설이나 글과는 구별되는 미디어였다. 딩링은 주로 소설을 썼다. 자유주의 서구가 제1차 세계 대전의 학살로 평판에 먹칠을 하고 있었음에

25) 『丁玲文集』(長沙:湖南人民出版社, 1983)은 중국어 텍스트 모음이다. 번역본은 Ding Ling, *Miss Sophie's Diary and Other Stories*, trans. William J.F. Jenner (Beijing: Chinese Literature Press, 1985); Tani E. Barlow, *I Myself Am Woman: Selected Writings of Ding Ling* (Boston: Beacon Press, 1989)가 있다. 딩링의 페미니스트 저술 일부는 루쉰의 저술 일부와 함께 선별되어 번역되었다. Ding Ling and Lu Xun, *The Power of Weakness* (New York: Feminist Press at CUNY, 2007).

도 불구하고 문학의 힘에 대한 유럽의 생각, 특히 소설과 픽션의 혁명적 역할은 딩링 세대의 상상력을 사로잡았다. 1920년대의 구호는 "문학 혁명"에서 "혁명 문학"으로 바뀌었다. 문학은 당시 중국의 과제 – 어떻게 전통문화를 극복하고 사회를 진정으로 변화시켜 1911년 혁명의 좌절된 약속을 완수할 수 있는가? – 에 답해줄 것이었다. 문학은 중국 사람들을 깨우고 세상을 바라보는 방식, 서로 관계를 맺는 방식, 무엇을 위해 싸우는가를 바꿈으로써 이것을 할 것이었다. 혁명 문학이 중국을 구할 것이었다. 바로 이것이 루쉰이 의학 연구를 포기했다고 선언하게 만든 문학의 영적 각성이며 딩링이 그녀의 삶을 바친 프로젝트였다.

당연하게도, 딩링은 여성 해방을 중국 혁명의 핵심 부분으로 삼았다. 1915년 이래 "옛 중국"에 대한 공격의 일부는 전통적인 가부장적 가족과 여성의 예속에 대한 거부였다. 딩링의 초기 이야기는 남성과 여성 사이의 갈등을 반전시킨다. 미스 소피는 야생아이고 이전에 "진지한 문학"에는 숨겨져 있던 여성의 성생활과 격한 감정을 활자화 시켰다. 그러나 딩링의 캐릭터는 또 여성의 지성, 힘 및 진실성도 보여주었다. 중편소설 『상하이, 1930년 봄』에서 딩링은 '문학 혁명'의 개인적 해방으로부터 '혁명 문학'의 사회적 급진주의로의 전환을 메이린이라는 여성을 앞세워 포착한다.

"내 삶이 왜 나아질 기미가 없는지 궁금해." 메이린은 혼잣말을 했다. 그 것은 사실이었다. 그들은 상하이에서 가장 신나는 계절인 봄 중반까지 즐거움도 희망도 없는 삶을 견뎌냈다. 배가 불룩한 사업가들과 피를 빨아들이는 악마들은, 주판을 붙들고 과로하고 시들고 쪼그라들어 단기금융시장으로 달려가고, 노동 대중에 대한 착취를 늘리고 그들의 천문학적 부를 부풀리기 위해 투자하고 조작했다. 길거리에서 팔리는 수십 개의 신문은 다양한 전선의 적대자에 대해 대서특필 하지만 그 뉴스는 모순적이고 신뢰할 수 없었다. 젊고 아름다운 귀족적인 아가씨들은, 얼굴은 홍조를 띠고 눈은 빛나는 채로, 새 봄옷을 입고 거리를 산책한다 … 노동자들은 겨울의 혹독함을 견디었지만 봄이 오면서 삶은 더 힘들어졌는데 집세와 곡물 가격은 오르고 노동 시간이 길어졌기 때문이었다. 그들은 더 열심히 일했고 더 약해졌다 … 노동자들은 너무나 고통스러워서 저항할 수밖에 없었다. 그래서 투쟁이 시작되었다. 매일 파업 소식과 노동자 구타 및 살해 소식이 전해졌다. 그 후 혁명적인 청년들과 학생, 그리고 [중국 공산당] 당원들은 굉장히 바빠진 자신들을 발견했다. … 그것은 봄의 한 가운데였다. 바람은 부드럽고 날씨는 취하게 만드는 것이었다! 그러나 모든 악, 고통, 고뇌, 투쟁이 부드럽고 맑은 하늘 아래 펼쳐졌다.[26]

요컨대, 혼란스럽고 사회적 규범이 바뀌는 시대에 딩링은 여성을 독립적인 배우로서 공공 영역으로 끌어들이는 임무를 주도했다. 1930년대가 진행됨에 따라 딩링의 이야기는 더욱 사회적으로 변했고 여성과 남성을 형성하는 사회적 조건에 초점을 맞췄다. 그녀는 그녀의 세대와 마찬가지로 일본군이 점점 더 많은 중국 영토를 점령함에 따라 더 애국적이 되었다. 혁명은 국방과 얽히게 되었다. 이것은 "구국救國"이라고 불렸다. 중국의 지도자 장제스는 그의 군대가 아직 일본의 군수軍需에 맞서지 못한다는 것을 알고 외교로 일본을 피하려고 노력했다. 반면 그는 이 독선적인 애국자들의 공개 비판을 용납하지 않았다. 딩링은 소요 혐의로 다른 도시 작가들과 지식인들과 함께 국민당 감옥에서 복역했다.[27] 1927년 이후 불법화되어 공세에 시달리던 중국 공산당은 항일 지도자로서 좋은 모습을 보여 침략자들에 맞서려고 했다. 많은 젊은 중국인들은 공산주의자들의 접근 방식에 고무되었고 국민당의 지식인 억압에 환멸을 느꼈다. 딩링은 1930년대 후반 공산주의자들의 농촌 거점인 중국 북서부의 옌안으로 갔다.

26) Ding ling, "Shanghai, Spring 1930,"에서 번역함. Barlow, *I Myself Am Woman*, pp.128-9. 에서 번역함.

27) Li-hsin Ting, *Government Control of the Press in Modern China, 1900-1949* (Cambridge, MA: Harvard University Press, 1974).

중국의 '다른' 지식인: 지역, 일상, 농촌, 그리고 평범함

딩링丁玲의 초기 생애는 실제로 지방省 학생과 향촌 지역local 지식인의 역사이다. 중국의 지방은 일반적으로 지적 역사의 대상은 아니다. 그러나 지적 생활에 대한 우리의 시각은 유명한 작가, 공인된 학자, 저명한 사상가보다 더 광범위해야 한다. 우리는 모든 중요한 정신 활동에 준하는 것을 염두에 둘 필요가 있는데, 이 지방적, 일상적, "중요하지 않은" 정신 생활의 저류가 우리 대도시와 지방 지식인을 형성했기 때문일 뿐만 아니라 향촌 지역 생활은 이러한 지식인들이 형성시키려 하고 고양시키기를 희망하며, 위안을 얻기 위해 쉬러 가는 것이기 때문이다. 중국 마을의 초라한 희극 무대는 량치차오의 신문이나 루쉰의 단편 소설과 가시 돋친 잡문雜文("논쟁적") 수필만큼 근대 중국의 지적 역사의 일부이다. 일상의 지식인과 향토 지식인의 삶은 최근에야 역사 연구에 등장하기 시작했다. 민국시대를 연구하는 학자들은 상하이나 다른 도시의 소지식인들, 특히 저널리즘, 대규모의 상업적 출판사, 은행이나 여타 사무소의 "화이트 칼라 노동자" 계급 중 소지식인의 삶을 펼쳐 보였다. 그들은 우리의 유명한 지식인들의 독자였고 그들로부터 몇몇 주목할 만한 지식인들이 출현했다. 1930년대와 1940년대에 그들의 도시 생활은 "중국의 근대성"처럼 보이는 것 - 핵가족, 위생에 대한 관심, 비즈니스 정장과 치파오 드레스를 혼합한 서양 패션과 "전통적인" 중국 스타일 둘 다에 대한 취향 그리고 영화, 라디오, 물론 기차, 트램, 자동차, 비행기에 대한 사랑 - 을 형성하기 시작했다.[28]

---

28) 이 일상생활의 영역은 새로운 사회사 및 문화사의 초점이 되어왔다. Madeline Yue Dong and Joshua Goldstein, eds., *Everyday Modernity in China* (Seattle: University of Washington Press, 2006); Yeh, *Shanghai Splendor*; Robert Culp, *Articulating Citizenship: Civic Education and Student Politics in Southeastern China, 1912-1940* (Cambridge, MA: Harvard University Asia Center, 2007); Eugenia Lean, *Public Passions: The Trial of Shi Jianqiao and the Rise of Popular Sympathy in Republican China*

1910년대에 중국의 농촌 엘리트들은 5·4 운동의 주역인 소외된 유교 학자와 이상주의 학생들을 공급했다. 이 농촌 엘리트는 대외 무역으로 인한 산업 제품의 유입과 1911년 이후 지속적 전란으로 인한 경제적 붕괴의 혼란으로 고통을 겪었다. 가장 유명한 집안조차도 1905년 과거제가 폐지되었을 때 공직에의 통로와 지방사회의 지위에 대한 가능성을 잃었다. 그들의 아이들은 심지어 농촌에서도 점점 더 "근대적" 교사들로부터 교육을 받았는데 쓰촨의 제임스 옌이나 후난의 딩링의 어머니, 그리고 창사長沙와 항저우와 같은 주요 도시는 훨씬 더 급진적인 교사들로부터였다. 예원신이 중국 남동부의 저장성浙江省의 현縣들과 대도시 항저우杭州의 사례를 기록한 바와 같이, 농촌의 "중급 현縣"의 문화 생활과 중국 도시에서 일어나는 문학 및 사회 혁명 사이에는 강한 연관성이 있었다. 중국의 지역 엘리트들은 세련되었지만 그들의 초점은 지역이었다. 항저우에서 강 상류쪽에 위치한 진화현金華縣 같은 번영하는 농업 지역은 수세기 동안 혈연, 유학 교육 기관 및 불교 사원에서 조성된 밀접한 사회적 유대 집단을 중심으로 구축된 사회 세계였다. 이 세계는 토지에 뿌리를 둔 안정된 친족 조직에 의해 유지되었으며, 이웃 공동체와 구별되는 방언과 종종 자체의 인기 있는 희극을 가지고 있었다.[29] 그 문화는 일반적으로 자신감 있고 보수적이며 가족 중심적인 (가부장적) 유교를 받아들였다. 1910년대에 그 세계가 균열되었을 때, 이 지방 엘리트의 아들들(그리고 몇몇 딸들)은 그들 조상들의 공간과 관습을 모두 버렸다. 그들은 새로운 외국 주제를 공부하고 새로운 고등학교와 대학에 진학하기 위해 흥미진진한 주요 도시로 이주했다.

5·4 시기(5월 4일) 중국의 도시에서 향촌 유교 엘리트의 후손들이 혁명

(Berkeley: University of California Press, 2007); 그리고 Helen Schneider, *Keeping the Nation's House: Domestic Management and the Making of Modern China* (Vancouver:University of British Columbia Press, 2011) 참고.

29) Yeh, *Provincial Passages*, esp. p.29.

을 일으켰다. 그러나 그들이 혁명을 이룬 방식은 그들 아버지들의 성리학적 신념에 의해 형성된 것이었다. 우리가 보아 온 요소들, 새로운 학교의 부상, 이전 세대 개혁가들의 리더십, 새로운 관념에 대한 접근 외에도, 이 청년들의 특정한 가족 배경이 혁명에 대한 접근 방식을 형성했다. 예윈신은 저장성 학생운동가들에 대해 "북부의 진보적 신사 자유주의자들의 아들들은 종종 스스로 자유주의적 진보주의자로 성숙했다", 반면에 "급진주의자가 된 사람들은 대신 보수적인 아버지의 아들이자 진보적인 교사의 학생이었다"라고 썼다.[30] 딩링은 이 세대였다. 보수적인 가정 출신으로 진보적인 어머니의 강력한 모범을 지닌 딩링이 자유주의 보다 급진주의에 헌신한 것은 의심할 여지없이 농촌 신사층 여성으로서의 경험에서 기인한 것이다.

1910년대 이후 각 이데올로기적 순간마다 두 형태의 지역사회 – 도시와 향촌 – 가 있었다. 조약 항구 도시는 새로운 도시 대중의 창조를 주도했다. 중국 조약항의 언론인과 독자들에게는 다양한 범주의 신문 – 선교, 엘리트, 타블로이드, 화보 – 과 모든 종류의 잡지가 있었다. 소설 (세기 전환기, 린수林紓(1852-1924)의 유럽 소설 번역에서)과 픽션이 근대 생활의 새로운 문학으로 이 페이지를 채웠다. 나이든 세대는 감상적인 로맨스와 모험담을 만들어 냈는데 "원앙호접파鴛鴦蝴蝶派문학으로 멸시될 것이지만 이 이야기는 상당한 독자층을 형성했다.[31] 딩링을 포함한 젊은 세대는 이러한 기술과 유통망을 이용하여 그들의 유교적 아버지들의 교육적 이상을 떠올리게 하면서 진보적인 학교 교사의 유럽식 혁명적 내용으로 채운 새로운 문학을 만들었다. 도시에서 전통적인 지방 엘리트와 평행을 이루는 새로운 엘리트가 출현했다. 이들은 새로운 자본가 계급과 교육받은 관리자 및 사

---

30) Yeh, *Provincial Passages*, p.193.
31) Perry Link, *Mandarin Ducks and Butterflies: Popular Fiction in Early Twentieth-Century Chinese Cities* (Berkeley: University of California Press, 1981).

무직 직원이었다. 우리가 1911년 이전 입헌 논쟁에서 활발했던 상회에서 보았던 것처럼 그들은 사업가의 의중을 표현했다. 조계지의 서구 열강을 모델로 했지만 중국 기업가들에 의해 열광적으로 채택된 인쇄 자본주의는 이 새로운 공공 영역에 힘을 제공했다. 중국의 지식인들은 열정적으로 뛰어 들었다.

한편 농촌 대중은 지속되었지만 20세기 초반에는 비극적으로 변했다. 농촌 엘리트가 떠난 것은 지방 경제의 공동화를 가져왔고(또는 영국 직물과 등유와 같은 산업 수입품에 수공예 수입을 낭비하면서 불리해졌다) 신사 청년층의 대이동으로 사회적으로 제대로 기능할 수 없었다. 평판이 그다지 좋지 않은 인물들, 지역 불량배와 사악한 지주 (토호 열신)가 지역 지도자의 역할을 채웠다. 악정과 주기적인 전쟁이 경제적 궁핍의 고통에 더해졌다. 루쉰의 이야기 "고향"은 농촌의 쇠락과 지식인이 농촌에서 유리되는 우울한 상황을 묘사한다. 연로한 어머니를 고향에서 새 직장이 있는 베이징으로 모셔가기 위해 도심 생활에서 돌아온 루쉰의 화자는 어린 시절 친구인 룬투를 만난다.

새로 온 사람은 룬투였다. 한눈에 룬투라는 것을 알아보았지만 내가 기억하는 모습은 아니었다. 그는 이전 보다 배나 더 컸다. 한때 진홍색이었던 그의 둥근 얼굴은 칙칙해지고 깊은 선과 주름이 생겼다. 그의 눈도 그의 아버지의 것 같았고, 가장자리는 부풀어 오르고 빨갛게 되었는데, 이는 바닷가에서 일하고 하루 종일 바닷 바람에 노출되는 대부분의 농부들에게 공통적인 특징이다. 그는 낡은 모자와 아주 얇게 속을 넣은 겉옷을 입고 있어서 머리부터 발까지 떨고 있었다. 그는 종이 꾸러미와 긴 파이프를 들고 다녔고, 그의 손도 내가 기억하는 통통한 붉은 손이 아니라, 소나무 껍질마냥 거칠고 투박하며 튼 모습이었다.

기뻤지만 어떻게 표현해야 할지 몰라서 그냥 "오! 룬투 - 그래, 너니? …"라고 밖에 할 수 없었다. 그러고 나서 내가 말하고 싶었던 너무 많은 것들이 구슬 꿰인 실처럼 쏟아져 나왔어야만 했다 : 누른 도요새, 물 위로 뛰어 오르는 물고기, 조개, [그 신비한 동물] 자 … 그러나 나는 혀가 묶인 것처럼 생각하는 것들을 말로 표현할 수 없었다. 그는 기쁨과 슬픔이 뒤섞인 얼굴로 거기에 서 있었다. 그의 입술이 움직였지만 아무 소리도 내지 않았다. 마지막으로 그는 공손한 태도로 명확하게 "주인님! … "이라고 말했다. 나는 몸이 떨리는 것을 느꼈다. 우리 사이에 안타깝게도 두꺼운 벽이 생겨났다는 것을 알았기 때문이었다. 그러나 나는 아무 말도 할 수 없었다.[32]

그럼에도 불구하고 소수의 대도시 및 지방 엘리트들은 1920년대부터 이 음울한 운명에서 중국의 지방을 구하기 위해 많은 시간을 할애했다. 1927년 이후 가장 유명한 것은 공산주의자들이 농촌 혁명을 추진한 것이지만 량수밍에서 제임스 옌에 이르기까지 많은 중국 지식인들이 유교적 또는 자유주의적 방식으로 농촌 재건을 추진했다.

지역성은 단순히 엘리트의 개혁이나 혁명의 대상이 아니었다. 20세기에 대중 문화의 세계가 꽃을 피웠다. 기업계의 도시 대중과 엘리트 신문 독자는 지역 지향적인 지역 엘리트보다 더 넓은 범위를 포함하지만, 도시와 농촌 모두에 엘리트의 대화 환경을 형성하고 주로 집단적 표현이나 사회적 운동의 범위에서 엘리트 토론에 깊은 영향을 미친 대중문화의 세계가 존재하고 있었다. 타블로이드와 화보는 "원앙호접파" 로맨스 소설이나 마찬가지로 상업화된 대중문화의 신문 매체였다. 도시 엘리트들은 유럽 소설의 번역본을 읽었다. 더 많은 사람들은 선정적인 뉴스와 로맨스, 스캔들 및 살인에 관한 화보 잡지를 즐겼으며 경극 스타들과 극장 공연자들의 부정행위에 대한 외설적인 뉴스에 짜릿해 했다. 한편 취추바이瞿秋白 (1899-1935)에서 저우양周揚(1908-1989)까지의 급진 이론가들은 1930년대에

---

32) Lu Xun, "My Old Home," Yang Hsien-yi and Gladys Yang 번역, *Selected Stories of Lu Hsun*, p.60.

도시의 급진적 내용물을 중국의 마을이라는 보수적인 세계에 가져오기 위해 "국가적 문학 형식"을 고집했다.

마지막으로, 중국의 지식인은 종종 현지어, 민족 및 신념에 기반하여 다른 집단과 제휴했다. 불교의 역할은 민국 시기에 특히 중요했다. 우리는 세기 초에 어떻게 장빙린이 심오하고 지적인 불교에서 위안과 지침을 찾았는지를 보았다. 민국 시기 내내 중산층 도시인, 일부 지식인, 더 많은 사무직 또는 전문직들은 급격한 사회 변화와 개인의 안전이 악화되는 시대에 자신의 삶을 이해하기 위해 다양한 형태의 불교, 특히 평신도 불교 조직으로 귀의했다.[33] 예를 들어, 제임스 카터James Carter에 따르면 승려 운동가인 탄쉬倓虚(1875-1963)는 "외국인들이 안정적이고 단합된 사회와 강력한 영적 기반 때문에 근대화에서 성공했다"고 믿었다. 중국의 전통문화에 대한 재천명-탄쉬에게는 불교에 기반을 둔-이 국가가 국내외에서 성공할 수 있도록 할 것이었다.[34]

대중문화의 교차하는 역할은 20세기를 정의한다. 즉 그것은 중국의 지역에 국한되지 않고 대도시 및 향토 엘리트의 삶의 일부로, 오락일 뿐만 아니라 가장 일반적으로 신문과 인쇄 자본주의의 소설을 통한(그리고 이후의 영화 그리고 오늘날 인터넷) 공공 영역의 형태로서 존재했다. 따라서 지적 생활의 세계를 살펴보면 대도시, 지방(省) 및 향촌 지역이라는 세 가지 공간의 세계 뿐만 아니라 세 가지 교차하는 사회 세계-대중 문화, 여성 세계 및 친연성의 세계-가 있다. 이러한 공간적 상호 작용과 사회적 경험의 그물망matrix이 근대 중국의 지적 생활의 틀이었다.

---

33) Brooks Jessup, "The Householder Elite: Buddhist Activism in Shanghai, 1920-1956," 박사학위논문, University of California at Berkeley, 2010.

34) James Carter, *Heart of Buddha, Heart of China: The Life of Tanxu, a Twentieth-Century Monk* (New York: Oxford University Press, 2011), p.114.

량수밍梁漱溟의 도덕 혁명

량수밍梁漱溟(1893-1988)은 도시의 독립 지식인 역할에 관심이 없었으며, 국민당이나 중국 공산당이 제공하는 당이나 정부의 간부 역할에도 매력을 느끼지 않았다. 베이징의 몽골 가정에서 태어난 량수밍은 14세기 원元 왕조까지 거슬러 올라가면 저명한 학자-관료를 배출했으나 이후 몰락하게 된 가계의 후손이었다. 량수밍의 아버지인 량지梁濟(1868-1918)는 저명한 학자이자 학위 소지자였으며 1900년대 초 청나라 내각內閣의 시독侍讀으로 일했다. 근대 학교에서 교육을 받았지만 량수밍은 신전통주의자로 자라 딩링과 5·4 지식인의 분노의 바로 그 대상인 유교와 밀접한 관련을 맺었다. 사실 량수밍의 접근 방식은 새로운 유교 또는 개혁적 보수주의의 반응이었다. 그는 자신이 향촌 재건이라 부른 농촌에 초점을 맞춘 것으로 유명했다. 량수밍이 중국인들에게 원했던 각성은 도덕적이고 공동체주의적인 것이었고, 향약과 같은 성리학의 농촌 행정의 관념에서부터 불교의 봉사 관념에 이르기까지 중국 문화의 풍부하고 다양한 자원에서 끌어낸 것으로 모두 필연적으로 중국에 진출해 있는 외국과의 관계로 변형된 것이었다. 그는 서구 문명이 도덕성이 부족하여 결국 실패할 것이라고 생각했지만, 특히 농업 분야에서 과학적 기술적 근대화를 높이 평가하고 채택했다. 이것은 량수밍이 느끼기로 수 세기에 걸친 부패와 왜곡 속에 묻혀 간신히 농촌에서 살아남은 진짜 유교 세계로 대표되는 "진정한" 중국적 특질 속에 항상 있었다. 그는 자신의 전통을 비판한다는 점에서 단순한 전통주의자라기보다는 보수주의자였다. 량수밍은 또한 마르크스주의 계급 이론에 대해 비판적이었고 잘 알려진 대로 1938년 가을 옌안에서 마오쩌둥을 만나 그렇게 말했다. 량수밍은 나중에 항일 전쟁동안 국민당과 중국 공산당 간의 중재를 돕기 위해 민주 동맹의 설립을 도왔다.

전체적으로 량수밍은 가족 중심적이고 대면적 사회질서를 가진 중국 농촌 사회에 적절하다고 본 윤리 지향적 사회를 위해 일했는데, 서구와 중국 도시에 지배적인 개인 지향적이고 비인격적인 법률 지배 질서를 가진 이익 중심적인 사회와 대비되었다. 내심으로는 불교도였음에도 량수밍은 중국의 민속 종교에 매우 비판적이었고 - 부패하고 미신적인 것으로 간주하여 - 서방 기독교에 대한 중국의 대응으로 유교를 장려했다. 따라서 량수밍은 전형적인 반체제 인사 또는 사회비판에 관심이 있는 지식인이었다. 우리는 반체제 인사를 사회주의 국가의 자유주의자나 전통적 또는 권위주의 국가의 공산주의자로 생각하는 경향이 있다. 그러나 량수밍은 스스로를 유교주의자로 규정하는 이가 근대 중국에서 반체제 인사가 될 수 있음을 보여준다. 물론 정치적 반대는 기원전 5세기 공자 이래로 중국의 공적 생활의 일부이자 중국 지식인의 선택 중 하나였다. 반대자들은 근본적으로 현상 유지를 문제 삼았다. 어떤 사람들은 현재의 체제를 개혁할 목표를 가지고, 어떤 사람들은 체제 전복을 목적으로 주장할 수 있다. 어느 쪽이든, 반체제 인사들은 일반적으로 거침없고 타협하지 않으며, 그리고 - 성공적일 때는 - 정치적 정당성의 신경을 건드릴 것이다. 그것이 국가들이 일반적으로 반대파를 억압하는 이유이다. 중요한 것은 반대파인지가 보는 사람의 눈, 특히 국가의 눈에 달렸다는 것이다. 우리 이야기의 여러 순간, 우리는 스스로를 반체제 혹은 적어도 확고한 정권의 적이라고 생각하지 않은 사람들의 말과 행동에서 국가가 반대자를 찾아내는 "조작된 반대자" 사례를 접하게 될 것이다. 딩링은 상하이에서 좌파 저술로 인해 투옥되었다. 옌안의 왕스웨이王實味(1906-1947)와 국민당 지역의 원이둬文一多(1899-1946) 모두 1940년대, 자신들의 비판으로 목숨을 잃는 대가를 치뤘다.

우리가 지닌 반체제 인사의 모델은 아마도 냉전 시대, 특히 유명한 소련 반체제 인사인 과학자 사하로프Sakharov(1921-1989)와 작가 솔제니친 Solzhenitsyn(1918-)으로부터 왔을 것이다. 이들은 용감하고 중요한 지식인 모델이며 중국도 중국 공산당 뿐만 아니라 청나라와 국민당 아래에 그러한 모델을 지니고 있다. 그러나 반체제 인사들은 그들이 제안하는 내용 때문이 아니라 권력과의 관계에 의해 규정된다는 것을 기억하는 것이 현명하다. 그들은 더 높은 가치 때문에 권력과의 싸움을 선택한다. 불쾌할 수 있지만, 학술적인 관점에서 보면 2014년에 이집트나 영국에서 정부를 공개적으로 비판한 이슬람 이론가들은 권위주의 정부에 반대하는 소련이나 중국 민주주의자들만큼 반체제 인사였다. 일부 이슬람 반대자들이 테러리즘과 관련이 있다는 사실은 모든 반대자들이 반드시 당신이나 나의 정치적 가치와 일치하는 것은 아니라는 점을 상기시킨다. 1906년 청에 대항한 추진秋瑾의 반대와 사회 조직은 실패로 끝난 반란과 암살 시도 참여로 확대되었다. 마오쩌둥도, 결국엔 1920년대에는 반체제 인사였다.

량수밍의 공적 생활은 비판적 지식인의 역할에 신전통주의적 인물이 포함될 수 있음을 보여준다. 공자孔子 자신의 모범과 그의 전통으로부터 량수밍은 이데올로기적 지도자의 역할을 선택했다. 그의 전기 작가 가이 알리토Guy Alitto는 량수밍이 쑥스러워 하지도 않고 자신을 근대의 현자, 중국을 구할 올바른 철학을 가진 사람으로 보았다고 했다.[35] 량수밍은 근대에 유교 전통을 되살려 중국을 구하는 이 사명을 아버지인 량지로부터 물려 받았다고 느꼈는데 그의 아버지는 개혁적 관료로, 1918년 잃어버린 전통에 대한 순교자로서 자살해 대중적 논쟁을 불러왔었다. 베이징대학에 기반을 둔 량수밍의 비판적 지식인의 역할은 1920년대 초 중국과 서양 문화를 둘러싼 논쟁에서 가장 컸고, 야심 찬 이데올로기적 지도자이자 사회운동가로서의 위상은 1930년대 산둥성山東省 향촌 재건 운동과 제임스 옌의 대중교육운동의 협력에서 온 것이었다.

---

35) Guy Alitto, *The Last Confucian: Liang Shu-ming and the Chinese Dilemma of Modernity* (Berkeley: University of California Press, 1979).

중국과 서양 문화에 대한 논쟁은 몇 년 후 딩원장과 장쥔마이가 주도한 과학과 인생 철학(과학과 현학)에 대한 논쟁과 마찬가지로 이 이데올로기적 순간의 새로운 공공 영역의 산물이었다. 모든 참여자의 글은 상당히 쉽게 게재될 수 있었으며 분명히 서로의 글을 읽었다. 왜냐하면 그들의 다음 글은 상대방의 가장 최신의 반론을 난타해야 하기 때문이었다. 량치차오는 1919년 전쟁으로 파괴된 유럽을 방문한 그의 소감으로부터 동양과 서양 문화에 대한 논쟁을 시작했다. 우리가 1장에서 보았듯이 량치차오는 서방에 대한 믿음을 잃었고 과거제와 완고한 연장자들의 진부하고 구태의연한 유교를 넘어서서 중국의 풍부하고 다양한 전통의 지속성에 대한 믿음을 새롭게 하고 있었다. 이 과정에서 그는 1921년 중국 근대 지식인의 가장 유명한 책 가운데 하나인 『동·서양 문화와 그 철학』을 쓴 량수밍으로부터 강력한 지원을 발견했다.36) 량수밍은 중국, 인도 및 서양을 비교했다. 요컨대, 그는 서구가 너무 공격적이고 물질주의적이며 인도는 너무 수동적이고 영적이라고 생각했다. 대조적으로 "중국 문화의 근본적인 정신은 사상과 욕망의 조화와 조정이다"라고 썼다.37) 그는 서양의 과학과 민주주의의 활력과 성취를 인정하지만, 량수밍은 제1차 세계 대전의 참사와 아울러 근본적으로 다른 중국의 세계관을 들어서 중국이 서양을 단순히 복제해서는 안되며 실제로 복제할 수도 없다고 주장하였다. 그는 중국이 서양에서 배울 수 있다는 것을 인정하지만, 지적 능력을 중시하는 것으로부터 전통적인 중국식 직관으로 "서구적 자세를 다소 바꿔야 한다", 마찬가지로, "우리는 중국적 자세를 새롭게 하고 이를 전면에 내세우되, 비판적으로 그렇게 해야 한다"고 하였다.

---

36) 梁漱溟, 『東西文化及其哲學』, 1920년대 이래 여러 판으로 출판되었다. Alitto, The Last Confucian의 4장과 5장에서 자세하게 다루어졌다.
37) 梁漱溟, 『東西文化及其哲學』, de Bary and Lufrano가 번역한 *Sources of Chinese Tradition*, Vol.II, p.380.

중국을 새롭게 하려는 량수밍의 헌신은 향촌 재건의 이데올로기적 지도자로 스스로의 역할을 부여한 것에서 드러났다. 량수밍은 1931년부터 1936년까지 산동성 중부 쩌우핑鄒平에 기반을 둔 향촌 재건 운동을 운영했으며, 1934년 제임스 옌과 힘을 합쳐 향촌공작토론회鄕村工作討論會를 이끌었는데 다음 2년 동안 3번의 전국 회의를 개최했다.[38] 이것이 량수밍의 혁명이었다. 그는 중국의 향촌 마을에서 고통 받는 대다수 뿐만 아니라 어려움에 처한 지식인도 구하고자 했다.

　　지식인들이 도시의 여유로운 분위기와 외국 조계지에서 여전히 축 늘어져 있으면 그들은 혁명을 하지 않을 것이다. 오직 그들은 문제가 가장 크고 고통이 심한 시골에 가야만, 확실히 혁명을 일으킬 것이다.

이 혁명은 그야말로 "중국 인민 자구 운동 최후의 각성"이었다.[39] 량수밍의 혁명은

　　추진력과 [지식인들의] 추진력을 결합하여 하나의 통합된 세력을 형성해야 한다. … 다시 말해 혁명 지식인은 시골로 내려가 주민들과 합쳐야 한다. … 양측은 서로를 변화시킬 것이다 … 농민이 혁명적 지식인을 훈련하고 변형시킨다면 혁명적 지식인은 농민의 방향을 바꾸고 변화시킬 것이다. 궁극적으로 둘 사이에는 차이가 없게 될 것이다. 그러면 중국 문제가 해결된 것으로 간주될 수 있다.[40]

---

38) Hayford, *To the People*, pp.154 ff.에서 다루어졌다.

39) 량이 적절하게 제목 붙인 1934년 책, 『中國民族自救運動之最後覺悟』(중국민족자구운동의 최후의 각오)로부터 발췌, 인용문은 Alitto가 번역한 *The Last Confucian*, p.194.

40) 梁漱溟, 『中國民族自救運動之最後覺悟』는 Alitto가 번역한 *The Last Confucian*, p.199에서 인용.

1930년대에 중국의 가난한 향촌 사회의 빈곤하고 의기소침한 농민들과 "융합하기" 위해 대학에서의 "늘어짐"과 상하이와 베이징의 현대적 오락 시설을 포기하려 한 지식인은 많지 않았다. 그러나 일부는 그렇게 했고 량수밍의 향촌 재건 운동은 수백 명의 젊은 지식인을 훈련시켰는데 그 중 많은 이들이 향촌 마을에서 왔다. 량수밍의 비전은 도덕적 절대주의라는 면에서 놀라웠다. 도시는 나쁘고 마을은 고결하다. 지식인과 농민 모두의 구원은 그들의 협력과 궁극적으로 그들의 통합에 달려 있다. 이 이상은 나중에 마오쩌둥이 선포하고 중국 공산당이 시행한 비전을 상기시키므로 근대 중국 역사에서 더욱 중요하다.

그러나 량수밍의 향촌 개조는 마오쩌둥의 것과 상당히 달랐다. 그것은 더 이른 시기였고(실제로 1938년에 량수밍과 마오쩌둥의 만남이 마오쩌둥의 사고의 진화에 어느 정도 영향을 미쳤을 수 있다는 암시가 있다)[41] 가장 중요하게는 공동체 건설에 대한 유교적 국정운영 전통의 부활에 기초한 것이지 마르크스주의 또는 계급투쟁에 기초한 것이 아니었다는 점이다. 형태와 접근 방식 - 시골의 도덕적 혁신과 향촌 사회에서 지식인의 재참여 - 은 비슷했지만 내용이 상당히 달랐고 량수밍은 그것을 알고 있었다. 그는 조화와 공동체 구축을 이용했고 마오는 투쟁과 계급 전쟁을 사용했다. 쑨원처럼 량수밍은 중국을 괴롭히는 문제는 "중국인은 항상 집단생활이 부족한"것이라고 느꼈으므로 량수밍은 중국의 정신과 문화에 맞는 관계 윤리를 통해 "새로운 관습을 구축"하기 시작했다.

량수밍은 송왕조의 이상향 향촌 모델에서 마을 단위의 문화 개선 메커니즘을 발견했다. 량수밍은 그의 제안에 대해 "이 새로운 조직은 이전 중국인이 '향약鄕約'이라고 불렀던 것을 보완하고 변형한 것이다"라고 썼다. 그 목표는 중국의 농민을 동원하고, 그들 문명의 최고의 도덕으로 교육하

41) Alitto, *The Last Confucian*, pp.283 ff.

며, "생산 및 판매 합작사合作社(협동조합)을 형성"하도록 돕고, 일반적으로 "인간 삶의 상향 이동, 열망의 진작"을 촉진하는 것이었다.42) 두 가지 주제가 량수밍의 지식인 – 농민 개혁 모델의 중심이었다. 첫째, 참여는 자발적이어야 하고 정당이나 공무원의 부패시키는 영향력에서 안전하게 떨어져 있어야 했다. 이것이 량수밍이 11세기 여씨呂氏 형제의 송나라 모델(주희에 의해 대중화)을 독재 국가의 도구가 되어버린 명이나 청나라 버전보다 선호한 이유이다. 둘째, "향약(공동체 규약)"은 구성원들이 서로의 도덕성을 면밀히 조사하고 완성하는 도덕 향상을 위한 마을 회의에 의존했다. 이들은 선출된 마을 원로의 인도하에 엄격하고 다소간 금욕주의적 버전의 성리학의 도덕적 명령에 따라 상호 비판과 자기 비판의 시간을 갖게 한다. 이것은 향약 체계의 도덕성에 중점을 두었고 량수밍은 "대중의 군자君子[도덕적 전형]화를 목표로 한다"고 느꼈다.43) 쩌우핑에 있던 량수밍의 개정된 성리학의 향약 체제는 개인의 도덕 개선부터 지역 곡물 창고, 학교 및 민병대를 통한 자체 방어를 포함한 지역 사회 조직에 이르기까지 전체적 이데올로기를 제공했다. 이 전통적인 모델에 량수밍은 근대화의 목표 – 대량 동원, 정치 참여, 경제 및 기술 개발 – 를 추가했다.

량수밍의 신전통적 향촌 재건 모델은 그의 제자들을 넘어서는 견인력을 얻었다. 카토 영(양카이다오楊開道(1899-1981))은 미국에서 교육받은 난징南京 국립중앙대학교의 사회학자인데 량수밍의 모델에 따라 향약을 작성했다. 1927년 미시간 대학에서 사회학 박사 학위를 받은 양카이다오는 1930년 난징으로 이주할 때까지 베이징에 있는 옌칭 대학의 명문 사회학과에서 강의했으며 옌칭 현장에서 근무했다.44) 그토록 서구화된 학자가 량수

42) Liang Shuming, de Bary and Lufrano의 *Sources of Chinese Tradition*, Vol.II, pp.382-3에 번역되어 있고 Alitto, *The Last Confucian*, pp.206 ff에서 자세하게 다루어졌다.

43) Alitto, *The Last Confucian*, p.207에서 인용.

44) Yung-chen Chiang, *Social Engineering and the Social Sciences in China*,

밍의 비전을 받아들였고, 최고의 학술 저널인 『사회학계社會學界』에서 그렇게 한 것은 량수밍의 영향력의 폭을 반영한다. 미국 교육을 받은 그의 많은 사회학자 동료들과 마찬가지로 양카이다오는 사회 공학을 통해 근대 교육의 혜택을 중국의 향촌에 도입하는 데 관심이 있었다. 그는 이러한 전통적인 향약이 이 근대 프로젝트에 적합한 도구임을 발견했다. 1931년 향약에 관한 논문에서 양카이다오는 마을 협약을 작성하는 방법에 대해 구체적으로 제안한다. 비록 류스이陸世儀(1611-1672)(陸桴亭은 명말청초 저명한 이학자이자 강남의 대표적인 유학자 : 역주)의 통합적인 명나라 모델을 좋아했지만 양카이다오는 여씨呂氏 형제의 송나라 원본의 자발적인 정신이 핵심이어야 한다고 강조한다. 사실, 양카이다오는 "지역의 누군가가 향약을 작성할 수 없는 경우, 여씨 형제의 향약을 주희가 수정한 본을 여전히 이용할 수 있다고 생각한다"고 썼다.45)

중국의 향촌에 제시된 다른 두 가지 다른 혁명이 있었고 량수밍은 두 가지 모두와 접촉했다. 우리가 1장에서 만난 자유주의자이자 쓰촨성 출신 중국인 기독교도인 제임스 옌晏陽初은 1920년대 대중 교육 운동을 전개했는데 중국을 근대화하기 위한 첫 단계로 중국 마을에 기본적인 문해력을 가지게 하려 했다. 1930년에 이르면 이것은 허베이 성 딩현定縣에 기반을 둔 향촌 재건 운동으로 전환되었다. 량수밍이 유교 전통을 활성화하여 중국 농촌의 근대화 요구에 적합하게 만들려고 했던 곳에서 제임스 옌은 사회과학의 중국에의 적응을 통해, 혹은 그의 전기 작가 찰스 헤이포드 Charles Hayford가 "자유주의의 중국화"라고 부른 과정을 통해 근대의 의학과 기술이 중국의 향촌 마을을 위해 이바지하도록 만들려고 했다. 제임스 옌의 모델은 록펠러 재단의 물질적 지원과 옌칭대 사회학과의 지적 지

1919-1949(Cambridge: Cambridge University Press, 2001), p.52.
45) 楊開道, 「鄕約制度的研究」, 『社會學界』(北京), Vol.5 (1931), pp.40-2.

원을 받았다. 진보적인 서양인들은 딩현에서 중국의 미래를 보았다. 저명한 언론인 에드가 스노우Edgar Snow(1937년에 마오쩌둥을 세계에 소개)는 1933년 딩현에서의 옌의 작업에 깊은 감명을 받아 "딩현주의定縣主義"라는 용어를 만들었다.[46]

제임스 옌의 자유주의의 중국화는 그의 팀원 중 한 명인 천즈첸Dr. C.C. 천Ch'en, 陳志潛(1903-2000)의 작업에서 볼 수 있는데 그는 1929년 북경협화의학원北京協和醫學院을 졸업하고 하버드에서 공중 보건학 석사를 받았다.[47] 천즈첸은 1932년 가족과 함께 딩현으로 이주했다. 그는 중국 농촌의 공중 보건의 핵심 문제, 즉 훈련된 인적 자원이 비극적이리만치 부족한 현실에 직면했다. 요컨대 어떤 방법으로도 근대적, 서구적으로 훈련된 의사를 중국 대중에게 제공할 수 없었다. 천즈첸은 마을 보건 종사자들을 위한 새로운 시스템을 고안해 냈는데 기본 위생 및 가장 흔한 치명적인 질병의 진단에 대한 몇 주의 미니 코스와 간단한 비상약품 상자를 제공하는 것이었다. 이 마을 보건 종사자들은 가장 근접한 시진市鎭의 더 잘 훈련된 직원의 감독을 받을 것이었다(종종 인접한 마을의 약 만명의 인구를 담당). 마지막으로, 공공 위생 지역 본부에는 대학 교육을 받은 직원이 현청 소재지에 있을 것이었다. 그러나 이 매우 대단하지 않고 단순화된 의료 서비스조차도 딩현 프로젝트가 훈련시킬 수 있는 것보다 더 많은 직원을 필요로 한다는 것이 드러났다. 그럼에도 불구하고 딩현 마을 보건 종사자는 제임스 옌의 프로젝트 중 두드러진 성공 중 하나였으며 이 모델은 마오 시대 중국 향촌의 유명한 "맨발의 의사들"을 떠올리게 한다.

세 번째 형태의 농촌 혁명은 계급 갈등에 기반한 볼셰비키 모델에 의한

---

46) Hayford, *To the People*, James Yen 인용, p.118; 에드가 스노우의 용어는 그 당시 로마자 표기에서 "팅세니즘(定縣主義) (Ting Hsien-ism)"이었고 곧 중국의 언론에는 곧 빠르게 딩현주의(定縣主義)로 도입되었다. p.141

47) Material on C.C. Ch'en from Hayford, *To the People*, pp.134-41.

명백한 정치 혁명이었다. 1930년대 후반과 1940년대 초에 옌안에서 완성된 마오쩌둥의 버전은 가장 유명하고 확실히 세기 중반 중국을 지배한 모델이다. 그러나 우리가 보았듯이, 향촌 혁명의 옌안 모델의 몇몇 측면은 이미 10년 전 량수밍과 제임스 옌에 의해 시도되고 있었던 것이다. 사실, 1929년에 마오쩌둥은 공산주의 홍군 병사를 훈련하기 위한 규정에서 제임스 옌의 '천자문'을 추천했었다. 그러나 마르크스주의 모델의 향촌 개조는 제임스 옌이 문해율 캠페인을 시작하기 전에 더 빨리 시작되었다.

농촌 혁명에 헌신한 최초의 저명한 중국 공산당 지도자는 펑파이彭湃 (1896-1929)였다. 광동성 최남단의 부유한 지주 가정에서 태어난 펑파이는 새로운 학교와 외국 유학(1918년부터 1921년까지 도쿄의 와세다 대학에서 공부)의 혜택을 받은 세대였다. 일본에서 중국으로 돌아온 펑파이는 새로 창설된 중국 공산당에 합류했고 광동의 고향으로 돌아와 농민협회 조직에 착수했다. 그는 회상에서 자신의 도시적이었던 방식을 조롱했는데 - 농민을 참여시키려던 처음 노력은 그의 말쑥한 흰색 정장과 모자 차림에 의해 어긋났기 때문이었다. 현지의 농민들은 그가 소작료를 수금하러 왔다고 생각했다. 천천히 그는 몇몇 자발적인 지역 주민들을 참여시킬 수 있었고 거기서부터 지역 내 학대(과도한 소작료, 지역 불량배, 지역 엘리트의 협잡)에 저항하기 위해 일련의 농민 조합을 조직했다.[48] 이 광저우 외곽의 농민 연합은 국공합작이 광저우에서 혁명가들을 모아 전국적 운동을 계획하면서 1920년대 중반에 세를 확대했다. 젊은 마오쩌둥처럼 펑파이도 두 당에서 다 일했다. 펑파이는 국민당의 농민 훈련 강습소를 이끌고 북벌에 참여했다. 1927년 4월 국민당과 공산주의자들이 폭력적으로 분리된 후, 펑파이는 그의 농민 단체로 돌아와 폭력으로 급진화되어 해륙풍海陸

---

48) 펑파이의 설명 일부는 Patricia Ebrey, ed., *Chinese Civilization:A Sourcebook*, 2nd edn. (New York: The Free Press, 1993), pp.364-72에 번역되어 있다.

豐소비에트를 결성하고, 무장 농민과 소수의 중국 공산당이 주도하는 부대를 이끌고 국민당과 싸웠다. 1928년 1월, 소비에트는 분쇄되었다.

마오쩌둥의 농촌 혁명에 대한 참여는 펑파이의 농민 훈련 강습소에서 학생으로 시작하는데 1926년 고향인 후난으로 여행하며 이 기간 중 유명한 "후난 농민 운동 고찰 보고"를 쓰게 되었다. 그러나 제임스 옌과 량수밍이 북부 지방에서 마을 개혁 운동을 수행하는 동안 마오쩌둥은 도망자 신세로 거의 항상 군대를 꼬리에 달고 중국 중남부의 산을 헤매고 다녔다. 따라서 처음에는 징강산井岡山에서, 그 후에는 장시江西 소비에트(1931-4)에서의 농촌 혁명은 전쟁의 폭력으로 강하게 물들었다. 농촌 정책은 원칙적인 계급전쟁 – 지주의 토지와 재산을 농민이 전유 – 으로 종종 폭력적인 투쟁이 발생하였다. 이 초기 토지 개혁은 지방 엘리트를 소외시키는 것을 두려워하지 않았다. 그들을 처분하고 저항하는 사람들을 죽였다. 토지는 경작자에 재분배되었다. 다른 급진적인 정책들, 예를 들어 여성의 토지 소유를 허용하고 이혼을 주도할 수 있게 하는 조치들도 한동안은 시행되었다.[49] 딩링이 마르크스주의에서 보았던 여성에 대한 약속이 실행되기 시작했다.

그러나 모든 경우에 전쟁의 급박함이 정책을 압도했다. 토지 개혁은 계속되는 전쟁의 야만적 영향과 1927년 국민당에 의한 중국 공산당 인사 학살의 끔찍한 충격으로 더욱 폭력적이 되었고 이후로는 명백히 생사를 건 투쟁이 되었다. 많은 마을의 아내들이 기회가 생기자마자 남편과 이혼했기 때문에 농민 여성을 위한 여성 해방은 곧 중단되었지만, 이로 인해 홍군의 농민 징집병은 사기가 떨어졌다. 싸움이 최우선 고려 사항이어야 했다. 장제스의 병력이 농촌 출신 공산주의자들보다 사람과 물자에 있어서 훨씬 많았다. 1934년 10월경, 장제스는 공산주의자들을 농촌 소비에트에서

---

49) llpyoong Kim, *The Politics of Chinese Communism: Kiangsi under the Soviets* (Berkeley: University of California Press, 1973); 그리고 Stephen C. Averill, *Revolution in the Highlands: China's Jinggangshan Base Area* (Lanham, MD: Rowman & Littlefield, 2006).

쫓아내는 데 성공했고 대장정으로 알려진 잔혹한 퇴각으로 도망치게 몰아 갔다. 중국 공산주의 농촌 혁명의 정식 버전은 생존자들이 30년대 후반 옌 안에서 재편될 때까지 기다려야만 했다. 1937년 여름 일본 황군이 중국 중 부를 본격적으로 침공하면서 절정에 이른 동일한 폭력은 량수밍과 제임스 옌의 평화로운 향촌 혁명에 종지부를 찍게 했다. 중국의 극한 시대에는 군 대 보유자들만이 지속될 수 있었다.

1920년대의 지속되는 관념

1925년 정도에 이르면 인민은 인민人民으로 부유하거나 가난한 사람을 가리지 않고 일하는 사람 모두를 의미하게 되었다. 이 장을 시작하는 포스 터에 그 단어와 이미지가 나타난다. 인민은 량치차오의 "개조된 또는 새로 운 국민"의 대상인 신민新民으로부터 1915년 신문화 운동의 급진적 문화 개혁의 대상을 거쳐 쑨원주의와 공산주의 하에서 동원될 대상으로 옮겨갔 다. 쑨원의 "정치적 지도" 아래 사람들은 민주주의의 방식으로 교육을 받 아야 했다. 공산주의 하에서 인민들은 자본가, 군국주의자, 반동주의자들 ("봉건 세력"이라고 부름)의 족쇄를 떨쳐버리기 위해 조직되고 동원되어 야 했다. 1920년대의 사람들은 공공 영역에서 행동할 수 있는 것으로 보였 는데, 이는 20년 또는 30년 전의 대부분의 중국 사상가와 작가들이 믿지 않았던 것이다. 그러나 이미 "깨어난 사람들"의 적절한 지도 없이 국민들 이 독자적으로 행동할 수 있다고 믿을 수는 없었다. 량치차오는 이 이데올 로기적 순간에 살았는데 국민들을 신뢰하는 것에서 중국 국민성의 약점을 개탄하는 것으로 바뀌었다. 다음 세대를 위한 주요 대변자인 루쉰은 1920 년경 그의 유명한 단편소설에서 중국 전통의 비열한 측면으로부터 "아이 들을 구하라"고 소리 높였다. 천두슈陳獨秀(1879-1942)와 중국 공산당의 지도자들은 프롤레타리아트를 교육하고 동원하기 위해 소련식 선전과 선동을 채택했다. 제임스 옌과 량수밍에게 도시와 농촌 사람들은 중요한 차이점이 있었지만 둘 다 중국인이었고 서로를 필요로 했다. 그들은 사회 참여, 근대 기술, 도덕성 함양으로 서로를 구해야 했다. 가장 교조적인 마르크스주의자들을 제외한 모든 5·4 지식인들에게 인민은 중국에 사는 모든 사람들이었고 (따라서 약간의 모호함은 있지만 몽골인, 만주인, 티베트인 및 기타 "소수민족"을 포함) 몇몇 나쁜 사람들과 사악한 군국주의자들만 제외되었다. 공산주의자들에게 인민은 프롤레타리아트, 진보적인 국가 부르주아지, 혁명적 지식인이었고 자본가, 반역자, 반동들은 아니었다. 더 많은 중국인들이 이러한 "인민"의 정의에 포함되지 않았다.

중국(인)은 문화적으로나 인종적으로 구별되었으며 서양 문화 및 백인과 명백히 대비되었다. 공화국은 1906년 장빙린이 만든 용어인 "중화민국"이라고 불렸다. 그것은 중국 문명을 의미하는 옛 용어인 화華와 중심부의 국가라는 중中을 결합한 것이다. 중국의 정체성에 대한 인종적, 혈통적 정의는 이때 뿌리를 내렸다. 그것은 황색인, 황제의 아들과 딸들의 문화였다. 이들은 민족적으로는 한漢족이었다. 한족이 아닌 모든 사람들은 어떻게 되는가? 1644년부터 "중국"을 통치한 만주족은? 몽골인, 티베트인, 중국 무슬림(후이족回族이라고 부름), 남서부 성省의 수십 개의 부족 그룹은? 1920년대 초, 쑨원은 포괄적인 동화 정책을 지지했다. 중국의 문화 방식을 채택하면 누구나 중국인이 될 수 있었다. 1925년까지 공화국기는 5대 주요 민족인 한족, 만주족, 몽골족, 회족, 티베트족을 대표하는 5색기였고 모두 "중국인" 또는 중화의 일부라고 주장했다. 쑨원이 그 깃발을 여전히 중화민국의 국기인 "청천백일"기로 교체한 것은 쑨원의 생각으로는 옛 공화국 깃발을 수정하기 위한 것이었다. 중국의 5대 "민족"을 구별하는 대신, 새로운 깃발은 붉은 깃발의 왼쪽 상단에 국민당의 파란색과 흰색 모티브를 넣어 중국의 모든 사람들을 구별 없이 중국인으로 취급할 것이었다.[50] 따라서 문화와 인종은 중국의 정체성에 대한 논의에서 불안한 관계로 존재했다. 또한 이 시기의 지식인들은 "중국인"의 성격과 가치에 대해 토론했다. 량치차오는 중국인의 맹종적인 습관과 자기 파괴적인 경향에 절망해 비관주의자가 되었다. 루쉰은 평범한 중국 사람들은 역사의 수레바퀴에 잠들어 있다고 생각했다. 량수밍과 다른 보수주의자들은 중국 문화를 세계 문화가 필요로 하는 기여라고 보았는데 중국의 "정신적" 자질이 서구 문화의 자멸적인 "물질적" 기량의 균형을 잡아줄 것이었다. 전체적으로 "중국(인)"(일반적으로 [국민 국가] 중국의 특성, 또는 사람, 중국인)은 문화의 정체성이나 청 제국의 옛 강역, 공화국의 강역으로 간주하는 지역에 사는 사람들로 간주되었다. "중국(인)"은 주로 문화적인 것이었으나 많은 사람들에게는 또한 강력하게 인종적이었고, 그러나 어느 경우든 그것은 - 교정을 하던 부흥이 되던 - 자부심의 대상이었다.

민주주의는 "더德선생과 사이賽선생"(더는 "민주주의", 사이는 "과학"을 의미하며 여기에서는 유럽 용어의 음성학을 따름)을 옹호한 신문화 운동의 가장 유명한 슬로건의 절반을 차지했다. 이 명확한 표현이 말하는 것은 첫째, 이 두 가지 핵심 관념의 유럽 발음에 대한 언급은 관념의 유럽 기원을 시사한다. 실제로 초기 기사에서는 민주주의를 발음대로 데모케라시 de-mo-ke-la-xi라고 언급했다. 둘째, 이 두 가지 관념은 농담이라도 "미스터"라고 불린다. 마치 이 웃기고 이질적인 의미 없는 문자열이, 야만인의 이름의 음역인 것 같은 그 관념이 광범위한 독서 대중에게 얼마나 이상했을지를 나타낸다. 이 이데올로기적 순간에 이러한 새로운 관념들이 작은 범위의 엘리트로부터 보다 광범위한 도시 대중, 심지어 향촌 대중의 일부에 도달하는 것이 목격되었다. 전환이 쉽거나 매끄럽지는 않았다. 자유주의자들, 일본이나 서양에서 여행하고, 일하고, 공부한 중국인들은 오늘날 우리

---

50) Fitzgerald, *Awakening China*, pp.180 ff.

와 매우 유사한 방식 - 비밀 투표 선거, 사법부의 독립, 결사의 자유, 언론 자유를 가진 자유 민주주의 - 로 민주주의를 이해했다. 그들은 이것을 유럽과 미국, 그리고 정도의 차는 있지만 일본에서 보았다. 그러나 첫 번째 공화 정부의 실패, 선출된 의회 지도자(송자오런)의 암살, 그리고 1913년 베이징의 독재자 위안스카이의 의회 해산은 민주주의가 중국에서 빠르고 쉽게 작동하지 않을 것임을 보여주었다. 부분적으로 이것은 우리가 본 것처럼 "인민"과 "중국인"에 대한 생각을 자극했다. 그러나 일부 중국 사상가와 작가들은 서구식 자유 민주주의의 중국에의 적용 가능성에 의문을 제기하고 "인민의 지배"(데모크라시의 문자적 번역인 민주民主)의 대안을 찾기 시작했다. 자유주의자들은 시간이 걸린다는 것을 받아들였다.

쑨원은 자신과 그의 당이 이끄는 독재적 정치 지도를 통한 민주주의로의 길을 표명했다. 이것이 쑨원의 교육 국가로 장제스와 마오쩌둥 모두가 열정적으로 받아들였다. 이것은 공화국을 위한 쑨원의 새 깃발의 "다른 면" - 깃발에 있는 국민당의 파란색과 흰색기는 공화국을 선거에서의 사소한 정치 경쟁보다 위에 있는 정당인 쑨원의 정당이 지도할 것이라는 신호 - 이었다. 무정부주의자들은 억압적인 국가 구조나 자유 민주주의의 형식에 얽매이지 않고 일터나 공장을 통해 평범한 사람들에게 힘을 실어 주려고 했다. 새로운 중국 공산당은 이 "지도된 민주주의"를 더한층 받아들여서, 칼 마르크스의 정치 경제학 모델에서 특정 경제 계급, 노동자 또는 프롤레타리아트의 이익을 위한 계급 기반 민주주의와 레닌의 모델에서 그들의 대표자인 볼셰비키 정당에 의해 지도될 것을 선언했다. 그들은 프롤레타리아의 민주주의를 위해 싸웠고, 자본가나 군국주의자를 위해 싸운 것은 아니었다. 비록 실용적인 공산주의자들은 "부르주아 민주주의"가 사회주의와 공산주의로 이행해 가는 역사적인 무대가 될 수 있다고 인정했지만. 옌안에서 그들은 이것을 "민주 집중제"라고 부르게 되었다. 어쨌든 각성된 엘리트, 당黨은 교육 국가를 통해 일반인을 이끌 것인데 그 속에서 인민은 자신의 이익을 위해 교육, 안내, 동원되는 학생이었다. 중국의 극단의 시대에 강력한 군대를 지닌, 단단히 조직된 정당만이 자신들 유형의 민주주의를 실행할 기회를 가졌다.

1930년대의 중국

중국의 긴 20세기의 중반부는 극단의 시대였다.[1] 군주제 상실, 군벌의 부상, 서양의 부와 권력의 도전, 농촌의 궁핍화와 도시의 매력, 남성과 여성의 공적 역할 변화 - 이러한 변화는 문자 그대로 지식인에게 위기를 가져왔다. 지방 정치가 공화국의 명목상 장식에서 중국 전역의 군벌 행정이라는 사실상 현실로 넘어가면서 사람들과 그들의 생계는 점점 더 위험에 처했다. 1911년 텐진에서 예충즈의 가족이 당한 폭력은 시대의 조짐이었다. 이 군벌들은 전국적으로 두각을 나타내려고 경쟁했고 따라서 일련의 소규모 전쟁, 그럼에도 영향을 받은 인구에겐 엄청난 손상을 가하는 전쟁이 지속되었다. 1920년경의 중국 지식인은 권리가 박탈된 상태였다. 과거제는 1905년에 끝났고, 왕조와 함께 그들이 자라며 기대했던 일자리는 1911년에 사라졌으며, 공화국에서의 고용은 군벌에 대한 서비스가 되었고, 새로운 대학이나 미디어(주로 조약항과 주요 도시의 신문과 잡지)같은 대안으로 떠오른 고용은 불안정했으며, 교육받은 사람들의 사회적 역할은 대부분 혼란스러워졌다. 전통적인 역할이 사라진 학자 - 관료의 아들들은 지금 "중국을 구하기" 위해 무엇을 해야 하는가? 외국 선교사의 아내와 YWCA 지도자들처럼 여성들이 공공 영역에 들어가야 하는가? 나라의 혼

---

1) 에릭 홉스봄의 중요한 20세기에 대한 정의, *The Age of Extremes: A History of the World, 1914-1991* (New York: Pantheon, 1994)는 Willie Thompson, *Ideologies in the Age of Extremes: Liberalism, Conservatism, Communism, Fascism 1914-1991* (New York: Pluto Press, 2011) 속 지적 질문에도 적용된다.

란이 개인적 혼란이 되었다. 따라서 지식인이 – 이제 소외된 엘리트의 근대적 의미에서 제대로 된 지식인 – 혁명으로 향한 것은 놀라운 일이 아니었다.

1920년대부터 1970년대까지 혁명이 중국의 공적 생활을 지배했다. 확실히 모든 사람이 혁명가는 아니었으며, 다른 사람들의 혁명에 맞서 싸운 사람들은 물론이고 대안적이고 양립할 수 없는 혁명적 해결책도 제시되었지만, 모두가 혁명에 대처해야 했다. 혁명은 1911년 실패한 공화혁명으로 시작되었는데, 청나라를 무너뜨리는데 성공했지만 안정된 대안을 마련하지 못했다. 문화적 혁명, 중국 인민의 문화를 혁신하려는 노력이 신문화 운동으로 이어졌는데 1910년대와 1920년대에는 유교에 대한 근본적 질문과 심지어 일부 노골적인 우상 파괴와 반유교주의反儒敎主義도 있었다. 수많은 외래의 이데올로기와 되살아난 이데올로기들 – 사회적 다원주의, 무정부주의, 입헌주의, 자유주의, 마르크스주의, 기독교, 새로운 불교 사상, 심지어 (응답으로서)소생된 대중적인 유교 – 이 혁명의 이데올로기가 되기 위해 경쟁했다.

결국 그것은 두 개의 중국식 사회주의의 합성이었다. 첫째는, 그리고 가장 근본적으로 그것은 쑨원의 이데올로기였다. 쑨원주의로 알려졌지만, 당시 그의 핵심 원칙 선언문인 "삼민주의三民主義"로 가장 널리 알려져 있다. 1920년대 초, 쑨원은 재건된 혁명정당인 국민당國民黨과 삼민주의 원칙 – 민족주의, 사회주의, 민생 – 을 중심으로 한 강력한 혁명 이데올로기를 함께 연결했다.[2] 1925년 쑨원이 사망한 후 장제스가 그 임무를 계속 수행했다. 그는 1928년까지 난징에 중화민국을 재수립하고 국가 자본주의를

---

2) Harold Schiffrin, Sun Yat-sen: *Reluctant Revolutionary* (Boston: Little and Brown, 1980); Fitzgerald, *Awakening China; Marie-Claire Bergere, Sun Yat-sen*, trans. Janet Lloyd (Stanford, CA: Stanford University Press, 1998)를 포함하여 쑨원에 대한 전기와 연구들은 수없이 많다.

통해 중국을 근대화하는 발전 국가를 건설하는 것을 목표로 삼았다. 따라서 장제스의 중국은 민주주의가 아니라 세기 중반 라틴 아메리카에서 볼 수 있었던 사회주의적 조합주의에 더 가까웠다. 정권에 우호적이지 않은 사람들은 그것을 파시스트라고 묘사했고, 확실히 1930년대에 한동안 군국주의와 지도자 숭배의 파시스트 요소가 있었다.

중국에서 사회주의를 두 번째로 통합한 것은 1920년대부터 이전까지 국민당의 하위 파트너였던 중국 공산당으로 장제스가 1927년에 전멸시키려 시도했다. 중국 공산주의는 마오쩌둥으로부터 시작된 것은 아니지만 1940년대에 마오쩌둥주의로 전국적인 힘을 갖게 되었다. 그 과정에서 1910년대 후반부터 마르크스주의와 마르크스 - 레닌주의, 그리고 소련의 볼셰비키 모델 지지자들은 논쟁하고 힘을 분산시켰다. 무정부주의자들은 레닌주의의 폭력을 피하고 집단주의와 공교육을 선호했다. 온건하거나 관용적인 마르크스주의자들은 마르크스의 철학을 더 명백하게 옹호하지만 "근대 문화"와 지적 다양성을 포용했다. 그들은 학문적 마르크스주의자(많은 사람들이 국민당 내에 있는)로 알려지거나 나중에 중국 좌익 반대파인 트로츠키주의자로 알려지게 되었다. 마오주의의 핵심은 1927년 국민당의 숙청에서 살아남은 중국 공산당의 볼셰비키 지도부에 의해 형성되었고 문자 그대로 산으로 갔다 - 처음에는 중국 남동부에서, 그리고 대장정(1935-6) 이후로는 중국 북서부에서 농촌의 군사 소비에트를 형성했다. 따라서 산업 프롤레타리아트의 기술과 조직에 기반한 전형적인 도시 혁명에서 농촌의 룸펜프롤레타리아트가 된 재산을 빼앗긴 농민들의 분노와 충성심에 기반한 농촌 반란이 되었다. 이 혁명의 세부 사항과 그로부터 나온 국가 건설에 대한 세부 사항은 3장에서 살펴볼 것이다.

지적 생활은 이러한 사회적, 정치적 변화를 반영했다. 두 레닌주의 정당 사이의 싸움 아래에서 세 가지 사회 혁명이 진행되고 있었다. 즉 한 지붕 아래 대가족에서 핵가족으로의 전환, 전문 기술 엘리트의 공공 인증, 정치에서 대중의 정당성에 대한 일반적인 수용이었다. "인민"人民 - 일종의 능동적인 국민 - 은 지적인 글에서 대중적인 언어로 옮겨갔다. 인민은 중국 정치의 토론에 머물러 있었다. 그러나 우리가 살펴본 바와 같이 인민들은 민주적 권리를 적절히 행사할 수 있으려면 일반적으로 교육과 지도가 필요한 것으로 간주되었다.

사회적 역할로서의 지식인의 확립, 공인으로서의 지식분자知識分子의 개화, 전문가로서의 정체성 출현은 1930년대에 완전히 확립되었다. 그럼에도 불구하고 이러한 역할은 두 레닌주의 정당의 간부 역할로부터 점증하는 도전에 직면했다. 교육받은 중국인은 1930년대의 대부분은 간부 역할에 저항했지만 1940년대부터 간부는 지적 생활을 지배하게 되었다. 변화의 원동력은 전쟁이었다. 에릭 홉스봄Eric Hobsbawm이 20세기 전반에 대해 언급했듯이 중국도 그러했다. "혁명은 20세기 전쟁의 산물이었다."3) 사회적 폭력은 혁명적 정당을 전면으로 불러냈고, 충성스러운 간부들 - 엄격한 계층적 조직에서 집단적 노력을 수행하기 위해 개인적 이익과 자유를 기꺼이 부수적인 것으로 여기는 행정 및 지적 능력을 갖춘 남녀들 - 위에 세워졌다.

이 이데올로기적 순간의 과제에 대한 두 가지 대답인 민족주의와 레닌주의가 세기 중반 중국을 지배했다. 1931년 처음 만주를 점령하고 1937년에 본격적으로 침공할 때까지 중국을 위협하는 일본 제국군의 점증하는 침탈은 사회 전반에 열렬한 중국 민족주의를 강화했다. 정치적이고 지적인 지도자들만 일본 제국주의에 반발한 것이 아니라 평범한 도시인과 시골 엘리트들도 중국을 위해 분노를 표출하기 위해 시위와 보이콧에 동참했다. 대중적 민족주의가 폭력에서 태어났다. 레닌주의자들의 반응도 그러했다. 케네스 조윗Kenneth Jowitt은 레닌주의가 "국가의 종속을 경험하는 사

---

3) Hobsbawn, *The Age of Extremes*, p.54.

회에 무엇을 제시했는지”를 잘 설명했다.[4] 그는 전통 사회가 강력한 근대
사회로부터의 위협이나 실제 지배에 직면하여 정치, 문화, 경제적으로 “국
가적 종속”이 되면 전투적이고 긴밀한 볼셰비키 정당 형태의 레닌주의는
대안의 이데올로기 보다 전통 사회의 노력을 조직해 침략자를 물리치고
근대화를 시작하는데 종종 더 성공적이었다고 상정한다. 레닌주의적 대응
의 핵심은 볼셰비키 스타일의 당으로, 전통적 부류(특히 농민)와 소통하고
동원할 수 있는 카리스마적 통치의 속성과 산업의 근대화와 국가 행정의
합리화를 촉진할 수 있는 성취 규범에 기반한 근대 통치의 속성을 결합시
킨 특이한 조직이었다. 레닌주의적 대응에서 정당성을 확보하는 주요 원
칙은 단일 지도자의 견해가 아니라, 이론적으로 사망을 포함한 개인의 실
패를 초월하는 집단적 리더십에 의해 결정된 “올바른 노선”이었다. 조윗
의 모델은 루마니아에 대한 그의 연구를 기반으로 하지만 소련의 부상을
분명하게 설명한다. 또한 중국의 경우에는 최고 지도자의 “생각”이 집단
적 지도력을 능가했지만(1970년대에 상대적인 평화가 회복될 때까지), 국
민당과 중국 공산당의 부상을 이해하는 데 도움을 준다.[5] 다시 말하지만,
이러한 변화의 원동력은 전쟁, 고질적인 폭력이었다. 50년 전 일본은 이와
유사한 “국가적 종속”에 직면했지만, 그 대응은 권위주의적 발전 국가로
일당제 국가가 아니라 보수적인 입헌 군주제를 만들었다. 1880년대 일본
과 1930년대 중국의 주요 차이점은 일본이 외국의 군사 침략이나 대규모
국내 군사 경쟁에 시달리지 않았다는 점이다.

---

4) 1978년에 처음 출간되었지만 가장 편리한 버전은 Kenneth Jowitt, *New World Disorder: The Leninist Extinction* (Berkeley: University of California Press, 1992), pp.1-50이다.
5) 마오 시대에 대한 내 자신의 연구로 중국의 정치적, 지적 생활을 이해하는 데 있어 Jowitt의 “레닌주의적 대응”이 유용한 렌즈라는 것을 알게 되었다. Timothy Cheek, *Propaganda and Culture in Mao's China: Deng Tuo and the Intelligentsia* (Oxford: Clarendon Press, 1997)를 볼 것.

자유 민주주의는 후스에서 뤄룽지羅隆基(1896-1965)에 이르기까지 많은 중국 지식인들에 의해 명확하게 이해되고 평가되었지만, 지지자들은 권력 문제, 특히 불안과 전쟁의 시기에 군사력 문제에 대한 해결책을 찾지 못했다. 반면 좌우익 양쪽에서의 반대자들은 왜 자유주의가 아직, 혹은 절대로 중국 상황에 적합하지 않은지에 대해 다양한 방식으로 주장했다.

민족주의와 레닌주의의 부상은 덜 극적으로 보여도 실제로는 지속적인 지적 생활과 문화적 삶의 두 가지 근본적인 혁명 - 구어체와 과학의 우위 확립 - 에 달려 있었다. 첫 번째는 공식적 표현과 지적 작업에서 고전문어 체文言에 대한 백화白話와 국어國話의 승리였다. 두 번째 포괄적 혁명은 자연 과학 방법론의 우위와 기술의 경이로움에 대한 폭넓은 수용이었다. 량수밍과 같은 신유교를 옹호하는 신전통주의자들 조차도 과학을 받아들였다. 중국인은 어떤 길을 택할지에 대해 논쟁하였고 지도력을 위해 경쟁했지만, 모든 당사자는 구어체와 자연과학 및 기술의 우위를 받아들였다. 중국 지식인의 도구는 이미 1890년대부터 근본적으로 바뀌어 왔는데 즉, 말하는 방식과 세계를 가장 잘 설명할 수 있다는 생각이었다. 이러한 근본적인 변화는 반대자들이 거의 없이 1930년대 중반에는 자리를 잡았으며 그 이후로 지식인들이 중국에서 해왔던 일을 계속해서 형성할 것이었다.

3

회생
중국을 조직하다(1936–1956)

1945년 8월 충칭의 장제스와 마오쩌둥

1945년 8월 28일 마오쩌둥은 옌안의 중국 공산당 본부에서 국민당의 전시 수도인 충칭重慶으로 날아갔다. 일본군은 패배했고, 그들의 천황은 8월 15일에 항복을 선언했으며, 중국 내 일본군은 이미 현지 병력에 항복하고 있었다. 마오쩌둥과 함께 비행한 이는 미국인이었다. 마오쩌둥과 패트릭 J. 헐리Patrick J. Hurley는 산시성陝西省 시안 북쪽의 매우 건조한 황토 산지에 있는 옌안 외곽의 먼지투성이 비행장에서 이륙했다. 그들은 공습으로 큰 피해를 본 국민당의 전시 수도인 쓰촨성四川省 양쯔강 상류 위의 급수가 잘 된 언덕에 위치한 충칭에 내렸다. 이 드라마는 중국 내륙의 심장부에서 펼쳐졌지만, 배경에는 미국인들이 있었다. 중국 주재 미국 대사인 헐리는 국민당과 중국 공산당 간 협상의 보증인이었다. 충칭 협상 중, 이 사진은 1936년부터 1956년까지 수십 년 동안의 중국의 현실을 담고 있다. 즉 일본과의 끔찍한 전쟁과 전쟁 비용, 어느 쪽도 상대방을 완전히 근절시키지는 못하는 상황에서 국민당과 공산당 사이의 지속적인 적대감, 그리고 처음에는 일본에 대항하는 동맹인 장제스를 지원하는 역할로, 그리고 1940년대 후반에 이르면 "붉은 중국 공산당"의 확고한 적으로서 다가오는 미국의 존재였다.

이 회의는 장제스과 마오쩌둥이 총력전의 용광로 속에서 성장한 새롭고 강력한 전체주의 국가를 이끌 두 경쟁자였기 때문에 중요했다. 국민당과 중국 공산당 모두 선전 국가를 건설했고 어느 쪽이 중국을 지배할 것인지를 결정할 싸움이 진행 중이었다. 18세기 청나라 건륭제의 "문자의 옥" 이래 정치지도자들이 이토록 직접적으로 중국 지식인들의 의제를 설정한 일은 없었다. 두 레닌주의적 당-국가는 중국의 활력을 되찾기 위한 국가 건설의 이 새로운 이데올로기적 순간에 지적 참여를 위한 경쟁적인 이데올로기와 기회를 제공했지만, 절대적인 충성심을 요구하고 비판을 허용하지 않았다. 이 양극 사이에서 중국의 자유주의자들은 "제 3의 길"을 제시할 장소와 목소리를 찾으려고 노력했다.

량수밍梁漱溟: 중국 민주 정치 단체 동맹中國民主政團同盟의 정치 프로그램(1941)

1. 일본에 끝까지 저항한다. 모든 잃어버린 영토와 주권을 회복하기 위해 [일본과의] 모든 타협에 반대한다.

2. 일당 통치를 종식하여 민주주의 정신을 실천한다. 헌법이 시행될 때까지 국가 문제를 논의하기 위해 모든 정당과 그룹을 대표하는 [임시] 기관을 설립한다.

3. [다양한 정당과 집단의] 관계를 정상화하기 위해 현재의 모든 불일치 지점을 근본적으로 해결하여 내부 통합을 강화한다.

4. 국민당이 "국민 저항과 재건의 개요"를 철저히 수행하도록 감독하고 돕는다.

5. 실질적인 국가적 통일을 확립하고 지방 분리주의에 반대하지만 중앙 정부와 지방 정부의 관할권을 적절하게 정의한다.

6. 군대 내의 모든 정당 조직과 정당 간 투쟁에서 무력 사용에 반대한다. 군은 국가에 속하고 군인은 국가에 충성해야 한다. … 1)

원지쩌溫濟澤(1914-1999): 투쟁 일기(1942)

6월 1일 월요일

오늘 회의의 중심 주제는 극단적인 민주적 경향을 근절하는 것에서 왕스웨이의 사상에 대한 논의로 진행되었다. 이날 15개 연설의 대부분은 이 문제에 집중되었다. 세 번째 연설은 리옌이 했다. 첫째, 그는 몇 가지 통계를 제공했다. 우리 연구소의 많은 연구자들이 "야생 백합"을 처음 읽었을 때 왕스웨이에 다소 공감했다. 이 글을 싫어하는 사람들조차도 저자 입장의 근본적인 실수를 깨닫지 못했다. 그러나 2개월이 넘는 시간 동안 교정 자료를 연구하고 중앙위원회 선전부에서 소집한 회의에 참석하여 [마오쩌둥의] "자유주의와 싸우자"와 "평등주의에 대하여" [류사오치의] "좋은 중국 공산당원이 되는 방법" 및 기타 자료와 "야생 백합" 및 "정치인, 예술가"에 대한 토론은 모두가 "야생 백합"에 포함된 생각과 방법이 지닌 오류의 심각성을 알 수 있게 해주었다. (사상 개조가 얼마나 필요한가! 교정 자료가 얼마나 중요한가!) 리옌은 왕과 당 위원회 사이에 열린 6개의 대담 과정에 대해 계속해서 보고했다. 왕은 지금까지 자신의 실수를 인정하지 않았다. "환자를 구하고 병을 치료"하기 위해 우리는 왕의 실수를 철저하게 노출하고 그에 대한 심각한 이데올로기 투쟁을 수행해야 한다.[2]

원이둬聞—多(1899-1946): 시인의 작별(1946)

며칠 전 우리 모두 알고 있듯이, 역사상 가장 비열하고 수치스러운 사건 중 하나가 이곳 쿤밍에서 발생했다. 리궁푸李公朴씨가 그렇게 악의적으로 살해당할 어떤 범죄를 저질렀는가? 그는 단지 몇 개의 기사를 쓰기위해 펜을 사용했고, 입을 열어 말했고, 그가 말하고 쓴 것은 양심을 가진 중국인이라면 누구라도 말할 수 있는 것에 지나지 않았다. 우리 모두는 펜과 입이 있다. 만약 그럴만한 이유가 있다면 말하지 않겠는가? 왜 사람들은 구타를 당하고, 살해당하거나, 심지어 기만적인 방법으로 살해되어야 하는가? [박수갈채]

오늘 여기에 특수 요원[국민당 스파이]이 있나요? 일어나라! 당신이 남자라면 일어나라! 앞으로 나와 말하라! 왜 리 씨를 죽였나? [열렬한 박수] 당신은 사람들을 죽이고는 그것을 인정하지 않고 심지어는 살인이나 성추문이나 공산주의자가 다른 공산주의자들을 죽인 결과로 일어났다는 거짓 소문을 퍼뜨렸다. 파렴치하다! 파렴치하다! [박수] 이것이 국민당의 파렴치함이지만 영광은 리씨의 것이다. 리씨는 수년간 쿤밍(昆明)의 민주화 운동에 참여했다. 이제 그는 쿤밍으로 돌아가 자신의 목숨을 희생했다. 이것이 리 씨의 영광이다. 그것은 쿤밍 사람들의 영광이다![3]

---

1) 동맹의 정치 프로그램은 1941년 10월 1일자, 공식 신문인 『광명보(光明報)』(香港)에 게재되었다. Alitto, *The Last Confucian*, p.309에 번역

2) 溫濟澤, 「鬪爭日記」, 『解放日報』(延安),1942.6.28., 6,29, Tony Saich, ed., *The Rise to Power of the Chinese Communist Party* (Armonk, NY: M. E. Sharpe, 1996), p.1115에

이데올로기적 순간: 중국을 건설하다

혁명은 새로운 정권을 권좌에 등장시켰다. 국민당 정부는 1928년에 공식적으로 난징에 자리를 잡았고 일련의 공산주의 소비에트가, 처음에는 중국 남동부 산지(장시江西)에 이어 북서부(옌안)와 중국 북부를 가로질러 세워졌다. 1935년 이후 몇 년간 양측은 각각의 혁명적 목표를 이행할 수 있는 위치에 있었고, 각자가 통제하는 지역에서 국가 건설을 통해 중국이 회생할 수 있도록 했다. 모든 것은 1937년 7월 일본의 전면적인 침략으로 시작된 총력전의 경험 때문에 근본적으로 변했다. 대체로, 세기 중반 이러한 회생에 이르는 세 가지 경로가 있었다 : 쑨원주의, 공산주의, "제 3의 길"인 자유주의. 국민당 민족주의자는 장제스 하에서 첫 번째를 밀었다. 1942년까지 마오쩌둥 휘하의 중국 공산당은 두 번째를 시행했다. 그리고 "제 3의 길"은 다양한 자유주의 지식인들에 의해 민주 동맹과 같은 소규모 정당을 통해 추구되었다. 셋 모두 그들의 지식인이 있었다. 아마도 이 기간 중국에서 가장 유명한 지식인일 후스는 국민당 독재 정권을 자유 민주주의로 밀어 붙이긴 했지만, 전쟁 중 중국의 주미대사를 지낼 정도로 국민당을 위해서 일했다. 기자이자 중국 공산당의 이론가인 덩퉈鄧拓(1912-1966)는 지식인 간부의 역할을 규정했다. 량수밍과 같은 고령의 지식인과 우한吳晗(1909-1969)과 같은 젊은 학자들은 민주 동맹을 통해 중국에 봉사하려고 했다. 전후에는 해외에서 교육을 받고 살던 애국적 중국 지식인 세대가 귀국을 결심했는데 주로 중국 공산당 치하의 새로운 사회와 새로운 국가로 등장할 중화인민공화국에 봉사하기 위해서였다. 이 귀환

번역되어 있다.

3) 聞一多, "最後一次講演"(마지막 강연), 1946년 7월 15일 쿤밍의 윈난(雲南)대학교에 서였다(원은 연설 직후, 정부의 첩보원이 쏜 총에 맞았다), Cheng and Lestz, *The Search for Modern China*, p.337에 번역되어 있다.

자 중에는 역사가 저우이량周一良(1913-2001)과 로켓 과학자 첸쉐썬錢學森
(1911-2009)도 있었다.

이 이데올로기적 순간을 정의한 질문은 신중국을 어떻게 건설할 것인
가? 였다. 중국의 지식인과 정치 지도자들이 제시한 답은 모두 국가 건설
에 관한 것이었다. 국가 건설은 국가 행정을 강화하고 정치 체제의 사회
생활과 공공 문화를 일관되게 만드는 것을 추구했다. 그것은 20세기 중국
의 지속적인 프로젝트였으며 세기 중반과 그 세기 말엽에 지배적인 이데
올로기적 순간이었다. 국가는 혁명이 만들어 낸 해결책이었다. 국민당과
중국 공산당은 각자 나름의 버전을 지녔다. 두 정권 모두에게 이 이데올로
기적 순간을 형성하는 가장 강력한 힘은 총력전으로, 1937년 일본 제국군
의 엄청나게 파괴적인 침공과 중국에서는 항일 전쟁으로 알려진 8년이 중
국의 가슴 아픈 내전으로 종결되었다. 수년간의 끊임없는 폭력에 대응하
며 각 정권의 어두운 면이 대두되었다.

이러한 시대의 폭력에 대응하여 중국과 그 지식인들에게 제시된 국가의
형태는 당-국가였다. 이것은 중국 역사상 전례가 없었던 훨씬 더 강압적
이며, 군사화되고, 거슬리는 형태의 근대적 거버넌스였다. 그것은 군대와
경찰뿐만 아니라 주요 산업체와 언론의 많은 부분을 통제하는, 이전의 모
든 중국 행정부보다 훨씬 크고 더 요구사항이 많았다. 그것은 중국의 활력
을 되찾는다는 명목 하에 사회를 관리하기 시작했다. 그 프로젝트를 위해
당-국가는 지식인이 필요했다. 매튜 존슨Matthew Johnson이 주장했듯이,
"양당은 국가와 사회를 중재할 뿐만 아니라 국가의 대기업 소유, 지역 사
회 치안, 자원 관리 및 새로운 복지 시스템의 창출을 통해 정치의 '사회화'
를 도울 점점 더 많은 충성스러운 지식인을 필요로 했다."[4] 그 시대의 도

---

4) Personal communication; and Matthew Johnson, "International and Wartime Origins
   of the Propaganda State: The Motion Picture Industrty in China, 1897-1955," 박사학위논
   문, University of California, San Diego, 2008.

전은 이 거대한 조직을 어떻게 작동시키고, 잘 작동시키며, 중국의 사상가와 작가들에게 영감을 줄 수 있는 목표를 향해 가도록 작동시킬 것인가였다. 세기 중반 당-국가는 세기 전환기의 량치차오와 그의 계승자들이 격렬하게 느꼈던 권력의 전당에서의 소외를 끝나게 했다. 동시에 이 활발한 새로운 당-국가는 청淸 치하의 삶에서는 있을 법하지 않은 방식으로 지식인들의 참여를 강요하고 대안적 공적 활동을 차단했다. 정치적으로 능동적인 지식인들은 자신들이 원하던 것 - 기여를 평가해주는 국가에의 봉사 - 을 얻었다. 그러나 그것은 악마와의 거래로 국민당 하의 천부레이陳布雷(1890-1948)와 중국 공산당 아래의 왕스웨이의 삶에 심각한 제약을 가져온 것으로부터 시작되지만, 이 회생Rejuvenation의 이데올로기적 순간에 대부분의 지식인에게는 "참여의 대가"로 인식되었다.

1945년까지 국민당 하의 국가로서의 중국과 마오쩌둥 하의 중국 공산당 모두 살아남았다. 1945년 8월과 9월, 승리한 국민당 정부는 중국 내 일본군의 항복을 받아들였다. 이보다 앞서 1945년 4월 중국 공산당은 옌안에서 제 7차 당 대회를 개최하여 생존과 성장을 축하하고 마오쩌둥의 권력을 공고히 했다. 같은 해 중국의 유명한 서남연합대학西南聯合大學의 교수들은 윈난으로부터 일본군에 의해 점령되었던 베이징과 다른 지역에 있는 본교로 귀임하기 시작했다. 그들 중 많은 수가 이러저러한 소규모 민주 정당에 속해 있었다.

그러나 사실 1945년에는 두 개의 중국이 있었고, 국가 지도자를 향한 두 명의 경쟁자가 있었다. 장제스 총통과 그의 국민당 정부는 중국 남부와 중국 내 주요 도시, 그리고 마오쩌둥 위원장과 그의 중국 공산당 정부는 북부의 농촌과 중부, 그리고 곧 만주에 걸쳐 12개의 "혁명근거지" 행정부가 있었다. 둘 다 그들이 통솔하는 군대를 가지고 있었고 둘 다 이데올로기적 지도력의 새로운 정치에 순응했다. 장제스는 1943년에 엄청난 인기를 끌었던 그의 책 『중국의 운명』에서 현대판 철인 지도자로 자신을 내세웠다.[5] 쑨원은 민족주의 혁명의 영적 아버지이며, 국민당은 그의 교회였고, 이제 장제스는 최고위 선지자였다. 삼민주의와 쑨원의 관련 저술은 정권의 공식적 신조였다. 장제스는 내놓을 수 있는 것이 많았다. 그는 항일 전쟁을 견디고 승리에 기여했다. 그는 1943년 1월 영국 및 미국과의 불평등 조약을 종식시키는 역사적인 사명을 달성했으며 중국을 미국, 영국 및 소련과의 비밀 회담을 통해 "열강"의 위치로 세웠다. 그리고 그는 미국의 정치적, 경제적 지원을 받았다.

마오쩌둥은 그의 저술, 그 중 상당수는 1944년 마오쩌둥 선집에 수록된 옌안의 정풍 운동 관련 저술에서 자신의 몫을 주장했다.[6] 마르크스, 엥겔스, 레닌, 스탈린은 공산주의의 위대한 신들로, 중국 공산당은 그들의 교회였으며, 마오쩌둥은 이 국제적 노동자 해방의 중국 선지자였다. 마오쩌둥은 중국의 일반 대중과 특히 지식인에게 제시할 것이 많았다. 현장의 진실은 더 암울했을지라도 공산주의자들은 일본의 패배에 큰 공헌을 한 것으로 널리 인정되었고, 홍군의 행동은 지방의 평화를 유지하면서도 계몽된 것으로 보였고, 그들의 지방 행정은 부패한 국민당 지방 관료의 괴롭힘과 비교되어 친절한 것으로 대조되었다. 마오쩌둥의 생각은 장제스의 생각보다 청년들에게 훨씬 더 영감을 주었고 소련의 정치적 지지를 받았다.

자유주의자들은 많은 지식인과 미국과 유럽 정부의 지지, 그리고 도시에서 대중적인 지지를 받았다. 그러나 자유주의자들은 볼셰비키 정당에 필적할 만한 조직도 없었고 군대도 없었다. 그들은 "제 3의 세력"으로, 민

---

5) 蔣中正(蔣介石), 『中國之命運』(중국의 운명) (重慶: 正中書局, 1943. 3); 공인된 영어 번역은 왕충후이(Wang Chung-hui)에 의한 Chiang Kai-shek, *China's Destiny* (New York: Macmillan, 1947)이고 린위탕이 쓴 서문이 포함되어 있다.

6) 『毛澤東選集』(n.p.: 晉察冀書店, 1944). 마오 전집에 대한 세부사항은 Timothy Cheek, "Textually Speaking: An Assessment of Newly Available Mao Texts," Roderick Mac-Farquhar, Timothy Cheek, and Eugene Wu, eds., *The Secret Speeches of Chairman Mao* (Cambridge, MA: Harvard Council on East Asian Studies, 1989), pp.83-4.

'주 동맹(1947년 해산)과 도시에 기반을 둔 전문가, 학자와 지식인으로 채워진 소규모 민주 정당들이었다. 중국의 국제 지향적 엘리트로서 많은 자유주의자들은 미국과 유럽에서 교육을 받았으며 이제는 주요 대학, 정부 연구소, 기업 및 미디어를 이끌었다. 그들은 근대 사회와 자유 민주주의 정치를 중국에 도입하려고 했다. 그들은 중화민국을 곧이곧대로 받아들여 정당을 결성하고 쑨원의 "정치적 지도"를 종식시키고 보통 선거를 통한 진정한 입헌 정치의 도입을 위해 움직였다. 이 지식인과 전문가들은 자유주의와 민주적 정치를 통한 회생과 국가 건설의 길을 생각했다. 장제스와 마오쩌둥은 자유주의자들에게 접근했는데 그들이 특히 근대화 추진의 핵심이 되는 교육받은 도시 주민들에게 상당한 신뢰를 받았기 때문이었다. 그러나 국민당과 중국 공산당 모두 자신의 당 계획을 심각하게 방해한 지식인을 통제하고 괴롭히고 때로는 죽였다. 1949년에 이르면 자유주의자들은 선택 – 장제스와 함께 타이완으로 가거나, 공산주의자들과 함께 중국에 머물거나, 중국을 떠나 화교로 사는 – 을 강요받게 될 것이었다.

전쟁과 산업화

지난 7년간의 총력전과 그 이전 수십 년간의 국지적 전투는 중국을 근본적으로 교전국으로 만들었다. 전면적인 전쟁은 국민당의 혁명적 노력을 종식시켰다.[7] 난징南京 시대(1928-1937) 동안 장제스의 새 정부는 근대적 국민 국가를 건설하려고 노력했고, 신생활 운동新生活運動에서 대중의 도덕성을 향상시키기 위해 고군분투했으며 불평등 조약을 뒤집으려 했다.

---

7) Hans J. van de Ven, *War and Nationalism in China, 1925-1945* (London: Routledge, 2003), 그리고 Rana Mitter, *China's War with Japan, 1937-1945: The Struggle for Survival* (London: Allen Lane, 2013)는 미국에서 Forgotten Ally: *China's World War II, 1937-1945* (Boston: Houghton Mifflin Harcourt, 2013)로 출판되었다.

신생활 운동은 1934년 2월에 시작되어 중국과 중국인을 근대화하면서도 유교적 특질을 갖추고 민족 도덕을 되살리려 했다. 장제스는 위생 캠페인으로 시작했지만, 곧 전체 운동은 웃음거리로 전락하여 많은 사람에게 유럽의 파시스트 청년 조직의 조악한 복제로 간주되었다.[8] 그러나 류원난劉文楠이 주장했듯이 장제스는 신생활 운동을 쑨원이 약속한 인민들을 근대적 민주 시민이 되도록 준비시키는 "정치적 지도"의 이행으로 보았다. 캠페인을 벌이기 위해 국가 권력을 사용하기로 한 장제스의 결정은 성공하지 못했지만, 량치차오의 세대가 옹호했던 "인민의 쇄신"을 강제하려 했던 유사한 노력을 반영한다. 한편, 온전한 지방 및 중앙 행정을 구축하려던 국민당의 노력은 일본의 침공에 직면하여 무너졌다.

그러나 혁명은 중국 공산당이 통제하는 지역에서 빠르게 진행되었다. 아이러니하게도 항일 전쟁(우리가 2차 세계 대전으로 알고 있는)은 공산주의자들이 처음으로 지속적인 영역을 통제하고 그들의 사회 및 정치 혁명을 시행할 수 있는 기간이었다.[9] 1935년 산시陝西의 시진市鎮에 중국 공산당의 수도가 자리 잡은 후 1947년까지, 옌안 시대로 알려지게 된 북서부에서의 기간 동안 중국 공산당은 "각성한 신사층"을 합류시키기 위해 온건한 토지 개혁을 택했다. 이것은 1937년 초에 협상된 중국 공산당과 국민당 정부 사이의 새로운 국공합작 때문이었다. 그럼에도 불구하고, 일반적으로 당과 특히 떠오르는 최고 지도자인 마오쩌둥은 상대적으로 안정적인 이 기회를 이용하여 강력한 당 군대를 중심으로 구축된 급진적인 볼셰비

---

8) Wennan Liu, "Redefining the Moral and Legal Roles of the State in Everyday Life: The New Life Movement in China in the Mid-1930s," *Cross-Currents: East Asian History and Culture Review*, e-journal, No.7 (June 2013), pp.30-59. Liu는 이 운동을 파시스트적이라고 보는 기존 연구와 예측 가능한 근대화의 정치 기술로 보는 새로운 연구들에 대해 신중하게 검토한다, pp.31-2.

9) Mark Selden, *China in Revolution: The Yenan Way Revisited* (Armonk, NY: M. E. Sharpe, 1995).

키 정치 체제를 명확히 하고 훈련시켰다. 그것은 실제로 국민당이나 일본 군이 했던 것보다는 농민들에게 더 세심했지만, 정치에서는 완전히 독재적이었다. 이는 공산주의 지역에 새로운 질서를 가져오는 데 효과적이었지만 당 지도부에 대한 전적인 헌신과 순종을 요구했다. 1942년에서 1944년의 정풍 운동은 장제스의 신생활 운동이 실패한 곳에서 성공했다. 그것은 중국 공산당의 농촌 "근거지" 내의 규율 및 군사적 통제와 새로운 공공 도덕성을 성공적으로 결합시켰다.[10]

장제스의 신생활 운동은 성공하지 못했을지 몰라도, 그의 정권이 건설한 통합적인 근대국가는 인상적이었고 1949년 군사적 승리를 거둔 후 공산주의자들이 넘겨받을 것이었다. 근대화에 대한 "총력전"의 역할은 중국에만 국한되지 않는 주제이다. 야마노우치 야스시山之内靖와 동료들은 같은 시기 총력전이 일본에 미치는 영향을 살펴보았다. 그들은 이 시기 일본뿐만 아니라 독일, 미국 및 기타 선진 산업 국가들이 합리화, 동원, 높은 수준의 사회 통합 및 통제를 특징으로 하는 "시스템 사회"를 형성했다고 결론지었다. 야마노우치는 전쟁을 통해 "계급 사회에서 … 시스템 사회로의 전환이 있었다"고 결론지었다. 실제로 일본에 대한 이러한 결론은 중국에도 적용된다. 즉 "전후 개혁보다는 전시의 동원 체제가 전후 가속화된 성장의 주요 축인 노동력의 배치를 만들어 냈다".[11] 지적 노동이 중국 당

---

10) Selden, *China in Revolution;* David Apter and Tony Saich, *Revolutionary Discourse in Mao's Republic* (Cambridge, MA: Harvard University Press, 1994); and Tony Saich and Hans J. van de Yen, eds., *New Perspectives on the Chinese Communist Revolution* (Armonk, NY: M. E. Sharpe, 1995) 특히 두 번째 파트의 글들.

11) Yasushi Yamanouchi, J. Victor Koschmann, and Ryuichi Narita, eds., *Total War and "Modernization"* (Ithaca, NY: Cornell East Asian Series, 1998), pp.xiii and 25. 중국의 사례는 William Kirby, "Continuity and Change in Modern China: Economic Planning on the Mainland and on Taiwan, 1943-1958," *Australian Journal of Chinese Affairs,* No.24 (July 1990), pp.121-41를 보라.

-국가의 목표를 현대화하고 동원하는 데 핵심이 되었으며, 그들은 지식인을 모집하고 통제하기 시작했다.

그러나 모든 지식인이 당-국가를 위해 강요당하거나 영향력 없는 민주정당에서 고립되어 있었던 것은 아니다. 전쟁 중 약간의 중국 지식인은 베이징이나 1941년 이후의 상하이 같은 일본 지배 하의 도시에 남아 있었다. 루쉰의 재능 있고 학구적인 형제 저우쭤런周作人(1885-1967)의 유명한 사례에서 볼 수 있는 것처럼, 몇몇은 단순히 정치에서 벗어나려고 했다. 그는 남쪽의 국민당 지역으로 도망칠 수 없는 학생들을 돌보기 위해 일본인 아내와 함께 베이징에 남는 것을 선택했다. 다른 사람들은 선택의 여지가 거의 없었고 일본 혹은 중국의 괴뢰정권 지배 아래 괴로운 상황을 한탄하면서, 그들의 전문적 혹은 문학적 노력을 지속하려 했다. 그러나 일본군이나 중국의 부역정권, 특히 1940년에서 1944년 사이에 왕징웨이汪精衛(1893-1944)가 수반이었던 일본이 후원하는 중화민국에 적극적으로 협력하는 것을 선택한 지식인들이 있었다.12) 전후에 철저히 규탄 받았지만, 왜 몇몇 합리적인 사람들이 일본과 협력했는가 하는 이유를 파악하는 것은 어렵다. 한 가지 주된 이유는 범아시아주의에 대한 믿음이었는데, 이는 일본이 유럽인을 쫓아내고 중국의 지역 분쟁을 진압할 수 있는 유일한 아시아 세력이라는 인식에 영향을 받은 것이다. 범아시아주의 이데올로기는 전통적인 중국의 정치철학을 많이 사용하여 통치에 대한 접근 방식을 공자孔子가 유명하게 만든 공동체 지향의 왕도 王道로 묘사했다.13) 1970년대

---

12) Poshek Fu, *Passivity, Resistance, and Collaboration: Intellectual Choices in Occupied Shanghai, 1937-1945* (Stanford, CA: Stanford University Press, 1993); and Timothy Brook, *Collaboration: Japanese Agents and Local Elites in Wartime China* (Cambridge, MA: Harvard University Press, 2005).

13) Sven Saaler and Chirstopher W. A. Szpilman, "Pan-Asianism as an Ideal of Asian Identity and Solidarity, 1850-Present," *Asia-Pacific Journal: Japan Focus*, Vol.9, No.1, April 25, 2011 (available at: http://www. japanfocus. org/-Sven-Saaler/3519).

문화 혁명의 극좌파 정책에 봉사하기로 선택한 사람들의 경우에서 다시 보게 되겠지만, 우리는 맥락을 기억하기 위해 노력해야 한다. 즉 이 지식인들은 새로운 질서(1940년대 일본 지배)가 지속되지 않을 것이라고 믿을 이유가 거의 없었다. 정부를 통솔하는 최신 정권에 복무하는 것은 실용적인 선택이었다.

1946년과 1949년 사이의 내전은 중국의 자유주의자들을 포함한 모든 관련자를 억지로 끌어들였다. 시도는 했지만 자유주의자들을 위한 제 3의 선택은 없었다. 량수밍은 서구화된 자유주의자들에 합류하여 1941년에 민주동맹을 결성했다. 서구적이든 신 전통적이든, 이 제 3의 길 지식인들은 중국을 위한 해결책, 전쟁을 벌이는 두 레닌주의 정당과 그들의 두 이데올로기로부터 독립된 중국의 국가 건설을 위한 길을 추구했다. 그들은 보다 제한적인 공화국을 원했는데 치안을 유지하고 도로를 건설하되 지방질서, 공동체의 부활과 문화의 재생과 공교육에 대한 요구는 스스로 해결하도록 개인과 공동체를 위한 사회적 공간을 남겨두길 원했다. 국민당과 중국 공산당은 이 제 3의 선택은 허용할 수 없다는 것에 일치를 보였다. 둘 다 "의례를 통해 사람들을 변화시키는" 전통적 중국식 국정 운영의 열망을 충족시키려는 쑨원의 교육 국가의 각자 버전을 내놓았다. 그들은 이데올로기의 엄격함과 그것을 집행할 능력에서만 차이를 보였다.

1949년 말에 국민당은 패배하여 타이완 섬으로 후퇴했다. 중국 공산당은 이제 제대로 된 국가 건설이라는 더 큰 도전 - 약 4억 명의 인구와 현존하지 않는 청 제국의 거대한 영토(약 천만 제곱킬로미터로 알래스카가 있는 미국의 크기 또는 그린란드를 포함한 EU보다 약간 작음)와 10년 동안의 총력전의 끔찍한 잔재를 안고 있는 - 에 직면했다. 1940년대 중국 공산당이 관리하는 지역 전체에 옌안 정풍 운동의 교육 및 숙청을 적용하면서 중국 공산당 행정기구는 규율을 지니며 일관되게 운영되었다. 따라서, 인민해방군의 전례를 따라 중국 공산당 간부단은 토지 개혁을 실시할 수 있었다. 지주들은 총에 맞았고, 더 나아가 중국 공산당 간부는 지역민을 동원하여 예전 지주들을 재판하고 선고하고 처형하도록 했는데, 다음 단계를 위해 대중을 동원하는 것이 혁명을 수행하는 것이라는 이론을 따른 것이었다. 토지 개혁은 또한 량수밍이 시도한 지식인과 농민의 통합을 달성하는 것을 겨냥했으며, 처음에는 어느 정도 이 유토피아적 목표를 달성했다.[14]

　1950년대 초 두 정부 모두 1940년대부터 정부의 계획인 사회 안정과 산업, 상업, 문화의 근대화를 실현했다. 지식인들은 이를 위한 장제스와 마오쩌둥의 방식에 복무하거나 견뎌냈다. 타이완에서 국민당은 지난 50년 동안 일본 제국의 신민이었고 타이완어를 구사하는 현지인들에게 다른 방식의 중국어(북경어)를 구사하는 실제적 침략자로 다가왔다. 따라서 국민당 정부는 타이완에서 자연스럽거나 특별히 환영받는 정치 계급은 아니었다. 긴장은 빠르게 고조되어 1947년 2월 28일, "2·28 사건二二八事件"으로 알려지게 된, 타이베이 시장에서 본토 출신 군인과 타이완 상점 주인 사이의 다툼이 두 공동체 간의 일련의 피비린내 나는 대립으로 폭발했다. 그 후 몇 년간의 타이완 엘리트에 대한 탄압은 타이완에서는 국민당의 백색 테러로 알려져 있다. 이러한 탄압을 통해 국민당은 타이완에 대한 지배력을 강화했다.[15] 국민당 군대와 함께 본토를 탈출한 지식인들은 그들의 추방

---

14) 이상적인 이미지는 1940년대 후반 중국 공산당 근거지의 미국인 관찰자의 보고서: William Hinton, *Fanshen: A Documentary of Revolution in a Chinese Village* (Berkeley: University of California Press, 1997; 1966년 초간); 그리고 Yuan-tsung Chen(陳元珍)의 소설, *The Dragon's Village* (New York: Pantheon, 1980)에 포착되어 있다. 중국인 마을 사람들의 입장에서의 실제적 경험은 Friedman, Pickowicz, and Selden, with Johnson, *Chinese Village, Socialist State*에 기록되어 있다.

15) Murray A. Rubinstein, *Taiwan: A New History* (Armonk, NY: M. E. Sharpe, 2006); and Sylvia Li-chun Lin, *Representing Atrocity in Taiwan: The 2/28 Incident and Terror in Fiction and Film* (New York: Columbia University Press, 2007). Bruce Dickson, "The Lessons of Defeat: The Reorganization of the Kuomintang on Taiwan, 1950-52," *China Quarterly*, No.133 (March 1993), pp.56-84.

된 처지를 고통스럽게 인식하고 있었다. 일부는 애도하고 일부는 비난했으며 모두 패배에 대한 설명과 따라야 할 해결책을 찾았다.[16)

중국 공산군도 상하이나 광저우의 수출입항에서 타이완에서의 국민당보다 더 환영받지는 못했다. 공산주의 간부들은 수년간의 농촌 봉기와 중국 북부의 마을 행정에서 이제 갓 나와서 중국 주요 도시의 상업적, 국제적 문화에 문화적 이질감을 느꼈고 대개 중국 남부의 지역 방언을 사용하지 않았다.[17) 장제스 세력처럼 마오쩌둥도 경쟁자를 무력화시키고 법을 제정하였다. 곧 정치 캠페인은 도시로 확대되어 지식인을 "참여시키고", 정부 부패를 억제하며, 부르주아지를 몰아갔다(특히 1951년에서 1953년의 "삼반오반三反五反"캠페인에서).[18) 행정부가 시작된지 겨우 6개월 만에, 공산주의 정부는 한반도에서 미국과의 전쟁에 직면했다. 그것은 잔인한 혈투였고, 중국은 1950년에 개입했지만 1953년 남북한 두 개의 한국을 확인하는 휴전협정으로 끝이 났다. 1955년까지 공산주의자들은 한반도에서 미군과 맞서고 장제스의 잔류 세력과 요원들에게 공격을 당하는 소모적 도전에도 불구하고 대체로 성공적이었다. 1956년 중국 공산당은 1945년 이후, 첫 번째 주요 회의인 제 8차 당대회를 열었고 성공했다고 느낄만 했다. 중국에 남아 있던 지식인들은 통일적이지 않았다. 일부는 마지못해 머

---

16) Zhidong Hao, *Whither Taiwan and Mainland China: National Identity, the State, and Intellectuals* (Hong Kong: Hong Kong University Press, 2010).

17) A. Doak Barnett, *China on the Eve of Communist Takeover* (New York: Praeger, 1963); Ezra F. Vogel, *Canton under Communism: Programs and Politics in a Provincial Capital, 1949-1968* (Cambridge, MA: Harvard University Press, 1969); 그리고 Jeremy Brown and Paul G. Pickowicz, eds., *The Dilemmas of Victory: The Early Years of the People's Republic of China* (Cambridge, MA: Harvard University Press, 2007).

18) Brown and Pickowicz, *The Dilemmas of Victory*, Part I; and Julia Strauss, "Paternalist Terror: The Campaign to Suppress Counterrevolution and Regime Consolidation in the People's Republic of China, 1950-1953," *Comparative Studies in Society and History*, Vol.44, No.1 (January 2002), pp.80-105.

물렀고 중국 공산당이 일할 수 있는 유일한 실질적인 대안이라는 것을 받아들였다(그러나 명확히 가입하지는 않았다). 어떤 사람들은 기꺼이 함께하고, 가입하며 말을 번지르르하게 했지만 그들의 관심사는 실제로는 다른 곳에 있었다. 그러나 일부는 진정으로 영감을 받고 충격을 받았으며 자신을 새롭게 해 새로운 정치, 새로운 과학 및 새로운 문화를 가진 신중국 건설을 이끌 것을 열망했다. 수십 년간의 소외되고 혼란한 끝에 중국의 회복에 기여할 기회가 생겼던 것이다.

그러나 국민당 정부나 공산주의 혁명에 대한 복무라는 두 가지 길 모두 중국 지식인들에게 커다란 위험을 수반하고 있었다. 국민당 치하의 부패와 반대파에 대한 억압은 1945년 일본의 패배와 국민당이 난징의 수도로 돌아온 이후에 더욱 악화되었지만 공산주의자들에 대한 복무도 목가적인 것은 아니었다.[19] 마오쩌둥은 1942년에서 1944년 정풍 운동 기간 자신의 권력을 공고히 했다. 이것은 여러 가지 이유에서 지식인들에게 숙명적인 발전이 될 것으로 판명이 났다. 이 캠페인은 "정치 학습"(믿는 자들 사이에서 "해석상의 유대감"를 만들어 내는 국가 주도의 종교적 개종 수업에 더 가깝다)과 권위주의 행정 및 당 정책의 비타협적 집행을 결합했다.[20] 반동 세력이 멸절되는 동안 지적 다양성과 반대자들도 마찬가지로 몰살되었다.

---

19) 이 기간 동안 지식인의 경험에 대한 많은 설명들이 John Israel, Lianda: *A Chinese University in War and Revolution* (Stanford, CA: Stanford University Press, 1999)에 있다.

20) 옌안 정풍 운동의 고전적 이중성(이상주의와 억압)은 Mark Selden, *The Yenan Way in Revolutionary China* (Cambridge, MA:Harvard University Press, 1971); 그리고 Goldman, *Literary Dissent in Communist China*에 포착되어 있다. 강렬한 학습 시간으로부터 생겨난 해석적인 유대를 반영하는 정풍 운동으로부터 살아남은 생존자들과의 인터뷰를 포함한 보다 최근의 설명은 Apter and Saich, *Revolutionary Discourse in Mao's Republic*에 제시되어 있다.

근대화는 두 혁명 정당의 핵심 목표였다. 정치적 사상과 정책의 차이에도 불구하고 국민당과 공산주의자들 모두 사회를 관리될 수 있는 것으로 파악했다. 이 시기에 혁명의 대상이 인민에서 사회로, (혁명의) 대리인은 독립적 지식인에서 지식인 간부단을 관리하는 통합 정당 국가로의 전환이 일어났다. 1900년대에 량치차오의 세대가 중국을 위해 신민을 발견하고 근대 문학으로 이들을 깨워 행동에 옮기는 방법을 발견했다면 국민당의 천리푸陳立夫(1900-2001)에서 중국 공산당의 천보다陳伯達(1904-1989)에 이르기까지 1930년대 당 - 국가의 설계자들은 관리, 동원 및 통제의 대상으로 사회를 발견했고, 그들은 사회과학을 활용해 국가의 요구에 복무하는 방법을 배웠다.[21]

중국의 선전 국가

국민당과 공산주의자들은 20세기 중반 지식인이 공적 생활에 참여하게 할 지배적인 틀을 제공했다. 둘 다 소련에서 차용한 볼셰비키 정당이었고 둘 다 모두 공개적으로 1920년대 초반 쑨원의 개혁 국민당의 유산이라고 하고 그들의 "정치적 지도" 하에 중국을 영광스럽게 할 계몽의 선봉자로서의 역할을 한다고 주장했다. 이들은 독일, 이탈리아와 다르지 않은 중국식 선전 국가였다. 이러한 시스템에는 각성한 공무원, 쑨원의 "선견지명"을 부여받은 엘리트 직원이 필요했다. 장제스 치하의 국민당은 1930년대 초까지 이러한 지도의 일환으로 대학과 주요 기관의 "당화黨化"를 시작했다. 이러한 노력의 실패가 그들 이야기의 일부가 되었다. 후스와 같은 가

---

21) Yung-chen Chiang, *Social Engineering and the Social Sciences in China*는 1920-30년대 사회에 대한 사회과학의 접근 방식의 발전과 이 지식이 국가 행위자들에 의해 어떻게 이용되기 시작하는지에 대해 기록했다.

장 영향력 있는 지식인들은 (때때로) 공직에 당연히 취임했지만, 장제스를 위해 훈련된 지식인 간부의 역할로 "변신한" 사람은 거의 없었다.

일반적으로 공산주의자들, 특히 마오쩌둥은 중국을 선전 국가로 만드는 데 성공했다. 1940년대부터 공산주의자들은 이 시스템에 생명을 불어넣기 시작했는데, 사회 혁명과 국가의 부와 권력에 봉사하기 위해 간부단과 지역 주민들을 교육, 훈련, 동원하기 위해 고안된 정풍 운동을 통해서였다. 중국 지식인은 노동자, 농민, 군인 가운데 간부로 변모한 핵심 그룹이었다. 이 운동의 방식은 중화인민공화국의 정치 방식 – 당 – 국가가 이끈 대중 행동주의, 대중을 동원하고 프롤레타리아트의 지속적인 독재(일당 통치)를 정당화하기 위해 허수아비를 "부정적인 예"로 이용하는 – 을 설정했기 때문에 중요했다. 이 방식은 마오 치하의 중화인민공화국에서 계속되어 문화대혁명(1966-1969)에서 최고조에 이를 것이었다.

그럼에도 불구하고 공산주의 운동과 심지어 마오주의 진영 내에서도 시작부터 내부의 반대자가 있었다. 이 장에서 우리는 딩링과 왕스웨이의 사례들을 볼 것인데, 마오 시대 전반과 그 이후까지 내부 논쟁은 지속될 것이다. 국민당과 국민정부 사회 전반에 걸쳐 반대자가 있었고, 리궁푸李公朴(1902-1946)나 원이둬聞一多(1899-1946)와 같은 일부는 그 대담함으로 총에 맞았다. 중국 지식인 중 다수가 가장 직접적이고 위험한 방식으로 가장 대담하고, 가장 용감하고, 가장 비극적으로 권력에 진실을 말하려고 자청했다. 이 두 혁명 정권에 대한 중국의 반대자의 역사는 우리 이야기의 중요한 부분이며, 지적 진실성과 개인의 불굴의 용기에 영감을 주는 비극적 사례이다.

선전: 당 – 국가에 지시된 공공 영역

1940년경에는 선전 국가의 인쇄 공산주의가 중국의 공공 영역을 규정하는 제도로서 초기의 인쇄 자본주의를 대체하게 되었다. 중국 공산당과 국민당은 그들의 모델로 레닌의 1902년 팸플릿인 『무엇을 할 것인가?』에서 처음 개괄되고 1920년대 초 루나차스키Lunacharsky(1875-1933)의 "계몽 위원회"에 따라 새로운 소련에서 구현된 선전 체제를 채택해 시행했다. 이것이 피터 케네즈Peter Kenez가 "선전 국가"라고 부른 체제다. 소비에트 정보 체제에 대한 케네즈의 그림은 양당이 열망했고 1940년대에 중국 공산당이 달성한 인쇄 공산주의의 목표를 생생하게 보여준다.

신문은 정치적 몸의 혈액 순환 시스템이었다. 그것은 모든 곳에서 필수 정보를 빠르게 전달했다 … 평범한 시민들은 지도자들이 정의한 타당한 공적 문제가 무엇인지를 배우고 장황한 정치적 담론을 배웠다. 활동가와 당 관료들에게는 신문을 부지런히 읽는 것이 훨씬 더 중요했다. 그들은 크고 작은 문제에서 어떻게 행동해야 하는지 알아냈고, 동료 시민들과 정치적, 심지어 비정치적 문제를 논의하는 방법을 배웠다.[22]

중국 공산당은 소련으로부터 미디어 시스템 이상을 차용해 왔다. 그것은 볼셰비키 선전 국가의 자체 방식을 창조했다. 피터 케네즈는 이것을 간부 교육, 정치 언어의 발달, 삶의 더 큰 영역의 정치화, 독립 조직의 "자발적" 국가 통제 사회로의 대체를 조율하는 국가 지배 정치라고 불렀다.[23] 선전은 단순히 전체 미디어 시스템이 아니었다. 그것은 정치적 프로젝트

---

[22] Peter Kenez, *Birth of the Propaganda State: Soviet Methods of Mass Mobilization, 1917-1929* (Cambridge: Cambridge University Press, 1985), p.224. (우리가 1장에서 논의한) "인쇄 자본주의"에 평행하는 "인쇄 공산주의"라는 용어는 Christopher Reed가 "Advancing the (Gutenberg) Revolution: The Origins and Development of Chinese Print Communism, 1921-1947," in Cynthia Brokaw and Christopher A. Reed, eds., *From Woodblocks to the Internet: Chinese Publishing and Print Culture in Transition, circa 1800 to 2008* (Leiden: Brill, 2010), pp.275-311에서 만들어 냈다.

[23] Kenez, *Birth of the Propaganda State*, pp.12-3 and Chapter 10.

였다. 중국에서 선전은 정치 운동에서의 마오주의의 지도 방법으로 알려진 것을 구체적으로 적용했다. 신문과 다른 매체의 당 선전은 당 지도부의 "대중에서 대중으로" 기능하는 주요한 예로 여겨졌는데, 당 대표들이 서민들 사이로 들어가 그들의 문제와 필요를 발견하고 되돌아가서 그 특정한 문제와 그들의 이데올로기적 통찰력을 종합해 다시 대중에게 돌아와서 그러한 공식을 대중들이 자신들의 가치로 받아들이게 하는 방식으로, 인민들 사이에 당의 통찰을 알리는 것이다.[24] 이것은 교육(교화敎化)을 통해 대중을 변화시키는 것으로 보였다. 그것은 쑨원의 교육 국가pedagogical state의 꿈을 이루는 것이었다. 그러나 국민당은 공산주의자들과 단절한 후 좌파 숙청의 일환으로서 자체 당 조직의 지역 기반을 파괴했다.[25] 1930년대 후반까지 완전한 선전 국가를 구현할 제도적 역량을 효과적으로 개발한 것은 중국 공산당뿐이었다.

선전은 엘리트 훈련의 일부였고 중국 공산당 간부에 대한 엘리트 훈련과 감시, "정풍整頓作風"의 일부였다. 이 모델에서 학습 시간은 간부 교육 및 정책 구현의 일부였다. 1930년대 후반부터, 선전 저술과 당 공식 간행물을 당 간부 및 지방 지도자, 지식인을 포함하여 세심하게 조직된 학습 모임에서 읽고 논의했다.[26] 1940년대에 그러했던 것처럼 정풍은 중국 공

---

24) 고전적 공식은 중국 공산당 중앙위원회가 발표한 「關於領導方法的若幹問題」(지도 방법에 관한 약간의 문제) 에 있으며 『마오쩌둥선집』 3권(『毛澤東選集』 3卷) (北京: 外文出版社, 1975)에 포함되어 있다.

25) Bradley K. Geisart, *Radicalism and Its Demise: The Chinese Nationalist Party, Factionalism, and Local Elites in Jiangsu Province, 1924-1931* (Ann Arbor: Center for Chinese Studies, University of Michigan, 2001).

26) 옌안에서의 경험은 Apter and Saich의 *Mao's Republic*; 그리고 Frederick C. Teiwes, *Politics and Purges in China: Rectification and the Decline of Party Norms* (Armonk, NY: M. E. Sharpe, 1979), pp.30-57에 자세히 나와 있다. 1950년대는 Franz Schurmann, *Ideology & Organization in Communist China* (Berkeley: University of California Press, 1966), pp.60-1. 이 학습 모임에 대한 고전적 연구는 Martin K. Whyte, *Small Groups*

산당이 생산하는 이데올로기적 선언을 뒷받침하는 조직화한 시스템이다. 따라서 선전은 중국 공산당의 정통성을 보증하고 현재 정책에 대한 실질적인 정치적 피드백을 제공하며 간부 훈련과 규율 체계를 알려주는 시스템의 중심이다.

선전 국가는 이 시스템을 완전히 자급자족적인 서비스 조직인 단웨이(작업 단위)로 제도화하였다. 예를 들어, 공산주의 신문인 옌안의 『해방일보解放日報』 또는 전쟁으로 피폐해진 근거지의 신문 같은 『진찰기일보晋察冀日報』는 그러한 모든 것을 포용하는 단웨이였다. 직업적 활동과 개인적 문제에 대한 당의 강력한 통제 외에도 각 신문은 주택, 건강관리, 사회 서비스, 자녀 교육을 제공했고 심지어 청혼까지 승인했다. 그러한 사회 통합 서비스의 무게는 구성원들이 삶의 대부분의 측면에서 단웨이의 지도력에 의존하게 했다. 즉 이 중앙에서 통제되는 복지는 열정적이지는 않더라도 규정을 준수하도록 촉진시켰다.[27] 우리는 이 장의 뒷부분의 덩퉈鄧拓와 그의 동료들의 삶을 통해 중국 공산당의 초기 선전 국가의 작동방식을 보게 될 것이다.

중국 선전 국가의 정보 시스템은 위르겐 하버마스Jürgen Habermas가 유럽 사회에서 "공공 영역"이라고 부르는 것과 많은 면에서 부합한다. 이 비교는 중국 경험을 다른 사례와 더 비슷한 비교할 만한 것으로 만들 뿐만 아니라 중국의 지적 서비스를 형성하는 차이점이 부각될 수 있게 하므로 중요하다. 물론 유럽의 사례에서 가장 큰 차이점은 하버마스는 공공 영역

and Political Rituals in China (Berkeley: University of California Press, 1974)이다.

27) Patricia Stranahan, *Molding the Medium: The Chinese Communist Party and the Liberation Daily* (Armonk, NY: M. E. Sharpe, 1990); Cheek, *Propaganda and Culture in Mao's China*, 2장. 단웨이에 대해서는 Andrew Walder, *Communist Neo-traditionalism: Work and Authority in Chinese Society* (Berkeley: University of California Press, 1986)와 Lü Xiaobo and Elizabeth J. Perry, eds., *Danwei: The Changing Chinese Workplace in Historical and Comparative Perspective* (Armonk, NY: M. E. Sharpe, 1997)를 보라.

이 국가 권력으로부터 독립된 것으로 본다는 점이다. 실제로 하버마스나 그의 동료들이 마오쩌둥 치하 중국의 정보 시스템을 어떠한 "시민 사회"와 함께 하는 어떤 종류의 "공공 영역"이라고 부를 것 같지는 않다. 내가 그의 용어를 사용한 것은 현대 중국에 관심이 있는 학자들(중국인과 서양인 모두)은 항상 "공공 영역"을 사용하여 중국의 공적 무대를 설명하기 때문이다. 그러나 내 생각으로는 중국이 하버마스의 모델을 따르는 것 같지는 않다. 마오 시대의 공적 무대나 심지어 오늘날에도 상당할 정도로, 하버마스가 "공공 영역"을 사용한 의미로 국가 권력과 공동체의 결속에서 자유로운 독립적인 지식인들로 구성되어 있지 않기 때문이다. 그러나 중국은 국민당과 중국 공산당 치하에서 모두 공적 무대가 있었다. 당은 통제하기를 열망했고, 마오쩌둥 시대가 한창이었을 때 거의 모든 공적(그리고 훨씬 사적인) 표현을 장악했다. 그것은 이념적 지도자와 계몽된 간부의 깨우침을 전수 시키고자 항상 언론, 선전, 공개 토론 및 대중의 관습을 주도하려고 노력해 왔다. 그래서 중국은 개인의 생각과 가치가 공공이 되는 공적인 영역이 있었지만, 하버마스의 버전과 비교하면 그것은 지시된 공공 영역이었다.

중국의 선전 국가는 선전 시스템을 이 "지시된 공공 영역"을 사용해서 당이 직접 공적 무대를 관리하고 "시민 사회"의 공공 협회를 통제했다.[28] "지시된"의 개념은 스탈린의 소련에서 국가가 "인민의 이익을 위해" 예술, 윤리 및 사상을 통제하는 "지시된 문화"에 대한 빅터 세르주Victor Serge(1890-1947)의 설명에서 비롯되었다. 미클로시 허러스티Miklós Haraszti (1945-)는 헝가리의 국가 사회주의 하에서 지식인을 위해 지시된 문화의 매력을 보

---

28) Timothy Cheek의 "From Market to Democracy in China: Gaps in the Civil Society Model," in Juan D. Lindau and Timothy Cheek, eds., *Market Economics and Political Change: Comparing China and Mexico* (Lanham, MD: Rowman & Littlefield, 1998), pp.236-45에서 분석되었다.

여주었다. 그의 아이러니한 소설 『벨벳 감옥』에서 하라슈티는 냉소적인 검열관 "사회주의는 보기와는 달리, 예술가들의 니체적 욕망을 억압하지 않고 충족시킨다 … 국가는 나의 예술이 상품이 되는 것을 막고, 국민의 선생으로서 나의 지위를 보장한다"라고 결론 내렸다.[29] 중국 공산당 하의 선전 시스템에는 미디어와 함께 예술과 대학이 포함되었다. 작가, 교수, 연구자와 언론인 - 사실 모든 직업 - 이 중국 공산당 선전 부서의 직접 관리하에 선전 및 교육 시스템에 통합되었다.[30] 마오의 중국에 지식인을 위한 다른 공공 영역은 없었다.

지식인 간부: 선전 국가의 종복

유교적 학자 - 관료인 과거제의 엘리트가 이 수십 년을 지나가자 이전에 그 그룹이 점유했던 사회 공간을 세 가지 대체 그룹이 차지하게 되었다. 그중 하나는 통합적이고 전체론적인 학자의 역할을 유지하고자 했으며 둘째는 간부단, 전문가 및 독립 작가이자 해설자로서 중국의 공적 생활에서 진정한 혁신을 대표하는 지식인이었다. 전문가와 독립적 지식인은 이 수십 년 동안 중요하게 발전했지만 1950년에 지식인의 지배적인 선택은 간부단의 역할이었다. 전문적 조직(대학을 포함)과 미디어는 점점 더 중국의 당 - 국가 중 하나의 통제를 받게 되었다. 간부단, 특히 지식인 간부단은 새로운 레닌주의 당 - 국가 중 국민당 혹은 공산당 어느 하나에 봉사하며 도덕적 훈련과 문해력을 갖춘 사람과 공인된 국가 행정관의 역할을 결합시켰다. 그러나 간부단의 역할은 좀 더 포괄적인 것이었는데 청의 행정 체

29) Miklos Haraszti, *The Velvet Prison: Artists under State Socialism* (New York: Basic Books, 1987), pp.6 ff.; pp.24, 94.에 인용되었다.

30) 선교계통(宣敎系統)은 Kenneth Lieberthal의 *Governing China: From Revolution through Reform* (New York: W. W. Norton, 1995), pp.198-208에 묘사되었다.

제 밖에 있던 서기 및 경찰과 같은 하급 공무원을 포함하는데서 나아가 더욱 다양해져서 자신을 학자 또는 지식인으로 여기지 않는 현직자까지 포함했다. 새로운 국가 체제로의 재통합에 대처하려는 지식인의 분투는 중국의 긴 20세기 후반부의 지식인의 역사를 규정했다.

이들은 중국의 **기성 지식인**이었다. 그들은 레닌주의 정권의 현대판 학자 – 관료로 중국 대도시의 문화 및 정치계의 가장 영향력 있는 부류 사이에서 움직였다. 그들은 수준 높은 지식인이자 고위 간부였다. 당 – 국가 내에서 고위직을 담당하여 고위 간부가 되었다. 고도의 그리고 전반적 지식인 문화에 대한 그들의 헌신, "궁극적" 혹은 이상(정치적 권위와 분리할 수 없는 문제)을 정의하는 지적 활동에의 참여, 그리고 통치 당국에 대한 그들의 지지와 수용 및 그에 대한 봉사는 지식인에 대한 에드워드 쉴즈 Edward Shils의 정의와 부합한다.[31] 중국의 기성 지식인이 다른 정치 체제의 유사한 엘리트와 구별되는 것은 그들이 봉사하는 체제와 그들이 이끌어 온 전통에 있다. 중국의 기성 지식인은 문화에 대한 정치적 통제가 정당하다고 널리 인식되는 체제에서만 존재할 수 있다. 중국 공산당의 선전 국가가 그러했다. 국가와 지식인 모두가 끌어낸 전통에는 과거제를 통해 중국 왕조에 의해 공인되었고 봉사해 온 학자 – 관료(士)의 중국 전통의 이상화된 버전과 레닌주의의 엘리트주의와 사회공학적 목표가 모두 포함되어 있었다.[32] 장제스의 국민당 국가도 같은 전통과 야망을 포괄하고 있었지만, 대중의 지지를 얻어 문화를 통제하려는 노력은 그다지 성공적이

---

31) Edward Shils, "Intellectuals," in David Sills, ed., *International Encyclopedia of the Social Sciences* (New York: Macmillan, 1968), Vol.VII, pp.413-14.

32) Hamrin and Cheek, *China's Establishment Intellectuals*, p.4에서 규정되었다. 국가에 봉사하는 것이 공적 봉사의 주요 형태라는 이미지 때문에 "이상화된" 학자 – 관료 전통 버전은 대부분의 청대 지식인들이 국가에 봉사하지 않고 (그 일이 매우 제한적이었으므로) 지역 사회 내에서 다른 문화적, 행정적 업무에 종사한다는 현실을 무시한 것이었다.

지 못했다. 따라서 장제스의 개인 비서로 곧 만나게 될 천부레이陳布雷는 국민당 아래 지식인의 보다 더 세속적이면서 전문인으로서 기능하는 규칙에서 예외적인 존재였다. 세련된 선전가인 덩튀는 마오쩌둥과 그의 후계자 밑에서 중국의 선전 국가를 위해 봉사한 엘리트이자 일반적인 지식인 세대 가운데 한 명이었다. 마오쩌둥 아래 중국의 기성 지식인은 지식인 간부의 이상적인 버전이 되었다. 중국 선전 국가의 특징은 당-국가와 지식인의 상호 침투이다. 이것은 동떨어진 "조직"이 수동적인 지식인들에게 지시하는 일방 통행로가 아니었다. 실제로 지식인은 당-국가의 중요한 부분이었으며, 종종 지도부에 있었다. 그의 거대한 이론적 저작물에도 불구하고 마오쩌둥을 지식인으로 생각하기는 어려운데, 그는 자유롭게 발언하는 지식인들의 적이었기 때문이다. 그러나 어떠한 합리적 정의로나 그는 지식인이었다. 더욱이 마오쩌둥은 과거제科擧制 엘리트의 전통적인 기백의 일부를 되찾은 지식인 간부가 사제와 같은 작용을 하도록 정당화했다. 즉, 교황이 명백히 지역 교구 사제인 것처럼 혹은 청나라의 황제가 지방의 행정관 또는 세가의 가주들의 위대한 현인 모델이었던 것처럼 마오쩌둥은 "엄연한 향토 지역 지식인 간부"로 봉사했었다.[33] 반대자들을 징계하고 숙청하는 것을 포함하여 마오주의를 섬기고 강화시킨 사람들 중에도 덜 유명하지만 유사한 지식인이 포함되었다. 이는 수잔 바이겔린-슈비드르직크Susanne Weigelin-Schwiedrzik가 지적했듯이, "중국에서 우리가 보통 당과 지식인 간의 갈등으로 간주하는 갈등은 지식인 간의 갈등"이라는 것을 상기시킨다.[34]

마지막으로 혁명적 선전 국가는 지식인들에게 혁명적 지식인이 됨으로써 마르크스주의 세계관으로 부르주아 지위를 극복할 방법을 제공했

---

33) 쑨원도 덜 성공적이긴 했지만 동일한 역할을 시도했었다. Fitzgerald, *Awakening China* 를 보라.

34) Hamrin and Cheek, *China's Establishment Intellectuals*, p.20에서 인용.

다. 레닌의 세계 혁명의 관점으로 중국을 보는 것이 중국을 자본주의의 전복과 세계 각지의 노동자 해방을 이끌 억압적 세계의 선봉으로 만들어 실패한 제국과 공화국을 구한 것처럼, 당은 지식인을 이 세계적인 해방 프로젝트에서 중국을 이끌 역사적 세력의 혁명적 종복으로 만들어서 자본가의 하인 노릇하는 것에서 구제하겠다고 제안했다. 당은 지식인들에게 항상 양면적이었는데 이데올로기적으로는 중국의 지식인은 조약항 도시와 서구식 대학의 부르주아 세계 사이의 연결 고리였으나, 실제에 있어서는 지식인이 당의 오류를 비판하고 현재의 당 지도자에게 도전이 되는 경쟁하는 제안, 관념 또는 마르크스주의에 대한 해석을 제시할 수 있었고 또 했기 때문이었다. 중국의 선전 국가에서 안전하게 남아서 영향력을 얻는 방법은 자신을 혁명가로, 당의 혁명적 이데올로기에 충성하는 지식인으로 자리매김하는 것이었다. 이것은 규율과 지적 자유의 제한을 요구하지만, 1930년대와 1940년대 중국에서 하찮게 간주되던 지식인에게 세 가지 매력적인 역할, 즉 사회 조직 지도자로서의 기능적 역할, 중국을 구하는 영웅으로서의 정서적 역할, 중국의 위대한 문화유산을 보존하고 완성하는 교양인 혹은 문화 전달자로서의 문화적 역할을 제공했다.[35]

국가 봉사의 위험: 후스胡適, 천부레이陳布雷, 우한吳晗

선전 국가는 장제스 아래서 완전히 장악되지 못했다. 중국의 많은 자유주의자들은 후스와 같이 공인된 독립적 지식인으로서 장제스의 국민당 정부에서 일하고자 했다. 천부레이처럼 기성 지식인으로서 국민당에

---

35) Hyung-yok Ip, *Intellectuals in Revolutionary China, 1921-1949* (London: Routledge, 2005)의 좋은 연구에서는 독자, 영웅, 그리고 교양인이 세 가지 변수였다.

봉사한 사람들은 심각한 좌절에 직면했고 우한과 같은 다른 자유주의자들은 1940년대 마오쩌둥의 중국 공산당으로부터 성공적으로 구애를 받았다.

2장에서 만난 중국의 가장 유명한 자유주의자인 후스는 궁극적으로 국민당을 선택하여 항일전쟁 중 상당 기간을 장제스의 워싱턴 대사로 일했다. 그러나 후스와 국민당 정부와의 관계는 엇갈렸다. 그는 대부분 교육 기관에서 일했으며 결국 1940년대의 상당 기간과 1950년대의 대부분을 미국에서 살았다. 후스는 1930년대까지 중국의 많은 사상가와 작가들에게 나타났던 독립적인 지식인이자 전문가라는 두 개의 정체성을 받아들였다. 전문가로서 후스는 학위(컬럼비아 대학에서 박사학위 취득)를 보유한 교수로서 중국의 근대적 국가에 고용되어 지위와 수입을 얻었다. 그는 1946년부터 1948년까지 베이징대학 총장을 역임했으며 이후 1957년부터 1962년 사망할 때까지 타이완 중앙연구원의 원장을 역임했다. 지식인으로서, 1917년부터 후스는 5·4 시대 새로운 잡지와 신문에 문어보다 구어 사용을 독려하고 컬럼비아 대학에서 그의 스승이었던 존 듀이 John Dewey(1859-1952)의 자유주의적 실용주의를 옹호하기 위해 글을 썼다. 후스의 전기傳記는 세기 전반기 중국 자유주의의 핵심적인 특징이 서구 사상 및 문명과의 명백한 연결임을 강조한다. 후스, 딩원장, 뤄룽지와 같은 다른 자유주의자들은 언론에서 "전반서화론자全般西化論者"로 규정되었지만 사실 그들은 그들의 자유주의를 보편적 문명의 일부로 보았고, 서양과 중국의 특징은 단지 구체적 예였을 따름이었다. 그들은 그들 스스로 여긴 것처럼 세계시민이었다.

하지만 후스와 동료 자유주의자의 세계 시민주의는 그들의 사회적 경험으로 뚜렷하게 형성되었다. 이들은 "귀국 유학생"의 제 1세대로, 유럽과 미국에서 공부하고 모든 분야에서, 그중에서도 특히 자연 과학, 정치학 및 역사에서 고급 학위를 취득한 지식인이었다. 세기 전환기에 해외에서 공부한 대부분의 중국 학생들은 일본으로 갔지만, 미국이 1908년에 의화단 배상금 기금을 중국 학생들이 미국에서 공부할 수 있는 장학금으로 전환한 후, 그다음 세대의 지식인 리더들의 대부분은 서구에서 공부했다. 1930년대 이후의 저명한 자유주의 지식인은 현대적 전문가로 일반적으로 새로운 대학의 교수 또는 주요한 국가 연구 기관의 연구원이었다. 사실상 모두가 서양에서 공부했거나 서양에서 교육받은 스승 밑에서 공부했다. 그들은 도시에서 근대적이고 서구화된 생활 방식으로 살았다. 그들은 "근대적인" 옷이라고 여겼지만, 대부분의 다른 중국인들에게는 "서양 의복"인 옷을 입었다. 핵가족으로 살았고 상하이, 베이징, 광저우 및 기타 대도시에서 영화관, 식당 및 근대 생활의 여타 오락 시설을 누렸다. 그들은 중국의 대도시 엘리트의 중요한 일부로, 중국의 잠재적인 새로운 고위관료였다. 하지만 완전히 그렇지도 않았다. 자유주의자들은 국민당과 중국 공산당 모두가 요구하는 간부의 역할 특히 지식인 간부의 역할을 절대 하지 않으려 했는데 자유주의자들은 스스로를 학식을 지닌 **전문가**라고 여겼고 정부는 헌법에 제한된 행정을 수행하고 분쟁을 중재하며 개인의 자유를 보호하는 데 초점을 두는 법률적 체제라고 기대하였다. 후스와 그의 동료들은 분명 전문가였다. 하지만 자유 민주주의적 정치 질서에 대한 그들의 희망은 좌절되었다.

중국에는 물론 다른 세계인도 있었다. 우리가 보았듯이, 량수밍은 서양에서 온 자연 과학과 기술 발전에 완전히 개방적이었으며 또한 "근대 과학"을 이런저런 문화에 국한되는 것이 아니라 보편적인 어떤 것으로 간주했다. 그러나 량수밍은 자아와 사회에 대한 다른 가정에 기초하였기에 더 넓은 세계에 대해 개방적이었다. 량수밍과 같은 보수주의자들과 딩원장 같은 심지어 약간 서구화된 진보주의자들은 개인보다는 공동체의 관점에서 말하면서 개인은 공동체에 의해 규정되며 따라서 자신의 공동체와는 분리될 수 없다고 보았다. 그들에게 자유 민주주의는 적어도 현재 상황의 중국에는 부적절해 보였으며, 어쩌면 항상 그럴 것이었다. 영국에서 교육을 받은 지질학자 딩원장이 보기에 중국인들은 선거를 통한 민주주의 체제에서 책임 있는 시민의 역할을 수행할 정도로 충분한 교육을 받지 못했다. 따라서 딩원장은 1930년대 "민주 대 독재"에 대한 토론에서 계몽 독재가 당분간 중국에 필요하다는 것에 동의했다. 딩원장은 새롭게 난징에 수립된 장제스의 국민당 정권에 대해 비판적이었는데 그 독재적 방식 때문이 아니라 한심한 비효율성과 무능함 때문이었다. 그는 국민당이 자신과 같은 전문가를 더 많이 고용하고 권한을 부여해주길 원했다. 량수밍은 그의 향촌 재건 운동鄕村建設運動에서 중국 촌락을 위한 과학과 기술의 진보를 원했지만, 자유주의의 중심에 있는 개인주의가 중국 문화나 마을 공동체와 맞지 않는다는 사실을 발견했다. 그는 지역 단위에서 좋은 정부를 장려하기 위해 유교의 "향약"을 비판적으로 재적용하는 것을 선호했다. 량수밍은 국민당은 도시적이고 중국 촌락에 대해서는 외부인과 같다고 비판하였다. 중앙 정부는 지방 사회가 자치를 하도록 물러나야 했다.

자유주의자들은 치열한 독립성을 지니며 비판과 교육의 방식으로 공익을 추구하였지만 다른 사람들은 지도자의 목표를 믿고 정권에 봉사하는 것을 택했다. 후스는 마지못해 그리고 간헐적으로만 국민당을 위해 일했다. 그러나 다른 사람들은 국민당과 장제스를 더 열정적으로 섬겼다. 누구보다 그의 개인 비서이자 대필 작가인 천부레이가 그러했다.

천부레이는 고전적인 신문화 지식인이자 중간 수준의 근대 지식인이었다. 후스 또는 리다자오의 위상을 지니지는 못했지만 천부레이는 뛰어난 학자, 편집자이자 저널리스트였다. 그의 전기는 많은 면에서 민국 시대의 수많은 근대 지식인을 대표한다. 상하이 남쪽의 남동부 지방인 저장성에서 태어난 천부레이는 초등학교와 고등학교를 마치고 나서 1911년 항저우에 있는 저장浙江 대학교를 졸업했다. 그는 상하이에서 언론인이 되었고 1912년 3월 쑨원의 혁명 동맹회에 합류했다. 1920년대에 이르면 저장성에서 일정 기간 교사로 일한 후, 천부레이는 상하이의 상업출판사의 인정받는 편집자로서 중국어로 된 웹스터 대학생용 사전을 편집하고 『상보商報』의 편집자로 일하며 천웨이레이陳偉雷라는 필명으로 신문에 저명한 정치논평을 기고했다.[36] 그는 1927년 국민당에 입당하여 중앙 선전부 부국장을 비롯한 다양한 행정직에서 일했다. 그리고 1935년부터 천부레이는 장제스의 개인 비서 겸 연설문 작성자로 일했다.

천부레이는 중화민국 지식인이 국가업무에 종사할 때 부딪치는 도전을 보여주는 전형적인 사례이다. 수년간의 비참한 군벌 통치 끝에, 1927년 북벌을 완수함으로써 국민혁명은 진정한 국가 혁명의 전망과 봉사할 가치가 있는 정부를 제시했다. 천부레이는 상하이에서 성공적인 저널리스트였고 독립적인 지식인으로서 전문가적 정체성을 받아들였지만, 명백히 그의 일부는 언어의 세계를 넘어서는 변화를 만들고 그 자신보다 더 큰 무언가에 속하기를 갈망했다. 그는 1925년에 공산주의자들의 요청을 받았을 때 그냥 넘겼다. 천부레이에게는 계급 투쟁이 옳지 않은 것으로 보였다. 장제스 총통이 이 년 후 타진했을 때 천부레이의 신문은 장제스를 실망시켰다(지방 군벌 쑨촨팡孫傳芳(1885-1935)과 가까이 지냈기 때문에). 하지만 장제스와의 개인적 만남은 성사되었다. 천부레이의 국민당에 대한 20년 동안의 봉사는 그가 깊이 존경하고 충성심을 느꼈던 지도자 장제스에 대한 개인적 봉사였다. 천부레이는 장제스의 연설문 작성자와 대필작가를 훌륭하게 해냈는데 예를 들면 제2차 국공합작을 가져온 1936년 12월 시안 사건西安事件에 대한 "장제스"의 설명인 「시안에서의 이주일간西安半月記」(중국 주재 미국 대사 스튜어트J. Leighton Stuart가 영어판을 보고서 장의 "근본적 성실성"에 찬사를 보냈다)을 쓴 것이었다.

---

36) 천부레이와 그의 자살에 대한 훌륭한 문학적 연구로 Dahpon D. Ho, "Night Thoughts of a Hungry Ghostwriter: Chen Bulei and the Life of Service in Republican China," *Modern Chinese Literature and Culture*, Vol.19, No.1 (Spring 2007), pp.1-59가 있다.

그러나 천부레이는 그의 위대한 지도자에게 봉사하면서 전문 언론인으로서의 그의 정체성과 당에 대한 그의 봉사 사이에 양립할 수 없는 긴장 상태를 경험했다. 결국에는 그것이 그를 쓰러뜨렸다. 천부레이는 1948년 11월 자살 유서에서 "저널리즘을 떠난 이후로 내 자신의 말을 표현하는 데 펜을 자유롭게 사용할 수 없었다. 사실 나는 서기관에 지나지 않으며 기껏해야 비서일 뿐이다"라고 하였다.[37] 그럼에도 불구하고 1940년대에 국민당에서 일했던 사람들은 천부레이가 장제스 내각의 장관급의 비서로 강력한 게이트 키퍼이자 총통에게 큰 영향을 끼쳤음을 인정했다. 천부레이의 경우 정체성과 봉사를 조화시킬 수가 없었다. 그러나 그의 자살을 기록한 전기 작가인 다폰 호Daphon Ho는 천부레이가 "공무원의 일상적인 세계에 빛을 비췄다. … 아마도 수십 년간의 전쟁과 혁명 기간 동안 당, 파벌, 군벌 또는 정부에서 봉사한 많은 교양 있는 중국인의 일반적인 경험에 더 가까웠을 것이다"라고 하였다.[38]

중국 공산당으로 향한 자유주의자들도 있었다. 우한吳晗의 경우 중국 공산당 하의 국가 봉사에 중국 자유주의자들이 느낀 매력과 마오쩌둥의 일부 지식인에 대한 개인적인 카리스마를 보여준다. 우한은 자유주의 역사가로, 명 왕조(1368-1644)에 관한 저명한 전문가이자 베이징의 칭화대학의 뛰어난 교수였다. 그는 칭화대학에서 수학 후, 해외에서 교육받지 않은 몇 안 되는 선두적인 자유주의자 중 한 명이었다. 전쟁 중 우한은 여러 주요 대학이 일본인에게서 안전하게 떨어져 와 있던 윈난성 쿤밍의 서남연합대학교에서 가르쳤다. 그곳에서 그는 자신의 가장 유명한 연구 중 하나인, 명나라의 독재적인 건국 황제 주원장朱元璋(1328-1398)의 전기를 썼고 1943년에 출판했다. 전기는 현재 공화국의 "건국 황제"인 장제스의 독재

---

37) 陳布雷, "Night Thoughts," p.22.
38) Ho, "Night Thoughts," p.48.

국가 봉사의 위험: 후스胡適, 천부레이陳布雷, 우한吳晗 **215**

적 방식에 대한 공격으로 널리 인식되었다. 전쟁 후 칭화대학과 우한은 베이징으로 돌아왔다.[39]

우한은 중국 정치에서 "제3의 길"을 만들기 위한 자유주의자들의 노력인 민주 동맹의 주역이 되었다. 국민당에 대한 그의 비판과 공산주의자에 대한 그의 명백한 지지는 우한을 국민당의 블랙리스트에 올렸다. 그는 경찰이 1948년 8월 베이징의 대학 캠퍼스를 수색했을 때 남쪽으로 도망쳐 체포를 피했다. 그는 홍콩으로 가서 민주 동맹원들과 민주 동맹의 재결성을 목표로 하였지만, 상하이로 가는 길에 우한에게 동맹의 연장자 동료가 접근해 베이징에서 남서쪽으로 약 170마일 떨어진 허베이 스자좡石家莊시의 "해방구"에 있는 중국 공산당 당국에 편지를 전해달라는 요청을 받았다. 우한은 이에 동의했고 11월까지 우회 경로를 통해 중국 공산당 지역에 도착해 약 55명의 민주 동맹원과 중국 공산당이 초청한 독립적 민주주의 인사들과 함께 중국의 장래에 관해 이야기하게 되었다. 1927년 천부레이와 장제스의 경우처럼, 1948년 우한도 마오쩌둥과의 두 번의 개인적인 만남을 통해 봉사에 대해 확신하게 되었다. 그의 전기 작가인 메리 머주어 Mary Mazur는 "우한은 마오쩌둥과의 만남을 마치고 나서 카리스마 있는 지도자에 의해 고무되었고 레닌과 마오쩌둥의 글을 연구하겠다는 영감을 받았다"고 하였다.[40] 우한에게 지도자와 혁명에 충성하는 것은 가치 있어 보였다. 마오쩌둥이 우한의 주원장 전기의 신판을 요청하여 읽고 해석의 요점을 논의하면서 우한을 우쭐하게 한 사례도 있었다. 마오쩌둥은 우한에게 중국을 구하기 위한 대의에 충성할 것을 촉구하면서 동시에 그에게 지식인의 지도자이자 인민의 스승으로서 존경받을 수 있는 역할도 제시했다. 우한은 너무나 감명을 받아 마오쩌둥에게 즉시 당 가입을 요청하는 편지

---

39) 우한에 관한 자료들은 Mary G. Mazur의 뛰어난 전기, Mary G. Mazur, *Wu Han, Historian: Son of China's Times* (Lanham, MD: Lexington Books, 2009)에서 가져왔다.
40) Mazur, *Wu Han*, p.347.

를 보냈다.

그러나 당은 우한에 대해 다른 계획을 가지고 있었다. 그것은 통일 전선이었는데 중국 공산당의 지부 조직으로 당과 관련이 없는 정치적 인사들과 공동의 노력을 기울이고 다른 계급 및 정당과 일시적으로 동맹을 맺도록 하는 메커니즘이었다. 통일 전선은 국민당과 공산주의자들 간의 협력에 대한 공식 명칭이기도 했지만 일찍이 1941년에 산산조각이 났고 이제는 혹독한 내전이 벌어지고 있었다. 1940년대에 통일 전선은 당 소속이 아닌 지식인 및 비즈니스 인사와 협력하는 중국 공산당의 방식이 되었다.[41] 통일 전선의 강력한 힘은 바로 중국의 자유주의자들을 끌어들이는 능력이었다. 국민당은 1946년 7월 지도적 자유주의 지식인 리궁푸와 시인 원이둬를 암살하고 1948년 여름에 민주 동맹의 다른 회원들을 검거하면서 처참하게 실패한 부분이었다. 중국 공산당은 통일 전선을 사용하여 그러한 자유주의자들에게 당 가입을 요구하지 않고 새로운 정부에 자리를 제공했다. 동시에 중국 공산당 간부들에게 이 부르주아지의 대표들과 협력하고 존중해야 하는 이유를 설명했다. 우한의 충성심을 끌어낸 당은 그에게 중국 공산당원이 아닌 민주 동맹의 지도자로서 봉사하라고 요청했다. 우한은 그대로 했고 그는 1949년부터 1966년까지 동맹의 베이징 지부 회장이었다. 새로운 중화인민공화국에서 우한은 베이징의 부시장이 되어, 시 당위원회의 비밀회의에 적극적으로 참여하고, 기밀 문서를 받았지만, 공식적으로는 통일 전선의 후원 아래 지방 정부에서 동맹의 임원으로 근무하는 것이었다. 우한은 비공개적으로 당 지도자들 사이에서 "당 밖의 핵심 당원"으로

---

41) 1948-1953년의 통일 전선은 국민당과의 협력에 관심을 갖는 것이 아니라 비공산주의자인 지식인과 전문가들을 흡수하는 데 관심이 있었다. 이러한 정책은 Mary G. Mazur, "The United Front Redefined for the Party-State: A Case Study of Trarnsition and Legitimation," Timothy Cheek and Tony Saich, eds., *New Perspectives on State Socialism in China* (Armonk, NY: M. E. Sharpe, 1997), pp.51-75에 신중하게 분석되어 있다.

알려졌다. 우한은 마침내 1957년 3월 중국 공산당에 가입하도록 허용되었지만, 그 이후에도 그의 당원 자격은 비밀로 유지되었다(모든 것이 문화대혁명에서 드러날 때까지).

우한의 업무는 천부레이의 업무만큼 괴롭지는 않았다. 우한은 역사 교수로서의 직업적 정체성을 계속 유지하면서 상당한 위신을 지닌 고위 공무원으로 일했다. 그러나 시련 없는 업무는 아니었다. 우한은 1950년대와 1960년대의 수많은 정치 운동에 대처해야 했다. 그는 초기의 것들을 잘 견뎌내서 1954년 12월에 시작된 유명한 자유주의자를 규탄하는 캠페인에서 그의 옛 스승인 후스를 고발하는 것을 피할 수 있었다. 그러나 1957년 여름 반우파反右派 운동이 시작되었을 때 우한은 열렬한 참여자였으며 동맹의 옛 동지인 장보쥔章伯鈞(1895-1969)과 뤄룽지를 기꺼이 비판하면서 한편으로는 후일을 위해 동맹을 보존했다.[42] 마오쩌둥의 이후의 혁명에서의 우한의 운명은 다음 장을 기다려야 하겠지만, 1957년까지 우한은 자유주의자로서 지적 진실성과 정치적 참여 사이에서 균형을 유지했다고 말할 수 있다. 하지만 그 때 중국 공산당에 가입했던 것이라면 그가 그렇다고 말할 수 있을까? 머주어에 따르면 1949년 이후 우한의 많은 저술을 주의 깊게 읽으면

> 전반적으로 그가 공산주의 이데올로기를 채택했다고 특징짓는 것은 타당하지 않다. … 그는 마르크스 - 레닌주의와 중국에 대한 마오쩌둥의 사상에 선택적으로 영향을 받았다. … 우한은 공산주의를 이해하기로 선택했기 때문에 공산주의에 충실한 것이었지 강력한 중앙 권위가 그것을 명령했기 때문에 그랬던 것은 아니었다.[43]

---

42) Mazur, *Wu Han*, p.377.
43) Mazur, *Wu Han*, p.393(Mazur의 원작에 이탤릭으로 표기).

지식인 간부: 덩튀鄧拓와 왕스웨이王實味

지식인 간부의 역할은 국민당 아래서 흔들렸고 많은 자유주의자를 장제스의 신중국 비전에 끌어들이지 못했다. 그러나 공산주의자들은 다양한 지식인을 끌어들이는 데 훨씬 더 성공적이었다. 우한과 같은 몇몇은 적어도 처음에는 대부분 자기 생각대로 봉사했다. 어떤 사람들은 마르크스주의 – 레닌주의가 중국의 무엇이 잘못되었는지, 무엇을 해야 하는지, 그리고 그들이 개인적으로 무엇을 할 수 있는가에 대한 설명에서 차이가 있다는 것을 발견했다. 언론인, 선전가, 이론가로 35년 동안 당에서 봉사한 덩튀는 천부레이처럼 세기 중반 두 볼셰비키 정당 중 하나에 봉사하기를 선택한 덜 유명한 지식인들의 삶을 반영한다. 천부레이와 달리 덩튀는 지식인 간부로서 중국 공산당에 대한 그의 봉사가 만족스러울 뿐만 아니라 명예로운 소명이라고 생각했다.[44]

덩튀의 경력은 중국 공산당이 지식인에게 제공한 "대우"를 반영한다. 1911년 타이완 해협 맞은편 푸젠성福建省 푸저우福州에서 태어난 덩튀는 은퇴한 청 지방 행정관(또한 학위 소지자)의 다섯째 아들이었다. 부유한 것은 아니었지만, 충분히 여유롭고 교양이 풍부한 가정이었다. 형들은 대학에서 공부하고 국민당 정부에서 봉사했다. 덩튀는 전통 예술, 특히 서예와 고전시에 대해 엄격한 훈련을 받은 덕분에 평생 동안 뛰어났다. 그의 아버지는 전통적인 유교적 학식을 지녔지만 새로운 사상과 충돌하지 않았다. 덩튀는 아버지의 권유로 집에서 『신청년新靑年』과 기타 우상 파괴적인 5·4 시대 잡지를 읽었다. 이것은 덩튀에게 중국의 높은 문화와 예술에 대한 건전한 기초 교육과 더불어 중국의 정체성이 새로운 관념과 양립할 수 있다는 믿음을 제공했다. 그는 1920년대의 신식 중학교에서 교육을 받았

---

44) 덩튀 관련 자료들은 Cheek, *Propaganda and Culture in Mao's China*에서 가져왔다.

으며 지역의 군벌이 장악할 때 일어나는 일을 직접 목격했다. 그러므로 급진화된 젊은 덩퉈는 혁명을 일으키기 위해 상하이의 대학에 진학했다.

덩퉈는 상하이에서 1930년 좋지 않은 시기에 중국 공산당에 가입했다. 1927년 국민당의 잔인한 숙청 이후 비록 공식적 지도부가 1931년 내륙의 장시江西 소비에트로 급히 떠나기 전 도시 지역에 남아 있었기는 해도 당의 잔당만이 실제 상하이에서 활동하고 있었다. 덩퉈는 거리 선전가이자 시위 조직가로 일했다. 그는 즉시 국민당 당국에 체포되었다. 그의 아버지가 그의 아들을 감옥에서 빼내기까지 약 8개월이 걸렸는데, 그가 고문을 당하고 동지들이 그들의 정치적 견해로 인해 처형되는 것을 보고 난 후였다. 젊은 덩퉈는 푸저우의 집으로 돌아왔고 몇 년 후 카이펑開封의 허난河南대학교로 옮겨 1937년에 경제학 학위를 받았다. 이 기간에 그는 학업 때문에 거리 시위를 포기했지만, 마르크스주의를 포기하지는 않았다. 그러나 그는 당 조직과의 접촉을 잃었다(1930년대 국민당이 급진주의자들에 대한 억압을 강화하면서 종종 그랬던 것처럼). 그럼에도 불구하고 마르크스 – 레닌주의에 대한 덩퉈의 믿음은 이 시기의 연구, 특히 중국 사회사에 관한 그의 연구를 통해 형성되었다. 그는 주요 저널에 6개의 탄탄한 논문을 실었고, 주요 역사 논문인 「중국구황사中國救荒史」(1937)는 오늘날에도 여전히 학자들이 인용하고 있다. 덩퉈의 역사 연구는 역사적 유물론의 관점을 채택하고 프롤레타리아트를 동원하려는 레닌의 사상보다 엥겔스의 계급과 생산 수단에 대한 경제적 결정론에서 더 많은 것을 끌어냈다. 그러나 사회 혁명의 비전은 그의 상상력을 사로잡았다. 1933년, 훨씬 더 선배 학자인 장둥쑨張東蓀(1886-1973)과의 토론에서 젊은 마르크스주의자는 다음과 같이 선언했다.

미래의 사회는 현재와 완전히 다를 것이다. 즉, 인류가 자연 세계를 통제할 수 있을 뿐만 아니라 사회의 자연적 성격을 제거할 수 있고, 역사의 발전이 완전히 인간의 처방대로 될 것이며 사람들의 의지는 완벽히 자유로울 것이다. 그러면 인류 사회는 전례 없는 발전을 이뤄 최고 수준의 문화로 인간성을 발전시킬 것이다. … 45)

이 혁명에 봉사하는 것은 참으로 영웅적인 소명이었다. 1937년 일본의 침공은 덩퉈에게 그 부름을 받아들일 기회를 제공했다. 그는 중국 북부의 시골로 피했는데, 그곳에서 공산주의자들은 진차지晉察冀 경계 지역(이 지역이 세워진 경계를 따라있는 3개 성, 산시陝西, 차하르察哈尔 및 허베이河北의 한 글자를 따서)으로 알려진 근거지를 세웠다. 그곳에서 젊은 급진적 지식인은 당과 다시 연결되었고 그의 문장 실력 덕에 한 곳에서 혁명을 조직하는 데 도움이 될 기회를 찾았다. 그는 이 향촌 기지에서 주요 선전가가 되었고 신문을 편집했다. 그는 또한 군 지도자인 녜룽전聶榮瑧(1899-1992)과 나중에 당 대표가 되 펑전彭眞(1902-1997)의 연구 자문이 되었다. 덩퉈는 항일 전쟁 기간 이 농촌 근거지에서 근무했다. 대부분의 기간 동안, 이 경계 지역은 "근거지"로서 일본군의 반복적이고 잔인한 공격을 받았다. 그러나 이 시기는 아마도 덩퉈에게 가장 행복한 때였고 확실히 그는 가장 생산적이었다. 목표가 분명하고 역사적 목적의식이 노력과 희생을 정당화하는 역경 속에는 묘한 자유가 있었다.

덩퉈가 진차지 근거지에서 일한 행정 시스템은 옌안의 마오쩌둥 밑에서 몇 년 후 유명해지는 중국 공산당의 당 – 국가였다. 그것은 각각의 움직이는 부분이 당의 이데올로기 및 행정 정책을 따를 수 있도록 당 간부가 모든 조직에 침투하는 통합 시스템이었다. 볼셰비즘의 선전 국가였고 덩퉈는 그것을 좋아했다. 1938년 여름, 덩퉈는 변구邊區 신문인 『항전보抗戰報』의 편집자로서 글을 쓰며 드러냈다.

---

45) 鄧拓, 「形式邏輯還是唯物辯證吧?」 (형식논리인가 유물변증법인가?), 『新中華』, 1卷 23期, p.56, Cheek, *Propaganda and Culture*, p.42에서 인용.

물론 『항전보抗戰報』의 제작에는 임무가 있다. 그것은 변구의 대중 저항과 해방 운동의 선전가이자 조직자가 되어야 하고, 광범위한 대중의 요구를 대변해야 하며, 대중 투쟁의 실상과 경험을 반영하고 전달해야 하며, 과업의 다양한 측면을 홍보하고 대중을 교육해야 한다.

당 지도부의 이 포괄적인 역할은 1940년대에 마오쩌둥에 의해 "대중에서 대중으로"라는 리더쉽의 순환이라고 명시될 것이었다. 확실히 도덕적이상주의이다. "동시에" 젊은 편집자는 이 서비스 작업을 통해 신문은 진보한다고 충고한다. "그것은 대중의 신문이다. 다른 사람들에게 자극을 주는 동시에 다른 사람들로부터 자극을 받는다. 남들을 가르치는 동시에 남들의 가르침을 받는다."[46] 덩퉈는 비록 다른 이데올로기를 믿지만, 여기에는 1934년에 량수밍의 주장에서 본 지식인과 향촌의 재결합에 대한 현자와도 같은 소명과 기대가 울려 퍼지고 있다.

당이 지식인 간부를 포함한 직무자에게 부여한 지적 자유에 대한 제약이 이 유토피아적 비전의 어두운 면이다. 국민당과 공산주의자들 모두에게 이것은 고질적인 문제였고 억압의 추악한 면을 옌안의 왕스웨이 사례에서 곧 보게 될 것이다. 그러나 항상 그런 것은 아니었으며 또한 모든 지식인에게 그렇지 않았다는 점을 유의하는 것도 중요하다. 1939년 덩퉈의 강연과 문학과 예술에 관한 기사는 1942년 지식인에 대한 당 노선을 정립한 마오쩌둥의 유명한 "옌안 담화"의 주제를 예시한다. 마오쩌둥이 설명하기 전에 덩퉈는 당의 지식인이 그들의 생각을 전달하고 "대중"을 동원하기 위해 서민의 언어 또는 "민족적 형식"을 사용해야 한다는 데 동의했다. 그러나 덩퉈에게 이것은 농민들을 위해 지나치게 단순화하는 문제가 아니라 "대중 문학 및 예술 운동을 진정하게 발전시키는 최선은 대중의

---

46) Yin Zhou(鄧拓), 「抗敵報五十期的回顧與前望(캉잔바오 오십기의 회고와 전망)」, 『抗敵報』, June 27, 1938, p.1, Cheek, *Propaganda and Culture*, p.86에 인용.

문화적 수준을 높이는 것"이었다. 덩퉈는 고급문화와 대중문화 두 방향의 정책을 가지고 있었기 때문에 대중화 작업을 부담으로 여기지 않았다. 진차지에서는 두 정책이 나란히 지속될 수 있었다. 실제로 덩퉈는 녜룽진 및 기타 유명 인사들과 함께 1943년 매우 전통적인 '연조시사燕趙詩社'에 가입하여 농민은 말할 것도 없고 대부분 대학생의 수준을 뛰어넘는, 고전 양식의 세련된 시詩의 교류를 즐겼다.[47] 덩퉈는 지적으로 풍부했고 자신의 기량으로 지역 문화를 구축하고 새로운 행정을 구현하는 데 도움을 주었으며 중국의 웅장한 문화의 순간을 즐겼다. 이것이 덩퉈에게는 중국의 마르크스주의 혁명이었다.

다른 이들에게는 그렇지 않았다. 1937년과 1938년 일본이 중국의 주요 동부 도시를 점령한 이후 젊은 급진 지식인들이 옌안에 모였다. 이 좌익 작가들은 문학적 모더니즘의 형태로 또 다른 종류의 세계주의 ‒ 국제적이고 유럽 지향의 마르크스주의를 가져왔다. 이 그룹의 핵심은 지난 장에서 상하이의 다락방과 5·4 문학잡지의 페이지에서 만난 딩링丁玲이었다. 1941년까지 딩링은 지역 여성 조직의 책임자이자 옌안의 문학 현장의 리더였다. 그녀는 옌안의 주요 신문인 『해방일보解放日報』 문학란의 편집자였다. 그녀는 당의 더 큰 규율과 이 가난에 시달리는 북서부 벽지 농촌 생활의 상당한 불편함에 대처하면서, 자신의 글에서 이들 독립적 도시 지식인의 불만의 목소리를 내고 출판했다. 1941년 10월 딩링은 『해방일보』 기사에서 잡문雜文("격론적인 글")의 부활을 촉구했다. "나는 우리에게 가장 좋은 것은 진리를 대하는 그 [루쉰]의 확고함, 진리를 위해 말하려는 그의 용기, 그리고 그의 대담무쌍함을 본받는 것이라고 생각한다. 잡문雜文은 우리 시대에 여전히 필요하며, 절대로 내려놓지 말아야 할 무기이다."[48]

---

47) Cheek, *Propaganda and Culture*, pp.95-8.

마오쩌둥은 1942년 5월 "문학과 예술에 관한 옌안 회의의 담화"에서 혁명 지식인을 위한 "노선"을 선언한 것으로 유명하다. 마오쩌둥의 주제는 친숙한데 문학이 이제 노동자, 농민, 군인에게 봉사해야 한다는 것이었다. 내용은 당의 지시를 받아야 하고, 형식은 초보 독자의 요구에 맞출 수 있어야 했다. 대중적 비판은 달갑게 여기지 않았는데 "우리가 적에게 대항하는 무자비한 방법으로 동지들을 대한다면 우리는 우리 자신을 적과 동일시하는 것이기" 때문이었다. 마오쩌둥은 배타적이었다. 당의 허가 없이 비판하는 행위는 이단 행위이다. 마오는 프롤레타리아트 예술은 프롤레타리아트의 의지, 특히 그 지도자인 당의 의지에 따라야 한다고 주장한다. 그 밖의 다른 견해는 트로츠키주의자들의 공식인 "정치 – 마르크스주의자, 예술 – 부르주아"와 동일했다.[49] 이것이 딩링과 그녀의 동료 문학 비평가들에 대한 마오와 당의 반응이었다. 당보인 『해방일보』, 중국 공산당의 중앙연구소 등 옌안의 주요 이데올로기 기관에서 좌파 지식인들의 도전이 고조되었다. 그들은 영향을 미치고 있었다. 그해 2월, 마오쩌둥은 정풍 운동으로 알려진 학습 캠페인(및 숙청)을 시작해 당 이데올로기를 강화시키고 부패와 주변 경쟁자를 소탕하며, 이 가난하고 소외된 지역의 행정을 해결하고자 했다.

일부 좌파 이론가들은 마오의 "우리 당의 작업 형식을 바로 잡는다"는 말을 곧이곧대로 받아들여 중국 공산당 행정의 결점을 비판하고 스스로를 혁명적 예술가와 지식인, "인민의 양심"으로 내세웠다. 딩링은 옌안의 성

---

48) 丁玲, 「我們需要雜文」(우리는 잡문이 필요하다), 『解放日報』 1941.10.23, p.4.

49) Bonnie McDougall이 번역한 원본 텍스트에서 마오는 Bonnie McDougall, *Mao Zedong's "Talks at the Yan'an Conference on Literature and Art"* (Ann Arbor: Center for Chinese Studies, University of Michigan, 1980), pp.80-1, 75; 이 번역은 Stuart R. Schram and Timothy Cheek이 편저한 *Mao's Road to Power: Revolutionary Writings, 1912-1949*, Vol.VIII, 1942-August 1945 (London: Routledge, 2015), pp.102-32에서 볼 수 있다, 인용은 pp.127, 121.

별에 대한 이중 잣대에 대해 외쳤는데, 여성은 공무에 참여하면 "제멋대로인 여자"로 비난받고, 그렇지 않으면(자녀를 키우기 위해 집에 머무르면) "시대에 뒤떨어진" 것으로 비난받았다. 그러나 옌안에서 중국 사회주의의 국제주의적 비전을 대표한 것은 까탈스러운 이론가이자 번역가인 왕스웨이王實味(1906-1947)였다. 왕스웨이는 『야생 백합野百合花』이라는 제목의 비판적인 글로 유명한데, 옌안 모든 사람의 영웅인 루쉰 스타일인 잡문雜文 풍자 작품이었다. 그것은 혁명 엘리트의 특권적인 음식과 의복을 풍자하여 옌안의 삶이 평등주의적이라는 선전이 허위임을 보여주었다. 사실 왕스웨이는 일찍부터 언어와 권위라는 두 가지 주요한 문제에 접근하는 방식의 윤곽을 보여주었다. 1941년 왕스웨이는 지식인들이 어색한 번역을 통해 배운 전망으로 어떻게 주민들을 동원할 것인가의 방법과 1930년대와 1940년대 중국 마르크스주의의 핵심 문제인 민족 문학 형식에 대해 동료인 천보다와 다투었다.50) 그것은 마치 미셸 푸코의 번역만을 사용하여 북미 노동자들이 파업에 나설 수 있도록 고무할 방법을 찾아내는 것과 비슷했다. 마오는 혁명적인 관념을 중국 민속 상징과 관용구로 묘사하는 것을 선호했다. 그러나 왕스웨이는 단호했다. 형식은 내용과 분리할 수 없고 근대적인 것은 서양적인 것이었다.

> 예를 들어 자동차, 기차, 증기선, 비행기 등 … 현대 문화의 소통 도구가 형식과 분리되어 있다면 어떤 내용을 가질 수 있을까? "오래된 국가적 형태"에는 수레, 가마, 정크선, 종이연, 낫, 괭이 등등이 있어야 한다! 그러나 이 현대적인 문화의 필수적 내용인 속도, 수송력, 정확성, 효율성 등이 어떻게 "오래된 국가적 형태"와 결합될 수 있겠는가?51)

---

50) "국가적 문학 형식"에 대한 논쟁은 David Holm, *Art & Ideology in Revolutionary China* (Oxford: Oxford University Press, 1991)에 잘 다루어져 있다.

51) 이 인용은 후일 왕스웨이의 저작에 대한 비난으로부터 끌어내 온 것이다; 그 맥락은

왕스웨이의 견해에 따르면 유럽과 소련의 새로운 혁명 의식에는 새로운 외국 형식이 필요했다. 그러나 그는 중국인들은 그들 자신의 것을 만들 수 있다고 느꼈다. "나는 그것이 외부에서 왔거나 원래 있던 것이거나 관계없이 어떤 민족이 고유의 방식으로 무언가를 습득하고 스스로에게 봉사하게 했을 때는 이미 본질적으로 '민족적'이 되었다고 본다(오늘은 수입품, 내일은 우리 것이다)."[52] 외국 또는 외부 관념에 대한 이러한 개방성이, 어떤 세계 시민주의의 입장에나, 본질적인 기준인 것이다.

1942년 초, 왕스웨이는 두 번째 문제인 권위, 즉 사회주의 하에서 개인의 역할, 특히 혁명적 예술가의 역할에 대한 자신의 견해를 분명히 밝혔다. 왕스웨이는 "정치가, 예술가"라는 제목의 이론적 글에서 공산주의 작가와 예술가들에게 배려하는 마음을 가지되 가차 없는, 사회 내 악의 비판자로서 유용하고 독립적인 필수적 역할을 제안한다. 그는 적극적으로 혁명적 예술가들을 충성스러운 반대자, 공공의 검열관, 혁명 사회 자체의 감찰관으로 설정한다. 왕스웨이는 예술가만이 도덕에 대한 통제를 유지하고 군사 혁명을 보완하고 그 남용을 억제하는 정신적 영감을 줄 수 있다고 주장한다. 왕스웨이는 스탈린의 용어를 빌려 예술가를 "영혼의 수리공"으로 지정하고 그 일을 자신과 동료 좌익 작가에게만 한정했다.[53] 이것은 마오쩌둥의 정풍 비전에 대한 완전한 반박이었다. 이데올로기적 불복종이었다.

마오쩌둥이 이번 라운드에서 승리했다. 왕스웨이는 숙청되었고 다른 좌

Timothy Cheek, "The Fading of 'Wild lilies': Wang Shiwei and Mao Zedong's Yan'an Talks in the First CPC Rectification Movement," *Australian Journal of Chinese Affairs*, No.11 (January 1984), pp.25-58, at 29에서 논하고 있다.

52) Cheek, "The Fading of 'Wild Lilies'," p.31을 보라.

53) 王實味의 「政治家, 藝術家」와 그의 다른 텍스트들은 『王實味文存』(上海: 上海(三聯)書店, 1998)에서 볼 수 있다. 나는 Dai Qing, *Wang Shiwei* 와 *"Wild Lilies": Rectification and Purges in the Chinese Communist Party, 1942-1944* (Armonk, NY: M. E. Sharpe, 1994), pp.90-3에 있는 왕의 글들을 번역했다.

익 작가들의 교화에 부정적인 사례가 되었다(이 장의 시작 부분의 목소리 선택에서 보았듯이).54) 딩링은 굴복하여 1942년 6월 공개적 자아비판을 했고 뉘우치지 않는 왕스웨이를 비판한 다음 자신을 개혁하기 위해 충실하게 시골 마을로 들어갔다. 이것은 스탈린주의 정권에서 흔히 볼 수 있는 "만들어진 반대자"의 사례로, 당국에 의해 충성스러운 비판가가 완강한 반대자로 변모한 것이었다.55) 이 시기 마오주의의 주요한 다른 점은 빠져나갈 방법이 있었다는 것이다. 비굴한 자기비판으로 생명을 보존할 것이고 딩링을 포함한 많은 경우 궁극적으로 당과 좋은 사이로 되돌아갈 방법이 있었다. 그럼에도 불구하고 이것이 중국 사회주의 내부의 다툼이라는 점은 주목할 가치가 있다. 왕스웨이는 자유 민주주의자가 아니었다. 왕스웨이의 "정치인, 예술가"는 여러 면에서 존 밀턴의 『아레오파지티카 Areopagitica』(1644)를 연상시킨다. 두 저자 모두 높은 이상에 힘입어 혁명에 참여했지만 새로운 지도자가 권력을 잡았을 때 충격적인 편협함을 발견했을 뿐이었다. 둘 다 출판의 더 많은 자유의 권리와 필요성을 주장하면서 예술가로서의 사제적 자긍심은 저버렸다. 그러나 두 사람의 공공의 표현의 자유에 대한 요구는 운동가나 지역주의자의 필요라는 명목으로 자유주의로부터 빗나갔다. 밀턴에게는 가톨릭교도가, 왕스웨이에게는 비좌파가 배제된 계급이었다.

전쟁 기간 동안 중국 공산당 내 덩퉈와 왕스웨이의 대조는 교훈적이다. 왕스웨이와 옌안의 작가들에게 적용된 혁명 사회에서 민속 문화의 "민족

54) 왕스웨이가 불운한 초기 사례가 된 중화인민공화국의 지적 생활을 위한 이 운동의 중요성은 Teiwes, *Politics and Purges*에 입증되어 있다.

55) 톰 피셔(Tom Fisher)는 중국에서 출판 당시에는 적법했으나 소급되어 반대자 논평으로 지목된 것과 1950년대 소비에트의 해빙기에 볼 수 있는 "허용된 반대자"의 사례를 구별하고 있다. Tom Fisher, "Wu Han: The 'Upright Official' as a Model in the Humanities," in Hamrin and Cheek, *China's Establishment Intellectuals*, pp.183-4.

적 형태"와 엘리트 문학 사이의 부당한 정치적 구분은 엘리트 문학의 내용이 덩퉈의 경우와 같이 5·4 유럽 모델이 아닌 중국의 문인 예술이었을 때는 발생하지 않았다. 서양 학자들에게 지식인과 중국 공산당의 관계에 대한 인상을 심어준 좌익 작가들의 문제는 바로 이러한 옌안 좌익 작가들과 덩퉈와 그의 진차지 동료들의 연조시사燕趙詩社 간의 대조로 더 강조된다. 좌익 작가들은 일반적으로 권력 밖에 있었고, 정풍 운동에 대한 경쟁 전략을 제시했으며, 농민들 사이의 대중화 작업과 엘리트적 취미를 조화시킬 수 없었으며, 교육받은 소수의 엘리트 계층 중에서도 소수였다. 반면에 덩퉈와 같은 기성 지식인은 영향력 있는 위치에 있었고, 옌안 정풍 정책의 교리를 따르고, 농민들에 대해 편안하게 느꼈으며, 훨씬 다수였고 군사 및 정치 지도부와 우호적 관계를 유지했다. 마찬가지로, 덩퉈의 문화에 대한 두 가지 방향의 접근 방식은 왕스웨이가 몹시 싫어한 옌안의 양거秧歌 민속 선전 드라마인 "톱니바퀴와 나사못齒輪和螺絲釘"을 제작한 예술가의 방식과는 달랐다.[56] 덩퉈와 같은 기성 지식인은 당과 군대 지도자들이 그들의 예술 및 학문적 기량에 존경심을 갖게 했고 상당한 문화적 권위를 지녔다. 덩퉈는 이 문화적 권위를 사용하여 좌익 비평 작가의 도덕적 자율성과 양거 극작가의 충성심을 결합한 "문화 전달자" 역할을 개척했다. 그것은 강력하고 매력적인 역할이었고 덩퉈는 그것에 자신의 삶을 바쳤다.

덩퉈는 1949년에 베이징과 중화인민공화국 기득권층의 삶에 입성했다. 그는 중국의 프라우다인 당보 『인민일보人民日報』의 창간자이자 편집자였다. 이는 덩퉈 경력의 절정이었다. 그는 베이징시 정부에서 선전 책임자로 임명되었고 중국 언론인 협회장과 같은 공식적인 직책을 부여받았다. 그는 대학에서 사상 개혁뿐만 아니라 진차지에서의 연구와 초기 역사 연구

---

56) 양거의 민속 선전 드라마에 대해서는 Holm, *Art & Ideology in Revolutionary China*를 볼 것.

를 바탕으로 토지 개혁에 대해서도 강의했다. 몇 년 안에 그는 전통적 안뜰이 있는 쾌적한 집에서 살게 되었고, 그의 연로한 아버지를 푸저우에서 모셔 올 수 있었다. 그는 사랑해 마지않는 중국 예술로 돌아와 저명한 수집가이자 감정가가 되었다. 그는 결혼했고 그의 자녀들은 건강했으며 풍요로운 삶을 누렸다.

그리고 바쁜 삶이었다. 덩퉈의 공식적 활동은 대부분 저널리즘과 당 이론에서였다. 그의 선전 기사와 『인민일보』 사설 같은 공식적인 세계는 엘리트 문화에 관한 관심 같은 그의 사생활과 비교해 보면 모순처럼 보일 수 있지만 1940년대 그의 삶에서 보았듯이 덩퉈와 그 주변 사람들은 대중문화와 고급문화 모두, 그리고 중국적인 영향과 국제적인 영향에 대해 편안한 관계를 유지했다. 이 모든 것은 마오쩌둥의 이데올로기와 근본적인 신념에 대한 깊은 믿음에 기반한 것이었다. 1950년대 초에 이것은 사회주의를 믿었던 덩퉈와 같은 기성 지식인들에게 충분히 효과적이었다. 그러나 마오주의에는 양면이 있었다. 마오주의의 합리적 측면과 감정을 자극하는 측면을 구분하면 1950년대 후반부터 시작된 당에 대한 지식인의 봉사에서 발생할 고난뿐만 아니라 1960년대에 모든 사람을 폭발시키고 참여시킬 전체 당내 분열의 증가를 이해하는 데 도움이 될 것이다. 덩퉈는 정치 무대의 다른 이들과 마찬가지로 이데올로기적 책무에서 자유롭지 못했고 마르크스주의 - 레닌주의 - 마오쩌둥 사상, 마오주의를 지지했다. 1944년에 덩퉈는 마오쩌둥 선집의 첫 번째 공식적인 편집자였다. 우한과 달리 덩퉈는 그에게 맞는 것을 취사선택하지 않았다. 그는 전체 이데올로기 체계를 이해하고 받아들였다. 덩퉈는 이데올로기와 이데올로기 개조(사상 개조), 옌안 정풍 운동의 교리가 기본적인 공적 저작물이라고 주장했다. 그러나 1950년대 중반 덩퉈의 이론적 저술에서 나온 것은 이데올로기 개조는 세밀하고 인도적인 방식으로 처리되어야 하는 실제적이지만 복잡한 과정이라는 것이었다. 덩퉈에게 그것은 감정적 개조가 아니라 합리적 성찰의 산물이었다.

여기에서 덩퉈는 당의 조직적 리더쉽을 반영했다. 경제학자 쑨예팡孫冶方(1908-1983)과 역사가 젠보짠翦伯贊(1898-1968)과 같은 당의 다른 지식인들은 새로운 질서에 전문적 기술과 도덕적 책무를 비슷하게 혼합한 새로운 의무를 추구했다. 『인민일보』에서 덩퉈의 작업은 그러한 책무를 반영했다. 『인민일보』의 사설은 지루한 것으로 악명이 높다. 덩퉈에게 이것은 충분한 것이 아니었다. 선전은 대강하기에는 중국의 미래를 위해 너무 중요했다. 1955년 덩퉈는 이 신문의 편집자와 기자들에게 다음과 같이 강연했다.

> 공식적인 사설의 가장 일반적인 구조는 현재 상황에 대한 담론에서 시작하여 좋은 사례를 제시하고 몇 가지 나쁜 사례를 비판하는 것으로 이어질 수 밖에 없다. 그리고 각각의 주관적인 원인, 경험에서 얻은 몇 가지 교훈을 던지고 모두가 이미 알고 있는 작업 진행에 대한 몇 가지 일반론을 반복한다. 당의 지도 아래 이 임무가 어떻게 완전히 성취될 것인지에 대해 몇 문장으로 끝낸다. 솔직히 이런 종류의 공식은 사람들을 토하게 만든다.[57]

이러한 실제적인 면이든 이데올로기적 질문이든, 덩퉈는 매우 질서 있고 꽤 관료주의적인 행정을 수행하는 신중국의 변화하는 관료들을 대변했다. 그는 정풍 운동이 개인과 사회 모두에게 촉발한 강력한 힘을 규칙화하고 길들이려고 노력했다. 마오쩌둥 사상, 선전, 사상 개조, 당 독재는 덩퉈에게 문제가 아니었다. 그것들은 그의 직업 분야의 도구였다. 덩퉈의 접근 방식은 합리적인 행정을 제공하는 당 위원회와 그들 모두에게 영감을 준 당 지도자 간의 차이가 있을 수 있다는 가능성을 인정하지 않았다. 따라서 그는 당에서 독립된 정치 기구의 필요를 보지 못했고 그런 제안을 한 바가

---

57) 鄧拓, 「關于報誌社論」(신문 사론에 관하여) (1955), Cheek, *Propaganda and Culture*, p.145에서 인용.

없었다.

덩퉈는 자신을 혁명의 톱니바퀴가 아닌 문화 전달자로 보았다. 그는 자신과 같은 엘리트들이 가장 잘 수행하는 복잡한 이데올로기에 기반한 과학적이고 합리적이며 질서정연한 사회적 혁명의 관료주의적 마오주의의 비전을 받아들였다. 덩퉈는 마오쩌둥의 문화적 포퓰리즘을 받아들였지만, 마오에게 내재된 반反지성주의는 받아들이지 않았다. 대중 친화력을 가질 수는 있지만, 배움을 전적으로 폄하하는 것은 전혀 다른 것이다. 덩퉈는 학자였고 자부심이 있었다. 1955년의 그에게 자신의 세계가 곧 파열할 수도 있을 거라고 생각할 만한 합리적 이유는 없었다.

같은 때, 후스들과 덩퉈들이 경력을 쌓는 동안 새로운 세대가 성장했다. 1940년대 교전 중인 남서부의 여학생 웨다이윈樂黛雲(1931-)은 특히 항일전쟁 동안 구이저우성貴州省의 고향이 약탈당하는 것을 보고만 있었던 부패한 국민당 정부에서는 찾을 수 없는 구원을 중국 공산당에게서 발견했다. 그녀는 1948년 대학 시험을 준비하고 쓰촨성 충칭에서 어렵게 시험을 치렀다. 그녀는 통과했고 베이징대학의 입학 허가를 받았으며 미국 선교사들과 먼 친척들의 도움으로 베이징에 도착했다. 혁명에 중요하게 참여하기에는 너무 어려서 그녀는 지하 중국 공산당 학생 급진파에 합류했다.[58] 중국 공산당은 그녀의 희망이자 성공의 길이었다. 웨다이윈보다 약간 나이가 많은 왕뤄수이王若水(1926-2002)는 1940년대에 중국 공산당에서 활동했으며 『인민일보』에 초급 편집자로 합류했다. 왕뤄수이와 웨다이윈은 모두 자신과 중국을 새로운 시대로 이끄는 멋진 역사적 물결의 마루를 탔다고 느꼈다. 왕뤄수이도 베이징대학에서 공부했고 1948년 웨다이윈이 도착한 직후 떠났다. 왕뤄수이는 인근 중국 공산당 근거지로 가서 중국 공

---

58) 웨다이윈의 삶의 세부 사항들은 Yue Daiyun and Carolyn Wakeman, *To the Storm: The Odyssey of a Revolutionary Chinese Woman* (Berkeley: University of California Press, 1985)에서 가져왔다.

산당 저널리즘 활동에 참여했다.59) 왕뤄수이의 작업은 이론 분과에서 마르크스주의, 레닌주의, 마오쩌둥 사상을 연구하고 적용하는 것이었다. 그리고 시간이 지나면 그는 편집자인 덩퉈와 심지어 마오쩌둥의 눈에 띄게 될 것이었다. 마오주의와 그것을 구현한 당은 이 젊은 지식인에게 국민당 정부의 부패와 빈곤을 종식하겠다고 약속했다.

서구교육을 받은 학자와 애국적인 귀환자: 저우이량周一良과 첸쉐썬錢學森

세기 중반 이데올로기적 순간의 중요한 부분은 북미와 유럽에서 고등교육을 받은 상당수의 중국 지식인이 신중국을 건설하기 위해 기꺼이 고향으로 돌아오려 한 것이었다. 이 애국적 귀환은 1949년 분단 이후 시기까지 걸쳐 있었고 국민당을 택한 사람들과 중국 공산당 하에서 새로운 사회를 위해 온 사람들을 포함했다. 중국 학생들은 19세기 후반부터 많은 수가 해외 유학을 다녀왔고, 량치차오, 장빙린, 추진과 같은 개혁주의자 및 혁명 지도자들은 1900년경 일본에서 시간을 보냈다. 20세기에는 더 많은 학생이 유럽과 미국에서 공부했다. 정확한 숫자는 알기 어렵지만, 추정치로는 1949년까지 대략 15만 명의 중국 학생들이 해외에서 공부한 것으로 추산된다.60) 또한 동남아시아의 오래된 중국 교민 사회, 북미와 호주(량치차오의 1900년 호주 방문에서 보았던 것처럼), 그리고 유럽의 정착지가 있었다. 19세기 후반까지 청 왕조는 이 공동체를 "화교華僑"로 인정했다. 이

---

59) David A. Kelly, "The Emergence of Humanism: Wang Ruoshui and the Critique of Socialist Alienation," in Goldman, Cheek, and Hamrin, *China's Intellectuals and the State*, pp.159-82, 그리고 Kelly의 서문과 왕의 글 번역에 대한 참고문헌 메모는 *Chinese Studies in Philosophy*, Vol.16, No.3(1985)에 있다.

60) Zhang Yufa, "Returned Chinese Students from America and the Chinese Leadership," *Chinese Studies in History* (New York), Vol.35, No.3 (Spring 2002), p.52.

러한 체류 및 정착한 중국인 공동체와 그들의 고향 지역 간의 연계는 대부분은 강하게 유지되었다.[61] 1940년대와 1950년대에 약 30만 명의 화교가 설득을 통해 혹은 자발적으로 중국에 봉사하기 위해 "돌아 왔지만", 잘 훈련된 지식인의 수는 아마도 겨우 수백 명 정도였을 것이다.[62] 이러한 화교 학자들은 특히 동남아시아 출신의 다양한 사회 계층 중국인들의 대규모 이주의 일부로, 특히 인도네시아처럼 새로운 국가에서의 반중국인 차별로 인해 귀환자들(구이차오歸僑)이 된 것이었다.[63]

의사 우롄더Ng Leen-tuck, 伍連德(1879-1960)와 같은 일부 중국인은 일종의 역逆 국제 봉사를 수행했다. 말레이주 페낭(당시 영국 식민지)에서 태어난 우롄더는 케임브리지 대학에서 교육을 받고 말레이반도에서 경력을 시작했다. 영국의 차별로 그의 경력이 좌절되었기 때문에 그는 1910년 중국 북동부 하얼빈의 전염병이 무엇인지 파악해 달라는 위안스카이의 제안을 받아들였다. 우롄더는 해냈다. 그것은 폐렴성 전염병이었고, 그는 성공적으로 이를 통제했다. 그는 계속해서 특별 대우를 받으며 새 공화국에서 중국 의사 협회 초대 회장이자 국립 방역소장(1931-1937)으로 일했다. 그는 중국

---

61) Gungwu Wang, *The Chinese Overseas: From Earthbound China to the Quest for Autonomy*(Cambridge, MA: Harvard University Press, 2002); 그리고 Philip A. Kuhn, *Chinese amongst Others: Emigration in Modern Times* (Lanham, MD: Rowman & Littlefield, 2009).

62) Stephen Fitzgerald, *China and the Overseas Chinese: A Study oj Peking's Changing Policy 1949-1970* (Cambridge: Cambridge University Press, 1970); 그리고 Michael Godley, "The Sojourners: Returned Overseas Chinese in the People's Republic of China," *Pacific Affairs*, Vol.62, No.3 (1989), pp.330-52. Glen Peterson, *Overseas Chinese in the People's Republic of China* (London: Routledge, 2012).

63) Wang Cangbai, "Guiqiao: Returnees as a Policy Subject in China," *Newsletter of the International Institute oj Asian Studies (lIAS)*, No.50 (2009), p.7, 1950년대와 1960년대에 약 50만의 인도네시아 화교 학생들, 작은 상점주, 상인, 그리고 노동자들이 이러한 이유로 중국으로 이주했다고 언급한다.

에서 현대적인 직업으로 의학을 확립시켰다. 우렌더와 그의 동료 왕지민王吉民(1889-1972)이 1932년 영어로 출판한 『중국 의학의 역사中國醫史』라는 책은 직업 발전의 이정표로 간주된다. 우렌더의 경력은 데이비드 류에싱크David Luesink가 보여준 것처럼 "유럽, 일본 및 미국 의학의 초국가적 네트워크에서 그의 강력한 위치"를 반영한다.64) 그러나 그의 경력은 일본의 침략으로 인해 짧아졌고 그는 페낭으로 돌아와 살면서 1960년 사망할 때까지 일했다. 우렌더는 약 25년 동안 중국을 위해 일했지만, 그의 삶과 정체성이 중국에만 국한되지 않았던 것은 명백하다.

진로의 한 부분으로 서구 국가에서 고급 학위를 취득한 중국 학생들과 미국 또는 유럽에서 10년 혹은 그 이상 경력을 쌓고, 제2의 조국에서 삶을 꾸려가려는 조짐을 보이다가 국민당이나 중국 공산당의 새로운 중국 건설을 돕기 위해 귀국을 결정한 학생들은 서로 연속되어 있다. 후스, 제임스 옌 및 딩원장은 모두 해외에서 공부했고, 후스는 결국 전쟁 중 주미대사로 봉직하는 동안과 다시 1949년 이후, 상당 기간을 미국에서 보냈다. 량치차오의 아들인 량쓰청梁思成(1901-1972)은 단기 유학생과 귀국 화교 사이 어딘가에 있었다. 그는 자기 아버지가 일본에서 망명했을 때 태어났다. 량쓰청은 아버지로부터 고전을 배우고 1915년 칭화예비학교(이후 대학)에 입학했고 1924년 유펜Univ. of Pennsylvania에서 건축을 공부했다. 그는 중국에서 가장 유명한 근대 건축가가 되어 처음에는 1928년에 랴오닝遼寧성 베이둥北東대학에, 1946년에는 칭화대학에 유펜의 커리큘럼을 도입했다. 그는 1956년 자신의 이데올로기적 실패에 대해 공개적으로 자인해야 했지만 계속해서 중화인민공화국에서 일했다. 그는 견디고 번창했으며 1950년대 후반에는 당원이 되었다. 문화대혁명 기간 그의 말년의 운명은 슬프게도

---

64) David Luesink, "The History of Chinese Medicine: Empires, Transnationalism and Medicine in China, 1908-1937," in Iris Boroway, ed., *Uneasy Encounters: The Politics of Medicine and Health in China, 1900-1937* (New York: Peter Lang, 2009), pp.149-50.

너무 많은 중국 지식인의 예 - 대중 비판, 숙청, 투옥 - 를 따랐고 1972년 이른 죽음을 맞았다.

20세기 중국 최고의 역사가 중 한 명인 저우이량周—良은 후스처럼 서양에서 훈련된 학자로 미국에서 8년 동안 교육받았다. 저우이량은 1946년에 하버드에서 받은 박사 학위를 가지고 돌아와 국민당 관할의 기독교계 대학인 옌칭燕京대학교에서 일했다. 그러나 후스와는 달리 저우이량은 중국 공산당이 관할하게 된 이후 처음에는 칭화대학, 다음에는 베이징대학에서 고대 및 중세 중국사 교수로 일했다.[65] 그는 중국의 역사 연구에 상당한 공헌을 했지만 중국 공산당 하에서 지식인 봉사의 위험을 반영하듯 중국 공산당 정치에 완전히 묶여 있었고 나중에 비판을 받게 되었다.

저우이량은 1945년 미국에서 영주권을 취득했지만 1946년 중국으로 돌아와 베이징에서 약속된 자리를 차지했다.[66] 그가 그곳에서 발견한 가장 중요한 정치는 대학 내 정치였다. 옌칭대학에서 그가 받은 환영은 냉랭했는데 왜냐하면 오늘날 중국에서 "귀환자"가 계속 그렇듯이 그는 수년간 자리를 비웠고 학과 내 정치에 대한 최신 정보가 없었기 때문이었다. 1930년대 후반에 하버드에서 저우이량의 학업을 지원한 하버드 - 옌칭 교환프로그램을 담당했던 그의 후원자인 윌리엄 홍洪業(1893-1980)은 그 무렵엔 하와이로 떠났다. 따라서 젊은 저우이량은 후원자 없이 열악한 대우를 받았는데, 낮은 지위와 좋지 않은 주택을 제공받았다. 그는 1947년 여름 칭화대학의 제안을 재빨리 받아들였는데 더 나은 환경과 그의 스승인 유명한 학자 천인커陳寅恪(1890-1969)와 더 가까워지기 위해서였다. 저우이량은 1948년 여름에 우한吳晗을 거의 잡을 뻔했던, 베이징의 대학들을 샅샅이 뒤졌던 국민당의 경찰 수색을 경험했고, 그것에 넌더리를 냈다. 그러나

---

65) Zhou Yiliang, *Just a Scholar: The Memoirs of Zhou Yiliang (1913-2001)*, trans. Joshua A. Fogel (Leiden: Brill, 2014).

66) Zhou, *Just a Scholar*, p.56.

1949년까지 저우이량은 자중하며 학문에 집중했다. 사실 그는 역사 편찬의 문제에 대해 후스와 학술적 서신을 주고받았다. 정치적 문제에서 저우이량은 "중도적 입장"이었다. 베이징에서 국민당 통치의 마지막 날들은 긴박했고 식량은 부족했지만 중국 공산당 통치로의 전환은 순조로웠다. 1949년 9월, 마오쩌둥이 "중국인들이 일어섰다"고 말하는 것을 들으며 저우이량은 "우리는 모두 매우 흥분해 있었다"고 회고했다.[67]

새로운 정권은 최근 몇 년의 불안정, 폭력, 혼란을 종식시켰다. 비록 학계, 기업 및 지방 정부의 기존 인력과 협력해야 했지만, 당은 간부를 사회의 모든 부문으로 빠르게 확대했다. 따라서 당의 두 번째 과제는 그 "잔여 엘리트"를 새로운 사회의 구성원으로 전환하는 것이었다. 당의 관심사는 교육자, 특히 주요 대학의 고위급 지식인이었다. 베이징에서 당 주도의 지식인 사상 개조가 거의 즉시 시작되었다. 저우이량은 열정적으로 참여했다. 저우이량의 사상 개조는 교수들을 위한 토지 개혁 활동에 참여함으로써 부분적으로 수행되었다. 1950년 가을 그는 토지 개혁에 참여하기 위해 6개월 동안 쓰촨에 파견된 팀에 합류했다. "우리의 주요 임무는 쓰촨으로 가는 도중에 학습하고 토지 개혁이 완료된 후 얻은 지적 이득을 개괄하는 것이었다." 1951년 봄 베이징으로 돌아왔을 때 그는 지식인들의 사상 개조에 관한 저우언라이周恩來(1898-1976) 총리의 보고를 들었다. "저우언라이 총리는 (가족 같은) 여러 장벽을 통과하는 것 외에도 지식인들은 기본 직업인 연구를 통해 자신의 입장과 사고를 변화시켜야 할 것이라고 지적했다. 이것은 나에게 매우 고무적인 것이었다."[68]

---

67) Zhou, *Just a Scholar*, p.62. 저우는 마오가 10월 1일 톈안먼 광장에서 신중화인민공화국 선언에서 말한 것을 들은 것으로 잘못 기억하고 있지만 실제로는 9월 초, 마오가 중국 인민정치협상회의에서 이 유명한 말을 했고 1949년 9월 22일자, 『인민일보』에 게재되었다.

68) Zhou, *Just a Scholar*, p.62.

저우이량은 중국의 새로운 학술 기관의 성공적인 회원이 되어 베이징대학의 역사학과로 옮겼다. 그는 소련 대학 체제의 교육 모델에 맞게 커리큘럼을 수정하기 위해 일했다. 1954년 말부터 정치는 후스를 비난하는 국가적 비판 캠페인을 시작했다. 저우이량은 조금도 주저하지 않고 가담해 후스를 전범, "국민당 반동의 공범" 그리고 "자본가의 이익을 대표하는 매판 지식인"이라고 선언했다.[69] 나아가 그는 옛 스승인 천인커를 비판했다. 심지어 그는 지난 20년 동안 중국에서 살면서 일했던 미국 최고의 중국학자인 하버드의 존 킹 페어뱅크를 미국 제국주의의 스파이로 비난하기도 했다.[70] 1956년 당 관계자들은 내부 보고서에서 저우이량이 다음과 같은 베이징대학 교수들의 행복한 그룹에 속한다고 결정했다.

> 낡은 사회의 영향을 덜 받고, 해방 후 새로운 관념을 빠르게 흡수하며, 정치적 사상에서 눈에 띄는 진전을 이루었다. 그들은 마르크스주의 이론과 소련의 경험을 적극적으로 연구하고 학문적 및 이데올로기적 비판에 의식적으로 참여한다 … 그들은 당에 가입하기 위한 신청서를 냈고 따라서 정치 훈련의 수혜자로 취급될 수 있다.[71]

저우이량의 중국 공산당 가입 신청은 1956년에 승인되었다. 저우이량은 신뢰를 받았다. 그는 신중국의 학문을 대표하기 위해 1955년 라이덴, 그리고 1956년에 파리에 파견되었다.[72]

---

69) 周一良, 「批判胡適反動的歷史觀」(후스의 반동적 역사관 비판), 中國作家協會上海分會, 『胡適思想批判資料集刊』(上海: 新文藝出版社, 1955), p.201, Wang Ning, "Lying Prostrate before Chairman Mao: Western-Trained Intellectuals and the State in 1950s China," *manuscript article*, 2013, p.17에서 인용.

70) Wang Ning, "Lying Prostrate," p.17.

71) Ministry of Higher Education, "Report on the Thought Reform of the Peking University Professors", January 11, 1956, Wang Ning, "Lying Prostrate," pp.14-15에서 인용.

72) Zhou, *Just a Scholar*, p.70. 저우는 1955년부터 1965년까지 총 6번의 해외여행을 했고

훌륭한 학자이자 가정적인 사람이었던 저우이량이 왜 스승, 오랜 친구, 그리고 실제로 당이 지목한 누구라도 비난하도록 요구하는 강요된 정치 캠페인에 참여했을까? 왕닝Wang Ning은 두 가지 점을 강조하면서 저우이량의 선택을 세심하게 분석한다. 첫째, 저우이량 자신의 일기와 그의 공개 저술은 중국 공산당의 혁명이 중국의 노동 대중을 불행에서 구했다는 진지한 믿음을 반영하고 있다. 둘째, 저우이량은 그의 특권적인 신사 출신 배경에 대해 죄책감을 느꼈다는 것이다. 그의 회고록에서 저우이량 자신이 "해방 이후에 나는 깊은 '죄'의식을 지녔는데 나는 착취 계급의 가정에서 태어났고 전국적인 항일 전쟁 기간 중 해외에 머물렀기 때문에 인민들과 마주했을 때 죄책감을 느꼈다"고 회고했다. 왕닝은 "이러한 행동주의는 그의 자기 심문의 자연스러운 발전이고, 적절한 정치적 의식을 가진 '혁명적 지식인'임을 스스로에게 증명하기 위해 자신의 '죄'를 구원하려는 그 자신의 방식이었다"고 결론지었다.[73]

중국 학술 기관에서의 저우이량의 삶은 이 이데올로기적 순간에 지식인의 참여에 대한 댓가를 반영하고 있다. 불행히도 그 비용은 혁명의 다음 시기에 오직 오르기만 할 것이었다. 1957년부터 정치 캠페인은 끊이지 않았다. 저우이량의 회고에 따르면 소련으로부터 배우려는 원래 계획조차도 혼란에 빠졌고 설계된 대로 구현할 수 없었다.[74] 1957년 이후 저우이량은 자신의 정치적 견해를 일기에 쓰는 것을 중단했고, 가족에게조차 자신의 진정한 감정을 거의 드러내지 않았다.[75]

마지막 네 번은 파키스탄과 아프리카로 갔다.

73) Wang Ning, "Lying Prostrate," p.18에서 저우이량의 회고록을 인용하고 있다; Fogel은 *Just a Scholar*, p.67에서 살짝 다른 번역을 제시하고 있다.

74) Zhou, *Just a Scholar*, p.63.

75) Wang Ning, "Lying Prostrate," p.21. (周一良, 『鑽石婚雜憶』(다이아몬드 결혼의 기억) (北京: 生活, 讀書, 新知 三聯書店, 2002), p.120.

1950년대 중반 중국 공산당은 "조국에 봉사"할 중국 학자와 과학자를 모집하기 위해 일치단결해 노력했다. 예상치 못한 인물 중 한 명은 중국에서 태어난 저명한 미국 로켓 과학자였다. 이 시기의 끝부분인 1955년에 중국으로 돌아온 첸쉐썬錢學森의 이야기는 그를 제2의 고향인 미국에서 쫓아내 출생지로 돌아오게 한 1940년대 후반 냉전에 의해 형성된 것이었다. 그는 과학 분야에서 충성스럽고 성공적으로 일해 중국 탄도 미사일 및 우주 프로그램의 아버지가 되었다. 미국에서 첸쉐썬은 칼텍CalTech의 뛰어난 로켓 과학자인 티엔H. S. Tien으로 알려져 있었다. 그는 1911년 교사 가정에서 태어나 신식 학교에서 공부했으며 1934년 상하이교통대학을 졸업하고 기계 공학을 전공했다. 후스나 다른 많은 20세기 중국의 지식인 지도자들처럼 첸쉐썬은 미국에서 공부하기 위해 경자 배관 장학금(의화단 운동 배상금 장학금)을 받았다. 1935년에 그는 MIT로 갔다. 석사 학위를 받은 후 그는 칼텍에서 박사 과정을 밟았는데, 그의 나머지 경력은 미국에서 쌓았다. 그는 미군에 합류하여 전쟁에 참전했으며 전쟁 후 미 공군의 탄도학 고문이 되었다. 그는 훌륭한 경력을 가지고 있었다. 1947년 상하이로 돌아온 그는 국민당의 선임 군사 이론가인 장바이리蔣百里(1882-1938)의 딸인 장잉蔣英(1919-2012)과 결혼했다. 첸쉐썬과 그의 아내는 미국에 정착했다. 그는 1949년 미국 시민권을 신청했다.

참전 용사이자 높은 보안 승인을 받은 미군의 과학 고문인 첸쉐썬은 냉전의 아이러니한 이야기의 하나를 제공한다. 미국을 선택하여 봉사했지만, 그는 매카시즘이 절정에 달했을 때 FBI와 다른 미국의 보안 기관에 의해 미국에서 밀려나 중국 공산주의자들에게 들어갔다.[76] 그의 보안 승인은 1950년 6월에 취소되었다. 칼텍에서 더 이상 일을 할 수 없다는 것이 분명해졌고 그는 이제 마오쩌둥과 중국 공산당의 통치 아래 있는 중국으로 돌

---

76) Iris Chang, *Thread of the Silkworm* (New York: Basic Books, 1996)에서 다루어졌다.

아갈 수밖에 없다고 발표했다. 첸쉐썬은 공산주의자라는 혐의로 즉시 체포되어 미국 해군 시설에 감금되었다. 그다음 5년 동안 가택 연금을 포함하여 이런저런 종류로 억류되어 있었고 일을 할 수 없었다. 그의 미국인 동료들은 그의 변호에 나섰고 칼텍은 그에게 변호사를 제공했다. 결국 그들이 얻을 수 있는 최선은 첸쉐썬과 그의 가족이 미국을 떠날 수 있는 허가를 얻는 정도였다.

중국 당국은 국제적으로 인정받는 이 로켓 과학자를 두 팔 벌려 환영했다. 첸쉐썬은 보답했고 당연하게도 울분을 터뜨렸다. 중국으로 돌아온 직후, 첸쉐썬은 인터뷰에서 "미국 정부가 저에게 저지른 박해로 인해 오늘날 미국의 파시스트적인 색을 분명히 볼 수 있었다", "꼿꼿한 사람은 미국에서 살기가 어렵다"고 말했다.[77] 1956년까지 첸쉐썬의 나머지 이야기는 특별할 것이 없다는 점이 중요하다. 그는 자기 일을 했다. 그는 중국의 로켓 프로그램 개발을 이끌었고 번창했다. 1955년 귀국했음에도 전략 과학 분야에서 국제적인 명성을 얻은 데다 적절한 지지 선언을 할 용의가 있었으므로 첸쉐썬은 구정권이나 해외에서 온 저우이량 및 다른 주요 지식인이 견뎌야 했던 사상 개조 연수와 공개 고백을 거치지 않아도 되었다. 첸쉐썬에게는 존경받고 영향력 있는 연구자로서 정부의 전폭적인 지원까지 받던 이 시기가 황금기였음이 틀림없다. 그는 1958년 중국 공산당에 가입했다. 이 결합의 대가는 덩퉈, 우한, 저우이량과 마찬가지로 첸쉐썬에게도 올 것이었지만, 첸쉐썬의 경우에는 흠잡을 데 없는 정치적 충성도(다른 지식인과 과학자를 공개적으로 비판하는데 별다른 거부감 없는 자발성 포함)와 군사 과학에 대한 그의 공헌이 지닌 전략적 성격으로 인해 다가올 수십 년 동안 마오쩌둥 혁명의 최악으로부터 보호되었다. 우리는 다음 장에서 과학과 정치에서 첸쉐썬의 광범위한 역할이 어떻게 되는지 살펴보게 될 것이다.

---

77) 『光明日報』, 1955.11.2, Wang Ning, "Lying Prostrate," p.23에 인용됨.

1940년대에 민주 동맹은 1941년에 처음 설립되어 1944년에 현재의 이름을 사용하면서 진정한 민주적 반대파 역할을 하며 국민당과 중국 공산당이 협상을 하도록 시도했지만, 민주적 노선을 따라 입헌 정부를 선택했다. 그것은 정당과 집단의 연합이었고 대도시 지식인의 참여로 유명했다. 우리는 량수밍이 설립을 돕고 장준마이張君勱가 주도하고 우한이 적극적으로 활동하며 1949년 이후 베이징 지부를 주도한 것을 살펴봤다. 저우이량은 1952년에 합류했다. 동맹은 1947년 국민당에 의해 불법화되었지만, 우한과 같은 회원은 계속해서 대중적 조명 밖에 있었다. 1949년 동맹의 지휘부는 중국 공산당의 전폭적 지지로 돌아섰고 당의 통일 전선 공작부의 후원 아래 중국 공산당의 통치를 지지하는 "위성 정당"의 역할을 맡았다.78) 그처럼 동맹과 관련된 소규모 정당들은 중국 지식인이 국민당이나 중국 공산당의 간부 역할이 아닌 정치 생활에 참여할 방법을 제공해 왔다. 동맹은 중국 내 자유주의에 대한 희망을 담고 있었다. 동맹이 중국 공산당에 종속된 것은 자유주의가 중국의 정치 운동으로 뿌리를 내리지 못한 실패를 반영한다.

지금까지 중국의 공적 무대에서 자유주의가 역할을 유지할 수 없었던 무력함에 대한 많은 이유 - 유권자의 이해관계에 영합하는 것은 자존심 강한 지도자들에게 불쾌했다는 문화적 규범에서부터 권위주의적 정치 문화, 민주 정치를 지지할 충분한 시민 사회의 결여에 이르기까지 - 가 제기되었다. 그러나 두 가지가 우리 이야기에서 두드러진다. 첫 번째는 많은 지식인이 공식적 정치 조직에 참여하지 않으려 했다는 것이다. 1911년 톈진에서 지방 학자이자 공무원에서 사업가로 변신한 예충즈의 경우에서 보았듯이 여기에는 충분한 이유가 있었다. 이 시기 정치 참여는 극도로 위험한

---

78) Roger B. Jeans, ed., *Roads Not Taken: The Struggle of Opposition Parties in Twentieth Century China* (Boulder, CO: Westview Press, 1992), 그리고 James Seymour, *China's satellite Parties* (Armonk, NY: M. E. Sharpe, 1987)를 보라.

일이었다. 둘째, 두 볼셰비키 정당은 어떤 경쟁이든 억누르는 데 있어서 거리낌 없이 잔인함을 보였고 오직 서로를 전멸시키는 데 실패했을 뿐이었다. 중국은 혁명적 이론가들과 선동자들이 존재한다는 이유 이상으로 혁명적 사회였다. 중국은 홉스봄이 극단의 시대로 묘사하는 글로벌 세력에 면역이 없었다. 청나라 제국 질서의 붕괴, 서구 과학과 민주주의의 문화적 도전, 20세기 전반 정부 조직에 비해 거대한 인구와, 자유 민주주의를 효과적으로 지원하기 위해 필요한 사회적 신뢰, 지적 신뢰, 공공질서를 방해하는 수십 년간의 총력전이 있었다. 결국에는 중국 공산당이 질서를 회복시키고 자신감을 불어 넣었으며 1950년대 초반에는 실제 신뢰는 아니더라도, 최소한 예측 가능한 사회적 기대를 조장할 수는 있었다. 그러나 그 대가는 단순한 규정 준수 뿐 아니라 적극적인 지지를 요구하는 거슬리는 메시아적 이데올로기를 가진 권위주의적인 정권이었다.

자유주의자, 좌파, 혹은 비정치적인 중국 지식인의 대부분은 - 다른 사회와 마찬가지로 - 유명하지도 않았고 영향력도 없었다. 1949년부터 중국 공산당이 강요한 새로운 사회는 일반 지식인들에게 새로운 사회적 역할을 부여했다. 괜찮은 쪽이라면 국가의 충성스러운 교사가 되어, 당 선전의 지도와 내용을 따르는 것이지만, 그렇지 않으면 나머지 사람들에게는 되지 말아야 할 부정적인 사례가 되는 것이었다. 중국 공산당은 지식인에 대해 양면적이었다. 대부분 자신들도 지식인이었던 당 지도자들은 대부분의 근대 지식인들의 자본주의적 사회 기반으로부터 거리를 두기 위해 스스로를 혁명적 지식인으로 정의했다. 에디 유Eddy U는 상하이의 고등학교 교사에 대한 기록 작업을 통해 마오 시대의 평범한 지식인 연구를 시작했다. 그는 "지식인의 구체화"를 주장한다. 즉, 당의 오랜 불안을 반영하여 문제 있는 사회적 범주인 교육받은 사람들의 사회적 역할을 창출하고 강화했다는 것이다. 지식분자라는 그들의 지위는 1920년대에 근대 사상가, 작가, 학계를 설명하기 위해 사용하게 된 용어로 국가가 그들의 신분증에 확인한 공인된 사회적 지위가 되었다. 그는 이러한 사회적 지위의 형성을 저우이량과 다른 저명한 지식인들이 겪은 1950년대 초의 사상 개조 운동을 통해 추적했다. 에디 유의 주장은 타당한 것이다. 특정 정치적 태도(당에 대한 충성)가 확정되었을 뿐만 아니라, 중요하지만 당의 감독을 요구하는 지식인의 정체성이 지위와 아울러 만들어졌다.[79) 이 새로운 사회적 정체성은 마오쩌둥의 중국에서 지식인들에게 역할을 제공했지만, 그들을 봉건적 습관, 반동적 사상, 또는 더 나쁜 반혁명적反革命的 열망의 매개체라는 공격에 취약하게 만들었다. 1950년대 초에 이미 엄격하게 징계를 받은 지식인들은 마오쩌둥의 혁명에서 대대적인 공격을 받게 되었다.

1940년대의 지속되는 관념

1945년까지 오면 인민은 확실히 인민이었고 대중을 들먹거렸지만 엘리트를 포함하였다. 국민당의 글에서 더 자주 인민은 국민(공민, 또는 국민)으로 인식되었다. 쑨원주의나 공산주의 이데올로기(그리고 1940년대에 오면 마오주의)에서든 혹은 자유주의에서든 인민은 정치적 정당성의 원천으로 간주되었다. 천명天命이나 왕조의 유산은 과거의 일이 되었다. 인민은 집합적인 중국 민족民族이었다. 그러나 인민은 또한 정치적 정체성을 제대로 행사하기 전에 문화적, 정치적 개선이 필요한 행위의 대상으로 여겨졌고 그 동안에는 거의 전적으로 지식인으로 구성된 혁명가와 자유주의자들이 스스로 인민을 향상시키는 역할을 떠맡았다. 장제스 아래의 쑨원주

---

79) Eddy U, "The Making of Zhishijenzi: The Critical Impact of the Registration of Unemployed Intellectuals in the Early PRC," *China Quarterly*, No.173 (2003), pp.100-21; and Eddy U, "The Making of Intellectuals: Representations and Organization in the Thought Reform Campaign," *China Quarterly*, No.192 (2007), pp.971-89.

는 "정치적 지도" 정책을 계속했고 성공하지 못했지만 1930년대 중반에 시작된 신생활 운동에서 사람들을 교육하고자 했다. 자유주의자들은 량수밍과 제임스 옌의 지속적인 농촌 향상 노력부터 후스와 우한의 학생들의 문화 수준 향상 노력에 이르기까지 근대적이고 과학적이면서 중국적인 것이 될 수 있는 방법을 대중들에게 교육하기 위해 노력했다. 공산주의자들에게 인민은 마르크스주의 범주로 정의되거나 더욱 광범위하게 억압받는 자 대 억압자로 정의되었다. 프롤레타리아는 "인민"의 소중한 범주였고 농민과 진보적 지식인과 상인이 그들의 보조자가 될 수 있었다. 물론 모든 것은 프롤레타리아트의 목소리인 중국 공산당의 "지도부" 아래 있었다. 마지막으로 "인민"은 이 시기 개인보다는 공동체로 계속해서 생각되고 이야기되었다. 두 당-국가는 중국의 회생을 관리하려는 노력에서 개인보다 사회에 더 초점을 맞추었다. 유일한 예외는 후스와 같은 일부 자유주의자들로 정치뿐만 아니라 과학에서 개인의 역할에 초점을 맞추었다.

이 시기의 **중국(인)**의 정체성은 주로 민족주의와 관련이 있었고 "외국의 것이 아닌", 특히 서구적이지 않은 것으로 정의되었다. 국민당은 쑨원의 오족(한족, 만주족, 몽고족, 티베트족, 무슬림 또는 회족) 중화 모델을 받아들였다. 그럼에도 불구하고 1907년 장빙린이 처음 중화中華를 표명한 데에서 보듯 한족의 문화 규범에 동화되는 것이라는 추정은 계속되었다. 중국 공산당의 경우 쑨원주의의 5개 민족 통일체와 한족의 우월성에 대한 가정을 명확하게 표현하지 않은 형태로 지속하긴 했지만 중국(인)은 점차 정치적인 정체성이 되었다. 두 가지 버전의 중국(인)의 정체성이 전면에 등장했다. 하나는 본질적으로 도시적이고 근대적인 것이었다(중국인이 이미 근대적이거나 과학과 위생 습관을 선택적으로 수입하여 중국 문화와 국민들을 근대화하기 위해 열심히 노력하고 있다고 주장하는). 다른 중국인은 농촌적이고 순수한 것으로 규정되었다.[80] 두 번째는 특히 량수밍과 마오쩌둥에 의해 받아들여졌는데 비정당 유교 자유주의자와 중국의 선도적인 마르크스 - 레닌주의자 사이에 있을 것 같지 않은 친연성이 있었다. 중국과 중국인의 이 두 이미지는 한편으로는 세련되고 교육받은 도시적인 것이었고 다른 한편으로는 가식적이지 않고 순수하며 실용적인 것으로 오늘날까지 이어졌다. 어떤 사람들에게는 덩퉈의 경우처럼 두 이미지가 양립할 수 있었고 왕스웨이와 같은 다른 사람들에게는 그럴 수 없었다.

민주주의民主는 이 기간 자유주의자들만의 전유물이 아니었다. 후스, 쩌우타오편, 뤄룽지와 같은 자유주의자들은 의회 민주주의와 법치주의를 주장했지만 민족주의자나 공산주의자들이 권력을 공유하도록 설득할 방법을 찾지 못했고 그들과 싸우려는 의향도 능력도 없었다. 1940년대에 우려하는 미국인들을 위해 글을 쓴 중국 전문 언론인 시어도어 화이트Theodore White는 이러한 자유주의자들이 "잘 조직되어 있다면 평화를 보장할 수 있을 것이지만 그들은 그렇지 않았다. 그들은 군대, 정당 조직, 사회 계급에 뿌리가 없다. 교육과 산업의 확산만이 그들에게 광범위한 사회적 기반을 제공할 수 있는 충분한 근대인을 만들어 낼 수 있다"[81]고 실망하며 결론지었다. 이것은 후스가 1929년에 교육을 기반으로 한 "혁명"에 대해 제기한 것과 동일한 희망이었다. 20년에 걸친 거의 끊임없는 전쟁이 그러한 노력을 방해했다. 국민당은 사람들이 정치 생활에서 더 많은 교육을 받을 때까지 정치적 지도는 가능한 한 민주적이었다고 주장했다. 따라서 그들은 민주주의를 장기적인 목표로 받아들였다. 공산주의자들은 1940년 마오쩌둥의 "신민주주의"(중국 공산당의 "지도 아래 있지만 평등한 정당들의 통일 전선")에서 1949년 8월 승리 직전 마오쩌둥의 유명한 글인 "민주 독재"로 옮겨 갔다. 훨씬 작아진 통일 전선에서 프롤레타리아트(즉, 당)가 "인

---

80) 이러한 차이점에 대한 다른 버전은 세기 중반, 예민한 외국인 관찰자인 Graham Peck, *Two Kinds of Time* (Boston: Houghton Mifflin, 1950)에 분위기가 잘 포착되어 있다.

81) Theodore H. White and Annalee Jacoby, *Thunder Out of China* (New York: William Sloane Associates, Inc., 1946), p.313. 또한 Jeans, *Roads Not Taken*.

민"에게 참여 민주주의를 제공하지만 다양한 종류의 억압자 - 특히 지주, 자본가, 그리고 국민당 정부의 주요 관료들로 정의된 적들에 대해서는 독재를 행사했다. 모두가 민주주의에 관해 이야기했고 일반적으로 수용된 가치가 되었다. 그러나 우리의 세 주연들인 국민당원, 자유주의 지식인, 공산주의자들은 민주주의에 대해 상당히 다른 생각을 가졌다. 정치적 지도, 교육받은 사람들을 위한 즉각적 민주주의, 프롤레타리아트와 그 당의 민주적 독재가 그것이었다.

1950년대의 중국

　냉전은 1950년대 중반까지 "두 개의 중국", 미국의 안보 우산 아래 있는 타이완에서 장제스 휘하의 중화민국과 소련의 지도 아래 있는 사회주의자 캠프에서 "한쪽으로 기울어진" 마오쩌둥 치하의 중화인민공화국으로 굳혀 놓았다. 각각은 전체 중국의 정부라고 주장하고 다른 정부를 불법으로 간주했다. 서양인들은 타이완의 "자유 중국"과 죽의 장막 뒤에 있는 "붉은 중국"의 관점에서 생각했다. 중화인민공화국의 시민들은 사회주의 세계의 노동자 해방과 자본주의 국가의 노동자 억압에 대해 배웠다. 미국인과 유럽인은 대부분 중국에서 단절되었고 중국이 "세계에서 단절" 되었다고 믿었다. 그러나 중국은 사회주의 공동체의 적극적인 일원이었으며 1950년대에는 원조와 기술로, 추구해야 할 국가 사회주의의 모델로 큰형 노릇을 했던 소련과 광범위하게 접촉하며 동부 유럽의 국가들, 새로운 동남아시아의 몇몇 국가들, 그리고 곧 새로운 아프리카 국가들과 정기적인 교류를 했다.

　중국은 "세계에서 단절"되지 않았을지는 모르지만, 미국, 유럽, 일본의 세계에서는 배제되었다. 따라서 중국의 지식인들은 1970년대까지 소련이 이끄는 사회주의 진영의 동료들과 주로 관계를 맺었다. 한편, 화교華僑, 특히 동남아시아에 거주하는 화교와의 조용한 관계는 계속되어 1950년대 수십만 명이 중국으로 돌아왔다. 따라서 중국에 거주하는 대부분의 중국인은 소련 형님으로부터 배우도록 권장되었으며 덩퉈, 젠보짠翦伯贊(1898-1968), 쑨예팡孙冶方(1908-1983) 등의 지식인은 주로 소련과 동유럽의 회의에 참석했다. 중화인민공화국 지식인들은 1950년대 젠보짠과 저우이량이 그랬던 것처럼 일부 유럽 회의에 참석했지만, 그들은 "부르주아 학자"와의 접촉에 매우 제한적이었다. 전체적으로 중국 지식인들은 자신들의 특정 전문 분야에서 중국의 길을 건설하기 위해 어떤 식으로든 바빴다. 한편, 타이완의 지식인들은 그들 공화국의 실패와 씨름하고 망명을 한탄하며 이 침입자들의 북부 방언을 이해하지 못하고 일본어 사용을 선호한(섬은 1945년까지 일본 제국의 일부였기 때문에) 현지 타이완인과 우여곡절이 많은 관계를 시작했는데 국민당 정부는 독재적이고 탐욕스러운 새 주인으로 간주되었다.

이 시기는 중국 공산당에 대한 높은 평판과 많은 중국인들이 깊은 자신감을 가졌던 때였다. 중국 공산당은 실제로 국가를 통일하고 국민당이 이루지 못한 경제 및 사회 질서를 가져왔는데 특히 만연한 인플레이션을 통제했고 심지어 서구 열강을 감정적 방식으로 추방했다(1943년 조약 재협상 이후 불필요했다). 재외 화교들은 새로운 중국 건설에 동참하기 위해 "고향에 돌아오는 것"에 매력을 느꼈다. 동시에 중국은 아시아와 아프리카의 새로운 국가들의 비동맹 운동을 창설하려는 인도의 노력을 지원함으로써 미국 또는 소련 진영의 두 세계에서 탈피하려 했다. 이것은 1955년 인도네시아에서 열린 반둥 회의에서 저우언라이周恩來(1898-1976)가 평화 공존의 다섯 가지 원칙(영토 보존 및 주권에 대한 상호 존중, 상호 불가침, 내정 불간섭, 평등 및 상호 이익, 평화 공존)을 지지한 시대였다. 이것은 중국이 아시아와 아프리카에서 독립적인 역할을 할 수 있게 하기 위한 것이었다.

1950년대는 1920년대 소련의 경험과 비슷한 방식으로 중국에서 선전 국가가 탄생한 것을 목도한 시기였다. 1949년 이전의 중국 공산당과 그 이후 중화인민공화국은 소련의 일당 국가 모델을 중국에 적용하고자 실행에 착수했다. 이것은 비록 내용이 상당히 다르기는 했지만, 쑨원의 "정치적 지

도" 또는 교육 국가의 목표를 달성했다. 중국 공산당의 선전 국가는 군대
와 경찰의 지배와 거슬리는 정치 캠페인과 사상 개조를 통해 마오주의의
소프트웨어와 지시된 공공 영역의 하드웨어가 계속되는 것이었다. 문화대
혁명의 고역은 그 권위를 크게 약화시키게 될 것이었지만 1940년대와
1950년대에는 많은 사람들에게 마오쩌둥 사상은 극도로 중요했으며 진지
한 믿음의 문제였다. 선전 국가의 제도와 선전 및 교육 시스템에서 정보의
중앙 집중식 제어는 내외국인 발언자에 대한 검열, 공무원에 대한 이데올
로기적 훈련 및 징계, 독립적이라고 인식된 사회 집단에 대한 공격을 포함
했고 1950년대에 개발되었으며 마오주의에 대한 개인적인 믿음이 사라진
후에도 오래도록 살아남았다.

1950년대에 이것은 타이완과 중국 본토의 이데올로기적 공공 영역의 실
제 사례로 드러났다. 두 사회 모두 불법적 생각을 공개적으로 표현할 경우
체포되고 감금될 수 있었다. 그러나 이데올로기적 순응의 무게는 중화인
민공화국에서 훨씬 더 컸다. 국민당의 타이완에서는 단순한 침묵으로 되
었다. 중화인민공화국에서는 중국 공산당 정책에 대한 적극적인 지지 이
하의 것은 특히 사회 엘리트와 지식인 사이에서 혐의의 소지가 있었다. 또
한, 모든 생각을 이데올로기의 관점에서 표현해야 했다. 중국에서 이것은
마르크스 - 레닌주의의 범주와 마오주의 어휘를 의미했다.

1956년까지 지식인의 생활이 중국의 당 이데올로기에 의해 절단되고 규
율되는 동시에 여성의 역할과 지위, 여성에 대한 대중 담론이 현격히 개선
되었다. 새로운 인민공화국의 첫 번째 법률 중 하나는 1950년의 상대적으
로 진보적인 혼인에 관한 법으로, 여성의 권리를 법에 규정하고 강제 결혼
및 아동 신부 매매 같은 여러 전통 관행을 불법화하고 상속, 이혼 및 육아
에 관한 여성의 새로운 권리를 명시했다(집행은 기껏해야 부분적이었지
만). 공공 영역에서 새로운 이데올로기는 여성과 남성의 법적 평등과 본질
적인 평등을 선언했고, 많은 선전과 일부 고용 관행은 공적 생활에서 여성

의 역할을 증가시키기 시작했다.

중국 공산당은 마침내 지식인의 인원수를 조사했다. 1956년 1월 백화운동을 효과적으로 개시한 연설에서 저우언라이 총리는 6억에 가까운 일반 인구 중 지식인은 38만 4천명에 불과하다고 추정했다. 저우언라이는 이들 중 "고등 지식인"은 약 10만 명에 불과하다고 인정했다. 일 년 후인 1957년 3월, 마오쩌둥은 고등 지식인이 10만 명이라는데는 동의했지만 지식인이 500만명 즉 인구의 거의 1%에 달한다고 자세히 설명했다. 실제로 마오쩌둥의 정의는 "초등학교 교사, 교직 종사자와 일부 행정 인력, 인민해방군의 일부, 상업 은행 직원, 공학자와 기술자를 포함"하는데, 우리가 일반적으로 지식인과 전문직 종사자(또는 기술적 지식인)로 고려하는 모두를 포함하는 광범위한 것이었다.[1]

도시 문화와 지식인과 전문가의 근대적 정체성은 1950년대에 뿌리를 내렸고 전문가에 대한 공식적 의미는 풍부해졌다. 1910년대에 시작된 전문 협회가 발전했다. 그들은 국민당의 면밀한 감독 밑에 있긴 했지만 타이완에서도 지속되었다. 중화인민공화국에서는 지식분자 간부知識分子幹部로서의 정체성과 사회적 역할이 전문가적 정체성을 곧 추월하고 포괄했다. 이 새로운 계급인 국가의 종복들은 전문 규범과 조직을 당 - 국가의 목표와 관리에 종속시켰다. 중국에는 엔지니어, 의사, 교수들이 있었지만, 그들은 정부 부처나 당에 의해 유지되는 "대중 조직"에 의해 가장 먼저 관리되는 "인민의 종복"이었다. 지식인 간부로서의 삶은 전문가로서의 정체성과 협회의 독립성과 권위를 제한했지만, 그 대신 중국을 개선하는 데 지식인이 직접적인 역할을 할 수 있게 했다.

---

1) 저우언라이의 보고는 *Communist China, 1955-1959: Policy Documents with Analysis* (Cambridge, MA: Harvard University Press, 1962), pp.128-44에 번역되어 있다. 마오의 의견은 MacFarquhar, Cheek and Wu, *Secret Speeches*, p.225에 번역되어 있다.

4

되돌아온 혁명
국가건설의 주역들을 타도하다(1957–1976)

学习大庆革命精神
高举毛泽东思想伟大红旗, 为实现第三个五年计划而奋斗!

"다칭大慶의 혁명 정신을 학습하고 마오쩌둥 사상의 붉은 깃발을 높이 들고, 제3차 5개년 계획을 실현하기 위해 투쟁하자!" (北京: 人民美術出版社, 1966년 4월)

오늘날 세계에는 두 개의 원자 폭탄이 있다. 하나는 물질의 원자 폭탄이다. 하나는 정신의 원자 폭탄이다. 물질의 원자 폭탄은 강력한 힘이지만 정신의 원자 폭탄은 훨씬 더 강력한 힘이다. 이 정신의 원자 폭탄은 다름 아닌 인간의 정치적 의식과 용기이다.

「국경일 사설」, 『해방일보』, 1960년 10월 1일

동림東林의 강학은 구산龜山(송대 사상가 양시楊時 : 역주)을 이어
천지간의 모든 일을 걱정하여라
누구도 서생이 공허하게 논한다 하지 못할 것이니
머리가 구르는 곳에 피가 얼룩져 있네

덩퉈鄧拓, 『광명일보光明日報』, 1960년 9월 7일

1960년대 초반의 이 두 목소리는 1950년대 후반을 뒤흔들었던 마오쩌둥의 후기 혁명의 첫 단계인 백화제방·백가쟁명百花齊放百家爭鳴에 이은 반우파 투쟁과 대약진 운동에 대한 중국 정치 지도자들의 다양한 반응을 반영한다. 특히 1960년에서 1962년 사이는 두 혁명의 최고조 사이 멈춤의 시기였다. 1966년에서 1969년의 문화대혁명은 실제로 1964년 사청운동四淸運動으로 시골에서 시작되어 1970년대에까지 이어져 마오쩌둥이 1976년 사망할 때까지 수명이 연장될 것이었다. 린뱌오林彪(1907-1971)는 1959년부터 국방장관이었는데 1960년 『해방일보』 사설은 린뱌오가 그해 3월 주요 군사 회의에서 선포한 주제를 단순히 홍보하는 것이었다. 린뱌오는 당의 대약진 운동으로 빚어진 대기근을 마주한 당이 직면한 도전에 대해 마오주의 대응에 가장 큰 믿음을 지닌 지지자가 되었다. 덩퉈는 당의 충직한 일꾼으로 베이징 시정부 당 위원회의 선전 책임자였으며 여기에서 재난에 대한 관료적 마오주의의 대응을 대표한다. 린뱌오의 대답은 마오쩌둥 사상의 정신적 원자 폭탄, 더 혁명적인 이데올로기였다. 덩퉈의 대답은 학자-관료들의 도덕적 모범의 정신적 지도, 배신자에 맞서고 순교의 위험을 무릅쓰는 중국의 오랜 전통으로부터의 더 많은 지혜였으며, 여기서 명 왕조의 동림서원東林書院의 유가儒家 순교자들의 모범을 언급했다. 두 목소리는 당의 고도로 통제된 선전 매체에 등장했는데 중국 공산주의 내부 논쟁의 일부였다. 문화대혁명 전야의 1966년 4월의 선전 포스터는 두 가지 견해 중

어느 예에나 쓰일 수 있었다. 린뱌오가 이해하기로는 그것은 모두 "마오쩌둥 사상의 큰 붉은 깃발"을 높이 들고 있는 것에 관한 것이다. 덩퉈에게 그것은 계획을 완수하기 위해 노동자, 농민과 지식인의 집단적 노력을 추켜 세우는 것이었다. 두 해석 모두 국가 건설의 문제를 소련 모델로 다루려 했다.

1950년대와 1960년대로부터의 목소리

왕멍王蒙(1934-): "조직 부서의 새로운 청년" 집필에 관한 자아비판(1957)

나는 내 미적 감성에 너무 많은 자신감을 느끼고 있었다. 이러한 감성에 의지하여 다양한 인물과 삶의 모순을 충실하고 대담하게 묘사할 수 있다고 믿었다. 나는 이것이 내가 독자들을 위해 할 수 있는 최선이라고 느꼈다. … 나는 용기 있게 진실을 묘사하고 독자들이 자신의 결론에 도달할 수 있도록 하는 것이 더 좋다고 생각했다. 내가 제시한 주장이 합리적일 수 있지만, 그것은 내 입장에서는 어떤 잘못된 관념으로 이어졌다. 나는 내 작품에서 현실적인 삶을 표현하는 것이 필연적으로 내 글에 사회주의 정신을 부여할 것이라고 믿었다. 나는 현실에 대한 나의 예술적 감상이 프롤레타리아적 관점과 접근 방식을 대체할 수 있다고 느꼈다. 내게 이러한 것은 정치적인 글을 쓸 때만 필요한 것 같았다. 그것들은 소설을 쓰는 데 별 소용이 없는 것으로 보였다. 단순히 삶을 있는 그대로 묘사함으로 독자들을 교육하고 있는 것이라고 생각했던 거 같다. 사실 나는 삶에 대한 논평과 대중 교육의 역할을 포기했었다.[1]

"프롤레타리아의 혁명적 반란 정신이여 영원하라"(1966)

혁명은 반란이고 반란은 마오쩌둥 사상의 영혼이다. 대담하게 생각하고, 말하고, 행동하고, 돌파하고, 혁명을 만드는 것 - 한마디로, 감히 반역하는- 은 프롤레타리아 혁명가의 가장 근본적이고 소중한 자질이다. 그것은 당과 프롤레타리아트 정당의 근본 정신이다! 수정주의는 반역하지 않는다는 것은 단순하고 확실한 것이다! 수정주의는 17년 동안 우리 학교를 지배해 왔다. 우리가 오늘 반란을 일으키지 않는다면 언제 일으킬 것인가?

… 당신은 우리가 너무 조악하다고 말하는가? 우리가 되기 원하는 것이 조악함이다. 어떻게 우리가 수정주의에 부드러워지고 매달리거나 절제를 할 수 있는가? 적에게 온건한 것은 혁명에 잔인해지는 것이다! 당신은 우리가 너무 지나치다고 하는가? 솔직히 당신의 "너무 지나치지 말라"는 것은 개혁주의적인 것이고 그것은 "평화로운 전환"이다. 그리고 당신의 백일몽은 이것에 관한 것이다! 자, 우리는 당신을 땅에 집어 던지고 굴복시킬 것이다!

… 우리는 수정주의적인 칭화대학 부속 중학교에 이것을 해야만 한다. 큰 반란을 일으키고 끝까지 저항하라! 우리는 엄청난 프롤레타리아 소요를 일으키고 새로운 프롤레타리아 세계를 개척하는데 작정하고 덤빌 것이다!

프롤레타리아트의 혁명적 반역 정신 만세![2]

이데올로기적 순간: 사회주의를 작동시키다

1950년대 중반까지 중국의 지식인은 당-국가에 완전히 신세를 지고 있었다. 지식인, 전문가, 심지어는 남아 있던 기업인 사이의 일련의 이데올로기 수정 캠페인으로 그렇게 될 것이었다.[3] 제대로 기능을 하고 기여하려

1) 王蒙, 「關于組織部新來的青年人」(조직부에 새로 온 청년에 관해) 『人民日報』, 1957. 5.8, Hualing Nieh, *Literature of the Hundred Flowers*, Vol.II, *Poetry and Fiction* (Bloomington, IN: University ofIndiana Press, 1981), pp.515-16에 번역.

2) 신화통신이 1966년 11월 11일, 중국 공산당의 공식 이론지인 『홍기(紅旗)』로부터 인용하여 보도했다. 번역은 Patricia Buckley Ebrey, ed., *Chinese Civilization*: A Sourcebook, 2nd edn. (New York: The Free Press, 1993), p.450

3) Teiwes, *Politics and Purges in China*; Strauss, "Paternalist Terror"; Eddy U, "The Making of Zhishifenzi."

면 정통적으로 대화하고 행동해야 했다. 말은 마오쩌둥 사상이었고 행보는 사상 개조, 대중 운동, 지식인 간부로서 봉사하는 것이었다. 희망과 의심이 혼합되어 새로운 중국 공산당 정권 아래에 머물렀던 소수의 자유주의 지식인 중 일부는 이 현실을 완전히 이해하지 못했다. 따라서 마오쩌둥이 1956년에 당을 비판할 것을 지식인들에게 요구하고, 1957년 봄에 다시 상당히 매력적으로 요구했을 때 일부는 참지 못했다. 그들은 그들 방식의 오류를 빨리 발견하게 되었다. 이상주의적인 젊은 중국 공산당원들과 당의 지도자와 소원했던 운이 나쁘고 거슬렸던 사람들과 함께 비판에 가담했던 사람들은 "우파"가 되었으며, 경력을 망치고 감시와 투옥에 시달리게 된 경멸받는 정치 계급이 되었다. 메시지는 분명했다. 당이 말하는 것을 말하라. 말하지 않는 것은 더 이상 선택이 아니었다.

이제 중국 공산당이 확고하게 관리하게 되었으니 이 이데올로기적 순간의 핵심 질문은 **사회주의를 어떻게 작동하게 할 것인가**였다. 1949년 이래 사회주의는 산업, 엔지니어, 도시에 초점을 맞춘 소련 모델에 의한 사회주의적 건설이었다. 그러나 중국에서 이런 형태의 사회주의에는 문제가 있었다. 그것은 관료적이고 지나치게 중앙 집권화되었고, 새로운 특권층 엘리트를 배출했으며 중국 공산당의 농촌 경험에는 부합하지 않는 것 같았고, 문학과 예술 영역에서 따분한 정통성을 만들어 냈으며 사회주의의 약속된 열매를 더 많이 원하는 노동자와 농민 사이에 불안을 불러일으켰다. 소련의 고문들 역시 짜증날 정도로 거만했고 일부는 노골적인 인종 차별주의자였다. 이러한 국가 건설 문제에 대한 답은 더 많이 더 좋게 더 빠르게 혁명하는 것이었다. 마오쩌둥에게 이것은 중국 공산당이 모델로 삼은 소련식 국가 건설 체계를 번복하는 것을 수반했다. 중국의 첫 7년은 소비에트 산업화 모델을 대체로 크게 따라갔다. 이제 질문은 중국의 길은 무엇이어야 하는가였다. 그것은 마오쩌둥이 1956년과 1957년에 중국 지식인들에게 직접적으로 던진 질문이었다. 이것은 야심에 찬 경제 캠페인이었으나 재앙으로 끝난 대약진 운동으로 이어졌다. 1960년대 중반까지 중국의 모든 사람에게는 세계는 변화되었고 마오쩌둥은 예측 가능한 국가 건설에 열중하고 있는 동료들의 "수정주의"로부터 혁명을 구하기 위해 더 극단적인 해결책을 모색했다. 마오쩌둥에게 그 수정주의적 노선은 그가 자신의 삶을 바쳐 해방한 노동자들을 다시 억압하도록 이끌 것이었다. 그는 나이가 들었고 명성은 빛이 바랬으며 동료들이 여전히 그를 믿고 있는지 의심스러워했지만, 그는 경험이 많고 뛰어난 전술가였으며, 20년 동안의 마오 숭배는 그에게 중국 사람들 사이에서 엄청난 권력을 주었다. 그의 동료들은 커튼 뒤를 볼 수 있었을지 모르지만, 중국의 6억에게 마오는 위대한 오즈였다. 그는 그들을 호명했고 그들은 응답했다.

중국의 지식인들은 이 정치적 롤러코스터를 탔다. 일부는 열정을 가지고 달라붙어 린뱌오가 주도하는 대로 같이 달렸다. 상하이에서 장춘차오張春橋(1917-2005)는 아마도 급진적인 마오주의 관점에서 가장 지적이고 명료한 설명을 제공함으로써 지방의 선전 간부에서 베이징 정치 권력의 정점에 도달할 것이었다. 1970년대에 장춘차오는 나중에 사인방으로 알려진 4명의 최고위 지도자 중 한 명이었다. 그는 혼자가 아니었고 "희망에 찬" 젊은 층과 한직으로 밀려난 나이 든 세대를 이끌었는데 이들에겐 문화대혁명의 혼란이 고무적일 뿐만 아니라 경력 발전을 위한 훌륭한 길이 되었다. 다른 사람들은 할 수만 있다면 저항하고 인내했다. 신중국의 사회주의 지식인 엘리트들은 그들이 할 수 있는 한 최선을 다해 이 두 번의 혁명의 최고조 시기를 가로질렀다. 뤄룽지와 딩링과 같은 일부는 반우파 운동의 첫 번째 물결에, 다른 이들은 두 번째 물결에 빠졌다. 덩튀는 1966년 문화대혁명에서 사망한 최초의 고위 당 지식인이 되었고, 우한은 1969년에 사망했다. 많은 사람이 견뎠지만 끔찍한 고난이 없었던 것은 아니었다. 양장楊絳(1911-2016)은 재능있는 작가이자 중국에서 가장 유명한 소설가 중 한 명인 첸중수錢鍾書(1910-1998)의 아내로 문화대혁명 재교육 캠프를 통해 그들이 겪은 일을 기록했다. 딩링은 웨다이윈과 같은 학자들과 마찬가지였다. 일부는 고개를 숙이고 농민으로부터 배우고 수수한 직업을 받아들이면서 살아남았다. 다른 사람들은 새로운 혁명에 봉사하도록 부름을 받았으며 거절하기가 어려웠다. 저우이량은 급격히 변화하여 정치적 정통성을 유지했다. 존경받는 베이징대학 철학 교수이자 웨다이윈의 남편인 탕이제 湯一介(1927-2014)는 마지 못해 저우이량에 합류하여 1970년대 초 급진적 정책에 학문적 권위를 제공하기 위한 량샤오梁效(탕이제는 1973년 베이징대학과 칭화대학 비판조에서 재료조 조장을 담당함 : 역주)라는 정치 저술 그룹에 참여했다. 한편 중국의 학생들은 홍위병으로서 문화대혁명의 전위대로 부상했다. 엄격한 소비에트 방식의 학교에서 이 청소년들은 마오쩌둥의 말을 들이키고 1966년 그의 혁명에 대한 요구에 응답하기 위해 거리로 쏟아져 나왔고, 1969년에는 "농민으로부터 배우도록" 시골로 보내지는 것을 받아들였다. 어떤 이들은 급진적 이데올로기를 수용했지만, 그 결과는 그들의 신념이 배신당하는 것을 발견하는 것뿐이었다. 다른 사람들은 모호하지만 순응하기 시작했다. 일부는 죽었고 대부분 고통받았으며 모두 변했다. 청년에게 보낸 마오쩌둥의 분명한 메시지는 "반란을 일으키는 것이 옳다"였다. 서로 다른 지식인 젊은이들은 반란을 통해 1970년대에 서로 다른 길을 찾았다. 리이저李一哲 그룹과 같은 몇몇은 마오주의자의 언어를 차용해 마오주의 체제 자체를 비판했다.

영혼을 변화시키는 혁명

시작은 좋았다. 1956년 9월까지 중국 공산당은 성공적 분위기 속에서 제8차 당 대회를 개최할 수 있었다.4) 그러나 중화인민공화국 신정부는 공무의 고통을 느끼고 있었다. 또한 1956년 비밀 연설에서 공산주의의 존경받는 지도자인 스탈린에 대한 후르시초프의 비난은 중국 공산당 지도자들을 분개하게 했고 그해 폴란드와 헝가리의 반소反蘇봉기에서 불안을 느꼈다. 1956년 마오쩌둥은 이러한 도전을 다루기 위해 자아비판과 상호비판의 사상 정화 운동 방식을 되살렸는데, 당을 넘어 교육받은 대중에게까지 이를 확대하여 지식인과 전문가들이 "백화제방百花齊放, 백가쟁명百家爭鳴"하여 집권 중국 공산당의 단점을 비판하도록 요청했다. 이것은 집권 중국 공산당으로는 전례 없는 행동이었다.

1957년 2월 그가 한 길고 충격적인 연설인 "인민 내부의 모순을 올바르게 처리하는 문제에 관하여"에서 마오쩌둥은 제한적이지만 실제로 중국 공산당에 대한 공개적인 비판과 반대 의견에 대한 이론적 기반을 마련하려 했다5) 마오쩌둥 연설의 녹음테이프는 전국의 지방 지도자들과 지식인들에게 재생되었다. 당 관료주의와 권력 남용에 대한 충성스러운 반대를 "적과의 모순"과는 대조되는 "인민 내부의 모순"으로 옹호함으로써 마오는 1956년 탈스탈린화에서 가장 대담한 동유럽 정권보다도 더 나아갔다. 당 엘리트는 깜짝 놀랐다. 그들은 멈췄고 망설였으며 위원장을 설득하려고 했다.

마오쩌둥은 자신의 길을 갔다. 사상 정화는 1957년 4월 말에 공식적으로 발표되었다. 그러나 그는 스탈린주의적 관료제가 상상도 할 수 없었던 일 - 평범한 시민이 공적 비판을 하도록 유도하고 더 나쁘게는 지식인도

---

4) Roderick Mac Farquhar, *Origins of the Cultural Revolution*, Vol.I, *Contradictions among the People, 1956-1957* (New York: Columbia University Press, 1974). 여전히 1950년대 초를 중국 공산당 통치의 "황금기"로 보는 견해도 있지만 초기 대중 캠페인(삼반오반)으로부터 토지 개혁의 폭력적 측면, 지적 억압 같은 심각한 긴장이 있었다. 현재의 관점은 성공과 긴장 사이에서 좀더 균형 잡힌 것이다. Brown and Pickowicz, *The Dilemmas of Victory*를 보라.

5) 마오의 "연설 메모(講話稿)"를 보라. MacFarquhar, Cheek, and Wu, *Secret Speeches*, pp.131-89에 번역.

하게 - 을 하도록 몰아감으로써 인간의 얼굴을 한 사회주의에 대한 가능성을 마오쩌둥 자신의 독재 스타일과 분노 때문에 망가지게 했던 것이다. 요구한 비판이 1957년 5월에 이르렀을 때 마오쩌둥의 맘에 들지 않았기 때문에 그는 태도를 정반대로 바꿔 비판자들을 반혁명적 우파라고 선언했다. "올바르게 처리하는 것에 관하여"라는 텍스트는 마오쩌둥을 보기 좋게 만들고 다른 사회주의 사회에 익숙한 제한된 범위의 허용 가능한 토론으로 궤도를 되돌릴 수 있도록 6월 공식 출판 전에 상당 부분 다시 작성되었다. 50만 명의 지식인과 당원들의 생명과 경력을 희생시킨 실패한 실험이었다.[6]

그다음 10년은 혁명적 열광과 끔찍한 고통으로 특징지어진 중국의 암울한 시기였다. 1957년의 "백화"교정 이후 가혹했던 전국적인 숙청 작업, 반우파反右派 투쟁이 뒤따랐다. 이것은 독립적인 비평가들을 침묵시켰을 뿐 아니라 전문가들이 지역당 지도자들에게 반대하는 것의 잠재적 위험을 인지하고 공포에 떨게 했다. 다음으로, 마오쩌둥은 야심에 찬 경제 개발 전략인 대약진 운동(1958-1960)을 추진했는데 이것은 치명적 결함이 있었고 무자비하게 실행되었다. 당은 이 캠페인에서 마오쩌둥을 전적으로 지원했고 마오쩌둥 다음 서열인 류사오치劉少奇(1898-1969)는 대약진 운동을 시작하여 중국의 국가주석으로 부상했다. 마오쩌둥과 그의 동료들이 장려한 곡물과 철강 생산량의 엄청난 증대 열망들이 비현실적이었을 뿐만 아니라 현지 지도자들은 마오쩌둥에 대한 충성심을 보여주기 위해 그러한 목표를 능가하기 위해 경쟁했다. 지식인과 과학자들은 발언할 의사가 없었다. 거의 모든 전문가에게는 반우파 투쟁의 "노동을 통한 교화"에 시달리는 동료가 있었다. 첸쉐썬과 같은 다른 지식인은 대약진 운동 기간 내내 과학

---

6) MacFarquhar, *Origins of the Cultural Revolution*, Vol.I ; 그리고 MacFarquhar, Cheek, and Wu, *Secret Speeches*.

및 경제 기관에서 계속 일했다. 대약진 운동은 1961년까지 대부분은 피할 수 있었을 기근으로 최소한 3천만 명이 사망하게 했다. 이것은 마오쩌둥의 중국 통치 중 단일 범죄로는 가장 클 것이다. 1960년대 초 조정되어 기근이 종식되고 경제 회복이 시작되었다.[7] 지식인들은 문화생활에 잃어버린 활력을 다시 가져오게 도우라고 초대되었다.

마오쩌둥은 만족하지 않았다. 그는 완전한 혁명을 위한 마지막 노력인 문화대혁명을 시작했다. 이는 마오쩌둥이 후르시초프 치하의 소련에서 보았던 수정주의의 심각한 위협으로부터 중국을 보호하기 위해 고안된 것이었다. 사실상 중국과 소련은 1960년 이데올로기적으로 결별했고 1969년 국경을 둔 국가적 대립과 분쟁이 절정에 이르렀다. 이제 마오쩌둥의 지령에 따라 당은 옌안 시대의 사상 개혁과 농촌 지향을 되살렸다. 마오쩌둥은 1966년에 학생 급진파를 "홍위병"으로 선언하고 수정주의적 당 지도자들의 "사령부를 폭격하라"고 촉구했다. 마오 주석 어록 "작은 빨간 책"에 표현된 마오쩌둥의 열렬한 찬사가 홍위병의 도구가 되었다. 1966년부터 1976년까지 10년 동안 총 44억 권에 달하는 마오쩌둥 자료의 책과 팸플릿이 출판되었다.[8] 사회적 결과는 참담했다. 젊은 홍위병 무리는 마오의 슬로건 "반란에는 이유가 있다造反有理"라는 구호 아래 지역 사회를 공포에 떨게 했고, 동료들은 서로를 반혁명적이라고 비난했으며 대학은 문을 닫고, 학생들과 교수진이 "농민들로부터 배우도록" 농촌 지역으로 보내졌고, 개개인은 끝없는 "사상 검증"에 시달렸다.[9] 어느 정도였는가 하면 이러한

---

7) 대약진 운동의 정치에 관해서는 Roderick MacFarquhar, *The Origins of the Cultural Revolution*, Vol.II, *The Great Leap Forward, 1958-1960* (New York: Columbia University Press, 1983)를 보라.

8) Daniel Leese, *Mao Cult: Rhetoric and Ritual in China's Cultural Revolution* (New York: Cambridge University Press, 2013); 그리고 Alexander C. Cook, ed., *Mao's Little Red Book: A Global History* (New York: Cambridge University Press, 2014).

9) Roderick MacFarquhar and Michael Schoenhals, *Mao's Last Revolution* (Cambridge,

스스로의 예속에 참여한 사람들의 수가 문화대혁명이 오웰의 디스토피아의 현실판에 가까운 스탈린의 러시아를 앞지를 정도였다.[10] 마오쩌둥은 이것을 허용했고 고통을 "수정주의"에 저항하는 데 필요한 비용으로 보았다.[11]

문화대혁명은 1969년 4월 제9차 당 대회에서 '승리'한 것으로 선언되었지만 정책은 1970년대까지 이어졌다. 홍위병 학생 패거리는 인민 해방군이 대학에 투입되어 진압되었다. 청년들이 "농민들로부터 배우기 위해" 시골로 가는 하방下放이 발표되었다. 일부는 기꺼이 갔지만 참여하지 않는 것은 선택 사항이 아니었다. 갱들을 거리에서 몰아냈지만, 이것은 친족이 보호하지 못하는 청소년을 학대해도 괜찮다고 생각하는 가부장적 마을의 농촌 남성들에게서 청소년들을 보호하지 못하고 약탈당하게 했다. 1960년대 후반에 시골로 갔던 학생들 대부분은 거의 10년 동안 가족에게나 도시로 돌아갈 수 없었다. 이것은 고통스러운 경험이었지만 하방된 청년들(지청知靑 또는 "교육받은 청년"으로 알려짐)은 지식인과 시골을 다시 연결하는 역사적인 역할을 했다. 아이러니한 방식으로 마오는 1960년대 젊은 이들을 크게 바꾸는 데 성공했지만, 그가 바라던 대로는 아니었다. 그들은 "반란에는 이유가 있다"는 것을 배웠고 농민들이 억압당했다는 것을 배웠다. 그러나 그들은 또한 농촌 공동체를 억압한 것이 중국 공산당 그 자체이며 실제로 중국 공산당에 반항하는 것이 가능하다는 것을 배웠다.[12] 그

MA: Harvard University Press, 2005).

10) 이러한 스스로의 예속은 포스트마오 시기 영화에 가슴 아프게 묘사되어 있다. 예로서 첸카이거(陳凱歌)의 패왕별희(1993), 톈좡좡(田壯壯)의 푸른 연(1993), 그리고 장이머우(張藝謀)의 인생(1994) - 모두 영어 자막과 함께 국제적으로 시청이 가능하다.

11) MacFarquhar and Schoenhals, *Mao's Last Revolution*를 보라.

12) Michel Bonnin, *The Lost Generation: The Rustification of China's Educated Youth (1968-1980)*, Krystyna Horoko (Hong Kong: The Chinese University Press, 2013)번역. Bonnin의 본래 프랑스어 판은 2004년에 출간되었다.

러한 정신은 1970년대 중반부터 시골로 보내졌던 지식 청년 중 일부가 도시로 돌아왔을 때 그다음의 이데올로기적 순간에 영향을 미치게 될 것이었다.

특히 지식인에게는 1968년 말부터 1970년대 초까지가 문화대혁명의 가장 소름 끼치는 시기였다. 인민 해방군이 홍위병들을 변방의 마을로 쫓아내면서 학교, 사무실, 공장에 가져온 "계급 정화 운동"은 조직된 공포였다.[13] 폭력은 무작위나 대량으로 이루어진 것이 아니었고, 마오쩌둥 사상의 이름으로 지난 몇 년간의 점수를 정하기 위해 설립된 "혁명위원회"를 통해 이루어졌다. 특히 지식인은 신중하게 발을 내디뎌야 했다. 한 마디라도 벗어나거나 생각 없이 한 말이 박해로 이어질 수 있었다. 홍위병이 있던 기간은 세일럼 마녀재판과도 같은 거친 공개 비판을 통해 소용돌이쳐 미쳐 날뛴 것이었다면, 계급 정화 운동은 유사 법률적 절차에서 스페인 종교 재판과 비슷하게 운영되었다. 1971년 9월 마오쩌둥의 새로운 "가장 가까운 동지"이자 후계자로 지목된 린뱌오가 사망하면서 압력이 가중되었는데 마오쩌둥을 암살하려 시도하다 소련으로 도망치려 했다는 것이었다. 누구도 더 이상 무엇을 믿어야 할지 몰랐고 많은 지식인은 린뱌오의 몰락에 대해 마오쩌둥과 당에 대한 의심을 기록했다. 린뱌오의 사후 숙청은 또 다른 운동 스타일의 숙청을 가져왔는데 공자를 반대하고 중국 전통 모험 소설인 수호지를 맹렬히 비난하는 것과 같은 이상한 운동이 포함되었다.

마오쩌둥의 마지막 혁명은 "미 제국주의"와 수십 년간의 성난 대결 후 1972년 소련의 허를 찌르기 위해 리처드 닉슨 미국 대통령과 갑자기 화해한 것이었다. 그러나 문화대혁명이 격동하고 계급 정화 운동이 아무리 공

---

13) MacFarquhar and Schoenhals, *Mao's Last Revolution*, pp.253-72. 생생한 사례 연구는 Yang Kuisong, "Where Do 'Bad Elements' Come from?," in Jeremy Brown and Matthew D. Johnson, eds., *Maoism at the Grassroots: Everyday Life in China's Era of High Socialism* (Cambridge, MA: Harvard University Press, 2015), pp.19-50를 보라.

포스러워도 정부는 계속 일을 했다. 사실 중화인민공화국은 1971년 유엔에서 타이완을 대체해 "중국"이 되었다. 이 시기의 정치 캠페인과 간헐적인 혼란으로 인해 중국 공산당의 이러한 기본적인 성공은 잊혀지기 쉽다. 마오쩌둥의 중국은 종종 가혹하고 변덕스러웠으며 많은 지식인에게는 지옥 같았고 농촌의 중국인들에게는 매우 불공평했지만 국가가 실패한 것은 아니었다. 오히려 기초 교육과 공중 보건을 구축하고 초기 산업화를 지속해 마오쩌둥 이후 등장할 경제 도약의 기반을 마련했다. 중국 지식인들은 학자와 간부로서 이러한 노력에 기여했다. 이 행정적 실용주의는 이미 흔들리고 있는 문화대혁명의 천년 왕국적 의식을 완화시켰고 중국을 남겼으며, 중국 지식인은 지치고 낙담했지만, 마오쩌둥의 사망 시에도 여전히 버티고 있었다.

중국 자유주의의 마지막 호흡: 뤄룽지羅隆基

마오쩌둥의 혁명은 근본적으로 현상 유지를 흔들고 평범한 시민들에게 활력을 불어넣어 새롭고 더 나은 사회에 대한 그의 비전을 바로 지금 현실화하기 위한 것이었다. 마오의 첫 번째 시도는 중국의 최근 개조된 지식인들에게 새로운 당 관료제의 잘못을 지적하도록 요청하는 것이었다. 이것은 중국 자유주의의 마지막 호흡으로 판명될 것을 민주 동맹의 지도자들에게서 촉발시켰다. 백화 운동에서 마오쩌둥이 얻은 것은 사회주의의 실행에 대한 전술적 비판이 아니라 사회주의를 넘어서는 전략적인 제안이었다. 우리는 그 결과를 알고 있다. 마오쩌둥은 철회했고 그가 1957년 2월에 요청한 종류의 비판은 그해 여름에 이르면 정치적 범죄가 되었다. 그러나 많은 지식인이 다른 사람도 아닌 마오쩌둥이 중국 공산당의 단점에 대한 진지한 비판을 요구했기 때문에, 1957년 캠페인은 이전 캠페인과 같지 않을 것이라고 느꼈음을 기억하는 것이 중요하다. 나이 든 세대는 좀 더 현명했지만, 이 장의 뒷부분에서 보게 되듯이 웨다이윈과 팡리즈方勵之와 같은 젊은 당원들도 마오쩌둥의 요청에 응답했다. 1957년 봄에는 독립적인 비판의 꽃이 피었고 대부분은 당을 개선하기 위한 방식이었지만 그중 일부는 일당 통치의 필요성이 지나갔고 중국은 이제 1945년에 중국 공산당이 제안했던 연립 정부를 실제 다당 정치를 통해 이행할 수 있는 지점까지 발전했음을 시사했다.

마오쩌둥은 1957년 2월 "인민 내부의 모순을 올바르게 처리하는 문제에 관하여"에서 공개 비판에 대한 설득력 있는 주장을 했다. 그해 봄 전국에서 이 중요한 선언을 녹음한 테이프가 방송되었다. 마오쩌둥은 사회주의의 문제를 인정하고 "인민들 사이에 모순"이 있다고 선언해 중국 공산당을 위해 비판하고, 헝가리에서와 같은 공산주의자들에 대한 반란의 예를 피해야 한다고 선언했다. "우리는 올해와 내년에 전반적으로 대대적인 조사를 하고, 경험을 요약할 것을 제안한다." 그러나 이 당의 정책과 거버넌스에 대한 종합적인 평가는 중국 공산당이 아니라 전국 인민 대표 대회(약칭 전인대)와 중국 인민 정치 협상 회의(약칭 정협)가 주도할 것이라고 마오쩌둥은 선언했다.14) 중국의 주요 지식인 일부는 베이징에서 마오쩌둥의 발언 내용을 듣도록 초대되었고 그 후 몇 주 동안 녹음된 테이프를 들은 많은 사람이 주목하고 흥분했다. 상하이에서 새롭게 부활한 지식인 신문 『문회보文匯報』의 편집자인 쉬주청徐籌成(1907-1991)은 1957년 3월 초에 마오쩌둥의 "모순" 연설 테이프를 듣도록 대규모 대표단과 함께 베이징으로 소환되었다. 쉬주청과 그의 동료들은 마오쩌둥의 간청에 감동했다. 쉬주청은 마오가 가혹한 계급 투쟁이 끝났고 당원이 아닌 사람들도 이 정풍 운동

---

14) Mao Zedong, "On the Correct Handling of Contradictions among the People (Speaking Notes)," MacFarquhar, Cheek, and Wu, *Secret Speeches*, p.145에 번역.

을 도울 수 있으며 이 운동에서 지식인과 당 간부의 정풍은 봄비처럼 부드러워야 한다고 믿게 했을 때의 흥분을 기억한다. 그들은 덩퉈와 같은 고위 당 간부들의 걱정을 그다지 공유하지 않았다. 그들은 새날이 밝아 온다고 생각했다.[15)]

뤄룽지와 같은 노련한 정치적 자유주의자들이 발언했다. 그 어느 때보다도 중국의 대학생들은 학생 정치 활동의 위대한 전통을 이어가기를 열망했다. 기사와 캠퍼스 집회와 연설이 1957년 5월에 진정한 백화로 자라났다. 뤄룽지는 민주 동맹의 공동 의장이며 마오쩌둥이 "책임을 맡도록" 한 중국 인민 정치 협상 회의 상임 위원회에도 속해 있었다. 뤄룽지는 해외에서 고급 학위를 취득한 칭화대학 졸업생(위스콘신 대학과 컬럼비아 대학, 정치학)이었고, 1920년대 후반 중국으로 돌아와 후스와 함께 정치 문제에 관한 기사를 게재했다. 그중에는 장제스 정부를 비판하는 인권에 관한 유명한 기사도 포함되어 있었다. 뤄룽지는 1941년 민주 동맹의 창립자 중 한 명으로서, 1947년에는 장보쥔과 함께 민주 동맹의 공동 의장이었다. 통일 전선에는 더 주목할 만한 중국 자유주의자가 거의 없었다. 1957년 3월에 뤄룽지는 중국 인민 정치 협상 회의의 회기에서 조심스럽게 우려를 표명했다. "현재 여전히 지식인과 관련된 문제는 무엇인가?" 뤄룽지는 잘 교육받은 지식인의 불완전 고용, 박사학위 소지자가 도서관에서 일하고 변호사는 사무원으로, 과학자가 언어를 가르치며 "기계 공학도가 중학교에서 역사를 가르치는" 상황을 나열한다. 교육 역시 위험에 처해 있다고 뤄룽지는 말했다. "학문 성취보다 정치적 지위에 더 큰 비중이 주어지고 있다"라고 뤄룽지는 한탄했다. 비당원 인원보다 당과 청년단 소속이 높게 평가받아왔다. 뤄룽지는 불만 사항의 개인 일화적이고 "일방적인" 성격을 언급

---

15) 徐鑄成, "陽謀親歷記,"(공개음모에 관한 개인일기), 『中國之春』(중국의 봄) (New York), No.55 (1987), pp.23 ff. Cheek, *Propaganda and Culture*, pp.175-6.

함으로써 그의 불만을 누그러뜨리려고 조심했지만, 다가오는 시정 조치의 안건으로 그러한 문제들은 다뤄져야 한다고 분명히 생각했다.[16]

그해 봄, 백화쟁명이 커지자 뤄룽지는 5월 10일에 민주 정당(중국 공산당의 통일 전선 부서 하에서 8개의 하위 "위성 정당"의 운영이 허용됨) 포럼에서 더욱 강력하게 발언했다. 그 극적인 나날의 신문 보도에서 뤄룽지는 채용과 교육이라는 두 가지 조직 문제에 초점을 맞추고 있다. 뤄룽지에 따르면 마오쩌둥이 요구한 상호 감독의 전제 조건인 중국 공산당과 민주 정당의 "장기 공존"이 있을 것이라면 민주 정당은 청년들 또는 적어도 학생들을 모집할 수 있도록 허용되어야 했다. 당시 중국 공산당은 1949년 이전에 서양에서 교육받은 "옛날 지식인"들만 모집을 허용했다. 그 속에는 미래가 없다고 뤄룽지는 결론 내렸다. 뤄룽지는 또한 중국 공산당 위원회가 학교를 운영하는 방식에 대해서도 우려했다. 민주 정당과 단체의 정부 참여가 중국 인민 민주 독재의 일부였다면, 교육 시스템의 "상부 구조"는 정치 질서의 "토대"를 반영해야 했다. 이는 민주 정당이 학교 운영에도 역할을 해야 한다는 것을 의미한다.

옌안에서 뉘우쳐 왕스웨이보다 오래 살아남았던 딩링은 반우파 운동으로 실의에 빠졌다. 그녀는 충성스러운 당원이므로 그녀의 몰락은 자유주의 자체의 종말을 의미하는 것이 아니라 사회주의 하에서 문학에 대한 자유주의적 또는 관용주의적 접근의 종말을 의미했다. 1948년 입상작인 소설 『태양은 상강을 비추다』 이후 딩링은 많은 소설을 출간하지 않았지만, 당의 문학 협회에서 활동했으며 신중국의 작가들 사이에서 리더로 활동했다. 그러나 그녀는 1950년대 중반까지 당내 문학계 최고 실력자가 된 저우양周揚(1908-1989)과의 파벌 다툼에 휘말렸다. 백화 운동의 대부분 동안 조

---

16) 여기에 인용된 뤄룽지의 의견은 Roderick MacFarquhar, *The Hundred Flowers Campaign and the Chinese Intellectuals* (New York: Praeger, 1960), pp.20 and 42-3에서 가져온 것이다.

용했지만 딩링은 1957년 5월의 광범위한 비판에서 용기를 얻어 베이징의 중앙 문학 연구소에서 관료 경쟁자에 대해 반격을 가했다. 그녀는 실패했고 패배의 대가는 가혹했다. 딩링은 반우파 운동의 전형이 되었고 당 지침에 대한 불복종의 부정적인 예가 되었다. 1958년 초 당 소속 작가들은 1942년 왕스웨이의 사건과 옌안에서 있었던 당에 대한 그의 반항을 파헤쳤다. 딩링은 그때 궁극적으로 왕스웨이를 버리고 당과 함께 그를 비판했지만 1958년 그녀는 왕스웨이의 "악의 파벌"의 개조되지 않은 구성원으로 그려졌다. 딩링은 파벌 싸움에서 패배했기 때문에 제거되었을 가능성이 높았지만 딩링의 문학에의 접근 방식은 저우양보다 더 개방적이었다. 메를 골드먼은 딩링과 그녀의 동료들의 당에 대한 진정한 도전을 다음과 같이 요약했다. "그들은 계속해서 자신들을 조직의 요구에 순응할 필요가 없는 특별한 사람들로 간주했다."17) 이런 점에서 그들은 정말로 왕스웨이의 정신을 계승했다.

동원되는 좌파: 장춘차오張春橋와 야오원위안姚文元

마오쩌둥의 혁명적 부흥이 정치적, 사회적 효과가 있으려면 일반 대중에게 그의 우려를 표현하고 주장하고 이러한 생각을 선전할 일군의 작가와 사상가가 필요했다. 장춘차오는 그러한 마오주의 지식인 중 한 사람이었다. 그는 1932년 『산둥민족보山東民族報』를 시작으로 그의 직업은 내내 언론인이자 선전가였다. 그는 1937년 항일 전쟁 발발 후 북서부의 공산주의 통제 지역으로 갈 때까지 상하이의 좌익 진영에서 활동했다. 그는 1936년 중국 공산당에 가입했고 전쟁 중 근거지에서 일했다. 1950년에 장춘차오는 공산군과 함께 상하이로 가서 지역당 위원회에서 활약했다. 1954년

---

17) Goldman, *Literary Dissent in Communist China*, p.224.

초에는 "프라우다로부터 배우기 위해" 덩퉈가 이끈 소련 방문의 언론인 대표단에도 합류했다. 장춘차오는 두 개의 논설로 가장 유명하다. 1958년 첫 글은 「부르주아 계급 특권 사상을 격파하자破除資産階級法權思想」로 마오쩌둥의 급진적인 대약진 운동을 지지하였다. 장춘차오의 논설은 물질적 인센티브(즉 노동에 대한 직접적인 보수)의 폐지와 "각 사람의 필요에 따른" 평등주의적 배급 시스템의 구축을 옹호했다. 이것이 이제 공산주의를 향한 대약진의 길이었다. 마오쩌둥은 『인민일보』에 장춘차오의 논설이 다시 실리도록 개인적으로 밀어붙였다. 약 20년 후 중앙 위원회 정치국의 주요 일원으로서 마오의 아내인 장칭江清(1913-1991)은 극좌 파벌의 정책을 명확히 했다. 장춘차오의 다른 논설인 「부르주아지에 대한 전반적 독재 시행에 관하여」는 1975년 4월 모든 주요 저널과 신문에 게재되었다.

장춘차오는 대중 동원 또는 적어도 당내 좌파 동원을 추구했는데 마오쩌둥의 대약진 운동이 지닌 반상업적 목표를 수용하고 1930년대와 1940년대 혁명기의 "배급 시스템", 홍군이 현금이 아니라 현물로 지급받고 장교와 부하장병이 훨씬 더 평등하게 대우받았던 것을 되살리기 위해서였다. 장춘차오의 1958년 논설에서 지지하는 핵심 가치는 동권주의에 닿아있는 경제적 평등주의로 임금과 특전의 차이는 부르주아 계급 특권 사상의 원천으로 간주되었다. 반대로, 당과 군대가 배급 시스템을 실행했을 때 그들은 일본과 장제스의 국민당을 정복했다고 장춘차오는 말한다. "그러나 오래지 않아" "이런 종류의 체제는 부르주아 특권 사상에 의해 공격받았다." "부르주아 특권 사상의 핵심은 임금 시스템이다. … 그들은 [배급 시스템]이 '시골 마을 스타일'이고 '나쁜 게릴라 습관'"이라고 경멸스럽게 말한다. 그리고 당의 소박한 시작에 대한 그러한 경멸은 부르주아 특권을 은밀하게 옹호하는 이들이 내놓은 실질적인 반대와 결합되었다. "사람들이 배급 시스템에 대해 사용하는 가장 기본적인 주장은 바로 배급 시스템이 생산활동을 자극하지 못한다는 것이다. 그들의 이론에 따르면 '물질적 보상의

원칙'을 강조하는 것은 바로 경제학자들[즉 수정주의자들]이다." 장춘차오
는 대안을 제시하며 "상하이의 노동자들은 자신들의 견해를 자유롭게 발
표한 결과 정치가 아니라 '돈이 지휘함'을 의미하는 이러한 종류의 이론을
예리하게 지적했다"고 공지했다. "그러나" 장춘차오는 "부르주아 특권을
철저히 버리기 위한 투쟁을 수행하기 위해 경영에 공산주의 교육을 강화
하기 위한 정치, 이데올로기, 윤리를 포함해야 하지 않겠는가?"라고 선언
했다.[18] 장춘차오는 노동자들의 지혜를 파리 코뮌의 평등주의적 방식을
찬양하는 칼 마르크스의 고전 인용을 통해 강화하고 결론 내리기를,

> 지난 몇 년간의 실행은 "배급 시스템", "농촌 노동 스타일" 및 "나쁜 게
> 릴라 습관"에 가해진 공격이 부르주아지의 불평등한 특권을 보호하고 프롤
> 레타리아 혁명적 전통, 그리고 노동 인민 사이의 관계를 올바르게 다루기
> 위한 공산주의 원칙을 공격하려는 부르주아지의 시도라는 것을 증명한다

고 하였다. 야심에 찬 지방 기성 지식인 장춘차오에 따르면 해결책은 마오
쩌둥의 새로운 대약진 운동을 엄격하게 따르는 것이었다. 합리적 경제 관
리(자신의 권력, 지위, 특전과 마찬가지로)에 더 관심이 있는 기득권층의
지도력과 상충하는 마오쩌둥의 최신 정책을 수용함으로써 장춘차오는 더
젊은 그리고 지역 엘리트들의 승진길에 목소리를 냈다. 그들은 지위, 혁명
적 경험, 심지어 직업적 역량 측면에서 선배들과 경쟁하기를 바랄 수 없었
고 중국 공산당의 새로운 고위 관료들은 혁명으로 "새로 태어난 것들"이
때를 만나도록 은퇴할 의도가 없다는 것이 명백해졌다. 장춘차오와 전체
지역 지도자 간부와 학교를 막 졸업하고 일자리를 찾고 있는 후배들이 함
께 곧 앞서 나가려면 마오쩌둥의 대약진 운동에 편승해야만 했다. 그들은

---

18) 張春橋, 「破除資産階級的法權思想」(자산계급의 특권 사상을 타파하다), 『人民日
報』, 1958.10.13.

열정적으로 그렇게 했다. 장춘차오의 급진적인 자세가 광범위한 사회 집단에서 공감을 얻지 못했다면 문제가 되지 않았을 것이다. 그의 급진적인 마오주의와 상하이의 젊은 급진적 작가인 야오원위안姚文元(1932-2005), 옌안에서 마오쩌둥의 비서로 일했던 연로한 이론가 천보다陳伯達와 같은 그의 동료들의 마오주의는 이 관념을 받아들여 함께 운영하는 두 중요한 집단에게 목소리와 기회를 주었다.

세계에서 한발 앞서 나아갈 수 있는 방법으로서 이 새로운 관념을 처음 포용한 것은 마오쩌둥과 그의 급진적 지지자들의 시선을 끌어 앞서가려던 지역당의 관료들이었다. 허난성河南省 제 1 서기인 우즈푸吳芝圃(1906-1967)와 같은 지역 지도자들은 1958년 초 마오의 "더 크고, 더 빠르고, 더 좋고, 더 경제적인" 개발 요구를 받아들였다. 로더릭 맥파커Roderick MacFarquhar에 따르면, 우즈푸는 새로운 계획의 12년 목표를 일 년 안에 달성할 목표를 세웠는데 곡물 수확량을 100% 이상 증대시키고 참새와 파리의 말살을 포함하는 네 가지 해충을 제거하는 운동을 넣었고 이것은 그와 허난성의 지도자들이 "대약진의 점증하는 열정에 확실히 사로잡혀 있다"는 것을 보여줄 것이었다. 그리고 마오쩌둥은 감명을 받았다. 1958년 8월 베이다이허 당 지도자 회의에서 마오쩌둥은 농촌에 집단화를 대폭 증가시키는 것을 포함한 우즈푸의 급진적인 계획을 승인했다. 8월 17일 『인민일보』는 우즈푸의 지도력에 찬사를 보내고 "인민 공동체는 좋다!"라고 선언했다.[19] 농촌 공동체는 현縣 수준의 마을 조합을 하나의 집단 회계 단위로 결합하여 토지 개혁으로 농민들이 받은 토지를 10년도 채 되지 않아 효과적으로 빼앗았다. 마오는 이 변화에 대한 유토피아적 비전을 베이다이허의 당 지도자들과 공유했고 그것은 장춘차오가 1958년 비화폐 경제를 옹호했던 낭만주의를 반영한 것이었다. 그러나 마오쩌둥은 공동체 운동에서 더 많은 것

---

19) MacFarquhar, *Origins of the Cultural Revolution*, Vol.II, pp.42 (인용) 그리고 81.

을 원했다.

> 마을은 대부분의 철학자와 과학자가 배정되는 작은 도시가 될 것이다. 모든 큰 코뮌에는 고속도로가 건설되고 시멘트 또는 아스팔트로 포장된 넓은 도로는 비행기가 착륙할 수 있도록 주변에 나무를 심지 않고 공항이 될 것이다.[20]

우리는 1890년대에 캉유웨이가 되살리고 1930년대에 량수밍이 추구했던 대동大同의 유토피아적 비전이 마오쩌둥의 코뮌의 이상화 속에 살아있는 것을 볼 수 있다. 주요 차이점은 마오쩌둥이 중국을 통치했다는 것이다. 그와 우즈푸 같은 자발적 현지 관리들은 중국 인민에게 이상을 강요했다.

마오쩌둥과 장춘차오의 유토피아적 목표를 지원한 두 번째 그룹은 지식인 특히 기성 지식인이었다. 일부 과학자들은 생산 증가에 대한 무모한 주장을 지지했다. 1955년 미국에서 중국으로 돌아온 로켓 과학자 첸쉐썬錢學森은 1958년 6월 대약진 운동의 주장을 뒷받침하는 논문을 가지고 공론장으로 들어섰다. "우리는 단지 필수적인 물 저장, 거름 및 노동력만 있으면 밭의 수확량을 끊임없이 증가시킬 수 있다." 왕닝Wang Ning은 "마오쩌둥은 자신의 비서에게 '위대한 과학자' 첸쉐썬조차도 그렇게 믿었기 때문에 작물 수확의 가능성이 높음을 확신했다"고 말했다.[21] 중국 과학자들은 일반적으로 공론장에서 비켜나 있었지만, 그들이 맞장구를 치며 끼어들었을 때 좋든 나쁘든 심지어 마오쩌둥 아래서도 그들의 영향력은 컸다.[22]

---

20) Mao Zedong, "1958년 8월 베이다이허 회의 발언," MacFarquhar, Cheek, and Wu, *Secret Speeches*, pp.397-441 번역, p.430부터 인용.

21) 錢學森, 「展望十年: 農業發展綱要十年以後」(십년 전망: 십년 이후 농업 발전 강요), (『科學大衆』 6號, 1958.7), pp.228-30; Wang Ning, "Lying Prostrate," pp.21-2.

22) 공공 지식인으로서의 중국 과학자에 대한 최고의 연구는 여전히 H. Lyman Miller, *Science and Dissent in Post-Mao China: The Politics of Knowledge* (Seattle: University

덩튀鄧拓와 같은 노련한 당 지식인조차도 도취되었다. 사실 그는 1958년 2월 『인민일보』에 게재한 「사상작풍思想作風의 대약진」이라는 기사에서 이 운동의 용어를 처음으로 사용했다. 그 글에서 덩튀는 후베이성 홍안현紅安縣의 대약진 그룹을 본받아야 할 모델로 제시했다. 덩튀는 "그들은 사람들 사이에서 새로운 인민, 새로운 창조물, 새로운 규율을 발견하고 새로운 상황에서의 새로운 이데올로기와 작업방식을 연구하고 생산하는 데 있어서 탁월했다"고 썼다.[23] 유감스럽게도 정형화된 글쓰기에 대한 덩튀 자신의 1955년 비판을 되돌아볼 수 있을 것이다. 사실 여기서 우리는 레닌주의 정권에서 기성 지식인의 정치적 참여의 대가를 본다. 공정하게 말하면 대부분의 지식인은 대약진을 지지하지 않았지만 최근의 반우파 운동에 너무 겁을 먹었고 그들의 생계를 지역의 당서기에게 너무 의존하고 있어 공개적으로 발언하기 어려웠다.

마오쩌둥의 후기 혁명이 자극적인 정치라는 것을 젊은 지식인들 모두 알고 있었다. 마오쩌둥이 1957년 마오쩌둥의 최근 연설을 게재하지 않은 것에 대해 『인민일보』의 편집자인 덩튀와 대립했을 때 주석은 신문에서 덩튀의 후배 편집자 중 한 명인 왕뤄수이를 칭찬했다. 이전의 이데올로기적 순간에 학생이자 젊은 언론인으로 우리가 잠시 보았던 왕뤄수이는 이 혁명적 소요가 되살아 난 이 시기 동안 성공했다. 그는 후스와 후펑胡風(1902-1985)과 같은 "부르주아" 지식인을 충실하게 비판하고 당 정책을 지지했다. 그는 1950년대 후반 농민들로부터 배우도록 시골로 보내졌지만 좋은 모습으로 돌아왔다. 그는 중국 공산당 중앙당교中央黨校의 기득권층

---

of Washington Press, 1996); James H. Williams, "Fang Lizhi's Expanding Universe," *China Quarterly*, No.123 (September 1990), pp.459-84; 그리고 Williams, "Fang Lizhi's Big Bang: A Physicist and the State in China," *Historical Studies in the Physical and Biological Sciences*, Vol.30, No.1 (1999), 특히 pp.53-66.

23) 鄧拓, Cheek, *Propaganda and Culture*, pp.188-9에 인용.

지도자들에 대한 비판에 가담해 1960년에 양셴쩐楊獻珍(1896-1992) 소장의 "구식 유물론"을 비판하는 주요 기사를 기고했으며 마오쩌둥의 격언인 "주체가 객체로 변형될 수 있다"를 지지했다.[24] 이것은 정신 특히 잘 지도된 혁명 정신이 사물을 통제한다는 마오쩌둥의 주의주의主意主義의 철학적 기초였다. 이 작업으로 왕뤄수이는 이 재개된 혁명의 시기에 당의 "좌익"에 놓이게 되었다. 그는 1963년 자신의 글 "탁자의 철학(桌子的哲學 : 역주)"으로 마오쩌둥의 시선을 사로잡았고 마르크스주의 이론과 인식론에 관한 그의 연구와 자유주의 사상에 대한 공격으로 신뢰를 받았다.

이 급진적 시대에 왕뤄수이의 문제는 직접 정치적 억압을 지속하는 정책을 시행한 혁명적 급진파의 편에 자신이 서 있다는 것이었다. 이 10년간 과도함이 지나쳤던 것이 유죄는 아니지만, 이러한 제휴는 마오쩌둥 이후의 시대가 되면 그를 괴롭게 할 것이었다.

장춘차오는 마오쩌둥의 급진 정책 수행 요구를 승진을 위한 수단으로 삼은 사람 중의 하나였다. 1966년 여름 베이징에서 급진적인 정책과 홍위병의 운동에 대한 승인이 내려오자 상하이 시장 차오디추曹荻秋(1909-1976)가 이끄는 당시 상하이의 지도부는 이에 대처하기 위해 노력했다. 장춘차오는 당이 대약진 운동의 경제적 재앙을 회복하기 위해 시행했던 감축 정책으로 생겨난 노동자의 불안을 이용하여 자신의 능숙함을 입증했다. 생산이 감축되어 고통받는 농촌 인구에게 산업 임금의 일부를 전용하기 위해 농민 노동자들이 투입되었다. 그러나 이로 인해 정규직과 경쟁 관계로 우려되던 값싼 노동력이 투입되자 그들은 행복하지 않았다. 그들의 경제적 불만에 정치적 어휘를 부여한 문화대혁명의 새로운 급진적 수사들이 부각되었고 지역의 당 지도자들을 비판할 수 있도록 정치적으로 허가되었

---

24) Wang Ruoshui, Carol Lee Hamrin, "Yang Xianzhen: Upholding Orthodox Leninist Theory," Hamrin and Cheek, *China's Establishment Intellectuals*, pp.72-3에 인용.

다. 장춘차오의 능력은 그 물결을 타고 1967년 1월 혁명이 된 상하이 당 위원회에 대한 노동자의 반란을 이끈 것이다. 그것으로 장춘차오 자신은 새로운 지도자 그룹에 속하게 되었고 1871년 파리 코뮌의 마르크스주의 이상을 모델로 한 "코뮌"을 설치했다.[25] 코뮌은 혁명위원회로 대체되었다. 무정부 상태가 중단되고 자살을 초래할 수도 있을 모든 당 간부들에 대한 공격이 중단되었던 것은 장춘차오의 지도력 덕분이었다. 중국의 가장 중요한 상업 및 산업 도시에서의 성공적인 "계급 정리"는 마오쩌둥 주석과 문화대혁명 그룹의 주목을 받았다. 장춘차오는 국가 지도부로 수직 상승했다.

문화대혁명의 가장 두드러진 지적 작업은 "대중 비판"이었다. 이것은 추정상 노동 계급의 상향식 비판으로, 자본주의의 길을 택해 마오쩌둥 사상을 불명예스럽게 한 지역과 전국의 당이나 정부의 현재 지도자들의 남용을 비난하고 저속하고 신랄하게 "대자보"로 표현하는 방식이었다. 사실 대중 비판은 고도로 조직된 사건이었다. 지역 간부들은 급진적인 시각을 지지하는 경향이 있었는데 움직임이 계산된 "투쟁 집회"를 통해 지목된 대상에게 자백할 기회를 주기는 하지만 아우성을 쳐서 제대로 변론하지 못하게 만들고 굴욕을 당하게 하고, 어떤 경우라도 가난하고 외딴 지역에서 사람들의 감독을 받으며 노동을 통한 교화를 하도록 보내지거나 간단히 투옥되었다. 불운한 몇몇은 처형되었다. 이러한 투쟁 집회의 대본은 당 지식인이 길게 비난한 저술에서 나온 것이며 『인민일보』와 기타 주요 당 간행물과 홍위병의 유인물에 게재되었다. 이러한 비평 기사는 장춘차오의 상하이 선전 기구에서 처음 나왔다. 가장 유명했던 것은 야오원위안이 역사가 우한吳晗을 비난한 것인데, 우리는 이전의 이데올로기적 순간에서 베

---

25) Andrew Walder, *Chang Ch'un-ch'iao and Shanghai's January Revolution* (Ann Arbor: Michigan Papers in Chinese Studies, University of Michigan, 1977).

이징 행정부의 드러나지 않은 당원이자 민주 동맹의 지도자로서 그를 만났었다. 야오원위안은 1960년 우한이 쓴 사극 "해서파관"은 사극의 주인공인 정부 부패를 비판하다 목숨을 잃은 강직한 명나라 관료를 실각한 국방 장관 펑더화이彭德懷(1898-1974) 원수의 대리인으로 본 것이라 주장하며 공격했다. 사실이라면 우한의 연극은 불경죄 행위가 된다. 1965년 가을에 야오원위안의 기사가 나왔을 때 베이징 행정부의 선전 담당인 덩튀는, 야오원위안의 주장이 허울만 그럴듯하고 일관성이 없다고 반박하면서 강하게 반발했다. 불행히도 마오쩌둥은 이 기사를 좋아했고 지식인과 지도자에 대한 문화대혁명식 공격의 원형이 되었다.[26]

야오원위안의 우한에 대한 공격은 문화대혁명의 특징인 공개 논쟁의 "텍스트 분석" 방식 모델이며 마오쩌둥 이후 시대와 심지어 오늘날에도 그 수사적 영향을 발견할 수 있다. 1966년 5월에 이르면 야오원위안은 덩튀를 겨냥했다. 야오원위안은 여전히 베이징시 당 행정부의 최고 지도자인 덩튀를 사악한 반당 파벌인 삼가촌三家村의 "검은 손"이라고 비난했다.[27] 사실 "삼가촌"은 1961년부터 1964년까지 베이징 당 이론지인 『전선前線』에 실린 논평의 이름으로 덩튀, 우한, 랴오모사廖沫沙(1907-1990) 세 명의 지도적인 기성 지식인이 저술했다. 이 기사는 딩링이 옌안에서 지지한 잡문 스타일로 잘 작성된 짧은 글이었다. 그러나 이 잡문은 루쉰이나 왕스웨이가 그랬던 것보다 훨씬 덜 신랄하고 비판적이었다. 그들은 주로 사려 깊은 당 간부나 학교에서 간부를 꿈꾸는 이들에게 유용할 수 있는 중국의 영광스러운 과거에서 끌어낸 교훈을 제시했다. 그러나 대약진 운동의 과잉을 조롱하는 글이 좀 있었고 아는 것이 많은 독자라면 마오쩌둥을 겨냥한 것으로 인식할 수 있는 글도 한두 개 있었다. 야오원위안은

---

26) Tom Fisher, "'The Play's the Thing': Wu Han and Hai Rui Revisited," *Australian Journal of Chinese Affairs*, No.7 (January 1982), pp.1-35.
27) Cheek, *Propaganda and Culture*, pp.286 ff에서 가져 옴.

1966년에 이 기사를 재검토하여 모호한 필명을 사용했던 저자를 드러내고 이러한 내부 의견과 비판을 가장 사악한 종류의 반당 음모라고 선언했다. 당 이론지의 기사가 반혁명적이라면 혁명이 위험에 처해 있는 것은 분명했다.

야오원위안의 논리는 신뢰하기 어려웠다. 일반적으로 그는 문맥에 맞지 않는 인용과 시대착오적인 가치 판단에 빠져 있다. 즉 마오쩌둥이 1966년에는 동의하지 않았지만 1961년에는 마오쩌둥이 수용해서 당 정책이 되었던 의견을 덩퉈와 그의 동료들이 진전시켰다고 혹평하는 식이었다. 그러나 야오원위안의 공격에는 그의 독자들에게 진실처럼 들리는 몇 가지 근본적인 가치가 있었다. 야오원위안은 외국 문화에 관한 관심이나 과거의 인물에 대한 칭찬을(모두 삼가촌의 글에 반영되어 있는) "자본주의를 회복"하려는 바램과 동일시한다. 그는 후자가 조상들의 "보살", "봉건적인 관습", "지관地官"에 대한 미신적인 숭배라는 것을 암시한다. 덩퉈가 고대 중국 자료에서 "노동력에 대한 사랑과 존중"에 대한 조언을 제시할 때 야오원위안은 "봉건 시대"의 고대인들이 사회주의자들에게 사회에 대한 객관적인 법칙을 가르칠 수 있다는 어떠한 가능성도 거부했다. 그는 "이것이 미국 제국주의와 현대 수정주의[소련]의 악의적 공격과 명백히 일치하지 않는가?"라는 질문으로 덩퉈의 글을 요약했다. 의심하면 죄가 된다. 따라서 야오원위안은 중국의 "봉건적" 전통과 소련과 미국의 개입에 비판적이었던 그 당시의 근본적인 가치를 끌어낸다.

덩퉈에 대한 야오원위안의 공격은 1966년 5월 9일자 『인민일보』에 실린 덩퉈의 잡문 글을 1960년대 초 이래 "반당 및 반사회주의 패설"이라고 불렀던 린제林杰의 긴 "텍스트 분석"과 공조를 이루었다. 린제의 편집은 덩퉈 잡문의 주요 주제인 엘리트의 문화 능력이 기반이 되는 정치적 권위라는 덩퉈의 주장을 무력화시키고자 한 것이다. 린제가 비판을 위해 뽑아낸 덩퉈의 글 가운데 하나는 그가 1963년에 초기 청나라 시인이자 화가인 정반차오鄭板橋(1693-1766)에 대해 썼던 것이다. 아래 사용된 활자체에서 그날 『인민일보』에서 사용된 놀라운 범위의 글꼴을 포착해 보려고 한다.

3. 직위에서 해임된 우익 기회주의자들에 대한 부당함에 대해 불만을 제기하고, 그들의 반당적 "기개"를 칭송하며 그들이 복귀를 획책하도록 장려함.

[덩퉈의 글에서 인용] " … 가장 중요한 점은 '반차오板橋 형식'의 정신을 파악하는 것이다." "반차오 형식"의 정신은 무엇인가? 내 생각에는 모든 면에서 자기 자신이 주인이 되고 노예가 되는 것을 거부하는 것이다!

"반차오는 말하기를 '작가는 노예가 아닌 주인의 글을 써야 한다'라고 말했다. 이것은 매우 중요한 발언이다. 이를 수행할 것을 자신에게 지속적으로 상기시키기 위해 그는 특별히 '정[반차오]는 가장家長'이라는 인장을 새겼다.' 그의 의미는 그가 한 모든 일에서 그는 항상 자신이 주인이었고 그 자신의 새로운 길을 열었다는 것이다."

(「정반차오와 '반차오 형식'」, 『광명일보』, 1963년 11월 21일)

의견: … 덩퉈는 최고의 마무리로 "반차오 형식"의 정신이 "자신이 주인이 되고 노예가 되는 것을 거부하는 것"에 있다고 지적한다. 그리고 그는 사람들에게 이 정신을 붙들고 진지하게 거기서 배워 "자신을 위한 새로운 길을 열어야 한다"고 요구한다. 얼마나 간교하고 악독한가! 덩퉈가 당의 지도에 반대하라고 인민들에게 요구하는 것이 아닌가? 사회주의의 광활한 길은 우리 앞에 놓여 있건만 덩퉈는 인민들에게 "자신을 위한 새로운 길을 열어야 한다"고 요구한다. 이 길이 자본주의 복원으로 이어지는 어두운 길이 아니라면 무엇인가?[28]

이것과 문화대혁명 기간 다른 텍스트 분석에 대해 경악할 만한 것은 급

---

28) 林杰 等, 「鄧拓的'燕山夜话'是反黨反社會主義的黑話」(덩퉈의 「옌산야화」는 반당 반사회주의 패설), 『人民日報』, 1966. 5. 9., Cheek, *Propaganda and Culture*, p.289에 번역되어 있음.

진적 비평가들이 그들의 투쟁 대상의 글에서 큰 부분을 인용하고 때로는 전부를 재인쇄한다는 것이다. 이 기사에서 덩퉈의 말은 린제林杰의 말보다 거의 5 : 1의 비율로 많다. 이러한 당의 텍스트 분석은 세 가지 수사적 장치를 사용한다. 내 편 혹은 상대편이라는 흑백 이분법, 주로 문맥을 벗어난 인용을 바탕으로 하는 그럴듯하지만 잘못된 주장, 그리고 마지막으로 비열한 언동, 비방 및 조잡한 말장난이다. 이 글들은 피해자의 글을 너무 많이 인용하여 오히려 그러한 텍스트 분석은 피해자가 말한 내용의 상당히 신뢰할 수 있는 출처로 인해 후대의 학자들이 이용할 수 있었고 실제로 이용하였다.[29] 1940년대 왕스웨이에서 1960년대 덩퉈, 1980년대에 숙청된 팡리즈에 이르기까지 대부분 문맥에서 벗어나고 적대적 논평이 포함된 경우에라도 인용은 정확했다. 이러한 텍스트 분석의 저자는 원본의 원문을 전재하는 것이 그들의 반론이 정당하다는 "그들의 사실성에 기여"하는 것이라고 보았다.

문화대혁명의 지적 생산은 종종 도그마적인 반복 때문에 손상되긴 했지만, 그 양은 엄청났다. 사실상 1966년 문화대혁명이 발생할 무렵부터 두 개의 공공 영역이 있었다. 공적 여론은 선전 국가에 의해 정의되었는데 다양한 신문과 잡지를 국가 차원에서 『인민일보』, 『광명일보』, 『해방군일보』 3개의 신문과 당이론 잡지인 『홍기』 하나의 잡지로 축소시켰다. 비록 지역 신문과 전문 잡지가 남아 있긴 했지만 이 4개의 국가 정기 간행물이 공적 여론을 주도했고 다른 모든 정기 간행물은 지침을 얻었고, 안전을 위해 일반적으로 그것의 대부분의 기사를 전재하는 것을 선택했다. 문학과 문화는 장칭이 옹호한 지취위호산智取威虎山 또는 홍색낭자군紅色娘子軍 같은 경극에 의해 정의되었고, 이 시기의 소설, 이야기, 영화 및 다채로운 인쇄

---

29) 왕스웨이의 글과 관련, 1940년대부터 이것은 사실이었다. 이것과 다른 사례들에 관해서 Cheek, *Propaganda and Culture*, p.304.를 보라

포스터는 마오주의적 혁명, 프롤레타리아 정신을 가진 노동자, 농민, 병사들이 지주, 부패한 자본가, 비겁한 지식인과 결연하게 싸우는 원색적인 도덕적 서술을 반영했다.[30] 그 뒤에는 "동방홍"의 열렬한 합창이 이어졌다. 이 마오주의의 하나의 문화 세계는 대약진 운동과 문화대혁명에서 같은 형태의 혁명의 절정을 따랐다. 따라서 대약진 운동 기간과 문화대혁명 기간의 문화적 생산은 비슷했지만, 우리가 1960년에 『광명일보』에 게재된 전통적 운율과 이미지의 덩뤼의 시에서 보았듯이 1960년에서 1964년 사이의 출판물은 더 많은 다양성과 심지어 전통적인 주제도 반영했다. 이 시기 예술을 지배했던 혁명적 낭만주의는 항일 전쟁 당시 옌안 시대의 양거秧歌 민속극에서 시작되었다. 이것이 장춘차오의 반부르주아 혁명 정치 소환이 옌안의 유산임을 주장하는 이유이다. 처음은 대약진 운동에서 그리고 더 광범위하게는 문화대혁명에서 마오쩌둥은 옌안 모델을 중국의 유일한 합법적인 문화 표현 형식으로 강요했다. 그것은 지속되지 않았지만, 지속적인 영향을 남겼다.

선전 국가의 규율이 무너지기 시작하는 동안 대약진 운동의 고통에서 태어나 1966년 중반에서 1968년 초 홍위병 시기의 혼돈 속에서 나란히 성장한 공공 영역이 있었다.[31] 지역 문화 단체는 전통적 주제나 홍콩 영화에 대한 대중적 취향을 충족시켜 돈을 벌려고 시도했으며 급진적 청년도 선

---

30) 이 시기의 문학에 관한 뛰어난 연구는 Bonnie S. McDougall, ed., *Popular Chinese Literature and the Performing Arts in the People's Republic of China, 1949-1976* (Berkeley: University of California Press, 1984); 그리고 Richard King, Milestones on a Golden Road: *Writing for Chinese Socialism, 1945-1980*(Vancouver: University of British Columbia Press, 2013).

31) Matthew Johnson은 1960년대부터 시작된 지역 차원에서의 선전 국가의 균열을 "Beneath the Propaganda State: Grassroots Cultural Institutions and Involution in Shanghai, 1949-1965," in Brown and Johnson, *Maoism at the Grassroots*, pp.199-229에서 기록했다.

전 국가 안에서의 이러한 지역 격차를 활용했다. 마오쩌둥은 당에서 주자파를 근절하기 위해 홍위병에게 "본부를 폭격"하도록 승인했다. 그들은 열정과 폭력으로 그렇게 했지만 대중의 시야에서 차단되어 있던 공식 문서와 미출판된 마오쩌둥의 발언 기록도 찾아냈다. 그들은 서둘러 비공식적인 유인물, 신문, 책자로 인쇄하여 중국의 철도 시스템을 무료로 홍위병이 이용할 수 있게 한 마오쩌둥의 정책에 도움을 받아 혁명적 경험을 공유하던 동안 전국에 나누어주며 다녔다. 이러한 홍위병 간행물은 대부분 "류사오치의 반당, 반인민, 반혁명적 큰 범죄"나 "XXX의 극악무도한 행위에 대한 진실한 기록" 같은 탄핵하는 내용의 장광설로 되어 있었다. 또 『마오쩌둥 사상이여, 영원하라』(24개가 넘는 다른 책의 마오쩌둥의 발언 기록 가운데)같은 남아 있는 편집되지 않은 것으로 구성된 것들도 있었는데 야오원위안과 국영 언론의 다른 이들의 텍스트 분석을 모델로 삼은 것이었다. 그러나 마오쩌둥이 원로들의 정치적 신뢰성에 의문을 던졌기 때문에 홍위병은 이 출판물에 대해 당의 감독을 받지 않았다.[32] 그것은 선을 넘은 혁명이었다. 대부분의 자료는 이미 마구 떠드는 국영 언론을 소리 없이 재탕한 것이었고 일부는 혁명적 독설로 가장 사소한 중상모략이 이루어진 한심한 파벌 다툼을 반영한다.[33] 1970년경에 오면 다른 것은, 리이저李一哲 집필 그룹의 경우에서 볼 수 있듯이 일부 홍위병은 폭력의 시대를 이해하려고 시도하고 때맞춰 등장해 독립적인 생각과 인상적인 분석 기술을 표현하게 된다는 것이었다.

---

32) 홍위병의 간행물들은 특히 홍콩 중문대학교의 대학 서비스 센터에서 수집되었고 거의 2만2천 5백 5페이지에 달하는 *New Collection of Red Guard Publications* (Yongyi Song, Washington, DC: Center for Chinese Research Materials, Association of Research Libraries, 2005) 20권짜리로 재판되었다.

33) 이 문서들의 특징은 *Michael Schoenhals, ed., China's Cultural Revolution, 1966-1969: Not a Dinner Parry*(Armonk, NY: M. E. Sharpe, 1996)에 나와 있다.

마오쩌둥 만년의 어느 정도 실제적이었던 마지막 운동은 1973년과 1974년의 "비림비공非林非孔"이었다. 1960년대의 격렬하고 열정적인 운동을 흐릿하게 모방했지만 문화대혁명의 정신을 마지막에 반복한 이 기이한 에피소드는 여러 가지 이유에서 중요했다. 첫째, 텍스트 분석 방식은 공자의 저술을 유교의 가르침 속에 체계적으로 노출하여 이를 보지 않은 젊은 세대에게 소개하는 아이러니한 효과를 내었다.34) 비판하는 대상을 많은 부분에서 인용하는 "사실성"은 항일 전쟁의 양극화된 분위기 속에서 독자를 설득하는 것이나 1966년의 청년들을 흔들리게 하는 데는 도움을 줄 수 있었겠지만, 1970년대 중반 대부분의 사람들은 노력하는 데 지쳤고 이러한 공격적인 비판적 주장과 자신의 곤란한 삶 사이의 연관성을 더 이상은 찾을 수가 없었다. 영향은 약해졌다 할지라도 텍스트 분석에 대한 당의 믿음은 약화되지 않았다. 우리는 이러한 공개적 "논쟁"의 방식이 미래 국가의 적들에게 반복되는 것을 2010년대 류샤오보에 대한 당의 비판에서도 보게될 것이다.

의미심장하게도 비공非孔 운동에는 당의 급진적 지도부를 대신하여 기사를 쓰는 많은 고위 지식인이 관여했다. 그중에는 베이징의 악명 높은 량샤오梁效(두 학파) 저술 그룹이 있었는데, 여기에는 저우이량과 웨다이윈의 남편 탕이제가 포함되어 있었으며 유명한 철학자 펑유란馮友蘭(1895-1990)이 지휘했다.35) 이 사건은 당시 사람들이 문화대혁명으로 인한 급진적 정치가 거의 끝났고 그 정책이 죄악시되고 그 지도부가 그로부터 몇

---

34) John Bryant Starr, *Continuing the Revolution: The Political Thought of Mao* (princeton, NJ: Princeton University Press, 1979), p.297.

35) MacFarquhar and Schoenhals는 *Mao's Last Revolution*, pp.366-73. 는 "비림비공" 캠페인 동안 량샤오(梁效)의 역할에 대해 잘 보여준다. 량샤오와 저우이량의 참여에 관한 더 자세한 내용은 저우이량의 회고록, *Just a Scholar*, pp.94-162와 Song Bainian의 부록 pp.163-73에 있다.

년 후 투옥될 것이라는 사실을 알 방법이 없었음을 우리에게 상기시켜 준다. 저우이량과 탕이제는 다른 이유일지라도, 정부에 봉사하기 위해 합리적인 선택을 한 것이 틀림없다. 그 저술 그룹은 1973년 말부터 1976년 10월까지 거의 3년 동안 존재했다. 따라서 마오쩌둥이 "비림비공" 캠페인을 시작하기 전에 결성되었지만 장칭江淸은 준비 방법을 분명히 알고 있었다. 저우이량은 자신과 탕이제가 1974년 1월 25일 베이징의 수도 실내 경기장에서 열린 집회에서 린뱌오와 공자의 관련을 설명하기 위해 연설한 것을 회고한다. 저우이량은 "곧" 저술 그룹에 합류했다.36) 그들은 경비원이 앞에서 지키고 있는 베이징 대학 캠퍼스의 공왕부恭王府를 숙소로 사용하며, 비밀리에 일하라는 명령을 받았다. 이 그룹은 캠페인을 위한 두뇌 역할 뿐 아니라 장칭과 최고 지도자들에게 점점 모호해지는 마오쩌둥의 역사적 언급에 대한 자문 역할을 했다. 캠페인의 정치는 간단했다. 공자 비판을 이용하여 실추된 린뱌오를 격하하는 작업을 끝내고 당의 생존자와 최근 복귀한 온건파 간부들을 공격해 저우언라이 총리를 약화시키려는 것이었다.37) 이 캠페인은 마오쩌둥의 죽음, 장칭과 급진파 사인방의 숙청, 1976년 10월 량샤오 교수들의 체포로 끝났다.

저우이량은 신념으로 그룹에 합류했다고 회상한다. 그는 1966년 문화대혁명의 시작부터 베이징에서 정치적으로 활발하게 활동해 왔으나, "베이징 대학의 여왕"인 녜위안쯔聶元梓와 함께 떨어져 나온 "잘못된" 홍위병 세력을 지원하는 실수를 저질렀다. 그는 고군분투하고 집에서 쫓겨나고

---

36) 이 그룹은 약 30명의 교수들을 고용했는데 대부분 베이징대학과 칭화대학 두 대학에서였다. 여기서부터 그룹의 이름, "베이징대학와 칭화대학의 대비평단", 또는 줄여서 "량샤오(梁效)"를 얻었다. Zhou, *Just a Scholar*, p.94를 보라. 그룹은 두 학교(兩校)의 동음이의어인 량샤오라는 집단 필명으로 글을 썼다. 탕이제는 그의 아내인 웨다이원(아래에서 논의)에 따르면 1973년 후반에는 이미 명백히 그룹에 속해 있었다.

37) MacFarquhar and Schoenhals, *Mao's Last Revolution*, pp.371-2.

노동 교화에 배치되었지만 1968년 말에 마오쩌둥이 홍위병을 진압함에 따라 저우이량은 캠퍼스로 돌아와 곧 자신의 집으로 돌아왔다. 그는 계속해서 다른 교수들과 함께 "대중으로부터 배우기"에 합류해 공장에서 심지어는 베이징 외곽의 유명한 먼터우거우門頭溝 탄광에서 일했다. 따라서 량샤오梁效 저술 그룹이 다가왔을 때 그것은 감옥에 가는 경우는 아니었다. 저우이량 자신은 회고록에서 이렇게 변명한다.

> 내가 이해하기로는 비림비공 운동은 옳았고 법가에 찬성하고 공자에 반대하는 운동도 마찬가지였다. 둘 다 마오 주석에 의해 시작되었고 그녀[장칭]는 단지 그것들을 실행하고 있었다. 법가 사상가들을 긍정함으로써 우리는 중간 수준과 소규모 지주들이 진보성을 가지고 있다고 인정하게 되었다. 법가 사상가들의 저술을 연구하고 대중의 관심을 이런 고전에 끌어들임으로써 이러한 경향은 내 자신의 생각과 일치되었고 그러면서 분명한 양심을 갖게 되었다.38)

"비림비공" 운동은 신앙 차원의 마오주의의 종말에 기여한 점에서 중요하다. 마오쩌둥이 닉슨의 미국과 화해하여 경악할 만한 외교 정책의 전환이 이루어지면서 이 어리석고 믿을 수 없는 운동은 중국 지식인들 사이에 실망과 성찰을 광범위하게 불러일으켰다. 만약 마오가 선택한 두 후계자 류사오치와 린뱌오가 단순히 배신자일 뿐 아니라 처음부터 배신자였음이 밝혀졌다면, 30년간 미국을 주적으로 규탄하고 소련의 혁명을 닮아가는 모델로 삼은 후 이제 중국인이 소련을 저주하고 미제美帝("미국 제국주의자들"의 약어)에게 호의를 베풀어야 한다면, 무엇을 믿어야 하는가? 우리는 홍위병 생존자들 속에서 리이저 그룹이 이러한 의심을 하고 과학자들 사이에서는 팡리즈가 더는 당을 신뢰할 수 없다는 결론에 도달한 것을 보

---

38) Zhou, *Just a Scholar*, p.97.

게 될 것이다.

이러한 분파의 교착 상태, 대중의 의심, 이데올로기적 불확실성의 맥락에서 장춘차오는 중국 공산당 중앙위원회 정치국 상임 위원회에서 당 경력의 정점에 있었으며 1975년 1월 급진적 신앙 차원에서 마오주의에 대한 최후의 중요한 방어를 펼쳤다. "부르주아지에 대한 전면 독재를 논함"에서 장춘차오는 문화대혁명을 정치적으로 지속하는 것을 지지하려는 자신의 주장을 펼친다. "정치는 경제의 집약된 표현이다"라고 장춘차오는 선언한다. "그리고 이데올로기적, 정치적 노선의 옳고 그름, 어느 계급이 지도력을 장악하는지가 실제로 그 공장을 소유하는 계급을 결정한다." 그는 독재를 행사할 필요성에 대해 장과 구절별로 레닌을 인용한다.

역사적으로, 노예 제도를 봉건제로 대체하거나 봉건주의를 자본주의로 대체하는 등 소유권 제도의 모든 주요 변화는 언제나 정치 권력의 장악이 선행되었고, 그러고 나서 소유제의 시스템에 대규모 효과적인 변화가 있었으며 새로운 시스템을 굳히고 발전시키는 데 사용되었다.[39]

그런 다음 장춘차오는 그의 경쟁자인 적이 중국 공산당내 누구인지를 규명하는 주장을 한다.

이 사람들은 일반적으로 좋은 계급적 배경을 가지고 있다. 거의 모두가 붉은 깃발 아래에서 자랐다. 그들은 조직적으로 중국 공산당에 가입하고 대학 교육을 받고 이른바 붉은 전문가가 되었다. 그러나 그들은 자본주의의 오래된 토양이 낳은 새로운 독초이다. 그들은 자신의 계급을 배신하고, 당과 국가의 권력을 빼앗고, 자본주의를 회복시켜 프롤레타리아트에 대한 부

---

39) Chang Ch'un-ch'iao (Zhang Chunqiao), "On Exercising All-Round Dictatorship over the Bourgeoisie," *Hong Qi*, No.4 (1975) (張春橋, 「論對資産階級的全面專政」, 『紅旗』, 第四期, 1975年), 같은 해 베이징의 외문출판사에서 소책자로 번역되었다.

르주아지 독재의 수장이 되었다 … .

여기서 장춘차오는 프롤레타리아트와 부르주아는 경제 계급의 측면이 아닌 정치적 태도로 되는 것이라는 마르크스주의에 대한 마오쩌둥 자신의 철학적 이상주의적 표현을 극명하게 제시했다. 어떻게 좋은 당 간부가 부르주아 복원주의의 대리인이 되었는가? 부정확한 생각을 채택했기 때문이라고 장춘차오는 선언한다. 불행한 자들은 "정확히 흐루시초프와 브레즈네프가 해왔던 일 … '전체 인민의 국가'와 '전체 인민의 당'이라는 수정주의적 프로그램을 내세워서 자신의 계급을 배신했다.[40] 무엇을 해야 하는가? 장춘차오는 그의 사명의 개요를 다음과 같이 서술한다.

> 수백 명의 당 중앙위원회 위원들과 수천 명의 고위 간부들이 앞장서서 수많은 간부들과 대중들과 함께 열심히 읽고 공부하며 조사와 분석을 수행하고 경험을 요약하는 한 우리는 확실히 [부르주아지에 대한 독재를 행사하라는] 마오 주석의 요청을 현실로 만들 수 있다.

어쨌든 장춘차오는 마오쩌둥의 혁명 이데올로기를 "적용"하여 1967년에 상하이에서 경쟁자들을 성공적으로 몰아부쳤다. 그러나 이번에는 작동되지 않았다.

장춘차오는 강제적으로 말했고 그 당시에는 선전 체제에서 지위와 지배력으로 협박하는 설교를 했다. 하지만 게임은 끝났다. 1975년까지 이러한 문화대혁명의 주문에 더는 힘이나 믿음은 없었다. 1976년 1월 저우언라이가 사망한 이후의 사건들은 마오쩌둥의 급진적 혁명 모델의 해체되는 과

---

40) 이 "오류"가 2002년 제16차 당 대회에서 장쩌민(江澤民)의 "3개 대표"로 중국 공산당에 의해 받아들여졌다는 것은 언급할 가치가 있을 것이다. 3개 대표는 당이 선진 생산력, 선진 문화, 전체 인민의 근본적 이익을 대표하도록 했다.

정으로 이어졌다. 급진주의자들은 저우언라이에 대한 애도를 제한할 수 있었고 1월 15일의 국장은 비교적 조촐한 행사로 치러졌다. 마오쩌둥의 촉구에 따라 1974년에야 공직으로 복귀한 덩샤오핑은 또다시 숙청되었다. 저우언라이를 위한 대중의 어떤 시위도 금지되었다. 사실, 1976년 3월 상하이 신문 『문회보文匯報』는 대담하게 저우언라이가 다름 아닌 "당 내부의 수치를 모르는 자본가로 주자파인 덩샤오핑이 권력을 되찾도록 도우려 했다"고 선언했다. 이것은 지식인과 평범한 도시인에게는 너무 지나친 일이었다. 4월 5일 조상을 기리기 위한 청명절이 임박하면서 저우언라이에 대한 지지와 문화대혁명 정치를 비판하는 비조직적으로 보이는 풀뿌리 시위대에게 기회가 제공되었다. 비슷한 사건이 전국의 6개 주요 도시에서 일어났다. 세심하게 조직되지 않은 것일 수는 있지만 계획되지 않은 것은 아니었다. 베이징의 작업 단위가 추모 화환 작업을 4월 톈안먼 광장에 있는 인민 영웅 기념비에 "자발적으로" 놓기 이전에 이미 수주 동안 진행 했었다는 것이 참가자들의 증언으로 확인되었다. 군중은 결국 수십만 명까지 늘어났다. 톈안먼 광장은 중국 혁명의 '성지'로 1919년 5·4 운동과 그 이후 여러 번 학생들이 시위를 벌인 곳이며 마오쩌둥이 1949년 인민 공화국을 선포한 곳이며 1966년에는 홍위병의 집단 행진을 내려다본 곳이었다. 급진적인 지도부는 즐겁지 않았고 광장에서 지도자로 추정된 이들은 체포되었다. "4월 5일 운동"은 공식적으로 "반혁명적 사건"으로 선언되었다.

생존과 상실의 기록: 양장楊絳과 웨다이윈樂黛雲

장춘차오와 저우이량과는 달리 대부분의 중국 지식인은 당에 속해 있든 아니든 간에 그 기간의 대부분을 가능한 한 마오쩌둥의 혁명에서 살아남기 위해 보냈다. 그들의 이야기는 거의 모든 지식인이 중국 공산당의 지속적인 혁명에 참여한 끔찍한 대가를 치른 것을 반영한다(우리는 저우이량이 열정적으로 참여했지만 노동교화소를 피할 수 없었던 것을 보았었다). 저명한 극작가이자 번역가인 양장은 유명한 학자이면서 비평가이자 소설 『위성圍城』(1948)의 저자인 첸중수錢鍾書의 아내인데 1970년대 초반 간부 캠프에서의 소박한 삶을 소환시켜서 이 경험을 포착해 냈다. 마찬가지로 베이징 대학의 젊은 영어 교수인 웨다이윈은 충성스러운 당원으로 1958년 반우파투쟁으로 몰락했던 것을 우리는 목격했었다. 그녀는 "이 시기를 헤쳐 나가려 애썼던 평범한 교수들"과 그 가족들에 접근할 수 있는 생생한 회고록을 남겼다. 이러한 기록들은 캠페인이 끔찍하게 고조된 상황뿐 아니라 단웨이單位 혹은 중국의 지식기관, 대학 및 연구기관의 작업 단위에서 끝없이 계속되는 일과 그 칙칙한 집단생활에서 지속되는 인간의 사소한 친절같은 지식인 삶의 "일상의 역사"를 연상시킨다. 문화대혁명 시기 지식인은 실제로 경멸받는 부류로서 국가의 원수 목록에 "아홉 빈째로 냄새나는 놈臭老九"으로 올라 있었다.41) 이 시기에 수 세기 동안 유교 이데올로기를 지배해 온 정신노동을 하는 자가 손으로 일하는 사람들을 다스린다는 맹자의 원칙이 뒤집혔다. 마오쩌둥의 후기 혁명에서 전문화된 지식과 지식인에 대한 폄하는 노동 계급을 존중하는 것과 같았다. 지식인과 전문가의 상대적으로 높은 사회적 지위와 노동자 지위의 하락이 마오쩌둥 이후에 돌아왔기 때문에, 이러한 노력은 정착되지는 않았지만 1950, 1960년대 및 1970년대 초반에 중대한 결과를 가져왔다. 이것은 현대 중국 지식인들의 삶의 가장 낮은 지점이었다.

양장과 첸중수는 재능있는 문학 지식인이자 학자 집안의 자녀였다. 1930년대에 칭화대학교와 옥스퍼드와 소르본 대학에서 교육을 받은 두 사

---

41) 지식인은 아홉 번째 냄새나는 놈(臭老九)으로 지주, 부농, 반혁명분자, 나쁜 성분, 우파, 변절자, 적의 요원, 주자파 다음이었다.

람은 1938년부터 중국에서 가르치고 쓰고 번역했다. 항일 전쟁 동안 그들은 상하이에 있었고 양장은 희극을 쓰도록 요청받았다. 그녀는 4권을 썼고 둘은 인기를 얻고 비평가들의 찬사를 받았으며 그 수입은 생활에 보탬이 되었다. 1950년대에 그들은 베이징의 중국과학원(이후 중국 사회과학원이 된)의 인문학 분과에 자리를 잡았다. 양장은 외국 문학 연구소에 있었고 그녀의 주요 프로젝트는 스페인어로 된 돈키호테의 완역이었다. 첸중수는 마오쩌둥을 영어로 번역하는 까다로운 작업에 참여하게 되었다. 그들은 둘 다 당원이 아니었다. 마오쩌둥 시대 중국의 국제적인 지식인 엘리트들 사이에서 양장과 첸중수의 재능은 이 이데올로기적 순간의 대부분의 시간 동안 낭비되었다. 우리가 만난 다른 대부분의 지식인과는 달리 그들은 정치에 관심이 없거나 적어도 정치 토론에 참여하는 데 관심이 없었다. 그들의 기여는 그들의 학문, 번역, 가르침이 될 것이었다. 그러나 마오쩌둥의 혁명 아래 그들은 선택의 여지가 없었다. 정치가 그들과 그들의 연구소에 다가왔다. 양장의 1981년 회고록, 『간교육기干校六記』는 문화대혁명의 두 번째 단계의 대대적 파괴에 대한 절제된 기록으로 유명한데 1966년부터 1968년까지 홍위병 시기의 혼란스러운 파괴가 아니라 오히려 계급 대오 정리 운동의 조직 정치와 "농민들로부터 배우기" 정책의 끝없는 소모에 대한 것이었다.[42] 양장의 이야기는 그녀와 그녀의 남편이 정치적으로 활동적인 지식인이어서가 아니라 중국의 대중문화 생활에서 적극적이었던 것에서 가치가 있다. 양장은 1969년에 그녀의 연구 부서의 모든 직원이 파견된 허난성河南省의 향촌 간부학교(노동 캠프)에서의 삶의 기록을 쓰면서

---

42) 양장의 『干校六記』 (北京: 三聯書店, 1981)는 적어도 세 번 이상 번역되었다: Geremie Barmé, *A Cadre School Life in Six Chapters* (Hong Kong: Joint Publishing Co., 1982); Howard Goldblatt, *Six Chapters from My Life "Downunder"*(Seattle: University of Washington Press, 1984); Djang Chu, *Six Chapters of Life in a Cadre School* (Boulder, CO: Westview Press, 1986). 나는 Barmé의 번역의 pp.16, 21에서 인용했다.

우연히 제도에 대한 비평가가 되었다.

시골에서 2년 동안 강제로 거주하는 것은 고통스러운 변화로, 마오 시대에 중국의 대학과 연구 기관에서 일하는 지식인들의 일상생활의 많은 부분이 양장의 이야기 속에 나온다. 1969년 정치 학습 모임은 연구자들의 일상생활의 일부였다. 시간은 정치 학습 모임과 일상적인 과업으로 나누어졌다.

> 매일 우리는 각 연구소 구내식당에서 점심 식사를 위해 줄을 섰다. 뭐라도 담아서 줄을 빠져나오는데 30분은 넘게 걸렸다 … 식당에도 먹을 것이 많지 않았고 모든 것을 위해 줄을 서야 했지만 적어도 우리[양장과 그녀의 남편 첸]는 함께 있었고 기다리는 동안 서로에게 이야기할 수 있었다.

판에 박힌 나날 가운데 뉴스가 나왔다. "우리가 밀치고 떠밀린 끝에 버스에 오르고 나서 [첸]이 마침내 '11일에 보내지는 고급반에 투입됐다'고 말했다." 간부학교에 갈 때가 왔다. 이것은 공식적으로 5월 7일 간부학교로 알려졌는데 마오쩌둥이 지식인과 정부 간부를 시골에서 살며 농민들로부터 배우게 함으로써 재교육시킨다는 관념을 승인한 날짜에서 나온 것이다.

학자들의 시간 대부분이 정치 연구와 공동 식사와 붐비는 대중교통으로 소비되었다면 시골에서의 모든 시간은 일련의 활동들로 낭비되었지만 그럼에도 지식인들은 빈곤과 보상 없이 목적을 위해 토지를 수용당한 지역 농민들의 분노, 가난과 그들의 "계급 감독자"들에게 겪는 하찮은 독재자들의 끝없는 굴욕감을 알게 되었다. 양장은 이러한 우여곡절을 가벼운 산문과 간혹 이미지로 표현하여 알려진 목표를 비슷하게도 달성하지 못한 제도에 차갑게 날을 세운다. 수용자들의 활동은 생존을 위한 투쟁에 전적으로 소비되었다. 그들 대부분은 괴롭힘이나 구타를 당하지 않았고, "취노구臭老九" 지식인이 된 것 말고 아무 잘못도 하지 않았기 때문에 심문을 받지 않았다.

굴욕은 파도처럼 밀려왔다. 외국 문학 연구소가 시골에서 "영광스러운 연구"를 위해 베이징 기차역을 떠난 날 학자들이 행진할 때 심벌즈와 드럼이 연주되었다. "우리의 오랜 동료이자 멘토인 위핑보俞平伯(1900-1990) [중국의 가장 저명한 학자 중 한 명]와 그의 아내가 열의 선두에 있었다. 이 70세의 학자가 마치 유치원생처럼 줄을 서는 것을 보고 역겨웠다. 나는 조금 보다가 돌아섰다." 그동안 연구소에서는

> 우리는 매일 하루 종일 정치 공부를 해야 했기 때문에 지정된 우리의 재교육 "노동자 교사"조차도 지루해했다. 그들 중 한 명은 20대 초반인데 "타오르는 용광로 앞에 종일 서 있는 것은 괜찮았는데, 지금은 머리가 아프고 등도 아프고 온종일 앉아만 있어서 죽을 것만 같다"고 투덜거렸다.

양장은 "굳어버린 지식인을 단련하는 것이 강철을 제련하는 것보다 훨씬 힘든 것 같았다. 아무것도 하지 않고 일에 몰두하는 법을 배우는 것도 대단한 예술이었다"라고 무미건조하게 결론 내렸다.

양장의 삶과 그녀의 산문은 조용한 위엄을 반영한다. 문화대혁명이 끝나자 그녀와 첸중수는 저술과 번역을 재개했다. 『간교육기』 외에도 양장의 소설 『목욕洗澡』(사상 청산: 역주)은 1987년에 출판되었으며 공개 자아비판이나 "사상 청산洗澡"을 요구하는 1951년의 사상 개조 운동, 삼반三反 운동 동안 허구의 문학 연구소에서 일어나는 지식인의 가식과 약점을 탐구한 것이다. 다시 한 번 양장은 사회생활의 미묘한 톤, 지적 투쟁, 자신의 세계에서 관찰한 정치의 무의미함을 포착해 낸다. 양장과 첸중수는 정치적 지식인은 아니었지만 그들의 삶은 마오쩌둥의 후기 혁명과 강력하게 교차했다. 그들은 중국 독자와 다른 문화권의 독자 모두에게 통할 수 있는 문학 작품을 만드는 데 성공한 소수에 속한다. 『목욕洗澡』(사상 청산)의 번역자들은 "그들의 삶과 직업이 중국의 20세기에 걸쳐 있는 것처럼 그들의 작품은 중국과 세계 문화에 걸쳐 있었다"고 결론 내렸다.43) 그들은 중국의

지식인들이 이 끔찍한 이데올로기적 순간에서 무엇을 생산할 수 있는지 보여주는 예다. 그들의 허비된 세월은 마오쩌둥의 연속 혁명에서 기성 지식인으로 봉사하는 것에 대한 다른 종류의 대가로 간주된다.

1950년대 중반, 웨다이윈은 베이징 대학에서 유망한 젊은 문학 교수로 훌륭한 경력을 쌓았다. 소속 과에서 당 분과 지도자였고 저명한 철학 교수인 탕이제와 결혼해 두 자녀를 두었고 캠퍼스의 쾌적한 집에서 살고 있었다. 웨다이윈은 그녀가 믿었던 혁명을 충성스럽게 지지하고 백화 운동 동안 조심스럽게 처신했으며, 잇따른 반우파 운동에서 우파를 지정하는 지부 위원회에서 일했다. 그녀의 삶은 자신이 전년도에 제기한 약간의 가벼운 논평으로 인해 1958년 운동이 다시 고조되었을 때 우익주의자로 지목되면서 뒤집혔다.[44] 그녀는 대약진 운동의 기근 기간 동안 "농민에게 감독과 개조를 받도록" 파견된 가난한 마을에서 살아남았으며 1960년대 내내 이등 시민으로서의 삶을 견뎌내었고 1971년에는 문화대혁명으로 그녀와 남편은 둘 다 장시성江西省 농촌 지역으로 보내졌다. 저우이량처럼 웨다이윈과 탕이제는 1970년대 초에 캠퍼스로 돌아왔지만 그들의 충성심을 보여줄 필요가 있었다. 그러므로 웨다이윈은 그녀의 남편이 최근 해임된 린뱌오를 비판하기 위해 글쓰기 그룹 량샤오에 가입하도록 초대받았을 때

> 나는 그가 교수진에서 가장 학문적으로 박식하고 정치적으로 수준 높은 구성원 중 한 명으로 간주되어 기뻤다. 나는 자연스럽게 그가 그런 저명한 그룹에 임명된 것이 그의 이전 "흑방(黑幫)"의 오명과 우리의 과거사가 우리 아이들의 미래에 던진 그림자를 지우는 데 도움이 되기를 바랐다[45]

---

43) Judith M. Armory and Yaohua Shi, "Translators, Introduction," in Jiang Yang, *Baptism* (Hong Kong: University of Hong Kong Press, 2007), p.vii.

44) Yue and Wakeman, *To the Storm*.

45) Yue and Wakeman, *To the Storm*, p.323. 웨의 설명은 저우이량의 것과는 약간 다르다.

고 회상했다. 웨다이원과 탕이제는 모두 당원이었고 따라서 정치는 그들이 선택한 삶의 일부였다. 각각 수년간의 혼란과 어려움 끝에 탕이제는 최고 수준의 지원을 받는 이 엘리트 저술 그룹에 임명되어 상당히 유용한 즐거움을 얻었다.

> 학자들은 특이한 특권을 누렸다. 각자에게 개인실이 할당되었다. … 더욱이 그들은 일반인에게 여전히 제한적으로 공급되는 품목인 생선과 계란과 같은 특수 식품을 구매할 수 있도록 정규 식사 외에도 매일 급여를 받았다. … 따라서 육체적 편안함이 보장되었고 방해를 받지 않고 자신의 에너지를 당면한 작업에 전적으로 집중할 수 있었다.

안락함과 함께 정치적으로 접근 할 수 있게 되었고 영향력도 생겼다. 량샤오 학자들은 모든 종류의 제한된 자료에 접근할 수 있었고 심지어 린뱌오의 호화로운 베이징 거주지인 마오자완毛家灣을 현장 방문했다(그에 대한 증거를 수집하기 위해).

> 비밀이 지배하는 사회에서 내부 정보에 대한 이러한 종류의 접근은 량샤오의 위신에 결정적으로 기여했으며, 집단적 노력은 종종 『인민일보』와 『홍기』에 게재되었고 그룹의 필명 중 하나를 사용해 서명한 것은 자동적으로 확정되어 받아들여졌다[46]

혁명적 학자에게 이보다 더 만족스러울 수 있는 것이 무엇이겠는가?

캐럴린 웨이크만Carolyn Wakeman과 공동 집필한 웨다이원의 회고록은 마오쩌둥의 후기 혁명에서 중요한 지역 지식인의 생생한 그림을 제공한다.

명백히 저술 그룹은 1973년 후반에는 시작되었고 거처는 저우이량이 암시한 것보다 훨씬 호화로운 것이었다.

46) Yue and Wakeman, *To the Storm*, pp.323 and 326.

더구나 그것은 지식인 가족의 이야기다. 마오쩌둥 혁명의 아이러니한 사회적 결과 중 하나는 핵가족 – 남편, 아내, 자녀들 – 의 유대를 강화한 것이었다.[47] 1970년대에 대한 웨다이윈의 설명은 거친 시골 간부 캠프의 생활에 대한 양장의 기록과는 대조된다. 저술 그룹의 특전 외에도 이제 20대 초반 딸과 고등학생 아들이 있는 가족은 대학 캠퍼스에서 적당히 살았다. 웨다이윈의 우려는 종종 아이들에게로 향했다. 1975년 초 그녀의 주된 관심사는 남편의 정치적 소속이 아니라 헤이룽장성黑龍江省에 하방해 있는 딸의 안전이었다. 웨다이윈은 학대, 특히 여성의 학대에 대해 들었고 이 벽지에서 성적 약탈을 막고 자녀를 귀환시키려면 부모의 청탁이 대안이라는 것을 들었다.

이러한 관행에 대한 소식이 퍼지면서 나와 같은 많은 부모는 자녀의 안전한 귀환을 확보하는 데 혈안이 되고 필요하다면 선물을 제공했고, 교육을 받는 청소년들이 1969년부터 살고 있는 군사 농장이나 공동체의 지도자와 어떤 연줄이라도 있는 사람들을 미친 듯이 방문했다.[48]

웨다이윈의 놀랍도록 솔직한 회상은 어머니로서 자녀를 구하기 위해 기꺼이 "제도와 게임"을 하려는 이해할 만한 우려를 반영한다.

나는 탕단에게 무슨 일이 일어날지 몹시 걱정하게 되었다. 그러나 우익을 어머니로 둔 이상 대학 교육을 받도록 추천될 기회가 없다는 것도 알고 있었다. 그 애가 베이징으로 돌아올 수 있는 유일한 방법은 탕솽[웨다이윈의 아들]이 군대에 입대해서 집에 아이라고는 한 명도 남지 않아 딸의 도움이 필요하다는 내 요청을 정당화하거나 탕단이 군사 농장에 남기에는 신체적으로 부적합하다고 판정받는 것뿐이었다. 여러 가지로 생각한 끝에 후자

---

47) 이것이 Esherick의 가족사, *Ancestral Leaves*, pp.223-316의 세 번째 부분의 주제였다.
48) Yue and Wakeman, *To the Storm*, p.329.

의 방안을 추구하기로 했다. 정치적으로 신뢰할 수 없다고 분류된 나의 성분 때문에 군이 탕샹을 받아들이지 않을 수도 있고 누이를 위해 그가 중학교 교육을 포기하도록 요청할 수도 없었다.

웨다이윈이 1948년 베이징 대학에 도착했을 때 영감을 준 혁명은 그러한 고려들과 굴욕적인 탄원과 뇌물을 주어야 하는 처지가 되게 하는 것이 아니었다. 고통을 받은 학자인 탕이제는 그에게 영감을 준 사회주의 아래에서의 영광스러운 중국 문화의 부활을 량샤오에서 기여하지도 못하였다. 웨다이윈과 탕이제는 마오쩌둥의 혁명에 참여한 대가를 치뤘다. 그러나 아직도 대가 지불이 끝난 것이 아니었다. 1976년 량샤오의 후원자인 장칭은 마오가 9월에 사망한 후 숙청되었다. 탕이제는 즉시 극좌파로 체포되었다. 6주간의 심문 끝에 탕이제는 잠시 집을 방문할 수 있었다. 웨다이윈의 회고에 따르면 "잠시 어색한 침묵" 후 그는 고뇌에 찬 어조로 말했다. "당신이 극우파로 비난받았는데 이제 나는 극좌파가 되어야 한다니 끔찍하다. 우리 아이들한테는 무슨 일이 생기려는지?"[49] 2년 후 반복적인 심문, 자백, 심지어는 베이징 도심에서의 량샤오에 대한 대규모 집회 끝에 탕이제는 혐의를 벗고 교수로 복직했다. 마침내 가족을 위한 마오 이후의 시대가 도래했다.

1978년에 웨다이윈의 우익 판결이 뒤집혀 중국 공산당에 다시 합류할 기회가 주어졌다. "린뱌오와 같은 사람들의 실수가 드러나고 그들의 부패와 인민들과의 거리감이 드러난 후 나는 당의 정책에 대해 낙담하고 당 지도자들에 대해 회의적이 되었다." 웨다이윈은 망설였다.

그러나 나는 해방의 이상을 위해 목숨을 바치며 그 대의로 죽은 모든 사람을 여전히 잊을 수 없었다. 분명히 우리가 그 불꽃을 살리기 위해 노력하

---

49) Yue and Wakeman, *To the Storm,* p.362.

지 않는 한 고난과 함께 겪은 손실은 구제받지 못할 것이다. 나는 당 재건 노력에 동참할 것이다.

웨다이윈은 "과거의 실수가 무엇이든 중국이 전진할 수 있다고 확신했다. 나는 1949년보다 성공에 대한 확신이 훨씬 적었고 내가 기여할 수 있다는 확신이 훨씬 적었지만 시도해야 한다는 것을 알았다"고 결론 내렸다.[50]

양장, 첸중수, 웨다이윈, 탕이제는 살아남았다. 다른 많은 사람들은 그러지 못했다. 문화대혁명은 정당화된 악명 높은 살인과 더불어 많은 지식인을 자살하게 했다. 첫 번째 사람 중 하나는 덩퉈였다. 1966년 5월초 야오원위안과 다른 사람들의 그에 대한 비난이 전국 언론에 실렸을 때 덩퉈는 수많은 캠페인을 겪어 온 경험에서 그의 숙청이 기정사실임을 알았다. 2주 안에 그는 죽었다. 5월 17일 저녁에 수면제 과다 복용으로 자살한 것은 자신이 부당하다고 간주한 혐의에 대해 항의하는 충성스러운 종복의 가슴 아프고 비극적인 최후 성명이었다. 결국 그의 아내는 다했고 그의 죽음을 최대한 이용하였는데 중국사에서 정치적 자살의 원형인 기원전 3세기의 취위안屈原(B.C.340-B.C.278)을 떠올리게 하는 것이었다. 덩퉈는 최후의 메시지를 두 개 남겼다. 하나는 그의 가족에게 다른 하나는 베이징의 중국 공산당 동료들에게 남긴 것이었다. 그는 당과 마오 주석에 대한 충성을 천명하고 전거를 들어 자신을 비방했던 이들을 고발하며 작별 인사를 했다.[51] 덩퉈는 혁명의 종복이었지만 학자였고 자부심을 가졌다. 그는 또한 자신의 역사를 알고 있었다. 순교자의 유령이 권력의 전당에 출몰했다. 문화대혁명 엘리트들은 그의 죽음에 대한 소식을 숨기려고 애썼기에 마오쩌둥 이후 시기에야 드러났다. 덩퉈는 기성 지식인 가운데 문화대혁명으로 인

---

50) Yue and Wakeman, *To the Storm*, pp.385-7.

51) Cheek, *Propaganda and Culture*, p.283.

한 최초의 자살자였고 끝이 아니었다. 베이징 대학의 마르크스주의 역사가인 젠보짠翦伯贊(1898-1968)과 그의 아내 역시 공격을 받아 1968년 12월 18일에 함께 자살했다. 우한은 덩튀와 함께 글을 썼고 베이징에서 민주 동맹의 지도자로서 "당 밖의 당원"으로 봉사했지만 공격을 받고 투쟁하며 감옥에 갇혀 시들어 있다가 1969년 10월 10일 사망했다.

이 시대 지적 봉사의 대가는 끔찍했다. 덩튀는 자신의 한계를 알고 있었다. 다른 사람들에게는 선택의 여지가 없었다. 웨다이윈은 당에 대한 많은 잘못을 깨닫고 옅어진 믿음을 모아서 다시 시도할 용의가 있었다. 백화 운동에 발을 잘못 들여놓은 재능있는 과학자 팡리즈方勵之는 그러한 의심이 없었다. 팡리즈는 존경받는 물리학자였으며 스스로를 과학자로 강하게 인식했고 이데올로기적 헛소리와 정치적 압제라고 인식한 것을 참을 이유가 없었다. 팡리즈는 신중국 교육 제도의 산물이었다. 1936년 베이징에서 우편 사무원 가족에게서 태어난 팡리즈는 1940년대 후반에 중국 공산당 지하 조직에 가담했고 1952년에 베이징 대학교 물리학과에 입학했다. 그의 일반 전기는 웨다이윈의 (베이징 대학교 문학과에 있던) 백화 운동과 계속 평행을 이룬다. 그도 학생 때 당에 가입했고 그도 운동에서 발언하고 숙청당했다. 웨다이윈과 다른 부분은 그는 중국 과학원에 있었고 대학에서 인문학자가 아닌 과학자였기 때문에 팡리즈는 노동교화소에 보내지지 않았다는 것이다. 그러나 그는 당에서 축출되었고 1956년 졸업 이후 참여했던 핵물리학에 관한 기밀 연구에서 배제되었다.[52]

팡리즈의 다음 20년간 마오쩌둥의 후기 혁명의 경험은 마오쩌둥의 중국에서 과학자와 인문학 지식인에 대한 대우의 유사점과 차이점을 보여준다. 사실 팡리즈는 양장 및 웨다이윈과 동일한 시련을 겪었으며 1960년대 초

---

52) 팡의 생애에 대한 세부 사항은 Williams, "Fang lizhi's Expanding Universe," pp.459-84. 로부터 가져왔다.

잠깐 일시적으로 중지되었으나(팡이 결혼하여 가족을 만드는 동안) 문화 대혁명의 홍위병 시기(그의 경우에는 그의 고용주인 중국 과학 기술 대학의 새 캠퍼스를 위한 벽돌 만들기)에 저자세를 유지하다가 1969년 계급 대오 청산 운동의 덫에 걸려 노동을 하기 위해 5월 7일 간부학교에 보내졌다. 팡리즈는 1960년대 초 이론 물리학에서 가장 광범위하게 출판하는 중국 연구자 중 한 사람이 되었다. 양장과 첸중수의 노동과 마찬가지로 팡리즈의 육체노동은 단순히 전문적인 재능의 낭비가 아니었다. 그의 정치적 의식을 높이기 위한 것이었다. 실제로 팡리즈의 간부학교 과업에는 저우이량처럼 일정 기간 탄광에서 광부로 일하는 것도 포함되었다. 이 경험에 대한 그들의 반응은 뚜렷한 대조를 보인다. 실제로 1949년 이전에 주요 탄광의 대주주였던 부유한 가정의 아들인 저우이량은 1969년 광부들의 고통에 직면했을 때 "수년 동안 우리는 광부들로부터 착취한 음식을 먹었다"는 죄책감을 느꼈다. 그리고 이데올로기적 성장을 위해 그는 당연히 지금 그들의 고통을 맛보아야 했다.[53] 소지식인의 아들이자 중국 공산당이 통제하는 대학의 산물인 팡리즈는 그러한 죄책감이 없었다. 그는 충격을 받았다. 이것이 팡리즈의 정치적 깨달음의 순간이었다고 그의 전기 작가인 제임스 윌리엄스James Williams는 썼다. 그 시점까지는 팡리즈는 당의 정책이 최소한 대다수 농민과 노동자에게 혜택을 주는 것이라는 희망을 유지했었다. 그의 회고록에 따르면 팡리즈는 탄광에서의 시간을 통해 당이 노동자와 농민의 이익을 위해 봉사하는 데 완전히 실패했다는 결론을 내렸다. 팡리즈가 마오쩌둥, 중국 공산당, 마르크스주의에 대한 충성심을 중단하게 된 것은 이 탄광에서의 시기로 거슬러 올라간다. 그는 과학 특히 소련의 물리학자 레프 란다우Lev Landau의 고전적 장이론으로 눈을 돌렸다. 팡리즈가 나중에 "그 몇 달 동안 란다우의 책은 나를 … 유일하게 지탱하

---

53) Zhou, *Just a Scholar*, pp.93-4.

는 것이었다. 밤이 되고 낮의 노동으로 지친 채로 모기장 아래에 누웠을 때 내 영혼은 팽창하는 우주를 배회했다. … 내가 천체 물리학과 사랑에 빠진 시간이었다"[54]고 묘사했다.

그러나 과학 심지어 이론 물리학조차도 이 이데올로기적 순간에 정치와 별개일 수 없었다. 1972년에 정부는 전문적인 작업을 재개하기 위해 과학자와 여타 최고급 지식인을 간부학교에서 데려왔다. 1972년 12월 팡리즈는 현대 우주론, 특히 빅뱅 이론에 관한 연구 논문을 발표한 최초의 중국 물리학자가 되었다. 이 고도로 기술적인 논문에 대해 당의 주요 이론 진영은 격노하였다. 팡리즈와 그의 공동 저자는 빅뱅 이론을 중국 물리학 세계에 소개함으로써 오랜 금기를 깨뜨렸다. 빅뱅이 우주는 공간과 시간에서 무한해야 한다는 19세기 엥겔스의 선언과 모순된다는 점에서 팡리즈의 논문은 마르크스주의에 대한 이단에 버금가는 것이었다. 당 이론가들에 따르면 이는 빅뱅 이론에서 상정된 유한한 우주는 신성한 창조자를 위한 여지를 남겼고 따라서 엥겔스의 표준 변증법적 유물론과 모순되는 철학적 이상주의를 표현했기 때문이었다. 1973년부터 마오쩌둥이 죽을 때까지 야오원위안의 상하이 문화 혁명 그룹은 팡리즈와 그의 동료들이 자본주의 형이상학을 장려했다는 이유로 강력히 비판했다. 일반적으로 빅뱅 이론과 특히 팡리즈의 논문을 비판하는 최소 30편의 기사와 논문이 전국 언론(『인민일보』 포함)과 학술지에 마오주의 좌파에 의해 발표되었다.[55] 베이징의 문학 저술 그룹인 량샤오와 마찬가지로 마오쩌둥의 죽음은 상하이 과학 그룹과 그들의 과학에 대한 극좌파적인 비판을 종식시켰다.

팡리즈는 1978년에 실험실로 돌아왔고 마오쩌둥 이후 시대 그의 경력은 꽃을 피웠다. 그는 당원으로 복당하고 탐낼만한 고위직을 부여받았다. 그

---

54) Fang Iizhi, *Memoirs of Fang Lizhi* (1991, 미출판된), Williams, "Fang Lizhi's Big Bang," pp.70-1에 인용.

55) Williams, "Fang Lizhi's Big Bang,"

러나 마오쩌둥 혁명에 참여했던 것이 그를 깊이 정치화시켰기 때문에 곧 당이 마음에 들지 않는다는 것을 알게 되었다. 윌리엄스는 "팡리즈에게 과학은 독립적인 기반이 되었다.", "그로부터 그는 당의 지적, 정치적 권위와 '불의와 비합리성에 주의를 환기하도록' 몰아가는 가치 체계의 원천에 의문을 제기하면서 '과학, 이성, 민주주의'를 옹호하게 되었다"고 썼다.[56] 팡리즈의 삶은 1920년대 혁명적 이데올로기의 순간에 주조된 정치적 이데올로기와 과학의 재분리를 보여준다. 팡리즈와 점점 더 많은 중국 지식인들에게 마르크스주의 - 레닌주의 - 마오쩌둥 사상은 더는 과학이 아니었다. 기껏해야 정치적 강령으로 기능할 수 있었고, 최악의 경우 그것은 그저 거창한 의식이었다.

홍위병 사이에서의 웅성거림: 리이저李一哲와 청년의 비판

혁명적 공약이 되살아난 이 이데올로기적 순간에 성인이 된 세대는 크게 두 그룹으로 나뉜다. 웨다이윈과 팡리즈方勵之 같은 막 대학 교육을 마치고 1950년대 후반에 폭발한 백화제방 운동과 반우파 운동으로 경력을 시작한 연장자들과 그보다 10년 후의 세대로 1966년 여름에 마오쩌둥의 문화대혁명이 나라에 폭풍처럼 몰아쳤을 때 학교에 재학 중이었거나 당시 막 졸업한 세대이다. 그들이 홍위병이 되었다. 마오쩌둥과 특히 마오주석 어록, 장춘차오, 야오원위안, 장칭 주변의 급진적 엘리트들의 선전에 이끌렸고 이들 젊은이들은 마오쩌둥을 진지하게 받아들였다. 의심의 여지없이 자신의 의제를 추구하기 위해 마오쩌둥의 글을 냉소적으로 강조해 이용한 사람들이 있었지만, 문화대혁명의 비극은 아마도 대부분의 젊은이

---

56) Williams는 "Fang Lizhi's Expanding Universe," p.460에서 팡을 인용했음.

가 마오쩌둥의 요구 - "반란은 정당하다", "사령부를 폭격하라", "네 가지 옛것을 타파하라" - 그리고 다른 금언들을 얼마나 진심으로 받아들였고 구현하려 노력했는가에 있었다. 사회적 결과는 엄청나게 파괴적이었는데 처음 1966년과 1967년에는 거리와 캠퍼스에서의 혼란과 폭력, 그리고 1969년에서 1972년까지는 숙청과 노동교화소였다. 개인에게 미친 결과는 정신적인 외상을 남길 정도였다. 그들의 부모가 5월 7일 간부학교에서 노동을 하는 동안 학생들은 1968년에 시작된 대규모 하방 운동을 통해 "산 위로 그리고 시골로上山下鄕" 보내졌다.[57] 말 그대로 수백만 명의 "교육받은 청년"이 외딴 시골 마을과 농장으로 이동했으며 그중 일부는 10년이나 지냈다.

홍위병 전성기의 초기 폭력 이후 위태로운 환경(보호받지 못한 젊은이들의 경우)에서 끝없는 노동이 이어졌고 도시로 돌아가려는 필사적인 투쟁이 문화대혁명 시대 "교육받은 청년"(지청知青) 세대를 규정했다. 우리가 아래에서 보게 되듯이 1974년 광저우廣州에서 리이저라는 필명으로 벽에 게시된 대자보는 일반적으로 마오 시대와 특히 문화대혁명에서 나타난 젊은 지식인의 정치 참여 형태의 대표적인 예이다. 그러나 광범위한 개인적 경험 중 가장 공적인 것이 이 세대를 형성했고 곧 따라올 개혁의 이데올로기적 순간의 핵심 질문인 마오쩌둥 체제를 어떻게 고칠 것인가?를 만들었다. 이 청년들 즉 학생과 젊은 지식인을 이해하기 위해서는 홍위병이 아니라 1957년 백화제방 운동으로부터 시작할 수 있는데, 1940년대 중국 자유주의자들의 마지막 호흡뿐만 아니라 린시링林希翎(1935-2009)의 경우처럼 젊은 자유주의자가 빠르게 소멸하는 것을 볼 수 있기 때문이다. 다음으로 젊은 지식인의 홍위병으로서의 개인적인 경험을 양루이楊瑞(1950-)

---

57) Thomas Bernstein, *Up to the Mountains and Down to the Villages: The Transfer of Youth from Urban to Rural China* (New Haven: Yale University Press, 1977).

의 회고록과 1960년대 학생 급진주의자들의 정치적 노력을 통해 파악하게 될 것이다. 1971년 이후 린뱌오의 몰락에 대한 리이저의 반응은 마오주의 언어가 마오주의에 등을 돌린 급진적 정치의 자기비판을 제공한다. 마지막으로 친후이秦暉(1953-)와 장룽張戎(1952-)의 모습에서 미래의 공공 지식인이 된 몇 명의 이름을 만나게 될 것이다.

뤄룽지와 윗 세대의 자유주의 지식인이 마오쩌둥의 주장을 사용하여 1957년 정치 참여를 제한적으로 확대하려고 했다면 일부 대학생들은 그들의 불만이나 요구에 그다지 제한을 두지 않았다. 린시링林希翎은 베이징에 있는 런민대학교人民大學校 법학과 학생으로 백화 운동의 주요 학생 활동가가 되었다. 그녀는 중국 공산당의 승리 직전인 1949년에 인민 해방군에 합류했지만 1952년에 동원 해제가 되어 대학에 진학했다. 중국 공산당에 대한 그녀의 비판은 급진적이었다. 린시링은 "문제는 당이 정부를 대신했다는 것", "우리는 사법 체계가 없다. 판사의 판결이 최종적인 것이다"라고 선언했다. 린시링의 목표는 사회주의로 그것을 달성하기 위해서는 상황이 바뀌어야 했다. "진정한 사회주의는 민주적이어야 하지만 우리 것은 비민주적이다. 나는 우리 사회가 봉건적 토대 위에 만들어진 사회주의 사회라고 감히 말한다. 그것은 전형적인 사회주의가 아니므로 우리는 진정한 사회주의를 위해 투쟁해야 한다." 하지만 어떻게 할 수 있을까? 린시링은 궁금해했다.

지도부에 동의하지 않으면 지도부에 반대하는 것이다. 지도부에 반대하는 것은 조직에 반대하는 것이다. 조직에 반대하는 것은 반당적이 되는 것이고 반당적이 된다는 것은 인민에 반대하는 것이며 인민에 대항하는 것은 반혁명적인 것이다. 평결을 내릴 때 이 공식을 적용하는 것은 스탈린의 방법일 뿐이다.[58]

---

58) Lin Xiling, Dennis J. Doolin, *Communist China: The Politics of Student Opposition*

비판은 반우파 운동에서 끝났다. 전국적인 운동은 뤄룽지, 린시링 및 백화제방, 백가쟁명의 다른 연사들을 비방했으며 웨다이윈과 팡리즈의 경우에서 보았듯이 당위원회 내에서 신임을 얻어 비판적인 제안을 했던 충실한 당 지식인에게도 고통을 안겼다. 당연히 청년 운동은 그다음 몇 년간 침묵했다.

1960년대 중국 청년 반란이 미국과 유럽의 그것과 비슷했던 한 가지가 있는데 매우 엄격하고 위계적이며 통제적인 학교에서 자란 청년들은 제약 없이 자신을 표현할 수 있는 "승인이 났다"는 사실에 흥분했다는 것이다. 그러나 차이점이 그러한 유사점보다 더 컸는데 안정된 사회(곧 시장 메커니즘을 통해 "반문화"의 많은 사회적 도전이 통합되는)의 문화적 운동 대신에 중국에서의 열광적 분출은 정치적이었고 정돈된 거버넌스가 붕괴된 결과였다. 홍위병은 최고 수준의 정치적 투쟁으로 촉발된 1965년 중국에 끓어오르던 사회적 긴장의 산물이었다. 마오쩌둥이 "수정주의"와 "주자파 走資派"를 이유로 당 지도자들에 대한 대중적 공격을 승인했을 때 학생들은 열정적으로 반응했다. 자신을 홍위병이라고 부른 첫 번째 집단은 칭화대학 부속 중학교 학생들로 1966년 5월 25일의 대자보에 서명했다(이 장 시작 부분의 "목소리" 참조). 대학생들이 빠르게 주도권을 잡았고 1966년 여름에 이르러 베이징에서는 홍위병의 대규모 행진이 벌어졌고 중국 전역의 캠퍼스와 곧 모든 작업 단위에서 폭력적인 대결이 벌어졌다.[59] 마오쩌

(Stanford, CA: Hoover Institution Press, 1964), pp.38, 27과 41인용. Doolin이 번역한 린시링의 원문은 중국 공산당이 발행한 "원문의 분석" 모음집에서 가져온 것으로 1940년대 왕스웨이, 문화 혁명기의 덩퉈와 다른 비판의 대상들, 그리고 그 이후 당의 노여움의 대상들에 관해 제작된 것과 유사하다.

59) 홍위병에 관해서는 수많은 연구들이 있다. 광범위한 맥락에서 가장 좋은 개관을 보여주는 것은 Maurice Meisner, *Mao's China: A History oJ the People's Republic since 1949* (New York: The Free Press, 1986)이다. 최근의 뛰어난 사회학적 연구는 Andrew Walder, *A Fractured Rebellion: The Beijing Red Guard Movement* (Cambridge, MA:

둥은 1966년 8월 18일 톈안먼 광장에서 - 8번의 집회 중 첫 번째 - 대규모 공개 시위를 하는 홍위병들을 반갑게 맞았다. 9월에 중국 공산당의 공식 이론지인 『홍기』는 다음과 같이 열변을 토했다.

> 마오쩌둥 주석이 개인적으로 시작하여 개인적으로 주도하고 있는 위대한 프롤레타리아 문화대혁명에서 홍위병들은 자본주의 길을 택하는 당국자들과 모든 유령과 괴물에 맞서 용감하고 완고한 투쟁을 단호하게 수행해, 위대한 프롤레타리아 문화 혁명의 길을 여는 자가 되었다.[60]

베이징 대학교 부속 명문 101 중학교의 학생이었던 양루이楊瑞는 자신의 세계가 열렸다고 느꼈지만, 그녀의 시야는 그리 멀리까지 확장되지는 못했다.

> 1966년 5월 말 문화대혁명이 일어났을 때 나는 전설적인 원숭이의 왕 손오공을 500년 동안 가둬 놓았던 거대한 산 아래 감옥에서 해방된 것처럼 느꼈다. 우리가 권위에 대항할 수 있도록 허용함으로써 우리를 자유롭게 한 것은 마오 주석이었다. 학생으로서 처음으로 반항하고 싶었던 권위는 담임인 린 선생님이었다.

사실, 이전의 다른 홍위병의 회고록과 접근 가능한 기록은 많은 홍위병 소요가 지역적이고 평범하고 하찮은 것에 초점을 둔- 그들의 교사들과 지역 관료, 궁극적으로는 다른 분파에 반대하는 것을 반영하고 있다. 그럼에도 불구하고 감정적 경험은 많은 학생들에게 충분히 현실적이었다. 양루이는 첫 번째 홍위병 집회를 위해 8월 18일 톈안먼 광장에 모인 약 백만

Harvard University Press, 2009)이다.

60) 『紅旗』, 12期, (1966), Schoenhals, *China's Cultural Revolution*, p.44.에서 번역.

홍위병 사이에서의 웅성거림: 리이저李—哲와 청년의 비판 **303**

명의 학생 중 한 명이었다. 마오가 나타났을 때,

> 광장은 승리감에 넘치는 바다로 변했다. 다들 "마오 주석 만세!"를 외쳤
> 다. 내 주위의 소녀들은 울고 있었고 소년들도 울고 있었다. 뜨거운 눈물이
> 내 얼굴에 흘러내려서 마오 주석을 분명하게 볼 수 없었다. … 그는 톈안먼
> 모퉁이(연단 위)로 걸어가 우리에게 손을 흔들었다. 이제 나는 그를 분명히
> 볼 수 있었다. 그는 우리 모두처럼 녹색 군복과 붉은 완장을 차고 있었다.
> 내 안에서 피가 끓고 있었다. 나는 광장에 있던 백만 명의 사람들과 함께
> 뛰고 외쳤고 울었다. 그 순간 나는 나를 잊었다. 나와 남들 사이에 있던 모
> 든 장벽이 무너졌다. 마치 드디어 거센 바다에 합류한 한 방울의 물처럼 느
> 껴졌다. 나는 다시는 외롭지 않을 것이었다.61)

자신의 학교에서 권위를 공격하는 것 외에 마오쩌둥이 홍위병을 위해 설
정한 첫 번째 사회적 과제 중에는 "사구四舊", 네 개의 옛 것(구관습, 구문
화, 구습관, 구사상)을 공격하는 것이었다. 학생 시위대는 곧 "오래되어"
보이는 장식물이나 표지는 무엇이든 끌어내리는 배회하는 갱단이 되었고
특히 불교 사원과 역사적 건물에 손상을 입혔다. 상하이에서는 이 요구가
외국의 영향과 세련된 옷과 머리 모양에 대한 공격으로 바뀌었다.62) 1967
년 초 베이징의 중앙 지도부는 홍위병을 통제하는 쪽으로 달라졌고 그해
내내 인민 해방군 부대는 직접 개입해 전국에서 가장 잘 무장된 홍위병을
진압했다. 1968년 12월 마오쩌둥은 학생들과 청년들이 농민들로부터 배우
기 위해 시골로 가야 한다고 선언했다. 1950년대 중반부터 도시 청년들이

---

61) Rae Yang, *Spider Eaters: A Memoir* (Berkeley: University of California Press, 1997),
pp.117, 122-3. 문화대혁명기 경험의 감정적 강렬함에 관한 이미지와 사려 깊은 생각들
은 2003년 보스턴 Long Bow Group이 제작한 다큐멘터리 *Morning Sun*에 잘 포착되어
있다. 웹사이트인 www. morningsun. org에서는 훌륭한 멀티미디어 자료들을 제공한다.
62) 생생한 사례가 Schoenhals, *China's Cultural Revolution*에 번역되어 있다.

농촌 지역에 봉사하도록 하는 캠페인이 주기적으로 있었지만 가장 많았던 것은 1969년 홍위병의 하방이었고 다시 어쩔 수 없이 중국의 광대한 시골과 청년 세대는 다시 연결되었다. 이 시기의 청소년에게는 지적 활동은 거의 없었다. 5월 7일 간부학교의 연장자들과 마찬가지로, 파견된 청년들은 지역 농민들이 제대로 된 기술이 거의 없는 전형적인 도시인들을 먹여 살려야 한다고 느끼는 잔혹한 새로운 환경에 놓여, 살아남기 위해 바쁘게 노동하였다.63)

모든 홍위병이 하방된 것은 아니었다. 일부는 지방 당국을 너무 분노하게 하여 1968년에 투옥되었다. 그러한 활동가 중 한 사람이 리정톈李正天 (1942-)으로 광둥성廣東省 장교의 아들이자 1966년 광저우廣州 미술 학원을 졸업하기 직전이었다. 리정톈은 전투적인 정치적 수사로 유명하지만 무장 투쟁 능력을 지니지 않은 홍위병 본부의 기갑 전투단에서 활동했다. 리정톈은 1968년 8월에 구금되어 1972년까지 투옥되어 있었다. 분명히 리정톈의 투옥은 양장 및 동료 고위 지식인의 투옥과 달랐다. 리정톈은 문화대혁명의 실패 이유를 탐구하는 긴 글을 쓸 수 있었고 이 글을 감옥 밖으로 빼낼 수 있었다. 1971년 9월 린뱌오의 실각 이후 리정톈은 "린뱌오 체제"에 대한 그의 분석에 초점을 두어 그의 국가 권력에 대한 비판을 가장 최근의 중국 공산당 운동 방면에 적용했다. 1972년 일반 사면으로 석방된 리정톈은 그의 이전 학교 도서관에서 임시직을 찾았다. 그곳에서 1973년에 리이저의 유명한 벽보 "사회주의적 민주와 법제에 관하여"의 초안을 완성했다.64)

---

63) 이러한 경험들을 포함하고 있는 수십 개의 회상담에는 Yang, *Spider Eaters*가 있다. Jeremy Brown은 마오 시대 중국에서 도시-농촌간 분열의 구조적 이유와 도시인들이 마을로 하방되었을 때 수반되는 긴장을 *City versus Countryside in Mao's China: Negotiating the Divide* (New York: Cambridge University Press, 2012), 특히 6장에서 잘 포착해 냈다.

리정톈은 그의 첫 번째 초안을 친구들에게 배부하고 몇 번의 회의를 열어 논의했다. 1973년 9월 30여 명의 동료들이 좀 더 신중한 개정판에 서명했지만 더 많은 대화를 통해 더 날카로운 문서가 만들어졌고, 소집이 예상되는 제4차 전국 인민 대표 대회(마침내 1975년 1월에 개최되었다)를 위해 베이징으로 보낼 때가 되었다고 리정톈이 결정했을 때 오직 3명만이 서명을 할 의사가 있어서 리정톈 자신, 천이양陳一陽(1947-), 왕시저王希哲(1948-)가 공동 필명인 리이저를 만들었다. 이 편지는 운송 중에 가로채여져 광둥 당국에 넘겨졌다. 광둥 비평가들만이 유일했던 것은 아니었다. 문화대혁명의 실패를 비판하는 유사한 노력이 베이징, 남서쪽의 청두成都, 북동쪽의 창춘長春에도 있었다.[65] 베이징 비평가들은 자신들을 지하 살롱으로 제한했지만 나머지 두 그룹은 공개적으로 나갔고 예상대로 분쇄되었다. 광둥 그룹은 두 가지 중요한 측면에서 달랐다. 첫째, 그들은 정치적 비판을 신중하게 조절한 언어로 중국 공산당이나 마오쩌둥이 아닌 "린뱌오 체제"를 비난하는 것으로 향했다. 그리고 둘째 그들은 우연히도 공식적인 지원을 발견했다. 그들이 베이징으로 보내려던 편지는 최근에 복직한 광둥성 당서기인 자오쯔양趙紫陽(1919-2005)에게 넘겨졌는데 그는 1980년대에 총리와 개혁적 총서기가 된다. 리이저 그룹을 체포하는 대신 자오쯔양은 논평을 위해 선언문을 당 채널 안에서 회람시키고 1974년 여름에 이들 젊은이들을 만났다.

리이저와 자오쯔양은 앞으로 다가올 시대에 반복될 모델을 반영한다. 개혁주의 관리들과 영리한 비평가들은 서로가 공유한 목표를 달성할 수 있도록 공동 기반을 찾을 것이다. 이 경우 자오쯔양은 리이저의 극좌파 정

---

64) 리이저 그룹에 대한 자료와 그들의 주요 저작에 대한 번역은 Anita Chan, Stanley Rosen, and Jonathan Unger, eds., *On Socialist Democracy and the Chinese Legal System: The Li Yizhe Debates* (Armonk, NY: M. E. Sharpe, 1985)에서 가져왔다.

65) MacFarquhar and Schoenhals, *Mao's Last Revolution*, pp.349-52.

책에 대한 비판이 그의 행정 조직 내에 남아 있는 좌파를 제거하기 위한 투쟁에 유용하다는 것을 알았다. 마오쩌둥이 1974년 5월에 다시 한 번 대자보를 승인한 이후로 광저우에서는 새로운 벽보 운동이 나타났고 리이저는 가장 두드러지고 영향력 있는 참가자 가운데 하나였다. 그해 9월 10만 명이 넘는 공장 노동자들과 청년들이 표면상으로는 중추절을 맞아 조상들을 기리기 위해 실제로는 간부 특권과 관료주의에 항의하기 위해 광저우의 백운산에 올랐을 때 위기는 절정에 이르렀다.66) 이러한 맥락에서 리이저의 가장 유명했던 세 번째 선언문이 1974년 11월 10일 광저우의 베이징로에 길게 벽보로 게시되었다. 대자보에는 리정톈과 같은 홍위병 그룹의 동지인 왕시저가 주로 작성한 "서문"이 포함되어 있었다. 왕시저는 1969년에 일찍 시골에서 돌아와 대구 간유 공장의 보일러 노동자가 되어 있었다. 벽보는 문화대혁명의 긍정적인 업적에 대해서도 주목했지만 빠르게 요점에 도달했다.

그러나 프롤레타리아 문화대혁명은 대중이 광범한 인민 민주 독재의 무기를 꽉 잡을 수 있게 할 수 없었기 때문에 그 과업을 완수하지 못했다. 1968년 여름 사회주의 하의 법치가 "갑자기 작동하지 않았고" 대신에 작동한 것은 "억압을 하기 위한 힘인 정치권력"이었다. 나라의 모든 곳에서 무고한 자들의 체포와 억압과 투옥이 있었다. 사회주의의 적법성은 어디로 갔는가? 구헌법이 존재하고 새 인민 대표 대회가 아직 계류 중이기 때문에 더는 쓸모가 없다고 하였다. 그것은 순전한 무법의 시대였다! 이건 우리나라에서의 사회주의 파시즘의 리허설이었고 린뱌오는 리허설의 총감독이었다.67)

---

66) 이 시위는 B. Michael Frolic, *Mao's People* (Cambridge, MA:Harvard University Press, 1980), pp.257-65에 생생하게 묘사되어 있다.

67) Li Yizhe, "On Socialist Democracy and the Legal System," Chan, Rosen, and Unger, *On Socialist Democracy*, p.63에 번역.

리이저 저자들은 1971년에 발생한 계급 정화 운동의 만행을 거론했지만 그들의 초점은 현재에 있었다. "린뱌오의 몰락은 그의 체제의 종말을 의미하지 않았다." 조심스럽게 마오쩌둥의 주요 원문과 당과 정부 주요 회의의 결정에 주의를 기울인 이 선언문은 문화대혁명의 마오주의 언어를 사용하여 그 가정들을 해체하고 사회주의 적법성을 주장했는데 이는 마오쩌둥이 독려하지 않은 것들이었다. 그들은 린뱌오는 전복되었을 수 있다고 인정한다.

> 그러나 많은 경우에, 린뱌오 체제와 맞서 싸움을 시작한 진정한 혁명가들 가운데 처형된 자들은 처형된 채로 남아 있고 수감자들은 여전히 감옥에 있고 해고된 관료들은 여전히 해고된 채다. … 인민들은 바보가 아니다! … 그들은 민주주의를 요구하고 사회주의적 적법성을 요구하며 인민대중을 보호하는 혁명적이고 개인적 권리를 요구한다.68)

자오쯔양과 회복된 광둥성 당 지도부의 공통 관심사인 주제, 특히 "해임된 관료" 문제를 쉽게 알 수 있다. 그러나 리이저의 민주주의 요구는 그들이 묵과할 수 있는 것 이상이었다. 량샤오와 상하이 과학 그룹의 경우처럼 광저우 당국은 저술 그룹인 선집문宣集文(문자 그대로 "선전 집체 산문")을 조직하여 리이저가 당의 지도력에 도전하기 위해 "민주주의"를 거론함으로써 혁명을 전복하려는 이면의 동기를 가졌다고 비난했다. 그러나 이러한 정부 보복이 지난 몇 년간 낳은 것 같은 "무자비한 투쟁"으로 이어지는 대신 리정톈과 리이저 그룹은 그들의 견해를 반박당하기 보다 대중화하는 데 더 많은 도움이 된 일련의 대중회의를 거쳐야 했다. 그들은 그들의 고발자들에게 답하는 것이 허용되었고 그들의 주장을 끝낼 시간이 주어졌다. 이 회의에서 대부분의 연설을 한 리정톈은 의자, 식수, 심지어 마이크까지

---

68) Li Yizhe, "On Socialist Democracy and the Legal System," p.71.

제공 받았다. 그는 마르크스 - 레닌주의와 마오쩌둥의 인용문에 정통한 인상적인 활약을 펼친 것으로 알려졌다. 그들의 번역가들이 결론을 내리듯 "리이저 그룹은 고도의 정치적 책략의 수혜자였다." 자오쯔양은 광저우와 베이징에서 여전히 권력을 잡은 극좌파주의자들의 신뢰도를 떨어뜨리는 데 유용한 내용을 그들의 주장에서 충분히 발견했다.

정치적 지원의 경우가 자주 그렇듯이 그것은 변덕스러웠다. 리이저의 비판의 혜택을 받았음에도 자오쯔양은 그들이 비난했던 광저우시 지도부의 자오린이焦林義(1920-2005)가 그들을 처분하도록 내버려 두었다. 리정톈은 북부 광둥성에 있는 암석 채석장에 배치되었고 나머지 두 명은 시골로 추방되었다. 아이러니하게도 그들은 포스트마오 시대가 도래한 직후에 체포되어 1977년 3월 수감되었고 1979년 초까지 사회로 복귀하지 못했다.

리정톈과 왕시저는 마오쩌둥 혁명의 마지막 시기에 발언했던 홍위병과 하방된 학생 세대의 표본이다. 다른 사람들은 다음 개혁의 이데올로기적 순간이 되어야 전면에 나서게 될 것이다. 그 한 예는 친후이秦暉(1953-)이다. 그는 1953년 중국 남서부에서 태어났다. 그는 리이저 그룹보다 5년에서 10년 더 어렸다. 그는 후기 문화대혁명 당시 수백만 명의 사람들처럼 평범한 하방 청년이었다.[69] 그는 남서부 광시성廣西省의 성도省都인 난닝南寧의 학교 교사에게서 태어났다. 문화대혁명은 그가 초등학교를 졸업할 무렵 도시를 강타했다. 친후이는 살아남았다. 문화대혁명의 아주 어린 홍위병으로서 그는 다른 이들의 폭력적인 전술을 선호하지 않는 "반체제"

---

69) 친후이는 원래 *New Left Review*, No.20 (2003)에 게재되고 Chaohua Wang이 편집한 문집 *One China, Many Paths* (London: Verso, 2003), pp.128-59에 포함된 "Dividing the Big Family Assets"에서 그 자신의 생애에 대해 이야기했다; David Kelly는 친후이의 글을 번역한 "The Mystery of the Chinese Economy, Part 1: Selections from the Writings of Qin Hui," *Chinese Economy* (New York), Vol.38, No.4 (2005), pp.3-11의 서문에서 추가 정보를 제공한다.

그룹 중 하나에 속해 있었다. 1969년 그는 윈난雲南 국경 근처의 가난한 산악 마을로 보내져 9년 동안 농부로 일했다. 그는 말썽을 일으키지 않고 공부하여 문화대혁명 이후 1977년에 시행되었던 유명한 첫 번째 대학 입학시험에 합격했다.[70] 그는 1978년에 북서부 간쑤성甘肅省에 있는 란저우蘭州대학에 입학했다. 친후이가 문화대혁명에서 얻은 교훈은 중국의 가난한 농촌 다수의 요구를 충족시키려고 한 그토록 "영광스러운" 대중 운동이 완전히 실패했다는 것이다. 1978년 이후 친후이는 농업 역사와 농촌 문제에 초점을 맞춘 저명한 역사가이자 공공 지식인으로 등장했지만 마오쩌둥이 계획한 방식대로는 아니었다.

1960년대의 젊은이들에게 대변혁을 일으키려는 마오쩌둥 노력의 의도하지 않은 결과에 대한 아이러니한 예는 장룽張戎(1952-)(영어권 독자들에게 Jung Chang으로 알려짐)이다. 장룽은 쓰촨성의 엘리트 당원 가정에서 태어나 1950년대와 1960년대 초에 안전하고 편안한 생활을 누렸다. 당은 그녀의 가족에게 벽으로 둘러싸인 경계를 서는 집, 하녀와 운전사, 그리고 다섯 아이를 위한 유모를 제공해 주었다. 문화대혁명이 일어났을 때 장룽은 열네 살에 홍위병이 되었다. 그녀는 그렇게 되기를 원했고 "내 빨간 완장에 감격했다"고 회상한다.[71] 이 점에서 그녀는 양루이나 수백만 명의 다른 젊은 홍위병들과 다르지 않았다. 장룽의 글은 양루이의 글보다 홍위병에서 한 일에 대해 덜 드러내고 있지만 그녀가 대중 비판의 일정 부분에 참여하도록 요구받지 않았다고 믿기는 어렵다. 한편 그녀의 편안한 가정

---

70) 이것은 친후이를 문화대혁명 기간 중국의 대학이 문을 닫은 1966년, 1967년, 그리고 1968년 고등학교를 졸업한 학생들 가운데 노삼년(老三年) 혹은 "나이 든 세 학년"의 일원이게 한 것이다. 1977년의 시험은 그들이 대학에 입학할 수 있는 처음이자 유일한 기회였고 경쟁이 너무나 치열하여 합격한 사람들은 그들의 재능과 끈기를 인정받았다.

71) Jung Chang, *Wild Swans: Three Daughters of China* (New York: Simon and Schuster, 1991), p.378.(장융 지음, 황의방 외 옮김, 『대륙의 딸』상·하, 까치, 2016).

생활은 아버지가 고발되면서 파탄났다. 그는 공개적으로 굴욕을 당하고 투옥되었다. 다른 많은 사람들과 마찬가지로 장룽은 하방되어 시골 마을에서 몇 년간 의료 보조원, 노동자, 전기 기술자로 일했다. 따라서 장룽은 문화대혁명기 마을로 내려온 지청 또는 "지식 청년"이었다. 그녀는 그녀의 노력과 인맥으로 1978년 아주 초기 단계에 영국 대학에 입학할 수 있었던 점에서 매우 이례적이었는데, 그 당시에는 아주 인맥이 좋은 가정의 아이들만이 유학을 떠날 수 있었기 때문이다. 그녀는 잘 해냈고 영어로 중국에 관한 글을 쓰는 작가가 되었으며 특히 그녀의 가족 삼대에 걸친 여성의 회고록인 『대륙의 딸』Wild Swans(1991)(『鴻：三代中国女人的故事』: 역주)로 유명하다. 장룽에 대한 마오쩌둥 시대의 영향은 그녀와 그녀의 남편인 존 할리데이Jon Halliday가 2005년에 영어로 출판한 마오쩌둥에 대한 선정적인 전기에서 가장 분명하다.[72] 가차없이 부정적이며 문화대혁명 시기에 홍위병이 읽고 베끼던 야오원위안과 린제의 "대중 비평"과 "텍스트 분석"의 방식을 반영했다. 이러한 접근 방식으로 인해 많은 학자들이 그들의 마오쩌둥 전기를 불만족스럽게 여기지만[73] 장룽의 경험과 분노는 중요하다. 그녀는 마오쩌둥을 믿고 혁명에 대한 그의 요구에 응답했으며 그 과정에서 무자비하게 이용당한 청년 세대 전체의 버려진 희망과 좌절을 반영한다.

농촌과 지역 지식인

농촌 지식인은 항상 중국 역사에 존재했지만 추적하기가 어려웠다. 그

---

72) Timothy Cheek, "The New Number One Counter-revolutionary Inside the Party: Academic Biography as Mass Criticism," *China Journal*, No.55 (January 2006), pp.109-18.

73) Gregor Benton and lin Chun, eds., *Was Mao Really a Monster? The Academic Response to Chang and Halliday's "Mao: The Unknown Story"* (London: Routledge, 2009).

들은 일반적으로 대도시 또는 전국 수준에서 활동하지 않았다. 마찬가지로, 지역 지식인은 그들의 지적 작업이 이론보다 실용적(지역 주민의 조직화) 경향이 있으므로 놓치기 쉽다. 중국 근현대사에서 농촌 및 지역 지식인은 일반적으로 반군, 숙청이나 캠페인의 희생자로서, 또는 선호하는 정책의 전형으로 내세워질 때 국가의 주목을 받으며 역사적 기록에 등장하였다. 좀 더 최근에는 사회가 안정되고 정치적인 통제가 완화되면서 마오쩌둥 이후 시기의 농촌 지식인들의 이야기는 역사가가 직접 인터뷰를 하거나 또는 지역의 기록에 접근하면서 일부 등장하게 되었다. 이것은 지역 생활에 대한 우리가 가장 풍부한 정보를 얻게 되는 것이 마오쩌둥 시대라는 것을 의미한다.[74]

19세기에 농촌 지식인은 대부분 학자-관료 계보의 새로운 구성원이나 반란군으로 기득권층 체제의 새로운 구성원이나 반대자로 등장했다. 1842년 초에 지역의 학자(생원 또는 최하위 과거 합격자)인 중런제鐘人杰는 압제적인 할증세에 대한 소송에서 후베이湖北 농촌 지역의 분노한 농부와 신사를 이끌었다. 한 가지 일이 다른 일로 이어졌고 중런제는 결국 지방 관리들에 대한 폭력적인 반란을 이끌게 되었다. 이 "반란"은 청 당국에 의해 빠르게 진압되었지만, 필립 쿤은 중런제의 노력이 관료들의 수탈로부터 지역민들을 보호하기 위해 "마을과 지역 관청 사이에 끼어든 지역 지도자들의 하나의 방식"을 반영한 것이라고 결론지었다.[75] 중런제는 현대적 의미의 지식인은 아니었지만 20세기에 지역의 교사와 전문가가 차지하는 것과 같은 동일한 사회적 공간을 채웠다. 농촌의 동요는 백련교도의 난

---

74) 지식인에 초점을 맞추지는 않았으나, 이 새로운 접근 방식은 지식인에 대한 어떤 새로운 관점을 배울 수 있는지를 보여준다. Brown and Pickowicz, *The Dilemmas of Victory* 속의 연구들; 그리고 Brown and Johnson, *Maoism at the Grassroots*를 보라.

75) Philip A. Kuhn, *Rebellion and Its Enemies in Late Imperial China: Militarization and Social Structure, 1796-1864* (Cambridge, MA: Harvard University Press, 1980), pp.98-9.

과 중국의 하나 또는 여러 개의 구세적 "비밀 결사"에 의한 봉기에서도 볼 수 있다.[76] 이 모든 지역적 선동은 오늘날 우리가 농촌 지식인이라고 부르는 사람들에 의해 주도되었다. 1920년대에 이르면 이 향촌 행동가들은 근대적 혁명가들, 국민당과 공산주의자 모두의 농촌 반란과 섞일 것이지만 1930년 이후 진정한 농촌의 소요는 자유주의적(제임스 옌 또는 량수밍에서 보았듯이)이었거나 또는 공산주의적이었다.

우리는 농촌 지식인이 지방 및 전국적 무대에 등장하는 것을 보았다. 20세기 전환기 톈진天津의 예葉 가족을 떠올려보면 그의 집안은 조약항 도시에서 현대 생활의 영화를 찬미했다. 조지프 에쉐릭이 영어로 연대를 기록한 이 일족은 1850년대부터 1980년대까지 근대화의 도전과 변화에 참여하면서 지방省 지식인의 사회 역사에 생명을 불어넣었다. 그러나 그들은 지역 엘리트이긴 했어도 이미 명문가로 청나라 때 중국 중부와 북부 지역의 고위 관료의 일족들이었다.[77] 우리는 또한 어떻게 중국 남동부 저장성浙江省의 지방 지식인 저우수런이 1910년대에 지방 교사에서 전국적 인물로 변화해 유명한 작가 루쉰이 되었는지도 보았다. 마찬가지로 쓰촨四川의 한의사 아들인 옌양추도 기독교 선교 운동을 통해 전국적인 집단으로 옮겨가 1920년대와 1930년대 대중 교육 운동의 지도자인 제임스 옌이 되었다. 두 사람 모두 유학을 통해 혜택을 보았다. 루쉰은 일본에서 제임스 옌은 미국에서.

최근 몇 년 동안 사회사와 종교사에 주목하게 되면서 농촌 및 지역 생활에 대한 우리의 시야가 넓어지기 시작했다. 리위제李玉階(1901-1994)는 20세기 중국 근대사의 많은 주요 서술이 틀렸음을 입증하는 지역 지식인

---

76) David Ownby, "Redemptive Societies in China's Long Twentieth Century," in Vincent Goossaert, Jan Kiely, and John Lagerwey, eds., *Modern Chinese Religion: 1850 to the Present* (Leiden: Brill, forthcoming).

77) Esherick, *Ancestral Leaves*.

과 종교의 예를 제공한다. 그는 근대 사회에서 쉽게 움직일 수 있는 종교 수련자이자 민간불교구원결사의 조직자였다. 그의 삶은 세기 중반 지방 사회에서의 종교적 현실과 문화적 혼합을 반영한다. 데이비드 오운비David Ownby는 "그가 전통적인 성직자의 특성을 많이 취했음에도 불구하고 [리] 는 국민당에 가입하여 국가 최초의 세법을 작성했으며 독립 언론인 및 출판인으로서 민주주의와 언론 자유의 이상을 옹호했다"라고 썼다.[78] 리위 제의 경력은 그를 쑤저우蘇州의 지역 엘리트 생활에서 1930년대 중국 북부의 성스러운 산에서 4년간 은둔하고, 상하이와 1949년 이후에는 타이베이에서 국민당에 봉사하는 것으로 옮겨갔다. 그는 1980년 타이완에서 중국의 풍부한 구원 결사 전통의 새로운 파생물인 천제회天帝會를 설립했다. 그는 모순 없이 종교와 현대 정치, 저널리즘을 혼합했다. 모순을 본다면 그것은 그나 그의 추종자들이 아닌 우리 눈이 보는 것이다.

경슈펑耿秀锋(1913-)은 포스트마오 시대 연구 조건의 변화로 등장한 진정한 농민 지식인의 편린을 엿보게 해준다. 허베이성河北省 북부 마을의 지역 활동가이자 기층 간부인 경슈펑은 적당히 부유한 "중농" 가정에서 태어났다. 그는 이미 1943년에 농업 합작사合作社로 지역 농민들을 조직하고 있었다. 세기 전반기의 대부분의 중국 지식인처럼 경슈펑은 중국의 유감스런 상태에 대한 깊은 굴욕감과 수치심을 초등학교에서 배워(피터 자로Peter Zarrow의 작업이 조명한 교과서 읽기) 동기를 지니게 되었다.[79] 쑨

---

78) David Ownby, "Sainthood, Science, and Politics: The Case of Li Yujie, Founder of the Tiandijiao," in David Ownby, Vincent Goossaert, and Zhe Ji, eds., *Saint-Making in Modern and Contemporary China* (출간예정, Oxford University Press, 2016 출판됨 : 역주), ms., pp.40-1; 그리고 David A. Palmer, "Dao and Nation: Li Yujie-May Fourth Activist, Daoist Cultivator, and Redemptive Society Patriarch in Mainland China and Taiwan," in David A. Palmer and Liu Xun, eds., *Daoism in the Twentieth Century: Between Eternity and Modernity* (Berkeley: University of California Press, 2012), pp.173-95.

원처럼 경슈펑은 중국이 "느슨한 모래판"이고 무질서하고 아무 곳으로도 나아가지 못하고 있다고 믿게 되었다. 경슈펑의 해결책은 비마르크스주의 형태의 협동 농업 또는 그가 "토지합작사土地合作組"라고 부른 것이다. 그는 중국 공산당과 손을 잡고 1950년대와 1960년대에 지역 간부로 일했는데 대약진 운동의 재앙을 견뎌내고 1960년 고통을 상세히 알리는 편지를 고위 당국에 보내야 한다고 주장함으로써 상사들을 화나게 했다. 그는 농촌 공동체의 오랜 구성원이었고 교육을 받았기 때문에 지역 관리들에 의해 반체제 인사라기보다는 골칫거리로 간주되었다. 그는 문화대혁명 이전에 은퇴했다. 은퇴 기간에 그는 긴 회고록을 썼는데 이것이 1980년대에 외국 학자의 손에 들어갔다. 경슈펑의 회고록은 민족주의, 사회주의, 민주주의와 같은 범주의 근대와 전통의 매력적인 조합으로 이루어져 있다. 폴 피코위츠는 경슈펑을 "움츠러들지 않고 정말 향촌 엘리트들의 가부장적 자세를 띠고 … 농촌 지역 사람들의 경제적 이해가 무감각한 중앙 집권자의 이해와 충돌할 때 농민의 편을 드는" 것이 "자연스러운" 향촌 지역 엘리트로 묘사한다.[80]

다른 농촌 지식인들도 마찬가지였다. 마오쩌둥 시대의 백화 운동 기간 동안 지역 지식인들은 웨다이윈과 팡리즈와 같은 대학 교수들이 그랬던 것처럼 국가와 충돌했다. 오늘날 지역 당 기록 보관소에 있는 그들의 죽음에 대한 기록과 새로운 회고록들은 흐리지만 그들의 생각과 활동을 엿볼 수 있는 창 역할을 한다. 1957년 말 허난성河南省 퉁바이현桐柏縣 지역 신문의

---

79) Paul Pickowicz, "Memories of Revolution and Collectivization in China: The Unau-thorized Reminiscences of a Rural Intellectual," in Rubie S. Watson, ed., *Memory History and Opposition under State Socialism* (Santa Fe, NM: School of American Research Press, 1994), pp.127-47; 그리고 Zarrow, "Discipline and Narrative" 민국 시기의 애국주의적 교과서에 대해서는 2장 참조.

80) Pickowicz, "Memories of Revolution," p.142.

편집자인 29세의 루진푸는 그 전해 여름에 비슷한 비판을 했다는 이유로
전국적으로 지식인이 숙청된 사례가 있음에도 그의 비판을 멈출 수 없었
다. 루진푸는 당이 조직한 비판 회의에서 다음과 같이 말했다.

> 산간 지역에 대한 개발 계획은 거창하게 시작되었으나 거의 사라졌다.
> 방안들은 지역 조건에 적합하지 않았다. 지도자들이 뭐라고 말하든 … 그것
> 은 모두 엉망이다 … 관개에 관해서는 지도자들은 공부하여야 하고 실행에
> 옮길 수 없는 거창한 이야기만 앞세워선 안된다.[81]

루진푸는 예상대로 우파로 숙청되었다. 발간된 농촌 지식인들의 회고록도
중국 지역 저널에 실리고 있다. 1950년대 중국 남부 광둥 마을의 초등학교
교장인 예팡잉葉芳穎은 같은 운동에서 자신의 경험을 회상한다. 예팡잉은
뤄룽지와 같은 당시 자유주의자들의 견해에 호의적이었지만 루진푸보다는
더 신중했다. 그러나 결국 예팡잉은 자신의 비판이 자신의 지역당으로부
터 환영받을 것이라 생각하며 고무되었다. 당에 대한 그의 비판은 루진푸
와 비슷했고 그의 운명도 같았다. 그는 합작화는 "묘목을 잡아당겨 자라게
하는 것"이고 농업세는 "달걀을 위해 닭을 죽이는 것"이라고 비판했다.[82]
그도 우파라는 이유로 숙청당했다. 이 시기에 지식인들은 중국에서 이전
에 볼 수 없었던 방식으로 국가 정치에 통합되었다. 숙청은 베이징에서 전
국의 향촌 마을로 퍼졌다. 차오수지曹樹基는 "1950년대 후반 중국에서 기
꺼이 자신을 희생하고 국가를 위해 봉사하려는 지식인에 관해 이야기할
때 이 평범하고 눈에 잘 띄지 않는 향촌 지식인 집단을 포함해야 한다"고

---

81) Cao Shuji, "An Overt Conspiracy: Creating Rightists in Rural Henan, 1957-1958"는
Brown and Johnson, *Maoism at the Grassroots*, p.86에서.
82) 葉芳穎, 「我家出了兩个右派」(나의 가족에서 두 명의 우파가 나왔다), 『黃河』, 第 2期,
1999年, pp.66-76, pp.71-2에서 인용, Cao, "An Overt Conspiracy," p.92에 인용된 대로.

결론짓는다.[83]

마오쩌둥 시대 농촌 사회는 1960년대와 1970년대의 유명한 하방 운동기에 농촌 지식인과 일부 도시 지식인을 한데 모았다. 이 시기 우리가 토착민이든 이주한 사람이든 농촌 지식인에 대해 갖는 견해는 그 당시의 선전 활동과 그 이후의 회고록에서 온 것이다. 이러한 농촌 지식인의 모습은 위에서 본 독립적인 생각을 가졌던 농업 합작사가 경수평을 포함하여 매우 다양하다. 이주해 온 지식인은 주로 하방된 청년들로 다음 이데올로기적 순간에 국가 지식인의 한 세력이 될 지식 청년이었다. 이때는 그들을 형성하는 경험의 시간이었다. 지식 청년에 관한 대부분의 자료는 농촌 지역으로 이주한 도시 젊은이들이 겪은 고난의 이야기를 강조한다. 그러나 시그리드 슈마져Sigrid Schmalzer가 보여주듯이 시골의 그러한 "교육받은 청년"에는 "도시 중등학교를 졸업한 후 마을로 '돌아 온' 훨씬 더 많은 수의 농촌의 교육받은 청년"이 포함되었다.[84] 농촌의 많은 청소년의 중요한 동기 중 하나는 과학 즉 첨단 과학 기술을 적용하여 마을 사람들의 삶을 개선할 수 있는 능력을 갖추는 것이었다. 과학의 확대를 위한 네트워크는 그러한 교육받은 청소년들에게 "과학을 수행"하고 정치적 찬사를 받는 환경에서 도전적인 실험에 참여할 기회를 제공했다. 동시에 마오주의 정치는 지방 지식인들에게 기회를 제공했다. 위안룽핑袁隆平(1930-)은 농업에 초점을 맞춘 그러한 지방 지식인이다. 베이징에서 태어났지만 그의 가족은 중국 중부를 돌아다녔고 그는 중부 후난성湖南省 안장安江에 있는 농업 학교에서 경력을 시작했다. 떠오르는 녹색 혁명과 중국 공산당의 붉은 혁명을 결합하는 것을 강조한 문화대혁명으로 위안룽핑은 국가적 명성을 얻을 기회를 얻게 되었고, 결국 중국 "현지" 노하우와 국제적 과학을 결합해 독자적

---

83) Cao, "An Overt Conspiracy," p.96.

84) Sigrid Schmalzer, *Red Revolution, Green Revolution: Scientific Farming in Socialist China* (Chicago: The University of Chicago Press, 2016), p.19, 원본에서 강조.

으로 높은 수확량의 교배종 쌀을 개발한 것으로 중앙 정부에 의해 이제 소박한 영웅으로 유명해졌다.[85] 위안룽핑은 농업 과학, 사회 혁명 및 중국의 독창성이 함께 할 수 있음을 보여준 "농민 지식인"이었다. 물론 실제 경험은 더 뒤섞인 것이었지만, 위안룽핑의 경우는 마오쩌둥 시대 농촌 및 지역 지식인 에너지의 확실한 흔적을 보여준다.

지속되는 관념, 1965

이 시대의 인민은 명백히 정치적 범주이자 국민의 부분 집합이었다. 본질적으로 이것은 노동자, 농민, 군인, 그리고 중국 공산당원 지위를 지닌 혁명 지도자를 의미했다. 공적 언어는 계속해서 인민에 대하여 개인 보다는 집단적으로 런민人民, 또는 군중群衆에 관해 이야기했다. 인민은 정치적으로 인가받은 특정 집단이었다. 문화대혁명의 인민이 아닌 9개 범주 속에서 지식인은 "냄새나는 아홉 번째臭老九"로 적용되었는데 놀랄 만한 혁명중국의 비인민의 목록은 지주, 부농, 반혁명분자, 나쁜 성분, 우파, 변절자, 적의 요원, 주자파, 마지막으로 지식인이었다. 그러나 지식인과 당내 온건파의 반발이 있었다. 덩퇴와 같은 당의 충직한 지지자도 "봉건 시대"로부터 엘리트 중국인이 "인민"에 속한다고 주장했고 리이저 그룹과 같은 홍위병 비평가들과 친후이秦晖는 보통 인민은 정치적 범주로부터 구별되는 정체성과 존엄성을 가지고 있다고 주장했다.

중국(인)은 마오쩌둥 시대에 "홍색"과 융합되었다. 중국에서 혁명적인 것이 마오주의의 수사에서는 제대로 된 "중국(인)"이었다. 봉건적이거나 오래된 문화는 비록 중국에서 나온 것이어도 의심을 받았다. 외국의 영향

---

85) Schmalzer, *Green Revolution, Red Revolution*, Chapter 4.

은 혁명 혈통(그리고 1960년 이전에는 소비에트)에 의해 보증되지 않는 한 의심을 받았다. 중국(인)이 되려면 혁명적이 되어야 했다. 이러한 공론은 중국 역사와 문화 전통에 대한 학술적 감상과 더욱 광범위하고 덜 정치적인 기준을 수용하는 가정의 사생활과 공존했다. 그럼에도 이전 이데올로기적 순간의 동서 이분법은 사회주의 대 자본주의 세계라는 대조로 바뀌었고 이어진 소련에 대한 환멸에 의해 혁명가 대 반동 혹은 수정주의자라는 대조로 바뀌었다. 마오주의가 한창이었을 때 중국(인)의 특성은 "인민"의 정치적 정의를 따랐다. 산업 노동자와 농민 양자의 일하는 사람의 문화에 당의 혁명적 전통을 더하는 것이었다. 그러나 당 지도자들 특히 마오쩌둥 자신은 전통적인 유교식 고급 예술인 서예와 고전시를 대단히 찬양했다. 중국의 정체성에 대한 혁명적 감각과 토착적 감각의 이러한 불안정한 혼합을 가장 잘 보여주는 신호는 중국 마르크스주의 지도자들이 자신의 필체를 공개적으로 보여주려는 것이었다. 게다가 가장 급진적인 문화대혁명 선전 포스터는 공개일을 아라비아 숫자가 아닌 전통적 중국어 숫자 표기로 표시했다. 진정으로 혁명적인 것이 중국적인 것이고 국제적이지 않은 것임을 시사한다.

민주주의는 당이 말한 당의 지도 아래 "인민"에게 봉사하는 것이었다. 이때는 대중 집회, 행진, 대중 비판으로 표출된 "대민주大民主"의 시대였다. 1957년 봄 백화 운동에서 중국 전역의 대학 캠퍼스 벽에 붙은 손으로 쓴 대자보에서 정치적 자유주의를 포함한 광범위한 견해가 잠깐 표현된 이후 문화대혁명기 홍위병들에 의해 유명해진 대자보大字報는 이 혁명적 시대에 민주주의의 활발한 부분이 되었다. 이것들은 마오쩌둥의 "위대한 민주주의"의 4대四大 자유(또는 자유롭게 말하고 자신의 견해를 자유롭게 방송하고 대자보를 작성하고 대토론을 벌이는 것 - 大鳴, 大放, 大字報, 大辯論 : 역주)였다. 그것은 1957년 초에 마오쩌둥에 의해 그리고 다시 문화대혁명에 의해 지지를 받았고 1975년에 중화인민공화국 헌법에도 포함되었다.[86] 그러나

1957년 여름 반우파 운동이 도래했을 때 그러한 민주적 표현이 처벌받지 않고 표출될 수 있는 것은 바로 마오쩌둥 사상뿐이었다. 그럼에도 불구하고 우리가 살펴본 바와 같이 상당히 다른 정책과 이해관계가 "마오주의의 핵심"으로 표현될 수 있었는데, 린뱌오가 고백한 신앙적 마오주의와 덩퉈의 관료적 마오주의로부터 홍위병 분파들의 격렬한 파벌 싸움의 인신공격으로, 1973년에 리이저 저술 그룹에 의해 시작된 "린뱌오 체제"와 궁극적으로 마오주의 체제 자체에 대한 도전적인 비판으로, 팡리즈가 취한 자연변증법에 대한 불가사의한 논쟁에까지 그러했다. 당은 일관되게 민주주의는 민주 집중제라고 주장해 왔는데 쑨원과 장제스의 '정치적 지도' 하에 유도된 민주주의의 한 버전이었다. 그럼에도 불구하고, 수백만 명의 십대를 중국의 광대한 시골에 던진 마오의 급진적인 실험의 예상치 못한 결과 중 하나는 이 하방된 세대 중 일부, 홍위병 출신들 가운데 민주주의는 국민에게 속하고 국민은 특정 계급이나 민족이 아닌 중국에 사는 모든 사람이라고 판단하는 이들이 생겨났다는 것이다. 문화대혁명은 일부 사람들에게 민주주의는 모든 국민을 포함해야 한다고 가르쳤지만 그것을 작동시키는 방법을 가르치지는 않았다.

---

86) "자유롭게"로 번역되는 것은 대(大)로 문자 그대로는 "크다", "위대하다"로 따라서 4대(四大)는 마오 치하의 "위대한 민주주의의 4가지 자유"로 알려져 있다. Henry Yuhuai He, *Dictionary of the Political Thought of the People's Republic of China* (Armonk, NY: M. E. Sharpe, 2001), pp.437-8.

1970년대의 중국

1976년 9월 9일 마오쩌둥이 사망했을 때 중국은 슬픔에 잠겼다. 그것은 마오쩌둥의 국가 건설에의 기여, 사회주의적 목표의 적용, 경제 발전의 실현과 지식인에 대한 잔인한 박해, 농민 유기, 파멸적인 대중 캠페인과 그의 말년의 자의적 독재에 대한 기억이 뒤섞인 복합적인 슬픔이었다. 마오쩌둥이 태어났을 때 중국은 실패하고 있는 후진적인 제국이었고 중국 군벌과 외국의 이해관계가 경쟁하는 각축장이었다. 그가 사망했을 때의 중국은 세계무대에서 존경받는 (또는 두려워하는) 국가였다. 유엔 안전 보장 이사회 상임 이사국으로 기본적으로 엄청난 인구를 부양할 수 있었고 역동적이지는 않았지만 현대적인 경제를 운영할 수 있는 핵무기를 보유한 강대국이었다. 이러한 성공의 대가는 컸고 중국의 지도부는 당파 경쟁으로 분열되었다. 대부분의 사람들은 그저 끝없는 정치 운동을 종결시킨 것에 감사하며 정상적인 삶으로 돌아가는 길을 찾으려고 노력했다. 중국의 지식인은 방어적인 자세에서 벗어나 문화대혁명 이전의 직업을 되찾기 위해 그들의 예전 작업 단위이로 돌아갔다. 그들은 또한 지난 20년을 이해하려는 끔찍한 과정을 시작했다.

지난 20년 동안 마오쩌둥 혁명의 혼란으로 인해 중국은 비극적이게도 (세기 중반의 전쟁 기간과는 달리) 스스로 자초한 외상 후 스트레스를 경험하는 사회가 되었다. 따라서 1976년의 주된 변화는 깊은 자기 의심이었다. 어떻게 우리 자신에게 이런 일을 할 수 있었을까? 이것은 1980년대 중국 문화에 대한 5·4식 포괄적인 비판의 부활을 뒷받침할 것이었다. 자기 의심은 중국 공산당 그 자체로도 확장되어 당의 존엄성과 레닌주의 규범에 대한 방어가 불안정해지고 한편으로는 진정한 혁명적 봉사로부터 당의 "소외"를 탐구하려는 당 지식인들의 도전적인 자기비판에 반영되었다.

모든 당사자들은 문화대혁명이 다시는 일어나서는 안된다는데 동의했다. 그러나 급진적인 운동의 부활을 피하는 방법에 대해서는 상당한 의견 차이를 보이게 될 것이었다. 마오쩌둥 후기의 혁명은 공적 생활에서 게임의 규칙을 영원히 바꾸었다. 당은 확실히 오류가 없는 것이 아니었다. 마오쩌둥은 비록 위험하지만 당의 잘못을 발견하는 것이 가능하다는 것을 보여주었다. 그러나 질서를 유지하고자 하는 실용적인 욕망과 최근의 비극을 스스로 가져온 중국적 특성에 대해 고통스럽게 자기 의심을 하였기에, 당이 없다는 것은 상상할 수 없었다. 지식인들 사이에서는 엘리트주의의 유령이 지속되었다. "인민들"은 아직 완전한 민주주의를 할 준비가 되어 있지 않았다.

마오쩌둥은 새로운 세대에게 공개 시위가 혁명적일 수 있고 일이 작동하는 방식을 바꿀 수 있다고 가르쳤다. 그는 청년들이 때때로 연장자들보다 진실을 더 잘 볼 수 있다고 가르쳤다. 그는 그들에게 부당한 제도들과 정책들을 뒤집어 중국에 봉사하도록 자극했다. 마오쩌둥은 그들에게 그의 모든 말을 따르라고 가르쳤다. 마지막 것을 제외하고 이 모든 교훈은 박혀 있었다. 1989년 톈안먼天安門의 정치 대본은 이미 1976년에 작성되었다.

동시에 중국 사회 전반에 문화대혁명에서 본 것과 같은 난亂에 대한 끔찍한 두려움이 있었다. 작가와 사상가는 물론 정치 지도자들도 문화대혁명의 재발을 막기 위해 당과 사회 체제를 개혁하면서 혼란을 피하는 방법에 집중했다. 마오쩌둥과 문화대혁명에 대해 끔찍한 염려가 있었다. 명백히 그는 실수를 저지르기는 했다. 하지만 그의 혁명이 가짜였는가? 분명히 아니었다. 도시 지식인들은 리이저 그룹이 "체제"에 대해 제기한 질문에 눈을 돌렸다. 그들은 "더 나은 마르크스주의"를 탐색하기 시작했고 새로

322

이 출간된 젊은 시절의 마르크스와 동유럽 사상가의 저술이 도움이 된다고 느꼈다.

정치적 세력으로서의 자유주의는 분쇄되었고 종사자들은 당-국가에 완전히 예속되었다. 공적으로 발언을 하기 위해서는 1945년이나 심지어는 1955년과도 다르게 당의 용어, 마오주의 어휘를 사용해서만 말할 수 있었다. 리이저 그룹과 같은 작가들은 마오주의 언어로 마오주의 체제에 대한 정곡을 찌르는 비판을 할 수 있었지만 교리는 여전히 분석과 표현을 제한했다. 과학자와 일부 기술직은 집단적 존재를 유지했지만 모든 중요한 결정은 "당의 지도 아래" 내려져야 했다. 그리고 우리가 보았듯이 이론 물리학조차도 때때로 정치적 간섭으로 인해 자유롭지 못했다.

이 시기에 직업적 독립성의 대체물로서 지식인 간부와 기성 지식인의 역할이 강화되었다. 그럼에도 불구하고 대약진 운동과 문화대혁명의 분노가 량샤오와 같은 정치적으로 오염된 저술 그룹의 결과물에 내재한 공식적인 과학, 문학 및 철학을 조롱하면서부터 시스템은 균열을 보이기 시작했다. 덩퉈와 우한과 같은 엘리트 지식인의 "문화 전달자" 지위에 대한 공격은 지식인 간부의 위신을 떨어뜨렸다. 그러나 지식인들은 여전히 정책을 형성하고 참여할 기회가 있었다. 가장 유명한 예는 마오쩌둥 후기 시대에 시작되었지만 덩샤오핑 시대에 강화된 인구 증가를 억제하기 위한 중국의 한 자녀 정책이다. 중국 인구를 관리하려는 이 광범위하고 논란의 소지가 있는 운동은 문자 그대로 미사일 과학자들에 의해 공식화되었다.[1]

1968년에서 1969년에 농촌으로 보내진 "지식 청년"의 경험에서 지식인의 중요한 부분이 형성되었다. 이 지식 청년知靑은 매우 개인적인 방식으로 농촌 생활의 잔혹한 현실에 직면했다. 일부는 농촌 빈민을 위한 정의를

---

1) Susan Greenhalgh and Edwin A. Winckler, *Governing China's Population: From Leninist to Neoliberal Biopolitics* (Stanford, CA: Stanford University Press, 2005).

찾기로 다짐하며 이전 도시의 삶으로 돌아왔고, 다른 일부는 넘쳐나는 대중을 통제해야 할 필요성을 확신하며 돌아왔다. 그러나 그들의 부모보다 중국 농촌의 현실에 더 강하게 연결된 채로 모두 변화하여 돌아왔다. 지청 세대의 두 번째 속성은 당으로부터, 정통적 세계로부터 소외된 것(대부분은 고등 교육과 더 나은 일자리를 얻을 기회를 잃었다)과 그로 인해 현대 중국에 대한 비판적 시각을 갖게 된 것이었다. 1980년대와 1990년대에 중국의 급진적 사상가와 전위적 작가 중 상당수는 지식청년知靑 가운데에서 등장했다.

5

부활한 개혁
혁명의 과오를 교정하다(1976-1995)

"계엄령을 해제하고 수도를 보호하자"라고 쓰여있는 현수막과 신문의 발행인란을
들고 중국 공산당 기관지인 『인민일보』의 기자들이 1989년 5월 22일, 베이징을
행진하고 있다.

왕뤄수이王若水는 1986년 5월 남동쪽 해안에 있는 푸저우福州 호텔에서 저녁 식사를 할 때 동료들과 의견이 달랐다. 그들은 그곳에 덩튀를 기리기 위해 있었는데 왕뤄수이와 당의 지식인 여럿과 저널리스트들이 참석했고 그중에는 현재 전국 인민 대표 대회의 지도자인 후지웨이胡績偉(1916-2012)와 현재 『인민일보』 편집자인 리좡李庄(1918-2006)도 포함되어 있었다. 그들의 의견 충돌은 누가 지식인으로 간주되어야 하는지를 두고 벌어졌다. 한 외국 학자는 덩튀 뿐만 아니라 문화대혁명 동안 그를 괴롭혔던 이들 예를 들면 급진적인 장춘차오도 포함하는 "가치 중립적" 정의를 제안했다. 후지웨이는 "어떻게 장춘차오와 같은 악당을 덩튀와 같은 범주에 넣을 수 있는가?"라고 이의를 제기했다. 왕뤄수이는 국제 사회과학의 규범을 인용하면서 이에 동의하지 않았다. 옛 동지들 사이의 대화 분위기는 좋았지만 그의 동료들이 설득되지는 않았다. 이 세대의 기성 지식인들이 가장 먼저 해야 할 일은 당을 개혁해 문화대혁명 동안 그들을 끌어 내렸던 정치적 혼란이 다시는 일어나지 않도록 하는 것이었다. "구체제"에서 그들 세대 최고의 인물들을 되돌리는 것이 그들의 첫 번째 행동이었다.

6개월 후, 과학 기술 대학의 부총장으로 복직한 팡리즈方勵之는 상하이 자오퉁交通 대학에서 학생들과 대화를 나누고 있었다. 그들은 민주주의와 지식인의 책임에 대한 그의 강연을 듣기 위해 왔다. 그들은 팡리즈가 서구식 모델의 민주주의를 옹호한다는 것을 알고 있었다. 그들은 걱정이 되었다. 자본주의는 나쁘지 않은가? 팡리즈는 "사실 우리는 자본주의에 대한 우리의 오래된 믿음 중 많은 부분이 더 이상 적용되지 않는다는 것을 알게 되었다"라고 대답했다. 그는 현재 스웨덴에서 공부하고 있는 한 동료가 부패와 제국주의의 쇠퇴에 관한 레닌의 저작을 읽은 경험을 끌어냈다. 솔직히 팡리즈는 오늘날 어떤 시스템이 쇠퇴하고 있는가? 라고 의문을 제기해야 한다고 결론 내렸다. 그는 학생들에게 "과학, 민주주의, 창의성 및 독립 정신"을 수용함으로써 중국이 변화하고 그들 대학이 민주화의 선봉이 되도록 도우라고 촉구했다. 민주주의의 모델은 과학이었다고 팡리즈는 결론지었다.

당 지도부는 개혁 의제를 설정했다. 장춘차오, 장칭, 급진적 지도부는 마오쩌둥이 죽은 직후 축출되었다. 당은 문화대혁명 때 쫓겨난 간부들의 복권을 통해 자기 치유에 착수했고 여기에는 지식인 간부도 포함되었다. 팡리즈는 대학으로 돌아왔다. 웨다이윈은 실각한 급진적 지도자의 집필 그룹에 봉사했던 남편 탕이제의 운명을 걱정했다. 동시에 어디에나 존재하는 당의 '지도' 아래 엄격하게 억압되어 왔고, 사회적 폭력으로 인한 약탈과 지역 내 재부상한 폭력배에게 맡겨진 사회에서 강제적인 정치 운동의 끝은 어떤 모습일지를 탐구하였다. 모든 사람들(몇몇 급진주의자들을 제외하고)은 문화대혁명의 종말을 보게 되어 기뻐했지만 그 후 관심사는 분화되었다. 당 지도자들은 경험에 근거해 수정하고자 하면서 문화대혁명 이전의 질서로 "돌아가기"를 원했다. 문화대혁명에 대한 통렬한 설명과 중국 문화의 한계에 대한 새로워진 비판과 함께 지적 개혁의 수문이 열렸다. 이제 『인민일보』의 편집자인 왕뤄수이는 말할 수 없었던 문제 즉 인민으로부터 소외된 사회주의 국가를 꺼냈다. 다른 사람들이 가담했다. 팡리즈方勵之는 민주주의와 직업적 자율성의 단호한 옹호자로서 다시 등장했다. 최고 지도자에게 자문을 제공하는 일련의 중요한 씽크탱크를 통해 더 큰 정치적 개혁의 요구가 걸러져 올라갔다. 대학이 되살아났고 일부 학자들은 해외여행을 할 수 있었으며 소수의 외국 학생 무리가 중국으로 돌아왔다. 문화대혁명에 대한 "상흔 문학傷痕文學"의 통렬한 비난과 함께 비판도 아슬아슬해졌는데 공식적으로 지목된 범죄자 장칭과 기타 등등을 넘어서 중국 공산당이 뭔가 잘못되었다는 것을 암시하곤 했다. 이 모든 것은 1989년 봄의 시위와 6월 4일의 탄압에서 정점에 이르게 되었다. 그것은 관련 당사자들인 시위대, 지식인, 당, 그리고 깜짝 놀라 중국에 제재를 가한 서방 국가들과 같은 모두에게 트라우마가 될 것이었다. 위 사진에서 당의 자체 선전가들의 소외는 명백하다. 『인민일보』의 편집자들이 학생들을 지지하고 최근의 당의 계엄령 선언에 반대하는 모습을 보여 주고 있다(왕뤄수이가 현수막을 들고 있다. 왼쪽에서 여섯 번째 인물). 톈안먼은 당과 지식인들의 위기였다. 그럼에도 불구하고 1989년 톈안먼에 탱크를 불러온 덩샤오핑은 1992년 중국 남부 선전深圳으로 가서 경제 개혁과 개방 조치가 계속될 것이라고 선언했다. 그리고 그는 또한 중국 공산당도 지속될 것이라고 주장했다. 1989년 학생들을 지원하기 위한 베이징 노동자들의 자발적인 시위에 반영된 중국 노동자들의 얼굴은 이전과는 내내 달랐다. 량치차오의 신민新民의 요구, 량수밍의 고결한 마을 자작농에 대한 염원 혹은 문화혁명을 선전하는 충실한 혁명가들 같은 한 세기 동안 중국 지식인 행동주의의 대상이었던 인민은 그들 자신의 권리를 드러내기 시작했고, 1990년대에는 지식인이 그들을 대변할 수 있는지 더 이상 명확하지 않았다.

1970년대와 1980년대의 목소리

웨이징성魏京生(1950-): "5개 현대화"(1978)

진정한 민주주의란 무엇인가? 그것은 자신의 의지에 따라 행동하는 사람들이 인민을 대신하고 인민의 이익에 따라 업무를 처리할 대표를 선택할 권리를 가질 때인 것이다. 이것만으로도 민주주의라고 할 수 있다. 더욱이 인민은 권력을 남용하여 인민을 억압하는 것을 막기 위해 언제든지 이들을 교체할 수 있는 힘을 지녀야 한다. 이것이 실제로 가능한가? 유럽과 미국의 국민들은 정확히 이런 종류의 민주주의를 누리며 닉슨, 드골, 다나카와 같은 인물들을 그들이 원하면 퇴직시킬 수 있고 원하면 복직시킬 수도 있다. 아무도 그들의 민주적 권리에 개입할 수 없다.

그러나 중국에서는 '위대한 조타수'나 '역사상 비할 데 없는 위인'이라는 마오쩌둥에 대해 견해를 밝히기만 해도 그가 이미 사망했음에도 불구하고 거대한 감옥 문과 모든 종류의 상상할 수 없는 불행이 기다린다. "민주 집중제"의 사회주의 체제를 자본주의의 "착취 계급 민주주의"와 비교해 보면 그 차이는 밤과 낮처럼 분명하다.[1]

진관타오金觀濤(1947-): 역사 현상의 이면(1983)

왜 중국의 봉건제는 2천년 이상 지속되었는가?

이것은 끝없이 당혹스러운 질문이자 중국 역사에 대한 새로운 관심과 중국이 다시 역사의 교차로에 서 있는 시대에 강렬한 자기 탐구의 관심으로 인해 더욱 긴급한 질문이 되었다.

1973년 우리의 젊은 지식인 그룹은 중국 봉건제가 영속하는 원인을 탐색하기 시작했다. 중국 역사와 사회에 관한 이전의 연구들은 모두 단일한 요인을 분석하는 것을 바탕으로 했다. 일부는 매우 타당해 보이고 인정받을 만했다. 그러나 단일 요인 분석은 기껏해야 정적이고 부분적인 진실을 제시할 뿐이며, 묻혀있는 용의 몇몇 흩어진 뼈 몇 조각만 드러냈을 뿐이다. 역사는 살아있는 전체이다. 역사적 사실들은 서로 연관되어 있으며 상호 작용한다. 핵심은 경제학, 정치학과 이데올로기를 통합하여 역사의 살아있는 전체성을 꿰뚫어 보고 조명할 수 있는 방법론을 찾는 데 있다.

우리는 인공 두뇌학, 정보 이론 및 시스템 이론을 발견하게 되어 흥분했었다. … 2)

1989.5.13일 톈안먼 광장에서 단식 투쟁에 돌입한 학생들의 성명

우리는 5월의 아름다운 햇살 속에서 단식 투쟁에 돌입한다. 청춘이 만개한 시기에 아름다운 것들을 뒤로 하고 몹시 주저하며 떠난다.

아직 우리나라는 만연한 인플레이션, 공무원의 경제적 투기, 극도의 권위주의적 통치, 심각한 관료적 부패, 상품과 인적 자원의 외국 유출, 사회적 혼란, 범죄 행위가 증가하는 상황이다. 국가와 인민에게 중요한 순간이다. 양심을 가진 모든 동포들은 부디 우리의 요청에 응해 주십시오.

나라는 우리의 나라이다.

인민들은 우리의 인민들이다.

우리가 외치지 않으면 누가 할 것인가?

우리가 행동하지 않으면 누가 할 것인가? … 3)

이데올로기적 순간: 혁명을 교정하다

　문화대혁명은 중국의 지식인뿐만 아니라 당 지도부도 산산조각을 냈다. 1976년 10월 급진적 지도부가 숙청되자마자 인정하지는 않았지만 마오쩌둥 최후 혁명의 과도함을 되돌리는 과정이 본격적으로 시작되었다. 당 지도자들과 지식인들에게 새로운 이데올로기적 순간은 **어떻게 중국의 사회주의 체제를 개혁할 것인가**와 같은 새로운 핵심 과제와 함께 나타났는데, 첫째 문화대혁명이 다시는 일어날 수 없게 하고, 둘째 당과 사회주의가 소련의 국가 사회주의의 경직화를 피하고 일본, 미국, 유럽에서 명백히 보이는 번영과 문화적 풍요로움을 가져올 수 있게 한다는 것이었다. 중국이 서구보다 훨씬 뒤처진 것이 분명했다. 토론은 개혁에 초점이 맞추어졌다. 무엇을 개혁해야 하는가? 어떻게 개혁해야 하는가? 얼마나 많은 개혁이면 충분할 것인가?

　1974년에 리이저는 "사회주의적 민주주의"를 원하는 화난 청년의 요구에 대해 목소리를 내었고 덩샤오핑은 당의 질서를 회복하기 위해 최고 지도부로 돌아왔다. 이제 나이 많은 학자들이 다시 공적 생활로 돌아왔고 젊은 학자들은 회복된 대학 체제에서 경력을 시작했다. 이것은 중국 문화의 결함에 대한 5·4 시대의 비판을 다시 불러왔다. 그 후 몇 년 동안 지식인 간부 역할의 놀라운 회복력이 중국 사상가와 작가들의 공적 역할을 지배

---

1) 이것은 1978년 12월 5일 웨이징성이 베이징의 민주의 벽에 게시한 대자보의 텍스트에서 가져온 것이다. Wei Jingsheng, *The Courage to Stand Alone*, Kristina M. Torgeson (Harmondsworth: Penguin, 1998) 번역.

2) 金觀濤, 『在歷史標相的背後』(成都: 四川 人民出版社, 1983), Geremie Barmé and John Minford, eds., *Seeds of Fire: Chinese Voices of Conscience* (New York: Farrar, Straus, & Giroux, 1989), p.130 번역.

3) Mok Chiu Yu and J. Frank Harrison, eds., *Voices from Tiananmen Square: Beijing Spring and the Democracy Movement* (Montreal: Black Rose Books, 1990), pp.95-6에서 가져왔다.

했다. 몇몇 주목할 만한 지식인들에게서 의도적으로 당-국가와 얽히는 것을 피하는 징후와 직업적 자율성이 나타났지만, 1989년의 유명한 톈안먼 시위대 학생들을 포함한 대부분의 중국 지식인들은 대체적으로 마르크스주의 이데올로기의 가정과 간부로 봉사할 것에 대한 기대 안에서 활동했다. 그들은 그저 참여의 측면에서 더 크거나 작은 변화를 놓고 언쟁했고 대부분은 더 많은 개인의 자율성과 자의적인 정치적 억압으로부터 보호를 요구했다. 그들은 매우 합리적인 이유로 이렇게 했다. 당이 사회 전반을 지배했으며 특히 지식인의 삶도 그러했다. 선전 국가의 지시된 공공 영역은 여전히 공적 생활의 모든 효과적인 방안들을 통제했다. 또한 직원의 숙소, 식사를 제공하고 돌보는 작업 단웨이 체제와 새로운 졸업생들에게 국가가 일자리를 할당하는 것도 여전히 유효했다.

먼저 당에 충성하는 쪽으로 돌아섰다. 지도부는 레닌주의 규범을 회복하고 지난 몇십 년간 숙청되었던 충성스러운 간부들을 복귀시키는 것에 착수했다. 이러한 상황에서 당의 개혁주의적 지식인들은 마오쩌둥 후기 혁명이 과잉이 된 원인을 더 깊이 다루려고 했다. 이것이 1980년대 초 사회주의 하에서의 소외에 대한 논쟁으로 이어진 왕뤄수이와 당의 다른 이론가들의 "휴머니즘적 마르크스주의"였다. 개혁주의적 언론인이며 복직한 사람 중 한 명인 류빈옌劉賓雁(1925-2005)은 언론에서 "르포" 기사를 사용하여 최근 문화대혁명의 학대를 기록하고 당 개혁을 옹호했다.

가장 개혁을 강하게 추진한 기성 지식인 중에는 당의 즉각적인 민주화와 국가 전체의 민주화를 가능한 한 조속히 원했던 문화대혁명의 생존자들이 있었다. 과학의 이데올로기적 통제에 분투하던 천체 물리학자인 팡리즈는 기득권 계층 중 가장 먼저 그리고 가장 명료하게 민주화를 주장한 인물 중 하나가 되었다. 리쩌허우李澤厚(1930-)와 같은 학자들은 임마누엘 칸트의 철학과 심지어 중국 고전 미학을 사용하여 마르크스-레닌주의 이데올로기의 독점을 깨뜨렸다. 문학에서는 "상흔傷痕"문학이 문화대혁명의 분노를 개인적 차원에서 폭로했다. 왕뤄왕王若望(1918-2001)과 같은 고령 작가들은 왕스웨이와 딩링이 남겨놓은 당의 지나침에 대한 비판을 계속해 나갔다. 마찬가지로 숙청되었다가 복귀한 1950년대의 작가들은 당의 원로들을 경악케 하고 평당원 생존자들을 흥분케 했던 1981년 바이화白樺(1930-2019)의 영화 대본인 『고련苦戀(쓸쓸한 사랑)』과 같은 더 강력한 것에 찬성했다. 1989년까지 당 기득권층 일부는 독자적으로 나갔다. 상하이의 『세계경제도보世界經濟導報』의 편집자이자 자료 조사 담당인 친번리欽本立(1918-1991)는 고위 당국이 승인하지 않은 뉴스를 게시하기 시작했다.

1978년에 대학에 입학한 신세대 청년들과 이제는 당의 전면적 지휘로부터 어느 정도 자유로워진 대중문화가 세 번째 목소리 그룹을 만들어 내었다. 1979년과 1981년 사이 정치적 소요가 꽃피웠지만 빠르게 진압되었다. 1978년에서 1979년 베이징의 민주의 벽 운동과 관련된 출판물 그리고 1980년 베이징의 일부 지방 인민 대표 의석을 대상으로 한 첫 번째 잠정적인 선거는 둘 다 이른 종말을 고했다. 명시적 정치에서 벗어난 젊은 지식인들 대부분은 1980년대 중반 터져 나온 "문화열文化熱"에서 중국 문제의 문화적 기원을 탐구하고 설명하려고 시도했다. 그들은 일련의 책과 텔레비전과 영화, 특히 논란이 많은 1988년 TV 시리즈 하상河殤과 중국 역사의 어두운 면을 탐구한 새로운 영화, 그리고 20세기 중국 역사를 개인적인 경험과 사회적 비극의 관점에서 재현한 새로운 소설을 통해 그렇게 했다. 1990년대 초 톈안먼의 강력한 탄압에도 불구하고 이러한 목소리들은 당이 주도하는 개혁에 대해 관심을 잃고 있음을 분명히 했다. 그들은 더 많은 것을 원했다.

당의 회복에서 시장 사회주의로

마오쩌둥 이후의 개혁은 1989년 톈안먼의 충격적 경험과 악명 높은 6월 4일의 학생 및 시위대 학살 이전과 이후 두 시기로 나누어 볼 수 있다.

이전은 희망적이고 심지어 이상주의적이기까지 한 개혁의 시대였다. 정치 개혁의 기운이 감돌고 기성 지식인들이 논쟁을 주도했다. 톈안먼 이후는 진지한 경제 개혁의 시기였지만 더 이상 지식인들 사이에 웅대한 희망은 없었다. 그때 많은 사람들이 새로운 대학들과 직업적 정체성으로 눈을 돌렸다. 중국의 대부분의 기성 지식인은 1990년대를 거치면서 그 지위를 잃게 될 것이었다.

1970년대부터 1990년대 초까지 중국 공산당의 첫 20년간의 개혁은 중국 지식인들이 활동하는 정치 세계를 형성했다. 중국 공산당의 초기 개혁 정책은 1978년 12월 제11기 3차 중앙 위원회 전체 회의에서 발표되었다. 당과 최고 기구들인 당 대회, 중앙위원회 전체 회의, 정치국 및 상임 위원회는 중국 정부 정책을 수립했다. 3차 전체 회의는 덩샤오핑의 개혁 목표를 세웠다. 첫째 경제 근대화를 당 사업의 중심 목표로 삼았다. 둘째 마오쩌둥이 숙청한 당 간부들의 평결을 뒤집어 문화대혁명의 상처를 해결하기 시작했다. 셋째 전체 회의는 계획 경제의 변화를 시작하는 시장 방식에 대한 실험을 승인했다. 그 당시의 슬로건은 "실천" – "실천만이 진리의 유일한 기준" – 과 "사상의 해방"을 강조했으며 가장 중요한 것은 "사실로부터 진리를 추구하는 것"이었다. 개혁 정책은 그 후 몇 년간 일련의 행정적 변화를 시행했는데 지방省으로 권력을 분권하고 중국을 세계와 시장에 "개방"하고 농장, 공장, 사업의 매일의 관리에서 중국 공산당을 벗어나게 하는 것이었다.

민주주의 문제는 지도력에 대한 첫 번째 도전 중 하나로 개혁의 예상치 못한 결과에서 떠올랐다. 1978년 베이징의 "민주의 벽"은 전 세계적으로 주목을 받았다. "공산주의 중국"이 벌써 민주주의로 나아가는 것인가? 1978년 가을, 흥분이 고조된 몇 주 동안 베이징 주민들은 시단西單 지구를 거닐며 이 벽에 붙여진 (최근까지) 거론할 수 없었던 문화대혁명의 학대에 관해 이야기하는 놀라운 벽보들을 읽을 수 있었다. 이것은 홍위병이 문화대혁명 당시 당 내부의 "주자파"와 "소련식 수정주의자"를 비난하기 위해 사용한 것과 같은 "대자보"였지만 이제 마오식의 "위대한 민주주의" 방식은 문화대혁명의 학대와 고통으로 향했고 중국 공산당에게 날카롭게 수정을 요구했다. 당은 경제 분야 4개 현대화의 부활을 발표했다. 베이징 동물원의 전기 기사인 웨이징성이 붙인 벽보는 "민주주의"는 "5번째 현대화"라고 선언했다. 중국은 한 국제 언론인의 표현에 따르면 '생동'하는 것처럼 보였다.[4]

세계의 지배적 경제와 힘이 중국을 승인한 것을 축하하기 위해 1979년 초 미국을 방문하는 동안 덩샤오핑은 언론이 민주의 벽에 대해 궁금해 하도록 내버려 두었다. 국내적으로 급진적 지도부의 권력 남용에 대한 폭로는 문화대혁명과 밀접하게 연관되어 있고 덩샤오핑의 개혁을 가로막고 있는 중국 공산당의 나머지 지도자들의 신망을 떨어뜨리는 역할도 했다. 미국은 1978년 말에 중국을 승인했다. 1979년 3월 민주의 벽의 지도자(특히 웨이징성)가 체포되었다. 1979년 3월 덩샤오핑이 발표한 4가지 기본 원칙(모든 공적 행위는 사회주의를 유지하고 당 지도력을 지지해야 한다고 주장함)이 새로운 법이 되면서 자유주의 또는 의회 유형의 정치적 민주주의에 대한 대중적인 옹호는 끝났다.[5] 덩샤오핑의 정치적으로 자유로운 의사표현에 대한 관용은 이 사례를 통해 실질적인 것이 아니라 전술적이라는 것이 분명해졌다. 1974년 광저우의 리이저 그룹에 대한 자오쯔양의 용인과 마찬가지로 그러한 대우는 단기적일 뿐이었고 관련된 지식인에게 좋게

---

4) Roger Garside, *Coming Alive: China after Mao* (New York: McGraw-Hill, 1981).
5) 웨이징성을 중국의 반체제 인사와 민주주의자들을 강조하는 서사에 배치하게 하는 그의 노력에 대한 설명은 John Gittings, *The Changing Face of China: From Mao to Market* (New York: Oxford University Press, 2005), pp.140-63 를 참고. 4개 기본 원칙: 사회주의의 길을 견지하고 인민민주주의 독재를 확인하며, 중국 공산당의 지도력과 마오쩌둥 사상과 마르크스 - 레닌주의를 인정한다는 것으로 오늘날 중국에서 여전히 유효하다. He, *Dictionary*, p.435 참고.

끝나지 않았다. 1979년 10월 웨이징성은 재판을 받고 투옥되었다. 1979년 겨울 민주의 벽은 가차 없이 베이징 서부의 작은 공원으로 옮겨졌고 벽보를 붙이려는 사람들은 당국에 이름과 주소를 등록해야 했다. 당은 거슬리는 대중 연설이나 집회를 무력으로 중단시킬 수 있었고, 그렇게 할 것이라는 것이 분명해졌다. 변화를 위한 지식인의 소요는 좀 더 안전한 채널인 당 기관지, 씽크탱크, 대학으로 이동했다.

당 내부 개혁에 대한 저항은 덩샤오핑의 후계자로 간주되던 후야오방胡耀邦(1915-1989) 총서기의 지도력 다툼을 중심으로 결집되었다. 1986년 12월 학생들의 시위를 후야오방이 충분히 강력하게 억압하지 못하여 당 엘리트를 놀라게 하면서, 1987년 1월 후야오방이 실각되자 개혁을 늦출 기회가 제공되었다. 당내 전통주의자들의 이러한 성공에는 무엇보다도 류빈옌, 팡리즈, 왕뤄왕王若望(1918-2001)을 추방한 대중적 "반부르주아 자유화" 운동이 있었다. 후야오방은 비판을 받고 숙청되었다. 그러나 이전의 관행과는 달리 후야오방은 악한처럼 묘사되거나 굴욕을 당하거나 투옥(또는 살해)되지 않았다. 사실 그는 당원 자격과 안락한 생활 환경은 유지했지만 정치적으로 무력해졌다. 대신 덩샤오핑은 그의 자리에 총리였던 자오쯔양趙紫陽을 보내 새로운 당 지도자(총서기)가 되도록 했다. 이러한 당내 전통주의자과 개혁주의자들 사이의 긴장은 완화되지 않았다. 그것은 증가했다. 자오쯔양이 개혁주의자였던 반면에 그의 후임 총리(전국 인민 대표 대회와 정부 구조의 최고위직)가 된 리펑李鵬(1928-2019)은 보수주의자였다. 덩샤오핑은 어느 쪽도 편들지 않는 갈등 조정자 역할을 하고 있었다.

타협은 유지될 수 없었는데 주로 개혁의 사회적 결과가 선명해졌기 때문이었다. 한편으로 당의 전통주의자들은 당이 사회 변화에 대한 통제력을 잃고 있다는 것을 점점 더 걱정했다. 이데올로기와 지식인이 쓴 내용은 당의 원로 펑전彭眞(1902-1997)과 선전국장 덩리췬鄧力群(1915-2015)과 같은 지도자들에게 중요했다. 그리고 그들은 그들이 본 것과 중국 지식인으로부터 들은 것을 좋아하지 않았다. 1980년대 내내 당 지도부는 투쟁하고 지식인들은 논쟁할 것이었다. 여전히 고정된 작업 단웨이單位 소득으로 살아가는 도시 거주민들의 일상생활에 영향을 미치는 인플레이션에 직면하여 일반 대중의 분노는 격분으로 바뀌었다. 톈안먼 시위와 그 폭압적 억압을 중심으로 한 1989년 사건은 이야기를 나뉘게 했지만, 이것이 이 이데올로기적 순간은 아니었다. 1992년의 질문은 여전히 어떻게 사회주의를 개혁할 것인가? 그대로였다.

류빈옌劉賓雁과 왕뤄수이王若水: 선전과 이론을 개혁하기

선전과 이론은 선전 국가의 두 가지 주요 요소이다. 마오쩌둥 이후 시대에 기성 지식인들은 이러한 당 통치의 기본 도구를 개혁하기 시작했다. 류빈옌劉賓雁(1925-2005)은 반우파 운동과 문화대혁명의 경험을 통해 단순히 1960년대 초의 현상 유지로 복귀하기 보다는 당을 더 개혁할 것을 추진해야 한다고 요구하는 지식인이었다. 류빈옌의 1957년부터 삶의 일대기는 다른 많은 당 지식인들과 유사하다. 그는 백화 운동 중 직설적으로 소신을 밝혔고 당 저널리즘에 대한 중요한 비평인 "우리 신문의 내부 이야기"를 발표하고 우파로 규정되어 이후 거의 20년간 노동 수용소에서 보냈다. 1978년에 복권되어 류빈옌의 재입당은 받아들여졌다. 웨다이윈처럼 류빈옌은 여전히 당을 신뢰했다. 그러나 그는 또한 당이 크게 변화해야 한다고 믿었다. 중국에서 그의 가장 유명한 저작은 1979년 르포르타주(보고문학報告文學)로 탐사 보도와 상상력이 풍부한 내레이션을 결합한 장르였다. 그는 헤이룽장성黑龍江省의 지역 부패에 대해 중편 소설 길이로 "사람인가 아니면 괴물인가?"라는 보고서를 출판했다. 그것은 현縣의 기록 보관소를 샅샅이 뒤지며 정보들을 모아 인터뷰의 결과를 설명한 것이었다. 류빈옌이 주요한 기성 저널인 『인민문학人民文學』에 자신들의 경험으로부터 알아보는 둥베이성東北省의 멀리 떨어진 현縣의 부패한 지역 관리인 왕서우신王守信의 이야기를 싣자 중국 전역의 독자들이 사로잡혔다. "사람 또는 괴물"의 힘은 문화대혁명 당시 부패에 대한 그들의 경험을 흑백논리로 표현한 것이다. 류빈옌의 논평 중 하나는 전국적으로 유명해졌다. "중국 공산당은 모든 것을 규제했지만 중국 공산당을 규제하지는 않았다."[6]

류빈옌은 1979년 베이징에서 열린 제4차 중국 문학 예술가 대회에서 개혁을 촉구했다. 국가가 운영하는 이 작가와 예술가의 전국적 동맹은 류빈옌과 같은 작가들이 지식인 간부임을 상기시킨다. 류빈옌은 개혁의 필요성을 선전과 저널리즘이라는 그의 전문적인 일을 통해 제기하고자 했다.[7] 류빈옌의 연설은 당이 인민에게 더 나은 봉사를 제공하도록 당을 비판하라는 열렬한 요청이었다. 그의 제목은 "인민들의 목소리를 주의 깊게 들어라"였다. 이 연설은 사실 지식인들의 마르크스주의와 당에 대한 참여를 상징하는 것인데 왜냐하면 류빈옌 주제의 많은 부분이 우리 이야기에서 이제까지 나온 기성 지식인들의 그것을 반영하기 때문이다. 류빈옌은 지식인이 일반 대중과 다시 연결되도록 한 마오쩌둥의 노력이 성공했음을 반영한다. "운명은 우리를 가장 낮은 곳에 위치한 노동 대중과 친밀하게 접촉하게 했다. 우리의 기쁨과 걱정은 한동안 그들과 동일했다. 우리의 희망 역시 그들의 것과 다르지 않았다." 그러나 류빈옌이 대중들 사이로 깊이 들어가서 끌어낸 것은 왕스웨이의 혁명적 예술가처럼 들린다. "이 경험은 다른 사람들이 보고 듣거나 느낄 수 없었던 것을 우리가 보고 듣고 느낄

---

6) Liu Binyan, "People or Monsters?," in Liu Binyan, *People or Monsters? and Other Stories and Reportage from China after Mao* (Bloomington: Indiana University Press, 1983), p.43.

7) 우리는 3장에서 류의 멘토인 덩퉈(鄧拓)가 언론에 대한 당의 접근 방식을 당의 통합된 선전 프로그램의 도구로서 설명하는 것을 보았다.

수 있게 했다."[8] 그러나 류빈옌은 작가들이 경험한 진실을 말하는 것이 허용되었다면 "여전히 변화할 시간이 있는 동안 당이 그 실수를 파악하도록 도왔을 것"이라고 확신했다.

문제는 작가들이 일반적으로 자유롭게 글을 쓰도록 허용되지 않았다는 점이라고 류빈옌은 선언했다. 작가들에게 재갈을 물린 책임이 사인방에게 있지만 리이저처럼 류빈옌은 사인방의 "남은 해악"은 지속되고 있다고 언급한다. "그것은 사회적 기반을 갖고 있다." 문제는 당에 있으며 사인방과 같은 "사악한" 인물들만이 아니었다. 너무 많은 동지들이 나쁜 사람들을 보호하는데 빠지고 있다고 류빈옌은 말한다. "겉보기에 그들은 모두 중국 공산당원이거나 당간부들이다. 그러나 그들이 하는 모든 행동은 그들의 기득권에 기여하며 오직 그들 자신의 사고방식으로부터 나온다." 이것은 류빈옌의 반대파(정치적으로)인 장춘차오가 마오쩌둥의 혁명 중 당에서 태어나고 자란 많은 간부들이 실제로는 부르주아 우파라고 선언했던 것을 떠올리게 한다. 차이점은 물론 그 내용이었다. 류빈옌은 물질적 부패를 본 반면 장춘차오는 이데올로기적 이단을 보았지만 둘 다 당원이라고 해서 좋은 행동을 한다고 보장되지 않는다는 것을 인정한다. 장춘차오는 마오쩌둥 사상을 홍보했고 류빈옌은 탐사 저널리즘을 제공했다.

류빈옌이 옹호한 개혁 저널리즘은 1937년 당 저널리즘에 대한 덩퉈의 이상인 인민을 위한 가이드를 떠올리게 한다. "그들에게 각본을 제공하라"고 류빈옌은 말한다. "하지만 답을 준비하기 전에 먼저 배워야만 한다. 일반인들보다 사회생활에 대해 더 많이 이해해야 한다." 이를 위해 류빈옌은 20세기 내내 중국 지식인의 믿음이었던 인민을 위해 말하라는 것을 다시 받아들였다. 류빈옌은 "우리 독자들"은 "인민들을 대변하고 그들의 질문

---

8) Liu Binyan, "Listen Carefully to the Voice of the People," in *People or Monsters?*, p.2; 나중에 pp.4, 109에서 인용.

에 답하며 오늘날의 주요 문제에 맞서 그들의 요구를 표현할 작가가 필요하다"라고 단언했다. 이것은 유럽이나 미국의 탐사 보도와 매우 흡사하게 들리지만 주요한 차이점은 최종 독자에 있었다. 권력이 유권자가 아닌 당에 있기 때문에 류빈옌의 작업인 인민을 위한 각본의 목적은 당에 영향을 미치기 위함이었다. 류빈옌은 "인민들의 감독 없이는 좋은 사람이라도 나빠질 것이고 정직한 관리는 부패하게 될 것"이라고 선언했다. 1979년 덩샤오핑이 "개방과 개혁"을 약속하자 류빈옌은 개혁된 당 저널리즘이 이러한 규제 역할을 할 수 있게 되기를 희망했다.

우리는 앞에서 1940년대 급진적인 학생으로, 1960년대 마오쩌둥의 시선을 사로잡은 떠오르는 좌파 왕뤄수이王若水를 만났다. 왕뤄수이는 공산주의 체제의 지식인 간부가 되었다. 그는 중화인민공화국 초기에 성공했고 문화대혁명에서 살아남았다. 우리 이야기에서 왕뤄수이의 역할은 마오쩌둥 이후 시기 그의 작업에 있다. 그는 공산주의 체제의 인민들의 교사이자 정부의 공복이었다. 그는 딩링과 같은 소설가가 아니라 이론가였으며 『인민일보』의 멘토인 덩퉈와 더 비슷했다. 그는 마오주의를 개혁하고 대약진 운동으로부터 문화대혁명까지 마오쩌둥 정책의 오류를 바로잡으려는 기성 지식인 또는 지식인 간부들의 노력을 대변한다. 문화대혁명을 부분적으로 지원하고 부분적으로 견딘 세대의 유책 구성원으로서 왕뤄수이는 마오쩌둥 사망 후 몇 년간 일을 바로잡으려고 한 이들 가운데 하나였다. 1980년대 초까지 왕뤄수이는 "사회주의적 휴머니즘"을 표현한 것으로 유명했다.

왕뤄수이는 베이징 거리의 대자보가 아니라 당의 기존 매체인 『인민일보』와 『광명일보』 그리고 당의 이론지를 통해서 제안했다. 이러한 전통적인 경로는 공개 벽보 보다 당을 훨씬 덜 두렵게 했다. 실제로 당의 다양한 지도자들은 자신들의 씽크탱크와 학자들을 모아 자신들의 정책 선호도를 "연구"하도록 서둘렀다. 1980년대 초반 개혁적 지식인들은 하나 혹은 그 이상의 당 지도자의 지원을 받아 권력을 가진 자들의 오남용으로부터 개인과 집단의 권리를 보호할 필요성에 초점을 맞춘 마오주의에 대한 관용적 해석을 촉구했다.[9] 그들의 용어는 젊은 시절의 마르크스와 마르크스주의 소외 개념이었다. 마르크스주의 이론(중국의 철학적 어휘로 번역됨)의 복잡함을 넘어 마르크스주의적 휴머니즘 옹호자들의 핵심은 어떤 형태의 책임을 촉구하고 당내 민주주의의 규범을 강화하는 것이었다. 1983년과 1984년 동안 기관지에서의 소외와 마르크스주의 휴머니즘에 대한 논쟁은 격렬했다. 심지어 몇몇은 풀뿌리 수준에서의 대중선거를 제안하기도 했다. 이로 인해 1983년에 정신적 오염에 반대하는 운동, 그리고 1987년에 다시 "반부르주아 자유화" 운동으로 달궈진 정치 캠페인에서 공식적인 탄압이 발생했다. 이것은 비위에 거슬리거나 불편한 지식인을 숙청하는 것 이상이었다. 이 이론가들은 반체제 인사가 아니었고 당원이었으며 영향력 있는 위치에 있었다. 이들의 상당수는 당의 개혁주의적 총서기인 후야오방과 그보다 조금 덜하지만 정부의 수장인 자오쯔양 총리에 의해 고용되어 지원과 보호를 받았다. 이러한 논쟁들은 개혁의 성격과 방향에 대한 당 내부 분열의 공개적인 얼굴이었다. 국가 계획은 남아 있을 것인가? 시장이 넘겨받았는가? 중국 공산당이나 마오주의의 역할은 무엇이 될 것인가?

이러한 논쟁은 국가적인 성격을 띠기도 했다. 선전 국가의 공공 영역은 여전히 작동 중이며 모든 출판물은 중국 공산당 선전 부서를 통과해야 했다. 언론, 라디오, 곧 텔레비전이 중앙에서 통제되고 심할 정도로 검열되었다. 주요 신문의 수는 제한되어 있었고 내용은 조심스럽게 관리되었다. 그러나 『인민일보』, 『광명일보』, 『해방일보』는 전국 어디에서나 무료로 제공되었다. 중앙 지도부가 개혁에 대해 실험하고 논쟁하면서 이러한 선전 도구는 공개 토론의 통로가 되었는데 마오 시대의 경우보다 훨씬 생생하고

---

9) Goldman, Cheek, and Hamrin, *China's Intellectuals and the State; and Brugger and Kelly, Chinese Marxism in the Post-Mao Era.*

다양했다. 요컨대 왕뤄수이와 같은 지식인 또는 정책 조언자가 『인민일보』에 마르크스주의의 소외에 대한 기사를 쓸 수 있다면(그가 한 것처럼) 중국 전역의 지식인과 전문가뿐만 아니라 마을의 노동자, 농민과 간부들도 읽을 수 있었다. 이것은 자유로운 공공 영역이 아니라 일관된 국가의 공공 영역이었다. 검열관의 펜에서 살아남은 제안과 의견들은 혁명적이기보다는 점진적이었지만 가능한 가장 광범위한 청중에게 도달되었고 대중에게 개혁은 좋고 필요하며 열린 자세로 기회를 잡을 수 있어야 한다고 가정하게 했다. 우리가 다음 장에서 살펴보게 될 1990년대 후반부터 증가한 언론에 대한 관용은 중국에서 공공 영역이 소규모로 분열되는 대가를 치렀다. 오늘날에는 같은 의미의 진정으로 전국적인 언론 매체는 없다. 1980년대에는 여전히 선전국이라는 하나의 전국적인 공공 영역이 있었다.

왕뤄수이의 가장 귀중한 공헌은 포스트마오 시기 가장 대담한 이데올로기 개혁을 위한 정치적 플랫폼을 제공하려는 것으로 "인간의 얼굴을 가진 공산주의"를 만들 것을 약속하는 개혁이었다. 왕뤄수이는 당의 이론가였기 때문에 이론을 작성했지만 그것은 전문 철학자가 아닌 일반 독자(당의 지도자들 포함)를 위한 이론이었다. 왕뤄수이의 개혁적 마르크스주의 분석에서 핵심 용어는 "소외"였다. 마르크스주의 이론에서 이것은 노동의 '소외'로 자본주의 아래 노동자들이 경험하는 일반적으로 "착취"라고 불리는 것으로 사회주의 혁명을 위한 투쟁을 견인하는 것이다. 스탈린과 마오 치하에서 공산주의자들은 이 소외가 당의 영광스러운 통치 아래에서는 과거의 것이라고 선언했다. 왕뤄수이는 문화대혁명에서 살아남은 당 이론가 세대를 대변했고 그들은 동의하지 않았다. 왕뤄수이는 이렇게 썼다.

> 과거에 우리는 경험이 부족하여 경제 건설에서 어리석은 일을 많이 했고 … 결국에는 우리 자신이 뿌린 재앙을 삼켜야 했다. 이것은 경제 영역에서의 소외이다. … 인민의 종들은 때때로 인민이 양도한 권력을 무차별적으로

사용하고 그들의 주인으로 전환했다. 이것은 권력의 소외라고도 불리는 정치적 영역에서의 소외다. 지적 영역에서의 소외와 관련된 고전적인 예는 개인 숭배이다. … 10)

왕뤄수이의 "개인 숭배"에 대한 비판은 물론 마오쩌둥을 겨냥한 것이었다. 왕뤄수이는 개인 숭배를 "인민"에게 정당하게 속한 권력과 위엄을 지도자에게 기꺼이 전이하는 것으로 보았다. 왕뤄수이는 문화대혁명 당시 마오쩌둥 경배를 언급하면서 "나를 포함한 많은 사람들이 숭배로부터, 그때엔 완전한 숭배로부터 나온 미신을 전파했다"고 고백했다.11) 왕뤄수이는 이 당시 반체제 인사가 아니었다. 그는 피터 루즈Peter Ludz가 "반反엘리트"라고 부르는 1980년대 동유럽 공산당 내 내부 비평가들의 부류였다.12) 실제로 데이비드 켈리David Kelly가 지적했듯이 왕뤄수이와 그의 동료들은 동유럽의 발전을 인식하고 그들의 글을 인용했다.13) 우리는 종종 공산주의를 하나의 단일한 모습으로 생각하지만 그렇지 않았다.

1980년대의 지식인의 생활은 단일하지는 않았지만 자유롭지는 않았다. 왕뤄수이는 1983년 비판을 받고 『인민일보』의 자리를 잃었고, 감옥에 가지는 않았지만 그의 저술들로 인해 마침내 1987년 당에서 축출되었다. 이것은 1989년 톈안먼 광장에서 절정에 이른 개혁 공산주의와 "보수적" 혹은 정통 공산주의자들 사이의 싸움이었다. 간단히 말하자면 개혁주의자들이 패배했다. 왕뤄수이는 침묵당했고 류빈옌과 팡리즈와 같은 다른 비판적 기성 지식인들은 도주해야 하거나 혹은 서구로 피신해 남은 생을 망명생

---

10) 王若水, 「談談異化問題」, 『新聞戰線』 1980年 9期, Kelly, "The Emergence of Marxism," p.173에서 인용.

11) 王若水, 「談談異化問題」, 『新聞戰線』, p.167.

12) Peter C. Ludz, *The Changing Party Elite in East Germany* (Cambridge, MA: MIT Press, 1972), p.62.

13) Kelly, "The Emergence of Humanism," pp.159-82.

활로 보내야 했다.[14) 그러나 여전히 덩샤오핑 아래에 있던 당은 이 반反엘리트의 관념 중 일부를 받아들였다.

팡리즈方勵之의 과학과 민주주의 그리고 리쩌허우李澤厚의 정통에 대한 학문적 공격

왕뤄수이가 이론적으로 발전시키려 했고 류빈옌이 선전 작업(당 저널리즘)에서 모델로 삼은 개혁은 과학 분야에서도 반향을 일으켰다. 애국적인 로켓 과학자인 첸쉐썬과 같은 일부는 정통적이 되는 것에 매우 만족했고 그들이 직업으로 해온 일을 계속할 수 있는 한, 그리고 공직의 특권을 누릴 수 있는 한, 때로는 모호하게 개혁주의적이면서 필요한 때에는 충성스럽고 급진적이었다. 조지프 에쉐릭이 기록한 예葉 가족의 일부 구성원과 같이 다른 사람들은 단순히 회복하고, 전문직으로 복귀하고 1966년 홍위병들이 난입해 왔을 때 중단되었던 그들의 삶을 되찾고자 노력했다.[15) 그러나 일부는 문화적 열정을 가지고 1980년대 개혁에 대한 정의가 변화하자 더 많은 것을 요구하기 위한 기회로 삼았다. 과학과 민주주의를 연결하는데 팡리즈보다 더 중요한 사람은 없었다.

1950년대, 1960년대, 1970년대의 마오쩌둥 혁명에서 팡리즈의 초기 생애를 따라가면서 팡리즈가 문화대혁명기의 체험을 바탕으로 마르크스주의, 사회과학, 그리고 과학적 선봉인 당에 대한 믿음을 잃었다는 것을 알게 되었다. 그는 자연 과학의 과학적 방법에서 진실을 찾고 좋은 거버넌스

---

14) 왕뤄수이는 감시 하에 있긴 했으나 계속해서 베이징에 살았다. 그는 1992-3년에 하버드를 방문했고 2001년 그의 아내와 함께 다시 보스턴으로 돌아왔다. 그는 이미 중병을 앓고 있었고 2002년 1월 보스턴에서 사망했다. 왕에 관한 자세한 내용과 그의 저술은 www. wangruoshui. net, 2015년 6월 25일 접속.

15) Esherick, *Ancestral Leaves*, Part III.

와 온전한 과학에 이르는 더 나은 길로 국제적 전문 과학 단체와 의견을 교환하는 것과 동료 평가를 수용하였다. 팡리즈는 1910년대와 1940년대 사이에 민국에서 좌초되어 버린 발전 즉 국가와 분리된 직업의 성장(따라서 지식인 간부와 분리된 정체성)과 정치로부터 과학의 분리를 되살려낸 중국 사회의 한 매개자였다. 팡리즈는 1980년대 중국의 이데올로기(마오주의)와 조직(당 통치)에 대한 근본적인 도전을 내놓았다. 팡리즈가 민주주의를 장려한 것에서 특히 흥미로운 점은 그가 중국 자유주의의 맥락을 꺼내지도 않았고 제퍼슨의 연방주의론 또는 프리드리히 하이에크를 인용하지도 않았다는 것이다. 오히려 그는 첫 번째 원칙(과학적 방법)에 대한 명제들과 실험실의 실험(그의 최근 25년 동안의 유감스러운 경험), 그가 나중에 발견한 첫 유럽 여행에서 확연해진 통찰력을 발전시켰다.

전문분야로 돌아와 그는 이데올로기적 비판에서 벗어나기를 희망하며 우주론에 대한 연구를 지속하고 확장했다. 류빈옌과 마찬가지로 팡리즈의 당원 자격은 1978년에 복권되었다. 그의 연구는 국제적으로 존경을 받았으며 1979년부터 특히 이탈리아와 유럽의 다른 곳, 그의 영웅인 코페르니쿠스, 갈릴레오, 브루노의 고향 등지를 여러 번 여행했다. 1979년 10월 중국으로 돌아온 후 『베이징과기보北京科技报』에 팡리즈는 자신의 직업을 대변하여 단도직입적으로 더 넓게 함축하여 말했다. 이탈리아는 그에게 "연구 작업을 지배하는 문화적 전통과 정신의 습관"을 상기시켰다고 하며 팡리즈는 시작한다. 갈릴레오와 브루노가 처했던 문제(브루노는 교회에 대한 견해로 인해 화형을 당했다)를 환기시키며 팡리즈는 "거대한 분노가 중세 종교를 옥죄던 것을 깨고 오늘날의 과학이 이탈리아에서 일어나게 했다. … 그 시절에는 진실을 고집하던 사람들은 불구가 되거나 투옥되고 그리고 궁극적으로 화형에 처해졌다"고 하였다. 팡리즈의 주제는 과학이지만 그의 요점은 더 광범위하다. 즉 "사상의 자유는 과학의 친구이며 어떤 종류의 신적 존재, 유사신 또는 신의 대리인은 과학의 심각한 적이다."16) 팡리즈는 빠르게 중국으로 전환한다.

과학 연구의 구체적인 결과에만 매혹되고 이러한 결과가 생성되는 조건들, 즉, 연구를 이끄는 정신과 영감을 주는 철학을 이해하려고 하지 않으면 우리의 이해는 매우 왜곡될 것이다. … 우리는 매입과 인수로 물질적 격차를 좁힐 수는 있지만 문화적 전통, 과학적 태도 및 철학적 접근의 결핍은 그렇지 않다.

여기서 팡리즈는 TV 시리즈 하상河殤에서 보게 되는 것처럼 중국 문화에 대한 5·4 시대의 자동적 비판으로 돌아온 1980년대 사상가와 작가들에 동조한다. 마찬가지로 팡리즈의 해결책은 서양 모델에도 개방적이다. "우리에게 가장 필요한 것은 겸손인 것 같다. 즉 다른 사람들로부터 배우는 겸손이다."

그러나 팡리즈의 **목표**들이 1980년대의 "문화열"과 중국 문화에 대한 그들의 비판 아래 있는 젊은 세대들과 일치하면서도 그의 **접근 방식**은 마르크스주의 휴머니즘에 대한 왕뤄수이의 작업과 놀라운 유사성이 있다. 비록 그 내용이 분명히 비마르크스주의적일지라도 말이다. 왕뤄수이처럼 팡리즈도 자신의 작업을 안내하는 "지도적 정신"과 "철학"에 대한 정확한 생각을 찾고 있지만 팡리즈의 경우는 국제적 자연 과학의 방법과 관행에서 끌어왔다. 당원으로서 팡리즈는 중국에서 일하기 위해서는 당과 거래해야 한다는 것을 충분히 잘 알고 있었다. 유럽을 방문한 지 일 년 후 팡리즈는 1980년 안후이성安徽省 허페이시合肥市에 있는 그의 대학에서 열린

---

16) Fang Lizhi, "A Hat, a Forbidden Zone, a Question," 번역은 James Williams, "The Expanding Universe of Fang Lizhi: Astrophysics and Ideology in People's China," *Chinese Studies in Philosophy*, Vol.19, No.4 (Summer 1988), pp.29-31. 또한 Fang Lizhi, *Bringing Down the Great Wall: Writings on Science, Culture, and Democracy in China* (New York: Knopf, 1991), pp.56-9.

"과학의 과학"에 관한 전국 학회에서 연설했다. 연설에서 그는 엥겔스에 의해 자연의 변증법적 법칙(즉, 물리학의 보존의 법칙, 생물학의 세포 및 생물학의 진화)을 증명하기 위한 "위대한 3대 발견"이라고 찬사를 받은 19세기 유럽의 과학 발전의 신성화를 비판했다. 이것은 과학적인 방법이 아니라고 팡리즈는 그의 청자들에게 상기시킨다. 그것은 산물이다. 팡리즈는 핵심을 피하고 변죽을 울리지 않았다. "마르크스주의에 대한 믿음의 위기가 있다. … 왜냐하면 마르크스주의가 화석화되었기 때문이다. 그것은 실패로 이어진 쓸데없는 결론으로 구성되어 있다." 그의 결론은 포스트마오 시대 초반에 놀랍도록 선명하다. "그러므로 우리 사상의 해방은 새로운 이론을 모색하는 것을 의미하며 이른바 마르크스주의의 원래 얼굴을 복원하는 데 있지 않다."[17] 그는 오늘의 과제는 "미래를 과학적으로 살펴봄으로써 마르크스주의를 발전시키고 재구성하는 것"이라고 말했다. 팡리즈에 대한 수년간의 정치적 박해와 1970년대 우주론에 대한 그의 논문이 받은 대중적 비판을 되돌아보며 제임스 윌리엄스James Williams는 팡리즈는 "상황으로 인해 과학, 중국 사회 및 그 둘 사이의 관계에 대해 신중하게 생각하도록 강요당한 과학자였다"고 결론지었다.[18]

1986년에 이르면 팡리즈는 그 관계에 대해서 그리고 중국인들 특히 지식인들과 학생들이 무엇을 해야 하는가에 대해 한층 더 단호한 모습을 보인다. 1986년 11월 상하이 자오퉁交通 대학에서 그는 그의 연설 중 가장 유명한 학생운동의 동원령으로 간주될 만한 것을 했고 그 다음달에 학생운동이 터져 나왔다.[19] 이것은 1987년 1월 팡리즈가 당에서 축출된 일로

---

17) Fang Lizhi, "To Enter the Future, We Must Cast off Old Ways of Thinking," 번역은 Williams, "The Expanding Universe of Fang Lizhi," pp.32-3.

18) Fang Lizhi, "To Enter the Future, We Must Cast off Old Ways of Thinking," 번역은 Williams, "The Expanding Universe of Fang Lizhi," p.4.

19) Fang Lizhi, "Democracy, Reform, and Modernization," in Fang Lizhi, *Bringing Down the Great Wall*, pp.157-88.

이어졌다. 그는 베이징 천문대의 연구직으로 전출되고 학생들로부터 떨어져 지도부의 감시하에 놓이게 되었다. 1986년 개혁이 치열했던 시기에도 그의 강연은 매우 극적으로 당에 대한 비판을 힘있게 했다. 그는 "왜 중국은 이토록 후진적인가?"라고 학생들에게 도전한다. 그는 5·4 시대의 답을 제시한다. 즉 왜냐하면 중국의 문화가 봉건적이고 후진적이기 때문이다. 해결책은? "개인적으로 나는 '완전한 서구화'에 동의한다." 그것은 "완전한 개방성, 모든 영역에서의 제한 철폐"를 의미했다. 그는 개방성의 예로서 지난 30년 동안 번영한 일본을 들고 폐쇄 통제의 예로는 서독에 비해 번성하지 않은 동독을 들었다. 팡리즈는 "마르크스에서 레닌, 스탈린, 마오쩌둥에 이르는 정통 사회주의는 실패했다"고 단도직입적으로 결론을 내렸다. 그러나 좋은 사회주의인 스웨덴이 있었다. 그들은 상당한 정도의 공적 소유가 되어 있고 빈부격차는 상대적으로 적다고 그는 생각했다. 팡리즈의 결론은 "우리는 다른 사람들이 하는 일을 살펴볼 필요가 있다. … '진리의 유일한 기준은 실천'이지 않았는가?" 과학에서와 마찬가지로 학생들은 사회에서 모든 것을 용감하게 관찰하고 무엇이 효과가 있고 무엇이 아닌지 엄격하게 평가해야 한다. 따라서 팡리즈는 해외에 갈 것을 권장한다. 그는 해외여행을 통해 중국 시스템의 근본적인 결함을 깨닫게 되었다고 인정했다.

민주주의에 대한 팡리즈 강연의 핵심 주제는 학생과 지식인의 역할이다. 팡리즈는 "민주주의를 이해하고 싶다면 선진국에서 민주주의를 어떻게 이해하는지 살펴보라"고 조언한다. 팡리즈에 따르면 당신이 찾을 수 있는 것은, 민주주의의 뿌리는 "각 개인의 권리"라는 것이다. 팡리즈를 절대적으로 분노케 한 것은 당이 "느슨해지는 것"을 인민의 "민주주의가 확장"되었다고 하는 말이었다. 팡리즈에게 이 위에서 아래로의 접근 방식은 민주주의의 반대였다. 팡리즈는 학생들에게 자신과 중국의 이익을 위해 일어설 것을 간청한다. "무엇보다도 가장 중요한 것은 민주적 사고와 민주적 정신을 갖는 것이다." 그는 학생들이 과학적 태도를 적용하기를 원했는데 1920년대 후스가 "대담하게 가설을 설정하고 세심하게 증거를 찾으라"는 문구로 만들어 낸 것에서 보았던 것이다. 그러나 이제 팡리즈는 자신의 모델을 과학에서 사회로 확장했고 유럽 대학을 정부의 개입과 대기업의 압력으로부터 보존된 지적 자유의 보루로 간주했다. 이것은 지식인이 업무를 수행하는 데 필요한 환경이다. "지적 영역은 독립적이어야 하며 그 자체의 가치를 갖고 있다." 팡리즈는 이제 공공 지식인의 역할에 전문적인 자기 관리 모델을 적용한다. 이것은 지식인 간부 역할에 대한 정면 공격이었다. 당을 존경하던 사람들에게 팡리즈는 놀랍게도 당의 선도적인 이론가이자 1986년의 고위 지도자인 후차오무胡喬木(1912-1992)를 조롱하였고 물리학에 대해 우리와 토론할 수 있겠지만 "그러나 물리학을 모른다면 물러서라!"고 외쳤다. 팡리즈는 끈질기게 "우리는 권력의 구미에 맞추는 것을 거부해야 한다. 우리가 이렇게 할 때 중국 지식인은 진정한 지식인으로 변모하게 될 것이다"[20]라고 하였다.

개혁의 인플레이션 하에서 드러나는 긴장과 삶의 모순에서 "연줄이 있는" 학생들이 알짜배기 일자리와 해외에서 공부할 장학금을 받고, 지식인보다 조잡한 길거리 행상들이 더 많은 돈을 벌고 있다는 사실을 발견하면서 좌절한 학생들에게 이 발언이 미친 효과들이 어땠을지는 상상만 할 수 있을 뿐이다. 팡리즈의 발언들은 사회의 양심, 진리의 수호자로서의 지식인의 소명에 대한 분명한 메시지였다. "인민을 위해"라고 말하는 류빈옌만큼 직접적이지는 않았지만 팡리즈는 학생들이 먼저 깨어나고 그다음 젊은 지식인, 나이 많은 지식인, 그리고 사회 전체의 순으로 일이 진행되어 갈 필요가 있다고 확신했다. 자극적이긴 해도 팡리즈가 제안하는 것의 한

---

20) 톈안먼 이후 탄압 과정에서 팡리즈는 결국 미국 대사관에서 일 년을 보내고 망명하게 되었다. 그는 그의 여생을 애리조나에서 천체 물리학자로서 성과를 내며 보냈다.

계를 감지할 수 있다. 이처럼 치열한 이의 제기 끝에 팡리즈는 "변화가 없다면 국가는 당을 제거해야 할 것"이라고 결론지었다. 이것은 여전한 요청으로 비록 급진적이고 심지어 무례하고 몹시 비판적이긴 해도 당을 개선하기 위한 요청이었다. 그리고 당이 새로운 운동을 시작하기 위한 에너지를 모을 수 없다면 학생들이 코치가 될 수 있을 것이었다.

한편 연구 기관들에서는 학계의 철학자들이 도서관, 사무실, 교실로 돌아갔다. 스스로 내향적이고 외톨이라고 칭한 사람인 리쩌허우李澤厚(1930-)는 그럼에도 불구하고 1980년대의 "문화열"의 주된 목소리가 되었고 1989년 이후 "부르주아 자유주의"에 대한 공식적인 비판의 대상이 되었다. 리쩌허우는 고군분투하는 중류층 가정에서 태어나 후난성湖南省 창사長沙에서 자랐다. 1950년대 초반 그는 베이징 대학에 입학하여 1954년 졸업 후 중국 사회 과학원이 된 철학 연구소에서 근무했다. 그의 세대의 다른 인물들과 마찬가지로 그는 마오쩌둥의 중국과 이 개혁적 이데올로기의 순간에 지식인 간부이자 기성 지식인이었다. 1950년대 이래로 리쩌허우는 미학과 중국 예술, 문학, 철학의 역사에 대해 글을 썼다. 그의 저술의 대부분은 학술적이고 이론적이지만 한동안 이러한 저작은 전국적인 관심을 끌었다. 이것은 정확히 왕뤄수이가 참여한 "사회주의적 휴머니즘" 논쟁의 시기 동안이었다.

리쩌허우는 세 가지 관념 - 당 강경파의 눈에는 악명 높은 - 으로 유명해졌다. 먼저 주관성은 5·4 운동의 유산을 "구국에 대한 계몽"으로 재조명하였다. 그리고 새로운 세계주의는 "서체중용西體中用"이었다. 리쩌허우는 임마누엘 칸트에 대한 4백 페이지 분량의 책을 통해 첫 번째 주제인 인간의 주관성을 다루었다. 『비판철학적 비판批判哲學的批判』은 1979년 베이징에서 초판되었던 리쩌허우의 칸트에 대한 평가로서, 중국과 마르크스주의적 관점에서 중대한 유럽 철학가를 다룬 광범위한 철학 논문이다.[21] 포스트마오 시대에 새롭게 떠오른 대학생 독자뿐만 아니라 리쩌허우의 동료들과 당의 수호자들을 강타한 것은 리쩌허우가 아름다움 창조를 목표로 하는 예술로서의 노동 메커니즘을 통해 개인에게 주체성을 부여한 유물론적 분석의 기반을 칸트의 미학에 둔 점이었다. 이것은 곧바로 그의 독자들에게 경종을 울렸는데 마오주의의 소중한 이슈였기 때문이었다. 누가 역사의 주체였는가, 집단으로서의 대중인가 혹은 개인으로서(주제로서나 행위자로서나 모두)의 "대중"이었는가? 인간의 생각이 역사를 이끌었는가, 그러면 그 생각은 어디에서 왔는가? 그렇다면 역사의 목적은 무엇이었는가?

리쩌허우는 인간의 주관성을 "주체성主體性" 또는 구체화된 지성으로 새롭게 재구성하여 이러한 질문에 답했다. 리쩌허우의 철학적 작업의 목적이 실제로 정치적이라는 것이 곧 분명해졌다. 인간 지성의 기원에 대한 유물론적 해석에서 칸트의 인간 추론 능력을 바탕으로 함으로써 리쩌허우는 의식을 계급 지위로 단순화시킨 문화대혁명의 저속한 유물론적 견해를 바로 잡으려 했다. 그의 추론은 복잡했지만 그 함의는 명백했다(그리고 그는 나중의 저술에서 상세히 설명했다). 리쩌허우는 그의 기본적인 접근 방식을 다음과 같이 설명했다.

> 내게 인간 존재의 기초이자 인류와 다른 동물 종의 차이는 의식이나 언어가 아니라 도구를 만들고 사용하는 보편적이고 필요한 실천이라 설명된다. 도구는 인간 사지의 인공적 확장이다. 따라서 인간은 이러한 도구와 함께 초생물학적 신체를 형성하고 그 활동은 초생물학적 행동이 된다. 인간의 초생물학적 존재의 기초를 구성하는 것은 바로 이런 종류의 행동이다. 그러므로 나는 이러한 도구의 제작과 사용을 인간의 "일차적 실천"이라고 부른다.[22]

---

21) 李澤厚, 『批判哲學的批判: 康德述評』(北京:人民出版社, 1979).

22) Li Zehou, "Subjectivity and 'Subjectality' : A Response," *Philosophy East & West*,

미학에 대한 리쩌허우의 저술은 이러한 "도구 제작"을 예술의 창조적인 과정, 특히 음악의 즐겁고 감각적인 역할로 확장한다. 리쩌허우는 임마누엘 칸트의 권위를 사회주의 중국의 친숙한 마르크스주의 언어 속에 불러내 계급 투쟁이 아니라 개개인의 즐거운 창작이 역사의 원동력이라고 제안했다. 리쩌허우의 고도로 이론적인 저작의 주요 영어 번역가인 워에이렌 충Woei Lien Chong은 이것을 리쩌허우의 "미학적 마르크스주의"라고 부른다.23)

리쩌허우의 두 번째 주목할 만한 논문은 1910년대와 1920년대 중국의 5·4 시대 개인과 지적 계몽의 해방의 목표가 1930년대와 1940년대에는 구국에 초점을 맞추게 되면서 억압되었다는 것이었다. 이것은 "구망救亡이 계몽啓蒙을 압도했다"라는 논지로 알려지기 시작했다. 물론 리쩌허우의 이 시기 역사에 대한 이런 해석은 비합리적이지도 않았고 1980년대의 "문화열"로 새로워진 비판적 대화에서 환영받지 못한 것도 아니었다. 1987년 중국 근대 지성사 연구에서 리쩌허우는 이 주제에 대해 한 장을 할애했다. 그는 1900년대 초 계몽사상의 발전을 추적한다. 리쩌허우는 그의 철학적 접근 방식과 일치하는, 일상생활에서 행동 패턴의 변화가 개념 변화를 만들어간다는 것을 발견했는데 여성들이 머리카락을 자르고 중매 결혼에 저항하는 것으로부터 유교적 가부장제에 대한 비판이 개념화되기에 이른다는 것이었다.24)

Vol.49, No.2 (April 1999), pp.174-5.

23) Woei lien Chong, "History as the Realization of Beauty: Li Zehou's Aesthetic Marxism," *Contemporary Chinese Thought*, Vol.31, No.2 (Winter 1999-2000), p.9. 리의 저작들은 영어로 볼 수 있다. Li Zehou, *The Path of Beauty* (New York: Oxford University Press, 1994); 그리고 Zehou Li and Jane Cauvel, *Four Essays on Aesthetics: Toward a Global View* (Lanham, MD: Lexington Books, 2006).

24) 흥미롭게도, 그리고 1980년대 중반 서구 학문과의 더 큰 교류를 반영하여 리쩌허우는 미국의 위대한 중국학자인 조지프 레벤슨(Joseph Levenson)을 중국에서의 계몽사상의

팡리즈方勵之의 과학과 민주주의 그리고 리쩌허우李澤厚의 정통에 대한 학문적 공격 **351**

리쩌허우는 계속해서 민주주의에 대한 중국어 용어인 민주를 분석하여 민주가 서양의 "민주주의"와 같은 의미가 아니라는 점을 지적한다. 즉,

> 전통적으로 중국의 민주는 '인민을 위하여 책임을 진다为人民做主'는 것을 의미했으며 인민이 책임자라는 의미가 아니었다. … '책임을 지는 인민'이라는 개념을 "인민을 위하여 책임을 지는 것"으로 잘못 이해하는 것은 고대와 현대를 혼동하는 것이다.

여기서 리쩌허우는 5·4 시대 중국의 사고방식으로 옛것은 나쁘고 새것은 좋다고 생각했다. 그리고 리쩌허우는 역사유물론적 접근으로 추론을 계속한다. "마르크스주의처럼 현대의 자유 민주주의는 대규모 산업 생산의 기초 위에서 점차 무르익은 과실이다." 그는 마찬가지로 중국 사상을 해체하고 "자유주의"(법률과 함께라야만 기능함)와 "자유"(마찬가지로 법에 의해 적절히 제한됨)의 서양적 의미를 설명한다. 그러나 리쩌허우의 역사적 관점은 이러한 계몽적 이상 위에 구국 이데올로기의 부상을 설명한 긴 장에서 명백해진다. 1930년대 중국은 폭력적인 곳이었고 그가 그의 역사서에서 인용한 사람들은 군벌과 군대를 마주한 상황에서 무정부주의 협동조합, 인내심 있는 과학 연구 혹은 평화로운 사회 변화가 절망적임을 한탄했다. 리쩌허우는 "오늘날은 더 이상 전쟁 시대가 아니다"라며 "총사령관에 대한 절대적인 복종이 강조되고 있으나 사회주의적 민주주의가 긴급한 시간표를 가지고 우리와 대면하고 있는 건설의 시대에 놓여있다"라고 결론지었다.[25]

부상에 대해 편파적인 "개념적" 해석을 한 부정적 사례로 거론한다. 李澤厚, 『中國現代思想史論』 (北京: 東方出版社, 1987), pp.7-49, pp.19-20의 여성의 사례와 함께.

25) 李, 『現代思想』, pp.25-6, 그리고 인용은 p.45로부터. 인용도 (약간 다르게) 되어 있다. Chong, *Contemporary Chinese Thought*, pp.40-1.

역사적 문제인 구국 이데올로기의 손아귀에서 계몽을 이끌어내려는 것에 대한 리쩌허우의 답은 그의 세 번째 관념인 새로운 세계주의를 불러낸다. 리쩌허우는 서구 민주주의의 사회적 기반을 창출하는 데 있어 대규모 생산의 역할에 대한 그의 주장을 이 선언과 함께 계속 다루었다. 즉,

> 이 [근대적 민주주의]는 서양에서 도입되었기 때문에 중국과 아무 관련이 없다. 그러나 일단 도입되고 난 후에는 그것을 더 발전시키기 위해 이론과 실천 모두에서 인민의 중요성을 고려하는 중국 본래의 집체주의적 태도와 어떻게 결합시킬 것인가의 문제에 관심을 기울여야 한다.

리쩌허우는 독자들에게 그런 모호한 훈계를 남기지는 않는다. 그의 국제적 입장과 유물론적 접근 방식은 그의 구체적인 권고안에서 결합된다.

> 이 분야에서 서구 자본주의 사회는 정치적 - 법률적 이론과 실무와 관련하여 수 세기에 걸친 경험을 축적해 왔다. 예를 들면 삼권 분립, 법원의 독립, 의회 제도와 그 밖의 것들인데 모방할 가치가 있는 인류의 공통 자산으로 간주해야 할 것이다. 정치, 법, 제도의 개선과 개혁이 도덕성 호소를 통한 이데올로기적 문제의 해결로 대체될 수 있다는 생각은 유물론적 역사관의 근본적 원칙과 일치하지 않는다.[26]

이것이 리쩌허우의 "서체중용西體中用" 논지의 핵심이며 리쩌허우 역사서의 마지막 장을 구성하는 것이다. 중국 독자들을 위해 리쩌허우는 한 세기 전 보수적인 유교 개혁가 장즈둥張之洞(1837-1909)의 유명한 논지를 도치시켰다. 장즈둥은 1898년 『권학편勸學篇』에서 청의 개혁가들이 서양 기술을 중국의 정수나 본질에 도움을 줄 수 있는 적용 방안 혹은 도구로 사용해야

---

26) 李, 『現代思想』, pp.45-6; 번역은 Chong, *Contemporary Chinese Thought*, pp.41-2.

하며 때로는 "근본 원리를 위한 중국 학습, 실용적 적용을 위한 서양 학습"으로 제시하였다. 장즈둥은 왕조의 유교적 질서를 유지하기 위해 서구의 기술과 제도적 혁신을 사용하려고 했다. 이 슬로건을 뒤집어 리쩌허우는 자유 민주주의를 포함한 "부르주아" 서구의 성취를 마오주의자들이 깎아내린 것이 진정한 현대적인 마르크스주의보다 청 말기의 옛 유교주의자들에 더 가까운 외국인 혐오적이고 인간 본래의 것이었음을 교묘하게 암시한다. 이런 식으로 "서양적 실체"를 강조하는 것이 중국 문화를 훼손하는 것이 아니라는 점을 그는 명확히 한다. 오히려 그것을 개선하는 것이다. 결국 마르크스주의도 서양 학습의 일부라는 점을 리쩌허우는 지적한다. 더 나아가 "'서체중용西體中用'의 중국에의 적용을 포함할 뿐 아니라 중국의 전통문화도 포함하고 있으며 '중용'이 '서체'(즉, 근대화)를 실현하는 길과 방식이 되어야 했다." 리쩌허우는 그의 역사와 정치를 다시 미학으로 되돌리는 예를 제시한다.

> 중국에는 예를 들면 기독교 [리쩌허우는 서양에서 자본주의에 대한 도덕적 제약을 제공한 것으로 인용한] 와 같은 종교적 전통이 없으므로 우리 자신의 전통문화의 미학을 가져다 인간 존재가 추구하는 최고의 것으로 바꾸는 것이 가능할 수 있을까? 이것이야말로 정확히 "서체중용"이 아닌가?[27]

1980년대와 1990년대 초 리쩌허우에게는 독자층 뿐만 아니라 비판자도 있었다. 류샤오보劉曉波는 젊고 우상 파괴적인 문학 평론가(25년 후 노벨 평화상 수상)로 1988년 리쩌허우가 전통과의 단절을 위해 필수적인 절대적 회의주의와 용기가 결여되었다고 비판하면서 명성을 얻었다. 사실 류샤오보는 리쩌허우가 실망스럽게도 타협하고 "싸구려 이상주의", "거짓 낙관

---

27) 李, 『現代思想』, pp.331-41; 번역은 Chong, *Contemporary Chinese Thought*, pp.32-8, p.35에서 인용.

주의”로 가득 차 있다고 생각했다. 류샤오보의 비판의 장점이 무엇이든 간에 리쩌허우 조차도 그의 작업이 1980년대 젊은 세대의 분노, 불만, 좌절의 분위기를 제대로 다루지 않았다는 것을 인정했다. 이것은 중국 지식인들의 세대적 분열을 강조한다. 리쩌허우는 여전히 연로한 지식인과 당 지도자들과 이야기하는 반면 류샤오보와 그의 많은 동료들은 참을성이 없었고 당과 대화하는 데 기본적으로 관심이 별로 없었다. 그 당시 더 영향력 있는 비평가는 우리가 아래에서 만날 “문화열”의 젊은 지도자 중 한 명인 간양甘陽(1952-)이었다. 간양은 리쩌허우의 철학적 일원론이 다양하고 복잡한 세계의 문제에 대해 전체적이거나 포괄적인 답을 찾고 인간 사회의 완벽한 단계가 있을 수 있다고 믿는다고 비판했다. 마지막으로 간양은 리쩌허우가 중국의 매우 불완전한 사회의 권력 구조에 너무 밀접하게 통합되어 있다고 파악했다.28) 류샤오보와 간양 모두 세 번째 비평가 구신顧昕이 밝힌 리쩌허우가 여전히 마르크스주의를 믿었다는 것을 지적했다. 구신은 리쩌허우가 물질적 생산이 여전히 역사의 원동력이라고 말하는 것으로 읽었고 리쩌허우의 미학이 헤겔-마르크스 변증법의 변형에 불과하며 우려할 만한 중국 공산당 이데올로기와 그리 멀지 않은 것이라고 결론 내렸다.29)

사실 리쩌허우는 자신이 마르크스주의자 또는 포스트 마르크스주의자라는 데 동의한다. 이것이 이 이데올로기적 순간에 그를 중요하게 만든 것의 일부로, 그는 당대의 언어로 말하고 그것을 새로운 차원으로 만들었는

---

28) 류샤오보와 간양의 비판은 Lin Min, “The Search for Modernity: Chinese Intellectual Discourse and Society, 1978-1988: The Case of Li Zehou,” *China Qutarterly*, No.132 (December 1992), pp.994-5에서 신중하게 검토되었다.

29) Gu Xin, “Subjectivity, Modernity, and Chinese Hegelian Marxism: A Study of Li Zehou's Philosophical Ideas from a Comparative Perspective,” *Philosophy East & West*, Vol.46, No.2 (April 1996), pp.208-9.

데 개인의 권리, 법률, 민주적 제도를 강조하기 위해 중국 공산당의 방식과 가정에 부합하는 마르크스주의 용어를 찾아서 설득력 있는 주장이 되도록 했다. 리쩌허우가 1991년 5월 『인민일보』에서 비난을 받은 것은 당연했다. 대중적 비판의 대상이 되고 교직에서 배제되고 그의 출판물이 배포되지 않게 되긴 했으나 리쩌허우는 투옥되지 않았다. 좀 더 제한된 개혁으로 복귀되면서 1992년 그는 미국을 방문하여 가르치는 것이 허용되었다(콜로라도 대학에서). 리쩌허우는 그 이후로 콜로라도에서 살았으며 별다른 사고 없이 중국으로 돌아왔다.

그들의 스타일과 운명은 달랐지만, 팡리즈와 리쩌허우는 이 개혁의 이데올로기적 순간에 기성 지식인들 중에 나온 최고 지성들의 일부로 마오주의에 대해 근본적인 도전을 하였다. 팡리즈는 아인슈타인의 상대성 이론과 현대 과학의 경험적 방법을 사용하여 엥겔스의 제한적인 우주에 대한 구시대적 개념과 당의 남용된 권위를 공격했다. 리쩌허우는 칸트의 미학을 사용하여 헤겔-마르크스 변증법을 인간화하여 개별 행위자를 역사에 되돌려 놓아 어떤 초개인적 권위주의 전위 정당의 역사적 필요성을 제거했다. 그들은 함께 과학적, 철학적 정당성에 대한 마오주의의 주장을 파괴했다.

학생들: 문화열文化熱에서 1989년 톈안먼天安門까지

1980년 무렵 새로운 세대의 대학생들은 이 개혁의 이데올로기적 순간에 떠오르는 대중문화를 채우고 지적 목소리를 내는 세 번째 그룹을 만들어 내었다. 이 젊은 지식인들은 1980년대 중반 중국 문제의 문화적 뿌리를 탐구하고 논의하려는 느슨한 "문화열"을 이끌었다. 비정부적이라는 점에서 인기가 있었지만 이 지식인 그룹은 주로 그들 자신과 무대 뒤의 당 후원자들에게 말하고 있었다. 새로운 분위기는 부분적으로는 이 그룹들에 의해 출판된 상당히 잘 팔리는 것으로 판명난 책 시리즈와 TV와 영화를 통해 대중 매체에 도달했다. 특히 논란이 많은 1988년 TV 시리즈 하상河 殤과 1984년 천카이거陳凱歌(1952)의 황토지黃土地, 1987년 장이머우張藝謨 (1950-)의 붉은 수수밭 같은 신작 영화들이 유명했다. 이 영화들은 비판 적 소설이 발전하는 분위기에서 나온 것이다(장이머우의 영화는 모옌의 1986년 소설을 기반으로 했다). 쑤퉁蘇童(1963-), 위화余華(1960-), 모옌莫 言(1955-)과 같은 작가들은 문화대혁명을 통해 그들 세대가 경험한 심리를 탐구했다. 모옌의 붉은 수수밭과 같은 인기 소설은 중국에서 영화로 제작 되었다.[30]

그들은 함께 중국 혁명의 이야기를 어둡고 복잡한 용어로 다시 풀어내 계급 투쟁의 드라마와 사회주의의 "빛나는 길"보다는 개인, 가족, 운명의 아이러니한 비틀림에 초점을 맞추었다. 쑤퉁과 위화의 단편 소설은 문화 대혁명이 자신들의 마을에 도달했을 당시 자라나던 아이들의 소리를 제공 한다. 그들의 이야기는 영어권 독자들에게 톰 소여나 호밀밭의 파수꾼보 다 파리 대왕을 상기시켜 줄 것이다.[31] 영화 '홍등'의 원작인 쑤퉁의 1990 년 소설은 중국 문화에 대한 비판을 불특정한 (그러나 현대적인) 시간대 의 네 명의 첩의 이야기를 젠더 정치로 가져와 국가 단위의 정치보다는 문화와 젠더 억압에 초점을 맞추었다. 한편, 『황홀한 놀이玩的就是心跳』 (1989)로 유명한 왕쉬王朔(1958-)는 '건달 문학'을 소개하며 불경스럽고 호전적인 노동 계급 삶의 이야기로 독서 대중을 놀라게 만들었다.[32] 이

---

30) Paul Clark, *Reinventing China: A Generation and Its Films* (Hong Kong: The Chinese University Press, 2006).

31) Hua Li, *Contemporary Chinese Fiction by Su Tong and Yu Hua: Coming of Age in Troubled Times* (Leiden: Brill, 2011). 리는 쑤퉁의 작품을 특히 샐린저(J.D. Salinger)의 소설과 세심하게 비교한다.

것은 일련의 사건들로 백만 명의 학생들이 당에 저항하며 1989년 봄 톈안먼 광장에 몰려가게 되었을 때의 청년과 대중문화의 배경이었다.

"문화열"은 1980년부터 시작되어 80년대 중반이면 상당한 힘을 얻었고 1987년부터 톈안먼까지 지적 공공 영역을 지배했다. 이것은 "새로운 5·4 운동"이며 1910년대와 1920년대의 많은 주제와 작가들에 대한 의식적인 복귀였다. 열풍은 왕뤄수이, 팡리즈 또는 리쩌허우와 같은 고위 당 지식인이 주도한 것이 아니라 젊은 학자 집단이 주도하였다. 이들은 지청 즉 문화대혁명 당시 하방된 청년들 중 가장 강인하고 똑똑한 이들로 대부분 30대였고 고생해 가며 도시와 대학으로 돌아왔다. 어떤 발전들은 그들의 공적인 일을 형성하게 했다. 천팡정陳方正(1939-)과 진관타오金觀濤가 연대순으로 기록한 것처럼 마오쩌둥 혁명에서 하방된 청년들의 경험은 이 문화열의 미래 지도자들에게 당 관료제 내의 지배적인 규칙을 무시하고 스스로 생각하도록 가르쳤다. 시골에서 수년간 노동했지만 그들은 마오쩌둥에 의해 선발된 것과 1977년 엄청나게 치열한 경쟁이었던 1차 대학 시험에 합격한 것에 대해 여전히 특별하다고 느꼈다. 그들은 류빈옌에게 친숙했을 중국에 대한 일종의 책임감을 지녔다.[33] 민주의 벽 운동의 직접적인 정치적 소요가 실패하자 그들은 공공 지식인의 참여를 위한 더 안전한 길을 모색했다. 반면에 1970년대 후반의 "상흔 문학"과 "폭로 문학"은 문화대혁명의 학대에 대해 자세히 설명하는 한편 류빈옌의 탐사 보도와 함께 번성했다. 바이화白樺(1930-2019 : 역주)의 각본인 고련苦戀의 영화가 막바지에 상영이 금지당했던 것(당 엘리트의 시사회 후)은 이야기 속 예술가의 좌절된 애국심과

---

32) Wang Shuo, *Playing for Thrills*, 번역은 Howard Goldblatt (New York: Penguin Books, 1998).

33) Chen Fong-ching and Jin Guantao, *From Youthful Manuscripts to River Elegy: The Chinese Popular Cultural Movement and Political Transformation, 1979-1989* (Hong Kong: The Chinese University Press, 1997).

그의 딸의 질문을 사람들의 마음에 남겼다. "당신은 당신의 조국祖國을 사랑한다. 하지만 당신의 국가國家는 당신을 사랑하는가?"[34] 그것은 학생들에게 "문제의 문화 활동이 본질적으로 비정치적이고 그리고 법적 범위 내에 있는 한, 당은 … 어느 정도까지는 용인할 가능성이 있다는 것을 나타냈다"고 천팡정과 진관타오는 썼다[35]

젊은 지식인들은 책 시리즈를 출판하기 위해 편집위원회를 구성했다. 셋은 특히 주목할 만하다. 『미래를 향해走向未來』 시리즈는 바오쭌신包遵信(1937-2007)과 진관타오가 편집했다. 그들은 자연 과학에 대한 배경지식을 가지고 있었고 『자연변증법』 저널(팡리즈가 우주론 연구를 발표한 저널)의 지식인 그룹을 중심으로 조직되었다. 미래를 향해 시리즈는 뚜렷한 과학적 관점을 택했고 인공두뇌학과 새로운 사회과학을 대중화했다. 중국문화 아카데미는 탕이제(웨다이윈의 남편으로 이전에 급진 좌파 저술 그룹 량샤오에 참여했었다)가 대표이고 다른 원로 인사들이 있었는데 그 중에는 1930년대의 유명한 신유학자이자 개혁가인 량수밍이 명예직을 맡고 있었다. 그럼에도 베이징 대학 철학과의 젊은 교수들이 많았다. 그들은 베이징에서 영향력이 큰 강연들과 유교 문화 강의를 조직했다. 세 번째 그룹은 간양甘陽이 이끄는 느슨한 편집 그룹 하에서 『문화 중국과 세계』라는 책 시리즈를 출간했다. 이 그룹은 서양 철학 연구에 기반을 두고 있었으며 서양 철학, 인문학 및 사회과학의 고전 번역을 전문으로 했다. 천팡정과 진관타오는 이러한 지적 선전에서 두 가지 중요한 제도적 요소를 언급한

---

34) 바이화가 조국에서 국가로 바꾼 것은 당국이 깨닫지 못한 국가와 당-국가 사이의 구별을 암시한다. 바이화의 사건은 Richard Kraus, "Bai Hua: The Political Authority of a Writer," in Hamrin and Cheek, *China's Establishment Intellectuals*, pp.185-211에서 잘 다루었다.

35) 좋은 요약이 Chen Fong-ching, "The Popular Cultural Movement of the 1980s," in Davies, *Voicing Concerns*, pp.71-86에 주어져 있다. 인용은 p.74.

다. 첫째, 젊은 학자들은 출판사에 접근하고 검열을 통과해 출판 허가를 얻기 위해 열린 자세를 가진 당 후원자에 의존해야만 했다. 개인 연락처가 핵심이었다. 둘째 각 편집위원회(또는 학계의 경우 회의 및 장거리 코스 기획자)는 국가 기관과 제휴해야만 했다. 이러한 제약 속에서 일하면서 학계가 조직한 강의는 학생들을 열광시킨 것으로 보고되었다. 세 개의 책 시리즈도 잘 팔렸다. 하이데거의 『존재와 시간』, 사르트르의 『존재와 무』의 번역도 일 년 새 5만 권에서 15만 권 사이에서 판매되었다. 확실히 도시 대학 청년들 사이에 독자층이 있었다.

문화열은 1988년 제작 및 방영된 6부작 TV 시리즈 하상을 통해 지식인 층에서 대중 매체로 옮겨갔다. 이것은 즉각적인 공식 반응을 불러일으켰으나 1989년 초반의 고조된 분위기에서 상당수의 신문에서 공개 토론이 있었다. 하상은 6명의 지청 지식인에 의해 제작되었지만 주요 저자인 쑤샤오캉蘇曉康(1949-)과 가장 관련이 깊다. 중국 남동부 항저우 출신의 쑤샤오캉은 당 공식 언론의 (처음에는 항저우에서 그 다음에는 베이징의 『홍기』에서) 고위 간부의 아들이었다. 문화대혁명이 일어나자 쑤샤오캉은 급진적 홍위병 세력에 합류했고 혼란에서 살아남았으며 1970년대 후반에는 『하남일보河南日報』의 기자로 활동했다. 류빈옌처럼 쑤샤오캉은 "르포르타주" 및 탐사 보고로 향했다. 그는 베이징 방송 대학에서 교육을 받았으며 1987년에 그곳에서 강의를 시작했다. 거기에서 그는 계속해서 출판한 다음 하상 저술 팀에 합류했다. 쑤샤오캉은 우리가 류샤오보와 다른 젊은 학자들이 리쩌허우에 대해 상대적으로 점잖은 비판을 한데서 본 것 같은 젊은 세대의 분노의 소리를 내었다. 1988년 1월 쑤샤오캉은 "사명감"에 다음과 같이 썼다.

우리가 조금 늦게 정신을 차리기는 했지만 적어도 더 이상 무지함을 지속하고 있지는 않다. 그들의 각성은 중국인들을 속상하게 해서 발을 동동

구르게 했고 조상들과 결판 짓고 싶어하고 결점을 찾고 사소한 사건에도 화나게 했다. 사실 활력이 너무나도 쇠퇴한 조상들에게 감히 화를 내고, 웃고, 꾸짖고 직시하는 것은 좋은 일이다. 지난 세기의 루쉰처럼 대담하게 웃고 꾸짖은 사람이 거의 없었다는 것은 유감스럽다.

딩링은 1941년에 루쉰의 신랄한 잡문 비평 글을 불러왔고 이제 40년 후 쑤샤오캉은 1920년대 초의 루쉰의 "철로 된 집"에 대한 끔찍한 이미지로 되돌아갔지만 적어도 "각성"에 어떤 목적이 있다고 생각하는 것 같다. 쑤샤오캉은 이 메시지를 하상을 시청하는 중국의 텔레비전 시청자 대중에게 전달하기 시작했다. 한 추정에 따르면 1987년 중국에는 1억 천이백만 대의 텔레비전 수상기가 있었고 시청자는 총 6억 명에 달했다.36)

하상은 황하, 만리장성, 용으로 상징되는 중국의 전통 문명이 중국의 창의력을 억압한다고 비난했다. 이 시리즈는 황하처럼 한때 문명의 최전선에 있던 중국이 안정, 고립, 보수주의를 강조함으로써 고갈되어 버린 느낌을 전달하는 생생한 이미지를 가지고 있다. 이와는 대조적으로 넘실대는 푸른 바다는 서구와 일본의 탐험적이고 열린 문화를 상징한다. 이 프로그램은 또한 대약진 운동과 문화대혁명의 다큐멘터리 장면을 사용했다. 게레미 바메Geremie Barmé와 린다 제이빈Linda Jaivin에 따르면 이미지와 진술의 병치는 마오주의-스탈린주의 정통을 국교로서의 유교 및 전통문화와 동일시하는 숨은 의미를 생성했는데 둘 다 재앙이었다. 중국의 문제에 대한 해결책은 이 "황토"를 버리고 바다, 상업의 "푸른 세계"를 포용하고 외부 세계와 접촉하는 것이라고 제안했다. 중국 중앙텔레비전방송국CCTV 통계에 따르면 2억 명이 넘는 사람들이 이 시리즈를 시청했다.37)

---

36) Su Xiaokang et al., *Deathsong of a River: A Reader's Guide to the Chinese TV Series Heshang* (Ithaca, NY: Cornell University East Asia Program, 1991), p.30, Su Xiaokang in 『求是』, No.2 (1988), p.40에서 인용.

텔레비전만이 1980년대 후반 지식인들에게 열려있던 새로운 자원은 아니었다. 독립적인 조직이 출현하기 시작했고 지식인 간부 모델을 약화 시켰다. 주목할 만한 예로는 문화대혁명기에도 투옥되지 않았지만 1975년 장칭을 비판한 죄로 수감되었던 천쯔밍陈子明(1950-2014)이 있다. 천쯔밍은 4·5 운동으로 알려진 1976년 톈안먼 시위에 참가했다. 그는 1979년 베이징의 봄 때 출판을 했지만 대학에서는 화학을 택해 중국 과학원 생물 물리학 연구소에서 공부를 마쳤다. 그동안 천쯔밍은 계속 정치적으로 참여했고 대학과 정치 지도자들이 개혁에 관심을 갖게 하려고 시도했다. 그는 퇴짜를 맞았고 좋은 일자리를 제공하지 않는 방식으로 처벌되었다. 천쯔밍은 적절한 일자리를 찾지 못하면서 최초의 비非기성 지식인의 한 명이 되었으며 우연히 지식 사업가가 되었다. 1985년 천쯔밍과 그의 아내 왕즈훙王之虹은 관리자에게 비즈니스 기술을 가르치는 두 개의 사립 통신교육 학교를 설립했다. 그것은 성공적이었고 수익성이 좋았다. 1986년 가을 천쯔밍은 베이징 최초의 비관영 정치 씽크탱크인 베이징 사회 경제 과학 연구소를 설립했다. 1988년에 천쯔밍과 왕즈훙은 무역 잡지 경제주간지를 인수했고 공식 등록을 통해 출판을 위한 합법적 수단을 얻었다. 오랜 동료인 왕쥔타오王軍濤(1958-)는 천쯔밍과 왕즈훙과 함께 시시한 잡지를 광범위한 주제를 취급하도록 전환했고 메를 골드먼에 의하면 "곧 상하이에서 높은 평가를 받는 반半관영의 『세계경제도보世界經濟導報』"에 필적하게 되었다.38) 천쯔밍과 왕즈훙은 최고 수준에 있었다. 그들은 비기성 지식인이었지만 그럼에도 불구하고 당 개혁자들의 주의를 끌기 위해 개혁적 씽

37) Geremie Barmé and Linda Jaivin, eds., *New Ghosts, Old Dreams: Chinese Rebel Voices* (New York: Times Books, 1992), p.140.

38) Merle Goldman, *Sowing the Seeds of Democracy in China: Political Reform in the Deng Xiaoping Era* (Cambridge, MA: Harvard University Press, 1994), pp.339 ff., p.340에서 인용.

크탱크에서 일하는 기성 지식인의 작업물을 출판하려고 했다. 그렇긴 해도 1950년대 초 자유주의 조직의 몰락과 정기 간행물의 국유화 이후 천쯔밍의 독립된 씽크탱크의 설립과 잡지의 출판은 중국 지식인들에게는 처음 있는 일이었다.

1989년의 톈안먼天安門과 그 이후: 희망, 탄압, 그리고 개혁으로의 회귀

포스트마오 시대 개혁의 도전에 대처하기 위한 중국 지식인의 노력은 톈안먼 시위와 군사적 억압을 야기하고 규정한 정치적, 사회적 긴장의 본질적 부분이었다. 예기치 못한 사건들 - 1989년 4월 15일 후야오방의 사망, 지도자를 위한 공식적 장례식의 적절한 관행 및 죽은 자를 기리는 봄 청명절 관례, 5월에 고르바초프 방문을 녹화하기 위한 국제 텔레비전 제작진의 도착 - 등이 운명적으로 다가왔다. 이것들은 모두 당의 부패와 변화하는 경제로부터 오는 불안정성에 대한 사회적 분노에 불을 붙이는 발화 장치가 되었다. 시위를 다룰 방법을 두고 당 지도부가 교착 상태에 빠지자 이 화재는 대초원에 난 거대한 들불이 되었다. 이것은 포스트마오 시대 당의 제1 명령인 절대로 난亂(문화 혁명의 사회적 혼란)을 용납하지 말 것을 상기시켰다. 안정적이고 개방적인 대외 관계가 필요하다는 것을 알고 있던 자신의 개혁에 대한 야망에 큰 대가를 치르고, 덩샤오핑은 시위에 대한 무자비한 탄압과 그와 관련된 모든 사람을 추적해 처벌할 것을 명령하게 된다. 1989년 톈안먼 시위를 대표하는 학생들은 "문화열" 지식인보다 훨씬 어렸으며, 윗 세대들의 대담한 비판에서 신호를 얻었다. 대규모 시위에서 학생 지도자가 빠르게 등장했지만 이것은 계획되지 않은 사회 운동이었고 어떤 한 그룹의 통제에서 벗어나서 커져 버렸다. 베이징 대학과 베이징의 다른 주요 대학(그리고 곧 중국 전역의 다른 주요 도시에서)의 학생들은 후야오

방의 장례식을 이용하여 모이고 현재의 문제에 대해 항의했는데 마치 12
년 전인 1976년 4·5운동 당시 그들의 선배들과 같았다. 부패와 고위 간부
자녀들의 불공정한 특권에 대해 항의했던 1986년 학생 시위의 주장에 더
해 인플레이션에 대한 광범위한 사회적 불안이 추가되었다. 평범한 도시
주민들의 삶은 점점 더 어려워지고 있었고 그들은 정부에 책임을 추궁하
려는 학생들의 노력을 지지했다. 정부가 갈피를 잡지 못하다가 5월 19일
계엄령을 선포하자 도시 사회는 저항했다. 원로들은 학생들을 지지하는
공개서한을 썼고 택시 기사는 음식과 물품을 가져 왔다. 노동자들은 오토
바이로 물품을 배달했다. 평범한 사람들이 "민주주의"를 위한 시위에 참
여하기 위해 나왔다. 학생들은 단식 투쟁을 외쳤고 최고 지도부에 청원서
를 전달했으며 지도부가 그들과 협상을 시도할 때 텔레비전에서 당 지도
자들을 꾸짖기도 했다.[39]

학생들은 도시민이 대략 느끼고 있던 우려를 표현하기는 했지만 그들은
젊고 자기자신에 대한 확신에 차 있었으며 성급했다. 1989년 5월 고르바초
프의 역사적인 베이징 방문(중소中蘇 균열 치유를 위한)으로 인한 외국 언
론의 존재는 이 모든 것을 국제 텔레비전에 나오게 했다. 서구인들은 열광
했다. 중국 전역의 도시인들도 흥분하여 거리로 나왔다. 중국의 원로 지식
인들은 걱정했다. 그들은 무엇이 올 것인지 알고 있었고 점점 더 주의를
당부했다. 젊은 저항자들은 그들의 우려를 무시했다. 당 지도자들은 새로
운 홍위병을 보았고 그러한 난亂에 동의할 생각이 없었다. 대중적인 시위
는 민주주의 여신상을 세우는 등 '민주주의'를 이야기했지만, 운동은 이것

---

39) 톈안먼 시위의 역사는 Long Bow Group (1995)이 제작한 다큐멘터리 *Gate of Heavenly
Peace*에 생생하게 포착되어 있다; 그리고 관련 웹사이트 "The Gate of Heavenly
Peace"(at tsquare. tv)가 있다. 이 사건들에 관한 초기 설명은 Tony Saich, ed., *The
Chinese People's Movement: Perspectives on Spring 1989* (Armonk, NY: M. E. Sharpe,
1990)에 있다.

이 무엇이며 어떻게 성취되어야 하는지에 대해 모호한 생각만을 드러냈다. 학생 지도자 중 한 명인 왕단王丹(1969-)은 폴란드의 연대 운동에 대해 분명한 인식을 갖고 있었고 독립적인 학생 연합을 이 민주주의를 향한 핵심 단계로 보았다. 그러나 즉흥적인 학생 연합은 파벌주의와 학생 조직 내에서 레닌주의적 명령 체계를 재창조하려는 유감스러운 경향에 의해 분열되었다. 그럼에도 여전히 학생들은 5·4 운동의 계승자이자 지식인으로서의 역사적 역할을 인식하고 있었다. 그들은 큰 소리로 발언할 권리를 요구했다. 4월 5일에 왕단은

> 현재 중국의 새로운 계몽 운동에서 지적 엘리트는, 언론의 자유를 최우선으로 생각하고 당과 정부의 부당한 의사 결정과 행동을 포함한 불의를 비판할 용기를 가져야 한다. 지식인의 유일한 사회적 역할은 발언하는 것이어서 우리가 언론의 자유를 잃고 중국 민주화의 진전을 도울 수 없거나 혹은 독립적인 비판적 입장을 취할 수 없다면 우리는 계속해서 당과 정부에 소모적인 의존적 존재가 될 것이고 그리고 우리의 운명은 지난 40년 동안 그랬던 것보다 더 나을 게 없을 것이다.[40]

라고 썼다. 떠오르는 학생 지도자들은 그들의 젊음을 보여 주었다. 텔레비전에서 당 지도자들과 성급하게 대결한 학생 우얼카이시吾爾開希(1968-)도 톈안먼 주변을 거물처럼 활보했다. 소수의 여성 지도자 중 한 명인 차이링柴玲(1966-)도 마찬가지로 그녀 자신을 순교자로 여기며 6월 3일 당국과의 대결이 절정에 이르렀을 때 중국을 위해 그들이 희생하겠다는 선서를 하면서 학생들을 이끌었다(그녀는 희생당하지 않고 폭력을 피할 수 있었지만). 그들은 언론의 관심을 받았으며 잠시 동안 그들은 베이징의 총아들이었다. 그러나 그들은 너무 어려서 중대한 이해관계가 걸린 국가적 운동을

---

40) Wang Dan, "On Freedom of Speech," 번역은 Barmé and Jaivin, *New Ghosts, Old Dreams*, p.32.

매끄럽게 진행할 요령이 없었다. 그들은 당이 강하게 반격할 것이라고 경고한 원로들을 조롱했다. 그들은 사업가(독립적인 거리 상인 또는 개체호 個體戶)와 베이징에서 새로 결성된 자치 노동조합이 힘을 합치자고 제안하는 것을 거부했다.[41] 중난하이中南海 내부에서 이 모든 것은 20년 전에 덩 샤오핑의 세대를 강타한 홍위병 테러의 부활처럼 보였다. 이번에는 젊은 이들 뒤에 마오쩌둥이 없었다. 6월 4일 군대가 들어와 광장을 정리했다.

세계는 1989년 6월 불필요할 정도로 잔인하게 억압하는 것에 놀라움을 금치 못했다. 왜 탱크와 기갑 부대로 비무장한 학생 시위대를 사살하는가?[42] 중국은 이 국가 폭력에 대해 타당한 비난을 받았다. 역사가에게 질문은 왜 그들이 그렇게 했는가? 이다. 왜 이 잔인한 힘의 과시로 덩샤오핑은 자신의 개혁을 위태롭게 했을까? 첫째 학생들의 정치적 위협은 매우 현실적인 것이었다. 이슈들과 지지자들로 인해 당의 정통성에 위협이 되었다. 문제였던 당 관리들 간의 부패는 중국 공산당의 아킬레스건이었다. 이미 1980년대에 당직자들의 특권과 개인적 축재에 대한 대중의 분노가 있었다. 불공평은 너무나 명백했다. 불공정에 대한 학생들의 고발은 베이징과 다른 주요 도시의 도시민 사이에 울려 퍼졌다. 마찬가지로 전국에 걸쳐 경제적 이익을 취하는 유사한 사례가 지방 관리들 사이에서 만연했다. 설상가상으로 지지자들이나 학생들은 청으로부터 마오 시대까지 중국 정치 문화 속의 식자층에 대한 불균형적인 존경의 상속자들이었다.[43] 학자들은 중국에서 사회적 자본을 갖고 있었다. 학생들은 그것을 알고 있었고

41) Elizabeth J. Perry, "Casting a Chinese 'Democracy' Movement: The Roles of Students, Workers, and Entrepreneurs," in Jeffrey N. Wasserstrom and Elizabeth J. Perry, eds., *Popular Protest and Political Culture in Modern China* (Boulder, CO: Westview Press, 1994), pp.74-92.

42) Brook, *Quelling the People.*

43) 이러한 존중은 장제스와 마오쩌둥이 왜 비판적 지식인들을 박해하느라 애썼는지를 설명해 준다. 그런 지식인들의 생각은 정치적으로 중요했고 따라서 통제되어야 했다.

당은 그것을 두려워했고 도시민은 그것을 믿었다. 그것은 공공의 정당성을 두고 벌어진 심각한 경쟁이었다. 당으로서는 무력이 더 다루기 쉬웠다. 덩샤오핑의 탈마오주의 프로그램이 가진 함의는 여전히 작동 중이라 당의 대중 기반이 이미 취약해졌다는 것과 당 지도부가 얼마나 많은 개혁을 해야 충분한지를 놓고 심각하게 분열하고 있었던 것을 감안할 때, 당이 중국 내 유일한 정당한 공적 목소리이며 덩샤오핑이 당을 위해 "올바른 노선"을 가지고 있다는 주장을 정면 공격하는 것은 실제로 매우 위협적인 것이었다.

위협을 참을 수 없게 만든 것은 학생 시위대와 노동자 사이의 동맹 가능성이었다. 비공식적 (그리고 공식적으로 불법인) 노동자 노조는 1989년 봄에 등장하기 시작했고 학생들의 시위를 보급의 방식으로 지원하기 시작했다. 당 지도부는 폴란드식 연대 운동의 낌새를 맡았다. 더욱이 중국 공산당 권력의 기본 통치는 결코 대안적 형태의 정치 조직을 용납하지 않았다. 절대로 다른 쪽이 조직화하게 두지 않는다. 덩샤오핑을 참을 수 없게 만든 것은 급진적인 학생과 노동자 간의 동맹 전망이었다. 중국 공산당 자체가 권력을 잡은 것이 급진적인 학생과 노동하는 중국인의 연합이라는 간단하고 명백한 이유 때문이었다. 이 깊은 교훈에 더해 최근의 문화대혁명의 교훈이 추가되었다. 학생 시위는 사회주의 중국에서 동란을 이끌어 냈다. 톈안먼 시위의 조직적 측면은 학문적 지위와 "공평성"公平의 이데올로기적 도전이 결합되어 이들 10대 운동가들과 그들의 새로운 노동 조합 친구들을 중국 공산당 지도부의 눈에 근절해야 할 위협으로 느끼게 했다.

1989년 7월에 오면 중국의 경제 개혁이 죽은 것처럼 보였다. 당은 또 다른 선전 캠페인을 벌였고 이번에는 두 번째 "톈안먼 광장의 반혁명 사건"을 비난하고 학생 지도자 및 관련 지식인을 따라다니며 괴롭히고 체포하고 모든 영역에서 강력한 당 통제를 재개했다. 다른 국가 특히 서구 세계의 반응은 TV에서 모두가 보았던 대학살에 대한 반응으로 제재를 부과하며 중국을 고립시켰다. 한동안 중국은 1960년대의 고립과 급진적인 정책으로 돌아갈 것처럼 보였다. 그러나 곧 개혁에 관한 한 되돌리기에는 너무 늦었다는 것이 드러났다.

개혁의 의도하지 않은 결과가 덩샤오핑의 정치적 자유화 없는 경제적 개방 계획에 문제를 일으켰지만 개혁에 의해 분출된 사회 세력, 특히 시장 활동에서 부를 창출하는 더 광범위한 경제 엘리트의 출현은 다양한 수준의 당내 특권과 함께 이러한 계획의 지속을 보장했다. 덩샤오핑의 개혁은 이 소수의 새로운 재계 거물급 계급에 더해 중산층도 창출해 내었고 이들은 마오쩌둥 시대의 섬뜩한 정치와 엄격한 정부 감독으로의 복귀를 받아들이지 않을 것이었다. 덩샤오핑은 1992년 그의 카리스마적인 힘을 활용하여 개혁 계획을 강화하고 이 새로운 사회적 기반을 동원했다. 덩샤오핑의 중국 남부의 경제 특구, 특히 홍콩 옆의 선전深圳으로의 "남순강화南巡講話"는 그의 세 번째 후임자인 장쩌민江澤民(1926-) 서기가 되돌리는 것을 정치적으로 불가능하게 만들었다. 마오쩌둥 혁명으로부터 마지막 카리스마적 지도자인 덩샤오핑은 모든 신문, 모든 글에서 자신의 권위와 정책을 강조했다. 개혁과 개방은 좋은 것이라는 당 전통주의자들에게 보내는 분명한 메시지에서 덩샤오핑은 추가적 개혁에 반대하는 것은 이제 "좌파"이고 중국에 가장 큰 도전을 했던 톈안먼 학생들과 같은 "우파"가 아니라고 선언했다. 1992년 10월 당의 14차 대회는 개혁을 재개했다. 포스트 톈안먼 시대의 후퇴는 끝났다. 대회에서 장쩌민은 덩샤오핑의 권위를 이용해 덩샤오핑의 "중국 특색 사회주의 건설" 이론을 증명하려 했는데 그것은 당의 정치적 통제 아래 자본주의 경제 관계를 혼합하는 것이었다. 대표 대회에서 "사회주의 시장 경제"라는 슬로건으로 더 많은 경제 개혁이 비준되었다.

국영 언론은 중국의 정책 변화와 정치 언어의 연속성을 모두 포착했다. 게레미 바메는 문화대혁명기의 편협한 언어가 재부상한 것을 언급하는데 심지어 개혁 개방의 공식 지지자들 사이에서도 그러했다고 지적한다. 그는 당의 구식 좌파주의를 비판하는 1992년 책을 예로 들었다. 서문에서 덩샤오핑의 유명한 "남순강화"에 대해 지속적인 개혁을 뒷받침하는 것으로 높이 평가하지만 그 문체에서 덩샤오핑의 경제 개혁에 대한 "좌파"의 저항을 비판하면서도 마오주의자들의 도덕적 극단주의의 영향력이 지속되고 있음이 드러났다.

> 극단적 '좌파주의'의 세력과 그들의 당내 이론가들이 오만함으로 부풀어 개혁을 좌초시키려 겨냥하고 있던 결정적인 순간에 덩샤오핑 동지는 남순강화를 단행했다. 그는 다음과 같이 단호하게 연설했다. "우리는 우파를 방어해야 하지만 더 중요한 것은 '좌파'를 방지해야 한다는 것이다!" 하나의 간단한 문장이지만 각 단어는 위대함의 무게를 지닌다. … 오, 개혁은 얼마나 운이 좋은가! 우리 인민은 얼마나 축복을 받았는가![44]

덩샤오핑의 "남순강화"는 중국 개혁의 분수령이 되었다. 그 이후로 중국 공산당이 취한 경제 및 행정 개혁에 의해 분출된 세력은 계속 추진력을 만들어 냈다. 이것은 경제 개혁이었고 일상생활에 대한 당의 통제력은 약화하였지만 또한 정치 생활에서 당의 우위를 확고히 재확인한 것이었다.

톈안먼 사건 이후 기성 지식인

톈안먼 사건이 발생한 후 등장한 중국의 지식 세계를 볼 수 있는 창은 1990년 당시 기성 지식인의 선언들이다. 이것들은 지식인과 국가 사이의 오래된 거래의 많은 특징을 연속적으로 드러내지만 그 봉사에 문제가 있

---

44) 趙士林, 『防"左"備忘錄』('좌파' 방지 비망록) (太原: 書海出版社, 1992). 번역은 Barmé, *In the Red*, p.334.

으며 긴장이 지속되고 있음을 밝히고 있다. 1989년 6월의 유혈 탄압이 있은 지 일 년 후 세 명의 지도적 당 지식인이 전국지인 『광명일보』의 주요 인터뷰에 등장했다.[45] 1988년 『홍기』를 대체한 당의 이론 저널인 『구시求是』(진리를 찾아서)의 편집자인 쑤솽비蘇雙碧(1933-2021 : 역주)와 이론가인 루신汝信(1931-)과 싱번쓰邢賁思(1930-)(모두 1980년대 근본적 개혁의 지지자)가 다시 등장하여 "백화제방, 백가쟁명의 정책 지속"에 관해 토론했다. 세 지식인의 삶의 역사와 그들이 제기하는 안과 쟁점들은 이러한 사려 깊은 사람들이 어떻게 그리고 왜 전문가의 세속적인 역할(후스와 같은 초기 자유주의자들이 지지했지만 실패했듯이)보다 박학한 행정가들의 "사제적" 역할(덩퉈 또는 왕뤄수이 모델에서)에 끌려 톈안먼 위기 이후에도 지속적으로 "마르크스주의를 수리"할 수 있었는지 이해하는 데 도움이 될 수 있다.

쑤솽비는 문화대혁명까지 우리가 만났던 우한의 제자로 저명한 역사가, 민주 동맹의 지도자, 그리고 1950년대에는 베이징 관리였다. 포스트마오 시대 쑤솽비는 그의 멘토(와 유사한 동료)를 복권시키고 그들의 비판자였던 사인방을 공격하는데 앞장섰다.[46] 쑤솽비는 1950년대 세대의 산물이며 웨다이윈처럼 당이 노동 계급의 자녀인 그에게 교육과 발전의 기회를 주었다고 느꼈다. 싱번쓰와 루신과 마찬가지로 쑤솽비의 개혁에 대한 공개적 발언들은 1980년대 내내 중앙당 선언의 변화에 따라 흔들렸다.[47] 따라서 1986년 봄 자유주의적인 후야오방 총서기의 전성기에 쑤솽비는 "백화

---

45) Foreign Broadcast Information Service: China (FBIS-CHI), 90-134, July 12에 번역, 1990, pp.25-9.

46) 예를 들면 그의 글의 모음집인 蘇雙碧, 『階級鬪爭與歷史科學』(계급 투쟁과 역사 과학) (上海: 上海人民出版社, 1982)을 보라.

47) 蘇雙碧, 「關于開展'百花爭鳴'的幾個問」(백화쟁명의 전개에 관한 몇 가지 질문), 『光明日報』, 1986. 4. 30, 1986, p.3, 번역은 FBIS-CHI, May 19, 1986, pp.K7-Kll.

제방"과 같은 지시 하에서 마르크스주의가 수정되어야 할 것이고 제도는 전면 개혁을 위해 개방되어야 하며 비마르크스주의적 견해를 반마르크스주의로 공격해서는 안된다고 제안했다. 1983년부터 중국 사회 과학원 철학 연구소 소장인 루신은 『인민일보』의 이론가인 왕뤄수이의 경력 패턴을 매우 비슷하게 따랐는데 둘 다 적어도 1980년대 중반까지 마르크스주의 휴머니즘을 선호했다.[48] 그러나 왕뤄수이와 달리 루신은 기득권과 단절되는 위험을 감수할 수 없었기 때문에 1987년 반反 부르주아 자유화 캠페인에서 왕뤄수이에게서 돌아섰고 고전적인 "자아비판과 상호비판"으로 교정했다. 쑤솽비, 루신과 함께 『구시』 잡지에서 일한 싱번쓰는 쑤솽비의 명백한 당 노선 수용과 루신의 변절적인 휴머니즘 그 중간에 있었다.[49]

1990년 6월 『광명일보』 인터뷰에서 세 사람은 모두 비슷한 어조를 보였다.[50] 오늘날의 문제는 "중국은 어떻게 사회주의를 건설해야 하는가?"라고 쑤솽비는 말했다. 이데올로기는 그러한 노력에서 중요한 영역이었고 세 사람은 많은 지식인들의 마음 속에 질문을 던졌다. "이데올로기 분야에서의 투쟁에 대한 올바른 지침을 어떻게 제공해야 하는가?" 즉 이제 게임의 규칙은 무엇인가? 명백한 대답은 그리 고무적이지 않았다. 당 결의안을 통해, 그리고 톈안먼 이후 새로이 총서기가 된 장쩌민이 발표한 덩샤오핑의 말이 지침을 제공했다. 인터뷰 초반에 세 사람은 (특정 짓지 않은) 이전 시대의 "좌파"의 오류와 부르주아 자유화의 "우파"의 오류를 모두 비판했다.

그러나 두 번째 읽어보면 인터뷰는 그렇게 우울하지는 않다. 이 사람들은 톈안먼 이후 중국의 지식인과 국가 간의 수정된 거래의 협상에 참여하고 있었다. 이 지식인들은 독자적으로 성공할 수 있는 대안을 가진 자유로

---

48) Brugger and Kelly, *Chinese Marxism in the Post-Mao Era*, pp.139--40.
49) 싱번쓰는 2013년에 『구시(求是)』의 편집장과 중앙당교의 부교장으로 일하면서 여전히 살아 있다.
50) 인용은 FBIS-CHI, 90-134, July 12, 1990, pp.25-9의 번역에서 가져왔다.

운 행위자가 아니었지만 그렇다고 무기력한 것은 아니었다. 비록 체제와 화해하지만 그들은 동시에 여러 주장을 했다. 각자 무엇이 정당한 논쟁이고 무엇이 아닌지에 대한 명확한 기준이 필요하다고 반복해서 강조했다. 당이 그러한 기준을 발표하고 또 고수해야 한다. 이 인터뷰가 비판하는 숨은 근원적 대상은 지식인에 대한 독단적인 정치적 공격이라는 것이 드러났다. 루신은 "새로운 문제를 연구하려는 사람들을 보호하고 격려하기 위한 정책을 수립하는 것이 필요하다"고 말한다. 그들은 이론가라는 별도의 부류가 홍보 전문가(선전 작업)에 적용된 좀 더 규율적인 기준을 고수해서는 안된다고 주장한다. 싱번쓰는 "이론적 연구는 선전 작업과는 다르며 이론적 연구에서 우리는 알려진 것에서 알려지지 않은 것으로 계속 나아가야 한다. … 탐험을 할 때는 위험을 감수해야만 한다. … 우리는 탐험을 할 때 실수를 하는 동지들을 보호해야만 한다. … [그렇지 않으면] 과학과 문화는 발전할 수 없다"고 하였다. 실제로 현재의 당 정책에 대한 긍정에도 불구하고 쑤쌍비는 그의 좀더 개혁주의적인 1986년 저작의 주제를 정확하게 유지한다. 탐색과 발전을 필요로 하고 지식인은 한계가 있더라도 자유롭게 탐색할 수 있어야 하며 비마르크스주의와 반마르크스주의를 동일시해서는 안된다. 그러나 1986년에 덜 명확했던 것은 1990년에 훨씬 더 명확해졌다. 진리는 하나뿐이고 그 진리는 마르크스주의다. 이 인터뷰에서 쑤쌍비는 그의 멘토인 우한吳晗이 쓸만한 수사적 기술을 보여준다. 쑤쌍비는 마오쩌둥을 분노케 만든 당 지식인들의 능숙한 유연성을 보여준다. 덩샤오핑의 당 독재 4개 원칙을 "옹호"하고 부르주아 자유화를 "공격"했지만 쑤쌍비는 1986년부터 그의 개혁 목표의 핵심을 유지하고 있다.

그럼에도 불구하고 이러한 목표는 제한적이었다. 이 지식인들이 요구한 것은 제도적 개혁으로 근본적인 개혁이 될 수 없었다. 쑤쌍비는 "우리는 마르크스주의에 부합하는 올바른 생각을 차분한 토론을 통해 마르크스주의에 반하는 잘못된 생각과 구별할 수 있다"라고 썼다. 루신은 조금 더 나아가 "마르크스주의 그 자체는 조정이 가능한 이론이어야 한다. … 다른 비마르크스주의 사상 학파의 유용한 연구 결과를 흡수할 수 [있어야 한다]." 이것은 1980년대에 개혁주의자 (그리고 1990년에 이르면 미국에서 반체제 망명자가 된) 쑤사오즈蘇紹智(1923-2019)가 중국 사회 과학원의 마르크스주의 - 레닌주의 - 마오쩌둥 사상 연구소의 소장을 지냈을 때 추진한 관념이었다.[51]

이 인터뷰에서 가정한 견해들과 가치, 그리고 지도적인 지식인의 역할은 기성 지식인 또는 국가 이데올로기 정책에 참여하고자 하는 하위 그룹에 대해 사제적("이론적"이라고 읽는) 역할을 유지한다.[52] 민중과 토착 전례에 사회주의적으로 상응하는 은유로 바티칸 2세 마오주의라고 부를 수 있다. 도구적 관용이 있긴 했지만 근본적 도그마는 변하지 않았다. 이것은 처음 1961년에서 1964년의 대약진 운동 이후 시기에 도출되었다. 민주주의, 다원주의, 다양한 사회 집단에 대한 주요 도덕적, 정치적 질문의 공개 - 이런 것 중 어느 것도 제안되지 않았다(사실 이런 것들은 "부르주아 자유화"로 거부되었다). 대신 규칙성 및 예측 가능성과 같은 도구적 주제가 다루어졌다. 공자 시절부터 참된 철학적 탐구의 목표는 여전히 좋은 정부 정책이었다. 지식인, 특히 이론가("이론 노동자"라고 불리는)는 마르크스주의에 숙달하고 대중의 사상을 수집하고 종합하는 전통적 마오주의의 교육적 정치를 따라 이러한 질문에 대해 인민을 대변할 자격을 부여받았다. 쑤솽비는 "우리가 대중의 지혜를 모으고 양심적으로 토론을 하고 과학적 접근 방식을 채택하면 정책 수립에 성공할 수 있다"고 말했다. 1990년 당에 대해 실행 가능한 제도적 대안이 없었던 것을 감안하면, 쑤솽비, 싱번

---

51) 쑤사오즈의 저작에 관해서는 Brugger and Kelly, *Chinese Marxism in the Post-Mao Era,* pp.33 if 참조.

52) Timothy Cheek, "From Priests to Professionals: Intellectuals and the State under the CCP," in Wasserstrom and Perry, *Popular Protest,* pp.104-205.

쓰, 루신이 지식인 간부 역할을 계속하기로 한 거래는 위임 통치권을 지속적으로 "해석"할 수 있는 한, 많은 수의 지식인들이 당-국가를 통해서 당-국가와 함께 기꺼이 일할 수 있도록 유지하기에 충분히 괜찮은 것이었다.

그 일에는 최상위 정책 토론에 참여하는 것이 포함되었다. 1996년에 류지劉吉(1935- , 중국 사회 과학원 부원장)는 **마음을 터놓고 총서기와 대화하기**에 참여할 젊은 기성 학자를 조직했는데 장쩌민의 경제 개혁 비전을 홍보하고 좌파 지식인이 추가적 개혁에 반대해 공개 선언하는 것을 반박하기 위해서였다. 기성 지식인은 당내에서 개혁주의자 및 보수주의자 지도자들의 도구 역할을 했지만 조지프 퓨스미스Joseph Fewsmith가 지적한 것처럼 그들도 "새로운 여론 영역"에 참여하기도 했다. 퓨 스미스는 1996년 개혁에 관한 공개 토론이 "현대 중국의 정책 형성에서 지식인의 역할이 더 크다는 점을 반영했다. 반면에 그들은 지식인과 광범위한 대중 사이에서 독자적으로 자라나는 견해에 대해 대응하고 반박하고 장려할 필요성이 증가한다고 제안했다"고 썼다.53) 떠오르는 대중은 1990년대에 당이 애국심 교육 운동에서 대중적인 민족주의로 부추겨졌고, 다음 2000년대의 이데올로기적 순간에는 대중적 민주주의가 사회적 미디어 세계로 변모하게 될 것이었다.

마음을 터놓은 대화에 장쩌민을 위해 글을 쓴 싱번쓰, 루신, 쑤쌍비와 그들의 부하 동료들은 지식인 간부의 지속적인 역할과 당을 개혁하려는 그들의 노력에 대해 목소리를 냈지만, 많은 중국 지식인들에게 텐안먼은 지식인과 중국 공산당 간의 마오주의의 방식을 깬 것이었다. 1990년대 중반까지 중국의 지식인은 명확히 대체하는 공적 역할이 없는 해체된 지식인이 되었다.54) 지식인들은 지식계를 뒤흔든 『독서讀書』와 같은 잡지로 출판

---

53) Joseph Fewsmith, *China since Tiananmen: From Deng Xiaoping to Hu Jintao* (New York: Cambridge University Press, 2008), p.192에서 생생하게 논의되었다.

54) 메를 골드먼(Merle Goldman)은 1990년대를 설명하면서 이러한 공적 역할이 없는 지식

계에 다시 돌아왔지만 왕뤄수이와 류빈옌이 톈안먼 이전에 할 수 있었던 것처럼 전국적 매체에서 그들의 최근 생각들을 과시하듯 보여줄 수 없었다. 한편 선전 국가의 통일된 공적 영역은 수백 개의 새로운 신문, 잡지, TV쇼 및 영화가 확산됨에 따라 분열되었다. 1990년대가 끝날 무렵 더 이상 지식인을 위한 "전국적인 청중"은 없었다. 그들이 누렸던 포스트마오 시대의 자유는 영향력을 잃는 대가로 온 것이었다. 1990년대 중반 중국의 일부 문학 비평가들은 새로운 시기 "포스트 신시대" 또는 중국의 포스트모더니즘을 선언했다. 이 새로운 세계는 무신경하고 상업적이고 냉소적이며 당의 책자나 지식인의 고뇌보다는 천 배는 더 재미있었다. 이것은 중국의 소란스럽고 상업적인 대중문화의 탄생으로 "10가지 종류의 인민들에 대한 새로운 노래"에 포착되어 있다:

> 제1계급 시민은 간부들이라지.
> 나이가 많건 적건 그들은 나태하게 부를 누리지.
> 제2계급 시민은 기업가들이라지.
> 휴대 전화를 벨트에 꽂고 있지.
> 제3계급 시민은 매판들이라지.
> 외국인들이 큰돈을 벌 수 있게 돕지.
> 제4계급 시민은 배우들이지.
> 엉덩이 한 번 흔들 때마다 천 달러는 벌지.
> 제5계급 시민은 변호사들이지.
> 피고인과 원고 모두에게 바가지를 씌우지.
> 제6계급 시민은 외과 의사들이지.
> 당신의 배를 갈라놓고 뇌물을 요구하지.
> 제7계급 시민은 행상이지.

인 모델을 채택했다. *From Comrade to Citizen: The Struggle for Political Rights in China* (Cambridge, MA: Harvard University Press, 2005), p.4.

하룻밤에 그들의 주머니는 동전으로 부풀어 오르지.

제8계급 시민은 선전가들이지.

사나흘마다 연회에 가 배를 가득 채우지.

제9계급 시민은 교사들이네.

어떤 진미도 맛보지 못해.

제10계급 시민은 노동자, 농민, 군인들이네.

레이펑에게서 배우느라 등이 굽고 엉덩이가 터지네.55)

이 짧은 노래는 변호사와 의사와 같은 전문직의 복귀와 함께 인민 해방
군의 소년 선봉대 모델 병사인 레이펑雷鋒의 애처로운 사례를 따르느라
"그들의 엉덩이가 터지는" 서열의 맨 아래 놓이는 노동자, 농민, 군인들
-문화대혁명의 영웅들- 의 역설적인 반전과 같은 사회적 변화를 포착했
다. 거기서 그리 멀리 떨어져 있지 않은 교사와 선전가들은 유교적 질서와
공산주의 하에서 지식인들을 숨쉬게 하는 역할을 했다. 불신의 눈초리를
보는 당과 마찬가지로 상업과 대중문화도 지식인들을 열외로 취급했다.
징왕王瑾(1949-2021 : 역주)은 "지휘자들은 정말로 크게 몰락했다"라고 결론
을 내린다. "그리고 모든 희망 사항에도 불구하고 어떤 대책반도 어떤 당
원도 문학과 문인의 특권적인 지위를 다시 회복시킬 수는 없었다."56)

지식인들은 변화를 알아차렸다. 일부는 소비지상주의로 하락해 버린 것
을 한탄했고 일부는 당이 주도하던 문화가 그들에게 더 강력한 역할을 부
여했던 좋았던 옛 시절을 갈망했다. 대부분은 그냥 지속해 나갔다. 1990년
대 초에는 두 가지 주요 선택이 있었다. 사업의 바다로 뛰어들거나下海 학
계의 숲으로 돌아가는 것이었다. 신문에는 온통 대학교수들이 자전거 수
리점이나 식당을 연 이야기들로 가득했다. 운이 좋은 사람들은 새로운 회

55) Jing Wang, *High Culture Fever: Politics, Aesthetics, and Ideology in Deng's China*
   (Berkeley: University of California Press, 1996), p.263, Victor Mair 가 번역.

56) Wang, *High Culture Fever*, p.266.

사의 이사회에 자리를 얻었으며 모두가 새롭게 떠오르는 오락 시장의 상업 언론에 돈을 받고 글을 쓰기 시작했다. 또한 일부는 정부 관료로서 보장된 수입(철밥통)을 포기하고 자신의 회사를 차리려고 시도했다.[57] 그러나 대부분의 지적 엘리트는 국가의 계획과 지식인 성향이 합쳐져 새로 확장되는 대학 체제로 되돌려 보내졌다. 교수로서 학계 지식인들은 계속해서 글을 썼고 일부는 학술적이고 기술적인 맥락에서 새롭게 만들어진 전문 학술지에 쓰기도 했지만, 다른 일부는 현재 지적 저널의 토막난 공공 영역에서 활기차고 실제로 종종 독설을 주고받는 공개적인 토론에 기여했다. 이러한 지적 다툼은 다음 이데올로기적 순간을 규정할 것이지만 개혁의 마지막 순간에 이러한 새로운 목소리들 중 일부가 변화를 포착했다. 1980년대 말과 1990년대 초 상하이의 소장학자 쉬지린許紀霖은 근대화는 필연적으로 "지식인의 중심적 위치의 침식"을 수반한다고 결론을 내렸고 또 다른 젊은 학자인 왕닝은 이론가인 지그문트 바우만Zygmunt Bauman이 유럽 지식인은 비자발적으로 문화를 '제정하는 자'에서 더욱 겸손한 '해석하는 자'의 역할로 변모했다고 서술한 것을 환기시키면서 중국 지식인들도 그렇게 할 것을 촉구했다.[58]

한편 유사한 사회적 변화와 학생 시위가 타이완의 삶에 흔적을 남겼다. 1980년대 내내 집권 국민당의 지배 장악력은 증가하는 중산층과 가만히 있지 않는 학생들의 요구에 부응하여 느슨해졌다. 중국의 톈안먼 시위 일년 후 타이완 국립 대학교 학생들이 타이페이에 있는 기념 광장에서 연좌 농성을 했다. 학생들은 타이완의 총통과 국회의 직접 선거를 원했다. 약 2만 명으로 늘어난 그들의 시위는 국회에서 총통으로 선출된 국민당 리덩

---

57) Xiuwu R. liu는 *Jumping into the Sea: From Academics to Entrepreneurs in South China* (Lanham, MD: Rowman & littlefield, 2001)에서 1990년대 공직을 버리고 전자 회사를 창업한 세 명의 학자들에 관한 생생한 구술사를 제공한다.

58) Xu Jilin and Wang Ning, Wang, *High Culture Fever*, p.265.에서 인용.

후이李登輝(1923-2020)의 취임과 동시에 일어났다. 학생들은 타이완인으로서의 정체성을 보여주기 위해 흰색의 타이완 백합을 달았고 따라서 이 운동은 야생 백합 학생 운동野百合學運으로 알려지게 되었다. 그러나 타이베이와 베이징의 상황은 중요한 측면에서 달랐다. 리덩후이가 민선으로 선출되지는 않았지만 야당인 민주진보당民進黨은 몇 년 전에 합법화되었고 타이완은 분명히 민주적 개혁의 길을 걷고 있었다. 실제로 학생 시위에 대한 리덩후이의 반응은 50명의 학생을 총통부로 초대해 향후 몇 달 안에 민주적 개혁을 할 것을 약속했다. 그는 약속에 따라 분명하게 선거 정치로 전환할 수 있도록 했고 리덩후이는 1996년에 열린 총통선거에서 선거를 허용하여 승리하면서 타이완 최초로 민주적으로 선출된 총통이 되었다.59)

타이완 역시 논쟁적인 대중 지식인이 있었고 그중에 저명한 이가 1949년 장제스의 군대가 그곳으로 후퇴했을 때 타이완으로 이주한 소설가, 언론인, 정치 평론가인 보양柏楊(1920-2008)이었다. 1960년대 초에 보양은 국민당의 정치적 지배에 대해 점점 더 비판적으로 되었다. 그는 장제스의 명예를 훼손한 혐의로 체포되어 10년 동안 수감되었으며 그 대부분의 기간 동안 남동쪽 해안에서 떨어져 있는 악명 높은 뤼다오綠島의 유형지에 수감 되었다. 1975년 장제스가 사망한 후 석방된 보양은 본토 동포들처럼 중국 문화 자체로 분노를 돌렸다. 1984년 그가 아이오와Iowa주에서 한 강연은 『추악한 중국인醜陋的中國人』이라는 책으로 나왔다. 그것은 보양이 죽을 때까지 계속 살았던 타이완뿐만 아니라 중국에서도 엄청난 논란을 일으켰다. 1920년대와 1930년대에 루쉰의 무자비한 해설과 풍자 이래 중국인의 특성이 그렇게 직설적인 비평에 직면했던 적은 없었다.

보양은 곧이곧대로 말했다.

---

59) Linda Chao and Ramon H. Myers, *The First Chinese Democracy: Political Life in the Republic of China on Taiwan* (Baltimore: Johns Hopkins University Press, 1998).

심지어 미국에 거주하는 중국인들 사이에서도 좌파, 우파, 온건파, 무소속, 좌익 온건파, 온건 좌파, 우익 온건파, 온건 우파가 공통의 언어를 찾지 못하고 끊임없이 서로를 못 잡아먹어 안달인 어처구니없는 상황을 발견할 수 있다. 이것은 중국인에 대해 무엇을 의미하는가? … 그런 위대한 사람들이 어떻게 그런 추악한 상태로 퇴보하는 것이 가능한가?[60]

보양은 명료하다. "내 대답은 이것이 특정 개인의 문제가 아니라 중국 문화 전체의 문제라는 것이다." 보양은 동포의 잘못을 열거한다. 내분: 잘못을 인정하지 못하고 타인을 비난하는 성향. 고질적인 자만과 과시: 자신이나 타인을 존중하지 못함. 그러나 보양은 "너무 혐오스러운 자질을 많이 가졌기에 중국인 자신만이 스스로 자신들을 개선할 수 있다"고 결론지었다. 그의 해결책은 개인적인 판단력을 개발하는 것이었다.

추악한 중국인의 상황을 개선하는 유일한 방법은 우리 각자가 개인적인 취향과 판단력을 기르는 것이다. 우리가 형편없는 배우라 해도 적어도 연극을 즐길 수는 있다. 무대에서 일어나는 일을 이해하지 못하는 사람들은 음악, 조명, 의상, 풍경을 즐길 수 있고 이해하는 사람들은 드라마를 예술 형식으로 감상할 수 있다. 그러한 구별을 하는 능력은 그 자체로 큰 성취다. … 나는 나의 자유와 권리가 있다. 정부가 나에게 제공하든 안하든 간에. 우리가 적절한 판단을 내릴 능력이 있다면 우리는 선거를 요구하고 후보자를 엄격하게 선택할 수 있다. 하지만 이 능력이 없으면 아름다운 여성과 마마 자국이 있는 노파를 구분할 수 없다.

보양이 제기한 주제의 많은 부분, 효과적인 민주주의를 위한 기반과 같은 것은 다음 회생의 이데올로기적 순간의 지적 논쟁을 지배하게 될 것이다.

---

60) Bo Yang, "The Ugly Chinaman," Barmé and Minford, *Seeds of Fire*, pp.170-1, 175-6의 번역에서 인용. (보양 지음, 김영수 옮김, 『추악한 中國人』, 창해, 2005)

지속되는 관념, 1985

인민에 대한 관념은 마오쩌둥 이후 이 개혁의 이데올로기적 순간에 문화대혁명의 이상화된 집단적 이미지로부터 벗어났다. 1970년대 말 예전 홍위병의 벽보로부터 왕뤄수이와 같은 당 이론가, 1989년 톈안먼 광장의 학생들에 이르기까지 "인민"은 집단적 인민이 아닌 개인人이 되었다. 중국의 국민은, 여전히 일반 대중을 대변할 수 있다고 생각했던 지식인과 함께 집단 정체성이나 계급 투쟁이 아닌 개인과 개인적 가치가 정치의 초점이 되어야 한다고 요구했다. 지식인들은 이 새롭게 강조되는 개인이 공적 생활과 어떻게 연결되어야 하는지를 탐구했지만 "인민"의 계급이나 국가적 정의는 이 기간 동안 초점이 되지 않았다. 리쩌허우는 개인의 주관성을 찾고 설명하고 기르려는 그의 탐색으로 이 순간을 대표했다. 동시에 포스트 마오 선전 국가가 전체 통제에서 전략적 의사소통 관리로 한발 물러나면서 중국의 소란스러운 대중문화는 중국의 "지시된 공공 영역"의 더욱더 편안한 버전으로 들어갈 수 있게 되었다. 따라서 "열 종류의 인민"과 같은 짧은 노래들이 정치 및 경제 엘리트는 멋들어지게 앉아있고 노동자, 농민, 군인은 추위에 떨고 있는 "인민" 사이의 사회 계급 분화의 재등장을 조롱할 수 있었다.

중국(인)은 중국인中國人 또는 중국적中國的(중국에 관련된)인 것으로 남아 있었다. 그러나 1980년대 중국에 대한 논의는 문화, 중국 문화中國文化에 초점이 맞춰졌다. 이 고통스러운 성찰과 개혁의 기간 동안 이 초점은 중국 문명의 성격적 결함 – 유교 유산 그 자체보다 정치적 압제와 사회적 무책임의 "봉건적" 특성 측면에서 더 바라본 – 에 대한 비판의 형태를 취했다. 이것은 1910년대와 1920년대의 5·4 운동 시기 중국 문화에 대한 비판을 유사하게 반영하고 있지만 1980년대에는 이러한 비판의 조건이 결정적으로 달랐다. 1980년의 중국은 외세에 의해 점령되지도 않았고 국가는 매우 강했고 약하지 않았다. 따라서 중국적 특성에 대한 비판은 1920년대와 비교하면 1980년대에는 다르게 나타났다. 개혁의 순간은 스스로에게 문화대혁명 같은 것을 초래할 수 있는 문명에 대한 진정한 자기 의심으로부터 시작되었다. 1990년대 중반 경제적 성공의 시작과 함께 결속력을 위해 새로운 전국적인 교육 운동으로 민족주의를 확산시키려는 당의 공동 노력은 영향력이 있었고 특히 다음 세대에게 그러했다.[61] 1996년 전국의 베스트셀러는 반외세 선언문인 『NO라고 말할 수 있는 중국中国可以说不!』이었다.

마오쩌둥과 중국 공산당에게 **민주주의**는 민주집중제였다. 마오쩌둥은 1957년 2월 자신의 가장 자유주의적인 연설인 "인민 내부의 모순에 대한 올바른 처리에 관하여"의 원본에서조차 "민주주의는 리더십이 있는 민주주의다. 그것은 무정부주의의 민주주의가 아니라 중앙집권적 리더십 아래의 민주주의다"라고 선언했다.[62] 1979년 덩샤오핑은 그의 4개 기본 원칙에서 이것을 반복했다. 그러나 이 개혁의 순간 이 공식적인 개념은 당 내부와 사회의 양방향으로부터 도전을 받았다. 당 지식인들은 정치 권력의 분권화를 요구하기 위해 마르크스주의 이론과 당의 경험을 인용했다. 민주주의는 먼저 정규적인 절차를 거친 다음 개인을 위한 절차적 목소리, 그리고 마지막으로 법을 통한 개인 보호가 필요했다. 팡리즈 같은 몇몇은 자유 민주주의의 입장으로 완전히 이동하여 당에서 쫓겨났다. 당 밖에서는 젊은 학자와 급진적인 학생들이 모두 민주주의와 개인주의라는 개념을 받아들였지만, 법적 체제가 민주적 정치를 어떻게 규제하는지에 대해서는 모호한 생각을 지니고 있었다. 그러나 서구는 모방하거나 이겨야 하는 민

---

61) 애국주의 캠페인에 관해서는 Geremie Barmé, *In The Red; and Suisheng Zhao, A Nation-State by Construction: Dynamics of Modern Chinese Nationalism* (Stanford, CA: Stanford University Press, 2004)을 보라.

62) MacFarquhar, Cheek, and Wu, *Secret Speeches*, p.133.

주주의의 본보기였다. 당은 1989년 여름에 자국민을 대상으로 한 "충격과 공포" 전술을 통해 분명하게 통제권을 회복했다. 그래서 1990년대를 통해 경제 성장과 더욱더 활기차고 다채로운 소비 생활의 삶이 꽃피는 동안 민주주의 문제에 대해서는 침울한 정치적 휴전이 유지되었다.

1990년대의 중국

지식인 간부들의 황혼은 이러했다. 1990년대에는 점점 더 많은 기성 지식인이 단순한 공무원으로 주변화되어 갔다. 이미 마오쩌둥 혁명을 공모한 것으로 인해 불신 당했고 이제 경제 개혁으로 인해 기득권을 잃고 명망이 낮아졌으며 다른 대안자들에게 지식인 간부 역할을 넘겨주게 되었다. 1995년 이후에는 더 이상 덩퉈 또는 왕뤄수이처럼 널리 존경받는 지식인으로서 높은 지위를 누리며 정부 업무에 종사하는 인물은 없을 것이었다. 물론 당 지식인과 정부 관료들은 계속 존재했다. 톈안먼 이후 백화 운동을 지지하는 새로운 기성 지식인 중 한 명인 싱번쓰는 2000년대에 주요 당 이론 잡지인 『구시求是』의 편집자로 살았다. 그러나 관변 밖 중국 지식인들은 그를 거의 알지 못했고 그 잡지를 읽지도 않았다. 1980년대에는 그러한 기성 지식인들이 인민들의 선지자였다면 1990년대 말에는 그들은 단지 성직자들에게 말하는 신학자일 뿐이었다.

지식인 간부의 역할은 1990년대 광범위하게 확장된 대학의 학자가 중국 지식인을 위한 대안적 직업으로 부상되는 것과 병행해 소멸되었다. 1995년 교육부는 211 프로젝트를 시행해 중국 최고 수준의 연구 대학을 새롭게 성장시키기 위한 자금을 지원하고자 했다. 2000년까지 중국 전역에 걸쳐 약 2천2백36개의 대학에 등록한 학생은 2천만 명이 넘었다.[1] 중국의 사상가와 작가는 교수와 전문가로 전환하기 시작했다. 이 교수들의 지적

---

1) Li Lixu, "China's Higher Education Reform 1988-2003: A Summary," *Asia Pacific Education Review*, Vol.5, No.1 (2004), pp.14-22.

작업은 대학 학과 및 전문 학술지의 학문 체계를 통해 대부분 인증되었기 때문에 이것은 전문화의 한 형태였다. 마찬가지로 전문 협회와 그들이 부여한 사회적 지위인 의사, 엔지니어, 다양한 분야의 과학자, 심지어 변호사까지(정치적 문제에 대한 밀접성으로 인해 위험한 직업군이 되었지만) 되돌아왔다. 그러나 이러한 전문 지식인의 대다수는 자신의 분야에서 자신의 업무에 관심을 가졌기 때문에 문화적 또는 비판적 지식인의 범주에 들어오지는 않았고 성장해 가면서 안목 있는 청중이 되었다.[2]

톈안먼의 불길 속에서 마르크스주의 개혁이 실패하면서 공식적 이데올로기가 쇠퇴하기 시작했다. 1990년대 후반에 이르면 지식인들은 더 이상 마오주의의 용어를 통해 자신의 이상과 정치적 명제를 표현하고 토론하지 않았고, 새로운 세대의 당 지도자들은 이를 허용했다. 당 이데올로기는 오늘날의 모습이 될 것이며, 정치 활동가들이 언급할 만한 정치 강령이 될 것이었다. 그것은 더 이상 명료하게 논쟁의 형태를 만드는 사고 체계가 아니었다. 현재의 정책에 순응하고 당 지도자들의 이름을 거명하며 비판하지 않는 것으로 충분했다. 이것은 그의 생애 동안의 마오주의처럼 대문자 "I"로 시작하는 거대한 이데올로기에서 소문자 "i"로 시작하는 덜 도그마적이며 좀 더 다양한 제안 뒤 공유하고 있는 가정과 같은 이데올로기로 전환되었다. 그럼에도 불구하고 우리는 "살아있는 마오주의"에서 일부 작동하는 부분과 가정들이 여전히 2000년대에도 중국의 지적 논쟁의 형태를 만들고 있음을 보게 될 것이다.

1990년대의 공공 영역에서 미디어 스타, 광고 및 소란스러운 타블로이드 언론의 귀환으로 가득 찬 상업 미디어와 출판 시장의 복귀가 목격된다. 여기에서 이전의 두 가지 형태의 공공 영역 즉 인쇄 자본주의와 선전 국가

---

2) 나는 지식인의 세 가지 주요 유형(전문적, 문화적, 비판적)을 구별하는 데 베버식 체계를 기본적으로 따른다. Hao, *Intellectuals at a Crossroads*, pp.377-95를 참고.

에서 이 새로운 공공 영역 즉 오늘날의 지시된 공공 영역이 형성되게 되었다. 1930년대보다 덜 자유롭지만 1960년대보다 더 자유로운 중국의 지시된 공공 영역은 다양한 상업 매체와 맞지 않는 이미지들과 정부 당국의 적극적인 검열을 특징으로 한다. 다음 이데올로기적 순간은 이 공공 영역에 세 번째로 추가되는 것인 인터넷에 의해 형성될 것이다.

도시 거주민들에게 덜 분명했던 것은 전국 향촌 지역에서 펼쳐진 대중문화의 부활인데, 사당과 사원, 지역 치료사 및 설교자와 같은 대중 종교의 부흥과 함께 모든 종류의 "민간民間"의 문화 교류가 포함된다. 이 시기에 기공 훈련 열풍과 파룬궁 명상 집단이 부상했다. 더 다채롭고 다양하지만 이보다 느슨하고 대중적이며 상업적인 미디어는 과거에도, 그리고 현재에도 중국 공산당의 지시된 공공 영역의 제약 속에서 운영되었고 운영 중이다.

1990년대에는 기업 활동의 기회가 폭발적으로 증가했고 일부는 부자가 되었다. 덩샤오핑의 당은 그들을 주자파走資派라고 비난하는 것이 아니라 생산에 기여했다고 찬사를 보내며 "부자가 되는 것은 영광스러운 일이다!"라고 선언했다. 소수의 당 밖의 사람들이 상당히 부자가 되어 당이 곧 다루어야 할 사회적 세력이 되었다. 1990년대 중반까지 당의 애국 교육 캠페인은 1996년에 『NO라고 말할 수 있는 중국中国可以说不』에 반영된 악성 중국 민족주의의 부활을 낳았다. 이 대중적인 민족주의는 뿌리를 내렸고 곧 당이 통제하기 어려운 세력이 될 것이었다.

1980년대의 웅대한 지적 프로젝트의 실패와 톈안먼의 위기로 인해 지식인들은 길을 잃은 상태가 되었고 새로운 사회적 역할과 마오주의의 대체물을 찾게 되었다. 대도시 지식인들 사이의 지적 논쟁은 이치에 맞지 않고 모호하며 개인적이고 결론에 이르지 못하게 되었다. 지식인은 더 이상 사회의 교사가 아니었고 당을 대변하지도 않았다. 그들은 자기 탐구의 시대로 들어갔다.

6
회생
중국몽을 실현하다(1996-2015)

베이징 스타벅스에 있는 찬쿤충陳冠中

2008년 베이징 올림픽 전야 중국 공공 지식인의 삶에 스타벅스와 야후!는 부적이 되었다. 2006년 작가이자 지식인 단체의 조직가인 찬쿤충陳冠中은 베이징의 커피숍을 자주 방문했다. 때로는 위의 그림에서처럼 대도시에서 번창한 많은 스타벅스 중 하나였지만, 종종 그것은 학자들과 사려 깊은 사업가 그리고 해외의 중국 디아스포라인 문화 사업가들과 연계하여 "떠오르는 중국"과 외부 세계와의 관계를 이해하려고 했던 서점과 연결된 카페였다. 한편 찬쿤충은 당대 중국인의 삶의 문제에 관한 비판적인 소설을 출판하기 시작했다. 같은 시기에 선동적인 문학 평론가이자 인권 운동가인 류샤오보劉曉波는 베이징의 집에서 컴퓨터와 온라인에 있었다. 그는 블로그에 (글을) 추가하고 인터넷에 찬사를 보냈다. 류샤오보는 1989년 톈안먼 시위에서 수행했던 역할로 인해 6월 4일 처음 체포되었고 가장 최근에는 1996년 후반에 시위 활동으로 수감되었던 그에게는 인터넷이 새로운 세상을 열었다. 그는 중국에서 출판할 수 없었지만 중국 밖에서 출판하는 것은 용인되었다. 그러나 인터넷이 나오기 전에는 해외로 안전하게 원고를 보내는 데 많은 시간과 노력이 필요했다. 이제 이메일로 그의 가장 최신 기사를 보내고 해외에 있는 편집자로부터 몇 시간 만에 답변을 받았다. 컴퓨터와 인터넷은 놀랍다고 류샤오보는 열광한다. 그것들은 그의 세계를 상상할 수 없을 정도로 확장시켰고 글을 더욱 강력하게 만들었으며 충분한 수입을 만들어 주었다. 이러한 온라인 출판의 용이성 덕분에 류샤오보는 중국의 민주주의를 위한 청원서인 "08헌장"에 참여해 주 저자가 되었으며, 그로 인해 2008년에 구금되어 징역 11년 형을 선고받았다.

위커핑俞可平(1959-): 민주주의는 좋은 것(2006)

민주주의는 좋은 것이지만 민주주의가 모든 것을 할 수 있다는 의미는 아니다. 민주주의는 주권이 인민에게 속한다고 주장하는 정치 체제이지만 인간 사회를 통치하는 많은 체제 중 하나일 뿐이다. 민주주의는 주로 사람들의 정치 생활을 조절하지만 다른 제도를 대체할 수 없으며 인간 삶의 모든 것을 조절할 수 없다. 민주주의에는 내적인 한계가 있다. 만병

통치약이 아니며 인류의 모든 문제를 해결할 수 없다. 그러나 민주주의는 기본적인 인권을 보장하고 모든 사람에게 동등한 기회를 제공하며 기본적인 인간 가치를 대표한다. 민주주의는 사람들의 생계 문제를 해결하는 수단일 뿐만 아니라 인간 발전의 목표이기도 하다. 다른 목표를 달성하기 위한 도구이기도 하며 민주주의도 인간의 본성과 조화를 이룬다. 식량과 주택이 널리 보급되어 있거나 모두에게 보장되더라도 민주적 권리 없이는 인간의 품성은 불완전하다.

… 민주주의는 인민이 다스리기 때문에 인민의 선택을 존중해야만 한다. 한 국가의 정부가 인민이 선택하지 않은 체제를 받아들이도록 강제하는 수단을 사용한다면 이것은 민주주의를 가장한 국가의 독재와 폭정이다. 한 나라가 주로 폭력적인 방법을 사용하여 다른 나라 사람들이 소위 민주주의 체제를 받아들이도록 강요한다면 이것은 국제적인 독재와 폭정이다. 국가의 폭정이나 국제적인 폭정은 모두 민주주의의 본성에 위배된다.

우리 중국인은 현재 독특한 중국적 특성을 지닌 강하고 현대적인 사회주의 국가를 건설하고 있다. 우리에게 민주주의는 좋은 것일 뿐만 아니라 필수적인 것이다.[1]

08헌장(2008)

중국 최초의 헌법이 작성된 지 백 년이 지났다. 2008년은 세계 인권 선언 60주년, 베이징 민주의 벽 출현 30주년 그리고 중국이 시민적, 정치적 권리에 관한 국제 규약에 서명한 지 10주년이 되는 해이기도 하다. 우리는 1989년 민주주의를 외친 학생 시위대를 톈안먼에서 학살한 20주년을 맞이하려 하고 있다. 이 기간 인권의 참사와 무수한 투쟁을 견뎌온 중국인들은 이제 많은 이들이 자유, 평등, 인권을 인류의 보편적 가치이며 민주주의와 입헌 정부는 이러한 가치를 보호하기 위한 기본 틀이라는 것을 분명히 인식하게 되었다. … 중국은 세계의 주요 국가이며 유엔 안전 보장 이사회 5대 상임 이사국 중 하나이자 유엔 인권 위원회 회원국으로서 인류의 평화와 인권의 증진에 기여해야 한다. 안타깝게도 오늘날 우리는 주요 국가 중 권위주의적 정치의 수렁에 빠져 있는 유일한 나라이다.

우리의 정치 체제는 계속해서 인권 참사와 사회적 위기를 만들어 내고 있으며 이로 인해 중국 자체의 발전을 가로막고 있을 뿐 아니라 모든 인류 문명의 진전을 제한하고 있다. 이것은 반드시 진정으로 변해야만 한다. 중국 정치의 민주화를 더는 미룰 수 없다.

이에 따라 우리는 결연히 시민 정신을 실천에 옮겨 08헌장을 선포한다. 우리는 정부 안에 있거나 그렇지 않거나 사회적 지위에 상관없이 비슷한 위기감과 책임감, 사명감을 느끼는 동료 시민 여러분이 이 시민운동의 광범위한 목표를 수용하기 위해 작은 차이는 고려하지 말기를 소망한다. 우리는 함께 중국 사회의 주요한 변화와 자유롭고 민주적이며 입헌적인 국가를 신속히 확립하기 위해 일할 수 있다. 우리는 백년 이상 우리 인민이 끊임없이 추구해 온 목표와 이상을 현실로 실현할 수 있으며 중국 문명의 눈부신 새 장을 열 수 있다.[2]

바이퉁둥白彤東(1970-): 오래된 국가를 위한 새로운 사명(2009)

중국 지식인들은 이 비정상적인 왕조(청)의 가장 약한 순간을 중국 전통 정치의 핵심을 대표하는 것으로 착각하고 현혹되어 전통을 비판하는 데 집중하는 실수를 했다. 5·4 운동(1919) 동안 중국 급진파들은 "공가점(孔家店)"의 철거를 요구했다. 중국 정치의 권위주의적 요소를 제거하기 위한 그들의 시도가 역사적으로 [권위주의적 법치주의적 요소에 대한] 주요 균형추 역할을 했던 유교적 요소를 해체하도록 도왔다는 것은 슬픈 아이러니이다. 결과적으로 중국 정치는 그 이후로 훨씬 더 권위주의적인 경향을 띠었고 중국의 전통 정치가 순전히 권위주의적이라는 급진파들의 신념을 더 강화시켰다. 예를 들어 초기 공산주의 통치(중국 공산주의자들은 5·4 운동에서 가장 급진적인 편에 속했다) 하에서 마을 관리들조차 중앙 정부가 직접 임명했다. 그러나 중국 역사의 대부분을 통틀어 현縣 이하의 지역 사회는 종종 상당한 수준의 자율성을 누렸다. 최근 중국은 많은 중국인과 서양인이 민주화의 신호로 환영하는 마을 단위의 선거를 실험했다. 그러나 이러한 발전은 정권이 훨씬 덜 권위적이었던 전통 정치로 회귀한 것으로 볼 수 있다.[3]

이데올로기적 순간: 중국몽과 번영의 위험성

2000년대 초에 중국은 놀라운 경제 성장, 번영하는 도시, 증가하는 중산층, 국가적 자신감 증가를 통해 세계를 경이롭게 했다. 한 세기 전, 량치차오가 "중국을 구하기" 위한 방법을 찾기 위해 분투했던 상황과 이보다 더 대비될 수는 없다. "부상하는 중국"은 국내외를 막론하고 선전 문구가 되었다. 중국 공산당은 어떻게 예상을 깨고 민주적 개혁에 정치적 권력을 양도하지 않은 채로 20년 이상 지속된 경제 성장을 제공할 수 있었을까? "중국 모델" 또는 "베이징 컨센서스"에 대한 이야기들은 조지 W. 부시의 "워싱턴 컨센서스"와 미국 신자유주의자들의 승리주의에 도전하기 시작했다. 중국의 자신감의 상승은 2008년 8월 베이징 올림픽과 함께 최고조에 이르렀다. 행사 준비는 중국 서부 티베트 주변의 봉기와 중국이 올림픽 성화를 세계에서 봉송하는 중 시위자들과 맞닥뜨리며 이어진 세계 전역에서의 충돌로 인해 손상되었다. 그러나 게임 자체는 성세중국盛世中國을 알리고 축하하는 축제였다.4) 불과 몇 달 후 미국에서 금융 위기가 발생했고 그에 따른 국제 금융 위기는 중국의 시대가 도래했고, 한 세기가 넘도록 중국의

---

1) 俞可平, 『民主是個好東西』(2006년 첫 출간), 번역은 Yu Keping, *Democracy Is a Good Thing: Essays on Politics, Society, and Culture in Contemporary China* (Washington, DC: Brookings Institution Press, 2009), pp.4-5.

2) Liu Xiaobo, *No Enemies, No Hatred: Selected Essays and Poems*(Cambridge, MA: Harvard University Press, 2012), pp.301 and 309-10.

3) 白彤東, 『舊邦新命―古今中西參照下的古典儒家政治哲學』옛 나라의 새로운 사명: 고금중서 참고 하의 고전 유가 정치 철학 (北京: 北京大學出版社, 2009), 번역은 Bai Tongdong, *China: The Political Philosophy of the Middle Kingdom* (London: Zed Books, 2012), pp.174-5.

4) Geremie Barmé, "China's Flat Earth: History and 8 August 2008," *China Quarterly*, No.197 (March 2009), pp.64-86; 그리고 Jeffrey N. Wasserstrom, *China in the 21st Century: What Everyone Needs to Know*, 2nd edn. (New York: Oxford University Press, 2013), p.10l.

삶을 규정해 온 서구 지배의 시대가 지나가고 있다는 느낌을 강화할 뿐이었다. 2012년 새로운 당 지도자인 시진핑習近平(1953-)은 모든 사람이 "중국몽"을 추구하고 달성할 것 즉 과감하게 꿈꾸고 꿈을 성취하기 위해 열정적으로 일하고 국가에 새로운 활력을 부여하는 데 기여할 것을 요청하여 이 떠오르는 공식적인 중국 승리주의를 이용했다.5)

그러나 이 행복한 상태는 그 자체로 도전을 가져왔다. 이제 중국은 어느 정도의 부와 권력을 얻었고 국제적으로 존경받거나 적어도 존중을 표하는 태도로 대우를 받게 되었다. 개혁의 성과를 어떻게 다룰 것인가? 국내에서 어떻게 부를 나눌 것인가? 역내 및 세계무대에서 책임감 있는 참여자가 되는 방법은 무엇인가? 요컨대 오늘날 중국의 이데올로기적 순간을 규정하는 질문은 어떻게 강국이 될 것인가?이다. 중국 공산당에게는 어떻게 통치정당으로서 정통성을 확보할 것인가와 중화인민공화국의 외교정책을 잘 처리할 것인가 하는 방법으로 해석될 것이다. 공공 분야의 중국 지식인에게는 이 질문은 더 폭넓다. 어떻게 정의로운 사회가 되고 세계에서 긍정적 리더가 될 수 있을까?

찬쿤충陳冠中과 류샤오보劉曉波와 같은 중국의 지식인도 마찬가지로 새로운 세계에서 활동하고 있었다. 중국 지식인이 당 - 국가로부터의 벗어나는 모습은 이미 1995년에 뚜렷했고 빠른 속도로 진행되었다. 새로운 역할이 확립되었는데 특히 대학교수, 원고를 판매하는 독립 작가, 저널리스트, 책과 잡지 편집자, 모든 분야의 사업가 등 다양한 방식의 전문가로서였다. 씽크탱크, 연구 기관, 심지어 선전 부서의 정부 일자리는 지속되었지만 이러한 지식인 간부들은 해당 분야에서 기능적으로 특화되어 전문가로 관료

---

5) "청년들은 중국몽의 실현을 위해 기여 하도록 권고 받아야 한다"는 시진핑의 인용은 新華網, 2013.5.4, http://news.xinhuanet.com/english/china/2013-05/04/c_1323 59537.htm. 이 구호의 역사와 현재 사용에 관해서는 공식 영자지인 *China Daily*에서 다루었다. www.chinadaily.com.cn/china/Chinese-dream.html, 2015년 6월 25일 접속.

체제에 조언하고 봉사하는 역할로 물러나 더는 "인민을 위해" 말하지는 않았다. 지식인 간부와 기성 지식인의 국가의 교사, 사회의 역사적 변혁에 능동적 지도자, 심지어 중국 문화유산의 보고라고 치켜 세워졌던 역할은 아직 강하게 남아 있긴 했지만 점점 더 기억에 불과한 것이 되어갔다. 중국 사상가와 작가 중 일부는 그 정체성을 과거로 남겨두고 포스트 지식인의 관점에서 이야기하기 시작했다.

지식인(지식분자)은 민국의 무능한 문화 비평가들이었으며 마오쩌둥 치하의 재난에서 비난받을 만한 시녀였다. 학자學者, 독서인讀書人, 작가作者, 평론가評論家 또는 지적으로 존경받는 전문직 중의 하나인 과학자, 언론인, 예술가, 의사, 변호사와 같은 사람이 되는 것이 더 나았다.

1990년대 후반 지식인들의 분위기는 자포자기였다. 주융의 1999년 저서 『지식인은 무엇을 해야 하는가?』는 그 분위기의 일부를 포착한다.

> 지식인만큼 엄청난 변화의 세기에서 그러한 극적 운명의 기복을 경험한 사회적 집단은 없을 것이다. 즉 창조의 영웅에서 다시 주조되어야 하는 대상으로, 담론의 주체에서 주변부의 하루살이가 되고 스스로를 단순하게 설명할 수 없다고 느껴 혼란스럽고 불분명한 이미지로 세상에 드러났다. 그들은 신화를 창조했으나 그 신화에 의해 산산조각이 났으며 그들은 흐름을 이끌었지만 그 흐름에 삼켜졌다. 그들은 탁월함의 귀감이었으나 완전히 비하되었다. 그들은 이상적 국가를 마음에 간직했으나 정신적 감옥을 만들었다. 그들은 비평가인 것처럼 보이지만 그들의 원죄에서 벗어날 수 없을 것으로 보인다.[6]

부상하는 중국에서 중국의 사상가와 작가들은 나아갔다. 그들은 커피숍과 대학에서, 최근에는 전자 태블릿을 사용해 온라인에 접속한다. 그들은 국

---

6) 주융(祝勇), 『知識分子應該幹什麼?』, p.1.

제적으로 더 많이 여행하고 있고 그들은 계속해서 스마트폰을 사용한다. 현재 중국에서는 웨이보로, 다른 곳의 트위터 같은 짧은 문자 메시지를 개척해 왔고 좀 더 최근에는 웨이신(위챗) 모바일 문자 메시지를 사용한다.[7] 설명하기 혼란스러운 세상이지만 현재 중국의 지식인이 사는 세상은 훨씬 더 혼란스럽다. 우리는 중국어로 소통하는 그들의 세계가 형성된 것과 불안해 하는 당정의 감시 아래 놓여 있지만 인쇄 자본주의와 인터넷이라는 예측할 수 없는 세력으로 발화된 지시된 공공 영역의 실상을 검토할 것이다. 이 유니버스 안에서 우리는 중국 지식인들의 공무의 세계, 학술 세계, 상업 세계, 협회의 세계 그리고 공개적인 반대자들의 외로운 세계인 많은 세계를 다시 방문할 것이다.

　우리는 공공 지식인(현재는 줄임말 공지公知로 알려짐), 즉 학문적 또는 직업적 전문 분야를 넘어서 공공 관심사 다루기를 선택한 이들에게 관심이 있다. 우리는 기성, 학계, 독립 지식인의 다양한 범주의 공공 지식인을 보게 될 것이다. 새로운 제한적 기성 지식인에는 중국 모델 이론가인 베이징 대학의 판웨이潘維(1964-), 주요 정부 씽크탱크에서 민주적 개혁의 당 옹호자인 위커핑, 보시라이薄熙來(1949-) 아래 좌익의 충칭 모델을 받아들인 칭화 대학의 추이즈위안崔之元(1963-)이 포함된다. 학계의 공공 지식인은 대학의 강단에서만이 아니라 공공 지식인 대중에게도 발언한다. 그들은 상하이의 쉬지린과 바이퉁둥, 그리고 베이징의 친후이, 왕후이, 쉬유위徐友漁(1947-)를 포함한다. 그들은 신좌파와 자유주의 진영 사이의 지적

---

7) 웨이신은 트위터와 유사한 중국의 마이크로 블로깅 서비스다(트위터는 중국에서 차단되어 사용할 수 없다). 중국 공산당의 강화된 검열 압력에 놓이게 된 2013년까지는 웨이보가 중국 지식인이 사용하는 지배적인 소셜 미디어 서비스였다. 이에 대한 대응으로 많은 사회적 논평이 모바일 장치에서 개별 사용자 간에, 혹은 일정한 수신자 목록에 마이크로 메시지를 제공하는 좀더 유연한 웨이신/위챗 형식으로 이동했다. 웨이신은 좀 더 적은 수의 사람들에게 도달하지만 통제하기는 어렵다.

교착상태에 놓인 이 세계에 활기찬 느낌을 준다. 찬쿤충은 우리에게 상업, 종교 및 지역 협회 – 다양한 신유교 단체 포함-와 인터넷이 교차하는 제3의 독립적인 공공 지식인의 세계로의 통로이다. 공공 지식인을 위한 이 세 가지 역할 사이에는 공개적으로 반대자를 택한 2010년 노벨 평화상 수상자인 류샤오보와 기득권 출신의 악동 공연예술가인 아이웨이웨이로부터 잘 알려지지 않은 활동가, 변호사, 불평불만분자에 이르기까지 공개적인 반대자를 선택한 외로운 영혼들이 있다. 이 모든 것이 성세중국 즉 번영하는 시대의 중국이다. 이 이데올로기적 순간에 중국의 사상가와 작가들은 이제는 스마트폰과 웨이신 계정을 가지고 계속해서 누가 "인민"이며 "중국(인)이 되는 것"은 무엇인지, "민주주의"가 무엇인지를 논쟁하고 있다. 그러나 그들은 더는 중국을 파멸로부터 구하기 위해서가 아니라 모든 중국인과 세계에 대한 약속을 이행하도록 중국에 촉구하기 위해서 그렇게 한다.

성세중국盛世中國에 대한 도전

1995년 중국은 지속적인 성장의 정점에 있었다. 이미 주요 도시는 큰 변화를 보이고 있었는데 맥도날드와 스타벅스와 같은 주목할 만한 외국 브랜드의 등장뿐만 아니라 마천루 빌딩 건설이 붐을 이루고 있었다. 동시에 일상생활이 근본적으로 변화했다. 도시 중국인의 삶을 형성한 기관인 단웨이單位의 힘은 1990년대에 약해지기 시작했다. 그때까지 자신의 작업 단위는 고용 및 건강 보험을 제공할 뿐만 아니라 대부분은 주거, 아동을 위한 학교 교육, 심지어 다음 세대를 위한 직업 배치도 제공했다. 그들은 또한 곡물, 육류, 기름 및 의복에 대한 배급 쿠폰을 나누어 주었다. 대학은 물론 학생들을 위한 단웨이였고 대학의 직업 배분 체제가 그때까지는 지식인들 삶에서 중요했던 것은 사실이었다. 십 년 전 천쯔밍과 왕쥔타오가 직업 배당 시스템을 통해 적절하지 않은 직업을 배치받는 식으로 처벌을 받아 베이징에서 비국영 씽크탱크를 만들게 되었던 것을 돌이켜 보라. 1990년대에는 점점 더 일자리를 찾고 전직하고 주택을 확보하고 식료품 쇼핑을 하거나 혹은 식당에 가는 일들은 관료제에서 시장으로 이동했다. 1990년대 중반 상하이 거리에서 가장 흥미진진한 발전은 유리창에 아파트 판매 정보가 잔뜩 붙어 있는 부동산 사무실이 확산된 것이었다. 이것은 거의 50년 동안 가능하지 않은 것이었다. 그것은 신선했고 흥미로웠으며 시간 소모적이었다. 덩샤오핑은 제대로 도박을 했다. 위험하게도 정치적 개혁에 초점을 맞추었던 중국 도시 계층의 불안과 에너지는 시장이 흡수했다.

중국 지식인들은 그러한 변화에 주목했다. 그들은 그것을 일상생활의 상업화라고 불렀다. 오락프로의 감흥, 쇼핑으로 머리를 식힐 수 있는 것, 돈벌이의 유혹과 함께 시장의 매력은 일상생활의 경제적 자유화의 일부였으며 그것들은 황홀했다. 이러한 시장의 활력을 향한 돌진은 중국의 이전 지식인 간부들의 정치적 소외를 더욱 악화시켰다. 정부와 거리를 유지하면서 중국의 지식인들은 이제 독서 대중이 관심을 기울이지 않는다는 사실을 알게 되었다. 지적 논쟁은 내부로 향했고 타이완 작가 보양이 1980년대에 확인한 것처럼 나쁜 습관들, 특히 지적 파벌주의와 반목에 걸려 비틀거렸다. 이 언쟁의 주요 당사자조차도 갈등이 종종 "찻잔 속의 태풍"임을 인정했다. 논쟁은 새로운 학술 잡지에서 벌어졌는데 처음은 『21세기二十一世紀』부터 시작하여 『학인學人』, 『독서讀書』, 『전략과 관리戰略與管理』 및 『천애天涯』로 이어졌다. 이러한 학술 잡지는 1980년대의 전국 언론보다 더 재량권이 있고 검열은 적게 이루어졌지만, 중국인 가운데 아주 소수인 –동료 학자, 학생과 지식인으로 확인된 사람들– 인구의 1%도 안되는 이들에게만 읽혔다.

1990년대와 2000년대 초의 지적 논쟁에 대한 설명은 사회과학, 인문학 및 정책 조언에 걸쳐 꽃을 피우고 퇴색하고 다음 논쟁으로 합쳐진 어지러운 논쟁 지도를 생성한다. 1990년대 중반 무렵 여기에는 "제도적 혁신"("개혁"을 대체하고 "민주주의"를 회피하기 위한 후보), "국가 역량"("신권위주의"의 옹호자와 반대자를 위한 수단), "국가 연구"(즉 "중국적"인 것이 의미하는 바에 대한 논쟁과 학문적 신유학을 위한 기반), "인문주의 정신"(단기 정책 지향에 직면한 문학과 철학의 방어), 그리고 외국의 사례와 학문적 주장의 관점에서 수행된 시민 사회의 개념과 입헌 민주주의의 개념에 대한 열띤 교류가 포함되었다.8) 이러한 지적 논쟁은 2000년대 초반에 자유주의, 신좌파, 신유가의 세 개 주요 진영에 녹아들었다.9) 우리는 아래에서 여러 대표자들을 만나게 될 것인데 왕후이汪暉와 추이즈위안崔之元은 신자유주의에 대한 신좌파 비평가이고 마오쩌둥 혁명의 긍정적인 부분에 대한 향수를 가진 것으로 알려져 있다. 쉬지린許紀霖과 친후이秦暉는 중국의 자유주의적 접근 방식을 대표하여 법과 선거 민주주의에 대한 점진적인 개혁을 지지한다. 캉샤오광康曉光(1963-)과 바이퉁둥白彤東은 신유가로 지칭되는 다양한 공동체의 창을 열고 있다.

국가 정치가 처음에는 톈안먼에서 회복하는 것에, 1991년 소련 붕괴의 깊은 충격과 도전에 대처하는 것에, 그리고는 톈안먼 이후 애국 교육 캠페인이 중국 사회를 가로지르며 촉발한 새로운 민족주의의 열정의 급류에 의해 좌우되었다. 이러한 열정은 한편으로는 1997년 홍콩이 중국 행정부로 반환되는 기쁨에, 다른 한편으로는 타이완이 1949년 이래 현상 유지(국민당 밑에서는 중국 정부라고 주장하는)에서 점차 벗어나는 움직임을 보

---

8) 이러한 토론과 주요 논쟁자 중 일부의 읽기 쉬운 번역이 편리한 토론 차트(p.38)와 함께 제공되었다. Wang, *One China, Many Paths* 책에 실린 자료의 상당수는 *New Left Review*에 처음 게재되었으며, 따라서 그 저널의 지향을 반영한다.

9) 甘陽, 『通三統』(세개의 전통) (北京: 三聯書店, 2007)에서 검토되었다.

는 것에 대한 좌절감에 사로잡혔다. 민주진보당 하의 타이완에서는 독립운동이 성장하고 있었다. 이는 1996년 타이완 해협에서의 충돌을 가져왔고 중화인민공화국은 무력을 과시하고 미사일을 일부 시험해가며 타이완 유권자들에게 독립을 선택할 때 초래될 심각한 결과를 분명히 제시했다 (결국 국민당 후보인 리덩후이가 총통선거에서 승리해 현상을 유지했다). 그러나 중국 공산당의 주요 문제는 국내 문제였다. 1989년 톈안먼 이후로 볼 수 없었던 숫자의 중국 학생들과 도시 시민들이 거리로 나왔다. 그들은 정부를 지지하는 시위를 벌이며 접근해 오는 어떤 미국 선박이라도 침몰시켜 중국의 "위엄과 국가의 명예"를 보호하라고 당에 큰 소리로 요구했다.[10] 당은 대중적 민족주의라는 호랑이의 등에 올라탄 자신을 발견하게 되었다.

당은 1977년부터 시작되어 5년마다 정기적으로 열리는 당 총회를 통해 여전히 기밀이긴 하지만 예측 가능한 지도부 교체 패턴을 수립했다. 2000년대 들어 중국은 2001년 12월 WTO에 가입했다. 미국과의 관계는 2001년 미국에 대한 9·11 공격 이후 중국이 테러와의 전쟁에 가담한 후 1990년대 후반의 격렬한 대결에서 탈피했다. 미국이 새로운 십자군 전쟁에서 중국의 지원을 환영하는 동안 중국 당국은 즉시 서쪽 변경 신장 자치구의 위구르 분리주의자들을 테러리스트로 선언했다. 중국은 그곳과 티베트에 대해 엄격한 조치를 취해 이 두 지역을 유지했지만 상당한 비용을 치러야만 했다. 이들 지역의 봉기, 시위 그리고 당의 가혹한 탄압은 중국과 서방 국가의 관계를 계속 악화시켰다. 국내에서도 일부 중국 지식인들에게 티베트와 신장에 대한 중국의 가혹한 통치는 지속적인 우려의 원천이다. 어떻게 중국이 이 번영의 시대에 열강으로서 중국몽을 꿈꾸면서 이러한 일

---

10) Peter Hays Gries, *China's New Nationalism: Pride, Politics, and Diplomacy* (Berkeley: University of California Press, 2004).

들을 할 수 있는가?

중국의 공적 생활은 당의 개혁 노력에서 비롯된 사회적 모순에 의해 가장 강력하게 형성되었다. 번영하는 중국 안에서 승자와 패자 간의 갈등은 세 가지 모순으로 나타났다. 계급 갈등, 지방 정부와 중앙 정부 간 경쟁, 성장과 지속 가능성 사이의 모순이 그것이었다. 번영하는 중산층, 극소수의 슈퍼 엘리트, 농촌 빈곤층, 해고된 산업 노동자, 그리고 '유동 인구'의 도시 일용 노동자인 룸펜 프롤레타리아트 간에 금방이라도 폭발할 듯한 계급 갈등의 조짐이 있었다.[11] 두 번째 모순은 일당 국가 안의 중앙 정부와 지방 정부라는 두 정부가 있다는 부인할 수 없는 현실이다. 중국은 다당제 체제는 아닐 수 있지만 단연코 두 갈래로 나뉜 국가 체제였다. 베이징 지도자들은 지방 당국의 불복종을 한탄하고 지방 지도자들은 (공산주의 체제에 대한 서구의 관점과 다르게) 레닌주의 당 국가가 사실상 그들 모두를 항상 통제할 만큼 충분히 강하지 않다는 것을 잘 알고 있었다.[12] 세 번째 모순은 성장과 지속 가능성, 특히 자원과 환경 지속 가능성 사이에 있다. 최고 지도자부터 가장 가난한 농부 또는 일용직 노동자에 이르기까지 중국 사회의 그 누구든지 토지, 물, 공기 및 에너지를 동일하게 낭비하는 식으로 계속 사용하다가는 불과 수십 년 안에 재앙이 닥치는 것 외에 다른 것을 기대할 수는 없게 될 것이다. 빈부격차와 중앙 정부와 지방 정부 간의 사회적 모순이 더 예민한 문제이지만 중국의 미래를 가장 근본적으로 결정하는 것은 환경 지속 가능성과 경제 성장 간의 만성적인 모순이

---

11) 내가 보기에 정책 및 지적 논쟁에 관한 가장 좋은 개요는 Fewsmith, *China since Tiananmen*에 나와 있고 Timothy Cheek, *Living with Reform: China since 1989* (London: Zed Books, 1989), pp.103-21에서 짧은 범위지만 다루어졌다.

12) 중앙과 지방 정부 간의 이러한 긴장의 영향은 Joseph Fewsmith, *The Logic and Limits of Political Reform in China* (New York:Cambridge University Press, 2013)에 많이 입증되어 있다.

다. 뒤늦게 정부 지도부가 보존과 지속 가능성에 대해 말만 늘어놓지 않고 실제로 일을 하였고 최근에야 산업 오염으로 인한 지역 파괴에 항의하기 위해 사회단체들이 동원될 수 있었다.[13]

중국의 공공 지식인들은 톈안먼 이후로 중국의 지시된 공공 영역에서 할 수 있는 한 최선을 다해 이러한 모든 문제에 관여해 왔다. 2004년 공공 지식인 사례에서 제약이 더 강화되었다. 그해 9월『남방인물주간南方人物周刊』은 50명의 중국 최고의 "공공 지식인"을 선정했다. 이 목록에는 언론인, 운동가, 예술가와 작가, 법률 전문가, 사회과학 및 인문학 분야의 학자들이 포함되었다. 이 유명한 중화인민공화국 잡지는 공공 지식인을 다음과 같이 정의했다. "그들은 학문적 배경과 전문 지식을 가지고 있다. 그들은 공적 문제를 다루며 참여한다. 그들은 비판적인 정신과 도덕적 이상을 유지한다."[14] 이들 선정된 지식인들은 미·중 관계에서 에이즈, 주간 시사나 인기 영화에 이르기까지 가능한 모든 동시대의 문제들을 다룬 글을 대중적인 인쇄 매체에 게재했고 이것은 상호 연결된 웹 사이트에서 편리하게 접근할 수 있었다.[15] 그들은 특히 2003년 초에 전염병 사스SARS(중증급성호흡기증후군)가 발생했을 때 전염병 발생에 대한 보고서를 감추려는 당의 시도를 폭로함으로써 당을 곤란하게 만들었다. 중국의 지식인이 중국 공산당의 선전가나 권위주의 국가를 위한 기술 관료가 아니라면 그들은 어떻게 공적인 역할을 찾을 수 있을 것인가? 2004년 말까지 당 언론은

---

13) 중국의 환경 문제는 파악하기 어렵다. 좋은 안내서는 Judith Shapiro, *China's Environmental Challenges* (London: Polity Press, 2011)이다. 과학은 Vaclav Smil의 작업, 예를 들면 *China's Past, China's Future* (London:Routledge, 2004)에서 현명하게 다루었다. 장기적 역사는 Robert B. Marks, *China: Its Environment and History* (Lanham, MD: Rowman & Littlefield, 2012)에서 다루어졌다.

14) 「影向中國公共知識分子50」,『南方人物週刊』, 2004.9, http://business. sohu. com/s2004/zhishifenzi50.shtrnl, 2013년 11월 15일 접속.

15) 그러한 웹 사이트는 위에서 언급한『南方人物週刊』참고.

지도부를 중심으로 대열을 정비해 학자와 언론인에 대해 다시 제한을 가하고 관영 매체에서 "공공 지식인"이 인민과 당을 분열시켰다고 맹렬히 비난하였다.[16] 이후 10년 동안 중국의 지식인들은 공공 지식인으로서의 역할을 유지하기 위해 정부의 지위, 학문적 명성 및 전문가로서의 지위를 활용하는 방법을 모색해왔다.

중국의 지시된 공공 영역과 소셜 미디어 혁명

오늘날 중국에서 지식인의 삶은 무엇보다도 중국 공산당의 지시된 공공 영역의 기본 규칙의 지배를 받는다. 당은 마오쩌둥의 무시무시한 선전 국가의 강력한 잔재인 공공 영역의 완전한 통제에서 의사 소통의 "과학적 관리"로 물러났다. 동시에 활기를 되찾은 상업 미디어와 새로운 인터넷 소셜 미디어는 혼란스러운 변화로 이끌었다. 이 혼종 공공 영역에서 지식인은 단순히 중국어로 의사 소통하는 것 이상의 기대를 수반하는 시노폰 sinophone 담론 내에서 말하게 되었다. 지적 생활은 여러 지적 세계의 가치 영역 – 공적 및 정치 생활의 공직 세계, 대학과 학문의 학술 세계, 만들고 사고 파는 상업 세계, 공공 지식인, 종교 단체, 인터넷 커뮤니티, 비정부기구NGO 및 기타 허용되는 그룹의 연합의 세계, 그리고 마지막으로 중국 내 "외국어 공동체", 특히 영어 또는 기타 주요 유럽 언어에 능숙한 사람들의 외국어外語 세계에 의해 더욱 활기차게 되었다. 중국어권 논쟁 유니버스 내 이 지적 세계의 범위는 자연스럽게 다양한 사상가와 작가들 사이에 다

---

16) 특히 『인민일보(人民日報)』와 『해방군보(解放軍報)』. David Kelly는 이 리스트와 2004년 가을에 그것이 불러온 정치적 결과에 대해 "The Importance of Being Public," *China Review*, No.31 (2004-5), pp.28-37에서 잘 평가했다. 또한 Willy Wo-Lap Lam, "Hu's Campaign for Ideological Purity against the West," *China Brief*, Vol.5, No.2 (January 18, 2005)를 참고.

양한 의견이 있음을 의미한다. 그러나 동시에 중국 지식인으로서 공유하고 있는 관심사, 추정들, 방식이 있다.

중국의 지시된 공공 영역

지시된 공공 영역은 미디어, 대학 및 문화 협회와 같은 공공 기관, 단체 생활의 법적 구조(즉 NGO, 종교 단체, 기타 사회단체에 적용되는 규율) 같은, 오늘날 중국에 존재하는 공적 무대이다. 중국에서 시민 및 사회적 홍보 기관은 여전히 선전 체제 즉 우리가 3장에서 본 중국 공산당 중앙 위원회 위원이 이끄는 문화 및 교육 체제에 의해 조직되고 통제되고 있다.[17] 이 체제는 지도부 아래 현재의 신문과 미디어 체제 뿐 아니라 당 - 국가의 행정 내 내부 보고 체제 - 즉 중국 사회 과학원의 연구 의제 그리고 모든 대학 및 연구 기관의 전략적 계획, 커리큘럼 및 연구 결과물 - 를 통합한다. 포스트마오 시대의 개혁은 중국의 선전 국가를 변모시켰다. 20세기 전반기에 번성하고 마오쩌둥 치하의 중국 본토에서 억압되었던 인쇄 자본주의가 다시 돌아왔고 인터넷의 소셜 미디어에 시민의 새로운 커뮤니케이션 수단이 등장했지만 둘 다 중국 공산당 선전 부서의 "관리" 아래 있다. 오늘날 중국에는 마오쩌둥 시대에 비해 분명히 더 많은 지적 자유가 있다. 최소한 침묵하고 정치를 회피하고 진지한 학술 연구를 포함하여 자신의 일을 계속할 수 있는 축복받은 자유이다. 중국 공산당은 지시된 문화라는 목적을 달성하기 위해 시장 선택을 사용하는 것을 배웠다. 즉 대중을 산만하게 하는 오락과 지식인의 에너지를 모아 넣을 학계 교수직 및 연구

---

17) 이것이 선전 계통(宣傳系統)이다. 중국의 현재 선전 체제 연구를 위해서는 Anne-Marie Brady, *Marketing Dictatorship: Propaganda and Thought Work in Contemporary China* (Lanham, MD: Rowman & Littlefield, 2008); David Shambaugh, *China's Communist Party: Atrophy and Adaptation* (Berkeley: University of California Press, 2009)를 보라.

장려금, 정부 지원 연구 프로젝트, 국가 승인 예술 사업 같은 재정적 유인책들이 그런 것이다.[18) 그리고 반대 의견으로 기울어진 구제불능의 영혼들에게는 몽둥이가 남아 있다. 제프리 와서스트롬Jeffrey Wasserstrom은 이 상업적 과잉과 정치적 퇴행의 놀라운 조합을 "중국의 멋진 신세계"라고 불렀는데 즉 중국이 올더스 헉슬리의 "『멋진 신세계』의 비전", "포드Ford 기원 634년"의 안정에 열광하고 쾌락에 미친 사회를 어느 정도 달성하는 데 성공했다는 것이다.[19)

인터넷의 힘은 오늘날 중국의 지시된 공공 영역을 규정하는 두 번째 특징이다. 중국은 1987년에 처음으로 인터넷에 연결되었지만 1990년대 중반이 되어서야 상대적으로 널리 퍼져 사용되었다. 오늘날 중국에는 6억 명이 넘는 인터넷 사용자가 있으며 주로 광대역 서비스 또는 스마트폰을 통해 접속한다. 중국 인터넷은 국가 소유이며 게레미 바메가 "중국의 만리방화벽防火長城"이라고 불렀던, 환영하지 않는 콘텐츠를 걸러 내기 위한 설정으로 유명하다.[20) 많은 서구의 뉴스 및 소셜 미디어(페이스북, 트위터, 인스타그램 등)가 이 방화벽에 의해 차단된다. 그럼에도 중국의 인터넷은 글로벌 인터넷에서 가장 큰 영역이며 물론 중국어로 되어 있다. 다행히도 많은 신간 서적들이 영어권 독자들에게 중국 인터넷에 대해 꽤 잘 이해할 수 있게 해준다.[21) 서구 신문은 중국 네티즌의 대중 민족주의에 대한 터무

---

18) Yuezhi Zhao, *Communication in China: Political Economy, Power, and Conflict* (Lanham, MD: Rowman & Littlefield, 2008), pp.5-7; Brady, *Marketing Dictatorship*

19) Jeffrey N. Wasserstrom, *China's Brave New World: And Other Tales for Global Times*(Bloomington: Indiana University Press, 2007), esp. pp.125 ff.

20) Geremie Barmé, "The Great Fire Wall of China," *Wired*, Vol.5, No.6 (June 1997), pp.138-51.

21) 중국의 인터넷에 관한 최고의 연구 중 두 가지는 Guobin Yang, *The Power of the Internet in China: Citizen Activism Online* (New York: Columbia University Press, 2009); 그리고 Johan Lagerkvist, *After the Internet, Before Democracy: Competing Norms*

니없는 발언을 주기적으로 인용한다. 그러나 중국 사회와 마찬가지로 중국 인터넷은 통일되어 있긴 해도 동질적이지 않다는 점을 명심할 필요가 있다.[22] 그것은 지시된 공공 영역, 공유된 애국심, 중국에 대해 걱정하는 중국어를 사용하는 지적 영역의 규범, 그리고 와서스트롬의 "멋진 신세계"의 즐거움을 추구하는 오락 활동으로 통일되어 있다. 그러나 중국 웹에 반영된 삶과 관심사는 결코 동질적이지 않다. 좋은 의도와 나쁜 의도, 영리하거나 둔한 정신, 활동적이거나 해이한 노력 같은 일반적인 인간의 다양성만 존재하는 것이 아니다. 사회적, 직업적 세계(물론 친구 관계망, 판타지 소설, 그리고 음란물 등의 사적인 세계도) 또한 반영되어 있다. 중화인민공화국의 공공 담론 규칙의 획일적인 준수와 열렬한 애국심을 가치와 의도의 만장일치로 착각하기 쉽다. 학자들이 수십 년 동안 이 말을 해 왔지만 반복할 만하다. 중국은 다양하다.

그러나 중국 인터넷은 어떤 목소리를 다른 목소리에 비해 강조한다. 대중적인 민족주의의 목소리가 특히 두드러진다. "중국을 사랑하는 것"은 지시된 공공 영역의 감시가 검열할 수 없는 것인데다 애국심이라는 명목에 기댄 극단적인 발언들은 많은 청중을 사로잡기 때문이다. 국제 사회, 특히 일본과 미국과는 실수 혹은 진정한 이해의 충돌(남중국해 및 동중국해 도서島嶼에서 중국 통화, 인민폐人民幣 또는 위안화의 환율에 대한 요구에 이르기까지)이 주기적으로 있다. 여러 학자들이 보여주듯이 그 결과는 중국의 외교 정책이 부분적으로 인터넷 상에서의 분노를 관리하는 것으로 추진된다는 것이다.[23] 따라서 다른 나라의 인터넷보다 더 많이 규제

---

in Chinese Media and Society (New York: Peter Lang, 2011)이다.

22) 이것이 Kuhn이 18세기 중국 문화를 설명하는 방법이었고 그 통찰력은 오늘날에도 유효하다; Kuhn, *Soulstealers*, p.223를 보라. 이러한 일관된 다양성의 이미지를 강화하는 최근의 뛰어난 연구 모음으로 Guobin Yang이 편집한 중국의 사이버 정치에 관한 특별호, *China Information*, Vol.28, No.2 July 2014가 있다.

되지만 중국의 인터넷은 화약 같은 위험성이 있으며 중국 공산당일지라도 통제의 한계를 보여준다.[24]

자유를 옹호하는 사람들에게 이것은 긍정적으로 들린다. 그러나 중국 인터넷 상의 독립적인 사고의 많은 예는 외국인을 혐오하는 극단적 민족주의의 목소리이다. 유럽이나 미국에서의 경험이 있고 영어나 다른 언어에 친숙한 잘 교육받은 대학원생들의 노력조차 놀라울 수 있다. 탕제가 그러한 예이다. 2008년 올림픽 성화 봉송 기간 중국의 성화 봉송자들은 그해 중국 정부가 티베트에서 일어난 시위를 가혹하게 진압했기 때문에 호주, 유럽, 미국에서 달리는 동안 야유와 방해를 받았다. 이에 대한 대응으로 독일 철학 박사 과정 학생인 탕제와 그의 상하이 푸단復旦대학 급우들은 "중국이여 일어나라 2008China Stands Up 2008"이라는 단편 비디오를 제작했다. 그것은 국가적 목표를 옹호하고 서구의 간섭을 거부하는 내용의 전형적인 중국 공산당 선전처럼 보였다. 그러나 에번 오스노스Evan Osnos의 그와의 인터뷰는 탕제에게 이 반동적인 비디오는 서구인들이 받아들이는 일종의 지적 자유의 산물이었다는 것 - 탕제는 중국의 만리방화벽을 뛰어넘어 CNN과 슈피겔Der Spiegel의 웹페이지에 접속하고 서구 저널리즘의 반중국적 경향에 혐오감을 느꼈음 - 을 보여 주었다.[25] 탕제의 모습은 대부분의 신문 설명에 나오는 화난 중국 청년의 이미지와 놀랍도록 대조를 이룬다. 그는 명확하고 도전적이다. "우리는 그러한 체제 안에 있기 때문에 항상 세뇌당하고 있는지 스스로에게 묻는다"라고 탕제는 말한

---

23) Zhao, *A Nation-State by Construction*; Gries, *China's New Nationalism*; 그리고 Yang, The *Power of the Internet in China*.

24) Susan D. Blum, "Why Does China Fear the Internet?," in Weston and Jenson, *China in and beyond the Headlines*, pp.173-92.

25) Evan Osnos, "Angry Youth: The New Generation's Neocon Mood," *New Yorker*, July 28, 2008. 탕제의 비디오는 www.youtube.com!watch?v=MSTYhYkASsA에서 시청할 수 있다. 2015년 6월 26일 접속.

다. "우리는 항상 다른 경로에서 다른 정보를 얻으려고 한다. 그러나 당신은 소위 자유 체제 안에 있을 때 세뇌 당하는지에 대해서는 전혀 생각하지 않는다."

마지막으로 중국 인터넷은 공통 관심사를 가진 중국인의 독립적 단체 및 커뮤니티의 성장을 지원하고 촉진한다. 이러한 관심사는 유명한 조류 애호가와 체스 클럽, 최근 중산층 배낭 여행 커뮤니티로부터 공익 기구 및 자선 단체에 이르기까지 다양하다. 우리가 아래에서 살펴보는 것처럼 지식인은 인터넷을 사용해 중국 언론법의 규제를 피해 출판하고 농촌 재건을 위한 독립적인 청소년 운동을 조직한다. 그러나 이러한 그룹은 자유 민주주의의 시민처럼 행동하지 않는다. 실제로 탕원팡唐文方의 지역적 정치 행동주의에 대한 조사는 비정당 또는 비기성 지식인들 사이에서도 구체적인 정치적 개선을 위한 가장 실용적인 방법은 당과 협력하는 것이라는 점을 받아들였음을 보여준다.[26]

시노폰sinophone 영역과 중국에 대한 걱정

당연히 중국의 지식인은 주로 중국어로 의사소통한다. 중국에서 합법적으로 출판하기 위해 반드시 충족시켜야 하는 지시된 공공 영역의 요구 사항 말고도 – 주로 중국 공산당의 통치에 의문을 제기하거나 도전하지 않아야 하고 – 중국 지식인은 중국어 혹은 시노폰, 담론 세계의 기대를 충족시켜야 한다. 이러한 기대는 현재의 당 규정과는 무관하며 지식인 자신들의 글과 논쟁에서 부각되었다. 『뉴요커New Yorker』 혹은 『르 몽드Le Monde』에 게시하려고 해도 규칙이 있다. 그러므로 주목할 만한 저술 목록에 반영되어 있는, 장차 중국의 지식인들이 충족시켜야 하는 공유된 기대가 있다.

---

26) Wenfang Tang, *Public Opinion and Political Change in China* (Stanford, CA: Stanford University Press, 2005), p.187.

우리는 영어로 번역되어 있더라도 시노폰 담론을 인식할 수 있다. 글로리아 데이비스Gloria Davies가 그토록 신중하게 설명했듯이 담론의 구조는 어족에만 국한되지 않는다. 그것은 지적 토론에서 무엇이 좋은 논쟁을 구성하는지에 대한 기대, 가정 그리고 서로 간의 합의된 규칙들의 모음들로 그렇지 않으면 '그래서 뭐?'의 무의미한 논쟁이 되어 버린다. 데이비스는 중국에 대해 걱정하는憂患 시노폰의 강박에서 동시대의 지적 생활의 핵심을 포착해 내었다.

> 실천praxis으로, 중국을 걱정하는 것은 중국의 국가적 완성을 달성하기 위한 통일된 공적 명분과의 관련 속에서 사회적, 정치적, 문화적, 역사적 또는 경제적이든 간에 먼저 중국의 문제中國問題를 식별하고 해결해야 하는 도덕적 의무를 수반한다.27)

이 지적 "걱정"은 어떤 모습인가? 예로서 동시대 중국 학자이자 공공 지식인으로서 서구 학자들과 교류하며 자주 번역되는 왕후이 글의 번역에서 시작 단락을 살펴보자.

> 현대 중국 사상의 과학만능주의에 관한 탐구는 1980년대 후반 중국 본토의 문화적 분위기와 직접적으로 밀접한 관련이 있다. 이런 종류의 탐구는 기본적으로 "지식"에 초점을 맞추고 있지 않다. … [그러나] 현대사의 흐름에 대한 비판적 사고를 나치즘과 스탈린주의에 대한 비판으로 연계시킬 수 없다면, 현대 사회의 압제의 진정한 기원을 은폐하는 것으로 귀결될 수도 있다.28)

---

27) Davies, *Wonying about China*, p.7. "실천(praxis)"이라고 할 때 Davies는 정치적 행동, 사회생활을 변화시키기 위해 공공 영역에서 취하는 행동을 의미했다.

28) Wang Hui, "On Scientism and Social Theory in Modern Chinese Thought," 번역은 Gloria Davies, in Davies, *Voicing Concerns*, p.135.

이 구절에서 왕후이는 "서구의 지적 관점"을 들고 나왔지만 이는 중국 정치에 대한 걱정을 정당화하기 위해서이다.

중국의 지적 세계에서 시노폰 담론은 또한 지적 작업을 수행하는 방법에 대한 가정에 의해 형성된다. 우리는 이 사상 작업의 세 가지 핵심 특징이 중국의 현대 공공 지식인들 사이에서 작용하는 것을 볼 수 있다.[29] 첫째 그러한 사상 작업은 효과적인 공공 정책의 토대로서의 사상 특히 올바른 사상을 모색하는 것에 계속 특권을 부여한다. 이 지적인 습성 모음은 사상思想이 사회적 해결책으로 가는 길을 연다고 가정한다. 위에서 한 인용에서 왕후이가 압제를 다루기 위해 "비판적 사고"를 필요로 하는 것처럼 말이다. 둘째 시노폰 저술에서 이러한 가정은 외국 사상과 담론이 선택적으로 적응되는 변화의 통로를 제공한다.[30] 이처럼 인지적으로 친숙한 경로를 통해 정치적 자유주의와 같은 새로운 관념이 적법한 공적 토론의 중심으로 도입되었다. 셋째 이러한 공공 지식인의 문화적 정체성은 분명하다. 그들은 중국인으로 태어났고 중화인민공화국에서 살며 일하기 때문에 중국인이며 그 정체성은 서구 이론의 사용을 효용 이외의 이유로 정당화하지 않아도 되었다. 이 가정의 한 가지 결과는 중국 밖에 사는 중국 학자들이 동포들에게 진지하게 받아들여지기를 원한다면 중국 내에서 제도적 지위를 확립해야 한다는 것이다. 시노폰 담론은 전 세계에 걸쳐 있고 누구라도 수천 개의 중국어 웹 페이지, 블로그 및 웨이보 댓글들을 통해 참여할 수 있지만, 이 지적 유니버스에서 권위 있는 발언자가 되려면 중국에 거주하는 중국인이어야 했다(또는 연구 목적으로 일시적으로 부재하거

---

29) 이 부분은 Timothy Cheek, "Xu Jilin and the Thought Work of China's Public Intellectuals," *China Quarterly*, No.86 (2006), pp.401-20에서 가져온 것이다.

30) 정치적 - 법률적 영역에서의 "선별적 적용"은 Pitman Potter, *Law, Policy and Practice on China's Periphery: Selective Adaptation and Institutional Capacity* (London: Routledge, 2011)에서 철저하게 분석되었다.

나). 그렇지 않으면 당신은 외국 평론가일 뿐이다.

마오주의의 유령이 이 시노폰 세계에 출몰한다. 공식적 마오주의는 사망했지만 이데올로기의 구성 요소들은 살아남아 마오주의의 습관으로 이성세중국의 지적 생활을 형성한다. 중국 공산당은 투표함에서 나올 합법성을 제공받기 위해 정통 마오주의를 이용했다. 중국이 말하는 중국 근현대사 이야기는 이 정통성의 핵심이며 마오쩌둥이 1940년대에 발표한 그대로 남아 있다. 중국은 위대했으나 무너졌고 다시 일어설 것이다.[31] 2008년 이후 많은 사람들은 중국이 다시 부상했다고 믿는다. 중국의 다양한 사람들이 이 공식적 설명의 전체를 믿든 안 믿든 중국 공산당이 제시하는 이 이야기의 기본이나 중국의 정체성은 널리 받아들여지고 있다. 따라서 우리는 정통 마오주의에서 행해지는 구체적 주장과 일반적인 주장을 구별할 필요가 있다. 1990년대 이후 대부분의 중국 사람들은 마오쩌둥의 가르침을 따른다고 공언하지도 않고 현재 당이 마오쩌둥이나 혹은 다른 누구의 이상을 쫓는 고결한 사례라고 생각하지도 않는다. 그러나 중국의 대부분의 사람들은 이 이야기 속의 가정들, 중국의 국가 정체성, 중국의 역사와 현재에서 제국주의의 역할, 그리고 중국이라고 불리는 것을 유지하고 개선하는 것의 가치를 받아들이는 것처럼 보인다.

게다가 마오주의 체제를 살아온 사람들은 마오의 통치 하에서 타당했던 사고 습관과 기대를 지니고 있다. 단웨이 및 공동체 생활에서 비민주적 참여의 지배에 오랫동안 익숙해져 있던 주민들은 자유주의적이거나 관용적인 사회에 필요한 마음의 습관을 지니고 있지 않다. 우리는 공식적인 마오

---

31) 마오의 고전적 진술은 1940년 옌안에서 처음 출간된 "신민주주의에 관하여"에 있으며 지금은 그의 공식적 선집에 포함되었다(영어판은 베이징의 外文出版社에서 1975년에 출간되었다). www. marxists. orgl reference/archive/mao/selected- works/volume-2/mswv2_26.htm에서 온라인으로도 이용 가능하며, 2013년 11월 30일 접속. 현재 중국의 "살아있는 마오주의"는 Cheek, *Living with Reform,* Chapter 2에서 탐구되었다.

주의를 거부하고 대안적인 정치적 사상과 사회적 관행을 포용한 사람들의 일부에서도 동일한 습관과 기대가 형성된 것을 보게 될 것이다. 불가피하게 이러한 가치와 기대의 일부분은 부모와 교사에 의해 젊은 세대에게 전승되었다. 당연히 이들은 시간이 흐르고 새로운 경험에 따라 변하지만 이러한 정신 모형은 여전히 중국 사람들의 경험과 반응을 형성하고 지식인과 청중 모두의 기대에 영향을 미친다. 이러한 헤게모니적 가치의 핵심은 지식인에 대한 존중, 비관용적 논쟁 방식, 편협한 대중 시위, 제안이 국가에 전달되어야 한다는 기대이다. 후커우 제도戸口制度(거주 허가)와 단웨이單位(작업 단위)가 오래된 과거의 일이 된 후 한참 동안 중국에서 사람들의 삶을 형성하게 될 것은 이러한 정신적 모형이다.

스스로를 주변부로 느끼고 있었음에도 중국의 지식인은 국가와 대중 모두에게 진지하게 받아들여지고 있다. 이것이 중국 공산당이 항상 비정통 지식인을 억압하려 드는 이유 중 하나인데, 당이 지식인의 말은 영향력이 있다고 믿기 때문이다. 지식인에 대한 대중의 경의는 오늘날까지도 중국의 고도로 교육받은 전문가와 문화 평론가가 무엇을 해야 하는지를 파악하는 것을 도와줄 수 있다는 기대와 그들 대부분이 그렇게 하지 못한 것에 대한 냉소주의와 비판으로 지속되었다. 지식인들에 대한 존중은 "능력주의meritocracy"가 중국을 지배한다는 주장을 통해 당에 의해 채택되었는데 모든 당 간부들이 장점에 의해 선발되어 존경할 만하다는 것을 암시하기 위해 학자들의 명성을 차용한 것이다. 오늘날 중국의 지식인들은 이러한 사회적 기준의 엘리트주의적 함의와 씨름하고 있다. 그들이 중국을 현명하게 "안내"하는 데 그것을 사용할 것인가 혹은 일반 국민에게 권한을 부여하기 위해 그것과 싸워야 할 것인가?

지식인이나 사회 운동가들이 서로 싸우지 않을 때는 그들은 당 - 국가와 대화하고 있다. 이것은 습관과 실용주의에서 태어난 것이다. 중국 공산당은 기독교 가정 교회나 파룬궁法輪功으로부터 어떤 종류의 정당에 이르든지 그들의 통제 범위 밖의 어떠한 실질적 사회 조직이나 운동을 용납하지 않을 것이다. 노동자들은 문제를 해결하는 것은 "지도자" 또는 적어도 공인된 지식인에게 달려 있다고 가정한다. 지식인들은 자신들의 제안이 당의 이데올로기적 언설에서 어긋나지 않도록 조심스럽게 제시하며 대부분은 이런저런 방식으로 국가를 위해 대학, 과학 및 사회 과학 아카데미 또는 주요 산업에서 일한다. 이러한 시민 사회의 국가 지향은 민주적 활동의 싹을 찾으려는 서구 관찰자들에게 진정한 도전이 되었다.[32] 그런 날이 올 수도 있겠지만 이제까지의 경험, 지적 지향, 심지어 사업 관행(법적 보호가 없는 상태에서 사업 행위자들이 지역 정치 지도자들과 결탁하여 생존)은 모두 대결보다는 당-국가와의 협력을 가리킨다. 당에 반항하는 사람들은 곧 침묵당하고 감옥에 가거나 추방당하거나 죽게 된다.

중국 지식인의 다양한 세계

당의 지시된 공공 영역의 감시하에서 중국을 개선하기 위한 시노폰 공동체의 도덕적 요청으로 활기를 띠게 된 중국의 지식인은, 사실 더 많은 규범을 수립하고 기대를 형성하는 다양한 구체적인 영역인 사회적 세계에서 활동하고 있다. 우리가 읽은 중국 지식인에게 "당신은 어느 세계에서 말하고 있습니까?"라고 질문하는 것이 현명할 것이다. 중화인민공화국 정부의 공직 세계에서? 공식적인 학문의 세계? 상업 세계? 아니면 다양한 사회단체 중 하나에서? 그리고 이 글이나 발언들은 원래 시노폰 세계를 대상으로 했는지 아니면 이미 외부 세계를 참여시키는 의도로 한 것인지? 우리는 이전 장들에서 수십 년 동안 다양한 세계들을 만나왔다. 그 세계들

---

32) Timothy Brook and B. Michael Frolic, eds., *Civil Society in China* (Armonk, NY: M. E. Sharpe, 1997).

을 다시 방문해 보는 것은 현재의 이데올로기적 순간에 중국의 지적 생활 세계를 그려 나가는 데 도움을 줄 것이므로 가치가 있다.

공직 세계

이것은 중국 공산당과 그 이데올로기가 완전히 지배하는 중국 정부의 세계이다. 공직 세계의 두 가지 최우선 규범은 중국 공산당과 그 정책을 인정하고 중국의 이익과 명예를 수호하는 것이다. 『인민일보』는 중국 공산당의 공식 대변자이며 중국 정부 정책을 이해하는 데 권위 있는 출처다.[33] 대부분의 중국인은 이 정부 담론에 직접적으로 참여하고 있지 않지만 많은 지식인 특히 중국 사회 과학원이나 당교黨校에 속한 이들은 참여하고 있다. 더 나아가 이 공직 세계는 중국의 미디어를 형성한다. 상업 신문, 텔레비전, 라디오는 『인민일보』와 신화통신의 방침에 따르거나 적어도 명시적으로 반대하는 것은 피해야 한다. 이것은 강력하고 자금이 풍부한 선전 및 감시 체제에 의해 시행되어 왔다. 지식인이 이러한 규칙을 위반하면 위험을 각오해야 한다. 이 지침 내에서는 자신의 사회적 활동 범위의 업무를 수행할 수 있는 상당한 재량을 지닌다.

학문 세계

공직 세계를 제외한다면 학문 세계는 중국 지식인에게 가장 중요하다. 학문은 오랫동안 중국 문화에서 대중적 명망을 유지해 왔으며 최근의 발전으로 그 지위는 더 강화되었다. 중국 사회는 다른 동아시아 사회와 마찬가지로 대학교수를 높이 평가한다. 1970년대 후반부터 중국은 대학 체제

---

33) 『인민일보』는 온라인으로 편리하게 이용 가능하며, 영문판도 제공한다. http://english. peopledaily.com.cn, 2015년 6월 22일 접속.

를 회복시키고 유럽-미국식 연구 대학을 모델로 삼았다. 이것은 대학의 연구와 더 많은 수의 대학생을 교육하는 데 몰입하게 했다. 지난 20년 동안 중국 대학에 막대한 자금이 투입되었다. 대학 일자리는 수적으로 증가했고 장차 중산층 생활을 위한 가장 합리적인 직업으로서 매력도 커졌다.[34] 그 결과는 전문화였다. 이것은 공적 무대에서 지적 재능의 대대적 철수를 가져왔는데 전문적 활동의 지적 저장고로 빨려들게 만들기 때문이었다. 그럼에도 불구하고 일부는 여전히 공적 문제에 관여하고 있다. 그러나 여전히 목소리를 내는 사람들조차도 대중 지식인이나 사회적 비평가가 아닌 점점 더 자신의 해당 분야 전문가로서 말한다. 대부분의 교수들은 서구 학자들의 길을 따르고 자연과학, 사회과학 또는 인문학의 기술적 용어를 사용하여 전문 저널에 논문을 게재한다. 이 고도로 교육받은 사람들은 스스로를 폭넓은 지식인知識分子이라기보다는 학자, 교수, 독서인 또는 전문가로 인식한다.

상업적 세계

이것은 지적으로 가장 흥미롭지 않은 영역이다. 아마도 대중문화를 연구하는 학자들을 제외하고는 그럴 것이다. 그러나 중국의 지적 에너지 상당수가 이 사회적 세계 즉 상업적 시장, 오락 창출, 이익을 위한 서비스 제공에서 활동하고 있다는 사실을 기억할 필요가 있다. 상업은 지적 세계로 정의하기 어렵지만 두 가지 중요한 역할을 한다. 첫째, 그것은 많은 지식인이 이 시장에서 전문적 서비스와 사업으로 그들의 삶을 영위하기 때문에 국제 사업의 규칙과 글로벌 자본주의의 제도와 많은 지식인의 이익

---

34) W. John Morgan and Bin Wu, eds., *Higher Education Reform in China* (London: Routledge, 2001); 그리고 W. John Morgan and Bin Wu, eds., *Higher Education Reform in China: Beyond the Expansion* (London: Routledge, 2011).

을 일치시킨다. 둘째 이 세계 경제에 필요한 사람과 정보 이동의 용이성은 지식인이 "편승"할 수 있는 많은 길을 제공한다. 이는 중국의 많은 사회단체에서 채택한 방법이다.35) 즉 종교 단체나 공공 지식인은 상업적 통로 즉 페이스북 같은 웹 사이트(아래 설명)를 사용하여 종교 또는 출판 활동을 관찰하는 것을 목표로 하는 중국 관료들의 "감시 하에" 소통할 수 있다.

상업 세계는 또한 중국 지식인들에게 혼종 기관인 언론을 제공한다. 오늘날 중국에는 말 그대로 수천 개의 상업적 신문과 잡지가 발행되고 있으며 많은 수가 신뢰할 수 있는 뉴스 보도와 심지어 탐사 보도를 제공하는 것을 목표로 한다. 그러나 언론 자유에는 실질적인 한계가 있다.36) 중국의 어떤 출판물도 중국 공산당의 지시된 공공 영역에서 완전히 자유롭지 않기 때문이다. 실제로 대부분의 신문은 정부 또는 당 신문의 상업적 날개이다. 예를 들어 유명한 폭로 전문지인 『남방주말南方周末』은 광둥 지역 중국 공산당의 소유, 감독 아래 운영된다. 그러나 기관과의 이러한 협력적 접근은 결코 비겁한 추종은 아니다. 2013년 1월 『남방주말』은 검열 문제에 휘말렸다. 편집자들은 시진핑의 중국몽의 새로운 주제에 대한 신년 사설 초안을 작성했다. 그들은 입헌 민주주의가 그들의 중국몽의 핵심 부분이 되어야 한다고 결정했다. 지역 선전 당국은 그렇게 생각하지 않았다. 그들은 사설을 "진보"라는 온건한 주제로 변경했다. 더 나빴던 것은 당국이 수정된 사설을 신문 편집자와 상의하지 않고 언론에 내보냈다는 것이다. 편집자들은 공개적으로 항의했고 중국 인터넷은 그들을 변호하는 데 나섰다. 이것

35) Kong Shuyu, *Consuming Literature: Best Sellers and the Commercialization of Literary Production in Contemporary China* (Stanford, CA: Stanford University Press, 2004). 또한 Liu, *Jumping into the Sea*.

36) Zhao, *Communication in China*; 와 David Bandurski, "Jousting with Monsters: Journalists in a Rapidly Changing China," in Weston and Jensen, *China in and beyond the Headlines*, pp.29-49.

은 당 기구 내 전문가들 사이에 광범위하게 퍼져 있던 "신물이 난다"는 감각 즉 심한 검열이 중국 공산당 내부에서 반발을 사고 있음을 반영한다. 악명 높은 설날 사설의 임의적인 재작성에 항의한 이들 가운데에는 난징대학南京大學의 저널리즘 교수들이 있는데 전혀 반체제 활동의 온상이라고는 할 수 없었다. 기관 수준에서 이루어진 합의는 상식적으로 판정된 규칙의 예측 가능성과 함께 정규화가 필요하다는 것이었다. 이것은 민주주의는 아닐지 모르지만 중국 공산당 내부의 상대적인 정치적 자유주의 이데올로기이다.

협회의 세계

대안 정당은 중국에서 불법이지만 사회단체社團는 합법이다. 그들은 민정부民政部에 의해 엄격한 규제를 받지만 중국의 역동적인 삶의 일부이다.[37] 환경 NGO 또는 08헌장 서명자 같은 빙산의 일각 아래 대다수의 중국 협회 생활은 지역 사회와 종교적 관심사를 조직하고, 이러한 활동들은 다수의 교육받은 중국인의 지적 활동에서 관심을 받았다. 예를 들어 중국에는 민주주의 조직보다 불교 단체, 저술, 웹 사이트가 더 많다.

그러나 중국의 협회와 그 안에서 활동하는 지식인의 협력적 자세가 그들을 정치적으로 보수적으로 만들거나(즉 모든 면에서 정부를 지원하는) 혹은 무관하게 만들지 않는다. 두 가지 예를 보자.[38] 첫 번째는 좀더 광범

---

37) 두 가지 예를 보려면 Jessica C. Teets, "Dismantling the Socialist Welfare State: The Rise of Civil Society in China," in Weston and Jensen, *China in and beyond the Headlines*, pp.69-86; 그리고 Alex L. Wang, "China's Environmental Tipping Point," in ibid., pp.112-33 참조.

38) 이 정보는 2006년 7월과 2011년 4월 서점 주인 및 독립 출판자와 했던 나의 인터뷰에서 나온 것이다. 그가 주의를 끌고 싶어 하지 않는 것을 감안해 신원은 공개하지 않을 것이다.

위한 지적 목표인 지식 도서 출판을 위해 상용 네트워크를 사용하는 경우다. 상하이 서점의 한 주인은 지난 15년 동안 주요 출판사는 거의 하지 않았던 학술적, 이데올로기적 주제의 책을 출간해 왔는데 그는 단지 양쪽을 조직화하는 것만으로 그렇게 한다. 우선 그는 법적으로 출판인이 아니라 "자문"이기 때문에 그의 편집 작업은 정부의 출판 통제로 인한 강탈이 아닌 기업법의 적용을 받는다. 둘째 그는 원고를 확보하고 편집하고 인쇄를 준비하는 한편 너무 까다롭지 않은 작은 규모의 또는 현금이 부족한 법적 출판인으로부터 지극히 중요한 ISBN을 얻어낸다. 우리의 사업가는 그의 책을 펴냈고 출판사는 팔리는 책 제목을 얻었다. 둘 다 돈을 벌었다.

중국 전역에는 약 200명가량의 이러한 소규모 개인 "출판인"이 있으며 매년 열 두어 권에서 백여 권의 책을 출판해 낸다. 사실 우리 상하이 기업가의 출판물 제목의 대부분은 요리책, 소설, 대중적인 책(다빈치 코드와 같은 책 번역 포함)이지만 이것이 바로 소수의 진지한 사회 문화 비판 책을 뒷받침하는 것이다. 모든 법적으로 출판된 책은 검열 대상이 되지만 가난한 성省의 작은 지역 언론사는 주요 언론사에 비해 조사를 덜 받는다. 이것은 사실상 언론 자유화를 위한 작은 출구이다. 실제로 우리 출판인은 환경 단체인 아라산맹阿拉善盟과 같은 웹 사이트를 배급업자 및 구매자와 소통할 수 있는 안전한 장소로 사용한다.39)

사회단체 생활의 두 번째 예는 베이징 밖의 량수밍 향촌 재건 센터이다. 샹산공원香山公園 근처의 수도 서쪽 농촌 교외에 중국 농촌 사회의 재생에 전념하는 이 자발적인 그룹이 입주한 복합 건물이 있다. 지역 사회 지향의 청소년 단체이지만 베이징의 런민 대학人民大學(우편 주소지 제공) 산하 기구로 등록되어 있다. 카리스마 넘치는 교수 원톄쥔溫铁军(1951-)의 아이

---

39) 阿拉善戶外聯盟 참고, www.alsyz.com, 2014년 8월 30일 접속; 그리고 www.alsm.unzt.com는 2010년에 폐쇄되었다.

디어를 기초로 세워진 이 그룹은 이름에 걸맞게 1920년대와 1930년대의 유명한 "마지막 유학자"이자 농촌 개혁가인 량수밍을 지지할 뿐 아니라 현재 중화인민공화국 정부의 농촌 정책, 삼농三農 또는 "3가지 농업 문제"(농촌 마을, 농촌 주민, 농촌 사회(농촌, 농민, 농업 : 역주))를 지지한다. 이 조직은 마오주의 슬로건("농민에게 봉사하라"), YMCA식 자원봉사(대학생 또래의 청년들이 참여하여 제임스 옌 스타일로 지역 마을을 도덕적으로 고양시키기 위해 팀을 이끌어 감), 그리고 20세기 초 중국 무정부주의 (이 자원자들은 교외의 복합 건물에 공동체로 살며 유기농 채소를 기르고 조직의 향촌 재건 자료를 함께 학습했음)의 놀라운 혼합체이다. 심지어는 문화대혁명기의 노래, 홍콩과 타이완의 대중가요, 민요의 당혹스러운 조합으로 가득 찬 노래책도 있다. 2010년 6월 내가 그 건물을 방문했을 때 이 쾌활한 젊은 자원봉사자 그룹은 나와 내 동료들이 이 노래책의 노래를 신나게 부르도록 이끌었다. 자신들 사회의 불우한 이들을 도우려는 헌신적 젊은이들로 구성된 유쾌한 공동체와 놀랍게 혼합된 이 문화적 자원은 잘 어우러졌다. 이 그룹은 지적인 청년과 일부 이상주의적인 대학교수 간의 협력에 해당하며 중국 공산주의 청년단의 일원이 아니었다. 사실 그것은 량수밍을 통해 중국에서 전개되었던 가장 주목할 만한 비공산주의 농촌 재건 노력을 다시 상기시킨다.[40]

종교는 중국에서 협회 생활의 중요한 부분이다. 국가가 인정한 5개의 조직된 종교인 불교, 도교, 이슬람교, 개신교 기독교, 가톨릭 기독교는 모두 포스트마오 시대에 활동을 재개했다. 한편, 지역의 신적 존재들을 믿는

---

40) 중국어로는 梁漱溟鄕村建設中心. 이 그룹의 웹 사이트는 삼농, 세 가지 농촌 문제를 환기시킨다. www.3nong.org, 2014년 10월 5일 접속. 그룹은 소식지, 저널(『實踐』), 그리고 일련의 책들 – 마오 주석 어록(우리가 부른 노래책 포함)과 똑같은 크기(와 같은 붉은색) – 을 『大學生下鄕指農指導手冊(농사를 거들기 위해 농촌으로 가는 대학생들을 위한 안내서)』라는 일반적 제목으로 2008년 華南出版社에서 출판했다.

대중 및 민속 종교, 사원 및 축제는 중국의 농촌 및 도시 지역에서 번창해 왔다. 비록 개신교 가정 교회는 "적법하게 등록"되지 않았기 때문에 수십 년간 당국과 다투어 왔지만 이러한 활동과 조직 대부분은 정치적으로 중립적이었다.[41] 중국 공산당 정책의 핵심은 조직화였다. 이것은 1999년 파룬궁을 금지한 중국 정부의 조치를 설명해 주는데 그해 4월 베이징의 중난하이에 있는 중국 공산당 지도부의 건물 문 밖에서 기습적으로 평화로운 "연좌 농성"을 조직했다는 것이 그 이유였다. 파룬궁 - 그것은 합법적이었지만 수년간 괴상한 수련 집단이었음 - 과 중국 공산당의 그에 대한 탄압의 요점은 이데올로기 문제가 아니라 조직화한 것에 있었다. 즉, 너는 나 외에 다른 당을 가지지 말라는 것이었다.[42]

반대자

항상 그래왔듯이 오늘날 중국에는 중국인 반체제 인사가 있다.[43] 쑨원은 19세기 후반 청나라를 무너뜨리려 했고 마오쩌둥과 그의 공산주의자 동료들은 1910년대에 급진적인 학생과 반체제 인사로 시작했다. 지역 차원의 실정에 대한 사회적 동원과 저항이 중국 전역의 지역 사회에 널리 퍼져 있다. 지적 생활의 다양한 세계에 대한 우리의 초점은 중국의 작은

---

41) 중국의 현대 종교 생활, 역사적 관점에 대해서는 Goossaert and Palmer, *The Religious Question in Modern China*에서 잘 다루어졌다.

42) 파룬궁(스스로를 파룬대법이라고 부르기도 한다)은 현대 중국에 관한 거의 모든 책에서 다루고 있으며 자체적인 선전 네트워크를 유지하고 있다; www. faluninfo. net, 2015년 6월 25일 접속. 중국의 사회사적 관점에서 파룬궁의 진지한 분석을 위해서는 David Ownby, *Falun Gong and the Future of China* (New York: Oxford University Press, 2008) 참고.

43) 반대자에 초점을 맞춘 신뢰할 수 있는 연구는 Goldman, *From Comrade to Citizen* 참조.

반체제 인사 집단의 용기와 헌신을 깎아내리려는 것이 아니라 왜 대부분의 중국 지식인이 자신이 잘못되었다고 느끼는 것에 저항하는데 있어 국가와의 대결 이외의 다른 방법을 찾는지 그 이유를 보여주기 위한 것이다. 사실 중국에서 가장 심오한 지적 저항의 대부분은 지식인 엘리트가 아니라 평범한 변호사와 활동가에게서 나온다.[44] 산둥성山東省의 시각 장애인 변호사인 천광청陳光誠(1971-)과 같은 몇몇 사람들은 국제적 관심을 받았지만 그들은 오늘날 중국 사회 활동의 빙산의 일각에 불과하다. 그러나 아래에서 논의될 류샤오보劉曉波와 08헌장 사건에서 분명해졌는데, 중국 내부의 대부분의 반체제 인사들은 정부에 현행 헌법의 약속을 존중할 것을 촉구하거나 마오주의 규범에서 이상을 환기시키는 중국 공산당의 정치적 언어로 비판을 시도한다.

이러한 정치적·제도적·사회적 세계 속에서 오늘날 중국 지식인들은 자기 일을 하고 있다.[45] 량치차오, 량수밍梁漱溟, 심지어 젊은 시절의 마오쩌둥의 전통 안에서 남의 이목을 의식해가며 일하는 이 현대 중국 지식인들은 중국의 긴 20세기 동안 지속된 문제를 다루려고 노력한다. 어떻게 중국을 해악으로부터 구해 내 문명적 삶의 등대로 만들 것인가? 현재의 이데올로기적 순간에 그 질문은 중국이 진정으로 강국이 되려면 무엇을 해야하는가? 로 바뀌었다. 수천 권의 책과 잡지, 그리고 인터넷 전체에서 쏟아지는 엄청난 양의 목소리 가운데 우리는 세 가지 두드러진 예를 확인할 수 있다. 즉 신좌파는 기성 지식인으로서 국가에 봉사하고, 자유주의적인

---

44) You-tien Hsing and Ching Kwan Lee, *Reclaiming Chinese Society: The New Social Activism* (London: Routledge, 2009).

45) William Callahan은 그들을 "시민 지식인"이라고 불렀다. Callahan, *Chinese Dreams: 20 Visions of the Future* (New York: Oxford University Press, 2013); 또한 Callahan의 아이웨이웨이 프로필을 참조, "Citizen Ai: Warrior, Jester and Middleman," *Journal of Asian* Studies, Vol.73, No.4 (November 2014), pp.899-920.

학자는 공공 지식인으로서 사회적 비판을 제공하고 참여하며, 다소 독립적인 단체의 작가와 예술가는 문학과 비공식 살롱을 통해 독립적 공공 지식인으로 해결책과 문제를 탐구하고 있다.

기성 지식인들: 추이즈위안崔之元 그리고 신좌파 충칭重慶 모델

추이즈위안崔之元(1963-)은 중국의 신좌파 공공 지식인 집단 - 이론으로 저명한 작가 왕후이와 간양甘陽을 포함 - 과 기성 지식인으로서 정부 서비스에 봉사하는 즉 현대 중국의 행정에 직접 참여하거나 정책을 직접 개발하는데 초점을 맞추는 그러한 지식인의 삶의 세계에 대한 창을 제공한다. 또 다른 중요한 예가 있다. 판웨이潘維는 베이징 대학의 교수로 "중국 모델"을 옹호하고, 중앙당 씽크탱크 소속인 위커핑은 민주주의 이론을 당의 통치와 조화시키려 했다. 그러나 추이즈위안은 두 세계를 넘나든다. 추이즈위안은 쓰촨四川의 핵 과학자의 아들로 태어나 현재 칭화대학淸華大學 공공관리학원公共管理學院의 교수이다. 그는 시카고 대학에서 박사 학위를 받고 MIT에서 6년 간 교수로 재직 후, 2004년 베이징의 일자리를 받아들였다. 추이즈위안은 두 가지로 가장 잘 알려져 있다. 신자유주의 경제 개혁을 "시장 근본주의"라고 비판하는 신좌파 지식인과의 연계(마오의 사회주의 혁명의 좋은 점들을 되찾으려는 그의 열망과 함께), 그리고 논란이 된(지금은 해임된) 당 간부 보시라이薄熙來(1949-)의 충칭시重慶市 정부에 참여이다.

중국 내 지식 엘리트 중 자유주의자들과의 지적 및 정책적 차이에도 불구하고 추이즈위안의 역사와 현재 생활은 오늘날 중국 지식인 생활의 몇 가지 중요한 현실을 구현한다. 첫째, 그는 자신의 분야에서 국제적으로 광범위하게 관여하고 있다. 중국몽을 건설하는 이 시기에 중국의 모든 주요 지식인이 서구의 대학에서 공부한 것은 아니지만, 거의 모든 사람이 적어도 몇 달 또는 몇 년을 방문 학자로 체류했고 심지어 영어나 다른 유럽 언어를 제대로 구사하지 못하는 이들도 마찬가지였다. 모두가 세계의 주요 학자와 그들의 관념에 다양한 방식으로 참여했으나 대부분은 영어로 된 유럽-미국의 학문이었다. 오늘날 중국의 지식인은 본질적으로 더 넓은 세계에 관여하고 있다.

둘째 이러한 친숙함과 참여에도 이들 지식인은 서구화가 되지 못했다. 글로리아 데이비스가 비판 이론과 포스트모더니즘을 포용한 중국 인문학자의 경우를 언급했듯이 중국 작가는 영어로 번역되거나 글을 써도 이미 중국에 관심이 있는 사람들을 넘어서는 서구 학자의 관심을 거의 받지 못한다.[46] 중국의 지식인들은 어느 정도 세련되게 중국 문제를 다루기 위해 전 세계의 대학원 프로그램에서 제공하는 이론과 모델 중에 최상의 것들을 선별한다. 그들의 글은 대부분 중국어로 쓰일 뿐만 아니라 거의 항상 현대 시노폰의 학문 및 정책 문제에 대한 수사나 담론에 관한 것이다. 중국의 지식인은 세계 이론과 학문 속에는 있지만 그래도 아직 세계적인 이론과 학문은 아니다.

이것은 우리에게 이데올로기적 순간의 중요성을 상기시킨다. 오늘날의 중국의 이데올로기적 순간의 현재 질문은 어떻게 중국을 진정으로 국내외에서 위대한 강국으로 만들 것인가라는 여전히 내향적인 것이다. 중국의 지식인은 아직은 한 세대로서 많은 북미 및 유럽 지식인이 해온 것처럼 세계적 맥락에서 글로벌적인 문제로 전환되지 않았다. 이것은 의심할 여지없이 국제 권력의 현실과 관련되어 있다. 유럽-미국 질서가 세계 질서이며 실제로 중국 신좌파 지식인들의 주요한 불만이 그것이다. 따라서 중국 지식인의 이러한 내적 시선을 생성하는 것은 원초적인 또는 민족적인

---

46) Davies, *Voicing Concerns*; 그리고 Davies, *Worrying about China*.

한계에서가 아니라, 원인은 단순히 가장 시급하게 처리해야 할 일이 어디에 있는가라는 맥락에 있다. 2000년대의 주요 중국 지식인 대부분은 적어도 서너 개의 글을 영어로 번역하였고 그중 몇몇은 서구권 언어로 된 여러 권의 책을 가지고 있다. 그들의 국제적 독자들은 주로 중국학 연구와 중국 정책 집단에 있지만 시간이 지나면 세계 지향적이고 일반적인 학문적 논의로 확장될 것이라 예상된다.

마지막으로 이 모든 지식인은 웹 사이트와 블로그를 갖고 있으며 대부분은 웨이보에 게시하고 중국판 트위터인 웨이신 및 위챗을 통해 메시지를 주고받는다. 일반적인 교수들은 홈페이지를 갖고 있지만 공무에 관심이 있는 사람들은 일반적으로 여러 곳에서 활동해서 그들의 글을 위한 웹 사이트와 지식인의 저술을 위한 "도서관"과 토론 그룹이 논점을 토론하는 것을 허용하는 더 큰 포럼에 토론할 자리가 있었다. 모든 사람들이 스마트폰을 통해 자신이 팔로우하는 지식인이나 공인된 새 게시물, 간행물, 발표 내용을 웨이보나 위챗으로 받는 것처럼 보인다. 만리방화벽은 중국과 더 넓은 세계 사이의 공개적 토론에 제약을 가했는지 모르지만 약 6억 명의 사람들이 중국의 지식인들을 위한 중국인의 거대한 독자망을 형성했다.

추이즈위안은 지배층에 봉사함으로써 정책 형성에 직접 기여하고자 하는 중국 학자 및 공공 지식인 중 한 사람이다. 그의 작업은 중앙당과 정부의 지시에서 힌트를 얻었으며 정부는 그에게 자문을 구한다. 그와 충칭의 관계는 그가 2008년 그곳에서 열린 학회에서 국가 통제와 시장 활력을 결합한 것처럼 보이는 개혁 접근 방식에 관심을 갖게 되면서 시작되었고 2010년에서 2011년 칭화 대학에서 충칭의 국유 자산 관리 및 감독 위원회에 일 년간 파견 근무를 하도록 초청받는 방식으로 발전했다.[47] 충칭 업무 이전에 추이즈위안은 이미 1993년 "사상의 두 번째 해방"이라는 제목의

---

47) 추이즈위안의 프로필이 Callahan, *China Dreams*, pp.83-7에 작성되어 있다.

논문으로 유명해졌는데 중국이 시장 이데올로기에 대한 미신적인 집착을 극복하고 중국의 사회주의 경험에서 좋은 점을 재발견해야 한다고 주장했다. 여기에는 신좌파의 지향점이 된 특징인 정치적 민주주의 뿐만 아니라 경제적 민주주의(공평)에 대한 강조가 포함되었다.[48] 추이즈위안은 계속해서 이 주제들을 영어로 탐구했는데 2005년 나온 책의 "자유주의적 사회주의" 혹은 "프티 부르주아 사회주의"라고 부르는 장에서 중국의 경험을 다양한 서구사상가들과 비교했다. 추이즈위안은 고전적인 어구로 시작한다. "유령이 중국과 세계를 괴롭히고 있다. 프티 부르주아 사회주의의 유령이다. 왜? 마르크스주의와 사회 민주주의는 전 세계적으로 정치적, 지적 추진력을 잃었다. 신자유주의에 대한 환멸도 증가하고 있다."[49] 물론 "출몰하는 유령"의 이미지는 중국 공산당 선언의 첫 줄에서 비롯되었으며 사실 기성 지식인으로서 추이즈위안의 전임자인 왕뤄수이도 1983년 마르크스주의 휴머니즘을 옹호하는 데 그 이미지를 소환했다. 그러나 이번에 현대 세계를 괴롭히는 것은 마르크스의 "공산주의"나 왕뤄수이의 "휴머니즘"이 아니라 이러한 새로운 종류의 사회주의 전망이었다. 추이즈위안은 "프티 부르주아 사회주의는 오늘날 중국의 제도적 장치를 해석하는데 있어 현재의 혼란을 해결할 방안을 제시할 수 있다"고 선언한다. 그는 기본적으로 사회주의를 선도하는 계급이 프롤레타리아트에서 프티 부르주아지로 옮겨 갔다고 주장했는데 이것은 마르크스주의 진영에서 전혀 온건한

---

48) 추이즈위안은 Wang, *One China, Many Paths*, pp.23-4에서 논의되었다.

49) Cui Zhiyuan, "Liberal Socialism and the Future of China: A Petty Bourgeoisie Manifesto," in Tian Yu Cao, ed., *The Chinese Model of Modern Development* (London: Routledge, 2005), pp.157-74, 편집 수정한 인쇄본, Cui Zhiyuan, "China's Future: Suggestions from Petty Bourgeois Socialist Theories and Some Chinese Practices," in Fred Dalimayr and Zhao Tingyuan, eds., *Contemporary Chinese Political Thought* (Lexington: University of Kentucky Press, 2012), pp.185-208, p.186에 있는 원본의 시작 부분에서 인용.

주장이 아니었다. 추이즈위안은 또한 조심스럽게 프티 부르주아지에 대한 그의 생각에 농민을 포함하고 있어서 "중산층"과 같은 것은 아니지만, 샤오캉사회小康社會를 건설하려는 현재의 당 정책 요구에 부합한다고 주장했다.[50] 추이즈위안 글의 나머지 부분은 자유주의적 사회주의 하의 주요 정책 구상들과 프티 부르주아 사회주의자 또는 그들의 지지자들의 전당에서 나온 주요 서구 사상가를 비교한 것인데, 그중에는 존 스튜어트 밀, 제임스 미드James Meade(1977년 노벨 경제학상 수상자) 및 역사가 페르낭 브로델Fernand Braudel이 있다. 추이즈안이 강조하는 한 가지 정책 구상은 1990년대 초 산둥山東의 탈집단화 과정에서 운영된 주주 합작제였다. 그는 이것을 공공 소유권과 사적 소유권을 연결하는 "새로운 형태의 소유"라고 선언한다. 산둥성山東省 쯔보淄博시 저우춘周村에 있는 마을은 1980년대에 공동체가 해체되었을 때 자산을 개별 가구로 나누지 않고 트럭과 같이 나눌 수 없는 물건을 매각하지도 않았으며 오히려 제임스 미드의 이론에서 구체화된 일종의 "사회적 배당금"과 같은 지분을 분배하기로 했다. 추이즈위안에게 있어 문제의 핵심은 개별 농민들이 집단화가 제공하는 규모의 경제를 포기하지 않고 집단적 부의 일부 몫을 갖게 된다는 것이었다.[51]

추이즈위안은 2010년 충칭重慶에 체류하면서 이러한 관심사를 제기했다. 그해 10월에 그는 중국 공산당 중앙당교 저널에 중국어로 "충칭 인민 생활을 위한 10가지 프로젝트"에 대해 보고했다. 여기에는 저소득층 시민을 위한 대규모 공공 주택 건설, 도시 내 약 200만 명의 농촌 이주 노동자에게 도시 거주권 부여, 농지의 증가한 가치를 농민들에게 제공할 토지 증

---

50) Cui, "China's Future," pp.186-7.

51) Cui, "China's Future," pp.189-92. 광저우 근처 광둥성 둥관에서 이러한 마을의 지분 공유 사례가 자세하게 설명되어 있다. Tony Saich and Biliang Hu, *Chinese Village, Global Market: New Collectives and Rural Development* (New York: Palgrave Macmillian, 2012).

권 거래 시장, 민간 기업에 대한 지원을 유지하면서 국유 기업SOE의 역할을 증가시키고 특히 국유 기업에 세금을 부과해 공공복지 프로그램에 자금을 지원하는 것이 포함되어 있었다. 추이즈위안은 "이러한 혜택은 일부 사람들이 우려했던 것처럼 부자들에게 가지 않고 일반 사람들에게 분배되었다"고 했다.[52] 이듬해 미국 학술지에 게재하면서 추이즈위안은 충칭 경험의 중요성을 강조했다. "만약 선전深圳이 1980년대 중국의 상징이고 1990년대는 푸둥浦東(상하이의 새로운 부분)이 상징이라면 충칭은 21세기 첫 10년의 중국을 상징한다."[53] 이것은 전혀 한가한 자랑이 아니었다. 실제로 중국 공산당은 2007년에 충칭을 국가적 실험 구역으로 지정했으며 윌리엄 캘러핸William Callahan이 지적했듯이 충칭은 실제로 많은 면에서 중국의 축소판이었다. 오스트리아 정도의 크기에 인구가 3,300만 명이고 중국의 다른 지역과 인구 통계적으로 유사하게 도시 30%, 농촌 70%로 구성되어 있었다. 추이즈위안은 충칭의 "토지 증권 거래" 제도를 "지대는 사회의 모든 사람들에 의해 공유되어야 한다"고 주장한 헨리 조지의 사상과 헨리 조지로부터 영향을 받은 쑨원의 유명한 어구인 "개별 소유주의 노력에 근거하지 않은 토지 가치 상승분은 대중에게 가야 한다"는 생각과 연결시켰다. 추이즈위안은 "충칭의 '토지 증권 거래 시장'의 요점은 정확히 도시에서 멀리 떨어진 곳에 사는 농민들이 그들의 '개발권'('토지 증권')을 다른 사람들에게 팔아 토지 가치 상승분을 공유할 수 있도록 허용하는 것"이라고 결론내렸다. 탄소 거래와 비슷한 제도인데, 거래는 토지 소유권을 거래하는 것이 아니라, 개발할 권리를 거래하는 것이다. 추이즈위안은

---

52) 崔之元, 「重慶'十大民生工程'的政治經濟」(충칭의 '10대 민생 프로젝트'의 정치 경제), 『中共中央黨校學報』 14卷 5期, 2010. 10, pp.5-10의 p.6에서 인용.

53) Cui Zhiyuan, "Partial Intimation of the Coming Whole: The Chongqing Experiment in Light of the Theories of Henry George, James Meade, and Antonio Gramsci," *Modern China*, Vol.37, No.6 (2011), pp.646-60의 p.647 인용.

2011년에 평균적으로 농부가 교환한 "토지 증권"에서 무畝당 150,000위안에서 200,000위안(25,000달러에서 33,000달러) 정도를 얻은 것으로 추정했다.[54]

추이즈위안은 마찬가지로 제임스 미드의 자유주의적 사회주의 이론과 비교하여 충칭 모델의 민관 협력을 다루었다. 추이즈위안의 목표는 국영 기업이 사영 기업을 지배해야 한다거나 혹은 그 반대 생각을 피하는 것이었다. 그는 공공 및 사적 소유의 "최적 혼합"에 관심이 있었다. 추이즈위안은 보시라이가 아니라 황치판黃奇帆(1952-) 시장이 공공 재정에서 이 "세 번째 손"을 발전시킨 것을 칭송했다. 추이즈위안은 또한 보시라이가 홍보한 악명 높은 마오쩌둥 시대의 노래를 다소 방어적으로 언급하면서 이러한 실질적인 개혁의 맥락에서 이러한 공개적 표현은 "평범한 사람들의 마음과 정신을 사로잡기 위한 '대중 노선'[중국 공산당의 전통]에 의존하는 노력으로 볼 수 있다"고 지적했다. 추이즈위안은 정치적 영역의 "지배"와 모순되는 안토니오 그람시의 문화 "헤게모니" 이론을 환기시켰지만 이는 정말로 문화대혁명 시대의 과도한 문제가 있는 정치적 구호를 이용한 것에 대한 방어로는 약해 보인다.

추이즈위안은 오늘날 중국 정부와 함께 일하는 전형적인 기성 지식인 혹은 참여 학자engagé scholar이지만 결코 유일하거나 가장 영향력 있는 인물은 아니다. 더 고위급 인사로 중국 공산당 중앙 위원회 편역국編譯局 부국장인 위커핑兪可平은 중앙당의 엘리트 씽크탱크로 정치 개혁, 중국 시민 사회의 성격, 그리고 민주화 문제에 대해 조언한다. 그의 저서는 영어로 널리 출판되지만 그 부류에서는 그가 베이징 대학의 중국 정부 혁신 센터 소장으로 임명된 것을 광고하고 있다. 그는 또한 하버드 케네디 스쿨(공공

---

54) Cui, "Partial Intimation of the Coming Whole," pp.648-53, p.652.에 인용. 1무(畝 혹은 亩)는 대략 1/6에이커이다.

정책 전문 대학원)의 연구원이었다. 그 자신의 설명에 의하면 위커핑은 1988년 베이징 대학교에서 정치학 박사 학위를 받은 중국에서 이 분야 첫 번째 박사 학위 소지자였다. 위커핑이 말하는 것은 강력하다. 즉 "발달한 민주주의와 법의 지배는 중국 인민의 위대한 진흥을 달성할 수 있는 유일 하고도 진정한 방법이며 사회주의의 기본적 본질이 바로 여기에 있다." 기 성 지식인으로서 위커핑은 당 내부의 저항을 너무 잘 인식하고 있으며 어 떤 변화든 당과 함께 시작되어야 하지만 도움을 받을 수는 있다고 했다. 위커핑은 "'법으로 나라를 다스리기 위해서는 우리는 먼저 당을 법으로 다 스려야 한다'고 생각한다"며 "정부와 국민의 상호 거버넌스가 좋은 거버 넌스의 기본적 길"이라고 선언했다.55) 위커핑은 이전 지도부인 후진타오 胡錦濤(1942-)와 원자바오溫家寶(1942-) 총리의 자문으로 간주되며 그들에 게처럼 그의 생각은 아직 그의 기득권 동료들에게 수용되지 않았다.

학계와 공공 지식인: 쉬지린許紀霖과 자유주의자들

추이즈위안과 왕후이와 같은 신좌파 지식인은 당을 위해 일하거나 지원 하는 기성 지식인의 역할을 택했다. 또 다른 영향력 있는 학계 그룹은 자 유주의자들로 간주되는데 정치적 권력에 대한 법적 제한과 시민들이 목소 리를 높이는 것을 지지한다. 이 학계 지식인들은 공공 지식인으로서의 역 할을 개척하려고 노력한다. 비록 다른 지식인들 - 지방의 학자들로부터 독 립된 학교를 운영하는 신유학 옹호자, 찬쿤충陳冠中과 공적 문제를 논의하 기 위해 모인 다른 작가들에 이르기까지 - 도 분명히 공공 지식인의 역할

---

55) "Yu Keping: *Prizing the Will of the People*," *China Media Project* (University of Hong Kong), 2012년 4월 16일 게시되었다. by David Bandurski, at http://cmp.hku. hkl2012/ 04l16/21469, 2013년 11월 29일 접속함. 또 *Yu, Democracy Is a Good Thing*을 참고.

을 수행하지만, 이러한 저명한 학술 지식인은 문화적 명성을 갖고 있으며 오늘날 공공 지식분자知識分子(중국어로 공공 지식인)의 탁월한 사례가 되었다. 그만큼 그들은 정부의 비판을 불러일으키면서 2004년에 처음으로 (앞서 언급했듯이) 그리고 최근에 다시 한번 비판을 받고 있다. 2014년 6월 중국 공산당 중앙 위원회의 이론 저널인 『구시求是』의 웹 사이트는 자칭 마오주의자 인궈밍尹國明이 공공 지식인과 민주주의 운동을 사교邪教에 비유한 웨이보 게시물을 다시 게시했다. 인궈밍은 공공 지식인과 민주주의 옹호자들이 비합리적인 종교적 신념에 의해 움직이며 중국 문제에 간섭하려는 미국의 꼭두각시라고 지적한다. 인궈밍의 게시물은 공식적인 당 정책은 아니었지만(실제로 『구시求是』는 권리 포기 각서를 게시했다) 글로리아 데이비스가 결론을 내리듯이 당은 그러한 빈정거림이 목적에 부합할 때 소문을 내는 것에 만족한다.[56] 중국의 공공 지식인의 작업과 반대자를 가르는 선은 모호하고 변화할 수 있으나 그것은 실재하며 심각한 결과를 초래한다. 학문 세계의 공공 지식인이 조심스럽게 말하는 것은 별로 놀랍지 않다.

상하이에 있는 화둥華東 사범 대학의 역사학 교수인 쉬지린許紀霖은 오늘날 중국에서 가장 많은 저작을 출판하는 학계의 공공 지식인 중 하나로 명성을 쌓아 왔다. 그는 『남방주말南方周末』에 의해 약력이 작성된 50명의 공공 지식인 중 하나이기도 하다.[57] 1980년대 중반부터 근대화의 문제에

---

56) 尹國明, 「为什么說民運是一种邪教」 (나는 왜 민주화운동을 일종의 사교라고 부르는가), 『求是』, 2014.6.11.에 있고 이제는 www3.nd. edu/~pmoody/Text%20-%20Peter%20Moody%20Moody%20Webpage/ Democracy%20and%20Cults. pdf, 에서 볼 수 있다. 2015년 6월 29일 접속함; Gloria Davies, "Destiny's Mixed Metaphors," *2014 China Story Yearbook* (Canberra: Centre for China in the World, Australian National University, 2014)에서 논의됨.

57) 예를 들면 Edward L. Davis, ed., *Encyclopedia of Contemporary Chinese Culture* (London: Routledge, 2005), p.685의 쉬지린 항목 참고.

관해 5·4 운동부터 일본의 경험, 현재의 사건에 이르기까지 출판을 시작했으며 20세기 지식인과 중국 사상사에 초점을 맞춘 12권의 책을 출간했다.[58] 그는 주기적으로『독서讀書』같은 최고의 중국의 지식인 잡지나『이십일세기二十一世紀』와 같은 영향력 있는 웹 저널, 그리고 아이쓰샹왕愛思想網과 같은 웹 페이지에 등장한다.[59] 그는 중국을 위해 서구의 사상, 특히 자유주의의 정치 철학에 관심이 있지만 이러한 가치에 대한 중국의 목소리를 찾고 있다.[60] 팡리즈方勵之와 마찬가지로 쉬지린은 중국에서 교육을 받았지만 그 지향은 국제적이다. 그는 문화대혁명 이후 당 대학 체제를 통해 등장했다. 이것은 쉬지린이 2001년 하버드 옌칭 연구소에서 방문 학자로 6개월을 보내거나 서구 및 일본 동료들과 학회를 조직하는 데 장애가 되지는 않았다.[61] 많은 사회적 논평 외에도 쉬지린은 지식인의 성격과 역

---

58) 쉬지린은 그의 첫 번째 책인 1988년 황옌페이(黃炎培)와 장쥔마이(張君勱)에 관한『無窮的困惑』(끝없는 곤혹) (上海: 上海三聯書店, 1988)을 출판했다. 그의 주요 저서는『尋求意義 :現代化變遷與文化批判』(의미를 찾아서: 근대화 변형과 문화비평) (上海: 上海三聯書店, 1997);『另一種啓蒙』;『啓蒙如何起死回生』; 그리고 許紀霖 編,『二十世紀中國思想史論』(20세기 중국사상사론), 2권. (上海: 東方出版中心, 2000). 그는『許紀霖自選集』(桂林: 廣西師範大學出版社, 1999)과 같은 많은 글의 모음집 있는데 그 책 pp.401-5에 그의 1999년까지의 주요한 책과 논문의 목록을 포함하고 있다. 그리고 유명한 문화적 창 책 시리즈인 "人文視窗叢書"에 수필집이 실렸다. 許紀霖,『新世紀的思想地圖』(신세기의 사상지도) (天津: 天津人民出版社, 2002). 이 시리즈는 또한 친후이(秦暉), 류둥(劉東), 그리고 기타 유명한 학계 지식인의 글이 포함되어 있다. 쉬는『讀書』와『二十一世紀』같은 대륙의 중국의 지식 잡지에 두루 글을 쓰고 웹상에서 활동을 하고 있다. 그의 중국어 블로그 http://blog. sina. com. cn/xujilin57는 2014년 7월 31일 접속했다. 쉬지린의 두 개의 글의 영어 번역은 Davies, *Voicing Concerns* 과 Gu and Goldman, *Chinese Intellectuals between State and Market* (아래 인용에서 볼 것)이 유용하다.

59) 쉬지린의 아이쓰샹(愛思想)은 www. aisixiang. com/thinktanklxujilin. html 2015.7.1. 접속.

60) Jing Wang은 쉬와 왕닝을 1990년대부터 시작된 이 회복 프로젝트의 리더로 인정한다. Wang, *High Culture Fever*, p.265 참고.

할 그리고 오늘날 중국에서 공공 지식인의 역할의 가능성에 관한 토론을 주도해 왔다.[62]

쉬지린과 그의 동료들이 동료 학자들을 대상으로 시노폰 담론에서 글을 쓸 때는 공식적인 사회과학, 역사학, 철학 및 비판 이론에서 끌어낸 전문적 학자의 목소리를 채택한다. 청중은 교육을 받았지만(그리고 대부분은 학자) 그러한 복잡한 글은 공공 지식인의 작업에 관심이 있는 지식인이 대상이다.[63] 따라서 쉬지린의 장문의 분석적인 글들은 베이징의 가장 권위 있는 학술 잡지인『역사연구歷史研究』에 게재되기보다는 오히려『독서讀書』,『동방東方』및『개방시대開放時代』와 같은 인기 있고 식자층이 보는 지식인 잡지에서 볼 수 있다.

쉬지린의 이론적 논문은 실용적인 프로젝트를 겨냥하고 있다. 서로 전쟁 중인 중국의 지식인들을 위한 정중한 언어를 찾으려는 것이다.[64] 그는 주장의 틀을 형성하기 위해 두 명의 학자의 표현을 선호했는데, 즉 지그문트 바우만Zygmunt Bauman(1925-2017)의 "입법가" 또는 "통역가"로서의 지식인 이미지와 한편으로 문화대혁명기 일기 작가인 구준顧准(1915-1974)을 예로 한 "학자적 사고"와 다른 한편으로 민국 시대의 저명한 은둔 학자인

---

61) 쉬지린은 국제 워크샵과 컨퍼런스로 바쁘고 북미, 유럽, 일본, 그리고 대만의 동료들과 협업하고 있다. 쉬와 나는 2002년 12월 "중국의 공공 지식인"이라는 제목의 컨퍼런스를 공동 주최했고 그 이래 몇 차례 유사한 모임을 가졌다.

62) 許紀霖,「從非典危機反思民族、社群和公民意識」(SARS 위기로부터 민족, 사회 집단과 공민 의식을 돌이켜 생각해 본다)은 웹사이트 世紀中國에 2003년 5월 1일에 처음 발표되었다. 그리고 이후 톈야(天涯, 2003) 4期에 발표되었다. http://mall.cnki.netimagazine/ArticleITAYA200304001. htm, 2015년 6월 24일 접속.

63) 쉬지린은 그의 글에서 전문화된 지식인과 상업화된 지식인, 혹은 미디어 지식인과 공공 지식인을 (위의『南方人物週刊』에서 주어진 정의에 걸맞은) 구분한다.「公共知識分子如何可能」(공공 지식인은 어떻게 가능한가), 許紀霖,『中國知識分子十論』(중국 지식인에 대한 열 가지 글) (上海: 復旦大學出版社, 2003), pp.33-78.

64) 許紀霖,『另一種啟蒙』, pp.1-26에 "自序"

천인커陳寅恪(1890-1969)를 예로 든 "사려 깊은 학문"에 대한 왕위안화王元化(1920-2008)의 구별이었다. 이 두 종류의 공공 지식인이 무엇이며 무엇을 할 수 있는지는 바우만의 공식적 모형과 왕위안화의 구체적인 사례 사이의 쉬지린의 분석으로 짜여졌다.

포스트모더니티가 이 분석의 핵심이다. 쉬지린은 포스트모더니즘 사회는 깊이 파편화된 것이라고 보았는데 1980년대식 보편적 이데올로기의 플랫폼은 그 안에서 무너졌다. 대신 이것은 1990년대 "신좌파"와 "자유주의적" 지식인 사이의 신랄한 논쟁에 대한 쉬지린 분석의 뿌리가 되었다.[65] 학자들이 "문화적 자본"을 가지고 있음에도 불구하고(부르디외를 따라서) 그들은 서로를 경멸하고 논증과 증명에 대한 서로 맞지 않는 기준을 지닌 채 싸우는 담론 공동체에 갇혀 있었다. 쉬지린에게 이 공동체는 다름 아닌 오늘날 중국에서 잘 알려진 지적 토론의 학파들인 "국학", "계몽", "포스트모던", "자유주의", "신좌파"이다.[66]

이 분열되고 다원적인 사회에서 빠져 있는 것은 이러한 다양성을 반영

---

65) Xu Jilin, Liu Qing, Luo Gang, and Xue Yi, "In Search of a 'Third Way':A Conversation Regarding 'Liberalism' and the 'New Left Wing'", in Davies, *Voicing Concerns*, pp.199-226; and Xu Jilin, "The Fate of an Enlightenment"를 참고, 번역은 Gu and Goldman, *Chinese Intellectuals*. 이것은 쉬지린의 『另一種啓蒙』, pp.250-68에 있는 「啓蒙的命運」(계몽의 운명)의 번역이다. Geremie Barmé는 쉬지린의 논의를 대체로 수용했다. "The Revolution of Resistance," in Perry and Selden, *Chinese Society*, pp.198-220. 반면에 Xudong Zhang은 좀더 왕후이와 연결되는 "신좌파"의 시각에서 토론을 바라본다. "The Making of the Post- Tiananmen Intellectual Field: A Critical Overview," in Zhang, *Whither China?*, pp.1-75 참고.

66) 許紀霖, "自序" p.15. 이들은 최근의 영어 사용 연구들, 예를 들면 Xudong Zhang, "Postmodern and Postsocialist Society: Cultural Politics in China in the 1990s," *New Left Review*, No.237 (October-November 1999), pp.77-105; Geremie Barmé, "The Revolution of Resistance," in Perry and Selden, *Chinese Society*, pp.198-220; 그리고 Kalpana Misra, "Neo-Ieft and Neo-right in Post-Tiananmen China," *Asian Survey*, Vol.43, No.5 (2003), pp.717-44에서 분석되었다.

하고 인정하고 참여시키는 담론이었다. 쉬지린은 중국 지식인들의 시대에 뒤떨어진 "입법가" 사고방식을 개탄한다. 그들이 사회의 "해석" 요구를 다루는 데 실패한 이유는 정확히 "그들이 1980년대의 '입법가'의 버릇으로 자신들의 공동체 내에서만 말하고 자신들의 공동체 언어를 공공의 언어로 옮겨 다른 공동체와 대화하는 데 익숙해지지 않았기 때문이었다."[67] 쉬지린은 보양柏楊이 그의 『추악한 중국인』에서 비난한 것과 동일한 결함을 보고 있지만 중국 문화를 비난하기보다는 해결책을 제시한다. 지식인은 반드시, 파벌로 나뉜 지식인 집단은 말할 것도 없고 점차 차이가 명확해져 가는 사회적 그룹 간의 담론의 언어를 번역하여 "공중公衆"을 창조해야만 한다는 것이다. 지난 몇 년간 쉬지린 작업의 상당 부분은 다원적 사회에서 독립적인 공동체 간의 대화를 지배할 수 있는 담론의 규칙을 모색하려는 것이었고 따라서 지식인들에게 공개적 토론에서 생산적인 역할을 제공하려는 것이었다.

최근 쉬지린은 흥미롭게도 영국 옥스퍼드에서 개최된 다른 여러 중국 지식인 그룹 사이의 그러한 노력에 참가했다. 쉬지린은 중국 신학 포럼의 연례 회의에 참여하여 "옥스포드 컨센서스 2013"에 공동 서명했다. 이 선언은 쉬지린이 옹호해 온 다양한 지식인의 관용적인 커뮤니티를 구축하려는 노력으로서 주목할 만하다.

우리는 중국의 신성한 땅을 사랑하고 우리 인민에게 충실한 신자유주의, 신좌파, 신유가, 기독교 전통 속 다양한 학문적 이데올로기적 배경을 지닌 중국 지식인 그룹이다. 우리는 사회의 비평가와 감시자로서 지식인의 책임을 소중히 여긴다. 우리는 오늘날 중국과 그 나머지 세계의 매우 중요한 변화의 시기에 우리 역사가 지식인들에게 부여한 도덕적 특성과 합리적 정신을 계승하기를 희망한다. 우리는 문화와 관념의 힘과 자원을 동원하여 국가

67) 許紀霖, "自序", p.17.

와 사회를 더 높은 수준으로 발전시킬 것이다.[68]

이 선언은 계속해서 4가지 합의점을 발표한다. 즉 정치적 정당성의 원천으로서의 인민, 공정성과 정의에 대한 헌신, "탁월한 중국 문화를 계승하고 전파하는 동안" 다원주의와 자유주의의 중요성, 그리고 중국의 이익과 아울러 인류를 위해 봉사하는 것이다. 이 선언은 지적인 대화에 중국의 기독교인들을 추가한 것으로 유명하다. 옥스퍼드 컨센서스는 일정 범위의 중국 지식인을 모았지만 저명한 인물들을 모두 포함하지는 않았다. 신좌파 학자 왕후이汪暉와 자유주의자 쉬유위徐友漁와 같이 양립할 수 없는 차이를 가진 사람들은 참가하지 않았다. 그럼에도 불구하고 옥스퍼드 컨센서스의 목표는 류샤오보가 이끌었던 08헌장(이 장의 시작 부분에 있는 "목소리"에서 발췌)과 비교될 수 있다. 옥스퍼드 컨센서스는 정부의 행위뿐만 아니라 지식인들 사이의 좋은 행동에 대한 호소를 한 반면에 08헌장은 중국 공산당 권력에 대한 직접적인 정치적 도전이었다. 중국 지식인 그룹이 정치 문제에 대해 공개적으로 발언하려 한 이 두 가지 노력에 대해 각기 다른 반응이 나온 것은 시사하는 바가 있다. 류샤오보는 서구권의 대규모 관심을 받았고(노벨평화상 수상을 포함하여) 중국에서 긴 징역형을 받았다. 옥스퍼드 컨센서스는 뉴욕 타임즈에서 간신히 언급을 한 정도였지만 그 선언에 서명한 중국 지식인 24명은 중국에서의 삶을 계속 이어가고 있다.

옥스퍼드 컨센서스는 중국의 지식인들이 오늘날 중국에서 서로 협력해 성공할 수 있도록 올바른 언어, 올바른 생각思想을 찾으려는 쉬지린의 목표를 반영한다. 신좌파 학자들만이 마오쩌둥의 생각을 (그리고 심지어는

---

68) 이 회의의 영어와 중국어 텍스트와 그 선언문은 Sinosphere, "Full Text of the Oxford Consensus 2013," http://sinosphere.blogs.nytimes.coml2013/10/18/full-textof- the-oxford -consensus-20131?-J>hp=true&_type=blogs&_r=O, 2015년 6월 24일 접속함.

조심스럽게) 알리고 있지만, 그럼에도 불구하고 대부분의 중국 학계의 공공 지식인은 오늘날의 문제를 해결하기 위한 올바른 사상을 찾고 있다. 학문적 연구에서 공적 논평, 상업 또는 정부 서비스에 이르기까지 이러한 다양한 범주의 지적 노력은 현대 중국의 "사상 작업思想工作"을 구성한다.[69] 마르크스 레닌주의가 제1차 세계 대전과 대공황에 직면하여 1920년대와 1930년대에 소련의 사회주의를 매력적인 대안으로 만든 것처럼 1990년대와 2000년대 중국 자유주의자들에게 있어서 서구 이론은 현대 세계에서 가장 성공적인 사회 체제를 보증하는 것으로 보였다. 다시 말해 그것들은 지식인의 실용주의 검증을 통과했다.[70] 아이러니하게도 마오쩌둥의 마르크스 – 레닌주의의 중국화(그리고 수십 년에 걸친 당 관행)는 1990년대에 이르면 그 이데올로기가 온전히 중국적이며 동시에 오늘날의 문제에 적용할 수 없는 것처럼 보이게 만드는 데 성공했다.

이 글에서 중국의 학자들은 단순한 의미에서 "서구처럼 되기"를 원하지 않는다. 사실 오늘날 중국 지식인들 사이에는 외국 이론에 대한 다양한 접

---

69) 이 부분은 Timothy Cheek, "Xu Jilin and the Thought Work of China's Public Intellectuals," *China Quarterly*, No.186 (June 2006), pp.401-20에서 가져왔다. 그러한 사상 작업의 험난한 역사는 Lynch, *After the Propaganda State.* 참고.

70) Maurice Meisner, *Li Ta-chao and the Origins of Chinese Marxism* (Cambridge, MA:Harvard University Press, 1967); Joshua A. Fogel, *Ai Ssu-ch'i's Contribution to the Development of Chinese Marxism* (Cambridge, MA: Harvard Council on East Asian Studies, 1987); Nick Knight, *Li Da and Marxist Philosophy in China* (Boulder, CO: Westview Press, 1996); Liu Dong, "The Weberian View and Confucianism," 번역은 Gloria Davies, *East Asian History* (Canberra), No.25-6 (June-Dec. 2003), pp.191-217. 보수적 자유주의의 예는 Zhang Rulun(張汝倫)의 Michael Oakeshott의 글을 번역한, 『政治中的理性主義』(정치중의 이성주의) (上海: 上海譯文出版社) 참조. Axel Schneider는 공화주의 사상과 현대 중국 사상 모두에서, 유교 부흥 운동도 포함된 보수적 사상을 분석하고 있다. Axel Schneider, "The One and the Many: A Classicist Reading … and Its Role in the Modern World-An Attempt on Modern Chinese Conservatism," *Procedia: Social and Behavioral Sciences*, Vol.2, No.5 (2010), pp.7218-43.

근 방식이 있다. 류둥劉東(1955-)은 『중국학술中國學術』의 편집자이자 칭화대학의 비교 문학 교수이다. 류둥은 그의 저명한 글 「'디자이너 피진 장학금Designer Pidgin Scholarship의 위험성」에서 "서구 거장들을 세심하게 습득한 후 궁극적으로는 중국 이론을 발전시킬 것"을 요구한다. 그의 모델은 현재 유명한 민국 시대의 중국학자인 천인커陳寅恪인데, 다음과 같이 인용했다. "자신의 독자적인 사고 체계를 진정으로 발전시킬 수 있고 이를 창의적으로 성취한 이들은 한편으로는 외국 학식을 흡수하고 도입해 와야 하며 다른 한편으로는 우리나라의 위치를 염두에 두면서 그리하여야 한다."[71] 유사하게 친후이秦暉는 가장 최근에 서구 이론을 사용해 법가 사상의 난무로부터 유교적 전통을 구하려고 시도했었다.[72] 사실 쉬지린의 자유주의 이론 사용은 중국의 공공 지식인이 독립적 정당을 조직하기보다는 저널, 신문, 웹 사이트와 같은 홍보 기관을 조직하는 것이 더 낫다는 결론에 도달하게 했다.[73]

쉬지린은 일반 독자와 점점 더 증가하는 인터넷 독자에게 적합한 부드러운 문장으로 화제가 되는 전혀 다른 글 뭉치, 공적 논평을 가지고 있는데 사스SARS로부터 "보편적 규범 대 중국적 가치"에 대한 논쟁, 중국 모델의 타당성에 이르기까지 심각한 주제를 다루고 있다.[74] 이 글들은 자유주

---

71) 劉東, 「警惕人爲的'洋涇浜學風」『二十一世紀』, 32期, 1996. 12, pp.4-13, Gloria Davies와 Li Kaiyu가 번역하고 류둥에 의한 새로운 서문으로 "Revisiting the Perils of 'Designer Pidgin Scholarship'"이 포함된 Davies, *Voicing Concerns*, pp.87-108, 인용은 p.96. 류둥은 그의 글 모음집, 『理論與心智』(이론과 지혜) (南京: 江苏人民出版社, 2001)에서 이 주제를 지속한다.

72) 秦暉, 「西儒會融,解构"法道互補": 文化現代化與中國知識人」(서구 학문과 유교의 융합을 통한 "법과 도의 보완성"의 해체: 문화 근대화와 중국 지식인), 이 논문은 2002년 12월, 상하이의 화둥 사범 대학의 〈공공 지식인과 근대 중국〉 회의에서 발표한 것이다. 친후이는 이 주제들을 『思無涯, 行有制』(경계가 없는 생각, 통제 안의 행동)』(天津: 天津人民出版社, 2002)에서 탐구한다.

73) 許紀霖, 「公共知識分子如何可能」.

의 진영의 다른 많은 글과 유사하다. 친후이도 다양한 시사 문제를 다루지만 중국 지식인의 공공 영역의 균열 문제로 돌아간다. 신좌파와 자유주의자들 사이의 싸움에 대한 친후이의 해결책은 지적 자유에 대해 서로 공유하는 책무에 공통의 기준선을 제안하는 것이었다. 그는 현재의 분열을 역사적 맥락 탓으로 돌렸는데 자유주의자 후스와 공산주의자 리다자오를 분열시킨 1920년대의 "문제와 주의" 논쟁이 반복된 것으로 보았다. 친후이는 "실제 '문제'를 회피한 채 '주의'를 엄격하게 이론화하는 것은 얕은 학습인 반면 '주의'와 별개인 '문제'에 대한 연구는 단어의 쌓음에 불과하다"고 그의 역사적 비교에 대해 결론지었다.[75] 그러나 친후이 글의 핵심은 농촌의 문제와 시민권이었다. 그는 문화대혁명기 하방된 청년으로서 보냈던 시절의 경험에서 평범한 가난한 농민들이 "자신들의 이익을 보호할 수 있도록 단체를 조직할 권리와 같이 시민권을 획득하고 행사하도록" 도울 책무를 끌어냈다.

베이징에 있는 중국 사회 과학원 철학 연구소의 리쩌허우의 후계자인 쉬유위徐友漁는 신좌파 학자들과 좀 더 호전적인 관계다. 1947년에 태어난 쉬유위는 홍위병이었고 1989년 톈안먼 시위의 목격자였다. 그는 1999년 이래 신좌파와 자유주의 학자들을 양분시킨 7가지 쟁점에 대해 자세하게 설명한다. 사회적 정의에서 시장의 역할(신좌파는 반대; 자유주의자는 찬성), 중국의 WTO 가입 전망(상동), 마오 시대의 평가(신좌파는 찬성; 자유주의자는 반대), 5·4 운동과 1980년대 계몽 운동의 평가(신좌파는 반대;

---

74) 쉬지린의 새로운 논평이 그의 블로그에 게시되었다. http://blog. sina. com. cn/xujilin57, 2013년 11월 30일 접속함.

75) Qin Hui, "The Common Baseline of Modern Thought," 번역은 David Kelly, The Chinese Economy, Vol.38, No.4 (2005), p.12. 이 저널의 전체 호에 친후이(秦晖)의 글을 번역해 게재했다. 나는 그 번역을 약간 수정했는데 問題에 대해 Kelly의 "쟁점(issues)"이 아니라 "문제(problems)"를 사용했다.

자유주의자는 찬성), 근대화(신좌파는 그것이 새로운 식민주의와 같다고 말함; 자유주의자들은 진보로 봄), 급진적 민족주의(신좌파는 찬성; 자유주의자는 반대). 쉬유위의 목록(위의 다른 6개와 함께 주어지지 않았다)에 있는 마지막 논쟁점은 중국이 현재 외국 자본에 의해 통제되는 사회인지 아닌지에 대한 것이다(신좌파는 예; 자유주의자는 아니오). 즉 "중국 신좌파는 현대 서구 신좌파와 새로운 마르크스주의 개념인 세계 자본주의 체제를 중국에 적용하기 위해 중국의 조건을 왜곡하고 잘라낸다." 쉬유위의 설명은 쉬지린과 친후이가 피하려고 애쓰는 "침 뱉는 싸움"을 거는 것이다. 그러나 쉬유위는 현재의 이데올로기적 순간에 중국 자유주의 입장의 핵심을 포착하고 있다. 중국을 진정한 강국으로 만드는 길은

> 첫째, 실제 시장과 실제 자유 경쟁을 지속하고 공정한 규칙을 만들어 모든 사람이 규칙을 따르고, 시장에서 정치 권력을 추방한다. 둘째, 법의 지배를 확립하고 법 체제를 완성한다. 예를 들어 기존 헌법을 수정하고 보완함으로써 정당한 사유 재산을 보호하고 법률을 통해 빈부 격차를 좁히며 법으로 부패를 처벌하고 바로잡는 것이다.[76]

쉬지린 같은 글이 출현하는 중국 학계의 세계란 무엇인가? 류둥劉東의 곤경을 고려해 보라. 당 비서의 비위를 맞추고 위대한 조타수의 눈 밖에 나지 않도록 하면서 사회주의를 위해 봉사하는 이상을 추구해야 했던 마오쩌둥 하의 지식인들과는 달리 류둥 교수는 더 복잡한 세계에 직면해 있다. 그는 자신의 학문적 능력을 동료들(저널의 공동 출판자인 하버드와 자신의 소속 대학) 앞에서 입증해야 했을 뿐 아니라 자유 시장도 만족시켜야만 했는데 그렇지 않으면 그의 저널은 도산할 것이다. 그럼에도 불구하고 그

---

76) Xu Youyu, "The Debates between llberalism and the New Left in China since the 1990s," *Contemporary Chinese Thought*, Vol.34, No.3 (Spring 2003), pp.8-9.

는 여전히 당 비서의 눈에서 벗어나선 안되고 휴대 전화 비용을 지불해야 하고 자녀 교육비를 마련해야만 한다. 그는 학문적 동료들의 전문적인 요구들과 떠오르는 중산층 독자층의 상업적 관심 사이에서 균형을 잡아야만 한다. 물론 그는 새로운 도구들인 인터넷, 하버드 옌칭 기금, 휴대 전화를 가지고 있다. 류둥 교수가 마주한 압박들은 서구의 학자들에게는 친숙한 것이나 류둥의 상황에는 의미 있는 차이가 있다. 당이 여전히 통치하고 있으며 중국의 경제 개혁은 서구 사회보다 훨씬 더 심각하고 강력한 농촌 빈곤, 도시 노숙자, 공해라는 사회적 병폐를 가져왔다. 쉬지린처럼 류둥은 서구 대학들을 탐방하고 학회에 참석한다. 그는 강력한 국제적 인맥이 있고 독일 문학사 및 이론을 훈련받은 국제적인 학자이지만 자신의 위치를 받아들였다. 중국에서 살고 일한다는 것은 그가 무엇을 해야 하는지를 규정한다. 즉 지식인으로서 최선을 다해 중국에 봉사해야 한다는 것이다.

이러한 수준의 국제적 연결은 현대 중국의 지적 생활에서 특정 세계를 떠올리게 한다. 외국어로 소통하는 외국어 세계이다. 20세기 전반의 후스와 몇몇 주요 지식인들이 중국어와 함께 영어로 출판한 것처럼 오늘날 많은 중국 지식인들도 그렇게 한다. 중요한 것은 오늘날 더 많은 중국 지식인과 학자들이 서양의 대학에 고용되어 있다는 것이다. 이 혼종 역할 – 냉전 시대에 로켓 과학자 첸쉐썬錢學森과 같은 지식인에게는 불가능했던 – 이 오늘날 이데올로기적 순간의 일부를 형성한다. 이 세계화된 혼종의 좋은 예는 장쉬둥張旭東(1965-) 교수다. 그는 현대 중국인의 삶의 아주 중요한 예라고 하겠는데 왜냐하면 뉴욕 대학교의 비교 문학과 아시아학과 교수이기 때문이다. 그는 또한 적어도 2개 이상의 중국 대학에서 겸임교수를 맡고 있다.[77] 그는 중화인민공화국 태생으로 미국 듀크Duke 대학에서

---

77) 예를 들면 2012년 6월 상하이의 강의에서 장쉬둥을 뉴욕대학교 NYU와 화둥(華東) 사범대학의 교수로 기재한 것을 볼 수 있다. www. wengewang. org/read. php?tid=35524, 2014년 8월 31일 접속함. 그는 이후 베이징대학과 도쿄대학의 겸임 교수가 되었다.

박사 학위를 취득했고 영어와 중국어로 광범위하게 글을 쓴다. 쉬지린 또는 류둥과 달리 장쉬둥은 신좌파 학자로 분류되며 추이즈위안과 왕후이의 관점에 더 가깝다. 그의 경우는 현대 중국의 지적 생활의 현실에 대해 두 가지 흥미로운 사안을 제기한다. 첫째 그의 훌륭한 학문에도 불구하고 2000년대 초반에 장쉬둥 교수는 그의 중요한 청중 가운데 한쪽이 그다지 관심을 기울이지 않는다는 것을 발견했다. 장쉬둥에게 중국 지식인과 중국인 일반의 이익에 대해 발언할 수 있게 하는 북미 중국 연구의 사실상의 본질주의에도 불구하고, 이것은 명백히 그의 중화인민공화국 동료들의 견해는 아니었다. 류둥 교수와 같은 중국 학자들은 그 당시 그를 "외국 학자"로 치부했는데 그가 중국 국내에서 일하는 학자들이 직면하는 제약에서 벗어나 자유롭게 살 수 있고 일할 수 있기 때문이었다. 장쉬둥이 중국 주요 대학에서 겸임 교수직을 맡은 주된 이유 중 하나는 그의 중국 동료들에게 다시 진지하게 받아들여지기 위해서였다.

장쉬둥과 같이 현재 서구 대학에서 일하는 학자들로 인해 우리는 두 번째 질문에 직면한다. 누가 서구의 학자이며 누가 중국을 주제로 연구하는가? 중국에 관한 거의 모든 주제는 중국 출신이면서 서구 대학원에서 교육을 받은 이들의 학술 연구를 영어로 출판한 것들이다. 그러나 그들의 목소리는 균일하지 않다. 일부(장쉬둥 같은)는 푸코Foucault(1926-1984)나 데리다Derrida(1930-)와 관련된 포스트모더니즘 접근 방식을 수용한 반면, 다른 이들은 공식적인 서구 사회과학 모델(퉁옌치Tong Yanqi와 마찬가지로)을 유지하거나 혹은 둘을 혼합하려고 시도한다. (자오웨즈趙月枝(1965-) 및 자오쑤이성趙穗生처럼).78) 중국에서의 유년기와 서구 사회에서 이민자로,

78) Yanqi Tong, *Transitions from State Socialism: Economic and Political Change in Hungary and China* (Lanham, MD: Rowman & littlefield, 1997); Yuezhi Zhao, *Media, Market, and Democracy in China: Between the Party Line and the Bottom Line* (Urbana: University of Illinois Press, 1998); Suisheng Zhao, ed., *China and Democracy* (London:

그리고 눈에 띄는 소수자로서의 최근의 모험이 확실히 그들의 사고를 형성하지만 그럼에도 불구하고 북미, 유럽 및 호주에서 학자로서의 사회적 경험이 그들의 관점을 더 많이 규정한다. 그러나 동시에, 전문성을 중시하는 세계화의 힘은 중국 내부의 류둥 및 쉬지린과 같은 학자들에게도 동일한 부담(정년 심사, 학술 출판물에 대한 동료 평가)을 가져왔다.

오늘날 세계를 돌고 있는 중국 지식인의 가장 좋은 예는 칭화 대학의 저명한 문학 평론가이자 신좌파 지식인인 왕후이汪暉이다. 영어도 유창할 뿐 아니라 중국어로 다작하는 왕후이는 아마도 중국의 현재 사상가와 작가 중 영어권 청중들 사이에서 가장 영향력 있는 인물이며 더욱 중요한 것은 중국 연구자의 범위를 넘어선다는 점이다. 그의 첫 번째 저서인 *China's New Order: Society, Politics, and Economy in Transition*(『중국의 신질서: 전환기의 사회, 정치, 경제』)(2003)는 영어로 널리 출판되었는데 1997년 현대 중국 사상에 대한 그의 중요한 비판을 번역한 것으로 중국 내에서 신좌파와 자유주의 학자 간의 싸움을 촉발한 것으로 인정받는다. 수십 개에 달하는 그의 학술 논문과 논평들이 번역되었다. 2009년까지 왕후이는 *The End of Revolution: China and the Limits of Modernity*(『혁명의 끝: 중국과 근대성의 한계』)에서 "중국 문제"와 국제적인 우려의 가교 역할을 했다. 2011년에는 그는 *The Politics of Imagining Asia*(『상상하는 아시아의 정치』)를 저술하기 위해 미국과 중국 학자들의 글을 편집하였다.[79] 영어권 문학과

Routledge, 2000).

79) 왕후이는 한 인터뷰, "Fire at the Castle Gate: A New Left in China," *New Left Review*, No.6 (2002)에서 자신의 삶에 대해 설명했다; "The New Criticism," in Wang, *One China, Many Paths*, pp.55-86으로 재인쇄되었다. Wang Hui, *China's New World Order* (Cambridge, MA: Harvard University Press, 2003); Wang Hui, *The End of Revolution: China and the Limits of Modernity* (London: Verso, 2009); 그리고 Wang Hui, *The Politics of Imagining Asia*, ed., Theodore Huters (Cambridge, MA: Harvard University Press, 2011).

비평 이론계에서 왕후이는 점점 중국 사상가가 아니라 국제 비평 이론가로 받아들여지고 있다. 실제로 그는 현재 런던 골드스미스 대학Goldsmiths, Univ. of London에서 "아시아 문화 연구" 석사 프로그램을 이끌고 있다(물론 칭화 대학의 지위를 유지하면서).[80] 중국 내에서 왕후이는 여전히 신좌파의 열혈 지지자로 간주된다. 송 왕조에서부터 오늘날까지 현대 중국 사상의 부상에 관한 역사와 같은 그의 4권짜리 기념비적인 저작도 일반적으로는 독자의 소속에 따라 받아들여진다(신좌파는 좋아하고 자유주의자들은 트집을 잡거나 무시한다).[81] 인터넷의 역할은 애석하게도 유해해서 비방을 주고받고 터무니없는 주장과 반박이 언제나 준비된 독자를 찾을 수 있게 했다. 2000년에 돈이 불에 기름을 끼얹었다. 홍콩에 기반을 둔 억만장자 리자청李嘉誠은 약 6천만 홍콩 달러를 연구 지원 목적을 위해 중국 교육부에 기부했다. 그 돈의 일부가 잡지 『독서讀書』의 최고의 글에 수여되는 "장강독서상長江讀書獎"으로 들어갔다. 수상자 중 한 명이 『독서』의 편집자인 왕후이라는 사실이 밝혀지자 인터넷 상에서 엄청난 다툼이 벌어졌다. 독설과 격렬한 수사의 수준이 이 "지적 교환"에서 드러났다.[82]

물론 대부분의 학자는 공공 지식인이 아니다. 우리가 마오쩌둥 혁명 중 만난 웨다이윈樂黛云은 여전히 일하고 있었고 1990년대부터 그녀의 학문적 시간은 베이징과 북미에서 비교 문학을 가르치고 연구하는 것으로 나누어졌다.[83] 그녀는 중국 비교 문학 연구소의 소장이고, 현재 그녀가 베이

---

80) "아시아 문화연구 석사 프로그램, 2014년 9월 학기 모집 중" www.gold.ac.uk/pg/ma-asian-cultural-studies, 2014년 8월 31일 접속함.

81) 汪暉, 『現代中國思想的興起』 4권, (北京: 三聯, 2004). 당파적 논쟁으로 周熾成, 「混亂與謬誤: 評汪暉《現代中國思想的興起》」(혼란과 오류: 왕후이의 『현대 중국 사상의 흥기』를 평함), 『社會科學論壇』 2012年 第4期, pp.115-20에서 검토되었다.

82) Gu and Goldman, *Chinese Intellectuals between State and Market*, pp.75-108에 Xu Jilin, "The Fate of an Enlightenment"와 Geremie Barmé and Gloria Davies, "Have We Been Noticed Yet? Intellectual Contestation and the Chinese Web."이 있음.

징 대학에서 보냈던 60년에 대한 2009년의 회고록을 중화 전국 부녀 연합회中華全國婦女聯合會; 婦聯가 홍보하고 있다.[84]

시민 사회로부터의 목소리: 찬쿤충陳冠中, 신유가新儒家, 그리고 반대자

우리의 초점을 정부와 학계 지식인에서 사회로 더 폭넓게 돌리고 나면 첫인상은 오늘날의 중국과 이전의 이데올로기적 순간들이 너무 다르다는 것이다. 이 장의 시작 부분에 있는 사진에서 베이징 스타벅스에 앉아있는 찬쿤충을 생각해 보라. 중국은 번영하고 있고 열강의 반열에 올라섰다. 시진핑이 이제 "중국몽"이라고 부르는 이것은 "번영하는 시대盛世中國"이다. 이러한 세계에서 일부 중국의 사상가와 작가는 다시 한 번 그들의 글을 팔아 생활비를 얻는 독립적 지식인으로 나아갈 수 있다.

이러한 상업적 버전의 중국의 지적 생활은 어떤 모습일까? 우리의 마지막 안내자인 찬쿤충이 좋은 아이디어를 준다. 그것은 교수, 유급 작가, 정부 공무원, 정치꾼, 씽크탱크, 사업가 그리고 "암암리에 행해지는" 사회 운동으로 이루어진 세계화된 세상이다. 그것은 활기차고 소란스럽고 많은 지적 목소리가 있지만 무료는 아니다. 찬쿤충(표준 중국어로 천관중陳冠中이라고도 알려짐)은 1952년 상하이에서 태어나 홍콩에서 자랐고 보스턴에서 대학원을 수학했다. 작가이자 편집자로서 홍콩의 문화 현장을 이끌었고, 1990년대에는 타이완에서 잠깐 시나리오 작업을 했으며 2002년경부터는 베이징에서 생활하고 글을 쓰고 있다. 그는 공무원이 아니고 자신을 사

---

83) 예를 들어 중국에서 출판된 그의 영어 연구를 보라. Yue Daiyun and Qian Linsen, eds., *Comparative Literature in the Cross-cultural Context* (Beijing: Yulin Press, 2003).

84) 그 회고록에는 『四院·沙灘·未名湖』이란 제목이 붙여졌다. (北京: 北京大学出版社, 2008); 영어로 된 공고는 www.womenofchina.cn/womenofchina/html/ people/writers/9/ 7708-1.htm에서, 2015년 6월 29일 접속함.

회의 교사로 내세우지 않는다. 그보다는 사회 비평가와 사회 조직가라는 두 가지 다른 역할을 택했다.

찬쿤충은 서구에서는 주로 소설가로 알려져 있다. 그러나 그는 지적 네트워크를 조직하는 사람이기도 하다. 그는 대부분의 시간을 소설을 쓰는 데 쓰는 것이 아니라 사교모임이나 토론 그룹을 조직하는 데 쓴다. 베이징의 서점, 예를 들면 대학가에 있는 베이징 만성서원北京萬聖書園과 같은 서점이나 인터넷에서 훨씬 더 자주 그렇게 한다.85) 마치 한 세기 전 량치차오처럼 찬쿤충은 중국의 운명을 염려하는 중국 밖의 중국인들과 교류한다. 특히 찬쿤충은 인터넷에서 "민간중국民間中國"과 "친디아Chindia"라는 두 개의 자동 발송 단체 메일을 운영하고 있다. 각각은 중국인, 해외 거주 중국인, 그리고 몇몇 국제 학자들이 참여하고 제한을 두지 않은 대화를 나누고 가끔은 베이징과 홍콩에서 얼굴을 맞대는 사교 모임을 한다. 중국의 인터넷은 수천 개의 블로그, 웹 페이지, 중국의 트위터인 웨이보에서 격렬한 논쟁을 하는 것으로 유명하다. 찬쿤충의 온라인 모임은 두 가지 이유에서 다르다. 즉 그들은 이중 언어를 사용하고 영어나 중국어로 된 게시물이 허용되며 중국 안팎의 상업 및 전문직 종사자들과 관계를 맺고 있다.

이것은 중국 지식인들에게 새로운 무대 혹은 플랫폼이었다. 량치차오는 1900년에 새로운 상업적 신문을 이용했고 딩링은 1930년대 혁명 소설 문학을 받아들였으며 왕뤄수이는 마오쩌둥 중국의 선전 국가를 받아들였듯이, 찬쿤충은 인터넷과 소셜 미디어를 자신의 관념을 홍보하기 위해서만이 아니라 지식인을 조직하기 위한 새롭고 강력한 장으로 택했다. 찬쿤충의 단체 메일 발송은 비밀은 아니지만 공개되어 있지는 않고 구경만 하려 해도 가입해야 한다. 그러므로 그들의 목적은 홍보하는 것이 아니라 사려

---

85) 2014년 6월 현재, 찬쿤충은 단속으로 인해 베이징의 서점에서 더 이상 이러한 사교모임을 지속할 수 없다고 알렸다. 이것이 일시적 상황인지 여부는 불분명하다.

깊은 중국인과 중국에 대해 생각하는 사람들을 조직해 일관되고 논리정연한 대화로 공공의 문제를 탐구하는데 있다. 이러한 노력에서 찬쿤충은 혼자가 아니었다. 중국 전역에서 진취적인 중국인들이 인터넷을 사용하여 조직한다. 지식인도 예외는 아니다. 우리는 위에서 그러한 두 가지 예를 상업적 세계 및 협회의 세계에서 보았다. 베이징 외곽의 량수밍 향촌 재건 센터와 상하이의 비공식 서적 출판 사업이 그것이다. 이 사람들은 류샤오보처럼 중국 공산당에 정면으로 대항하지는 않는다. 그보다 그들은 우회해서 일하며 많은 것을 해낸다.

찬쿤충의 The Fat Years로 번역된 2009년 소설 『盛世: 中國 2013』(이하 『성세: 중국 2013』)은 중국의 새로운 상업 세계로 진출한 지식인들의 마음속에 무엇이 있는지와 그들이 직면한 도전에 대해 알려준다. 『성세: 중국 2013』은 디스토피아적 공상 과학 소설인데 가까운 장래의 "잊혀진 한 달의 시간"에 관한 것으로 번영하는 중국에서 "잊혀지는" 것과 안락함의 위험에 관한 이야기다.[86] 사실 찬쿤충의 소설은 사회 비판적이다. 찬쿤충은 중국 지식인들에게 지난 세기의 고통을 잊지 말고 오늘날 중국의 가난한 사람들의 고통을 무시하지 말며 당이 제시한 제한된 처우를 받아들이지 말라고 도전한 것이다. 량치차오처럼 찬쿤충은 진실에 헌신한다. 딩링처럼 찬쿤충은 소설을 사용한다.

찬쿤충의 소설은 오늘날 중국에서 이상주의의 투쟁에 관한 이야기다. 찬쿤충의 화자는 곰곰이 생각한다.

수억 명의 중국인이 이상주의의 태풍을 목격하고 이상주의의 홍수로 세례를 받은 시대를 살았다. 나중에 그들의 이상이 악몽과 환멸로 변하고 한

---

86) 陳冠中, 『盛世: 中國 2013』(성세: 중국 2013) (Hong Kong: Oxford University Press, 2009), 영어로는 Chan Koonchung, The Fat Years: A Novel, Michael S. Duke (New York: Doubleday, 2011) 번역으로 출간되었다.

세대 전체가 이상을 잃었지만 여전히 그들은 이상주의를 버리지 않았다. … 현재 감옥에서 고초를 겪는 혹은 정부 감시 하에 있는 모든 사람을 생각해 보라. 인권 변호사, 정치적 반체제 인사, 민주적 헌법의 옹호자, 비정부 시민 단체의 지도자, 독립 정당의 옹호자, 공공 지식인, 내부 고발자, 그리고 지하 교회의 선교사들은 의심할 여지없이 모두가 버전 2.0의 중화인민공화국이 결코 치료할 수 없는 구제불능의 이상주의자들이다.[87]

그러나 대부분의 지식인은 『성세: 중국 2013』의 주인공인 올드 천Old Chen과 같다. 그는 번영하는 중국에서 몇 가지 충격적 사건에 직면하고 마오쩌둥 시대의 쓰라린 사건을 회상한다.

이 시점에서 천은 역사의 무거운 짐을 내려놓고 싶었다. 우리가 정말로 보통 사람들의 역사적 기억 상실증을 비난할 수 있는가? 그는 스스로에게 물었다 … 누가 그 몇 가지 역사적 사실을 찾으며 빈둥거릴 여가 시간이 있는가? … 그 후 천은 새로운 개념을 고려했다. "90퍼센트 자유." 우리는 이미 상당히 자유롭다. 모든 주제의 90퍼센트 혹은 그 이상을 자유롭게 논의할 수 있으며 모든 활동의 90퍼센트 혹은 그 이상이 더는 정부의 통제를 받지 않는다. 충분하지 않은가? 대다수 인구는 90퍼센트의 자유도 감당할 수 없으며 너무 지나치다고 생각한다. 그들은 이미 정보 과잉과 즐거움에 질린다고 불평하고 있지 않은가?[88]

『성세: 중국 2013』에서 지식인을 위한 찬쿤충의 가장 강력한 도전은 허둥성이라는 등장인물의 목소리를 통해서 나오는데 천과 그의 동포들이 그를 납치해 "잃어버린 일 개월의 시간"의 진실을 밝히라고 강요했던 불가사의 한 당 지도자이다. 허동성의 조롱은 정말처럼 들린다.

---

87) Chan, *The Fat Years*, pp.199-200.
88) Chan, *The Fat Years*, p.145.

내가 말하고 싶은 것은 분명히 중앙 선전 기관은 그들의 일을 했지만 그들은 단지 이미 움직이고 있던 배를 밀었던 것뿐이었다. 만약 중국인들이 스스로 잊고자 했던 것이 아니었다면 강제로 그렇게 할 수는 없었을 것이다. 중국인들은 자발적으로 스스로에게 많은 양의 기억 상실증 주사를 놓았다.[89]

이것이 오늘날 중국 지식인들이 직면한 도전 과제이다. 각각 시간과 장소는 달랐지만 똑같이 진리와 중국을 더 낫게 만드는 데 헌신했던 량치차오, 딩링, 왕뤄수이를 불타오르게 한 이상주의에 어떻게 참여하게 할 것인가. 오늘날의 도전은 서구 제국주의와 일본의 침략이 아니며 정치적 분열이나 경제적 후진성, 전체주의가 아니라 안락함이다. 즉 월스트리트도 수수하게 보일 지경인 당의 소수 태자당 엘리트와 비록 전면적 기아는 면했지만 수많은 평범한 중국인들이 사회적 불의, 오염된 물과 공기, 장시간의 노동, 저임금 등으로 고통을 겪는 동안 지식인들은 안락했다. 량치차오는 정치적 망명자였고 딩링은 내전기에 혁명가가 되었고 왕뤄수이는 우주적인 "전체 국가"에 봉사했다. 찬쿤충은 우리가 본 것처럼 베이징에 있는 스타벅스에 간다. 여러 면에서 초기 중국 지식인들은 새로운 국가에 봉사하고 오래된 국가를 비판하거나 사람들의 교사가 될 수밖에 없었다. 찬쿤충의 세대는 기성 지식인의 이러한 임무를 맡지 않고 살 수 있는, 심지어 잘 살 수 있는 자유가 있다. 동시에 현재 세대는 국가적 무대에 오를 기회가 별로 없다.

찬쿤충은 중국 여권이 아니라 홍콩 거주 허가증으로 베이징에 거주하는 작가로서의 제한적 지위를 이용한다. 이 지위는 백 년 전 조계지가 량치차오와 천두슈에게 허용했던 "공간"의 현재 버전이다. 그것은 찬쿤충에게 부분적인 보호나 더 큰 자유를 준다. 그 자신이 이야기한 대로 이러한 지

---

89) Chan, *The Fat Years*, pp.286-7.

위와 『성세: 중국 2013』이 허구의 소설이었기에 당국과의 문제를 겪지 않아도 되었다. 여전히 그는 언제든 문제가 발생할 수 있을 것이라는 점을 인정한다. 찬쿤충은 또한 중국 정책에 대해 직접적으로 썼지만 홍콩의 관점에서였다(그리고 그곳에서 출판했다). 2012년에 그는 『中國天朝主義與香港』(중국의 천조주의와 홍콩)을 출간하였는데 베이징에서 나오는 새로운 생각을 새로운 "중국적 세계 질서"로 삼았다. 그 교리는 왕조의 이미지를 불러일으킨다. 천조天朝는 문자 그대로 "하늘의 왕조"를 의미한다. 찬쿤충의 요점은 홍콩에 관한 한 이 중국적 보편주의普世主義는 신식민주의에 가깝다는 것이다.[90] 찬쿤충의 최신 소설은 티베트로 향한다. 그것은 티베트 운전기사의 목소리로 두 명의 중국 여성과의 관계를 말하는 사랑 이야기이다. 찬쿤충은 그의 목적이 티베트인과 한족이 어떻게 현재 어울리고 있는지와 그 관계를 개선하기 위한 도전을 탐구하는 것이라고 말한다. 그 과정에서 그는 베이징 중산층의 사회 활동 - 정치적으로 안전한 영역인 동물의 권리와 애완동물 구조 - 의 생생한 모습을 그려낸다. 이 소설은 그의 재량의 한계를 시험하게 될 것 같다.[91]

티베트 지식인과 위구르, 카자흐 및 기타 "소수 민족" 지식인은 특히 문학을 통해 자신들을 대변하고 있다. 한족 지식인이 직면하는 정치적 표현의 한계와 위험은 이들 소수 민족 지식인들에게는 몇 배나 더 심각하다. 티베트와 티베트 문학은 공공 지식 활동의 주요 영역이 되었다. 오저 Ozer(1966-)와 같은 티베트 작가들은 한족 식민주의 뿐만 아니라 전통의 역할에 대한 티베트 내부의 논쟁에도 참여한다. 1994년 이후 티베트 작가

---

90) 陳冠中, 『中國天朝主義與香港』(중국의 천조주의와 홍콩) (Hong Kong: Oxford University Press, 2012).

91) 2014년 7월 7일 밴쿠버에서 찬과의 인터뷰. Chen Guanzhong, 『裸命』(벌거벗은 삶) (Hong Kong: Cosmos Books, 2012); Nicky Harmon에 의해 Chan Koonchung, *The Unbearable Dreamworld of Champa the Driver*, (London: Doubleday, 2014)로 번역됨.

들에 대한 제약은 강화되었다고 체링 샤카Tsering Shakya는 말한다. 그러나 그럼에도 불구하고 티베트 작가들은 담론 범위의 허용된 한계 속에서 창조적 글쓰기를 이용해 공공 문제를 다룰 방법을 계속 찾고 있다.[92] 한편 위구르 지식인은 심각한 탄압 아래 놓여 있다. 일함 토흐티Ilham Tohti처럼 비교적 온건한 사람조차도 중국 헌법의 틀 안에서 위구르의 이익을 옹호하고 웹 사이트 위구르 온라인을 운영했다는 이유로 정치적 재판을 받고 투옥되었다.[93]

신유교

또 다른 활기찬 협회의 세계, 그리고 학계 및 현재 정부 조직과 명시적으로 연계되는 것은 신유교이다. 유교는 1970년대 중반의 "비림비공批林批孔" 캠페인에서 혹독한 비난을 받았다. 그러나 1978년이라는 상당히 이른 시기에 포스트마오 문화 부흥에서 유교의 역할이 저명한 역사가인 런지위任繼愈(1916-2009)에 의해 제기되었다. 그 이후로 신유교는 중화인민공화국의 공적 생활의 일부가 되었다. 중국의 지식인에게 유교가 공적 토론의 수용 가능한 주제로 되돌아옴으로써 다양한 기회가 제공되었다. 일반적으로 우리는 신유교의 세 가지 경로를 따라가 볼 수 있다. 국가 이데올로기, 학술 연구에서의 문화적 정체성, 그리고 국가 또는 엘리트 지식인과 결부되어 있지 않은 풀뿌리 수준의 도덕 교육 수단으로서이다.

최근의 선전 캠페인에도 불구하고 당은 유교에 대해 새롭게 재개된 관

---

92) Tsering Shakya, "The Development of Modern Tibetan Uterature in the People's Republic of China in the 1980s," in Lauren R. Hartley and Patricia Schiaffini- Vedani, eds., *Modern Tibetan Literature and Social Change* (Durham, NC: Duke University Press, 2008), pp.61-85.

93) "China Jails Prominent Uighur Academic Ilham Tohti for Life," BBC News, September 23, 2014, at www.bbc.comlnews/world-asia-29321701. accessed June 25, 2015.

심을 빠르게 수용했다. 1978년 10월에는 유학儒學 혹은 유교 연구가 산둥山東 대학에서 열린 주요 학회의 주제가 되었다. 1980년에 이르면 공자孔子 연구 센터가 그의 출생지인 취푸曲阜에 설립되었고 일련의 국제 학회가 잇따랐다. 이 단계에서 리더는 지식인이었다. 당시 젊은 선동가였던 간양甘陽은 "유교적 사회주의 공화국"을 제안했다. 곧 캉샤오광康曉光, 장칭蔣慶(1953-)과 같은 일부 지식인은 유교를 국교로 하자고 주장했다.[94] 이러한 노력은 당연히 1916년 유교를 국교로 하자는 캉유웨이의 제안과 1930년대 국민당 정부가 "전통적인 유교적 가치"를 신생활 운동에 불어넣으려던 시도들을 떠올리게 한다.

사실 유교를 장려하는 것에 있어 지식인과 국가의 이해는 일치했다. 지식인 옹호자들은 활기를 되찾은 유교가 도덕적 나침반을 제공하며 일종의 중국적 자부심이 된다고 보는 경향이 있다. 국가는 거기에 동의했고 또한 자신의 상급자에 대한 충성과 순종을 강조하는 제국 유교의 정통학파를 홍보하는 데 추가적인 관심을 가졌다. 국가는 계속해서 공자 연구 프로그램, 학회 및 저널에 자금을 지원했다. 중앙 정부와 지방 정부 모두 공자 탄생일(9월)과 같은 유교 문화를 축하하기 위한 대규모 의식을 조직한다. 이러한 축하 행사는 또한 중국이 혁명을 겪는 동안 공자에 대한 존경심을 유지한 화교와 타이완인에게 다가갈 수 있는 편리하고 유쾌한 방법이 되었다. 빈센트 구사르트Vincent Goossaert와 데이비드 파머David Palmer는 "유교는 광범위한 관광, 문화 및 교육 사업을 위해 매우 다양한 국가 및 기타 조직에서 사용하는 정통적인 이름이 되었다"고 결론을 내렸다.[95] 1985년 덩샤오핑은 하버드의 학자이며 저명한 국제적 신유학자인 두웨이밍杜維明

---

94) Goossaert and Palmer, *The Religious Question in Modern China*; and Lionel M. Jensen, "New Confucianism," in Davis, *Encyclopedia of Contemporary Chinese Culture*, pp.424-8.

95) Goossaert and Palmer, *The Religious Question*, p.345.

(1940-)을 초청해 베이징에 공자 연구소를 설립하도록 했다. 그 이후로 신유교는 중화인민공화국의 대학뿐만 아니라 외국어를 사용하는 국제 학문의 세계를 넘나드는 대화가 되면서 일련의 국제 학회와 교수진의 교류가 이뤄졌고, 중국뿐만 아니라 동아시아와 전세계에서 유교의 역할이 모색되게 되었다. 새로운 세기에 중화인민공화국은 "소프트 파워" 영향력을 전세계에 확대하려는 노력의 일환으로 공자를 받아들였다. 2004년부터 시작하여 중국 정부는 96개국(2012년 기준)에 약 322개의 공자학원孔子學院을 세웠다. 중국과 지역 대학 간의 이러한 협력은 중국어 교육에 초점을 맞추고 있지만 이 공자학원은 중화인민공화국을 중국의 웅장한 문화 전통의 진정한 본향으로 각인시킨다.[96]

유학은 또한 중국 학계에서 "국학"에 일정한 역할을 했다. 바이퉁둥白彤東(1970-)은 상하이 푸단대학교 철학과 교수로 보스턴 대학교에서 박사 학위를 받았고 유학에 관한 연구와 토론에 매우 활발하게 참여하고 있다. 바이퉁둥은 그의 최근 영문판 저술에서 중원 왕국의 정치 철학인 유학의 고전과 그 고대의 동반자들인 법가와 도가의 책에 대한 설명을 제시했다. 서양 고전에 정통하고 영어도 유창한 바이퉁둥의 과제는 중국의 과거 사상들과 제도를 검토해 "현재의 글로벌 문제에 대한 규범적 평가와 통찰력을 중국인의 마음"에 제공하는 것이다. 그의 목표는 중국의 사상이 더 넓은 세계에 무엇을 제공할 수 있는지 알아보는 것 - "어떤 종류의 체제가 현대 인류에게 가장 적합한가?"이다. 조심스럽게 읽고 오늘날의 현실에 맞게 조절하면, 바이퉁둥은 이러한 중국의 고전이 "자유 민주주의보다 정치적 문제를 더 효과적으로 다루는 데 도움이 될 수 있다"고 주장한다.[97] 물론 여기에서 그는 량수밍이 1930년대 향촌 재건 운동에서 옹호한 것을 반영

---

96) Lionel M. Jensen, "Culture Industry, Power, and the Spectacle of China's 'Confucius Institutes'," in Weston and Jenson, *China in and beyond the Headlines*, pp.271-99.
97) Tongdong Bai, *China: The Political Philosophy of the Middle Kingdom*, pp.9 and 12.

한다. 몇몇이 이 주제 즉 유교를 서구 정치 이론의 대안으로 삼는 것을 선택했다. 신유교를 옹호한 가장 의외의 인물은 캐나다인 다니엘 벨Daniel Bell인데 프린스턴에서 서양 전통 고전주의자로 교육을 받았지만 10년 넘게 아시아에서 가르치고 일하며 현재는 칭화대학에 재직하고 있다. 다니엘 벨은 유교의 고전에서 볼 수 있는 교육과 연령을 바탕으로 한 능력주의 정치를 열렬히 옹호하며 이것이 자유 민주주의보다 더 좋은 정부를 확실하게 산출할 수 있다고 제안한다.[98]

대중적 유교는 1990년대 말 기공 수련과 명상 운동(1999년 반反파룬궁法輪功 운동 때문에 그 운명이 결정되었다)이 무너진 후 시작되었다.[99] 2000년대의 유교 부흥은 진정한 대중 운동이 되었는데 우리가 지역 지식인이라고 부를 만한 이들에 의해 지역적으로 조직되었고, 국가와 연결되어 있지 않았고 대학 세계와 늘 연계되어 있는 것도 아니었다. 문자 그대로 수천 개의 사립 유교 아카데미가 전국적으로 생겨났다. 그들은 고전 읽기, 문화의 혜택과 정신적 목적을 추구하는 기업가를 위한 훈련 프로그램, 청소년을 위한 여름 캠프, 어린이에게 도덕 교육을 제공했다. 구사르트와 파머가 언급했듯이 이것은 아래에서 위로의 상향식 운동이었다. 대학 세계는 그것과 다소 겹쳐 있긴 했지만 주도하지는 않았다. 베이징대학 졸업생인 팡페이는 쑤저우蘇州 근처에 이단학원을 설립하였는데 이는 전국적으로 뻗어나가 실용적인 유교를 공유하고 공원에 모여 호흡 운동을 하는 자원자 네트워크를 갖게 되었다. 이것은 비슷한 시기에 진행되었던 "량수밍 향촌 재건 운동"과 베이징 외곽의 그들의 공동체를 떠올리게 한다. 신유교는 2006년 미디어학 교수 위단于丹(1965-)이 진행한 CCTV의 논어 프로그램으로 미디어 인기의 절정에 도달했다. 평이하게 해설된 그녀의 책

---

98) Daniel A. Bell, *China's New Confucianism: Politics and Everyday Life in a Changing Society* (princeton, NJ: Princeton University Press, 2008).

99) Goossaert and Palmer, *The Religious Question*, pp.296-7.

은 전국적인 베스트셀러가 되었다.

중국 지식인의 이야기에서 신유교 현상의 중요한 역할이 있는데 그것은 지식인의 부재다. 대체로 신좌파와 자유주의자를 포함한 주류 지식인들은 이 운동에 거의 참여하지 않는다. 사실 이것은 일반적으로 종교를 멀리하는 일반적인 경향의 일부이다. 물론 이러한 주제가 언급되었지만 그들의 글에서 중심적이지도 빈번하지도 않다. 학계에서조차 신유가들은 일반적으로 그들 자신만의 세계이다. 물론 그들이 정부의 지원을 받고는 있지만, 그 지원은 집중적이고 실용적이다. 신유교가 국가의 문화적 명성에 영광을 더하고 대중들의 "조화로운" 순응을 장려하는 부분에서 그것은 좋은 것이고 국가의 지지를 받는다. 더욱이 국가나 신유학계 이외의 지식인 모두 중국 사회의 내재적 종교성에 맞서려고 하지 않는다. 데이비드 오운비 David Ownby는 오직 신유교만이 "중국의 종교와 중국 정부 사이의 지속된 갈등"을 기꺼이 다루려 한다고 결론을 내린다. "왜냐하면 복잡한 이유로 국가는 진정으로 세속적 체제 안에서 종교가 요구하는 독립적이고 보호받는 공간을 종교에 부여하려 하지 않기 때문이다."[100]

동시대의 반대자

이러한 풍성한 맥락에서 우리는 중국의 유명한 반체제 인사들을 다시 돌아본다. 우리는 이 장의 시작 부분에서 2006년 그의 인권 운동에서 인터넷의 가치가 크다는 것을 열정적으로 인정했던 류샤오보를 만났었다.[101] 2년 후 류샤오보는 다른 운동가 지식인들과 함께 "08헌장"을 작성했는데

---

100) David Ownby, "Kang Xiaoguang: Social Science, Civil Society, and Confucian Religion," *China Perspectives*, No.4 (2009), pp.102-11, p.Ⅲ에 인용.

101) 劉曉波, 「我與互聯網」(나와 인터넷), 『民主中國』(민주 중국), 2006.2.18에 게시되었고 류의 블로그, http://blog.boxun.comlherolliuxb/513_l.shtml에서 가져왔다. 2015년 6월 23일 접속.

인권, 민주주의, 법치에 대한 선언문으로 30년 전 체코슬로바키아의 민주주의 운동에 등장했던 77 헌장을 모델로 한 것이었다. 다른 개혁 청원들과는 달리 이것은 더 많은 개혁을 위해 당에 대해 정중하게 요청하는 것이 아니라 오히려 당에 대한 직접적인 도전인 자유 민주주의 영역 내의 솔직한 정치 강령, 새로운 헌법, 권력 분립, 입법 민주주의, 독립 사법부, 결사의 자유, 심지어 행정 공무원의 공개 선거를 옹호하는 것이었다. 2008년 12월 9일 공개되었을 때 303명의 서명이 있었지만 류샤오보가 주 발기인이 되기로 했다. 이 사실과 그의 전력들로 인해 공안은 류샤오보의 베이징 아파트에 와서 "주거 감시"를 하려고 데려갔다. 그는 2009년 말 공식적으로 체포될 때까지 그런 식으로 구금되어 있었다. 2009년 12월 25일, 류샤오보는 08헌장을 발의한 것으로 인해 국가 전복 혐의로 유죄판결을 받았고, 11년형을 선고받았다. 이듬해 류샤오보는 2010년 노벨 평화상을 수상했다.[102] 1989년 톈안먼 이후 투옥된 이래로 류샤오보는 중국의 평균적 지식인 범주에서 벗어나 있었다. 당은 이 "암적인 존재"를 일반적인 지식인 생활에서 격리하는 데 성공했다.

아이웨이웨이艾未未는 또 다른 이야기이다. 1957년 유명한 공산주의 문학가인 시인 아이칭艾青(1910-1996)에게서 태어난 아이웨이웨이는 실제로 베이징 고위 간부단의 특혜를 누리며 자랐지만 그의 아버지가 우파로 비난받았기 때문에 신장성新疆省으로 추방되었었다.[103] 1978년 개혁으로 가족은 베이징과 고위 간부들의 세계로 돌아왔다. 아이웨이웨이는 베이징 영화 학원北京電影學院에 등록했다. 아이웨이웨이는 뉴욕에서 10년 넘게(1981-93) 살면서 예술을 공부하고 비트족beatnik 시인 앨런 긴즈버그Allen

---

102) 08헌장과 류의 역할은 Liu Xiaobo, *No Enemies, No Hatred,* esp. pp.300 ff에서 다루어졌다.

103) 2010년 아이웨이웨이에 대한 훌륭한 개관은 Evan Osnos와의 인터뷰이다. "It's Not Beautiful: An Artist Takes on the System," *New Yorker*, May 24, 2010, pp.54-63.

Ginsburg(초창기에 중국에서 아이웨이웨이의 아버지를 만났었다)와 교류했다. 그 이후로 아이웨이웨이는 미술계에서 국제적인 인물이 되었고 중국 정치계의 악동이 되었다. 철저히 국제적이었던 아이웨이웨이는 뉴욕과 런던으로 정기적으로 여행을 하며 (허가가 날 때는) 중국에 아뜰리에를 유지하였다. 그의 예술은 터무니없고 의도적으로 충격적이다. 주목할 만한 그의 이미지는 톈안먼 광장에서 알몸으로 있는 것, 혹은 톈안먼에 걸린 마오쩌둥의 초상화를 향해 무례하게 손짓(가운뎃 손가락을 치켜 올린)한 것이다.

최근 10년간 아이웨이웨이는 2008년 쓰촨성에서 발생한 끔찍한 지진을 둘러싼 정부의 불법 행위와 부패를 폭로하는 잔소리꾼이 되었다. 그는 규격 미달로 지어진 학교 건물 안(근처의 빛나는 당 사무실은 피해를 보지 않은 반면)에서 지진으로 사망한 오천명 이상의 어린이들의 이름을 기록하려는 노력을 체계화했다. 그는 또한 지진과 관련한 악행을 폭로한 작업으로 인해 공안에 체포된 지역 운동가 탄쭤런譚作人(1954-)을 변호하기 시작했다. 아이웨이웨이는 공적 무대에서 이 일을 했는데 중국의 웨이보를 이용하여 공안의 직권 남용 행위에 대한 충격적인 동영상을 배포했다. 아이웨이웨이는 공안에게 난폭하게 다루어졌지만(머리를 가격당해 뇌출혈이 생겨 수술해야 했다) 그 시점까지 그는 공식적으로 체포되거나 구금되거나 "실종"되지는 않았다. 이것은 상당 부분 그의 지위 덕분이었다. 즉 아이웨이웨이는 혁명적 영웅의 특권층 후손인 태자당이다. 따라서 당국은 그를 조심스럽게 대했다. 국제적인 인맥으로 인해 아이웨이웨이를 대하는 것이 더 불편했지만 우리가 류샤오보에게서 보았듯이 당은 화가 나면 세계가 어떻게 생각하는지는 중요하게 여기지 않는다. 아이웨이웨이와의 이러한 대립을 해결하려는 당의 첫 번째 시도는 그를 끌어들이기 위해 다른 사람들이면 받아들였을 수도 있는 전국 인민 대표 대회의 일원으로 초청하려 한 것이다. 그는 제안을 거절하기로 한 결정이 가져올 결과를 알고 있었을 것이다. 마침내 2011년 4월에 체포되었고 몇 달 후 석방되어 엄청난 액수인 1,200만 위안(180만 달러)의 "체납세" 청구서를 받았다. 이 일은 중국 안팎에서 납득한 사람이 거의 없었지만 2012년 6월 그에 대한 불리한 결정이 내려져 아이웨이웨이는 어중간한 상태에 빠져 공개적으로 발언할 수 없게 되었다. 서방 언론은 아이웨이웨이를 반체제 인사로 소개하고 있으며 그는 확실히 중국 당국에 대해 비판의 각을 세운다. 그러나 쓰촨성 지진에 대한 그의 작업에서 알 수 있듯이 아이웨이웨이는 하나 이상의 정치적 장르에서 작업한다. 윌리엄 캘러핸은 아이웨이웨이의 활동을 "다중적 서사" - 공무원의 범법 행위를 추적하는 전사, 정치적으로 낡은 생각들을 풍자하는 궁정 광대, 중국과 서양 사이, 젊은이와 노인 사이, 시민 사회와 중국의 정부 사이를 오가는 중개인 - 로 묘사했다.[104] 아이웨이웨이는 지식인 반체제 인사이지만 단순히 그런 것도, 또 그것뿐인 것도 아니다.

베이징과 중국 전역에서 활동하는 "인권 변호사"의 수가 증가하고 있다. 대부분은 자신을 공공 지식인이라기보다는 일반 시민과 탄압받는 사람들을 위한 실질적 옹호자로 여기지만 중국 정부는 그들을 반체제 인사로 취급한다. "유권 변호사維權律師" 또는 "인권 변호사"로 알려진 이 남성들과 여성들은 종종 스스로 훈련된 법률 전문가들로 지방 정부의 남용 때문에 행동하게 되었다. 이안 존슨Ian Johnson은 산시성陝西省 옌안延安의 평범한 지역 변호사인 마원빈의 프로필을 작성했는데 그는 1990년대 후반 불법적 세금 부과에 항의하는 지역 농민들을 옹호하는 데 참여했다. 그는 농부들의 편에 서서 발언하고 소송을 제기하고 그들과 함께 시위를 이끌었다. 이 때문에 그는 베이징의 민원실(중국 법에 따라 청원서를 제출하기 위해 농민 대표단을 데려왔을 때)에서 구타당했고 노동을 통한 5년 교화

---

104) Callahan, "Citizen Ai"

형을 선고받았다.[105] 다른 인권 변호사들은 단연코 전국적 수준의 공공 지
식인이다. 베이징대학 법학과 교수인 허웨이팡賀衛方(1960-)은 법률 개혁
과 당의 권한 제한을 강력히 주장했다. 그는 08헌장에 서명했고 주요 지식
인과의 비공개 토론으로 유명한 신서산회의新西山會議를 개최해 중국 공
산당을 "불법 조직"이라고 강력하게 비판했다. 당은 그를 2008년 신장新疆
에 있는 작은 학교로 2년간 추방했지만 이제 그는 베이징 대학으로 돌아
왔고 해외에서 발언할 수 있다.[106] 베이징 유뎬대학北京郵電大學의 교수이
자 적극적인 인권 변호사인 쉬즈융許志永은 2010년에 시작된 시민권 및
헌법적 권리를 옹호하는 시민 단체인 중국 신공민 운동中國新公民運動의
주요 발기인 중 한 명이다. 쉬즈융은 2003년과 2006년에 베이징 하이뎬구
海淀區 지방 인민 대표 대회에서 선출되었지만 2011년 선거에서는 관료들
에 의해 그의 이름이 투표 용지에서 제거되었다. 신공민 운동의 상징은 공
민이고 쑨원의 서예를 사용하며 구호는 "자유, 정의, 사랑"自由, 公義, 愛이
다. 쉬즈융은 "공공장소에서 질서를 무너뜨리기 위해 군중을 모은" 혐의
로 체포되어 2014년 1월에 징역 4년 형을 선고받았다.[107] 같은 해 시진핑
은 그의 반부패 운동의 일부로 "법에 의한 지배"에 대해 당이 새롭게 헌신
할 것을 선언했다. 그러나 당이 공개적인 혹은 당 조직 밖 외부의 법률적
조언을 환영하지 않는 것은 분명하다.

『성세: 중국 2013』의 등장인물이 보여주듯이 중국에는 여전히 이상주의
자들이 있다. 일부는 류샤오보처럼 감옥에 있지만 일부는 찬쿤충과 같이
사회적 비판을 발표하기도 하고 다른 일부는 대학에서 위치를 이용하여 변

---

105) Ian Johnson, *Wild Grass: Three Ponraits of Change in Modern China* (New York: Vintage Books, 2004), Chapter. l.

106) "He Weifang," in *Thinking China*, on the website of "The China Story," at www.thechinastory.org/key-intellectual/he-weifang. 2014년 11월 16일 접속함.

107) "New Citizens: The Trial of Xu Zhiyong," *The Economist*, January 25, 2014.

화를 추구하며 나머지는 당 자체를 개혁하려고 한다. 우리는 중국의 1890년대의 재난에서 오늘날 중국의 번영 시대에 이르는 긴 20세기의 공적 생활에 참여한 지식인의 역사에서 많은 교훈을 얻을 수 있다. 나에게 있어 가장 강력한 교훈은 중국을 번영하고 강하게 할 뿐 아니라 공정하고 정의롭게 만드려는 지적 이상주의가 강력하게 지속되고 있으며 진리에 헌신한다는 것이다. 세기를 가로지르며 우리의 안내자들은 공익을 위해 봉사하는 방법이 정부에 종사하는 것에서 사회적 선동에 이르기까지 여러 가지이며, 이상적인 특정한 이미지는 세기에 걸쳐 이데올로기적 순간에 따라 변화하지만 추진력과 재능은 항상 거기에 있었음을 보여주었다.

지속되는 관념, 2005

인민은 중국 지식인의 글 속에서 다양해졌다. 집합적인 인민은 여전히 남아 있긴 하지만 대부분의 지식인은 중국에 있는 인민의 유형으로서 개인들인 도시 거주자, 농촌 거주자, 이주 노동자, 신흥 중산층, "귀국자"(해외 유학에서 돌아온 학생), 태자당, 기업가, 백만장자를 생각한다. 더구나 지식인들은 마찬가지로 "인민을 위해" 말하는 것을 포기했다. 따라서 친후이秦晖는 모든 중국인이 아니라 농민들의 운명에 집중한다. 쉬지린은 먼저 자신의 그룹인 지식인을 분류해 내는 것에 관심을 둔다. "인민"의 범주에 기본적인 구분이 있다면 그것은 "문화적 계급"의 하나인 교육받은 자와 받지 못한 자이다. 이것은 소질素質이라는 단어로 대표되는데 "수준"이라는 뜻으로 영국의 상류층이란 의미로 사용되는 "상류 사람들"이라는 의미에서의 수준을 뜻한다. 동시대의 저술에서 낮은 소질의 사람들은 행동거지가 나쁘고 공공장소에서 침을 뱉고 현대 경제에서 어떻게 운용을 해야 하는지 모르며 아마도 자녀를 학대할 것이다. 그들은 주시할 필요가 있고 그들에게 민주적 힘을 주는 것은 미친 짓일 것이다. 전국 인민 대표 대회의 한 대표가 (아래에서) 언급했듯이 민주주의는 좋은 것이지만 오직 올바른 부류에 대해서만 그러하다. 그러나 사회 계층화의 현실은 공식 언어에 쉽게 들어맞지 않는다. 최근 한 중국인 동료는 "과거 우리가 모두 가난했을 때 우리가 말할 수 있는 것은 오직 계급 투쟁이었다. 이제 중국이 실제로 부자와 가난한 자, 그들 사이의 긴장 상태를 갖게 되었으므로 우리는 계급 투쟁은 언급할 수 없고 화합에 관해 이야기해야만 한다"고 농담을 하였다.

중국(인)의 의미는 여전히 이론의 여지가 있다. 오천년의 문화적 역사를 가진 황제黃帝의 자녀가 되는 것에는 커다란 긍지가 있다. 당은 중국이라는 국가에 대한 대중적 정체성을 심어주는 데 성공했다. 중국이 성공하면 (예를 들면 우주 탐사에서) 중국 안에서 대중은 만족스러워한다. 중국이 일본이나 미국에 모욕을 당하면 거리에서 격분한다. 그러나 민족 분열이 전면에 등장했다. 주류인 한족漢族은 현재 가만히 못 있는 소수인 특히 티베트인과 위구르인과 다툼을 벌이고 있다. 모두 중국의 국민이지만 누가 중국인인가? 지역적 감성과 언어가 다시 등장했다. 지역 텔레비전과 라디오 방송국은 현재 일부 프로그램을 광둥어, 상하이어, 또는 다른 지역어처럼 표준 중국어 청취자들이 이해할 수 없는 중국어로 방송한다. 지식인을 포함한 도시 중국인들은 점점 더 두 개의 언어, 가정에서 사용하는 지역 언어와 학교 및 직장에서 공통 언어인 표준 중국어로 움직인다. 국민 결속에 대한 당의 염려를 어느 정도는 이해할 수 있는데 왜냐하면 중국은 공통의 조상은 가지고 있지만 극심한 개별 정체성을 가진 지역 인민들의 집합이기 때문이다.

민주주의는 공공 의제이지만 논쟁의 주제이기도 하다. 자본주의적 민주주의(서구적인)가 최상의 형태인가? 일종의 사회주의적 민주주의인가, 아니면 유교 공동체인가? 신좌파 학자들은 정치적 민주주의보다 경제적 민주주의를 강조한다. 자유주의 학자들은 정치적 권리에 초점을 맞춰 자유 민주주의의 여러 버전을 주장한다. 신유학 학자들은 선거를 부패한 인기 경연 대회로 간주하며 능력주의라는 대안을 지지한다. 그럼에도 불구하고 오늘날 중국 지식인들 사이에서 국민을 대변하고 정부 권력을 제한하는 것으로서 민주주의는 널리 받아들여지는 가치이다. 중산층은 서구식 선거 민주주의가 "당분간" 중국에는 적절치 않다고 우려한다. 2000년대 초 전국 인민 대표 대회 대의원으로 임명된 한 여성 토목 기사는 1950년대 초 저우언라이周恩來(1898-1976) 총리의 발언을 인용한다.

중국은 지구상에서 가장 인구가 많은 국가이며 현재 직접 선거를 개최하는 것은 매우 어려울 것이다. 평등한 대의권에 관해서는 농민이 인구의 80%를 차지할 것이므로 대부분의 대의원도 역시 농민이 될 것이고 그것은 별로 좋지 않을 것이다.

전국 인민 대표 대회 대의원인 엔지니어는 "반세기가 지났어도 이것은 여전히 사실이다"라고 말한다. 그녀는 계속해서 선거를 지지한다고 말하고 "오직 보편적이고 직접적이며 공정한 선거만이 민주적 선거라고 할 수 있다"고 하며 심지어 레닌을 정확하게 인용하기도 한다. 그녀의 결론은 민주주의는 훌륭하지만 올바른 종류의 - 교육을 받은 - 사람들 사이에서만 가능하다는 것을 시사한다.[108]

---

108) 이 전국 인민 대표 대회 대의원과의 인터뷰는 "The People's Deputy: A Congresswoman," in Sang Ye, *China Candid: The People on the People's Republic* (Berkeley: University of California Press, 2006), pp.73-84에 등장한다. p.79 인용.

2010년대의 중국

오늘날 중국에서의 삶과 중국 지식인이 움직이는 전국적 세계를 포착하기 위해서는 우리가 본 가장 최근 이미지 중 세 가지, 즉 베이징 올림픽에서의 문화적 영광의 축하, 스타벅스에 앉아있는 찬쿤충陳冠中, 베이징 외곽의 학생 공동체인 량수밍梁漱溟 향촌 재건 센터를 염두에 두는 것이 가장 좋을 것이다. 이러한 이미지들은 우리가 서구 언론에서 보게 되는 시진핑習近平의 새로운 "대중 노선 운동"과 반부패 척결 혹은 아이웨이웨이艾未未, 류샤오보劉曉波, 비정부기구 NGO 활동가에 대한 처우 같은 것과 대비된다. 물론 중국은 이 모든 것이다. 항상 그렇듯이 우리의 도전은 중국 지식인이 경험하는 그대로 중국에서의 삶을 보려고 하는 것이다. 그러면 우리는 그들의 생각을 이해할 수 있다.

오늘날의 이데올로기적 순간에 중국 지식인을 위한 새로운 역할로 공공 지식인이 떠오르고 있다. 그것은 선전 국가의 지식인 간부 역할의 잔재, 대학 및 전문직군에서 전문가 역할의 재부상, 상업적인 세계화로 생겨난 직업과 국가와의 격차와 틈에서 독립적인 지식인의 역할이 성장한 것을 바탕으로 한 것이다. 1990년대부터의 자기 탐구의 시대는 끝났다. 다양한 영역에서 중국 지식인은 풍요로운 중국의 과제라고 그들이 인식한 것들을 다루기 위해 분주하다.

중국의 지식인들이 중국의 문제를 이해하는데 사용하고 또 거기에서 해결책으로 제시하는 관념이나 이데올로기가 다양해졌다. 비록 마르크스 레닌주의, 마오쩌둥 사상이 중국 공산당의 공식적 신조로 남아 있고 잔재한 마오주의적 사고방식이 지식인의 생활을 물들이고 있긴 해도 마오쩌둥 시대의 단일한 국가 이데올로기는 사라졌다. 마오주의를 대체하거나 근본적으로 수정할 경쟁자인 신좌파 개혁 마오주의, 자유주의적 사회 민주주의 버전, 심지어 신유학의 통합주의가 있다. 그러나 변화는 지시나 혹은 일부 카리스마적인 사상가에 의해서가 아닌 사려 깊은 중국인들의 축적된 경험을 반영하는 의식되지 않는 사회 과정에서 나온다는 것이 보다 중요하다. 공식 이데올로기의 범주, 단일하고 전체를 설명하는 처방을 찾으려는 주장은 점점 더 중국 지식인을 끌어들이지 못한다. 극단의 시대는 지나갔다.

지적 참여와 토론에 대한 합의된 토대에 대한 탐색이 현재 진행 중이다. 심지어 배타적 특권을 주장하지 않아도, 마오주의의 자리를 채우게 될 것은 아직 등장하지 않았다. 그러나 우리는 중국의 새로운 공적 용어가 등장할 때 필연적으로 그 일부가 될 구성 요소를 볼 수 있다. 그것은 중국 정치 사상의 고대 문화 DNA인 인식론적 낙관주의 - 세계는 알 수 있고(현재는 과학을 통해) 인간의 교육 가능성에 대한 심리적 믿음 - 를 반영할 것이다.[1] 마오주의의 약속은 자연 과학, 현대 경제학, 기술에 대한 사랑을 중국 지적 세계의 일부로 만들어 그러한 근본적인 지적 지향점을 굴절시켰다. 마오주의의 교훈은 개인으로서의 지도자와 지식인의 오류 가능성을 강조하고, 진리로 (발견되고) 사람들에게 가르쳐지는 것이 실제로 좋은 것인지를 확실히 하기 위해 그리고 권력의 남용을 제한하기 위해 제도적 또는 체계적인 해결책을 찾기 위한 의제를 설정하게 했다. 도덕성은 유학이나 마오주의나 모두 제공할 수 없다는 것이 증명되었다. 유교 전통과 마오주의 경험은 모두 엘리트주의 문제를 해결하지 않은 채 남겨 두었다. 중국의

---

1) Thomas A. Metzger, *A Cloud across the Pacific: Essays on the Clash between Chinese and Western Political Theories Today* (Hong Kong: The Chinese University Press, 2005), pp.24, 88-93.

자유주의 전통은 상호 경쟁하는 진실 사이에서 합의점을 찾는 방법, 국가 권력을 제한하는 제도, 중우 정치를 피하면서 민중의 대표성을 강화할 방법 등의 문제를 말하고 있다. 자유주의는 총력전의 시기에는 불안정했지만 상대적 평화의 시기에는 사회적 긴장을 헤쳐 나갈 수 있는 상당한 가능성을 지니고 있다.

중국의 지식인들이 오늘날 자신을 발견하는 세계는 2008년 베이징 올림픽에서 축하한 "번영의 시대, 성세盛世"이다. 『성세: 중국 2013』*The Fat Years*에 나오는 찬쿤충의 등장인물들처럼 그들은 부와 권력의 문제와 도전에 직면한다. 많은 사람들이 성공하고 있지만 더 많은 사람들은 그렇지 못하다. 사회적 긴장과 "대형 사건"들이 빈번하고, 해마다 10만 건이 넘는 지역 사회 시위가 벌어지고 있다. 지방 행정의 위기가 다가오고 있다. 이 모든 것들이 중국에서 부자와 빈자 사이에서 끓어오르는 투쟁을 반영한다. 동시에 티베트와 신장의 민족적 긴장은 마치 압력솥처럼 커져서 분신과 철도역에서의 칼부림 사건과 같은 민족의식의 폭발을 가져왔다. 환경 위기는 베이징과 수십 개의 다른 주요 도시의 엄청난 대기 오염에서부터 계속 진행 중인 강과 수원의 오염에 이르기까지 평범한 중국인의 매일의 일상에 먹구름을 드리웠다. 휘발성 높은 대중적 민족주의가 증가하고 있는데 당의 톈안먼天安門 이후 애국 교육 캠페인에 의해 시작되었고 중국의 상업적 미디어와 소란스러운 인터넷 커뮤니티에 의해 일본, 미국 및 기타 국가가 자행하는 "중국인 모욕"에 관한 강렬하고 마음을 어지럽히는 이야기들이 주입되고 있다. 마지막으로 공직 부패-지위 고하를 막론한 정부와 당 지도자들-는 각계각층의 중국인을 괴롭히고 분노케 한다. 널리 알려진 2012년부터 시작된 시진핑의 반부패 캠페인은 당이 더는 이 정치적 경화증을 무시할 수 없다는 신호였다. 한편 여성들은 혼란스러운 역할 변화에 직면한다. 마오주의의 정치적 약탈에서 벗어나 안도했지만 철의 여성상과 일터와 가정에서 여성의 법적 평등의 상실이 함께 찾아왔다. 위태롭게 혼합된 메시지가 중국 여성들에게 전달되었다. 전문직 종사자가 되고 모든 요리와 육아 대부분을 담당하는 어머니가 되고 부모와 시부모를 돌보며 동일 직종에서 낮은 급여를 받고 외모를 가꾸고 오, 동시에 너의 권리를 위해 투쟁하라는 것이었다.

이러한 도전들은 사회적 반응을 불러일으켰고 이는 다시 중국 지식인들이 무엇을 해야 할지 숙고할 때 반드시 고려해야 하는 것의 일부가 되었다. 오늘날 중국에는 공적 신뢰의 결여라는 심각한 도덕적 위기가 있다. 그 빙산의 일각이 불량 분유, 가짜 약, 탐욕스러운 의사, 유해한 식품에 대항하는 일상적인 폭동으로 드러났다. 뉴질랜드 조제분유를 위한 인터넷 시장과 홍콩과 광저우를 중계하는 유아식 택배업체는 시민 행동과 협력의 경이로운 결과이다.[2] 중산층 행동주의가 중국에서 시작되었으며 계속 성장하게 될 것이다. 동시에 개별 중국인과 그 가족은 이미 잘 알고 있는 사람들 외에는 아무도 신뢰할 수 없다고 느끼는 적대적 세계에 직면해 있다. 지속적인 관시關係의 사회생활 혹은 개인적 인맥은 이러한 고질적인 사회적 신뢰 결여 앞에서는 오히려 탁월한 의미가 있다.

대중적 민족주의는 중국 국민으로서의 정체성을 대중이 수용한 일면을 반영한 것이다. 그것은 국가가 우주 발사, 올림픽, 대양 해군大洋海軍과 같은 성과를 쌓아 올림에 따라 만족스러운 소속감과 자부심을 제공한다. 당은 이 민족주의를 지지하면서 한편으로는 지나친 과잉은 억제하려고 한다. 만약 혁명이 더는 당을 정당화하지 못하고 분명히 많은 당원과 지도자들이 미덕의 모범을 보이지 못한다면, 그때는 모든 종류의 실제이든 상상이든 공격으로부터 중국을 보호하는 당의 능력이 중국을 보호할 것이다. 마지막으로 오늘날 중국에서 종교가 엄청나게 부활했다. 그것은 부분적으로

---

2) Amy Hanser, "Uncertainty and the Problem of Value: Consumers, Culture and Inequality in Urban China," *Journal of Consumer Culture*, Vol.10, No.3 (2010), pp.307-32.

는 도덕적 진공과 사회적 신뢰의 위기에 대한 반동이며 또한 마오주의 세계 혁명 이데올로기가 제공한 초월적 의미에 대한 반응이기도 하다. 국가가 승인한 5개의 조직된 종교로부터 중국 전역의 무수한 민간 신앙과 사원에 이르기까지 이 종교의 세계는 우리가 예측할 수 없는 방식으로 중국 사회를 재구성하고 있다. 중국의 지식인들은 첫 번째 문제인 도덕성의 위기에 많은 시간을 들이고 말을 쏟았지만 젠더 정의와 종교적 경험 문제는 등한시했다.

중국의 지식인이 자신을 표현하는 공적 무대 또는 공공 영역은 오늘날 우리가 중국에서 보는 지식인의 역할과 정체성만큼이나 변화하고 있다. 전체주의 선전 국가는 후퇴했고 국가에 의해 간섭받지 않는 사생활을 위한 공간을 허용하고 인쇄 자본주의의 디지털 버전에 활기가 넘치는 상업 매체를 활용한 지시된 공공 영역을 남겼다. 동시에 인터넷은 대중의 커뮤니케이션을 관리하려는 당의 노력에 도전하는 소셜 미디어의 세계를 창조했다. 웨이보는 아마도 중국 공산당의 미디어 헤게모니에 대한 가장 큰 구조적 도전일 것이다. 그러나 쑨원의 마음속에서 태어나고 마오쩌둥이 "완벽하게 한" 교육 국가의 본능은 중국 공산당을 떠나지 않았다. 2013년 시진핑의 "8월 19일 중요 연설"은 "여론을 위한 투쟁輿論鬪爭"이라는 도전을 제기했다. 이것은 중국 대중의 마음과 정신을 사로잡기 위해 번드르르한 "긍정적인 선전"과 반공산주의적 소요에 대한 연막으로서 "보편적 가치"에 대한 공격을 결합한 당 선전가들의 정교한 캠페인을 반영한다.3) 여기에는 대학 과정에서 "논의해서는 안 되는 7가지"(보편적 가치, 언론의 자유, 시민 사회, 인권, 당의 역사적 실수, 당 엘리트의 자본주의, 사법부의

---

3) 시진핑의 2013년 8월 19일 연설은 아직 공개적으로 출판되지 않았지만 누출된 텍스트와 신중한 평가는 Qian Gang, "Parsing the 'Public Opinion Struggle'," *China Media Project*, September 24, 2013, at http://cmp.hku.hk/2013/09/24/34085 에서 볼 수 있다. 2015년 6월 25일 접속함.

독립)에 대한 금지가 포함된다.[4] 중국 공산당 중앙 선전부는 정부 및 미디어에 공개적으로 논의할 수 있는 내용과 논의할 수 없는 내용, 중요 문제를 표현하는 방법, 무엇을 검열하는지에 대한 지침을 정기적으로 발표한다. 국가의 권력은 중국에서의 대부분의 검열이 자기 검열이 되게 할 정도이다. 요령 있는 편집자, 저자 및 출판사는 "선線이 어디에 있는지" 추측하고 검열관과 대치하는 것을 피한다. 이것은 가장 강인하거나 어리석은 사람을 제외한 모든 사람에게 깨기 어렵도록 깊숙이 몸에 밴 습관이 된다. 중국의 지식인은 동료 중국인에게 도달하려고 하면 종종 이 복잡하고 변덕스러운 "지시된 공공 영역"을 통해 말하도록 제약을 받는다.

마지막으로 지구적 환경의 중대 변화는 2010년대 중국을 형성했다. 냉전과 미·소 진영으로 나뉜 양극 세계의 종식은 다극화된 세계를 만들어 냈다.[5] 중국의 지도자들은 세계 지도자의 역할을 열망할 수 있겠으나 현재의 세계 체제는 그것을 환영하지 않는다. 대신 중국은 국지적 제휴와 글로벌 다자간 기구의 세계를 헤쳐나가야 할 것이다. 중국은 항상 세계와 연결되어 있었고 근현대 중국 지식인은 한 세기가 넘도록 외국의 사상을 수용해야 했지만 오늘날 세계와의 통합 정도는 전례가 없는 것이다. 이렇게 많은 중국인이 기본적으로 더 넓은 세계에 대한 정확한 정보에 이렇게 익숙했던 적도 없었다. 이렇게 많은 중국인이 중국 이외의 지역을 방문하고 체류했던 적도 없다. 이렇게 많은 국제적 기원의 견해들과 지식 체계(대학, 비즈니스 관행, 다국적 조약)가 중국에서 운영된 적도 없다. 이것은 젊은

---

4) 2013년 당 회보가 중국의 언론인인 가오위(高瑜, 1944-)에 의해 유출된 것은 Geremie Barmé and Jeremy Goldkorn, eds., *China Story Yearbook 2013: Civilizing China* (Canberra: Australian Centre on China in the World, Australian National University, 2013), pp.118-19에 기록되었다. 2015년 4월, 가오위는 국가 기밀을 누설한 혐의로 7년 형을 선고받았다.

5) Brantly Womack, "China's Future in a Multinodal World Order," *Pacific Affairs*, Vol.87, No.2 (June 2014), pp.265-84.

중국인들에게 맥도날드가 "현지 음식"처럼 느껴지는 세상인 것이다. 이 새로운 종류의 세계 질서에 대한 참여는 더 크고 깊을 뿐만 아니라 이 세계 질서 속 중국의 위치는 더 이상 약자의 그것이 아니라 강대국 중 하나인 것이다.

힘에는 책임이 따른다. 부와 권력으로 단순히 타자로부터 자신을 지키는 것만이 아니라, 세상에 기여할 기회가 생겨났다. 이것이 중국 지식인들에 대한 21세기의 도전이다. 중국이 국민들에 대한 책임을 다하고 불안해하는 세계에 회생이라는 중국의 약속을 실행하도록 돕는 것이다.

지식인, 중국, 그리고 세계

근현대 중국 지식인의 역사는 사려 깊고 헌신적이며 야심에 차 있고 설득력이 있으며 불평불만이 많고 주눅이 든, 지극히 인간적인 지식인이 그들이 살고 있는 곳에서 공익에 봉사하기 위해 최선을 다하려는 노력에 대해 설득력 있는 전망을 제공한다. 우리는 세상과 문제들이 서로 다른 시간과 서로 다른 이데올로기적 순간에 얼마나 다르게 보이는지를 강조해 왔다. 그리고 우리는 중국의 지식인이 기능하는 서로 다른 사회적 세계를 염두에 두려고 했는데, 간단하게 세 개(대도시, 지방(성省), 향촌 지역)로 시작해 끝에 가서는 정부 봉사, 학계, 상업 세계, 협회, 외국어를 사용하는 세계, 그리고 반대자의 세계인 6개 세계로 확장하였다. 우리는 내내 공적 생활에서 몇 가지 핵심적 관념 - 즉 인민, 중국(인)의 의미, 그리고 민주주의 - 의 지속성과 변화를 추적해왔다. 각각의 이데올로기적 순간에 우리는 어떻게 이 중국 정치 생활의 세 가지 핵심적인 관념이 지속되면서도 시대마다 상당히 다른 의미를 포함하게 되었는지를 살펴보았다. 결국 중국 사상가와 작가들이 그들의 기술, 사회적 자본 및 삶의 기회를 중국에 봉사 - 물론 각자가 옳다고 믿는 대로 - 하는 인내와 헌신에 감명을 받을 수밖에 없다. 한 세기가 넘은 대학살은 끔찍했지만 그 회복력은 인상적이었다. 그들의 공헌은 우리가 공유하고 있는 미래에 대한 큰 약속을 담고 있다.

지식인과 중국

20세기는 중국의 오랜 역사에서 민족주의의 세기였다. 더는 제국도 혹은 천하도 아닌 이 새로운 버전의 "중국"(베스트팔렌 국제 질서 속 민족국가인 중국中國)의 정체성과 보존 및 완성은 중국의 긴 20세기에 걸쳐 지적·정치적 삶을 지배했다. 어떤 형태로든 민족주의는 근현대 중국 지식인들의 최우선 관심사였다.

서구 제국주의와 그 뒤를 이은 일본 제국주의의 정치적 현실, 또한 국내의 무질서에 이끌린 이 최우선적 관심사는 이데올로기적 순간마다 다르게 표현되었다. 우리는 "오늘의 문제"가 변화하는 것을 보아왔다. 1905년에 그것은 어떻게 중국을 구할 것인가였다. 우리가 자라났던 세상에서 중요한 것들이 오래 가고 번영할 수 있도록 하려면 어떤 종류의 변화가 필요한가? 1920년대의 문제는 어떻게 중국인을 각성시켜 외세의 지배와 국내의 실정이라는 명백하고 현존하는 위험으로부터 스스로를 구하도록 할 것인가였다. 1940년대에 이르면 어떻게 신중국을 건설할 것인가였다. 1960년대에는 중국 공산당이 나라를 통일시키는 데 성공했음에도 불구하고 소비에트 모델의 한계와 대약진 운동의 큰 실패로 인해 모두가 다 사회주의를 어떻게 작동시킬 것인가를 고민하게 되었다. 1980년대의 핵심 질문은 어떻게 중국의 사회주의 체제를 개혁하여, 첫째 문화대혁명이 다시는 일어나지 않도록 하고 둘째 당과 사회주의가 소련에서와 같은 사회주의의 경화를 피하고 일본, 미국, 유럽에서 그토록 분명해 보이는 번영과 문화적 풍부함을 가져올 수 있도록 할 것인가였다. 2008년 베이징 올림픽 이후 오늘날 중국의 이데올로기적 순간을 규정하는 문제는 어떻게 글로벌 강국이 되는가이다. 국내에서 부를 어떻게 분배할 것인가? 어떻게 역내 및 세계 무대에서 책임감 있는 참가자가 될 것인가?

이 책을 통틀어 변화하는 역할, 정체성 및 제도는 중국의 사상가와 작가를 상당히 다른 방식으로 규정해 왔고 그들이 무엇을 할 수 있는지를 형성해 왔다. 우리는 중국의 사상가와 저자를 청 말기에 전통적 학자인 사士로 그리고 학자 - 관료인 사대부로 보아왔다. 비록 그들의 이상은 제국 정부에서 고관으로서 국가에 봉사하는 것이었지만 현실에서는 중국 사士의 90% 이상이 관료제 밖에서 일했고 대부분은 비공식적으로 지방 행정을 지원하는 지역 신사로 생활했다. 초기 개혁가들은 인쇄 자본주의라는 새로운 매체를 제국에 조언을 제공하거나 개혁이나 혁명을 위해 동료들을 동원하는 데 사용했다. 1920년대에 이르면 인쇄 자본주의의 맥락에서 독립 지식인知識分子 으로서 새로운 역할이 등장했으며 중국 전역의 조약항 조계지 주변에서 새로운 스타일의 대학이 번성했다. 동시에 전문직 종사자(의사, 변호사, 언론인 등)의 역할과 정체성이 잠정적이나마 부상했다. 이들은 세기 중반의 강력한 선전 국가에 의해 빛을 잃고 카리스마 넘치는 지도자와 국가 전체에 봉사하기 위해 지적 자유와 직업적 규범을 종속시킨 지식인 간부知識分子幹部로 대체되었다. 이것은 중국 남부의 쑨원의 작은 정권에서 시작하여 1928년 장제스의 국민당 정부와 함께 자라나 1949년 마오쩌둥 아래서 중국 전역을 뒤덮었다. 문화대혁명의 고난과 세계화의 도전 이후 오늘날 중국의 지식인은 지식인 간부, 전문가, 또는 독립 지식인 가운데 정체성을 선택할 수 있는데 지속되는 당 - 국가의, 되살아난 전문직과 대학의, 활기차지만 여전히 "관리되는" 상업 매체와 인터넷 안의 제도적 역할을 통해서였다.

이러한 변화된 역할은 세기 동안 중국의 지식인에게 제시된 공적 생활에 참여할 기회가 변화되었음을 반영한다. 우리는 중국에서 세 가지 형태의 공공 영역을 보았다. 1장에서 우리는 량치차오 세대가 더 많은 사람들에게 다가가는 것을 지원했던 상업 신문과 잡지의 인쇄 자본주의가 오직 사실상으로만 "자유"롭거나 다원적이었음을 보았다. 그 "자유"는 조약항이 중국 법의 적용을 면책 받는 것에 달려 있었다. 1930년대 중국의 선전 국가의 시행은 그 상황을 끝냈는데 처음에는 여전히 경쟁했던 상하이와 다른 주요 도시의 외국 조계지에서 국민당의 언론 규정이 아주 단속적으로만, 그리고 중국 공산당이 통제하는 흩어져 있는 농촌 소비에트에서는 국지적으로만 시행되었다. 정부의 강탈로부터 자유로울 때도 중국 인쇄 자본주의의 참여자들은 자본주의 시장의 규율에서 자유롭지는 않아서 투자 수익을 원했던 소유주나 주주들로부터 "신문 판매"를 위해 도시 독자들의 외설적 취향에 영합해야 할 필요성을 느꼈다.[1]

두 번째 형태의 공공 영역은 선전 국가의 인쇄 공산주의였다. 인쇄 자본주의의 기술은 이익이나 손실을 우려할 것 없이 (사업적 의미에서) 이데올로기적인 일당 국가의 목표에 활용되었다. 선전 국가의 공공 영역에서 경쟁적인 목소리는 제거되거나 크게 약화되었다. 이것이 쑨원이 구상한 교육 국가로 장제스의 국민당에 의해 시도되었고 마오쩌둥의 중국 공산당에 의해 "완전하게" 되었다. 완전하게 지시된 공공 영역을 시행하기 위한 핵심 기관은 각 정당(국민당 또는 중국 공산당)의 선전 부서였다. 이 기관은 소비에트의 예에서 도입된 것이지만 우리가 청淸의 신성한 칙령 강의에서 보았던 지속된 공교육 규범과 량치차오 시대 중국 저널리즘의 도덕적 훈계에 의존하는 것이다. 이 체제에서는 "선전"을 나쁜 것으로 보지 않았다. 우리가 지닌 선전의 부정적인 이미지는 20세기의 산물이라는 것을 기억하는 편이 좋을 것이다.[2] 근대 초기 유럽에서 "선전"의 원래 의미는 중국 용어 선전宣傳의 의미에 더 부합한다. 즉 정통을 전한다는 함축을 담아 진실이라고 믿는 것을 전파하는 것이다. 예를 들어 예수회는 반동종교개혁으로 가톨릭 신앙을 "선전"하기 위해 포교성

---

1) Reed, *Gutenberg in Shanghai*. 또한 비교 사례인 일본의 인쇄 자본주의는 Huffman, *Creating a Public*을 참고.

2) Garth s. Jowett and Victoria O'Donnell, *Propaganda and Persuasion* (Beverly Hills, CA: Sage, 1986).

聖布教聖省, Congregation de Propaganda Fide(현재는 인류복음화성人類福音化省, Congregatio pro Gentium Evangelisatione으로 명칭이 바뀜 : 역주)을 세웠다.[3] 우리가 량치차오 세대에서 보았던 "교육 저널리즘"에 대한 욕구는 세기 내내 계속되어 점차 증가하는 직업적 독립성에 대한 전념, 자유주의 이데올로기, 경쟁적 견해에 대한 민주적 관용과 긴장 상태에 있었다. 인민의 교사가 되고자 하는 지식인들의 욕구가 교육 저널리즘에서 전면에 대두될 만큼 중국의 당-국가는 권력을 쥐고 있었다.

오늘날 중국의 공적 영역에서 선전 국가는 물러나고 인쇄 자본주의 제도(활기찬 상업 미디어 시장)가 돌아왔다. 한편 인터넷은 일반 시민들 사이에 소셜 미디어를 통한 연결이라는 와일드카드를 도입했다. 당은 공적 무대를 적극적으로, 자금도 넉넉하게 투입하여 관리해 이러한 발전상을 단단히 움켜쥐고 있다. 이것은 이제 "홍보부"로 개명한 당 선전부가 지시하는 공적 영역이다. 그것은 마오쩌둥 시대의 공격적인 선전과 억압보다는 간접적인 수단을 통해 쑨원의 교육 국가의 목표를 유지하려고 시도한다. 거대하고 활기차고 끊임없이 활동하기는 해도 중국의 미디어는 자유롭지 않다. 그것은 관리되고 있다. 애매하게 그려진, 당이 적절하다고 인정하는 "선"을 넘은 자들은 징계를 받는다. 그럼에도 불구하고 인터넷의 소셜 미디어 기능인 반일 불매운동에서 공해 물질을 배출하는 공장에 대한 지역적 저항, 지방 정부의 불법 행위에 대한 시위에 이르는 사회운동에 대해 당은 많은 경우 타협하고 양보하고 조정한다. 당은 지시된 공공 영역의 관리자일 수 있지만 더는 모두가 인정하는 담론의 독재자가 아니다.

이전의 정체성은 오늘날 중국의 지적 작업을 형성하는 방식으로 지속되었다. 예를 들어 세기 중반에 지식인 간부는 대부분 혁명 간부였다. 이상

---

3) John W. O'Malley, ed., The Jesuits II: *Cultures, Sciences, and the Arts, 1540-1773* (Toronto: University of Toronto Press, 2006), pp.xxiv and 417.

적인 혁명 간부는 이데올로기적 지도자였다. 이것은 전승된 습관과 모델을 새로운 환경에 적응시키는 중요한 사례이다. 황제는 청나라의 최고권위자이며 이데올로기적 지혜의 근원이었다. 특히 강희제와 건륭제가 이러한 방식으로 재위 기간을 통치하는 데 성공했는데 제국을 통합하고 민족 문제는 비켜갈 수 있었다. 황제가 만주인인 것은 중요하지 않았다. 그보다는 그가 유교적 군자인 것이 중요했다.4) 최고 지도자의 이러한 역할이 20세기 중국에서도 기대되었는데 정치적 · 문화적 지도력 모두에 서였다. 청나라가 무너지고 공화국의 지도자들인 위안스카이, 돤치루이段祺瑞(1865-1936)처럼 현명하지 못한 군사적 독재자들이 명백히 이 수준을 맞추지 못했을 때 다른 이들은 스스로를 내세웠다. 더 중요한 것은 피터 자로Peter Zarrow가 설득력 있게 주장했듯이 지적 엘리트와 일반 대중은 정치 지도자들에게 이데올로기적 지도력을 기대했다는 것이다.5) 그 다음 반세기 동안 성공적인 지도자들은 그러한 주장을 할 수 있었을 것이고 오늘날에도 이런 류의 정치 잔재들은 중국 공산당 지도자들의 어색한 "사상", 가장 최근의 것으로는 후진타오 총서기의 "조화사회和諧社會"나 그의 후계자 시진핑의 "중국몽" 이론 속에서 지속되고 있다. 20세기의 주요 이데올로기적 인물인 쑨원, 장제스, 마오쩌둥은 모두 이데올로기적 지도력을 주장했다. 쑨원과 마오쩌둥은 좀더 성공적이었고 장제스는 그보다는 덜했다.

지식인과 이데올로기적 지도자로서 쑨원 박사와 마오쩌둥 주석의 차이점은 무엇인가? 그 두 사람은 두 가지 모두에 해당했다. 둘 다 상당수의 지식인과 대중에게 설득력이 있는 견해를 생산해 냈다. 둘 다 당과 행정의

---

4) 이 성공적인 정치적 움직임은 Jonathan D. Spence의 연구, *Emperor of China: Self-Portrait of K'ang-Hsi* (New York: Vintage, 1988)에 잘 묘사되어 있다. (조너선 D. 스펜스 지음, 이준갑 옮김, 『강희제』, 이산출판사, 2001)

5) Peter Zarrow, *The Conceptual Transformation of the Chinese State, 1885-1924* (Stanford, CA: Stanford University Press, 2012).

지도적 철학을 제시하는 정치 지도자의 역할을 굳건히 할 수 있었다. 사람들은 쑨원과 마오쩌둥의 "사상"을 연구했다. 그래서 쑨원주의(또는 삼민주의)와 마오주의(또는 마르크스-레닌주의-마오쩌둥 사상)가 둘 모두 있게 되었다. 지식인으로서 쑨원과 마오쩌둥은 그들의 동료 지식인들을 사로잡고 있던 질문을 고민했다. 중국은 왜 짓밟혔는가? 어떻게 중국은 수치심을 극복하고 안정, 번영, 문화적 온전함 및 국제적 존경을 되찾을 수 있을까? 그들을 이데올로기적 지도자로 만든 것은 그들이 제시한 해답이 추종자들 사이에서 보편적인 동의를 얻게 한 그들의 능력이었다.[6] 더 나아가 이데올로기적 지도자로서 쑨원과 마오쩌둥은 전통적 유교 과거 급제자의 기백의 일부를 되찾은 변신한 관료 지식인의 사제 기능의 모델이었고 타당성의 이유였다. 즉 쑨원과 마오쩌둥는 "엄연한 지역 지식인 간부들"로 기능했는데 마치 교황이 엄연히 지역 교구의 교구장이거나 혹은 청의 황제가 지방의 유교적 행정관 또는 족장에게 위대한 군자 모델이었던 것과 같다. 이데올로기적 지도자가 지식인 간부에게 제공하는 이 역할은 왜 많은 중국 지식인이 이러한 이데올로기적 지도자를 지지하는지 이해하려 할 때 핵심적 역할을 한다. 즉 근대화된 사회에서 소외되었던 지식인에게 이 관계는 문화적, 정치적 자본을 제공한 것이었다.

지식인 간부의 역할은 최근 수십 년간 약화되었지만 이데올로기적 지도력에 관한 주장은 그렇지 않았다. 이데올로기적 지도력에 관한 주장은 학문적인 것- 문자 해석의 전통에서의 전문성과 현재의 상황에 그 정통성을 창의적으로 적응시키고 실제적으로 적용할 수 있는 능력 -에 기반을 두고 있다. 중국의 경우 이데올로기적 권위에서 매우 흥미로운 전통적 측면은 20세기의 보수주의, 자유주의, 급진주의 입장을 넘어선 서예의 힘이다. 붓

---

6) Fitzgerald는 쑨원의 추종자들 가운데 "선각자(先覺者)"의 역할에 관해서는 특히 *Awakening China*, p.341에서 탐구한다; 그리고 Cheek은 *Propaganda and Culture in Mao's China*, pp.309-10에서 지식인 간부의 "문화 전달자" 역할을 설명한다.

또는 세필을 사용한 한자의 초서草書는 수천 년간 중국 문화에서 고도의 인격 도야의 상징이었다.[7] 그저 평범했음에도 쑨원의 서체는 1920년대부터 널리 선전되었다. 장제스도 기념비에 그의 필체를 남기고 부하들에게 선물로 주었다. 가장 유명한 것은 마오와 중국 공산당의 지도적 위치에 있던 그의 후계자들이 중국 전역에 걸쳐 휘갈겨 쓴 글씨를 뿌리고 신문의 제호(예를 들어 인민일보人民日報의 한자 제호는 붉은 잉크로 마오쩌둥이 쓴 것이다), 기념물, 그리고 공식 문서를 장식한 것이다.[8]

마찬가지로 중요한 것은 이데올로기적 지도력이나 그것에 대한 열망이 소수의 국가 지도자들에 국한되지 않았다는 것이다. 우리는 이것을 2장의 량수밍의 예에서 보았다. 올바른 사고를 명료하게 표현하고 뛰어난 학술적 기술로 독서 대중이나 시청자인 대중을 동원하는 모델과 그 욕구는 오늘날까지 중국의 지적 생활 및 정치 생활을 형성한다. 긴 20세기 동안 우리는 중국 지식인의 이데올로기적 리더십에 대한 권리 주장으로 거장의 학문을 정치적으로 전개해 온 것을, 량치차오와 장빙린이 문학적 중국어와 참고 문헌을 휘두른 것에서, 공자와 링컨을 통합한다고 주장하는(그의 삼민주의 원칙) 쑨원의 고무적 정치 연설에서, 딩원장이 진보적으로 과학적 방법을 적용하는 데에서, 량수밍의 고전적 학풍 고집과 군자와 같은 자세에서, 덩퉈의 아름다운 서체와 중국사에 대한 백과사전적 지식에서, 팡리즈의 천체 물리학에서, 그리고 왕후이의 숙련된 영어와 포스트모던 비평 이론에서 목격했다. 이 이데올로기적 지도력 모델은 우리가 보아온 많

---

7) 시, 서화, 그리고 서예를 포함한 이러한 전통이 Simon Leys in "Poetry and Painting: Aspects of Chinese Classical Esthetics," in Simon Leys, *The Burning Forest: Essasys on Chinese Culture and Politics* (New York: Holt, Rinehart, and Winston, 1985), pp.3-34,"에 이해하기 쉬운 산문으로 잘 포착되어 있다.

8) Richard Curt Kraus, *Brushes with Power: Modern Politics and the Chinese Art of Calligraphy* (Berkeley: University of California Press, 1991).

은 중국 지식인의 작업을 지배하고 있는 올바른 사상에 대한 탐구를 뒷받침한다. 중국의 문제를 해결하기 위한 "올바른 사상"은 무엇인가? 누가 가지고 있는가? 많은 중국인들에게 그것은 문화적 학문적 기량의 뛰어남으로 보증된 이데올로기적 지도자였다.

지적 생활은 변화하는 이데올로기적 순간과 지도적 방향 혹은 시대정신으로서 혁명, 개혁, 회생이 반복되며 형성되는 동안 중국의 지식인이 할 수 있는 일을 형성하는 세속적인 변화가 있었다. 우리는 중국이 산업화함에 따라 과학과 기술이 널리 수용되는 것을 목격했으며 세기 내내 서구에서 온 관념, 제도 및 규범과 지속적으로 관계를 맺어온 것에 주목했다. 그러나 가장 큰 변화는 국가의 성장이었다. 제3장에서 우리는 제2차 세계 대전 동안 국민당과 중국 공산당 양당의 치하에서 당-국가가 엄청나게 성장했던 것을 언급했다. 아주 탄탄한 근대적 국가의 성장과 그 대리인이 중국의 농촌에 깊숙이 침투한 것은 과거의 모든 제국, 왕국 및 정권에서 완전히 동떨어진 근대 중국과 오늘날의 중국을 보여준다. 중국의 교육 받은 엘리트들은 보통 혈통의 지위 혹은 지역 지주 또는 문화 지도자로서 항상 지역 사회에 참여했다. 이 지방의 자율성은 바이퉁등이 전통 중국에서 "법가적" 제한에 맞서는 "유교적" 균형을 옹호하면서 지적한 것이다(6장에서). 근대적 국가가 지역 사회에 침투하면서 중국의 사상가와 작가들은 지역 사회에서 벗어나거나 지역에서의 지도력을 인정받기 위해 간부로서 국가에 합류해야 했다. 이것이 20세기 중국과 오늘날의 중국을 만들었는데 중국 역사상 그 어느 때 보다 국가의 통제가 강하게 이루어졌다.[9] 찬쿤충과 같은 독립 지식인 역할의 재등장과 함께 동시대 중국에서의 시민 사회의 성장은 구석구석 배여 있는 국가 건설에 대한 이러한 상반된 서술의

---

9) 이 점이 Frederic Wakeman Jr. and Carolyn Grant, eds., *Conflict and Control in Late Imperial China* (Berkeley: University of California Press, 1976)에 수록된 연구들의 주요 주제였다.

맥락에서 보아야만 한다. 중화인민공화국의 상당한 국가 역량은 중앙 및 지방 행정이 사실상 분리한 것과 더불어 중국 지식인에게 전례 없는 도전과 기회를 제시했다.

　이러한 맥락, 역할 및 변화하는 공공 영역은 지식인이 중국에 봉사하려는 그들의 진화하는 소명을 다루기 위해 제안한 관념을 형성했다. 우리는 어떻게 "인민"의 개념이 량치차오의 교육 가능한 집단인 군群에서 쑨원주의와 마오주의에서 혁명적 동원의 대상인 인민人民으로, 다시 왕뤄수이의 마르크스주의적 휴머니즘의 떠오르는 개별적 인간인 인人으로, 다양한 사회적 유형인 농민農, 중산층 도시민市民, 민족 정체성(티베트 또는 몽골 또는 중국 회교도), 전문가專門家, 학자學者, 그리고 가장 일반적으로 오늘날의 국민國民으로 변화해 왔는지 보았다. 마찬가지로 중국이 의미하는 바와 중국인으로 간주하게 하는 것이 시간이 지남에 따라 바뀌었는데 문명의 정체성인 화華에서 민족적 범주인 민족民族으로 공화국의 공민의 신분인 국민으로, 세기 중반에는 특정 계급階級 - 프롤레타리아트를 포함하고 부르주아지를 배제하는 - 에 국한된 개념으로 오늘날에는 티베트인과 위구르인을 중화인민공화국 국민이라고 주장하는 포괄적인(어떤 이들은 제한적이라고 부를) 공민권 개념으로 다시 돌아간 것이다. 그러나 중국인은 계속해서 다른 문화와의 대조에 의해 그리고 사람의 얼굴로 구별되어서 정의되어 왔다. 마지막으로 민주주의는 지난 세기 내내 논쟁을 지배해 왔지만 량치차오의 공적 품성으로부터 쑨원의 정치적 보호를 받는 지도된 민주주의와 중국 공산당의 민주 집중제, 사회 민주주의의 다양한 개념에 이르기까지 논쟁적 의미와 가정이 있었다. 그 기간 내내 일부는 자유 민주주의를 주장했지만 중국의 극단의 시대에 안정적인 발판을 확보할 수 없었다. 오늘날에도 널리 퍼져 있는 중국 노동 대중의 "수준素質"에 대한 의심은 민주주의에 관한 토론을 굴절시킨다. 당은 주도권에 관한 주장을 유지하고 신유가新儒家들은 교육의 장점을 강조하며 중산층 전문직은 전문적인 능력을 들먹인다. 이러한 핵심 개념(또는 지속되는 관념)이 어떤 특정한 때에 의미하게 되는 것, 즉 이 책의 페이지에서 만난 명확한 견해들과 명제들은 각 이데올로기적 순간의 세부 사항, 제안된 의견의 내용, 그것들이 이바지한 특정 토론을 통해서만 파악될 수 있다. 의미는 세부 사항 속에 있다.

나의 목표는 모든 감동적인 부분을 단일한 서사에 맞추어 간단하고도 만족스럽게 이야기하고자 하는 자연스러운 욕구를 이데올로기적 순간과 지적 생활의 사회적 세계라는 렌즈를 사용하여 단련하려는 데 있다. 그러나 중국의 지식인과 그들의 세기에 걸친, 이 중국이라고 불리는 것을 발견하고 보존하고 완성하려는 노력에 대해 정당하게 평가하는 단일한 서사는 없을 수도 있다. 미국적 의미에서 근대화로의 길, 당-국가의 성장과 몰락 또는 서기書記들의 반역은 모두 끔찍한 세기에 걸친 중국 지식인들의 범위, 다양성, 역설, 영감을 포착하는 데 실패했다. 그럼에도 불구하고 중복되고 모순되기도 하는, 전면에 등장했다가 물러나는 몇 가지 서사를 찾아야 한다. 중국 자유주의의 이야기는 종종 비극적이고 현재는 소리를 죽여 놓은 상태지만 실재한다. 중국 사회주의 이야기는 분명 끝나지 않았다. 중국적 예외주의에 대해 어떤 주장이 행해지든 간에 과학과 기술의 수용과 중국의 현대적 경영에 대한 가정("사회"의 개념에서 초국적 기업, 경영 이론에 이르기까지)은 전 세계의 여느 사회와 대체로 비슷하다. 중국의 교육받은 엘리트들이 농촌 사회에서 소외되고 마오쩌둥의 혁명 아래 강제로 부분적인 재통합이 이루어지면서 그 이야기는 끝나지 않은 채 남아 있다. 중국의 지식인들은 농촌 지역 주민들의 삶에 어떻게 이바지하게 될 것인가? 중국 여성들의 투쟁과 성취들을 정당하게 평가하는 이야기는 아직 나오지 않았다. 마찬가지로 대다수 중국인들에게 종교 생활이 갖는 중심적 위상은 중국 내부의 지식인이나 혹은 (대부분은) 종교학 분야 외의 국제 학자들에게는 인정받지 못하고 있다. 오늘날 우리가 공유하는 역내 질서 및 국제 질서, 빈곤층을 위한 사회 정의, 환경적 생존과 같은 도전에 중국의 지식인이 무엇을 제공해 줄 수 있을지 엇갈린 기대 속에서 기다리고 있다.

중국과 세계

중국과 중국의 지식인은 더 넓은 세계와 연결되어 있으며 세기에 걸친 그들의 경험은 전 세계 지식인에 대한 신선한 관점을 제공한다. 다른 모든 곳의 지식인과 마찬가지로 중국의 일부 지식인은 세상을 개선한다는 사명과 책임이 있다고 굳게 믿었다. 유럽 지식인과 마찬가지로 중국 지식인도 근대화 과정에서 어떻게 그들의 풍부한 전통을 활용할 것인지를 두고 고민했다. 미국 지식인들처럼 그들은 자신들이 예외적이라고 생각했지만 물론 그렇지 않았다. 전 세계의 지식인들은 19세기 말 최고조에 다다른 유럽 - 미국 제국주의, 1914년 제1차 세계 대전의 충격, 1930년대 전 세계적 경제 대공황을 경험했다. 그들은 20세기 중반에는 나치즘, 사회주의, 그리고 냉전에 대처해야 하는 극단의 시대를 겪었다. 그들 모두 소비에트 제국의 붕괴, 9.11 및 계속되는 테러와의 전쟁에 반응했다. 그리고 그들은 다양한 방식으로 21세기 초 신자유주의적 국제 금융 질서를 수용했다. 그 결과는 2008년 금융 위기의 도전과 그 이후의 세계 금융 불안이었다. 세계 체제의 일부로서 중국은 이러한 모든 흐름의 일부였다.

우리는 20세기 중국 지식인들도 참여한 네 가지 흐름을 확인했다. 중국 지식인은 가장 강력한 반식민주의의 목소리 중 일부를 제공한다. 량치차오로부터 딩링, 제임스 옌은 외국 지배에 대한 중국적 해결책을 찾으려고 노력했다. 1906년의 장빙린章炳麟으로부터 쑨원孫文으로, 덩퉈鄧拓 및 우한吳晗과 같은 공산주의자에 이르기까지 우리는 제국주의와 근대화의 도전에 대한 해결책으로 정치 혁명이 가진 매력을 보았다. 우리는 국민당과 중국 공산당의 당 - 국가 치하에서 국가 주도의 발전이란 것이 어떤 모습인지를 보았고 그들에게 봉사한 지식인 간부의 목소리를 들었다. 그리고 우리는 1980년대 왕뤄수이의 "마르크스주의 휴머니즘"에서 1990년대 후반의 왕후이의 신좌파 이상주의, 찬쿤충의 오늘날 중국의 이데올로기적 삶에 대한 디스토피아적 그림에 이르기까지 포스트 사회주의의 목소리를 들었다. 이 모든 목소리들은 다양한 사회가 일반적으로 근대화라고 하는 문제를 다루면서 이미 20세기에 글로벌 대화의 일부가 되었다. 이 책의 목표는 일반 독자들이 이러한 중국의 목소리를 접할 수 있게 하는 것이다.

중국이 2015년 전환점에 있다면 그것은 외부 세계의 역할로 인한 것이다. 현대 중국 지식인을 규정하는 특징은 피할 수 없는 주변을 맴도는 서구의 존재이다. 단순히 지정학적 조건에서 뿐만 아니라 과학, 기술 및 대중 정치의 문명적 도전 측면에서도 마찬가지이다. 1895년 이래 모든 주요 지식인, 심지어 "배외론자" 또는 국학자 및 신유가 조차 서구의 사상, 개념 및 접근 방식을 상대해야 했고 특히 모든 문화에 대한 보편적 가치가 확인되었다는 서구의 추정도 함께 다루어야만 했다. 물론 중국의 전통 사상은 많은 면에서 성리학 교리의 보편적 적용 가능성을 비슷하게 자처했고, 지난 수 세기 동안 중국의 동아시아 이웃들에게 광범위하게 수용되었다. 그러나 이 유교적 국제 질서는 우리 이야기를 구성한 사건들, 서구와 그다음 일본 제국주의, 기술력, 문화적 확신에 의해 전복되었다. 20세기의 위대한 전통학자인 천인커(그리고 우리가 4장에서 만난 저우이량의 스승)는 독일 문헌학을 사용해 국수國粹에 관한 그의 연구를 분명하게 했다.[10] 그러나 오늘날 중국 지식인에 대한 서구의 지배력이 약해지고 있다는 신

---

10) Wen-hsin Yeh, "Historian and Courtesan: Chen Yinke and the Writing of 'Liu Rushi Biezhuan'," Morrison Lecture, Australian National University, July 2003, at http://chinainstitute. anu.edu.aulmorrisonlmorrison64.pdf, 2015년 4월 13일 접속함.

호가 있다. 2008년 금융 위기와 유럽 연합이나 미국의 민주주의가 그들 경제의 근본적인 문제를 해결하지 못하는 무력함으로 인해 발생한 서구에 대한 "신뢰 상실"이 중국 사람들에게 이러한 약화를 더 가속시켰다.

그래서, 중국은 매년 더 부유해지고 서방은 제 발등을 찍었다. 이게 이야기의 끝인가? 아니다. 왜냐하면 우리는 제1차 세계 대전 이후 중국의 지식인들이 경험한 실망에서 이 이야기를 본 적이 있기 때문이다. 우리가 미래를 예측할 순 없지만 앞으로 다가올 시간에 염두에 두어야 할 시사적인 패턴이 있다. 1920년대에 자유주의적 서구에서 돌아선 것이 외부 세계에서 돌아섰다는 의미는 아니었다. 대신 독일과 이탈리아의 파시즘과 소련의 국가 사회주의는 특히 1930년대 대공황기 자본주의의 전반적 위기 동안 설득력 있는 모델을 제공했다. 그런데도 중국 지식인들은 1930년대와 1940년대 중국의 문제를 다루는 데 도움을 받기 위해 유럽의 정치사상을 - 자유주의에서 마르크스주의, 기독교의 희망에 이르기까지 - 결코 포기하지 않았다. 즉 그들은 현지 상황에 맞게 적응시키거나 단순하게 "중국화" 하였다. 앞으로 우리가 공유하는 문제에 대해 뚜렷한 중국적인 대응을 만들어 낼 유사한 적응이나 현지화 과정이 있을 법하다.

그러나 1940년대 중국과 세계 그리고 2010년대 중국과는 세 가지 이유에서 유사점보다 차이점이 더 많을 것이다. 첫 번째 이유는 바로 중국의 "부상"이다. 오늘날의 중국은 1895년이나 1945년의 중국이 아니다. 여러 면에서 오늘날 중국은 이전의 중국이 그러지 못했던 모습인데, 통일되고 안정적이며 상대적으로 번영했고 다른 국가의 존중을 받는다. 부와 힘에 대한 탐색은 성공적이었지만 물론 그 자체의 문제도 가져왔다. 둘째 중국의 지식인이 어떻게 발전해야 하는가에 대한 도전보다는 발전으로 인한 문제에 어떻게 대응할 것인가가 이전 수십 년과는 다를 것인데 이는 20세기 전반에 수입된 많은 외국 사상이 국내화되었기 때문이다. 중국의 자유주의자들이 법의 지배를 이야기할 때 확실히 일부 학자들은 로크Locke, 제퍼슨Jefferson 또는 하이에크Hayek를 인용하지만, 중국인들은 점점 더 후스胡適,와 뤄룽지羅隆基, 리선즈李愼之(1923-2003)와 같은 중국의 자유주의자들에게 눈을 돌려 중국의 자유주의 전통이 제시해야 할 정치 자원을 발굴하려 한다.[11] 따라서 1980년대 소련과 동유럽과는 달리, 중국의 지식인들은 사회주의와 일당 국가에 신물이 났어도 오늘날 서구에 더 잘 작동하는 모델이 있다고 믿지 않을 것 같다. 이미 쉬지린이 지그문트 바우만과 왕위안화王元化의 견해들을 뒤섞어 짜 맞추는 것을 보았던 것처럼 그들은 가장 최근 서구 사상가들과 저자들로부터 나온 정치 생활에 대한 지식 창고에서 빌려와 그들 고유의, 이미 혼합된 전통과 함께 직조해 낼 것이다. 셋째 국제 환경이 변화했다. 홉스봄Hobsbawm이 결론지었듯이 20세기는 극단의 시대였다. 21세기는 글로벌 불확실성의 시대, 불안의 시대로 열리고 있다. 오늘날 중국 지식인들이 직면한 그들의 역할과 지위에 대한 불확실성은 최선의 국제 질서, 금융 시스템 또는 생태 체제가 무엇인지 확신하지 못하는 국제 사회를 잘 반영한다. 극단의 시대의 총체적 이데올로기는 더는 설득력이 없다.

우리는 이 변증법의 전환을 희망할 수 있다. "워싱턴 컨센서스"의 확신은 이라크와 아프가니스탄에서 좌초되었고 제2차 세계 대전 이후 국제 경제 시스템을 위한 브레튼우즈 체제는 명백히 재협상이 필요하며 지구는 온난화되고 있고 해수면은 상승하고 있으며 중국과 인도의 오염은 손을 쓸 수 없는 지경이 되었다. 중국은 스스로를 바로잡아 자그마치 30년 이상 경이로운 속도로 성장해 왔다. 비록 완전히 자유롭지는 않지만 중국의 전문직과 지적인 세계는 풍성하고 바쁘다. 중국의 지식인이 자기 자신의 자원에 기대를 걸 것이라는 점은 타당하다. 그러나 21세기에 우리가 기대할

---

11) 이 이야기는 Edmund K. Fung, *The Intellectual Foundations of Chinese Modernity: Cultural and Political Thought in the Republican Era* (New York: Cambridge University Press, 2010)에서 강조되었다.

수 있는 차용과 발송의 변증법적 전환은 다가오는 수십 년간 더 많은 중국 지식인이 그들의 관점에서 글로벌 거버넌스, 정치 이론, 세계 문학 및 예술에 공헌하는 것을 기대하게 할 것이다. 마치 백 년 전 확신에 찬 유럽인과 미국인이 그랬던 것처럼.[12] 마오쩌둥 시대를 견디고 살아남아 덩샤오핑과 자오쯔양의 외교 정책에 조언자가 되었던 지식인 간부 리선즈李愼之는 이 중국 근현대 지식인의 역사에 도움이 될 수 있는 결론에 도달했다. 1990년대의 아시아적 가치 논쟁을 검토하며 리선즈는 결론을 내렸다.

그것은 세계 근대화가 전환기에 도달했음을 보여준다. 우리는 수백 년에 걸쳐 축적되어 온 서구적 가치(또는 개인주의적 가치)가 지배해 온 산업 문명의 문제를 제거해 새로운 가능성을 열고 인간이 더 합리적이고 조화롭고 안전하며 건강한 삶을 살 수 있도록 해야 할 필요가 있다. 사실상 어떤 단일 국가나 문화의 가치 체계도 변하지 않은 채로 남아 있지는 않을 것이다.[13]

---

12) Leigh Jenco, *Changing Referents: Learning across Space and Time in China and the West* (New York: Oxford University Press, 2015) 참조.

13) Li Shenzhi, "Asian Values and Global Values," in *Selected Writings of Li Shenzhi*, ed., Ilse Tebbetts and Libby Kingseed (Dayton, OH: Kettering Foundation Press, 2010), p.123.

THE INTELLECTUAL
IN MODERN CHINESE HISTORY

1. **아이웨이웨이**艾未未(1957-) 2000년대 전위 예술가이자 정치 운동가. 마오 쩌둥과 같은 세대의 혁명 시인, 아이칭艾青의 아들로 혁명 엘리트의 일원 으로 간주된다.

2. **바이퉁둥**白彤東(1970-) 현재 상하이 푸단대의 철학 교수로 보스턴대학에 서 박사 학위를 받았고 전통 사상에 관한 연구와 유교에 관한 논쟁에 적 극적이다.

3. **보양**柏楊(1920-2008) 1960년대 타이완의 국민당 정부에 비판적이었던 소설 가, 언론인, 정치비평가로 10년을 감옥에서 보냈다. 중국인의 특성에 관한 가장 유명한 자기비판인 『추악한 중국인醜陋的中國人』을 집필했다.

4. **찬쿤충**陳冠中(1952-) 홍콩 출신으로 현대 소설가이며 대중 지식인으로 베 이징에서 중국과 세계에 관한 여러 인터넷 포럼을 운영 중이다. 그의 디 스토피아 소설인 『盛世: 中國 2013』은 2012년 영문판 *The Fat Years*로 출 간되어 많은 주목을 받았다.

5. **천부레이**陳布雷(1890-1948) 1948년 자살로 마감한 장제스의 개인 비서. 고 전적인 신문 지식인으로 1927년 국민당에 합류해 선전 분야의 지식인 간 부이자 장제스의 대필작가로서 일했다.

6. **천광청**陳光誠(1971-) 2000년대 인권 운동을 이끈 맹인 인권 운동가. 독학 으로 또는 맨발의 변호사로 산둥 지역주민들을 대변했다. 가택 연금에 처 해진 후, 미 대사관으로 탈출, 2012년 미국으로 망명했다.

7. **천쯔밍**陈子明(1950-2014) 독립적 씽크탱크와 저널을 만든 1980년대의 지식 인 운동가. 1989년 톈안먼 학생 시위에 참여하여 그해 말에 체포되어 투 옥되었다. 2002년 석방되었다.

8. **추이즈위안**崔之元(1963-) 현대 신좌파 운동가이며 신사회주의적 발전의 "충칭 모델"의 저명한 옹호자. 시카고 대학교에서 박사 학위를 취득하였 고 칭화대학 공공 정책 및 관리학부의 교수이다.

9. **덩튀**鄧拓(1911-1966) 마오쩌둥 치하의 지식인 간부. 저명한 지식인 덩튀

는 중국 공산당의 선전가이자 『인민일보』의 초대 편집자로 대약진 운동 이후 마오쩌둥을 비판하게 되었다. 문화대혁명으로 사망한 최초의 주요 지식인이다.

10. **딩링**丁玲(1904-1986) 1920년대 후반부터 유명한 여성 작가이자 혁명에서 차지하는 여성의 위치를 옹호했다. 마오쩌둥 휘하의 중국 공산당 문화계의 지식인 간부였고 내부 비판자이기도 했다. 1957년 숙청되었고 1980년대에 복권되어 활동했다.

11. **딩원장**丁文江(1887-1936) 1920년대와 1930년대의 신문화 지식인이자 현대 과학의 옹호자. 영국에서 지리학을 공부했다. 국민당 정부에서 채광과 측량 분야에 종사했고 과학과 중국에 관한 공적 논쟁에 적극적으로 참여했다.

12. **팡리즈**Fang Lizhi(1936-2012) 1980년대에 유명한 반체제인사가 된 천체 물리학자이자 지식인 간부. 선도적 과학자로 마오쩌둥의 정치 캠페인을 견디고 1980년대에 민주화를 주장하다가 톈안먼 이후 미국으로 망명했다.

13. **간양**甘陽(1952-) 신좌파와 관련된 공공 지식인. 그는 1980년대 '문화열' 시기에 활발히 활동하며 주요 서구 이론을 번역하는 작업을 이끌었다. 1989년 톈안먼 시위에 참여했으며 현재 홍콩에서 거주하며 작업하고 있다.

14. **후스**胡適(1891-1962) 중국의 가장 유명한 자유주의 지식인. 컬럼비아 대학교 존 듀이John Dewey의 제자로 1915년부터 신문화 운동의 지도자가 되었다. 제2차 세계 대전 당시 미국 주재 중국 대사를 역임하고 최종적으로 타이완에 정착했다.

15. **캉샤오광**康曉光(1963-) 현재 중국의 신유학 옹호자. 베이징의 런민대학人民大學 교수. 중국적 예외주의와 서구 사상과 모델에 대한 대안으로서 유교를 옹호한다.

16. **캉유웨이**康曉光(1858-1927) 19세기 말의 급진적 유교 개혁가. 1898년의 실패한 개혁에서 황제의 고문이었다. 량치차오와 다른 지적 운동가들과 망명하였으며 1911년 이후 신공화국에 봉사하며 유교를 옹호했다.

17. **리선즈**李愼之(1923-2003) 마오쩌둥의 시대를 버텨낸 지식인 간부로 덩샤오핑과 자오쯔양의 외교정책 고문으로 일했다. 중국 공산당 내에서 자유주

의적 개혁가로 알려져 있다.

18. **리이저**李一哲 린뱌오 체제 비판으로 유명한 광저우의 1974년 벽보의 공동 필명. 세 명의 홍위병 작가는 그룹의 리더인 리정톈李正天(1942-), 천이양 陳一陽(1947-), 왕시저王希哲(1948-)였다. 왕시저는 1978년의 베이징 시위에 적극적으로 참여했다.

19. **리쩌허우**李澤厚(1930-) 철학자이자 1980년대에 활동적이었던 자유주의 지식인. 지식인 간부였던 리는 1980년대 마오주의를 신랄하게 비판했다. 종종 비판 받았지만 투옥되지는 않았고 현재 콜로라도와 베이징을 오가며 살고 글을 쓰고 있다.

20. **량치차오**梁啓超(1873-1929) 1900년대 초 개혁가, 언론인, 유명한 대중 지식인. 량은 외국 제국주의에 직면해 생존을 위한 사회 진화주의적 투쟁에서 입헌 군주제, 근대적 교육, 인민의 개조를 옹호했다.

21. **량수밍**梁漱溟(1893-1988) 1920년대 이래 중국 농촌의 유교적 부흥의 아버지. 중국 공산당과 국민당 이데올로기에 대한 신전통주의적 대안의 주요 대변자로, 1930년대 마오쩌둥을 만났고 그에게 영향을 미쳤지만 1950년대 마오쩌둥에 의해 비판받았다.

22. **량쓰청**梁思成(1901-72) 민국 시대와 중화인민공화국의 주요 건축가. 중국식 건축과 보존을 옹호했다. 량치차오의 셋째 아들로 세기 중반, 서구 사상을 중국에 도입한 귀국 학생의 전형적 예이다.

23. **린시링**林希翎(1935-2009) 1957년 백화 운동 시기 학생 운동가이자 반체제 인사. 베이징 런민대학人民大學 법학과 학생이었던 그녀는 당의 독재에 맞서 자유민주주의를 옹호했다. 숙청되고 침묵 당했다.

24. **류빈옌**劉賓雁(1925-2005) 마오쩌둥 휘하의 당 언론인이자 기성 지식인으로 1979년 문화대혁명 당시의 학대에 대한 보도로 지식인을 열광시켰다. 1987년 당에서 숙청되었고, 미국에 정착해 비판적 글쓰기를 지속했다.

25. **류둥**劉東(1955-) 문화비평가이자 공공 지식인. 1980년대 "비공식적 학문" 영역에서 활동했고 칭화대학淸華大學의 교수이고 안이한 서구화를 비판했다. 중국의 외국 주요 학문 번역물의 편집자이다.

26. **류샤오보**劉曉波(1955-2017) 중국의 문학평론가이자 민주화 운동가. 1989년

톈안먼 학생 시위로 급진화되었다. 08헌장을 비롯하여 여러 차례 청원을 조직한 혐의로 반복적으로 투옥되었고 2010년 노벨평화상을 수상했다.

27. **루쉰**魯迅, 저우수런 周樹人(1881-1936) 중국의 가장 유명한 근현대 작가. 중국 문화에 대한 맹렬한 비평가이자 좌익에 경도된 공공 지식인이었지만, 어떤 정당에도 가입하지 않았다.

28. **뤄룽지**羅隆基(1898-1965) 세기 중반의 자유주의 지식인. 후스와 같은 귀국 학생으로 민주 동맹의 지도자였다. 중국 공산당과 협력을 모색했으나 1957년 숙청되었다.

29. **우롄더**伍連德, Ng Leen-tuck(1879-1960) 근대 중국 의료계의 지도자. 말레이시아에 태어나 영국에서 교육받았고 1910년 중국으로 "돌아와" 1930년대 후반까지 중국 행정부에서 일했다. 의료 근대화의 핵심 인물이다.

30. **판웨이**潘維(1964-) 중국 모델의 주요 이론가. 베이징 대학 교수이며 서양의 가치와 규범에 대한 비평가이다.

31. **펑파이**彭湃(1896-1929) 1920년대 공산주의자 농촌 선동가. 해외(일본)에서 수학한 중국산당의 초기 구성원이다. 광저우廣州 외곽에서 농민조합을 조직하고 나중에는 농촌 소비에트를 조직했다.

32. **첸쉐썬**錢學森(1911-2009) 저명한 중국 로켓 과학자로 미국으로 이주해 H.S.Tien으로도 알려졌다. 1950년대 미 당국에 의해 중국으로 쫓겨난 첸은 중국의 탄도 미사일 프로그램의 아버지가 되었다.

33. **첸중수**錢鍾書(1910-1998) 유명한 학자, 비평가, 소설 『위성圍城』(1948)의 저자. 양장楊絳의 남편으로 마오쩌둥 치하의 "간부학교"에서 함께 감금을 견뎌냈다.

34. **친후이**秦暉(1953-) 현대 중국의 저명한 경제 및 농업사가이며 자유주의 지식인이다.

35. **추진**秋瑾(1875-1907) 중국의 혁명가, 페미니스트, 작가. 1900년대 초, 일본에 있던 혁명가 집단에서 활동했으며 1907년 청淸에 의해 처형되었다.

36. **쑤샤오캉**蘇曉康(1949-) 1980년대 문화열풍의 지식인 리더이며 중국의 전통 문화를 규탄한 인기 TV시리즈 하상河殤의 주 저자이며 1989년 톈안먼 시위에 참가했고 현재는 민주화운동가로 미국에서 망명 중이다.

37. **쑨원**孫文(1866-1925) 중국의 혁명가이자 1912년 중화민국의 초대 총통이다. 여러 번의 시도에서 거의 성공하지 못했으나 그는 마침내 1920년대 국민 당을 설립했고, "삼민주의" 혹은 "쑨원주의"로 불리는 이념을 내세웠다.

38. **탕이제**湯一介(1927-2014) 베이징 대학의 저명한 중국 철학자로 1970년대 급진좌파 량샤오 저술 그룹과 결부되었다. 웨다이윈의 남편이다.

39. **왕단**王丹(1969-) 1989년 톈안먼 시위의 학생 지도자로 무력 진압 후, 미국 으로 망명해 해외의 중국 민주화 운동의 지도자가 되었다.

40. **왕후이**汪暉(1959-) 저명한 중국 현대 문학자이자 신좌파 공공 지식인으로 중국어와 영어로 많은 저작 활동을 하여, 아마도 중국 밖에서 가장 잘 알 려진 학계 지식인일 것이다.

41. **왕뤄수이**王若水(1926-2002) 중국 언론인이자 1980년대 마르크스 휴머니즘 으로 가장 잘 알려진 마르크스 이론가이다. 1987년 중국 공산당에서 축출 되었으나 주로 중국에 머물렀다.

42. **왕스웨이**王實味(1906-47) 좌익지식인, 번역가, 1942년 정풍 운동 당시 『야 생백합화野百合花』와 같은 비판적 저술로 마오에 반대한 당 이론가이다. 1942년 숙청되고 1947년 처형되었다.

43. **왕쉭**王朔(1958-) 현대 소설가이자 시나리오 작가로 1980년대의 등장인물 로 "불량배 스타일"의 거친 노동 계급을 이야기해 유명해졌다.

44. **웨이징성**魏京生(1950-) 중국의 인권 운동가. 1978년 베이징에 붙은 제5차 근대화에 관한 그의 민주화 벽보로 유명해졌다. 1979년 투옥, 1997년 석 방되어 미국으로 망명했다.

44. **우한**吳晗(1909-1969) 저명한 역사가, 민주동맹 운동가, 지하 중국 공산당원 이었다. 1940년대 국민당 비판과 1960년대 대약진 운동에 대한 당내 비판 에 참여한 것으로 유명하다. 문화대혁명 때 숙청되었다.

45. **쉬지린**許紀霖(1957-) 상하이에 기반을 둔 저명한 역사가이며 자유주의 공 공 지식인이다. 중국 지식인의 역사와 현재의 역할에 대해 다작하고 있는 작가이자 논평자이다.

46. **쉬유위**徐友漁(1947-) 베이징에 기반을 둔 저명한 철학자이며 자유주의 공공 지식인이며 서구 사회이론의 전문가이며 신좌파 지식인의 유명한 비

평가이다.

47. **쉬즈융**許志永(1973-) 저명한 베이징의 학계 인사이며 활발하게 활동하는 인권 변호사이다. 공맹(公盟)과 중국신공민운동(中國新公民運動) NGO의 창립자이다. 2014년 "공공질서를 교란할 목적으로 군중을 동원한" 혐의로 4년형을 선고 받았다.

48. **옌푸**嚴復(1854-1921) 1900년경의 유명한 학자이자 번역가로 사회진화론을 포함한 서구 사회 이론을 소개했다.

49. **양장**楊絳(1911-2016) 1930년대부터 최근까지 활동한 유명한 극작가이자 작가로 문화대혁명 기간 마오주의 "간부학교"에서 그녀와 그녀의 남편 첸중수가 겪은 고생을 감동적으로 썼다.

50. **야오원위안**姚文元(1932-2005) 마오쩌둥 시대의 급진적 좌파 문학평론가. 문화대혁명 당시 기득권 인사들을 고발한 것으로 유명하다. 문화대혁명 시기에 권력층으로 부상했다. 1976년 4인방의 일원으로 숙청되어 투옥되었다.

51. **예충즈**Ye Chongzhi(1873-1930) 1900년 경, 톈진天津 지역의 葉 가문의 가장이다. 조지프 에쉐릭Joseph Esherick이 저술한 그의 가족 역사, 『엽가葉家 - 중국사를 통한 가족 여행』Ancestral Leaves - A Family Journey through Chinese History에 설명된 대로 전통적 삶의 방식에서 근대적 삶의 방식으로 이어나간 것을 볼 수 있다. 지방의 지식인 가족이 근대화되어가는 사례를 보여주었다.

52. **위커핑**俞可平(1959-) 외국(영어) 독자들과 활발하게 교류하는 선도적 당 지식인이다. 당 내에서 상대적 자유주의자로 중국 공산당과 아울러 민주주의를 옹호한다.

53. **제임스 옌**James Yen, 옌양추 晏陽初(1890-1990) 1920년대-1960년대에 활동한 환태평양 자유주의자이며 귀국 유학생. 대중 교육 운동과 농촌 운동을 이끈 것으로 유명하다. 1948년 타이완으로 이주했다가 1980년대 중국으로 돌아왔다.

54. **카토 영**Cato Young, 양카이다오 楊開道(1899-1981) 량수밍의 농촌 개혁 운동에서 활동한 농업 사회학자로 미시간 대학에서 박사 학위를 받았다. 농촌

재건 운동에 합류하기 전 베이징의 옌칭대학에서 가르쳤다.

55. 웨다이윈樂黛云(1931-   ) 베이징대학의 문학 학자이자 회고록 집필자이다. 회고록은 1940년대부터 1980년대까지 기성 지식인으로서 그녀의 삶을 상술한 것이다. 탕이제의 아내이다.

56. 장빙린章炳麟, 장타이옌 章太炎(1868-1936) 1900년 경의 중국의 저명한 학자이며 혁명가로 후에는 보수적이 되었다. 저명한 문헌학자, 불교 철학자이다.

57. 장춘차오張春橋(1917-2005) 마오쩌둥 치하의 저명한 급진좌파 정치 이론가. 문화대혁명 기간 중 상하이에서 최고위층으로 부상했다. 1976년 4인방의 일원으로 숙청되고 투옥되었다.

58. 장쥔마이張君勱, 카슨 창 Carson Chang(1886-1969) 독일에서 교육을 받은 5·4 시대의 저명한 중국 철학자이다. 민주화 운동 기간 공공 지식인이자 정치적 인물로 1948년 미국으로 이주했다.

59. 저우이량周一良(1913-2001) 마오쩌둥 하에서 충성스러운 기성 지식인이 된 뛰어난 역사가이자 귀국 유학생이다.

60. 쩌우룽鄒容(1885-1905) 1900년 경 급진적인 공화주의 운동가이자 혁명적 대의를 위한 순교자이며 그의 반만反滿 비판인『혁명군 革命軍』(1903)으로 유명하다.

61. 쩌우타오펀鄒韜奮(1895-1944) 저명한 언론인이자 1930년대 항일 민중운동의 지도자이다.

유용한 교과서

Mitter, Rana, *A Bitter Revolution: China's Struggle with the Modern World* (New York: Oxford University Press, 2004).

Saich, Tony, *Governance and Politics of China*, 4th edn. (New York: Palgrave, 2015).

Schoppa, Keith, *Revolution and Its Past: Identities and Change in Modern Chinese History*, 3rd edn. (New York: Prentice-Hall, 2010).

Spence, Jonathan, *In Search of Modern China* (New York: W.W. Norton, 1999).

Walder, Andrew G., *China under Mao: A Revolution Derailed* (Cambridge, MA: Harvard University Press, 2015).

중국의 목소리: 중국 지식인과 일반 시민들의 번역

Cochran, Sherman and Andrew C.K. Hsieh, with Janis Cochran, trans., *One Day in China: May 21, 1936* (New Haven: Yale University Press, 1983).

Davies, Gloria, ed., *Voicing Concerns: Contemporary Chinese Critical Enquiry* (Lanham, MD: Rowman & Uttlefield, 2001).

de Bary, Wm. Theodore and Richard Lufrano, eds., *Sources of Chinese Tradition: From 1600 to the Twentieth Century*, 2nd edn., Vol.II (New York: Columbia University Press, 2000).

Sang Ye, *China Candid: The People's Republic*, ed. Geremie Barme, with Miriam Lang (Berkeley: University of California Press, 2005).

Wang, Chaohua, ed., *One China, Many Paths* (London: Verso, 2003).

권장도서

Callahan, William, *China Dreams: 20 Visions of the Future* (Oxford: Oxford University Press, 2013).
   Vivid tales of a range of China's new "citizen intellectuals" in the twenty-first century.

Carter, James, *Heart of Buddha, Heart of China: The Life of Tanxu, a Twentieth Century Monk* (New York: Oxford University Press, 2011).
   China's cultural worlds at mid-century captured in the life of a popular monk.

Cohen, Paul, *Speaking to History: The Story of King Goujian in Twentieth-Century China*

(Berkeley: University of California Press, 2009).

The history of Chinese modern nationalism through the lens of an iconic myth.

Esherick, Joseph, *Ancestral Leaves: A Family Journey through Chinese History* (Berkeley: University of California Press, 2011).

A very readable history of an elite family of intellectuals from 1850 to the 1980s.

Fewsmith, Joseph, *China since Tiananmen: The Politics of Transition*, 2nd edn. (New York: Cambridge University Press, 2008).

A lucid and reliable introduction to politics and intellectual debates into the 2000s.

Frolic, B. Michael, *Mao's People* (Cambridge, MA: Harvard University Press, 1980).

A dozen life stories give a vivid sense of life in Mao's China.

Goldman, Merle, *Sowing the Seeds of Democracy in China: Political Reform in the Deng Years* (Cambridge, MA: Harvard University Press, 1994).

A vivid account of intellectual debates before and after Tiananmen.

Goldman, Merle and Leo Ou-fan Lee, eds., *An Intellectual History of Modern China* (New York: Cambridge University Press, 2002).

A valuable collection of articles on modern intellectuals from the Cambridge History of China.

Mishra, Pankaj, *From the Ruins of Empire: The Intellectuals ll7ho Remade Asia* (New York: Farrar, Straus & Giroux, 2012).

An engaging extended introduction to Liang Qichao in comparative perspective.

Yang, Rae, *Spider Eaters: A Memoir* (Berkeley: University of California Press, 1997).

A readable, believable, and thoughtful account of Red Guard life and after.

유용한 웹 사이트

China Dialogue(www.chinadialogue.net): 중국어와 영어 학자, NGO 활동가, 지식인을 대화에 참여시키는 영국에 기반을 둔 이중언어 웹사이트

China File(www.chinafile.com): 유익한 블로그, 리포팅 및 현대 중국에 대한 동영상. 뉴욕, 아시아 소사이어티가 제작함

The China Story(www.thechinastory.org): 중국의 역사, 문화, 정치에 관한 학술적인 웹사이트 온라인으로 매년 발간되는 훌륭한 연감. 호주 국립대학, 세계중국호주 센터(Australian Center on China in the World)에서 제작

Adams, James, "Ai Weiwei: The Artist Is Not Present," *Globe and Mail* (Toronto), June 18, 2013.

A-la-shan huwai lianmeng (Alashan League) www.alsyz.com.

Alitto, Guy, *The Last Confucian: Liang Shu-ming and the Chinese Dilemma of Modernity* (Berkeley: University of California Press, 1979).

Apter, David and Tony Saich, *Revolutionary Discourse in Mao's Republic* (Cambridge, MA: Harvard University Press, 1994).

Averill, Stephen C., *Revolution in the Highlands: China's Jinggangshan Base Area* (Lanham, MD: Rowman & Littlefield, 2006).

Bai, Tongdong, *China: The Political Philosophy of the Middle Kingdom* (London: Zed Books, 2012).

   Jiu bang xin ming: Gujin DongXi canzhao xiade gudian rujia zhengzhi zhexue (New Mission of an Old State: The Contemporary and Comparative Relevance of Classical Confucian Political Philosophy) (Beijing: Beijing daxue chubanshe, 2009).

Bandurski, David, "Jousting with Monsters: Journalists in a Rapidly Changing China," in Lionel Jensen and Timothy Weston, eds., *China in and beyond the Headlines* (Lanham, MD: Rowman & Littlefield, 2012), pp.29-49.

Barlow, Tani, *I Myself Am Woman: Selected Writings of Ding Ling* (Boston: Beacon Press, 1989).

   ed., *New Asian Marxisms* (Durham, NC: Duke University Press, 2002).

Barmé, Geremie, *An Artist Exile: A Life of Feng Zikai* (Berkeley: University of California Press, 2002).

   "China's Flat Earth: History and 8 August 2008," *China Quarterly*, No.197 (March 2009), pp.64-86.

   "The Great Fire Wall of China," *Wired*, Vol.5, No.6 (June 1997), pp.138-51.

   In the Red: On Contemporary Chinese Culture (New York: Columbia University Press, 1999).

   "The Revolution of Resistance," in Elizabeth J. Perry and Mark Selden, *Chinese Society: Change, Conflict and Resistance* (London: Routledge, 2000), pp.198-220.

Barmé, Geremie R. and Gloria Davies, "Have We Been Noticed Yet? Intellectual Contestation and the Chinese Web," in Edward Gu (Gu Xin) and Merle Goldman, eds., *Chinese Intellectuals between State and Market* (London: Routledge, 2004), pp.75-108.

Barmé, Geremie R. and Jeremy Goldkorn, eds., *China Story Yearbook 2013: Civilizing China* (Canberra: Australian Centre on China in the World, Australian National University, 2013).

Barmé, Geremie and Linda Jaivin, eds., *New Ghosts, Old Dreams: Chinese Rebel Voices* (New York: Times Books, 1992).

Barmé, Geremie and John Minford, eds., *Seeds of Fire: Chinese Voices of Conscience* (New York: Farrar, Straus, & Giroux, 1989).

Barnett, A. Doak, *China on the Eve of Communist Takeover* (New York: Praeger, 1963).

Beard, Charles A., "Written History as an Act of Faith," *American Historical Review*, Vol.39, No.2 (January 1934), pp.219-31.

Bell, Daniel A., *China's New Confucianism: Politics and Everyday Life in a Changing Society* (Princeton, NJ: Princeton University Press, 2008).

Bender, Thomas, *Intellect and Public Life: Essays on the Social History of Academic Intellectuals in the United States* (Baltimore: Johns Hopkins University Press, 1993).

Bennett, Tony, Lawrence Grossberg, and Meaghan Morris, eds., *New Keywords: A Revised Vocabulary of Culture and Society* (Malden, MA: Blackwell, 2005).

Benton, Gregor and Lin Chun, eds., *Was Mao Really a Monster? The Academic Response to Chang and Halliday's "Mao: The Unknown Story"* (London: Routledge, 2009).

Bergère, Marie-Claire, *Sun Yat-sen*, trans. Janet Lloyd (Stanford, CA: Stanford University Press, 1998).

Bernstein, Richard and Ross H. Munro, *The Coming Conflict with China* (New York: Knopf, 1997).

Bernstein, Thomas, *Up to the Mountains and Down to the Villages: The Transfer of Youth from Urban to Rural China* (New Haven: Yale University Press, 1977).

Blum, Susan D., "Why Does China Fear the Internet?", in Lionel Jensen and Timothy Weston, eds., *China in and beyond the Headlines* (Lanham, MD: Rowman & Littlefield, 2012), pp.173-92.

Bonnin, Michel, *The Lost Generation: The Rustification of China's Educated Youth (1968-1980)*, trans. Krystyna Horoko (Hong Kong: The Chinese University Press, 2013).

Bowie, Robert R. and John King Fairbank, *Communist China, 1955-1959: Policy Documents with Analysis* (Cambridge, MA: Harvard University Press, 1962).

Brady, Anne-Marie, *Marketing Dictatorship: Propaganda and Thought Work in Contemporary China* (Lanham, MD: Rowman & Littlefield, 2008).

Brook, Timothy, *Collaboration: Japanese Agents and Local Elites in Wartime China* (Cambridge, MA: Harvard University Press, 2005).

Quelling the People: The Military Suppression of the Beijing Democracy Movement (New York: Oxford University Press, 1992).

Brook, Timothy and B. Michael Frolic, eds., *Civil Society in China* (Armonk, NY: M.E. Sharpe, 1997).

Brook, Timothy and Rene Wagner, "The Teaching of History to Foreign Students at Peking University," *China Quarterly*, No.71 (September 1977), pp.598-607.

Brown, Jeremy, *City versus Countryside in Mao's China: Negotiating the Divide* (New York: Cambridge University Press, 2012).

Brown, Jeremy and Matthew D. Johnson, eds., *Maoism at the Grassroots: Everyday Life in China's Era of High Socialism* (Cambridge, MA: Harvard University Press, 2015).

Brown, Jeremy and Paul G. Pickowicz, eds., *The Dilemmas of Victory: The Early Years of the People's Republic of China* (Cambridge, MA: Harvard University Press, 2007).

Brugger, Bill and David Kelly, *Chinese Marxism in the Post-Mao Era, 1978-94* (Stanford, CA: Stanford University Press, 1990).

Buckley, Chris, "Formal Arrest of Advocate Is Approved in China," *New York Times*, August 23, 2013.

Callahan, William, *China Dreams: 20 Visions of the Future* (Oxford: Oxford University Press, 2013).

"Citizen Ai: Warrior, Jester and Middleman," *Journal of Asian Studies*, Vol.73, No.4 (2014), pp.899-920.

Cao, Shuji, "An Overt Conspiracy: Creating Rightists in Rural Henan, 1957-1958," in Jeremy Brown and Matthew D. Johnson, eds., *Maoism at the Grassroots: Everyday Life in China's Era of High Socialism* (Cambridge, MA: Harvard University Press, 2015), pp.77-101.

Carter, James, *Heart of Buddha, Heart of China: The Life of Tanxu, a Twentieth- Century Monk* (New York: Oxford University Press, 2011).

Cassel, Pär, "Explaining 'The Republic of China': Zhang Binglin's *Zhonghua minguo jie*," *Stockholm Journal of East Asian Studies*, Vol.8 (1997), pp.15-40.

Chan, Anita, Stanley Rosen, and Jonathan Unger, eds., *On Socialist Democracy and the Chinese Legal System: The Li Yizhe Debates* (Armonk, NY: M.E. Sharpe, 1985).

Chan, Koonchung (Chen Guanzhong), *The Fat Years: A Novel*, trans. Michael S. Duke (New York: Doubleday, 2011).

The Unbearable Dreamworld of Champa the Driver, trans. Nicky Harmon (London: Doubleday, 2014).

Chang, Iris, *Thread of the Silkworm* (New York: Basic Books, 1996).

Chang, Jung, *Wild Swans: Three Daughters of China* (New York: Simon & Schuster, 1991).

Chang, Jung and Jon Halliday, *Mao: The Untold Story* (New York: Knopf, 2005).

Chao, Linda and Ramon H. Myers, *The First Chinese Democracy: Political Life in the Republic of China on Taiwan* (Baltimore: Johns Hopkins University Press, 1998).

Cheek, Timothy, "China's Intellectuals and the World," in Lionel Jensen and Timothy Weston, eds., *China in and beyond the Headlines* (Lanham, MD: Rowman & Littlefield, 2012), pp.154-72.

"The Fading of 'Wild Lilies': Wang Shiwei and Mao Zedong's Yan'an Talks in the First CPC Rectification Movement," *Australian Journal of Chinese Affairs*, No.11 (January 1984), pp.25-58.

"From Priests to Professionals: Intellectuals and the State under the CCP," in Jeffrey N. Wasserstrom and Elizabeth J. Perry, eds., *Popular Protest and Political Culture in Modern China: Learning from 1989* (Boulder, CO: Westview Press, 1992), pp.104-205.

Mao Zedong and China's Revolutions: A Brief History with Documents (Boston: Bedford/St. Martins, 2002).

"The New Chinese Intellectual: Globalized, Disoriented, Reoriented," in Lionel Jensen and Timothy Weston, eds., *China's Transformations: The Stories Beyond the Headlines* (Lanham, MD: Rowman & Littlefield, 2006), pp.154-72.

"The New Number One Counter-revolutionary Inside the Party: Academic Biography as Mass Criticism," *China Journal*, No.55 (January 2006), pp.109-18.

Propaganda and Culture in Mao's China: Deng Tuo and the Intelligentsia (Oxford: Clarendon, 1997).

"Redefining Propaganda: Debates on the Role of Journalism in Post-Mao Mainland China," *Issues & Studies* (Taipei), Vol.25, No.2 (February 1989), pp.47-74.

"Xu Jilin and the Thought Work of China's Public Intellectuals," *China Quarterly*, No.86 (2006), pp.401-20.

Cheek, Timothy and Tony Saich, eds., *New Perspectives on State Socialism in China* (Armonk, NY: M.E. Sharpe, 1997).

Chen, Fong-ching, "The Popular Cultural Movement of the 1980s," in Gloria Davies, ed., *Voicing Concerns: Contemporary Chinese Critical Enquiry* (Lanham, MD: Rowman & Littlefield, 2001), pp.71-86.

Chen, Fong-ching and Jin Guantao, *From Youthful Manuscripts to River Elegy: The Chinese Popular Cultural Movement and Political Transformation, 1979-1989* (Hong Kong: The Chinese University Press, 1997).

Chen, Guanzhong (Chan Koonchung), *Luo ming* (Naked Life) (Hong Kong: Cosmos Books, 2012).

　　Shengshi: Zhongguo 2013 (Prosperous Age: China 2013) (Hong Kong: Oxford University Press, 2009).

　　Zhongguo tianchaozhuyi yu Xianggang (China's Heavenly Doctrine and Hong Kong) (Hong Kong: Oxford University Press China, 2012).

Chen, Yuan-tsung, *The Dragon's Village* (New York: Pantheon, 1980).

Chen, Zhongping, *Modern China's Network Revolution: Chambers of Commerce and Sociopolitical Change in the Early Twentieth Century* (Stanford, CA: Stanford University Press, 2011).

Cheng, Pei-kai and Michael Lestz, with Jonathan D. Spence, The Search *for Modern China: A Documentary Collection* (New York: W.W. Norton, 1999).

Chiang, Kai-shek, *China's Destiny*, authorized English translation by Wang Chung-hui (New York: Macmillan, 1947).

Chiang, Yung-chen, *Social Engineering and the Social Sciences in China, 1919-1949* (Cambridge: Cambridge University Press, 2001).

Chong, Kim-chong, Sor-hoon Tan, and C.L. Ten, eds., *The Moral Circle and the Self: Chinese and Western Approaches* (Chicago: Open Court, 2003).

Chong, Woei Lien, trans. and ed., "History as the Realization of Beauty: Li Zehou's Aesthetic Marxism," *Contemporary Chinese Thought*, Vol.31, No.2 (Winter 1999-2000), pp.3-19.

Clark, Paul, *Reinventing China: A Generation and Its Films* (Hong Kong: The Chinese University Press, 2006).

Coble, Parks, "The Anti-Japanese Movement in China: Zou Tao-fen and the National Salvation Movement, 1931-1937," *Journal of Asian Studies*, Vol.44, No.2 (1985), pp.293-310.

Cohen, Paul A., "Christian Missions and Their Impact to 1900," in John King Fairbank, ed., *The Cambridge History of China*, Vol.10: *Late Ch'ing, 1800- 1911, Part I* (Cambridge: Cambridge University Press, 1978), pp.543-90.

　　History in Three Keys: The Boxers as Event, Experience, and Myth (New York: Columbia University Press, 1997).

　　Speaking to History: The Story of King Goujian in Twentieth-Century China (Berkeley: University of California Press, 2009).

Collingwood, R.G., *An Essay in Philosophical Method* (Oxford: Oxford University Press, 1933).

Constable, Pamela, "Chinese Human Rights Activist Chen Guangcheng Joins Catholic University," *Washington Post*, October 3, 2013.

Cook, Alexander C., ed., *Mao's Little Red Book: A Global History* (New York: Cambridge University Press, 2014).

Corfield, Penelope J., *Power and the Professions in Britain 1700-1850* (London: Routledge, 1995).

Cui, Zhiyuan, "China's Future: Suggestions from Petty Bourgeois Socialist Theories and Some Chinese Practices," in Fred Dalimayr and Zhao Tingyuan, eds., *Contemporary Chinese Political Thought* (Lexington: University of Kentucky Press, 2012), pp.185-208.

"Chongqing 'Shida minsheng gongcheng'de zhengzhi jingjixue" (The Political Economy of Chongqing's "Ten Great Projects for the People's Livelihood"), *Zhonggong zhongyang dangxiao xuebao*, Vol.14, No.5 (October 2010), pp.5-10.

"Liberal Socialism and the Future of China: A Petty Bourgeoisie Manifesto," in Tian Yu Cao, ed., *The Chinese Model of Modern Development* (London: Routledge, 2005), pp.157-74.

"Partial Intimation of the Coming Whole: The Chongqing Experiment in Light of the Theories of Henry George, James Meade, and Antonio Gramsci," *Modern China*, Vol.37, No.6 (2011), pp.646-60.

Culp, Robert, *Articulating Citizenship: Civic Education and Student Politics in Southeastern China, 1912-1940* (Cambridge, MA: Harvard University Asia Center, 2007).

Culp, Robert, Eddy U, and Wen-hsin Yeh, eds., *Knowledge Acts in Modern China: Ideas, Institutions and Identities* (Berkeley: University of California Institute of East Asian Studies, forthcoming).

Dai, Qing, *Liang Shuming, Wang Shiwei, Chu Anping* (Nanjing: Jiangsu wenyi chubanshe, 1989).

Wang Shiwei and "Wild Lilies": Rectification and Purges in the Chinese Communist Party, 1942-1944 (Armonk, NY: M.E. Sharpe, 1994).

Davies, Gloria, "Destiny's Mixed Metaphors," 2014 *China Story Yearbook* (Canberra: Australian Centre on China in the World, Australian National University, 2014).

"Liang Qichao in Australia: A Sojourn of No Significance?", *East Asian History*, No.21 (2001), pp.65-111 (available online in China Heritage Quarterly), www.china heritagequarterly.org/articles.php?searchterm=027_liang.inc&isssue=027, accessed June 25, 2015.

ed., *Voicing Concerns: Contemporary Chinese Critical Enquiry* (Lanham, MD: Rowman and Littlefield, 2001).

Worrying about China: The Language of Chinese Critical Inquiry (Cambridge, MA: Harvard University Press, 2007).

Davies, Gloria and Chris Nyland, eds., *Globalization in the Asian Region* (Cheltenham:

Edward Elgar, 2004).

Davis, Edward L., ed. *Encyclopedia of Contemporary Chinese Culture* (London: Routledge, 2005).

De Bary, William Theodore and Richard Lufrano, eds., *Sources of Chinese Tradition: From 1600 to the Twentieth Century*, 2nd edn., Vol.II, (New York: Columbia University Press, 2000).

Deng, Yunte (Deng Tuo), "Xinshi luoji haishi weiwu bianzhengfa?" (Formal Logic or Dialectical Materialism?), *Xin Zhonghua*, Vol.1, No.23 (December 1933), pp.52-8.

Dickson, Bruce, "The Lessons of Defeat: The Reorganization of the Kuomintang on Taiwan, 1950-52," *China Quarterly*, No.133 (March 1993), pp.56-84.

Ding, Ling, *Ding Ling wenji* (Writings of Ding Ling) (Changsha: Hunan renmin chubanshe, 1983).

　　Miss Sophie's Diary and Other Stories, trans. William J.F. Jenner (Beijing: Chinese Literature Press, 1985).

　　"Women xuyao zawen" (We Need *Zawen*), *Jiefang ribao*, October 23, 1941, p.4.

　　Ding, Ling and Lu Xun, *The Power of Weakness* (New York: Feminist Press at CUNY, 2007).

Ding, Wenjiang, "Xuanxue yu kexue: Ping Zhang Junmai de 'Rensheng guan'" (Metaphysics and Science: A Critique of Zhang Junmai's "Philosophy of Life"), *Nuli zhoubao* (Working Hard Weekly), Nos. 48-9 (April 12, 1923), reprinted in *Kexue yu renshengguan* (Science and the Philosophy of Life) (Shanghai: Shanghai yadong tushuguan, 1923).

Dirlik, Arif and Maurice Meisner, eds., *Marxism and the Chinese Experience: Issues in Contemporary Socialism* (Armonk, NY: M.E. Sharpe, 1989).

Dong, Madeline Yue and Joshua Goldstein, eds., *Everyday Modernity in China* (Seattle: University of Washington Press, 2006).

Doolin, Dennis J., *Communist China: The Politics of Student Opposition* (Stanford, CA: Hoover Institution Press, 1964).

Eastman, Lloyd, *The Abortive Revolution: China under Nationalist Rule, 1927-37* (Cambridge, MA: Harvard University Press, 1990; first published 1974).

Ebrey, Patricia, ed., *Chinese Civilization: A Sourcebook*, 2nd edn. (New York: The Free Press, 1993).

Elman, Benjamin, *From Philosophy to Philology: Intellectual and Social Aspects of Change in Late Imperial China* (Cambridge, MA: Harvard University Press, 1984).

Esherick, Joseph, *Ancestral Leaves: A Family Journey through Chinese History* (Berkeley: University of California Press, 2011).

　　The Origins of the Boxer Uprising (Berkeley: University of California Press, 1988).

Esherick, Joseph, Paul Pickowicz, and Andrew Walder, eds., *The Chinese Cultural Revolution as History* (Stanford, CA: Stanford University Press, 2006).

Evasdottir, Erica E.S., *Obedient Autonomy: Chinese Intellectuals and the Achievement of Orderly Life* (Vancouver: University of British Columbia Press, 2004).

Fairbank, John King, ed., *The Cambridge History of China*, Vol.X, *Late Ch'ing, 1800-1911, Part I* (Cambridge: Cambridge University Press, 1978).

Fairbank, John King and Merle Goldman, *China: A New History*, 2nd edn. (Cambridge, MA: Harvard University Press, 2006).

Fang, Lizhi, *Bringing Down the Great Wall: Writings on Science, Culture and Democracy in China*, trans. James H. Williams (New York: Knopf, 1991).

"The Expanding Universe of Fang Lizhi: Astrophysics and Ideology in People's China," trans. James Williams, *Chinese Studies in Philosophy*, Vol.19, No.4 (Summer 1988), pp.3-108.

Feuerwerker, Yi-tse Mei, *Ding Ling's Fiction: Ideology and Narrative in Modern Chinese Literature* (Cambridge, MA: Harvard University Press, 1982).

Fewsmith, Joseph, *China since Tiananmen: The Politics of Transition: From Deng Xiaoping to Hu Jintao* (New York: Cambridge University Press, 2008).

The Logic and Limits of Political Reform in China (New York: Cambridge University Press, 2013).

Fisher, Tom, "'The Play's the Thing': Wu Han and Hai Rui Revisited,"*Australian Journal of Chinese Affairs*, No.7 (January 1982), pp.1-35.

"Wu Han: The 'Upright Official' as a Model in the Humanities," in Carol Lee Hamrin and Timothy Cheek, eds., *China's Establishment Intellectuals* (Armonk, NY: M.E. Sharpe, 1986), pp.155-84.

Fitzgerald, John, *Awakening China: Politics, Culture and Class in the Nationalist Revolution* (Stanford, CA: Stanford University Press, 1997).

"The Slave Who Would Be Equal: The Significance of Liang Qichao's Australian Writings," in Billy K.L. So, John Fitzgerald, Huang Jianli, and James K Chin, eds., *Power and Identity in the Chinese World Order: Festschrift in Honour of Professor Wang Gungwu* (Hong Kong: Hong Kong University Press, 2003), pp.353-73.

Fitzgerald, Steven, *China and the Overseas Chinese: A Study of Peking's Changing Policy 1949-1970* (Cambridge: Cambridge University Press, 1970).

Fogel, Joshua A., *Ai Ssu-ch'i's Contribution to the Development of Chinese Marxism* (Cambridge, MA: Harvard Council on East Asian Studies, 1987).

trans. and ed., *The Emergence of the Modern Sino-Japanese Lexicon: Seven Studies* (Leiden: Brill, 2015).

ed., *The Teleology of the Modern Nation-State: Japan and China* (Philadelphia: University of Pennsylvania Press, 2004).

Fogel, Joshua A. and Peter Zarrow, eds., *Imagining the People: Chinese Intellectuals and the Concept of Citizenship, 1890-1920* (Armonk, NY: M.E. Sharpe, 1997).

Friedman, Edward, Paul G. Pickowicz, and Mark Selden, with Kay Ann Johnson, *Chinese Village, Socialist State* (New Haven: Yale University Press, 1991).

Frolic, B. Michael, *Mao's People* (Cambridge, MA: Harvard University Press, 1980).

Fu, Poshek, *Passivity, Resistance, and Collaboration: Intellectual Choices in Occupied Shanghai, 1937-1945* (Stanford, CA: Stanford University Press, 1993).

Fung, Edmund K., *The Intellectual Foundations of Chinese Modernity: Cultural and Political Thought in the Republican Era* (New York: Cambridge University Press, 2010).

Fung You-lan (Feng Youlan), *A History of Chinese Philosophy*, 2 vols. (Princeton, NJ: Princeton University Press, 1983).

A Short History of Chinese Philosophy (New York: Macmillan, 1948).

Zhongguo zhexue shi (A History of Chinese Philosophy), 2 vols. (Shanghai: Shangwu yinshuguan, 1930-6).

Furth, Charlotte, "Intellectual Change: From the Reform Movement to the May Fourth Movement, 1895-1920," in Merle Goldman and Leo Ou-fan Lee, eds., *An Intellectual History of Modern China* (New York: Cambridge University Press, 2002), pp.13-96.

Gan, Yang, *Tong san tong* (Synthesizing the Three Traditions) (Beijing: Sanlian shudian, 2007).

Gao, Hua, *Hong taiyang shi zenyang shengqide: Yan'an zhengfeng yundong de lailong qumai* (How the Red Sun Rose: The Origin and Development of the Yan'an Rectification Movement) (Hong Kong: The Chinese University Press, 2000).

Garside, Roger, *Coming Alive: China after Mao* (New York: McGraw-Hill, 1981). Ge, Zhaoguang, *An Intellectual History of China*, Vol.I, *Knowledge, Thought, and Belief before the Seventh Century*, trans. Michael S. Duke and Josephine Chiu-Duke (Leiden: Brill, 2014).

Qi shiji qiande zhishi, sixiang yu xinyang shijie: Zhongguo sixiang shi, diyi juan (Worlds of Knowledge, Thought, and Belief before the 7th Century: Chinese Intellectual History, Vol.I) (Shanghai: Fudan daxue chubanshe, 1998).

Qi shiji zhi shijiu shiji Zhongguode zhishi, sixiang yu xinyang: Zhongguo sixiang shi, di'er juan (Chinese Knowledge, Thought, and Belief from the 7th to the 19th Centuries: Chinese Intellectual History, Vol.II) (Shanghai: Fudan daxue chubanshe, 2000).

Geisart, Bradley K., *Radicalism and Its Demise: The Chinese Nationalist Party, Factionalism, and Local Elites in Jiangsu Province, 1924-1931* (Ann Arbor: Center for Chinese

Studies, University of Michigan, 2001).

Gittings, John, *The Changing Face of China: From Mao to Market* (New York: Oxford University Press, 2005).

Godley, Michael, "The Sojourners: Returned Overseas Chinese in the People's Republic of China," *Pacific Affairs*, Vol.62, No.3 (1989), pp.330-52.

Goldman, Merle, *China's Intellectuals: Advise and Dissent* (Cambridge, MA: Harvard University Press, 1981).

   From Comrade to Citizen: The Struggle for Political Rights in China (Cambridge, MA: Harvard University Press, 2005).

   Literary Dissent in Communist China (Cambridge, MA: Harvard University Press, 1967).

   Sowing the Seeds of Democracy in China: Political Reform in the Deng Xiaoping Era (Cambridge, MA: Harvard University Press, 1994).

Goldman, Merle, Timothy Cheek, and Carol Lee Hamrin, eds., *China's Intellectuals and the State: In Search of a New Relationship* (Cambridge, MA: Harvard Council on East Asian Studies, 1987).

Goldman, Merle and Leo Ou-fan Lee, eds., *An Intellectual History of Modern China* (New York: Cambridge University Press, 2002).

Goossaert, Vincent and David A. Palmer, *The Religious Question in Modern China* (Chicago: The University of Chicago Press, 2011).

Greenhalgh, Susan and Edwin A. Winckler, *Governing China's Population: From Leninist to Neoliberal Biopolitics* (Stanford, CA: Stanford University Press, 2005).

Grieder, Jerome, *Hu Shih and the Chinese Renaissance: Liberalism in the Chinese Revolution, 1917-1937* (Cambridge, MA: Harvard University Press, 1970).

   Intellectuals and the State in Modern China: A Narrative History (New York: The Free Press, 1981).

Gries, Peter Hays, *China's New Nationalism: Pride, Politics, and Diplomacy* (Berkeley: University of California Press, 2004).

Gu, Edward (Gu Xin) and Merle Goldman, eds., *Chinese Intellectuals between State and Market* (London: Routledge, 2004).

Gu, Xin, "Subjectivity, Modernity, and Chinese Hegelian Marxism: A Study of Li Zehou's Philosophical Ideas from a Comparative Perspective," *Philosophy East & West*, Vol.46, No.2 (April 1996), pp.205-45.

Hamrin, Carol Lee, "Yang Xianzhen: Upholding Orthodox Leninist Theory," in Carol Lee Hamrin and Timothy Cheek, eds., *China's Establishment Intellectuals* (Armonk, NY: M.E. Sharpe, 1986), pp.51-91.

Hamrin, Carol Lee and Timothy Cheek, eds., *China's Establishment Intellectuals* (Armonk,

NY: M.E. Sharpe, 1986).

Hanser, Amy, "Uncertainty and the Problem of Value: Consumers, Culture and Inequality in Urban China," *Journal of Consumer Culture*, Vol.10, No.3 (2010), pp.307-32.

Hao, Zhidong, *Intellectuals at a Crossroads: The Changing Politics of China's Knowledge Workers* (Albany: State University of New York Press, 2003).

　Whither Taiwan and Mainland China: National Identity, the State, and Intellectuals (Hong Kong: Hong Kong University Press, 2010).

Haraszti, Miklós, *The Velvet Prison: Artists under State Socialism* (New York: Basic Books,1987).

Hayford, Charles, *To the People: James Yen and Village China* (New York: Columbia University Press, 1990).

He, Baogang, "Chinese Intellectuals Facing the Challenges of the New Century," in Edward Gu (Gu Xin) and Merle Goldman, eds., *Chinese Intellectuals between State and Market* (London: Routledge, 2004), pp.263-79.

He, Henry Yuhuai, *Dictionary of the Political Thought of the People's Republic of China* (Armonk, NY: M.E. Sharpe, 2001).

Hinton, William, *Fanshen: A Documentary of Revolution in a Chinese Village* (Berkeley: University of California Press, 1997; first published in 1966).

Ho, Dahpon D., "Night Thoughts of a Hungry Ghostwriter: Chen Bulei and the Life of Service in Republican China," *Modern Chinese Literature and Culture*, Vol.19, No.1 (Spring 2007), pp.1-59.

Hobsbawm, Eric, *The Age of Extremes: A History of the World, 1914-1991* (New York: Pantheon, 1994).

Hobsbawm, Eric and T. Ranger, *The Invention of Tradition* (Cambridge: Cambridge University Press, 1983).

Holm, David, *Art & Ideology in Revolutionary China* (Oxford: Oxford University Press, 1991).

Hon, Tze-ki and Robert J. Culp, eds., *The Politics of Historical Production in Late Qing and Republican China* (Leiden: Brill, 2012).

Hsia, T. A., *The Gate of Darkness: Studies on the Leftist Literary Movement in China* (Seattle: University of Washington Press, 1968).

Hsiao Kung-ch'üan (Xiao Gongquan), *A History of Chinese Political Thought*, Vol.I, *From the Beginning to the Sixth Century AD*, trans. Frederick W. Mote (Princeton, NJ: Princeton University Press, 1979).

　Rural China: Imperial Control in the Nineteenth Century (Seattle: University of Washington Press, 1960).

　Zhongguo zhengzhi sixiang shi (A History of Chinese Political Thought), 2. vols.

(Chongqing: Shangwu yinshuguan, 1945).

Hsing, You-tien and Ching Kwan Lee, *Reclaiming Chinese Society: The New Social Activism* (London: Routledge, 2009).

Hsü, Immanuel C.Y., *The Rise of Modern China*, 6th edn. (New York: Oxford University Press, 2000).

Hu, Shi, "Failure of Law in Nationalist China," *North China Herald*, June 22, 1929.
  "Women zou na yitiao lu?" (Which Road Are We Going?), Xin yue, Vol.2, No.10 (December 1929).

Hu, Shih, *English Writings of Hu Shih: Literature and Society*, Vol.I (New York: Springer, 2013).
  "What Road Do We Take?,"*Pacific Affairs*, Vol.3, No.10 (October 1930), pp.933-46.

Huffman, James, *Creating a Public: People and Press in Meiji Japan* (Honolulu: University of Hawaii Press, 1997).

Iggers, Georg G., *Historiography in the Twentieth Century: From Scientific Objectivity to the Postmodern Challenge* (Middletown, CT: Wesleyan University Press, 1997).

Ip, Hyung-yok, *Intellectuals in Revolutionary China, 1921-1949* (London: Routledge, 2005).

Israel, John, *Lianda: A Chinese University in War and Revolution* (Stanford, CA: Stanford University Press, 1999).

Jeans, Roger B., *Democracy and Socialism in Republican China: The Politics of Zhang Junmai (Carson Chang)* (Lanham, MD: Rowman & Littlefield, 1997).

Jeans, Roger B., ed., *Roads Not Taken: The Struggle of Opposition Parties in Twentieth-Century China* (Boulder, CO: Westview Press, 1992).

Jenco, Leigh, *Changing Referents: Learning across Space and Time in China and the West* (New York: Oxford University Press, 2015).

Jensen, Lionel M., "Culture Industry, Power, and the Spectacle of China's 'Confucius Institutes'," in Lionel Jensen and Timothy Weston, eds., *China in and beyond the Headlines* (Lanham, MD: Rowman & Littlefield, 2012), pp.271-99.
  "New Confucianism," in Edward L. Davis, ed., *Encyclopedia of Contemporary Chinese Culture* (London: Routledge, 2005), pp.424-8.

Jensen, Lionel and Timothy Weston, eds., *China in and beyond the Headlines* (Lanham, MD: Rowman & Littlefield, 2012).
  eds., *China's Transformations: The Stories beyond the Headlines* (Lanham, MD: Rowman & Littlefield, 2006).

Jessup, Brooks, "The Householder Elite: Buddhist Activism in Shanghai, 1920-1956," PhD dissertation, University of California at Berkeley, 2010.

Jiang, Zhongzheng (Chiang Kai-shek), *Zhongguo zhi mingyun* (China's Destiny) (Chongqing: Zhengzhong shuju, 1943).

Jin, Guantao, *Zai lishi biaoxiang de beihou* (The Deep Structure of Chinese History) (Chengdu: Zouxiang weilai congshu, 1983).

Johnson, Matthew D., "Beneath the Propaganda State: Grassroots Cultural Institutions and Involution in Shanghai, 1949-1965," in Jeremy Brown and Matthew D. Johnson, eds., *Maoism at the Grassroots: Everyday Life in China's Era of High Socialism* (Cambridge, MA: Harvard University Press, 2015), pp.199-229.

"International and Wartime Origins of the Propaganda State: The Motion Picture Industry in China, 1897-1955," PhD dissertation, University of California, San Diego, 2008.

Jowett, Garth S. and Victoria O'Donnell, *Propaganda and Persuasion* (Beverly Hills, CA: Sage, 1986).

Jowitt, Kenneth, *New World Disorder: The Leninist Extinction* (Berkeley: University of California Press, 1992).

Judge, Joan, *Print & Politics: "Shibao" and the Culture of Reform in Late Qing China* (Stanford, CA: Stanford University Press, 1997).

Kang, Youwei, "The Three Ages," in Wing-tsit Chan, *A Sourcebook in Chinese Philosophy* (Princeton, NJ: Princeton University Press, 1963), pp.725-6.

Kelly, David A., "The Emergence of Humanism: Wang Ruoshui and the Critique of Socialist Alienation," in Merle Goldman, Timothy Cheek, and Carol Lee Hamrin, eds., *China's Intellectuals and the State: In Search of a New Relationship* (Cambridge, MA: Harvard Council on East Asian Studies, 1987), pp.159-82.

"The Importance of Being Public," China Review, No.31 (2004-5), pp.28-37. trans. and ed., "The Mystery of the Chinese Economy, Part I: Selections from the writings of Qin Hui," *The Chinese Economy*, Vol.38, No.4 (2005), pp.3-85.

Kenez, Peter, *Birth of the Propaganda State: Soviet Methods of Mass Mobilization, 1917-1929* (Cambridge: Cambridge University Press, 1985).

Kim, Ilpyoong, *The Politics of Chinese Communism: Kiangsi under the Soviets* (Berkeley: University of California Press, 1973).

King, Richard, *Milestones on a Golden Road: Writing for Chinese Socialism, 1945-1980* (Vancouver: University of British Columbia Press, 2013).

Kirby, William, "Continuity and Change in Modern China: Economic Planning on the Mainland and on Taiwan, 1943-1958," *Australian Journal of Chinese Affairs*, No.24 (July 1990), pp.121-41.

Knight, Nick, *Li Da and Marxist Philosophy in China* (Boulder, CO: Westview Press, 1996).

Kong, Shuyu, *Consuming Literature: Best Sellers and the Commercialization of Literary Production in Contemporary China* (Stanford, CA: Stanford University Press,

2004).

Koselleck, Reinhart, *Futures Past: On the Semantics of Historical Time* (Cambridge, MA: MIT Press, 1985).

Kraus, Richard, "Bai Hua: The Political Authority of a Writer," in Carol Lee Hamrin and Timothy Cheek, eds., *China's Establishment Intellectuals* (Armonk, NY: M.E. Sharpe, 1986), pp.185-211.

   Brushes with Power: Modern Politics and the Chinese Art of Calligraphy (Berkeley: University of California Press, 1991).

Kuhn, Philip A., *Chinese amongst Others: Emigration in Modern Times* (Lanham, MD: Rowman & Littlefield, 2009).

   Origins of the Modern Chinese State (Stanford, CA: Stanford University Press, 2003).

   Rebellion and Its Enemies in Late Imperial China: Militarization and Social Structure, 1796-1864 (Cambridge, MA: Harvard University Press, 1980).

   Soulstealers: The Chinese Sorcery Scare of 1768 (Cambridge, MA: Harvard University Press, 1990).

Lackner, Michael and Natascha Vittinghoff, *Mapping Meanings: The Field of New Learning in Late Qing China* (Leiden: Brill, 2004).

Lagerkvist, Johan, *After the Internet, before Democracy: Competing Norms in Chinese Media and Society* (New York: Peter Lang, 2011).

Lam, Willy Wo-Lap, "Hu's Campaign for Ideological Purity against the West," *China Brief*, Vol.5, No.2 (January 18, 2005), at www.jamestown.org/ chinabrief.

Lean, Eugenia, *Public Passions: The Trial of Shi Jianqiao and the Rise of Popular Sympathy in Republican China* (Berkeley: University of California Press, 2007).

Levenson, Joseph, *Confucian China and Its Modern Fate: A Trilogy* (Berkeley: University of California Press, 1965).

Leys, Simon, "Poetry and Painting: Aspects of Chinese Classical Esthetics," in Simon Leys, *The Burning Forest: Essays on Chinese Culture and Politics* (New York: Holt, Rinehart, and Winston, 1985), pp.3-34.

Li, Hua, *Contemporary Chinese Fiction by Su Tong and Yu Hua: Coming of Age in Troubled Times* (Leiden: Brill, 2011).

Li, Laizhang, *Shengyu xuanjiang xiangbao tiaoyue* (Regulations for "Community- Security" Sacred Edict Lectures), preface dated 1705.

Li, Lixu, "China's Higher Education Reform 1988-2003: A Summary," *Asia Pacific Education Review*, Vol.5, No.1 (2004), pp.14-22.

Li, Shenzhi, *Selected Writings of Li Shenzhi*, ed. Ilse Tebbetts and Libby Kingseed (Dayton, OH: Kettering Foundation Press, 2010).

Li, Yizhe, "On Socialist Democracy and the Legal System," in Anita Chan, Stanley Rosen and Jonathan Unger, eds., *On Socialist Democracy and the Chinese Legal System: The Li Yizhe Debates* (Armonk, NY: M.E. Sharpe, 1985), pp.31-86.

Li, Zehou, *The Path of Beauty: A Study of Chinese Aesthetics* (New York: Oxford University Press, 1994).

　　Pipan zhexue de pipan: Kangde shuping (A Critique of Critical Philosophy: A Review of Immanuel Kant) (Beijing: Renmin chubanshe, 1979).

　　A Study on Marxism in China (Hong Kong: Joint Publishing Co., 1993).

　　"Subjectivity and 'Subjectality': A Response," *Philosophy East & West*, Vol.49, No.2 (April 1999), pp.174-83.

　　Zhongguo gudai sixiang shi lun (History of Ancient Chinese Thought) (Beijing: Renmin chubanshe, 1986).

　　Zhongguo jindai sixiang shi lun (A History of Earlier Modern Chinese Thought) (Beijing: Renmin chubanshe, 1979).

　　Zhongguo xiandai sixiang shi lun (History of Modern Chinese Thought) (Beijing: Renmin chubanshe, 1987).

Li, Zehou and Jane Cauvel, *Four Essays on Aesthetics: Toward a Global View* (Lanham, MD: Lexington Books, 2006).

Liang, Ch'i-ch'ao (Liang Qichao), *Intellectual Trends in the Ch'ing Period*, trans. Immanuel C.Y. Hsu (Cambridge, MA: Harvard University Press, 1959).

　　Yin bing shi heji (Notes from the Ice Studio) (Beiping: Zhonghua shuju, 1936).

　　Zhongguo jin sanbai nian xueshu shi (The Intellectual History of China during the Last Three Hundred Years) (Beijing: Tuanjie chubanshe, 2006; first published in 1924).

Liang Shuming, *Dong-Xi wenhua* (Eastern and Western Culture) (1924), trans. in William Theodore de Bary and Richard Lufrano, eds., *Sources of Chinese Tradition: From 1600 to the Twentieth Century*, 2nd edn., Vol.II (New York: Columbia University Press, 2000).

Liang Shuming Rural Reconstruction Center (Beijing), at www.3nong.org.

Liang Shuming xiangcun jianshe zhongxin, *Daxuesheng xiaxiang zhinong zhidao shouce* (Guidebooks for University Students Going Down to the Countryside to Help Agriculture) (ed. Liu Laoshi) (Haikou: Hainan chubanshe, 2008).

Lieberthal, Kenneth, *Governing China: From Revolution through Reform* (New York: W.W. Norton, 1995).

Lin, Min, "The Search for Modernity: Chinese Intellectual Discourse and Society, 1978-1988: the Case of Li Zehou," *China Quarterly*, No.132 (December 1992), pp.969-98.

Lin, Sylvia Li-chun, *Representing Atrocity in Taiwan: The 2/28 Incident and Terror in Fiction and Film* (New York: Columbia University Press, 2007).

Lindau, Juan D. and Timothy Cheek, eds., *Market Economics and Political Change: Comparing China and Mexico* (Lanham, MD: Rowman & Littlefield, 1998).

Link, Perry, *Mandarin Ducks and Butterflies: Popular Fiction in Early Twentieth- Century Chinese Cities* (Berkeley: University of California Press, 1981).

   The Uses of Literature: Life in the Socialist Chinese Literary System (Princeton, NJ: Princeton University Press, 2002).

Link, Perry, Richard Madsen, and Paul Pickowicz, eds., *Popular China: Unofficial Culture in a Globalizing Society* (Lanham, MD: Rowman & Littlefield, 2002).

   eds., *Unofficial China: Popular Culture and Thought in the People's Republic of China* (Boulder, CO: Westview Press, 1989).

Liu, Binyan, *People or Monsters? And Other Stories and Reportage from China after Mao* (Bloomington: Indiana University Press, 1983).

Liu, Dong, "Jingti renweide 'Yangjingbang xuefeng'," *Ershiyi shiji*, No.32 (December 1995), pp.4-13, translated as "Revisiting the Perils of 'Designer Pidgin Scholarship'," in Gloria Davies, ed., *Voicing Concerns: Contemporary Chinese Critical Enquiry* (Lanham, MD: Rowman & Littlefield, 2001), pp.87-108.

   Lilun yu xinzhi (Theory and Wisdom) (Nanjing: Jiangsu renmin chubanshe, 2001).

   "The Weberian View and Confucianism," trans. Gloria Davies, East Asian History (Canberra), No.25-6 (June-December 2003), pp.191-217.

Liu, Lydia H., *Translingual Practice: Literature, National Culture and Translated Modernity in China, 1900-1937* (Stanford, CA: Stanford University Press, 1995).

Liu, Wennan, "Redefining the Moral and Legal Roles of the State in Everyday Life: The New Life Movement in China in the Mid-1930s," *Cross-currents: East Asian History and Culture Review*, No.7 (June 2013), pp.30-59.

Liu, Xiaobo, *No Enemies, No Hatred: Selected Essays and Poems*, ed. Perry Link, Tienchi Martin-Liao, and Liu Xia (Cambridge, MA: Harvard University Press, 2012).

   "Wo yu hulianwang" (Me and the Internet), *Minzhu Zhongguo* (Democratic China), February 18, 2006.

Liu, Xiuwu R., *Jumping into the Sea: From Academics to Entrepreneurs in South China* (Lanham, MD: Rowman & Littlefield, 2001).

Long Bow Group, *Gate of Heavenly Peace*, DVD (1995) and associated website "The Gate of Heavenly Peace" (tsquare.tv).

   Morning Sun, video documentary produced 2003, at www.morningsun.org.

Lovejoy, Arthur O., *The Great Chain of Being: A Study in the History of Ideas* (Cambridge, MA: Harvard University Press, 1936).

Lü, Xiaobo and Elizabeth J. Perry, eds., *Danwei: The Changing Chinese Workplace in Historical and Comparative Perspective* (Armonk, NY: M.E. Sharpe, 1997).

508

Lu, Xun, *Selected Stories of Lu Hsun*, trans. Yang Xianyi and Gladys Yang (Beijing: Foreign Languages Press, 1972).

Luesink, David N., "Dissecting Modernity: Anatomy and Power in the Language of Science in China," PhD dissertation, University of British Columbia, 2012.

"The History of Chinese Medicine: Empires, Transnationalism and Medicine in China, 1908-1937," in Iris Boroway, ed., *Uneasy Encounters: The Politics of Medicine and Health in China, 1900-1937* (New York: Peter Lang, 2009), pp.149-76.

Lyell, William A., *Lu Xun's Vision of Reality* (Berkeley: University of California Press, 1976).

Lynch, David, *After the Propaganda State: Media, Politics, and "Thought Work" in Reformed China* (Stanford, CA: Stanford University Press, 1999).

McDougall, Bonnie S., trans., *Mao Zedong's "Talks at the Yan'an Conference on Literature and Art"* (Ann Arbor: Center for Chinese Studies, University of Michigan, 1980).

ed., *Popular Chinese Literature and the Performing Arts in the People's Republic of China, 1949-1976* (Berkeley: University of California Press, 1984).

MacFarquhar, Roderick, *The Hundred Flowers Campaign and the Chinese Intellectuals* (New York: Praeger, 1960).

The Origins of the Cultural Revolution, Vol.I, *Contradictions among the People, 1956-1957* (New York: Columbia University Press, 1974).

The Origins of the Cultural Revolution, Vol.II, *The Great Leap Forward, 1958-1960* (New York: Columbia University Press, 1983).

MacFarquhar, Roderick, Timothy Cheek, and Eugene Wu, eds., *The Secret Speeches of Chairman Mao* (Cambridge, MA: Harvard Council on East Asian Studies, 1989).

MacFarquhar, Roderick and Michael Schoenhals, *Mao's Last Revolution* (Cambridge, MA: Harvard University Press, 2005).

Madsen, Richard, *China and the American Dream* (Berkeley: University of California Press, 1995).

Mao, Zedong, "Hunan nongmin yundong kaocha baogao" (Report on the Peasant Movement in Hunan) (1927), translated in Stuart R. Schram and Nancy J. Hodes, eds., *Mao's Road to Power: Revolutionary Writings, 1912-1949*, Vol.II, *National Revolution and Social Revolution* (Armonk, NY: M.E. Sharpe, 1994), pp.429-64.

Mao Zedong xuanji (Collected Works of Mao Zedong) (n.p.: Jin Cha Ji shudian, 1944).

"On the Correct Handling of Contradictions among the People (Speaking Notes) (February 1957)," trans. in Roderick MacFarquhar, Timothy Cheek, and Eugene Wu, eds., *The Secret Speeches of Chairman Mao* (Cambridge, MA: Harvard Council on East Asian Studies, 1989), pp.131-89.

Selected Works of Mao Tse-tung, 4 vols. (Beijing: Foreign Languages Press, 1975), available online at www.marxists.org/reference/archive/mao/selected-works/index. htm, accessed July 1, 2015.

"Talks at the Beidaihe Conference, August 1958," trans. in Roderick MacFarquhar, Timothy Cheek, and Eugene Wu, eds., *The Secret Speeches of Chairman Mao* (Cambridge, MA: Harvard Council on East Asian Studies, 1989), pp.397-441.

"Talks at the Yan'an Conference on Literature and Art (1942)," trans. Bonnie S. McDougall, full text in Stuart R. Schram and Timothy Cheek, eds., *Mao's Road To Power: Revolutionary Writings, 1912-1949*, Vol.VIII, *1942-August 1945* (London: Routledge, 2015), pp.102-32.

Marks, Robert B., *China: Its Environment and History* (Lanham, MD: Rowman & Littlefield, 2012).

Masini, Federico, *The Formation of the Modern Chinese Lexicon and Its Evolution toward a National Language: The Period from 1840 to 1898* (Berkeley: Journal of Chinese Linguistics Monograph Series, No.6, 1993).

Mazur, Mary G., "The United Front Redefined for the Party-State: A Case Study of Transition and Legitimation," in Timothy Cheek and Tony Saich, eds., *New Perspectives on State Socialism in China* (Armonk, NY: M.E. Sharpe, 1997), pp.51-75.

Wu Han, Historian: Son of China's Times (Lanham, MD: Lexington Books, 2009).

Meisner, Maurice, *Li Ta-chao and the Origins of Chinese Marxism* (Cambridge, MA: Harvard University Press, 1967).

Mao's China: A History of the People's Republic Since 1949 (New York: The Free Press, 1986).

Menand, Louis, *The Metaphysical Club* (New York: Farrar, Straus & Giroux, 2001).

Metzger, Thomas A., *A Cloud across the Pacific: Essays on the Clash between Chinese and Western Political Theories Today* (Hong Kong: The Chinese University Press, 2005).

Miller, H. Lyman, *Science and Dissent in Post-Mao China: The Politics of Knowledge* (Seattle: University of Washington Press, 1996).

Mishra, Pankaj, *From the Ruins of Empire: The Intellectuals Who Remade Asia* (New York: Farrar, Straus & Giroux, 2012).

Misra, Kalpana, *From Post-Maoism to Post-Marxism: The Erosion of Official Ideology in Deng's China* (New York: Routledge, 1998).

"Neo-left and Neo-right in Post Tiananmen China," *Asian Survey*, Vol.43, No.5 (2003), pp.717-44.

Mitter, Rana, *A Bitter Revolution: China's Struggle with the Modern World* (New York: Oxford University Press, 2004).

China's War with Japan, 1937-1945: The Struggle for Survival (London: Allen Lane, 2013).

Forgotten Ally: China's World War II, 1937-1945 (Boston: Houghton Mifflin Harcourt, 2013).

Mittler, Barbara, *A Newspaper for China? Power, Identity, and Change in Shanghai's News Media, 1872-1912* (Cambridge, MA: Harvard University Asia Center, 2004).

Morgan, W. John and Bin Wu, eds., *Higher Education Reform in China* (London: Routledge, 2001).

eds., *Higher Education Reform in China: Beyond the Expansion* (London: Routledge, 2011).

Murthy, Viren, *The Political Philosophy of Zhang Taiyan* (Leiden: Brill, 2011).

Naughton, Barry, *Growing Out of the Plan: Chinese Economic Reform, 1978-1993* (New York: Cambridge University Press, 1995).

O'Malley, John W., ed., *The Jesuits II: Cultures, Sciences, and the Arts, 1540-1773* (Toronto: University of Toronto Press, 2006).

Osnos, Evan, "Angry Youth: The New Generation's Neocon Mood," *New Yorker*, July 28, 2008. Tang Jie's video can be viewed at www.youtube.com/watch?v=MSTYhYkASsA, accessed June 25, 2015.

"It's Not Beautiful: An Artist Takes on the System," *New Yorker*, May 24, 2010, pp.54-63.

Otto, Ton and Poul Pedersen, eds., *Tradition and Agency: Tracing Cultural Continuity and Invention* (Aarhus: Aarhus University Press, 2006).

Ownby, David, *Falun Gong and the Future of China* (New York: Oxford University Press, 2008).

"Kang Xiaoguang: Social Science, Civil Society, and Confucian Religion," *China Perspectives*, No.4 (2009), pp.102-11.

"Redemptive Societies in China's Long Twentieth Century," in Vincent Goossaert, Jan Kiely and John Lagerwey, eds., *Modern Chinese Religion: 1850 to the Present* (Leiden: Brill, forthcoming).

"Sainthood, Science, and Politics: The Case of Li Yujie, Founder of the Tiandijiao," in David Ownby, Vincent Goossaert, and Zhe Ji, eds.,

Saint-Making in Modern and Contemporary China (New York: Oxford University Press, forthcoming).

Palmer, David, "Dao and Nation: Li Yujie - May Fourth Activist, Daoist Cultivator, and Redemptive Society Patriarch in Mainland China and Taiwan," in David A. Palmer and Liu Xun, eds., *Daoism in the Twentieth Century: Between Eternity and Modernity* (Berkeley: University of California Press, 2012), pp.173-95.

Peck, Graham, *Two Kinds of Time* (Boston: Houghton, Mifflin, 1950).

Perry, Elizabeth J., "Casting a Chinese 'Democracy' Movement: The Roles of Students, Workers, and Entrepreneurs," in Jeffrey N. Wasserstrom and Elizabeth J. Perry, eds., *Popular Protest and Political Culture in Modern China: Learning from 1989* (Boulder, CO: Westview Press, 1992), pp.74-92.

Perry, Elizabeth J. and Mark Selden, eds., *Chinese Society: Change, Conflict and Resistance* (London: Routledge, 2000).

Peterson, Glen, *Overseas Chinese in the People's Republic of China* (London: Routledge, 2012).

Pickowicz, Paul, "Memories of Revolution and Collectivization in China: The Unauthorized Reminiscences of a Rural Intellectual," in Rubie S. Watson, ed., *Memory, History, and Opposition under State Socialism* (Santa Fe, NM: School of American Research Press, 1994), pp.127-47.

Potter, Pitman, *Law, Policy and Practice on China's Periphery: Selective Adaptation and Institutional Capacity* (London: Routledge, 2011).

Pusey, James, *China and Charles Darwin* (Cambridge, MA: Harvard Council on East Asian Studies, 1985).

Qian, Mu, *Zhongguo jin sanbai nian xueshu shi* (The Intellectual History of China during the Last Three Hundred Years) (Beijing: Shangwu yinshuguan, 1997; first published in 1937).

Qian Xuesen, "Zhanwang shinian: Nongye fazhan gangyao shixian yihou" (Prospects for Ten Years: Achieving the Agricultural Development Program in the Future), *Kexue dazhong* (Science for the Masses), No.6 (June 1985), pp.228-30.

Qin, Hui, "The Common Baseline of Modern Thought," trans. David Kelly, *The Chinese Economy*, Vol.38, No.4 (2005), pp.12-22.

"Dividing the Big Family Assets," in Wang Chaohua, ed., *One China, Many Paths* (London: Verso, 2003), pp.128-59.

Si wuya, xing youzhi (Thought without Bounds, Action within Control) (Tianjin: Tianjin renmin chubanshe, 2002).

"Xi ru hui rong, jiegou 'fa-dao hubu': Wenhua xiandaihua yu Zhongguo zhishiren" (Deconstruction of "Complementarity between Law and Dao" through Blending of Western Learning and Confucianism: Cultural Modernization and Chinese Intellectuals), paper delivered at Public Intellectuals and Modern China conference, East China Normal University, Shanghai, December 2002.

Reed, Christopher A., "Advancing the (Gutenberg) Revolution: The Origins and Development of Chinese Print Communism, 1921-1947," in Cynthia Brokaw and Christopher A. Reed, eds., *From Woodblocks to the Internet: Chinese Publishing and*

Print Culture in Transition, circa 1800 to 2008 (Leiden: Brill, 2010), pp.275-311.

Gutenberg in Shanghai: Chinese Print Capitalism, 1876-1937 (Honolulu: University of Hawaii Press, 2004).

Renmin ribao (People's Daily), available online in an English edition at http://english.peopledaily.com.cn.

Reynolds, Douglas, China, 1898-1912: The Xinzheng Revolution and Japan (Cambridge, MA: Harvard University Asia Center, 1993).

Richter, Melvin, The History of Political and Social Concepts: A Critical Introduction (New York: Oxford University Press, 1995).

Rowe, William T., China's Last Empire: The Great Qing (Cambridge, MA: Harvard University Press, 2009).

Rubinstein, Murray A., Taiwan: A New History (Armonk, NY: M.E. Sharpe, 2006).

Saaler, Sven and Chirstopher W.A. Szpilman, "Pan-Asianism as an Ideal of Asian Identity and Solidarity, 1850-Present," Asia-Pacific Journal: Japan Focus, Vol.9, No.1 (April 25, 2011), available at www.japanfocus.org/-Sven-Saaler/3519, accessed June 25, 2015.

Saich, Tony, ed., The Chinese People's Movement: Perspectives on Spring 1989(Armonk, NY: M.E. Sharpe, 1990).

The Rise to Power of the Chinese Communist Party (Armonk, NY: M.E. Sharpe, 1996).

Saich, Tony and Biliang Hu, Chinese Village, Global Market: New Collectives and Rural Development (New York: Palgrave Macmillan, 2012).

Saich, Tony and Hans J. van de Ven, eds., New Perspectives on the Chinese Communist Revolution (Armonk, NY: M.E. Sharpe, 1995).

Sang, Ye, China Candid: The People on the People's Republic, ed. Geremie Barmé and Miriam Lang (Berkeley: University of California Press, 2006).

Sausmikat, Nora, "Generations, Legitimacy, and Political Ideas in China," Asian Survey, Vol.43, No.2 (2003), pp.352-84.

Schell, Orville and John Delury, Wealth and Power: China's Long March to the Twenty-First Century (New York: Random House, 2013).

Schiffrin, Harold, Sun Yat-sen, Reluctant Revolutionary (Boston: Little, Brown, 1980).

Schmalzer, Sigrid, Red Revolution, Green Revolution: Scientific Farming in Socialist China (Chicago: The University of Chicago Press, 2016).

Schneider, Axel, "The One and the Many: A Classicist Reading … and Its Role in the Modern World - An Attempt on Modern Chinese Conservatism," Procedia: Social and Behavioral Sciences, Vol.2, No.5 (2010), pp.7218-43.

Schneider, Helen, Keeping the Nation's House: Domestic Management and the Making *of Modern China* (Vancouver: University of British Columbia Press, 2011).

Schoenhals, Michael, ed., *China's Cultural Revolution. 1966-1969: Not a Dinner Party* (Armonk, NY: M.E. Sharpe, 1996).

Scholte, Jan Aart, *Globalization: A Critical Introduction* (London: Macmillan Press, 2000).

Schoppa, R. Keith, *Blood Road: The Mystery of Shen Dingyi in Revolutionary China* (Berkeley: University of California Press, 1995).

　　Revolution and Its Past: Identities and Change in Modern Chinese History, 3rd edn. (New York: Prentice-Hall, 2011).

Schram, Stuart, *Mao Tse-tung* (Harmondsworth: Penguin, 1967).

　　The Political Thought of Mao Tse-tung (New York: Praeger, 1963; 2nd edn. 1969).

Schram, Stuart R. and Timothy Cheek, eds., *Mao's Road to Power: Revolutionary Writings, 1912-1949*, Vol.VIII, *1942-August 1945* (London: Routledge, 2015).

Schurmann, Franz, *Ideology & Organization in Communist China* (Berkeley: University of California Press, 1966).

Schwartz, Benjamin, *In Search of Wealth and Power: Yen Fu and the West* (Cambridge, MA: Harvard University Press, 1964).

　　"Themes in Intellectual History: May Fourth and After," in Merle Goldman and Leo Ou-fan Lee, eds., *An Intellectual History of Modern China* (New York: Cambridge University Press, 2002), pp.97-141.

　　The World of Thought in Ancient China (Cambridge, MA: Harvard University Press, 1985).

Selden, Mark, *China in Revolution: The Yenan Way Revisited* (Armonk, NY: M.E. Sharpe, 1995).

　　The Yenan Way in Revolutionary China (Cambridge, MA: Harvard University Press, 1971).

Seybolt, Peter, "Terror and Conformity: Counterespionage Campaigns, Rectification, and Mass Movements, 1942-1943," *Modern China*, Vol.12, No.1 (January 1986), pp.39-73.

Seymour, James, China's Satellite Parties (Armonk, NY: M.E. Sharpe, 1987). Shakya, Tsering, "The Development of Modern Tibetan Literature in the People's Republic of China," in Lauren R. Hartley and Patricia Schiaffini-Vedani, eds., *Modern Tibetan Literature and Social Change* (Durham, NC: Duke University Press, 2008), 61-85.

Shambaugh, David, *China's Communist Party: Atrophy and Adaptation* (Berkeley: University of California Press, 2009).

　　Modernizing China's Military: Progress, Problems, and Prospects (Berkeley: University of California Press, 2004).

Shapiro, Judith, *China's Environmental Challenges* (London: Polity Press, 2011). Shimida, Kenji, *Pioneer of the Chinese Revolution: Zhang Binglin and Confucianism*, trans. Joshua A. Fogel (Stanford, CA: Stanford University Press, 1990).

Sievers, Sharon, *Flowers in Salt: The Beginnings of Feminist Consciousness in Modern Japan* (Stanford, CA: Stanford University Press, 1983).

Smil, Vaclav, *China's Past, China's Future* (London: Routledge, 2004).

Smith, Arthur A., *Chinese Characteristics*, 4th rev. edn. with illustrations (New York: Flemming H. Revell, 1894), available online at http://babel.hathitrust.org/cgi/pt?id=nyp.33433082128707;view=1up;seq=1.

Snow, Edgar, *Red Star over China* (London: V. Gollancz, 1937).

So, Billy K.L., John Fitzgerald, Huang Jianli, and James K Chin, eds., *Power and Identity in the Chinese World Order: Festschrift in Honour of Professor Wang Gungwu* (Hong Kong: Hong Kong University Press, 2003).

Song, Yongyi, comp., *New Collection of Red Guard Publications* (Washington, DC: Center for Chinese Research Materials, Association of Research Libraries, 2005), 20 vols.

Spence, Jonathan D., *The Chan's Great Continent: China in Western Minds* (New York: W.W. Norton, 1998).

 Emperor of China: Self-Portrait of K'ang-Hsi (New York: Vintage, 1988).

 The Gate of Heavenly Peace: The Chinese and Their Revolution, 1895-1980 (New York: Penguin, 1981).

 In Search of Modern China (New York: W.W. Norton, 1999).

Starr, John Bryant, *Continuing the Revolution: The Political Thought of Mao* (Princeton, NJ: Princeton University Press, 1979).

Stranahan, Patricia, *Molding the Medium: The Chinese Communist Party and the Liberation Daily* (Armonk, NY: M.E. Sharpe, 1990).

Strauss, Julia, "Paternalist Terror: The Campaign to Suppress Counterrevolution and Regime Consolidation in the People's Republic of China, 1950-1953," *Comparative Studies in Society and History*, Vol.44, No.1 (January 2002), pp.80-105.

Su, Shuangbi, "Guangyu kaizhan 'baihua zhengming' de jige wen" (Several Questions on the Promotion of "A Hundred Schools Content"), *Guanging ribao*, April 30, 1986, p.3; translated in Foreign Broadcast Information Service: China, May 19, 1986, pp.K7-K11.

 Jieji douzheng yu lishi kexue (Class Struggle and Historical Science) (Shanghai: Shanghai renmin chubanshe, 1982).

Su, Xiaokang, et al., *Deathsong of a River: A Reader's Guide to the Chinese TV Series Heshang* (Ithaca, NY: Cornell University East Asia Program, 1991).

Tang, Wenfang, *Public Opinion and Political Change in China* (Stanford, CA: Stanford University Press, 2005).

Teets, Jessica C., "Dismantling the Socialist Welfare State: The Rise of Civil Society in China," in Lionel Jensen and Timothy Weston, eds., *China in and beyond the Headlines* (Lanham, MD: Rowman & Littlefield, 2012), pp.69-86.

Teiwes, Frederick C., *Politics and Purges in China: Rectification and the Decline of Party Norms* (Armonk, NY: M.E. Sharpe, 1979; reprint with new Introduction, 1993).

Thompson, Willie, *Ideologies in the Age of Extremes: Liberalism, Conservatism, Communism, Fascism 1914-1991* (New York: Pluto Press, 2011).

Ting, Li-hsin, *Government Control of the Press in Modern China, 1900-1949* (Cambridge, MA: Harvard University Press, 1974).

Tong, Yanqi, *Transitions from State Socialism: Economic and Political Change in Hungary and China* (Lanham, MD: Rowman & Littlefield, 1997).

Tuchman, Barbara, *The Proud Tower: A Portrait of the World before War, 1890-1914* (New York: Random House, 1996).

U, Eddy, "The Making of Chinese Intellectuals: Representations and Organization in the Thought Reform Campaign," *China Quarterly*, No.192 (2007), pp.971-89.
    "The Making of Zhishifenzi: The Critical Impact of the Registration of Unemployed Intellectuals in the Early PRC," *China Quarterly*, No.173 (2003), pp.100-21.

Van de Ven, Hans J., *War and Nationalism in China, 1925-1945* (London: Routledge, 2003).

Vogel, Ezra F., *Canton under Communism: Programs and Politics in a Provincial Capital, 1949-1968* (Cambridge, MA: Harvard University Press, 1969).
    Deng Xiaoping and the Transformation of China (Cambridge, MA: Harvard University Press, 2011).
    ed., *Living with China: US-China Relations in the 21st Century* (New York: W.W. Norton, 1997).

Wakeman, Frederic, Jr., "The Price of Autonomy: Intellectuals in Ming and Ch'ing Politics," *Daedalus*, Vol.101, No.2 (1972), pp.35-70.

Wakeman, Frederic, Jr. and Carolyn Grant, eds., *Conflict and Control in Late Imperial China* (Berkeley: University of California Press, 1976).

Walder, Andrew, *Chang Ch'un-ch'iao and Shanghai's January Revolution* (Ann Arbor: University of Michigan, Michigan Papers in Chinese Studies, 1977).
    Communist Neo-traditionalism: Work and Authority in Chinese Society (Berkeley: University of California Press, 1986).
    A Fractured Rebellion: The Beijing Red Guard Movement (Cambridge, MA: Harvard University Press, 2009).

Wang, Alex L., "China's Environmental Tipping Point," in Lionel Jensen and Timothy Weston, eds., *China in and beyond the Headlines* (Lanham, MD: Rowman & Littlefield, 2012), pp.112-33.

Wang, Cangbai, "Guiqiao: Returnees as a Policy Subject in China," *Newsletter of The International Institute of Asian Studies (IIAS)*, No.50 (2009), at www.iias.nl/sites/default/files/IIAS_NL50_07.pdf.

Wang, Chaohua, ed., *One China, Many Paths* (London: Verso, 2003).

Wang, Fan-sen, *Fu Ssu-nien: A Life in Chinese History and Politics* (Cambridge: Cambridge University Press, 2000).

Wang, Fansen, *Jindai Zhongguo de shijia yu shixue* (Earlier Modern Chinese Historians and Historiography) (Hong Kong: Sanlian, 2008).

    Zhongguo jindai sixiang yu xueshu de xipu (Genealogy of Modern Chinese Thought and Academics) (Taipei: Lianjing chuban shiye gufen youxian gongsi, 2003).

Wang, Gungwu, *The Chinese Overseas: From Earthbound China to the Quest for Autonomy* (Cambridge, MA: Harvard University Press, 2002).

Wang, Hui, *China's New World Order* (Cambridge, MA: Harvard University Press, 2003).

    The End of Revolution: China and the Limits of Modernity (London: Verso, 2009).

    "Fire at the Castle Gate: A New Left in China," *New Left Review*, No.6 (2002), reprinted as "The New Criticism," in Wang Chaohua, ed., *One China, Many Paths* (London: Verso, 2003), pp.55-86.

    "On Scientism and Social Theory in Modern Chinese Thought," in Gloria Davies, ed., *Voicing Concerns: Contemporary Chinese Critical Enquiry* (Lanham, MD: Rowman & Littlefield, 2001), pp.135-56.

    The Politics of Imagining Asia, ed. Theodore Huters (Cambridge, MA: Harvard University Press, 2011).

    Xiandai Zhongguo sixiang de xingqi (The Rise of Modern Chinese Intellectual Thought), 4 vols. (Beijing: Sanlian, 2004).

Wang, Jing, *High Culture Fever: Politics, Aesthetics, and Ideology in Deng's China* (Berkeley: University of California Press, 1996).

Wang, Juan, *Merry Laughter and Angry Curses: The Shanghai Tabloid Press, 1897-1911* (Vancouver: University of British Columbia Press, 2012).

Wang, Meng, "Guanyu 'Zuzhibu xinlaide qingnian ren'" (On "The New Man in the Organization Department"), *Renmin ribao* (People's Daily), May 8, 1957, trans. in Hualing Nieh, *Literature of the Hundred Flowers*, Vol.II, *Poetry and Fiction* (Bloomington: University of Indiana Press, 1981), pp.511-17.

Wang, Ning, "Lying Prostrate before Chairman Mao: Western-Trained Intellectuals and the State in 1950s China," manuscript, 2013.

Wang, Ruoshui, "Writings on Humanism, Alienation and Philosophy," trans. David A. Kelly, *Chinese Studies in Philosophy* (New York), Vol.16, No.3 (1985), pp.8-112.

Wang, Shiwei, *Wang Shiwei wencun* (Collection of Wang Shiwei's Writings) (Shanghai: Shanghai shudian, 1998).

Wang, Shuo, *Playing for Thrills*, trans. Howard Goldblatt (New York: Penguin Books, 1998).

Wang, Zheng, *Never Forget National Humiliation: Historical Memory and Chinese Politics and Foreign Relations* (New York: Columbia University Press, 2012).

Wasserstrom, Jeffrey N., *China in the 21st Century: What Everyone Needs to Know*, 2nd edn. (New York: Oxford University Press, 2013).

    China's Brave New World: And Other Tales for Global Times (Bloomington: Indiana University Press, 2007).

Wasserstrom, Jeffrey N. and Elizabeth J. Perry, eds., *Popular Protest and Political Culture in Modern China: Learning from 1989* (Boulder, CO: Westview Press, 1992).

Weber, Eugene, *Peasants into Frenchmen: The Modernization of Rural France, 1870-1914* (Stanford, CA: Stanford University Press, 1976).

Wei, Jingsheng, *The Courage to Stand Alone*, trans. Kristina M. Torgeson (Harmondsworth: Penguin, 1998).

Wen, Jize, "Douzheng riji" (Diary of Struggle), *Jiefang ribao* (Liberation Daily) (Yan'an), June 28-9, 1942.

Weston, Timothy B., *The Power of Position: Beijing University, Intellectuals, and Chinese Political Culture, 1898-1929* (Berkeley: University of California Press, 2004).

White, Theodore H. and Annalee Jacoby, *Thunder out of China* (New York: William Sloane Associates, Inc., 1946).

Whyte, Martin K., *Small Groups and Political Rituals in China* (Berkeley: University of California Press, 1974).

Williams, James H., "Fang Lizhi's Big Bang: A Physicist and the State in China," *Historical Studies in the Physical and Biological Sciences*, Vol.30, No.1 (1999), pp.49-87.

    "Fang Lizhi's Expanding Universe," *China Quarterly*, No.123 (September 1990), pp.459-84.

Williams, Raymond, *Keywords: A Vocabulary of Culture and Society* (Oxford: Oxford University Press, 1983).

Womack, Brantly, "China's Future in a Multinodal World Order," *Pacific Affairs*, Vol.87, No.2 (June 2014), pp.265-84.

    ed., *Contemporary Chinese Politics in Historical Perspective* (New York: Cambridge University Press, 1991).

Wylie, Raymond F., *The Emergence of Maoism: Mao Tse-tung, Ch'en Po-ta, and the*

Search for Chinese Theory, 1935-1945 (Stanford, CA: Stanford University Press, 1980).

Xu, Jilin, "Cong feidian weiji fansi minzu, shequn he gongmin yizhi" (On the Concepts of Nationality, Community, and Citizen after the SARS Crisis), first published on the website of Shiji Zhongguo (Century China) in May 2003 and later published in Tianya (Frontiers), No.4 (2003) at http://mall.cnki.net/magazine/Article/TAYA 200304001.htm.

ed., Ershi shiji Zhongguo sixiang shilun (On the History of Twentieth-Century Chinese Thought), 2 vols. (Shanghai: Dongfang chuban zhongxin, 2000).

"The Fate of an Enlightenment: Twenty Years in the Chinese Intellectual Sphere (1978-1998)," trans. Geremie Barmé and Gloria Davies, in Edward Gu (Gu Xin) and Merle Goldman, eds., Chinese Intellectuals between State and Market (London: Routledge, 2004), pp.183-203.

Ling yizhongde qimeng (Another Kind of Enlightenment) (Guangzhou: Huacheng chubanshe, 1999).

"May Fourth: A Patriotic Movement of Cosmopolitanism," Sunkyun Journal of East Asian Studies (Korea), Vol.9, No.1 (2009), pp.29-62.

Qimeng ruhe qisi huisheng: Xiandai Zhongguo zhishifenzide sixiang kunming (The Birth, Death, and Revival of Enlightenment: The Predicament of Modern Chinese Intellectual Thinking) (Beijing: Beijing daxue chubanshe, 2011). Wuqiong de kunhuo (Endless Perplexity) (Shanghai: Shanghai sanlian shudian, 1988).

Xinshiji de sixiang ditu (Ideological Map for the New Century) (Tianjin: Tianjin renmin chubanshe, 2002).

Xu Jilin zixuan (Xu Jilin's Own Selections) (Guilin: Guangxi shifan daxue chubanshe, 1999).

Xunqiu yiyi: Xiandaihua bianqian yu wenhua pipan (In Search of Meaning: Transformations of Modernization and Cultural Criticism) (Shanghai: Shanghai sanlian shudian, 1997).

Zhongguo zhishifenzi shilun (Ten Essays on China's Intellectuals) (Shanghai: Fudan University Press, 2003).

Xu, Xiaoqun, Chinese Professionals and the Republican State: The Rise of Professional Associations in Shanghai, 1912-1937 (New York: Cambridge University Press, 2000).

Xu, Youyu, "The Debates between Liberalism and the New Left in China since the 1990s," Contemporary Chinese Thought, Vol.34, No.3 (Spring 2003), pp.6-17.

Xu, Zhucheng, "Yangmo qinli ji" (A Personal Diary of an Open Plot), Zhongguo zhichun (China Spring) (New York), No.55 (1987), text posted at http://m.secretchina.com/

node/49475.

Yamanouchi, Yasushi, J. Victor Koschmann, and Ryuichi Narita, eds., *Total War and "Modernization"* (Ithaca, NY: Cornell East Asian Series, 1998).

Yang, Guobin, *The Power of the Internet in China: Citizen Activism Online* (New York: Columbia University Press, 2009).

ed., "Special Issue on Cyberpolitics in China," *China Information*, Vol.28, No.2 (July 2014).

Yang, Jiang, *Baptism*, trans. Judith M. Armory and Yaohua Shi (Hong Kong: University of Hong Kong Press, 2007).

A Cadre School Life in Six Chapters, trans. Geremie Barmé (Hong Kong: Joint Publishing Co., 1982).

Ganxiao liuji (A Cadre School Life) (Beijing: Sanlian shudian, 1981).

Six Chapters from My Life "Downunder", trans. Howard Goldblatt (Seattle: University of Washington Press, 1984).

Six Chapters of Life in a Cadre School, trans. Djang Chu (Boulder, CO: Westview Press, 1986).

Yang, Kaido (Cato Young), "Xiangyue zhidu de yanjiu" (Research on the Community Compact System), *Shehuixuejie* (Beijing), Vol.5 (1931), pp.40-6.

Yang, Kuisong, "Where Do 'Bad Elements' Come From?", in Jeremy Brown and Matthew D. Johnson, eds., *Maoism at the Grassroots: Everyday Life in China's Era of High Socialism* (Cambridge, MA: Harvard University Press, 2015), pp.19-50.

Yang, Rae, *Spider Eaters: A Memoir* (Berkeley: University of California Press, 1997).

Ye, Fangying, "Wo jia chule liangge youpai" (My Family Produced Two Rightists), *Huanghe* (Yellow River), Vol.2, No.78 (1999), pp.66-76.

Yeh, Wen-hsin, *The Alienated Academy: Culture and Politics in Republican China, 1919-1937* (Cambridge, MA: Harvard Council on East Asian Studies, 1990).

"Historian and Courtesan: Chen Yinke and the Writing of *Liu Rushi Biezhuan*," Morrison Lecture, Australian National University, July 2003, accessed April 6, 2015 at http://chinainstitute.anu.edu.au/morrison/ morrison64.pdf.

Provincial Passages: Culture, Space, and the Origins of Chinese Communism (Berkeley: University of California Press, 1996).

Shanghai Splendor: Economic Sentiments and the Making of Modern China, 1843-1949 (Berkeley: University of California Press, 2007).

Yin, Guoming, "Wei shenme shuo minyun shi yizhong xiejiao" (Why I Call the Democracy Movement an Evil Cult), reposted on *Qiushi*, June 11, 2014, at www.qstheory.cn/ politics/2014-06/11/c_1111089573.htm, accessed April 6, 2015.

Yin, Zhou (Deng Tuo), "Kangdi bao wushiqi de huigu yu zhanwang" (Review and

Prospects of Resistance News upon Its 50th Issue), *Kangdi bao*, June 27, 1938, p.1.

"Yingxiang Zhongguo gonggong zhishifenzi 50 ren" (50 Public Intellectuals Influencing China), *Nanfang renwu zhoukan* (Southern People Weekly), September 2004, at http://business.sohu.com/s2004/zhishifenzi50.shtml, accessed April 6, 2015.

"Youth Urged to Contribute to Realization of 'Chinese Dream'," *Xinhuanet*, May 24, 2013, at http://news.xinhuanet.com/english/china/2013-05/04/c_132359537.htm, accessed April 6, 2015.

Yu, Keping, *Democracy Is a Good Thing: Essays on Politics, Society, and Culture in Contemporary China* (Washington, DC: Brookings Institution Press, 2009).

"Yu Keping: Prizing the Will of the People," *China Media Project* (University of Hong Kong), posted April 16, 2012, by David Bandurski, at http://cmp.hku.hk/2012/04/16/21469, accessed November 29, 2013.

Yu, Mok Chiu and J. Frank Harrison, eds., *Voices from Tiananmen Square: Beijing Spring and the Democracy Movement* (Montreal: Black Rose Books, 1990).

Yue, Daiyun and Qian Linsen, eds., *Comparative Literature in the Cross-cultural Context* (Beijing: Yulin Press, 2003).

Yue, Daiyun and Carolyn Wakeman, *To the Storm: The Odyssey of a Revolutionary Chinese Woman* (Berkeley: University of California Press, 1985).

Zarrow, Peter, *After Empire: The Conceptual Transformation of the Chinese State, 1885-1924* (Stanford, CA: Stanford University Press, 2012).

"Discipline and Narrative: Chinese History Textbooks in the Early Twentieth Century," in Brian Moloughney and Peter Zarrow, eds., *Transforming History: The Making of a Modern Academic Discipline in Twentieth-Century China* (Hong Kong: The Chinese University Press, 2011), pp.169-207.

Zhang, Binglin, "Zhonghua minguo jie" (Explaining "The Republic of China"), *Min bao*, July 5, 1907.

Zhang, Chunqiao (Chang Ch'un-ch'iao), "On Exercising All-Round Dictatorship over the Bourgeoisie," *Hong Qi*, No.4 (1975), translated by Foreign Languages Press in Beijing in a pamphlet in the same year.

"Pochu zichanjieji faquan sixiang" (Eradicate the Ideology of Bourgeois Rights), *Renmin ribao* (People's Daily), October 13, 1958.

Zhang, Rulin, ed., *Zhengzhi zhongde lixingzhuyi* (Rationalism in Politics: Essays of Michael Oakeshott) (Shanghai: Shanghai yiwen chubanshe, 2003).

Zhang, Xudong, "The Making of the Post-Tiananmen Intellectual Field: A Critical Overview," in Xudong Zhang, ed., *Whither China? Intellectual Politics in Contemporary China* (Durham, NC: Duke University Press, 2001), pp.1-75.

"Postmodern and Postsocialist Society: Cultural Politics in China in the 1990s," *New Left Review*, No.237 (October-November 1999), pp.77-105.

ed., *Whither China? Intellectual Politics in Contemporary China* (Durham, NC: Duke University Press, 2001).

Zhang, Yufa, "Returned Chinese Students from America and the Chinese Leadership," *Chinese Studies in History* (New York), Vol.35, No.3 (Spring 2002), pp.52-86.

Zhao, Suisheng, ed., *China and Democracy* (London: Routledge, 2000).

A Nation-State by Construction: Dynamics of Modern Chinese Nationalism (Stanford, CA: Stanford University Press, 2004).

Zhao, Yuezhi, *Communication in China: Political Economy, Power, and Conflict* (Lanham, MD: Rowman & Littlefield, 2008).

Media, Market, and Democracy in China: Between the Party Line and the Bottom Line (Urbana: University of Illinois Press, 1998).

Zhou, Chicheng, "Hunluan yu miuwu: Ping Wang Hui 'Xiandai Zhongguo sixiang qiyuan'" (Confusion and Error: A Review of Wang Hui's *The Rise of Modern Chinese Thought*), *Shehui kexue luntan* (Social Science Forum), No.4 (2012), pp.115-20.

Zhou, Yiliang, *Just a Scholar: The Memoirs of Zhou Yiliang (1913-2001)*, trans. Joshua A. Fogel (Leiden: Brill, 2014).

"Pipan Hu Shi fandong de lishi guan" (Criticism of Hu Shi's Reactionary View of History), in Zhongguo zuojia xiehui Shanghai fenhui, ed., *Hu Shi sixiang pipan ziliao jikan* (Collection of Criticism of Hu Shi's Thought) (Shanghai: Xin wenyi chubanshe, 1955), pp.103-7.

Zuanshi hun zayi (Memoirs of the Diamond Wedding) (Beijing: Shenghuo, dushu, Xinzhi Sanlian shudian, 2002).

Zhu, Yong, *Zhishifenzi yinggai gan shenme?* (What Should Intellectuals Do?) (Beijing: Shishi chubanshe, 1999).

Zou, Rong, *Gemingjun*, trans. John Lust as Tsou Jung, *The Revolutionary Army: A Chinese Nationalist Tract of 1903* (The Hague: Mouton and Company, 1968).

역자가 중국의 지식담론과 지식인에 대해 관심을 갖게 된 것은 국민대학교 중국인문사회연구소가 2009년부터 진행한 한국연구재단의 HK사업과 2019년부터 시작한 HK+사업의 아젠다 연구에서 비롯된 것이었다. HK사업의 아젠다는 "중국의 지식·지식인: 지형과 네트워크"였고 HK+사업의 아젠다는 "중국 지식지형의 진화: 기제·공간·네트워크"로 서로 연계된 장기간 진행 중인 연구 과제이다. 중국인문사회연구소의 연구원들은 중국을 지식담론, 문학예술, 국정운영, 정치경제, 사회문화의 각 영역에서 어떠한 지식이 생산되고 이러한 지식은 어떠한 기제로 작동되는지, 그리고 그러한 지식생산의 네트워크는 무엇인지 등을 연구해 왔다. 그리고 그 과정에서 지식과 지식인의 범주를 전통적 지식인의 범주에서 벗어나 역사적으로 공간적으로 검토하면서 글로벌화와 역사적 분기分岐가 작용하는 바를 분석하고자 했다. 역자는 지식담론과 지식인에 대한 연구를 주로 하게 되었고 이러한 연구과정 중 2015년에 출판된 본서를 알게 되었다. 특히 티모시 치크Timothy Cheek 교수의 *The Intellectual in modern chinese history*는 중국 근현대사의 지식인 역사에 촛점을 맞춰 서술된 책이어서 반가운 마음에 연구소 홈페이지에 간단히 소개하였다. 그런데 시간이 지나면서 본서 소개란이 상당한 조회수를 기록하는 것을 보면서 연구를 확장하고 대중의 관심에 부응하기 위해 완역을 하면 좋으리라 생각했다. 완역의 기회는 코로나19로 중국에서 보내기로 한 연구년의 계획이 무산되면서 찾아왔다. 일 년여 동안 번역을 통한 본서와의 '대화'를 찬찬히 이어가면서 너무나 익숙했던 중국 근현대사의 격동을 겪어낸 지식인들의 모습을 다시금 새로운 버전에서 살펴보게 되었고 저자가 그려낸 지식인들의 지형과 지도를 파악하며 그 의미를 되새길 수 있었다.

티모시 치크 선생님은 본서에서 밝힌 바와 같이 서구 학계의 중국 중심론에 기반 한 학문적 훈련을 받은 학자로서 오랜 동안 중국 학자들과 지속적인 학문교류를 해 온 중국을 잘 이해하는 역사학자이다. 그런 그가 중국 근현대의 지식인의 역사를 서술하게 된 것은 이러한 접근이 중국을 이해하는 창이자 다른 나라와의 상호작용을 이해할 수 있게 하는 매개라고 여겼기 때문이다.

본서의 특징은 우선 청일전쟁 이후 2010년대까지 중국 지식인의 역사 연구에 대한 서구 학자들의 연구성과를 망라하고 있는 학술서라는데 있다. 또한 동시에 역사적 에세이자 네러티브 방법에 기반하여 주인공의 흥미로운 무대 공연을 보는 듯한 서술로 대중들에게도 가까이 다가갈 수 있는 대중서의 특징도 갖추고 있다.

저자는 마치 강의를 하는 듯 서술하였지만 그 안에 탄탄한 구조와 틀이 포착된다. 저자는 1895년부터 2010년대 중반까지 지식인의 역사를 개혁, 혁명, 회생이라는 '이데올로기적 순간'에 주목하여 6개의 시간적 흐름으로 구분했다. 물론 이 순간들 속에서 중국 밖의 서구 학자의 감각으로 중국과 세계의 상호작용을 놓치지 않고 있다. 시간의 흐름을 이렇게 포착하면서 저자는 지식인들과 관련된 공간인 '지적 생활의 세계'를 대도시, 성省, 농촌의 3개의 공간으로 조망하며 이 공간에 교차하는 3가지의 사회세계인 대중문화, 여성 세계, 종교와 민족의 친연성의 세계에도 주목하였다. 그러므로 그에게 근대 중국의 지적 생활의 틀인 공간은 지리적 공간만이 아닌 공간적 사회작용과 사회적 경험의 그물망matrix이었다. 역자 본인은 이러한 시간과 공간에 대한 저자의 역사적 접근에서 영감을 얻었을 뿐 아니라 이 촘촘한 메트리스를 그려내고 있는 티모시 치크 선생님의 경륜과 학문적 성실성에 감탄하였다. 티모시 치크 선생님이 언급했듯이 현재는 더 이상 총체적 설명의 시대가 아니며 역사 연구에서도 새로운 모델이 없는 상황이다. 그런 점에서 저자가 중간수준 이론과 부분 모델로 이러한 종합적이면서도 독창적인 접근을 제시한 것에서 많은 시사를 받을 수 있다.

지식인의 역사에는 주인공인 지식인들의 등장 외에도 주요한 관념이나 개념의 계보를 간과할 수 없다. 티모시 치크 선생님은 근대에 들어 등장하는 주요한 관념인 인민, 중국(인), 민주주의가 변화하는 맥락을 포착하여 개념사 혹은 관념사의 영역을 포괄하고 있는데 이 역시 이 책의 중요한 특징의 하나이다.

특히 저자가 지도하는 교육 국가pedagogical state라는 특성과 결합된 선전 국가propagenda state, 지시된 공공 영역, 반대자 혹은 반대 의견과 기성 지식인 등 중국 지식인들의 환경과 제도를 설명하는 틀을 제시하고 있는 점이 주목된다. 저자는 '공익을 위해 봉사한다'天下爲公는 전통적 사대부의 교육자적인 태도는 근대 이후 량치차오에게도 이어져 인쇄 자본주의로 형성된 공공 영역을 통해 인민을 교육하려는 역할을 수행했다고 보고 있다. 또한 쑨원의 교육 국가는 국민당과 공산당 모두에게 수용되었는데 이는 "의례를 통해 사람들을 변화시키는" 전통적 중국식 국정 운영의 열망을 충족시키려는 것의 연장선상이라고 한다. 그러므로 마오주의 역시 그러한 선전 국가, 교육 국가의 메커니즘과 연관된 것이라고 본다면 마오주의가 약화된 이후에도 여전히 중국은 인간의 교육 가능성에 대한 심리적 믿음, 세계는 파악할 수 있는 것이라는 인식론적 낙관주의(현재는 과학을 통해)가 작용할 것이라고 한 저자의 예측을 보며 그 분석의 예리함에 놀라게 된다. 이는 대중이 지식인 리더에게 요구하는 바가 이데올로기의 제시라는 점이라는 것과 이 때문에 공익을 위해 봉사하려는 지식인의 정체성이 지속될 수 있었고, 있을 것이라는 날카로운 분석과 맥을 함께 한다.

저자는 또한 '지식인'의 개념과 범주에 대해서 베버가 나눈 지식인의 주요 유형인 전문가, 문화인, 비판자 등의 구별에 근거하여 구분하면서도 '지식인'을 다양한 신분과 역할에 대한 지식인들에 대한 일반적 표식으로 사용한다고 하여 지식인의 역사를 풍부하게 기술할 수 있도록 열어 놓고 있다.

한편 책의 서사에 등장하는 지식인은 누구나 알만한 지식인 즉 사상가만이 포함되지 않는다. 량수밍과 같은 향촌건설 운동가, 덩퉈와 같은 지식인 간부, 펑리즈나 천쉐썬과 같은 과학자, 아이웨이웨이와 찬쿤충, 딩링과 여성 지식인 등 예술가와 작가들 등 생소한 지식인들이 적절한 순간과 공간에 출현한다. 또한 논쟁적 상대를 함께 소개하여 이데올로기적 순간의 주요한 도전에 대한 해결방안을 이해하기 쉽도록 했다.

젠더의 문제, 종교의 문제, 소수민족의 문제가 중요한 부분을 차지하고 있는 점도 중요한 의미가 있다. 저자는 학술 연구에서도 종교에 대한 연구가 미흡하고 젠더 연구도 충분하지 않다고 지적하고 관심을 지니고 연구할 것을 촉구했다.

이러한 중국 지식인 지도와 지형에 대한 독창적 서술은 중국 지식인의 오랜 동안의 특징인 인민에게 봉사하는 것을 포착한 그의 통찰력에 기반하고 있다. 더욱이 인민에의 봉사는 봉사의 대상, 봉사자의 변화, 봉사의 내용이 바뀐다는 점을 세밀히 드러내 주었다.

한편 티모시 치크 선생님은 중국의 근현대 지식인들은 세계와 연결되었지만 그 뿌리는 늘 중국에 두었다고 하면서 하지만 이제 중국의 지식인들이 오늘날 세계가 직면한 많은 문제에 대한 해결책을 제시할 수 있을 것이라는 기대하였다.

본서는 이렇게 긴 시간과 방대한 공간, 사회적 작용, 다양한 주체, 관념의 변화, 중국과 세계와의 관계, 다소 낯선 지식인 등이 등장하면서 많은 정보를 주고 나아가 통찰이 가능할 수 있지만 중국 근현대사의 기본적 이해가 선행되어야 보다 깊은 이해에 도달할 수 있을 것이다.

책의 선정에서 번역까지 적지 않은 시간이 흘렀다. 이 책이 출판된 이후로 중국 지식인의 지적 세계와 환경은 변화되었고 지식인들의 논의와 지형도 변화하였다. 하지만 본서가 주는 통찰과 영감은 현재의 중국과 중국의 지식인을 이해하는데 길잡이가 되리가 믿는다.

2021년 유난히 더웠던 여름 더위와 싸우며 번역에 적절한 용어를 고민하고 또 고민하며 교정의 과정에서 여러 번을 수정하였지만 여전히 아쉬움이 남는다. 번역의 문제는 모두 역자 본인에게 있다.

책에서 언급된 지식인의 생몰연대는 역자가 기입하였고 약간의 의역을 하였으나 충실히 직역을 하고자 하였다. 서구 연구성과를 쉽게 참고할 수 있도록 국내 번역된 것 외에 영문을 그대로 싣고 각주로 처리하였다. 이외 지명과 인명 외의 잡지와 서명은 국내독자에게 익숙한 명칭으로 번역하였고 국내 번역된 책은 각주에 함께 소개하였음을 밝힌다.

책이 출판되기까지 지원과 격려를 해 주신 중국인문사회연구소의 여러 선생님들께 감사드리며 학고방 출판사의 명지현 팀장님에게도 감사드린다.

멀리 캐나다 밴쿠버에서 서문을 보내주시고 연구소와 역자에게 깊은 관심을 가져 주신 티모시 치크 선생님께 깊은 감사를 드린다. 책의 번역을 통해 선생님과의 교류가 시작된 것 역시 벅찬 기쁨이 되었다.

특히 번역의 오랜 과정을 함께 해주고 번역의 오류를 조언해 주며 흐린 눈을 밝게 해 주었던 현명한 나의 친구 권민주에게 고마움을 전하고 싶다. 바쁜 와중에도 세심하고 사려 깊게 원고를 살펴 준 역사학자 유현정 선생님에게도 고마운 마음 가득하다.

번역서 『중국 근현대사의 지식인』이 중국을 좀 더 이해하는데 도움이 되고 나아가 소통과 공감을 가능하게 하는 매개가 될 수 있기를 바란다.

북악관에서
2021년 최은진 씀

| 지은이 소개 |

티모시 치크 Timothy Cheek 교수는 중국 공산당사와 지식인을 연구하는 캐나다 역사학자이다. 호주국립대학교에서 아시아학 수료 후 버지니아 대학에서 역사학 석사 학위를 받았다. 이후 하버드 대학에서 동아시아 언어학 박사학위를 취득했다. 콜로라도 대학에서 근무하다 2002년부터 브리티시 컬럼비아 대학British Columbia University에서 역사학과 교수로 재임 중이다. 동대학 아시아연구소에서 중국연구센터의 책임자이며 루이스 차Louis Cha, 金庸 석좌교수이다. 2002년부터 2009년까지 저널 *Pacific Affairs*의 편집장을 지냈다.

저서로는 *Living with Reform: China since 1989, MaoZedong and China's Revolutions: A Brief History with Documents, A Critical Introduction to Mao, Propaganda and Culture in Mao's China: Deng Tuo and the Intelligentsia*, 편저서로는 *China's Establishment Intellectuals, China's Intellectuals and the State: In Search of a New Relationship, The Secret Speeches of Chairman Mao, New Perspectives on State Socialism in China, Mao's Road to Power: Revolutionary Writings, 1912-1949, Vol. VIII, 1942-August 1945, The Chinese Communist Party: A Century in Ten Lives* 등이 있으며, 이외 다수의 논문이 있다.

| 옮긴이 소개 |

최은진 교수는 이화여대에서 역사학으로 박사학위를 받았으며, 현재 국민대학교 중국인문사회연구소 부교수로 재직하고 있다. 전공분야는 중국현대사이며 현재는 중국 지식인의 사상지형, 담론 및 네트워크를 구체적인 교육, 사회활동에서 역사적으로 고찰하는 것과 지식담론 연구에서 텍스트 마이닝 방법을 적용하는데 관심을 갖고 연구하고 있다.

공저로 『중국 지역연구와 지식네트워크』, 『중국 지식지형의 형성과 변용』, 『중국 지식생산의 메커니즘』, 『시민과 함께 하는 중국 인문학』, 역서로는 『중국 학술의 사승과 가파』, 『현대 중국의 8종 사회사조』 등이 있으며, 「중국국립중앙연구원 역사어언연구소(1928~49)와 근대역사학의 제도화」, 「중국 향촌건설운동의 확산과정과 향촌교육의 함의」, 「1930년대 楊開道의 향촌 건설 방안과 中國 鄕約制度 연구」 외 다수의 논문이 있다.

국민대학교 중국인문사회연구소 번역총서 · 09

중국 근현대사의 지식인

초판 인쇄 2021년 9월 15일
초판 발행 2021년 9월 30일

지 은 이 | 티모시 치크Timothy Cheek
옮 긴 이 | 최은진
펴 낸 이 | 하운근
펴 낸 곳 | 學古房

주   소 | 경기도 고양시 덕양구 통일로 140 삼송테크노밸리 A동 B224
전   화 | (02)353-9908 편집부 (02)356-9903
팩   스 | (02)6959-8234
홈페이지 | www.hakgobang.co.kr
전자우편 | hakgobang@naver.com, hakgobang@chol.com
등록번호 | 제311-1994-000001호

ISBN 979-11-6586-410-1 94910
      978-89-6071-406-9 (세트)

값 : 53,000원

■ 파본은 교환해 드립니다.